Die Grundbuchordnung

nebst den

preußischen Ausführungsbestimmungen

mit

Kommentar und systematischer Uebersicht

über das

materielle Grundbuchrecht.

Von

Dr. A. Achilles,
Reichsgerichtsrath a. D. †

und

O. Strecker,
Amtsrichter.

I. Theil.

Das Reichsrecht.

Berlin 1901.
J. Guttentag, Verlagsbuchhandlung,
G. m. b. H.

Vorwort.

In dem Nachrufe, welcher dem am 21. Oktober 1900 verstorbenen Reichsgerichtsrath a. D. Dr. Achilles in der Deutschen Juristen-Zeitung 1900 S. 474 aus der Feder des Geheimen Raths Dr. Gebhard gewidmet ist, wird die Bedeutung seines Kommentars zu den preußischen Gesetzen vom 5. Mai 1872 für Theorie und Praxis und seine Mitarbeit an dem Zustandekommen des materiellen und formellen Grundbuchrechts besonders hervorgehoben. Er war Hülfsarbeiter der ersten und Reichskommissar bei der zweiten Kommission zur Ausarbeitung des Entwurfs eines B.G.B. In ersterer Eigenschaft hat er insbesondere unter dem Redaktor des Sachenrechts den Redaktoren-Entwurf zur G.B.O. nebst einer sehr ausführlichen Begründung ausgearbeitet. Er hat ferner die Stelle eines Referenten bei den Berathungen bekleidet, welche in den Jahren 1895, 1896 im Reichsjustizamt über den ersten Entwurf der G.B.O. stattfanden und auf denen die Fassung des Gesetzes vor Allem beruht. Diese hervorragende Mitwirkung bei der Entstehung der G.B.O. und eine genaue Kenntniß des bisherigen Grundbuchrechts machten ihn mehr als jeden Anderen geeignet, einen Kommentar zur G.B.O. zu veröffentlichen. Da er aber durch andere literarische Arbeiten, insbesondere durch seine Betheiligung an Plancks Kommentar zum B.G.B in Anspruch genommen und meine Bearbeitung der vierten Auflage seines Kommentars zu den preußischen Gesetzen vom 5. Mai 1872 so sehr nach seinem Wunsche ausgefallen war, daß er, von einigen Kleinigkeiten in der Einleitung abgesehen, keine Aenderungen veranlaßt hat, hat er mir auch zur Bearbeitung dieser neuen Auflage nur sein sehr reichhaltiges Material übersandt und die Gestaltung des Kommentars eingehend mit mir erörtert, im Uebrigen aber mir die Ausarbeitung völlig überlassen. In Folge seines Todes hat er zu meinem Bedauern mein Manuskript keiner Durchsicht unterwerfen können. Ich hoffe aber, daß es mir, wie bei der Bearbeitung der vierten Auflage, so auch jetzt geglückt ist, das Werk auch in den Einzelheiten nach seinem Wunsche zu gestalten.

Bei der Bearbeitung habe ich als langjähriger Grundbuchrichter mich auf den Standpunkt des Praktikers gestellt und nicht nur die Bestimmungen des formellen Grundbuchrechts, sondern auch die des materiellen Liegenschaftsrechts besprochen, soweit sie für den Grundbuchverkehr von Bedeutung sind. Der besseren Uebersichtlichkeit wegen ist die Darstellung des letzteren Rechtes in die Einleitung aufgenommen.

Die Theilung des Werkes in zwei Theile, von denen der erste das Reichsrecht und der zweite die preußischen Bestimmungen bringt, beruht auf dem besonderen Wunsche des Reichsgerichtsraths Dr. Achilles und entspricht der Hoffnung, daß der erste Theil auch außerhalb Preußens Verbreitung finden werde. In erster Linie ist aber das Werk für den preußischen Praktiker berechnet; deshalb ist in dem ersten Theile stets auf die neben dem Reichsrecht in Betracht kommenden Vorschriften des preußischen Rechtes verwiesen, während Bestimmungen anderer Bundesstaaten nur beispielsweise angeführt sind.

Im Interesse der Uebersichtlichkeit haben wir den Erläuterungen der einzelnen Paragraphen Ueberschriften vorausgeschickt und den Inhalt jeder Erläuterung durch ein fett oder gesperrt gedrucktes Stichwort angedeutet. Auch diese Neuerung ist von Dr. Achilles angeregt und wird, wie ich hoffe, den Beifall der alten Freunde seines Kommentars finden.

Göttingen, den 4. April 1901.

Strecker.

Inhalts-Uebersicht.

Seite

Einleitung.

Erster Abschnitt.

Allgemeine Vorschriften. §§. 1—12.

Abkürzungen.

Die genaueren Titel der nur mit dem Namen des Verfassers oder Herausgebers oder sonst in abgekürzter Fassung angeführten Werke ergeben sich aus dem Literaturverzeichniß S. 137 ff. Auch die bekannten Kommentare zum Bürgerlichen Gesetzbuche (z. B. Planck, Biermann) und Lehrbücher über das Bürgerliche Recht (z. B. Dernburg, Endemann) sind nur mit dem Namen des Verfassers oder Herausgebers bezeichnet. Unter Achilles=Strecker ist die 4. Aufl. des Kommentars zu den preuß. Gesetzen über Grundeigenthum und Hypothekenrecht vom 5. Mai 1872 (1894) und unter Johow dessen Jahrbuch für endgültige Entscheidungen der preuß. Appellationsgerichte (Berlin 1872—1879, 8 Bände) zu verstehen.

Außerdem sind folgende Abkürzungen hervorzuheben:

A.G. = Ausführungsgesetz, im Zweifel Ausführungsgesetz zur Grundbuchordnung, insbesondere das preußische vom 26. September 1899;

Allg.Verf. = Allgemeine Verfügung, im Zweifel preußische Allgemeine Verfügung vom 20. November 1899 zur Ausführung der Grundbuchordnung (J.M.Bl. S. 349 ff.);

A.L.R. = Allgemeines Landrecht für die preußischen Staaten;

B.G.B. = Bürgerliches Gesetzbuch;

Begr. = Begründung zu den Gesetzentwürfen; im Zweifel zu dem preußischen Ausführungsgesetze zur Grundbuchordnung;

C.P.O. = Civilprozeßordnung in der Fassung der Bekanntmachung vom 20. Mai 1898;

D. = Denkschrift, im Zweifel die dem E. II z. G.B.O. beigefügte Denkschrift (vgl. S. 9 Anm. 1);

E. = Entwurf; E I = der 1889 veröffentlichte Entwurf einer Grundbuchordnung; E. II = der dem Reichstage vorgelegte Entwurf derselben (vgl. S. 8, 9);

E.G. = Einführungsgesetz, im Zweifel zum B.G.B.;

Entsch. = Entscheidung, im Zweifel die S. 139 an erster Stelle angeführten Entscheidungen, zusammengestellt im Reichsjustizamte;

Erl. = Erläuterung;

freiw. G.G. = Reichsgesetz über die Angelegenheiten der freiwilligen Gerichtsbarkeit vom 17. Mai 1898; preuß. freiw. G.G. = preußisches Gesetz über die freiwillige Gerichtsbarkeit vom 21. September 1899;

G.B.O. = Grundbuchordnung vom 24. März 1897; preuß. G.B.O. = Grundbuchordnung vom 5. Mai 1872;

Gruch. = Gruchots Beiträge zur Erläuterung des deutschen Rechtes (vgl. S. 139);

G.S. S. = Gesetzsammlung Seite;

G.V.G. = Gerichtsverfassungsgesetz in der Fassung der Bekanntmachung vom 20. Mai 1898;

H.G.B. = Handelsgesetzbuch vom 10. Mai 1897;

J.M.Bl. = Justizministerialblatt, im Zweifel das preußische;

K.B. = Kommissionsbericht, im Zweifel der S. 10 Anm. 1 erwähnte Bericht der Reichstagskommission; K.B. d. A.H. = der S. 11 Anm. 4 erwähnte Bericht der Kommission des preußischen Abgeordnetenhauses über das preuß. A.G. z. G.B.O.; K.B. d. H.H. = der S. 12 Anm. 1 angeführte Bericht der Kommission des Herrenhauses über dasselbe Gesetz;

K.G. = Kammergericht, im Zweifel das S. 139 an dritter Stelle erwähnte Jahrbuch für Entscheidungen des Kammergerichts; K.G. N.F. = die ebenda an zweiter Stelle erwähnte neue Folge dieses Jahrbuchs;

K.O. = Konkursordnung in der Fassung der Bekanntmachung vom 20. Mai 1898;

M. = Motive, im Zweifel die Motive zum Entwurfe der Grundbuchordnung von 1889 (S. 8 Abs. 2);

O.Tr. Entsch. = die im amtlichen Auftrage herausgegebenen Entscheidungen des preußischen Obertribunals;

P. = die Protokolle über die Verhandlungen der Kommissionen zur Ausarbeitung des Entwurfs eines B.G.B.; P. I = die metallographirten Protokolle der ersten, P. II = die gedruckten Protokolle der zweiten Kommission;

Rechtspr. = die von Mugdan und Falkmann herausgegebene Rechtsprechung der Oberlandesgerichte (vgl. S. 139);

R.G. = Reichsgericht, im Zweifel Entscheidungen des Reichsgerichts in Civilsachen;

R.G.Bl. S. = Reichsgesetzblatt Seite;

St.B. = Stenographische Berichte, im Zweifel über die Verhandlungen des Reichstags über die G.B.O. (vgl. S. 9 Anm. 2, S. 10 Anm 2); St.B. d. A.H. (H.H.) = stenographische Berichte über die Verhandlungen des preuß. Abgeordnetenhauses (Herrenhauses) über das A.G. z. G.B.O. (vgl. S. 11 Anm. 5, S. 12 Anm. 1);

St.G.B. = Strafgesetzbuch für das Deutsche Reich;

St.P.O. = Strafprozeßordnung vom 1. Februar 1877;

Str. Arch. = Archiv für Rechtsfälle aus der Praxis der Rechtsanwälte des Königl. Obertribunals, herausgegeben und redigirt von Striethorst;

V.O. = Verordnung, im Zweifel preuß. Königl. Verordnung, betr. das Grundbuchwesen, vom 13. November 1899 (G.S. S. 519ff.);

Vorbm. = Vorbemerkung vor den einzelnen Abschnitten des Gesetzes;

Zw.V.G. = Reichsgesetz über die Zwangsversteigerung und die Zwangsverwaltung vom 24. März 1897; preuß. Zw.V.G. = preußisches Gesetz, betr. die Zwangsvollstreckung in das unbewegliche Vermögen vom 13. Juli 1883.

Die Identität der in den verschiedenen Sammlungen abgedruckten Entscheidungen ist durch das Zeichen = zum Ausdrucke gebracht.

Einleitung.

I. Geschichte.

1. Der frühere Rechtszustand.

1. Aus der absoluten Wirkung der dinglichen Rechte ergiebt sich die Gefahr, daß Jeder, der eine unbewegliche Sache oder ein Recht an einer solchen erwirbt oder zu erwerben glaubt, gewärtig sein muß, hinterher zu erfahren, daß der Werth der Sache bereits durch andere auf ihr lastende Rechte erschöpft oder der Erwerbsakt wegen Mangels der Berechtigung des Rechtsvorgängers wirkungslos ist. Die bloße Möglichkeit eines solchen Ergebnisses ist aber unerträglich für den Verkehr; für ihn ist zweifellose Rechtssicherheit unumgänglich erforderlich. Daher muß eine gesunde Immobiliargesetzgebung bestrebt sein, eine Einrichtung zu schaffen, welche geeignet ist, Jedem, der in Beziehung auf ein Grundstück mit einem Anderen in ein Rechtsverhältniß tritt, die an dem Grundstücke bestehenden Rechte und die Personen der Berechtigten erkennbar zu machen.[1]) Dies verkannte das spätere römische Recht, indem es das Eigenthum an unbeweglichen wie an beweglichen Sachen lediglich durch Tradition übergehen und dingliche Rechte an fremden Grundstücken, insbesondere auch das Pfandrecht durch formlosen Vertrag entstehen ließ. Dagegen hat das deutsche Recht des Mittelalters mit Rücksicht auf die Bedeutung, die der Grundbesitz, insbesondere in Folge der Verknüpfung der politischen Rechte mit dem Besitze von Grund und Boden, der Zeit besaß, ein Sonderrecht für die Grundstücke ausgebildet, indem es die Rechtsverhältnisse an Grundstücken unter den Schutz der Oeffentlichkeit stellte. In ältester Zeit war der Erwerb des Eigenthums und des Pfandrechts (der alten Satzung) an eine Auflassung geknüpft, die an einem öffentlichen Orte, in der Kirche, in der Volksversammlung oder vor Gericht, stattfand; später wurden die Rechte an Grundstücken von der Eintragung in öffentliche Bücher abhängig gemacht.[2])

Obwohl zur Zeit der Rezeption des römischen Rechtes dieses sog. Publizitäts- oder Eintragungsprinzip bereits in zahlreichen Gebieten Deutschlands galt, konnte

---

[1]) M. z. B.G.B. Bd. 3 S. 16.

[2]) Vgl. Achilles 3. Aufl. S. 15 ff.; Stobbe-Lehmann, Handbuch des deutschen Privatrechts, 3. Aufl. Bd. 1 (1893) §. 67, Bd. 2 (1896/7) §§. 105, 144—146; Stobbe, Die Auflassung des deutschen Rechtes, Jahrb. f. Dogmatik Bd. 12 S. 137 ff.

es sich doch gegenüber dem römischen Rechte nicht behaupten und behielt nur in wenigen Städten, namentlich in Hamburg und Lübeck, fortdauernde Gültigkeit.

2. Die Mängel des römischen Liegenschaftsrechts führten schon bald nach der Rezeption zu Beschwerden über die Unsicherheit der Eigenthumsrechte und den Mangel an Realkredit. Die Partikulargesetzgebung versuchte zunächst vergeblich Abhülfe zu schaffen. Erst in der neuesten Zeit gelangte das Oeffentlichkeitsprinzip wieder zur Geltung, und zwar unter dem Einflusse des **preußischen Rechtes**.

a. In Preußen brachte nach mehreren ziemlich erfolglosen Versuchen, öffentliche Bücher einzuführen,[1]) die von Suarez verfaßte allgemeine Hypothekenordnung vom 20. Dezember 1873 eine gründliche Reform. Nach ihr sollten alle selbständigen Grundstücke in den Hypothekenbüchern verzeichnet, jedem Grundstück ein besonderes Folium angewiesen, der Besitztitel des Eigenthümers berichtigt und der als Besitzer Eingetragene für den wahren Eigenthümer angesehen, alle Hypotheken und Realverbindlichkeiten (mit Ausnahme der gemeinen Lasten) in dem Buche vermerkt, alle Veränderungen, die der Realzustand erfuhr, sorgfältig nachgetragen werden und der Richter verpflichtet sein, die Gültigkeit und Rechtsbeständigkeit der zur Eintragung gelangenden Akte zu prüfen und zu vertreten.[2])

Während hiernach die Eintragung nicht nur Bedingung für die Begründung von Hypotheken, sondern auch für den Erwerb des Eigenthums und der sonstigen dinglichen Rechte sein sollte, erkannte das Allgemeine Landrecht für die preußischen Staaten vom 5. Februar 1794 das Publikationsprinzip nur für die Hypotheken- und dinglichen Vorkaufsrechte an und ließ vor allem das Eigenthum ohne Eintragung durch Uebergabe auf Grund eines gültigen obligatorischen Rechtsgeschäfts übergehen.[3]) Auch für das formelle Recht wurde mit den Grundsätzen der Hypothekenordnung gebrochen, als die Kabinetsordre vom 31. Oktober 1831 die Zwangspflicht zur Besitztitelberichtigung aufhob.

Der durch die Hypothekenordnung und das Allgemeine Landrecht geschaffene Rechtszustand wurde zunächst nur in wenigen Punkten geändert, um den dringendsten Bedürfnissen zu genügen. So wurde auf Grund eines Gutachtens der Gesetzkommission vom 10. Juli 1802 durch §. 52 des Anhangs zum A.L.R. (I. 16 § 484) die Eigenthümerhypothek eingeführt, und das Gesetz vom 24. Mai 1853 „betr. einige Abänderungen der Hypothekenordnung vom 20. Dezember 1783“ vereinfachte das Verfahren überhaupt und insonderheit die Bildung der Hypothekeninstrumente, beschränkte die Eintragungen von Amtswegen und präzisirte die Lehre von den Protestationen.[4])

b. Eine völlig neue Regelung des materiellen wie des formellen Grundbuchrechts

---

[1]) Vergl. über die Geschichte des preuß. Immobiliarrechts Achilles-Strecker 4. Aufl. S. 7 ff.

[2]) Allg. Hyp.O. I. §§. 6, 8, 41 ff.; II. §§. 11, 92, 109.

[3]) A.L.R. I. 9 §§. 1—6; I. 10 §§. 1, 2; I. 20 §§. 6—10, 570; I. 21 §§. 1 ff.; I. 22 §§. 13 ff.; vgl. auch I. 2 §. 135; I. 10 §§. 10 ff.; I. 20 §. 410. Entsch. des Obertribunals 21 S. 10, 27 S. 287.

[4]) Hartmann, Das preuß. Immobiliar-Sachenrecht ꝛc. S. 8 ff.

brachten erst nach langjährigen Reformbestrebungen[1]) die beiden Gesetze vom 5. Mai 1872, das „Gesetz über den Eigenthumserwerb und die dingliche Belastung der Grundstücke, Bergwerke und selbständigen Gerechtigkeiten", welches das materielle Recht enthält, und die das formelle Recht enthaltende „Grundbuch-Ordnung." Durch diese hat sich in Preußen der Uebergang von dem Pfandbuchsysteme zum Grundbuchsysteme vollzogen; während die Hypothekenbücher nach der Allg. Hypothekenordnung vom 20. Dezember 1783 nur Pfandbücher waren, da sie lediglich den Zwecken des Realkredits dienten und nur die Begründung der Hypotheken an die Eintragung geknüpft war, sind seit dem Inkrafttreten der genannten Gesetze die öffentlichen Bücher in Preußen bestimmt, dem gesammten Immobiliarverkehr eine sichere Grundlage zu geben und alle Rechtsverhältnisse der Grundstücke, insbesondere auch das Eigenthum zu veröffentlichen. Freilich wurde auch durch diese Gesetze das Eintragungsprinzip nicht für alle Rechte in gleicher Weise durchgeführt. Nur zur Uebertragung des Eigenthums im Falle freiwilliger Veräußerung sowie zur Entstehung und Aufhebung der Hypothek und der Grundschuld, welche jetzt neben der akzessorischen Hypothek eingeführt wurde, bedurfte es der Eintragung: andere dingliche Rechte an fremden Grundstücken, die auf einem privatrechtlichen Titel beruhen, entstanden und erloschen auch ohne Eintragung, sie erlangten aber regelmäßig erst durch die Eintragung Wirksamkeit gegen Dritte, einerlei ob sie diesen bekannt waren oder nicht. Verfügungsbeschränkungen des Eigenthümers waren dagegen gegen Dritte wirksam, wenn sie eingetragen oder den Dritten bekannt waren. Ausnahmsweise bedurften nicht der Eintragung und wirkten auch uneingetragen gegen redliche Dritte die Grundgerechtigkeiten, die gesetzlichen Vorkaufsrechte, Miethe und Pacht und einige bergrechtliche Nutzungs- und Gebrauchsrechte sowie die gemeinen Lasten; desgleichen vollzog sich ohne Eintragung der Eigenthumserwerb außerhalb der Fälle freiwilliger Veräußerung und der Erwerb eingetragener dinglicher Rechte, vor allem der Hypotheken und Grundschulden. Aber für alle diese Fälle war die Eintragung nicht bedeutungslos, namentlich erlangte der Grundeigenthümer erst mit seiner Eintragung das Recht der Auflassung und der Belastung seines Grundstücks. Von der Eintragung ausgeschlossen waren die an den Staat zu entrichtenden öffentlichen Abgaben und Leistungen.[2])

Durch diese Erweiterung des Erfordernisses der Eintragung, durch die theilweise Beseitigung des landrechtlichen Rechtes zur Sache (jus ad rem) für den Bereich des Liegenschaftsrechts[3]) und durch die strengere Durchführung des Grundsatzes des öffentlichen Glaubens des Grundbuchs[4]) wurde das Publizitätsprinzip mehr als bisher zur Geltung gebracht.

---

[1]) Vergl. über diese und die Entstehungsgeschichte der Gesetze vom 5. Mai 1872 Achilles-Strecker 4. Aufl. S. 11ff.; Werner, Die preuß. Grundbuch- und Hyp.-Gesetze vom 5. Mai 1872 nebst Materialien, 1872 Bd. 2, insbesondere S. 36ff.

[2]) Ges. über den Eigenthumserwerb ꝛc. §§. 1, 5, 11, 12, 18, 49, 54, 57; preuß. G.B.O. §. 11 Ziff. 1 Abs. 2, 3.

[3]) Ges. über den Eig.Erw. ꝛc. §§. 4, 15. Vergl. Achilles-Strecker 4. Aufl. S. 44, 104ff.

[4]) Ges. über den Eig.Erw. ꝛc. §§. 9, 11, 38, 49; preuß. G.B.O. §. 118.

Das Legalitätsprinzip, kraft dessen die die öffentlichen Bücher führenden Beamten bei eigener Verantwortlichkeit verpflichtet sind, die gesetzlichen Voraussetzungen der Eintragungen zu prüfen, wurde durch die Gesetze vom 5. Mai 1872 anders gestaltet. Gerade dieser Grundsatz hatte zu vielfachen Beschwerden Anlaß gegeben, weil die bisherige kollegialische Behandlung der Hypothekensachen bei den Gerichten an sich schon den Geschäftsgang beeinträchtigte, die Richter aber überdies im Bewußtsein ihrer Verantwortlichkeit für die formelle und materielle Gesetzmäßigkeit der Akte nur zu sehr geneigt waren, Bedenken Raum zu geben, die dem unbefangenen Sinne nicht einleuchten wollten. Jetzt wurde nicht nur die Bearbeitung der Hypothekensachen durch Kollegien beseitigt, sondern auch das Legalitätsprinzip durch das Konsensprinzip gemildert, indem die mit der landrechtlichen Lehre vom titulus und modus acquirendi zusammenhängende Verpflichtung zur Prüfung der Rechtsbeständigkeit des obligatorischen Rechtsgeschäfts, das der dinglichen Rechtsänderung zu Grunde liegt, aufgehoben und die Grundbuchämter nur verpflichtet wurden, die Rechtsgültigkeit der Auflassung, Eintragungs- oder Löschungsbewilligung zu prüfen.[1])

Auch das Spezialitätsprinzip wurde konsequenter durchgeführt, indem Hypotheken mit unbestimmtem Betrage nicht mehr zugelassen, sondern mindestens die Eintragung des Höchstbetrags, bis zu welchem das Grundstück haften sollte, gefordert und die genaue Bezeichnung der Grundstücke im Grundbuche nach den Grund- und Gebäudesteuerbüchern vorgeschrieben wurde.[2])

Weiter wurden von dem Antragsprinzipe, d. i. dem Grundsatze, daß die Grundbuchämter nur auf Antrag zu verfahren haben, nur noch wenige und nicht erhebliche Ausnahmen zugelassen[3]) und neben verschiedenen einzelnen Neuerungen z. B. für die Hypothekenurkunden andere Formen vorgeschrieben.

Das bisherige Hypothekenbuchformular wurde in mehrfacher Hinsicht, namentlich mit Rücksicht auf die Zurückführung der Grundbücher auf die Steuerbücher, geändert und daneben ein zweites Formular für Grundstücke sowie ein Formular III für „Bergwerke mit unbeweglichen Antheilen der Gewerken (Kuxe)“, also für Gewerkschaften aus der Zeit vor dem Inkrafttreten des allgemeinen Berggesetzes vom 24. Juni 1865 eingeführt. Bei dem Formular I erhielt grundsätzlich jedes einzelne Grundstück, ausnahmsweise auch mehrere zusammen, ein Blatt, das in einen Titel und drei Abtheilungen zerfällt; der Titel enthält die Beschreibung des Grundstücks und etwaige Abschreibungen, die erste Abtheilung den Namen des Eigenthümers und Zeit und Grund des Erwerbs, Abtheilung II die Eigenthumsbeschränkungen und Belastungen mit Ausnahme der Hypotheken und Grundschulden und Abtheilung III die Hypotheken und Grundschulden. Bei Formular II erhielt jeder Eigenthümer für alle seine in einem Gemeindebezirke belegenen Grundstücke einen Artikel, der ebenfalls in ein Titel-

---

[1]) Preuß G.B.O §. 46; vgl. Achilles-Strecker 4. Aufl. S. 353ff. und über die Ausnahme bei der Hypothek ebenda S 128ff

[2]) Ges. über den Eig.Erw. 2c. §. 24; preuß. G.B.O. §§. 4, 8.

[3]) Vgl. Achilles-Strecker 4. Aufl S. 331

blatt und drei Abtheilungen zerlegt ist; von Formular I weichen diese insofern ab, als der Titel den Eigenthümer und Abtheilung I die einzelnen Grundstücke und Zeit und Grund des Erwerbs aufführt; die Abtheilungen II und III stimmen bei beiden Formularen fast völlig überein, der einzige Unterschied besteht darin, daß das Formular II eine bei dem anderen Formular fehlende Spalte „Bezeichnung des belasteten Grundstücks nach der laufenden Nr. der I. Abtheilung" enthält. Das Formular II war für die Gegenden des zersplitterten Grundbesitzes bestimmt und neu eingeführt, weil das bisherige Formular für die Aufführung und nähere steuermäßige Bezeichnung mehrerer selbständiger Grundstücke auf seinem Titelblatte nicht genügend Raum bot und bei verschiedener Belastung der einzelnen Parzellen der Uebersichtlichkeit entbehrte, während jenes in seiner Abtheilung I mehr Platz für die Grundstücke enthielt und durch die eben erwähnte besondere Spalte in den Abtheilungen II und III die rasche Auffindbarkeit der die einzelnen Parzellen betreffenden Lasten ermöglichte.[1])

c. Der Geltungsbereich der beiden Gesetze vom 5. Mai 1872 umfaßte zunächst die Gebietstheile, in denen das allgemeine Landrecht gilt, mit Ausnahme der landrechtlichen Theile der Provinz Hannover. Auf die übrigen Gebietstheile[2]) wurden sie später durch folgende besondere Gesetze ausgedehnt: Gesetz über das Grundbuchwesen in dem Jadegebiete, vom 23. März 1873 (abgeändert durch Gesetz vom 3. Februar 1879); Gesetz über das Grundbuchwesen und die Verpfändung von Seeschiffen in Neuvorpommern und Rügen vom 26. Mai 1873; Gesetz über das Grundbuchwesen und die Verpfändung von Seeschiffen in der Provinz Schleswig-Holstein, vom 27. Mai 1873 (abgeändert durch Gesetz vom 31. Januar 1879); Gesetz über das Grundbuchwesen in der Provinz Hannover mit Ausschluß des Jadegebiets, vom 28. Mai 1873 (geändert durch Gesetz vom 29. Januar 1879); Gesetz über das Grundbuchwesen in dem Bezirke des Appellationsgerichts zu Kassel mit Ausschluß des Amtsgerichtsbezirks von Vöhl, vom 29. Mai 1873 (ergänzt durch die Gesetze vom 29. Mai 1874 und vom 28. Mai 1885); Gesetz über das Grundbuchwesen in dem Bezirke des Justizsenats zu Ehrenbreitstein, vom 30. Mai 1873 (geändert durch Gesetz vom 3. Februar 1879); Gesetz über das Grundbuchwesen in den Hohenzollernschen Landen, vom 31. Mai 1873; Gesetz über das Grundbuchwesen und die Zwangsvollstreckung in das unbewegliche Vermögen im Geltungsbereiche des Rheinischen Rechtes, vom 12. April 1888 (ergänzt durch Gesetz vom 14. Juli 1893); Gesetz, betr. das Grundbuchwesen und die Zwangsvollstreckung in das unbewegliche Vermögen in dem Gebiete der vormals freien Stadt Frankfurt sowie den vormals Großherzoglichen Hessischen und Landgräflich Hessischen

---

[1]) Vgl. preuß. G.B.O. §§. 6—17 und die beigefügten amtlichen Formulare; Achilles-Strecker 4. Aufl. S. 304ff., 467ff. Ueber die Weiterbenutzung dieser alten Formulare vgl. preuß. Allg. Verf. §§. 25—28.

[2]) Ueber den früheren Rechtszustand in diesen Gebieten vgl. Achilles-Strecker 4. Aufl. S. 18ff.

Gebietstheilen der Provinz Hessen-Nassau, vom 19. August 1895; Gesetz über das Grundbuchwesen und die Zwangsvollstreckung in das unbewegliche Vermögen im Kreise Herzogthum Lauenburg, vom 8. Juni 1896.

Durch diese Gesetze war das Grundbuchrecht bereits vor dem 1. Januar 1900 auf die ganze preußische Monarchie ausgedehnt, mit alleiniger Ausnahme der Insel Helgoland und des Gebiets des vormaligen Herzogthums Nassau. Die Anlegung der Grundbücher ist jedoch auch in den übrigen Gebietstheilen noch nicht überall vollendet.

3. Auch in den **übrigen deutschen Staaten** wurde das Liegenschaftsrecht im Laufe des 19. Jahrhunderts neu gestaltet, zum Theil in Anlehnung an die preußischen Gesetze. In Waldeck und Pyrmont wurden diese direkt eingeführt, und ihnen nachgebildet waren die Gesetze von Oldenburg, Koburg-Gotha, Braunschweig, Lippe-Detmold, Schwarzburg-Sondershausen und Schaumburg-Lippe. Demnach galten in dem größten Theile Deutschlands bis zum 1. Januar 1900 die Grundsätze des preußischen Grundbuchrechts. Auch in verschiedenen anderen Staaten, namentlich im Königreich Sachsen, war das Grundbuchsystem eingeführt, während in Bayern, Württemberg, Baden, Sachsen-Weimar und Elsaß-Lothringen u. a. das Liegenschaftsrecht auf der Grundlage des Pfandbuchsystems geregelt war. Durch die neueren Gesetze wurde nicht nur das römische Recht, sondern auch das früher in einem großen Theile Deutschlands geltende französische Transskriptions- und Inskriptionssystem, nach welchem die Transskription des Eigenthumsübergangs und die Inskription der Hypotheken in die öffentlichen Register zwar nicht zum Erwerbe der Rechte erforderlich war, aber doch gewisse Vortheile gewährte, fast überall verdrängt.[1])

2. Die Entstehung der Grundbuchordnung.

1. Die erste Kommission zur Ausarbeitung des Entwurfs eines B.G.B.[2]) betrachtete als ihre Aufgabe die Kodifikation des gesammten bürgerlichen Rechtes, nicht nur des materiellen Privatrechts, sondern auch der formellrechtlichen Normen, welche zur Durchführung der materiellrechtlichen Vorschriften erforderlich sind. Deshalb hat sie auch die Ausarbeitung des formellen Liegenschaftsrechts unternommen. Da dessen Vorschriften aber zur Aufnahme in das B.G.B. selbst nicht geeignet waren, weil dieses Gesetzbuch grundsätzlich nur zur Aufnahme des materiellen Rechtes bestimmt war und eine Abweichung von diesem Grundsatze zu Gunsten des Immobiliarsachenrechts schon durch die Rücksicht auf das System und die verschiedene Bedeutung

---

[1]) Vgl. die Zusammenstellung der in den einzelnen deutschen Staaten geltenden Liegenschaftsrechte bei Stobbe-Lehmann Handbuch des Deutschen Privatrechts, 3. Aufl. 2. Bd. 1. Hälfte (1896) §. 80 S. 91—167, namentlich S. 104—167 und §. 106 S. 380ff. sowie 2. Bd. 2. Hälfte (1897) S. 155—159.

[2]) Ueber deren Zusammensetzung und Thätigkeit vgl. Planck Bd. 1 S. 4—10.

der materiellen und der formellen Vorschriften für die Betheiligten ausgeschlossen erschien, wurde die Zusammenstellung dieser Vorschriften in einem besonderen Gesetze von vornherein in Aussicht genommen.[1])

Die erforderlichen Vorarbeiten wurden im Jahre 1882 in Angriff genommen. In diesem Jahre arbeitete unter Leitung des Geh. Oberjustizraths Johow, des Redaktors des Sachenrechts, der ihm als Hülfsarbeiter beigegebene damalige Oberlandesgerichtsrath Achilles einen vollständigen „Entwurf einer Grundbuchordnung für das Deutsche Reich“ und eine „Begründung“ aus. Beide Arbeiten sind im Jahre 1883 durch den Druck vervielfältigt, aber nicht veröffentlicht worden. Wie der Redaktorenentwurf des Sachenrechts und entsprechend dem in dem größten Theile Deutschlands geltenden Rechte folgt dieser Entwurf dem Grundbuch- und nicht dem Pfandbuchsystem;[2]) er schließt sich vor allem an die preußische Grundbuchordnung vom 5. Mai 1872 an. Seine 133 Paragraphen vertheilen sich auf sieben Abschnitte mit den Ueberschriften: Grundbücher; Grundbuchämter; Verfahren der Grundbuchämter; Hypothekenurkunden; Anlegung neuer Grundbuchblätter und Wiederherstellung zerstörter Grundbücher; Erbbaurecht, Bergbaurecht und andere selbständige Berechtigungen; Stammguts-, Familienfideikommiß- und Lehen-Grundstücke und Berechtigungen. Schon diese Ueberschriften lassen erkennen, daß der Verfasser eine einheitliche Ordnung des formellen Grundbuchrechts für das ganze Reich erstrebte; nur Vorschriften reglementarer Natur sollten den Einzelstaaten überlassen bleiben. Die Begründung ist sehr umfangreich (392 Folioseiten); sie enthält insbesondere auch bei den einzelnen Bestimmungen eine Darstellung des bisherigen Rechtes der verschiedenen Bundesstaaten.

Bei der Berathung des Sachenrechtsentwurfs durch die Gesammtkommission in den Jahren 1884, 1885 nahm diese wiederholt Veranlassung, sich mit dem Inhalte der künftigen Grundbuchordnung zu beschäftigen. Der Ueberschrift des dritten Buches des Entwurfs eines B.G.B. fügte sie folgende Anmerkung III bei:

> „Die Rechte an Grundstücken sind auf der Grundlage des in dem größten Theile des Reiches geltenden Grundbuchsystems geregelt. Diese Art der Regelung bringt es mit sich, daß mit der Einführung des B.G.B. zugleich im Wege der Reichsgesetzgebung eine Grundbuchordnung zu erlassen ist, in welcher das Grundbuchwesen und das Verfahren der mit der Führung der Grundbücher beauftragten Behörden (Grundbuchämter) insoweit einheitlich geordnet wird, als die einheitliche Geltung der materiellen Vorschriften des B.G.B. erfordert. Bei der Berathung des vorliegenden Entwurfs sind für die einem besonderen Reichsgesetze vorbehaltene Grundbuchordnung verschiedene Vorschriften beschlossen, auf welche zum Theil in besonderen Anmerkungen hingewiesen ist.“

---

[1]) Vgl. M. z. B.G.B. Bd. 3 S. 21; M. z. G.B.O. S. 21.

[2]) Vgl. oben S. 3 und M. z. B.G.B. Bd. 3 S. 19ff.

In Folge der Kommissionsbeschlüsse mußte der Entwurf von 1883 einer eingehenden Nachprüfung durch den Redaktor unterzogen werden. Das Ergebniß war der „neue Entwurf einer G.B.O. für das Deutsche Reich“ vom Jahre 1888.

Dieser Entwurf bildete die Grundlage der Berathungen der ersten Kommission, die am 4. Juni 1888 begonnen und am 8. Oktober 1888 beendigt wurden.[1]) Aus den Berathungen ist der im Jahre 1889 durch den Druck veröffentlichte „Entwurf einer Grundbuchordnung“ hervorgegangen.[2]) Die ihm beigefügten „Motive“ (105 Seiten) sind auf Grund der Protokolle und der Vorarbeiten von dem Hülfsarbeiter der Kommission, dem jetzigen Reichsgerichtsrath a. D. von Liebe ausgearbeitet.

Dieser Kommissionsentwurf (E. I) unterscheidet sich von dem Redaktorenentwurf von 1883 schon äußerlich durch seine verhältnißmäßige Kürze. Er enthält nur 79 Paragraphen und zerfällt nur in fünf Abschnitte: Grundbuchämter, Grundbücher; Eintragung in das Grundbuch; Hypothekenbrief, Grundschuldbrief; Beschwerde; Einführungsvorschriften. Vor allem fehlen die in dem älteren Entwurf enthaltenen ausführlichen Vorschriften über die Einrichtung der Grundbücher und über die Verfassung der Grundbuchämter, weil die Kommission, um die bestehenden Einrichtungen zu schonen und die Einführung des Reichsgrundbuchrechts zu beschleunigen, die Regelung dieser Fragen der Landesgesetzgebung vorbehielt und nur die für die einheitliche Durchführung des B.G.B. unbedingt erforderlichen Bestimmungen traf. Auch die Anlegung neuer Grundbuchblätter und die Wiederherstellung zerstörter Grundbücher wurden, wie die erste Anlegung der Bücher im Entwurf eines Einführungsgesetzes z. B.G.B. Art. 108, der Regelung durch landesherrliche Verordnung überlassen, und die Bestimmungen über Bergbauberechtigungen und andere selbständige Berechtigungen, mit Ausnahme des Erbbaurechts, über Stammguts-, Familienfideikommiß- und Lehen-Grundstücke fielen fort, weil diese Materien durch den Entwurf eines Einführungsgesetzes z. B.G.B. der Landesgesetzgebung vorbehalten waren. Schließlich wurde von dem Kodifikationsprinzip überhaupt abgesehen und Vorschriften zur Ergänzung und zur Ausführung der G.B.O. allgemein zugelassen.[3])

2. Die Kommission für die zweite Lesung des Entwurfs eines B.G.B. war mit der Berathung der Grundbuchordnung nicht betraut. Auch sie ist jedoch von der Voraussetzung ausgegangen, „daß im Wege der Reichsgesetzgebung eine Grundbuchordnung erlassen wird, in welcher das Grundbuchwesen und das Verfahren der mit der Führung der Grundbücher beauftragten Behörden (Grundbuchämter) insoweit geregelt wird, als die materiellen Vorschriften des B.G.B. eine einheitliche Regelung erfordern,“ und hat dies durch die Anmerkung I 1 zu dem zweiten Abschnitte des

---

[1]) Vgl. Planck Bd. 1 S. 9.

[2]) Die amtliche Ausgabe dieses Entwurfs nebst Motiven ist zusammen mit dem Entwurf eines Gesetzes betr. die Zwangsvollstreckung in das unbewegliche Vermögen nebst Motiven 1889 bei J. Guttentag erschienen.

[3]) E. I §. 79; M. S. 23.

dritten Buches zum Ausdrucke gebracht. Auch sonst hat sie vielfach durch Anmerkungen klargestellt, in welchem Sinne bestimmte einzelne Fragen durch die G.B.O. zu regeln seien.

Die Umarbeitung des Entwurfs der G.B.O., die in Folge der Neugestaltung des materiellen Rechtes durch den zweiten Entwurf des B.G.B. erforderlich geworden war, erfolgte im Reichsjustizamte durch eine besondere Kommission in den Jahren 1895 und 1896. Auf ihren Arbeiten beruht der zweite Entwurf (E. II), der von dem Bundesrath als Reichstagsvorlage angenommen wurde. Dieser Entwurf ist von dem Entwurfe der ersten Kommission (E. I) wiederum erheblich verschieden. Er enthält 100 Paragraphen und zerfällt in dieselben fünf Abschnitte wie das Gesetz, von dem er überhaupt nur wenig abweicht. Das Kodifikationsprinzip ist wieder angenommen, aber hinsichtlich der Verfassung der Grundbuchämter und der Einrichtung der Grundbücher ist der Standpunkt des E. I beibehalten. Die Hauptunterschiede gegenüber diesem Entwurfe liegen in den Einzelbestimmungen.

Beigefügt ist ihm eine Denkschrift, welche die einzelnen Bestimmungen erläutert und für das Verständniß des Gesetzes von großer Bedeutung ist.[1])

3. Der Entwurf nebst der Denkschrift wurde am 22. Januar 1897 dem Reichstage vorgelegt. Am 3. Februar 1897 fand die erste Berathung statt, in der die Vorlage nach kurzer Debatte der XVI. Kommission überwiesen wurde, der die Vorberathung des Gesetzentwurfs über die Zwangsversteigerung und die Zwangsverwaltung oblag.[2]) Die Kommission berieth den Entwurf in zwei Lesungen, deren erste die Sitzungen vom 8., 9., 10. und 11. Februar in Anspruch nahm, während die zweite am 16. dess. Monats erfolgte. Am 19. Februar wurde der Bericht festgestellt. Vorsitzender war Dr. v. Cuny, Berichterstatter de Witt.

Die durch die Kommission beschlossenen Aenderungen bestanden in der Aufnahme zweier neuen Paragraphen (§§ 10, 31 des Gesetzes), in der Hinzufügung des Satzes 2 des Abs. 1 des § 13 des Gesetzes, des Abs. 2 des § 18, des Schlußhalbsatzes des § 36, des Abs. 2 Satz 2 des § 54, des Abs. 2 Satz 2 des § 79 und der letzten Hälfte des § 97 und in Aenderungen der §§ 11, 15, § 18 Abs. 1, §§ 41, 43, 69, 99 des Gesetzes. Außerdem schlug die Kommission eine Resolution vor, wonach die Regierungen dahin wirken sollten, daß bei der Neuanlage von Grundbüchern das Verzeichniß (G.B.O. § 2 Abs. 2) auf eine Flurkarte gestützt sein müsse, in welcher

---

[1]) Die Reichstagsvorlage und die beigefügte Denkschrift (D.) bilden Nr. 631 der amtlichen Drucksachen des Reichstags. Vgl. die stenographischen Berichte über die Verhandlungen des Reichstags, 9. Legislaturperiode, 4. Session 1895/97, Anlageband 5 S. 3027—3052. (Die Denkschrift ist auch im Verlage von J. Guttentag und zusammen mit dem Kommissionsbericht, Anm. 1 S. 10, in Carl Heymanns Verlag erschienen und sämmtliche Materialien zur G.B.O. sind von Mugdan im Bd. 5 von Hahns gesammten Materialien zu den Reichsjustizgesetzen S. 136 bis 229 veröffentlicht.)

[2]) Vgl. über die erste Berathung, in der außer dem Staatssekretär des Reichsjustizamts Dr. Nieberding nur 5 Abgeordnete das Wort ergriffen, die stenographischen Berichte über die Verhandlungen des Reichstags, 9. Legislaturperiode, 4. Session 1895/97 Bd. 6 S. 4417—4428.

die Grundstücke mit denselben Nummern oder Buchstaben bezeichnet sind, wie in dem Verzeichnisse.[1])

Die dergestalt veränderte Vorlage und die Resolution wurden von dem Reichstage am 26. Februar 1897 in zweiter und am 8. März 1897 in dritter Lesung ohne Debatte en bloc angenommen.[2])

Nachdem auch der Bundesrath die Vorlage in dieser Gestalt angenommen hatte, wurde die „Grundbuchordnung für das Deutsche Reich" am 24. März 1897 vom Kaiser vollzogen und in der am 3. April 1897 ausgegebenen Nr. 15 des Reichsgesetzblatts S. 139 ff. verkündet.

In Kraft getreten ist sie nicht überall mit dem 1. Januar 1900, vielmehr tritt das formelle wie das materielle Reichs-Grundbuchrecht grundsätzlich für jeden einzelnen Grundbuchbezirk mit dem Zeitpunkt in Kraft, in welchem das Grundbuch als angelegt anzusehen ist.[3])

4. Durch Reichsgesetz vom 17. Mai 1898 (R.G.Bl. S. 342) § 2 wurde der Reichskanzler ermächtigt, den Text der Grundbuchordnung durch das Reichsgesetzblatt in der Weise bekannt zu machen, daß die darin enthaltenen Verweisungen auf Vorschriften der Civilprozeßordnung und der Konkursordnung durch Verweisungen auf die entsprechenden Vorschriften der durch den Reichskanzler auf Grund desselben Gesetzes § 1 bekannt gemachten neuen Texte dieser Gesetze zu ersetzen sind. Diese Bekanntmachung erfolgte am 20. Mai 1898 in Nr. 25 des Reichsgesetzblatts S. 754 ff.

3. Die landesrechtlichen Bestimmungen.

Wenn auch die Grundbuchordnung für das Deutsche Reich den Charakter einer Kodifikation hat und demnach die Landesrechte nur über diejenigen Fragen Bestimmungen treffen dürfen, deren Regelung ihnen durch ausdrückliche oder stillschweigende Vorbehalte in dem Reichsgesetz überlassen ist,[4]) so hat sie doch nur einen fragmentarischen Charakter, da in einer verhältnißmäßig erheblichen Zahl von Punkten landesrechtliche Ergänzungsbestimmungen erforderlich sind. Dies gilt vor Allem von der Anlegung der Grundbücher; nach Art. 186 des E.G. z. B.G.B. erfolgt die Regelung des Anlegungsverfahrens durch landesherrliche Verordnungen. Ferner ist die Organisation der Grundbuchämter und die Einrichtung der Grundbücher fast völlig Sache der Einzelstaaten. Die gesetzgebenden Faktoren des Reiches haben sich auf die Bestimmungen beschränkt, die sie im Interesse der für das bürgerliche Recht unentbehrlichen Rechts-

---

[1]) Vgl. den Kommissionsbericht (Nr. 686 der amtlichen Drucksachen) ebd. Anlageband 6 S. 3417—3449.

[2]) Vgl. die stenographischen Berichte a. a. O. Bd. 7 S. 4990, 5001.

[3]) Vgl. E.G. z. B.G.B. Art 186, 189; G.B.O. §. 82. Vgl. unten S. 35 und die Erl. zu § 82. Daher sind der Zeitpunkt des Inkrafttretens des B.G.B. (der 1. Januar 1900) und der des Inkrafttretens des Grundbuchrechts zu unterscheiden.

[4]) Vgl. G.B.O. §. 82 Abs. 2 und §§. 83 ff., namentlich Erl. 3 zu §. 82 und Erl. 1 zu §§. 83, 84.

einheit für erforderlich hielten, dagegen im Uebrigen die Regelung den Einzelstaaten überlassen, um den Einrichtungen der einzelnen Bundesstaaten und den Gewohnheiten ihrer Bevölkerung nicht mehr Abbruch zu thun, als es durch den Zweck der Rechtseinheit unbedingt geboten erschien.[1]) Schließlich läßt das Reichsgrundbuchrecht auch die im Einführungsgesetze z. B.G.B. den Landesrechten überlassenen Rechtsgebiete völlig unberührt. Es kommen daher für das formelle Grundbuchrecht neben dem Reichsgesetze noch die Landesrechte in Betracht.

Die landesrechtlichen Bestimmungen sind, theils in Landesgesetzen theils in landesherrlichen Verordnungen und zum Theil in Anordnungen der Landesjustizverwaltungen enthalten, da die Reichsgesetze die Regelung der den Einzelstaaten vorbehaltenen Punkte bald diesen bald jenen übertragen haben.[2])

2. In **Preußen** ist auf Grund Allerhöchster Ermächtigung vom 5. April 1899 am 12. dess. Mon. der im Justizministerium ausgearbeitete Entwurf eines Ausführungsgesetzes zur Grundbuchordnung von dem Justizminister dem Abgeordnetenhause vorgelegt. Er enthält 33 Artikel und ist von einer 24 Seiten umfassenden Begründung begleitet.[3])

Im Abgeordnetenhause fand die erste Berathung am 24. April 1899 statt. In ihr wurde der Entwurf ohne Diskussion der XV. Kommission überwiesen, der die Vorberathung des Ausführungsgesetzes zum B.G.B. übertragen war. Diese hat den Entwurf in einer Sitzung und in zwei Lesungen durchberathen; nur hinsichtlich der Artikel 4 und 10 des Gesetzes fand eine dritte Lesung statt. Der Art. 10 wurde eingeschaltet und in den Artikeln 4, 8, 12, 15, 16, 23, 30 Ziff. I—III, VII, IX des Gesetzes Aenderungen vorgenommen.[4]) Das Plenum billigte die Vorschläge der Kommission, beschloß selbst noch eine weitere Aenderung zu Art. 33 Ziff. 3 des Gesetzes und nahm den so geänderten Entwurf am 28. Juni 1899 in zweiter Lesung und am 30. dess. Mon. in dritter Lesung en bloc an.[5])

Das Herrenhaus hatte die Entwürfe der preußischen Ausführungsgesetze bereits am 22. Februar 1899 vor ihrem Eingange der verstärkten (IV.) Kommission für Justizangelegenheiten zur Berathung überwiesen. Diese berieth den Entwurf eines Ausführungsgesetzes z. G.B.O. in der Sitzung vom 17. Juli 1899 und schlug dessen

---

[1]) Vgl. St.B. S. 4417 ff.

[2]) Vgl. G.B.O. §. 1 Abs. 2, §. 2 Abs. 2, §§. 83, 85—87, 90—102; E.G. z. B.G.B. Art. 186.

[3]) Vgl. Nr. 140 der Drucksachen des Hauses der Abgeordneten, 19. Legislaturperiode, I. Session 1899, abgedruckt bei Stegemann, Die gesammten Materialien zu den preußischen Ausführungsgesetzen zum B.G.B. (1900) S. 722 ff.

[4]) Der Kommissionsbericht bildet die Nr. 223 der Drucksachen (Stegemann a. a. O. S. 738 ff.). Vorsitzender der Kommission war Dr. Porsch, Berichterstatter Zimmermann (Schlüchtern).

[5]) Vgl. über die zweite Lesung St.B. des Hauses der Abgeordneten, 19. Legislaturperiode, I. Session 1899, S. 2627—2629 (Stegemann a. a. O. S. 749). In der dritten hat keine Diskussion stattgefunden.

Annahme in der von dem Abgeordnetenhause beschlossenen Fassung vor. Diese erfolgte durch das Plenum am 24. August 1899 en bloc.[1])

Das Gesetz wurde am 26. September 1899 von dem Könige vollzogen und in der am 10. Oktober 1899 ausgegebenen Nr. 31 der Gesetzsammlung S. 307ff. verkündet.

Neben diesem Gesetz ergingen zur Regulierung des Grundbuchwesens in Preußen die Königl. Verordnung, betr. das Grundbuchwesen, vom 13. November 1899 (G.S. S. 519ff.) und die Allgemeine Verfügung vom 20. November 1899 zur Ausführung der Grundbuchordnung (J.M.Bl. S. 349ff.). Neben diesen Erlassen mit allgemeinem Inhalte sind noch die Allgemeine Verfügung vom 18. November 1899 zur Ausführung der Art. 4, 14 und 36 der genannten Königl. Verordnung (J.M.Bl. S. 347) und die Königl. Verordnungen vom 11. Dezember 1899, betr. die Anlegung der Grundbücher im Gebiete des vormaligen Herzogthums Nassau (G.S. S. 595) und vom 10. April 1900, betr. die Anlegung des Grundbuchs für die Insel Helgoland (G.S. S. 111) hervorzuheben.

Auch andere Landesgesetze und Verfügungen enthalten Bestimmungen über das formelle Grundbuchrecht, vor allem das preußische Gesetz über die freiwillige Gerichtsbarkeit vom 21. September 1899 (G.S. S. 249ff.).

3. In den anderen deutschen Bundesstaaten sind unter Anderem folgende, das formelle Grundbuchrecht betreffende Gesetze, Verordnungen und Verfügungen ergangen:

a. Bayern: A.G. vom 9. Juni 1899 z. G.B.O. und z. Zw.V.Ges. (Beilage z. Ges.= und V.O.Bl. Nr. 28 S. 125). Ges. vom 18. Juni 1898 betr. die Vorbereitung der Anlegung des Grundbuchs in den Landestheilen rechts des Rheins (Ges.= u. V.O.Bl. S. 367). Ges. vom 1. Juli 1898 über das Liegenschaftsrecht in der Pfalz (ebd. S. 370). Allerhöchste Verordnungen vom 23. Juli 1898, die Anlegung des Grundbuchs in den Landestheilen rechts des Rheins betr. (ebd. S. 493) und vom 28. August 1898, die Anlegung des Grundbuchs in der Pfalz betr. (ebd. S. 561). Ferner Bekanntmachungen vom 13., 14. September 1898, 1., 13., 15., 21. Oktober, 12. November 1898, 20. April und 2. Juli 1899, 2., 17. und 26. Juli 1900 (J.M.Bl. 1898 S. 279, 315, 507, Fin.M.Bl. 1898 S. 417; J.M.Bl. 1898 S. 632, 633, 650, J.M.Bl. 1899 S. 99, 165; 1900 S. 981, 1048, 1070).

b. Württemberg: A.G. z. B.G.B. und zu dessen Nebengesetzen vom 28. Juli 1899, namentlich Art. 1—40 (Reg.Bl. S. 423). Königl. V.O. vom 30. Juli 1899, betr. das Grundbuchwesen (das. S. 540). Min.Verf. vom 2. September 1899, betr. das Grundbuchwesen (Amtsbl. d. J. Min. S. 101). Min. Bek. vom 13. März 1899, betr. das Inkrafttreten des Grundbuchrechts (das. S. 72).

---

[1]) Vgl. den Bericht der Kommission des Herrenhauses Nr. 138 der Drucksachen und St.B. S. 378 (Stegemann a. a. O. S. 751—756). Vorsitzender der Kommission war Drenkmann, Berichterstatter Dr. Loersch.

c. Sachsen: V.O. zur Ausführung einiger mit dem B.G.B. zusammenhängender Reichsgesetze vom 24. Juli 1899 (Ges.= u. V.O.Bl. S. 217) §§. 19—30. V.O. vom 26. Juli 1899 zur Ausf. der G.B.O. (ebd. S. 261) und vom 30. November 1899 betr. das Grundbuchwesen (J.M.Bl. S. 79).

d. Baden: A.G. z. G.B.O. vom 19. Juni 1899 (Ges.= u. V.O.Bl. S. 273). Ges. vom 14. April 1898, die Eintragung des Eigenthums im Grundbuch betr. (ebd. S. 256). Landesherrl. V.O., die Führung der Grund= und Pfandbücher betr., vom 11. September 1897 (ebd. S. 293). Min.=V.O. vom 1. August 1899, 4. Mai, 6. Juni und 3. Juli 1900 (ebd. 1899 S. 430, 1900 S. 619, 767, 831).

e. Hessen. Ges. vom 22. Juli 1899 betr. die Ausf. der G.B.O. (Reg.Bl. S. 363), vom 16. März 1899 betr. die Anlegung des Grundbuchs (ebd. S. 65) und vom 14. Juli 1900 betr. Fortführung der Grundbuchkarten und die bisherigen Grundbücher (ebd. S. 435). Anordnungen vom 14. Januar und Anweisung vom 1. Februar 1900 (ebd. S. 151, 221).

f. Mecklenburg=Schwerin: V.O. vom 9. April 1899 zur Ausf. des B.G.B. (Reg.Bl. S. 57), insbesondere §§. 50—83, und von demselben Tage zur Ausf. der G.B.O. (das. S. 173). Anordnungen zur Ausführung der letzteren (das. S. 191).

g. Mecklenburg=Strelitz: V.O. zur Ausf. des B.G.B. (insbesondere §§. 49—81) und zur Ausf. der G.B.O., beide vom 9. April 1899, und Anordnungen von demselben Tage (Offiz.Anz. S. 181, S. 199, und für Ratzeburg S. 49, 157, 177).

h. Oldenburg: Gesetze und Verordnungen zur Ausf. der G.B.O. für das Herzogthum Oldenburg und für das Fürstenthum Lübeck vom 15. Mai 1899 (Ges.Bl. S. 453, 456, Ges.Bl. f. Fürst. Lübeck S. 161, 163) und für das Fürstenthum Birkenfeld vom 13. Oktober 1899 (G.S. f. Birk. S. 275, 278).

i. Braunschweig: A.G. z. G.B.O. vom 12. Juni 1899 (G.= und V.O. Samml. S. 379). V.O. von demselben Tage, betr. die Ausf. der G.B.O. sowie die Anlegung der Grundbücher (das. S. 503). Min.Bek. vom 7. Juli und vom 15. September 1899 (ebd. S. 585, 737).

k. Sachsen=Meiningen: Ges. vom 14. August 1899 zur Ausf. der G.B.O. (Samml. der V.O. S. 399) und V.O. vom 16. Dezember 1899 (ebd. S. 484).

l. Sachsen=Altenburg: A.G. z. G.B.O. vom 4. Mai 1899 (G.S. S. 69) und V.O. vom 5. September 1899 (ebd. S. 141).

m. Sachsen=Koburg=Gotha: A.G. z. G.B.O. vom 23. Oktober 1899 (G.S. S. 121). V.O. und Min.Verf. vom 1. Dezember 1899 (ebd. S. 317, 325).

n. Anhalt: A.G. z. G.B.O. vom 20. April 1899 und V.O. vom 7. und vom 10. Dezember 1899 (G.S. S. 139, 367, 369).

o. Schwarzburg=Sondershausen: A.G. z. G.B.O. vom 29. Juli 1899, Ausf.V.O. vom 14. Oktober und Min.Bek. vom 21. November 1899 (G.S. S. 145, 343, 399).

p. Waldeck: A.G. z. G.B.O. vom 11. Dezember 1899 und V.O. vom 20. dess. Mon. (Reg.Bl. S. 173, 244).

q. Reuß älterer Linie: Ges. vom 28. Oktober und V.O. vom 6. Dezember 1899 zur Ausf. der G.B.O. (G.S. S. 85, 201).

r. Reuß jüngerer Linie: Ges. vom 10. August und V.O. vom 18. November 1899 zur Ausf. der G.B.O. (G.S. S. 137, 263).

s. Schaumburg=Lippe: Ges. vom 19. August 1899, betr. die Ausf. der G.B.O. und V.O. vom 2. Dezember 1899, betr. die Ausf. der G.B.O. sowie die Anlegung der Grundbücher (Land.V.O. S. 146, 319) und V.O. vom 6. Dezember 1900 (ebd. S. 397).

t. Lippe=Detmold: Ges. vom 17. November 1899 und V.O. vom 18. Dezember 1899 zur Ausf. der G.B.O. (G.S. S. 529, 600).

u. Hamburg: Ges. vom 14. Juli 1899, betr. die Ausf. der G.B.O., Bekanntm. vom 11. Dezember 1899 und vom 17. Januar 1900 (Amtsbl. 1899 S. 376, 1061, 1900 S. 143, 245).

v. Lübeck: A.G. z. G.B.O. vom 18./22. Dezember 1899 nebst Nachträgen (Samml. der V.O. Nr. 85 und 1900 Nr. 21 und 51), V.O. vom 24. Januar, 17. März und 8. Mai 1900 (ebd. Nr. 8, Nr. 20 und 31.)

w. Bremen: A.G. z. G.B.O. vom 18. Juli 1899 (Ges.Bl. S. 133) und zwei Verordnungen vom 19. Dezember 1899 (ebd. S. 251, 303).

x. Elsaß=Lothringen: Ges. vom 6. November 1899, betr. die Ausf. der G.B.O. (Ges.Bl. S. 137). V.O. vom 18. April 1900, betr. die Anlegung von Grundbüchern (ebd. S. 91) und vom 11. Dezember 1899, betr. die vom Buchungszwange befreiten Grundstücke (ebd. S. 247). Min.Verf. vom 5. und vom 19. Dezember 1899 (C.Amtsbl. S. 313, 315).

In Sachsen=Weimar und in Schwarzburg=Rudolstadt sind bisher keine Ausführungsbestimmungen erlassen.

II. Die materiellrechtlichen Vorschriften über die Eintragungen.

1. Die unbeweglichen Sachen.

Die Grundstücke sind bestimmt, die Rechtsverhältnisse an den **unbeweglichen Sachen** zu veröffentlichen. Dem B.G.B. ist allerdings dieser Ausdruck unbekannt; es spricht statt dessen von Grundstücken und stellt diesen einige Berechtigungen gleich, indem es die Anwendung der „sich auf Grundstücke beziehenden Vorschriften" auf diese vorschreibt.

1. **Grundstücke** sind räumlich begrenzte Theile der Erdoberfläche. Ob ein Abschnitt der letzteren als ein selbständiges Grundstück in das Grundbuch einzutragen ist, bestimmt sich nach dem amtlichen Verzeichnisse, das nach §. 2 Abs. 2 der G.B.O. der Bezeichnung der Grundstücke in dem Grundbuche zu Grunde liegen muß. Ausnahmsweise können mehrere in dem Verzeichniß aufgeführte Grundstücke als ein einheitliches gebucht werden, wenn sie zu einem Ganzen vereinigt oder das eine dem andern als Bestandtheil zugeschrieben wird.[1]) Reelle Theile einer in dem

---

[1]) Vgl. G.B.O. §. 5 mit Erl.

amtlichen Verzeichniß eingetragenen Parzelle bilden. regelmäßig nicht den Gegenstand besonderer Buchung; sie müssen in der Regel erst als selbständige Grundstücke eingetragen werden, bevor sie veräußert oder mit einem Rechte belastet werden können.[1]) Der ideelle Antheil eines Miteigenthümers bildet ebenfalls kein selbständiges Grundstück und kann nicht als solches ein Grundbuchblatt erhalten;[2]) wohl aber können auf dem Blatte des Grundstücks Eintragungen erfolgen, die lediglich den ideellen Antheil eines Miteigenthümers betreffen, während der Bruchtheil eines Grundstücks, der nicht in dem Antheil eines Miteigenthümers besteht, mit anderen Rechten als mit einem Nießbrauche nicht belastet werden, sonstigen Eintragungen (Eigenthumsänderungen, Verfügungsbeschränkungen, Vormerkungen und Widersprüchen) aber unterliegen kann.[3])

Landseen und andere Gewässer bilden Grundstücke im Sinne des Grundbuchrechts; öffentliche Gewässer sind aber von dem Buchungszwange befreit.[4])

Dagegen sind die Gebäude und andere mit dem Grundstücke verbundenen Werke keine selbständigen Grundstücke. Sie bilden regelmäßig wesentliche Bestandtheile des Grundstücks, die nicht Gegenstand besonderer Rechte sein können. Sind sie aber mit dem Grund und Boden nicht fest oder nur zu einem vorübergehenden Zwecke verbunden oder in Ausübung eines Rechtes an einem fremden Grundstücke von dem Berechtigten errichtet, so sind sie keine Bestandtheile und können besonderen Rechten unterliegen,[5]) aber nur als bewegliche Sachen; das Grundbuch ist also zur Aufnahme dieser Rechte nicht bestimmt. Ein Grundbuchblatt können die Gebäude oder sonstigen Werke daher nie erhalten. Ob sie auf dem Blatte des Grundstücks zu verzeichnen sind, hängt von dem amtlichen Verzeichniß ab, nach dem laut §. 2 Abs. 2 der G.B.O. die Bezeichnung der Grundstücke in den Büchern zu erfolgen hat.[6]) Die Angabe der Gebäude im Grundbuche giebt aber keine Gewähr für ihre Eigenschaft als wesentliche Bestandtheile des Grundstücks; trotzdem der Erwerber eines Rechtes an dem Grundstücke sie als solche angesehen hat, kann ihm entgegengehalten werden, daß einer der oben erwähnten Ausnahmefälle vorliegt.[7])

Auch an einzelnen Theilen eines Gebäudes, namentlich an Stockwerken, läßt das B.G.B. keine besonderen Rechte zu.[8]) Insbesondere ist auch ein Erbbaurecht an ihnen ausgeschlossen.[9]) Nur ein zur Zeit des Inkrafttretens des B.G.B. bestehendes

---

[1]) Vgl. G.B.O. §. 6 mit Erl.

[2]) Vgl. jedoch Erl. 2a zu §. 5 der G.B.O. über die Zulässigkeit der Zuschreibung eines ideellen Antheils als Bestandtheil.

[3]) Vgl. B.G.B. §§. 1095, 1106, 1114, 1192; C.P.O. §§. 864 Abs. 2; preuß. A.G. z. B.G.B. Art. 29 §. 2 (betr. Wiederkaufsrecht bei Rentengütern, unten S. 21 Anm. 4).

[4]) G.B.O. §. 90. R.G. 11 S. 377, 396, 14 S. 94.

[5]) Vgl. B.G.B. §§. 93—95, Planck Bd. 1 S. 129ff.

[6]) Vgl. preuß. Allg.Verf. §. 3, sächs. V.O. vom 26. Juli 1899 §. 47.

[7]) Planck Bd. 1 S. 133 Erl. 5; Turnau-Förster Bd. 1 S. 29 Erl. 3.

[8]) Anders bezüglich des Besitzes B.G.B. §. 865. Darüber, daß dieser nicht eintragungsfähig ist, vgl. S. 20.

[9]) B.G.B. §. 1014.

Stockwerkseigenthum bleibt bestehen.[1]) Dies ist unter Anderem[2]) für das Gebiet des Rheinischen Rechtes von Bedeutung. Hier betrachtet man das diesem Rechte unterliegende Stockwerk als ein selbständiges Grundstück, das ein selbständiges Grundbuchblatt erhalten kann.[3]) Nach dem Inkrafttreten des B.G.B. kann ein solches Stockwerkseigenthum nicht mehr begründet werden; einen Ersatz gewährt die Bestimmung des Art. 131 des E.G. z. B.G.B., wonach die landesrechtlichen Vorschriften unberührt bleiben, „welche für den Fall, daß jedem der Miteigenthümer eines mit einem Gebäude versehenen Grundstücks die ausschließliche Benutzung eines Theiles des Gebäudes eingeräumt ist, das Gemeinschaftsverhältniß näher bestimmen, die Anwendung der §§. 749—751 des B.G.B. ausschließen und für den Fall des Konkurses über das Vermögen eines Miteigenthümers dem Konkursverwalter das Recht, die Aufhebung der Gemeinschaft zn verlangen, versagen."[4]) In diesem Falle bildet der Grund und Boden mit dem Gebäude ein Grundstück im Sinne des Grundbuchrechts; ein besonderes Grundbuchblatt für das Recht des einzelnen Miteigenthümers ist nicht zulässig.

Wie die Gebäude, bilden auch die sonstigen mit dem Grund und Boden fest verbundenen Sachen wesentliche Bestandtheile des Grundstücks, es sei denn, daß die Verbindung nur zu einem vorübergehenden Zwecke erfolgt ist.[5]) Auch die mit dem Eigenthum an einem Grundstücke verbundenen, sog. subjektiv-dinglichen Rechte gelten als Bestandtheile des herrschenden Grundstücks; während die G.B.O. über den Vermerk der sonstigen Bestandtheile im Grundbuche schweigt, schreibt sie die Eintragung dieser Rechte auf dem Blatte des herrschenden Grundstücks auf Antrag vor.[6])

2. Neben den Grundstücken haben auch **gewisse Rechte** Immobiliarqualität und können Grundbuchblätter erhalten, nämlich:

a. Das Erbbaurecht, d. i. das vererbliche und veräußerliche Recht, auf oder unter der Oberfläche des Grundstücks ein Bauwerk zu haben. Dieses Recht ist ausschließlich durch das Reichsrecht geordnet;[7])

b. das Erbpachtrecht mit Einschluß des Büdnerrechts und des Häuslerrechts. Diese sind zwar nicht durch das B.G.B. geregelt; das E.G. z. B.G.B. Art. 63 erhält vielmehr die landesgesetzlichen Vorschriften über diese Rechte aufrecht, aber nur in denjenigen Bundesstaaten, in welchen sie zur Zeit des Inkrafttretens des B.G.B.

---

[1]) E.G z. B.G.B. Art. 182. Dasselbe gilt nach Art. 181 von einem zur Zeit des Inkrafttretens des B.G.B. begründeten Sondereigenthum an stehenden Erzeugnissen eines Grundstücks, insbesondere an Bäumen.

[2]) Vgl. M. z. B.G.B. Bd. 3 S 44ff.; Oberneck S. 309 §. 59; Bayer.Ges., Uebergangsvorschriften z. B.G B. betr., vom 9. Juni 1899 Art. 42.

[3]) R.G. 16 S. 525. Dagegen ebd. 12 S. 313, 318.

[4]) In Preußen ist von diesem Vorbehalte kein Gebrauch gemacht.

[5]) B.G.B. §§. 94, 95. Vgl. aber Anm. 1.

[6]) B G B. §. 96; G.B O. §. 8. Vgl. die Erl. zu §. 8.

[7]) Vgl. B.G.B. §§. 1012—1017, G.B.O. §§. 7, 20, § 22 Abs. 2.

bestehen, und mit der weiteren Einschränkung, daß die Vorschriften des §. 1017 des B.G.B. auf diese Rechte Anwendung finden. Kraft Reichsrechts gelten also für die landesgesetzlich geregelten Erbpachtrechte die sich auf Grundstücke beziehenden Vorschriften und in entsprechender Anwendung auch die Vorschriften über den Eigenthumserwerb und die Ansprüche aus dem Eigenthume.[1])

c. Die vererblichen und veräußerlichen Rechte zur Gewinnung eines den bergrechtlichen Vorschriften nicht unterliegenden Minerals, die sog. Abbaurechte. Auch hinsichtlich ihrer bleiben in erster Linie die Landesgesetze maßgeblich. Kraft Reichsrechts gelten aber auch für sie die obenerwähnten Vorschriften des §. 1017 des B.G.B. und daneben auch die der §§. 874—876, 1015 über die Bestellung, Eintragung und Aufhebung eines Erbbaurechts.[2])

d. Zu diesen durch das Reichsrecht für unbewegliche Sachen erklärten Gerechtigkeiten kommen noch weitere hinzu, welche das Landesrecht den Grundstücken gleich stellt, sofern die landesgesetzlichen Vorschriften hinsichtlich solcher Rechte durch das Einf.Ges. z. B.G.B. aufrecht erhalten sind. In Betracht kommen vor Allem die Bergbauberechtigungen, Realgewerbeberechtigungen, Zwangsrechte, Bannrechte, Mühlengerechtigkeiten, Fischereirechte, Fährgerechtigkeiten 2c.[3]) Außerdem läßt das E.G. z. B.G.B. Art. 196 eine landesgesetzliche Bestimmung zu wonach auf ein an einem Grundstücke zur Zeit des Inkrafttretens des B.G.B bestehendes, vererbliches und übertragbares Nutzungsrecht die sich auf Grundstücke beziehenden Vorschriften und auf den Erwerb eines solchen Rechtes die für den Erwerb des Eigenthums an einem Grundstücke geltenden Vorschriften des B.G.B. Anwendung finden.

2. Uebersicht über die zulässigen Eintragungen.

Nicht alle **Rechtsverhältnisse** an den Grundstücken und an den ihnen gleichgestellten Rechten sind eintragungsfähig. Vielmehr ist davon auszugehen, daß in das Grundbuch nur diejenigen Eintragungen aufgenommen werden dürfen, welche durch eine Rechtsnorm zugelassen sind, daß also eine nicht gesetzlich vorgeschriebene oder

[1]) Vgl. G.B.O. §. 84 (Erl. 4 zu §§. 83, 84). Dieser Vorbehalt ist vor Allem mit Rücksicht auf die Verhältnisse in den Großherzogthümern Mecklenburg gemacht (P. II Bd. 6 S. 472ff., 607f., 651f.), vgl. die meckl.-schwer. V.O. zur Ausf. des B.G.B. vom 9. April 1899 §§. 164ff und die meckl.-strel. V.O. zur Ausf. des B.G.B. von dems. Tage §§. 161ff. Für Preußen kommt er nicht in Betracht; vgl. A.G. Art. 15.

[2]) E.G. z. B.G.B. Art. 68; G.B.O. §. 84. Vgl. preuß. A.G. z. G.B.O. Art. 22, 27, 28 nebst Erl. Sächs. A.G. z. B.G.B. vom 18. Juni 1898 §§. 14—17; V.O. vom 6. Juli 1899 §. 19, V.O. vom 26. Juli 1899 §§. 153—155.

[3]) E.G. z. B.G.B. Art. 67, 74, 65. Vgl. preuß. A.G. z. G.B. Art. 22—28, bayr. A.G. z. G.B.O. Art. 17, 18, sächs. V.O. vom 24. Juli 1899 §. 29 (V.O. vom 26. Juli 1899 §§. 153—155), württb. A.G. z. B.G.B. Art. 208. Weitere Vorbehalte des E.G. z. B.G.B. zu Gunsten des Landesrechts sind unten in den Erl. zu §§. 83, 84 der G.B.O. angeführt.

gestattete Eintragung unstatthaft ist.[1]) **Eintragungsfähig** sind nun[2]) die dinglichen Rechte an Grundstücken und an den Rechten an Grundstücken, die Verfügungsbeschränkungen des Eigenthümers oder eines sonstigen Berechtigten zu Gunsten bestimmter Personen und als vorläufige Eintragungen die Widersprüche und die Vormerkungen. Von den einzelnen dinglichen Rechten, Verfügungsbeschränkungen, Vormerkungen und Widersprüchen wird unten noch näher die Rede sein. Hier sind nur folgende Bemerkungen voranzuschicken.

I. Während für das Gebiet des Obligationenrechts der Grundsatz der Vertragsfreiheit gilt, sind die sachenrechtlichen Vorschriften des B.G.B. insofern zwingend, als andere als die gesetzlich zugelassenen **dinglichen Rechte** nicht geschaffen werden können und als ferner der gesetzliche Inhalt der dinglichen Rechte durch Vereinbarungen der Parteien nicht verändert werden kann, es sei denn, daß das Gesetz dies besonders gestattet.

1. Aus der ersteren Regel folgt, daß die Zahl der dinglichen Rechte eine geschlossene ist;[3]) andere als die in dem B.G.B. geregelten oder kraft der Vorbehalte im E.G. z. B.G.B. aufrecht erhaltenen dinglichen Rechte sind nicht zulässig. Vor allem können, von den Vormerkungen abgesehen, (anders als nach dem bisherigen preußischen Rechte) obligatorische Ansprüche nicht durch Eintragung in das Grundbuch dingliche Wirksamkeit erlangen.[4])

a. Das B.G.B. kennt nur folgende dingliche Rechte an Grundstücken: das Eigenthum, das Erbbaurecht, die Dienstbarkeiten (die Grunddienstbarkeiten, den Nießbrauch und die beschränkten persönlichen Dienstbarkeiten), das Vorkaufsrecht, die Reallasten, die Hypothek, die Grundschuld und die Rentenschuld; und als Belastung der Rechte an Grundstücken, die nicht, wie das Erbbaurecht, den Grundstücken selbst gleichgestellt sind, läßt das B.G.B. nur Nießbrauch und Pfandrecht zu.

Außerdem gestattet das B.G.B. eine eigenartige Belastung der Miteigenthumsantheile an einem Grundstücke. Nach den Vorschriften des Obligationenrechts wirkt eine Regelung der Verwaltung und Benutzung des gemeinschaftlichen Gegenstandes sowie eine Vereinbarung, durch welche das Recht, die Aufhebung der Gemeinschaft zu verlangen, für immer oder auf Zeit ausgeschlossen oder eine Kündigungsfrist bestimmt ist, für und gegen die Sondernachfolger der einzelnen Theilhaber.[5])

---

[1]) Vgl. K.G. N.F. 1 A. S. 203 = Rechtspr. 1 S. 202, wo mit Recht nicht eintragungsbedürftige Rechtsverhältnisse als nicht eintragungsfähig bezeichnet sind, „weil nach der G.B.O. und nach dem B.G.B. solche Eintragungen vermieden werden sollen, die nicht erforderlich sind und das Grundbuch nur unnütz belasten."

[2]) Die thatsächlichen Angaben über die Grundstücke kommen hier, wo nur die eintragungsfähigen Rechtsverhältnisse erörtert werden, nicht in Betracht; vgl. darüber G.B.O. §. 2 Abs. 2 nebst Erl.

[3]) Planck Bd. 3 S. 6 Ziff. 2; M. z. B.G.B. Bd. 3 S. 3.

[4]) Entsch. 1 S. 25 = K.G. N.F. 1 A. S. 91.

[5]) B.G.B. §§. 746, 751. Ohne Rücksicht auf die obige Vereinbarung kann die Aufhebung

Hiervon gilt für den Fall des Miteigenthums an einem Grundstück eine Ausnahme; die getroffene Bestimmung wirkt gegen den Sondernachfolger eines Miteigenthümers nur, „wenn sie als Belastung des Antheils im Grundbuch eingetragen ist.“[1]) Wie aus dem Worte „Belastung“ und auch daraus erhellt, daß die Bestimmung uneingetragen nicht einmal gegen bösgläubige Sondernachfolger wirkt, handelt es sich hier nicht um eine Verfügungsbeschränkung, sondern um eine dingliche Last.

Diese Vorschrift findet entsprechende Anwendung, wenn ein Erblasser durch letztwillige Verfügung die Auseinandersetzung in Ansehung eines Nachlaßgrundstücks oder eines sonstigen eingetragenen Nachlaßgegenstandes ausgeschlossen oder von der Einhaltung einer Kündigungsfrist abhängig gemacht hat.[2])

Zweifelhaft ist, ob eine weitere besondere Belastung der Miteigenthumsantheile an einem Grundstücke durch die Vorschrift des §. 1010 Abs. 2 zugelassen ist: „Die in den §§. 755, 756 bestimmten Ansprüche können gegen den Sondernachfolger eines Miteigenthümers nur geltend gemacht werden, wenn sie im Grundbuch eingetragen sind.“ Nach §. 755 kann jeder Theilhaber bei der Aufhebung der Gemeinschaft verlangen, daß aus dem gemeinschaftlichen Grundstück oder sonstigen Gegenstand eine allen Theilhabern als Gesammtschuldnern zur Last fallende Verbindlichkeit berichtigt wird, die sie als zu den Lasten des gemeinschaftlichen Gegenstandes, zu den Kosten der Verwaltung oder einer gemeinschaftlichen Benutzung gehörig nach dem Verhältniß ihrer Antheile zu erfüllen haben oder die sie zum Zwecke der Erfüllung einer solchen Verbindlichkeit eingegangen sind, und nach §. 756 kann ein Theilhaber, der gegen einen anderen Theilhaber eine Forderung hat, die sich auf die Gemeinschaft gründet, bei der Aufhebung der Gemeinschaft die Berichtigung seiner Forderung aus dem auf seinen Schuldner entfallenden Theile des gemeinschaftlichen Gegenstandes verlangen.[3]) Diese Ansprüche der Gemeinschafter gegen einander können, wenn der gemeinschaftliche Gegenstand nicht in einem Grundstücke besteht, auch gegen die Sondernachfolger geltend gemacht werden.[4]) Für das Miteigenthum an Grund-

---

der Gemeinschaft gefordert werden: von den Gemeinschaftern, wenn ein wichtiger Grund vorliegt, außerdem von einem Gläubiger, der auf Grund eines nicht blos vorläufig vollstreckbaren Schuldtitels die Pfändung des Antheils eines Theilhabers erwirkt hat, sowie im Konkurse; vgl. B.G.B. §. 749 Abs. 2, §. 751 Satz 2; K.O. §. 16 Abs. 2. Schließlich tritt eine Vereinbarung, wonach das Recht, die Aufhebung zu verlangen, „auf Zeit“ ausgeschlossen ist, im Zweifel mit dem Tode eines Theilhabers außer Kraft (B.G.B. §. 750). Vgl. Planck Bd. 2 S. 491 ff.

[1]) B.G.B. §. 1010 Abs. 1. Ueber den Ort der Eintragung vgl. preuß. Allg.Verf. §. 11 Ziff. 1.

[2]) B.G.B. §. 2044 Abs. 1. Vgl. Planck Bd. 5 S. 195 Erl. 1, insbesondere auch darüber, daß diese Vorschrift sich nicht auf den Fall bezieht, daß der Erblasser die obige Anordnung hinsichtlich des ganzen Nachlasses getroffen hat. Auf die obige Bestimmung des Erblassers finden die in Anm. 5 S. 18 angeführten Bestimmungen des §. 749 Abs. 2, der §§. 750, 751 des B.G.B. und des §. 16 Abs. 2 der K.O. entsprechende Anwendung. Außerdem wird die Verfügung regelmäßig mit dem Ablaufe von dreißig Jahren seit dem Erbfall unwirksam. Vgl. §. 2044 Abs. 2.

[3]) Vgl. Planck Bd. 2 S. 494 ff.; P. II Bd. 2 S. 759—766.

[4]) B.G.B. §. 755 Abs. 2, §. 756 Satz 2.

stücken gilt dies aber nach der obigen Bestimmung nur, wenn die Ansprüche in das Grundbuch eingetragen sind. Es fragt sich, wie diese Eintragung zu bewirken ist. Nach dem Beschlusse der zweiten Kommission sollte eine Vormerkung zur Sicherung des Anspruchs auf Berichtigung der Schuld eingetragen werden.[1]) Eine Vormerkung ist aber nur eine vorläufige Eintragung zur Sicherung des Anspruchs auf eine endgültige Eintragung;[2]) wenn also eine Vormerkung zugelassen werden soll, muß zunächst feststehen, welche endgültige Eintragung in Betracht kommt. Das könnte nun vorliegenden Falles nur eine Hypothek sein. Indessen auch sie entspricht nicht völlig den durch §§. 755, 756 gewährten Rechten der Miteigenthümer. Die Ansprüche, um deren Eintragung es sich handelt, gehen nämlich nicht auf Berichtigung einer Forderung des einen Miteigenthümers gegen den anderen aus dem Bruchtheile des letzteren an dem Grundstücke; in dem Falle des §. 755 handelt es sich überhaupt um die Berichtigung der Forderung eines Dritten. Vielmehr ist der Inhalt der Ansprüche dahin zu fassen, daß jeder Miteigenthümer verpflichtet ist einzuwilligen, daß bei der Auseinandersetzung die Forderung ihres gemeinsamen Gläubigers im Falle des §. 755 oder die Forderung des einen Miteigenthümers gegen den anderen im Falle des §. 756 berichtigt wird, und daß zu diesem Zwecke das gemeinschaftliche Grundstück, nicht etwa der belastete Antheil, insoweit zu verkaufen ist, als es des Erlöses zur Berichtigung der Schuld bedarf, während es im Uebrigen bei der Theilung in Natur, welche die regelmäßige Art der Auseinandersetzung bildet, verbleibt.[3]) Deshalb dürfte auch diese Eintragung als eine besondere Belastungsart anzusehen sein.[4])

Außer den in den vorstehenden Absätzen genannten kennt das B.G.B. keine dinglichen Rechte an Grundstücken und an den Rechten an Grundstücken. Insbesondere gehören nicht zu solchen Rechten und sind daher **nicht eintragungsfähig**: der Besitz, das Verwaltungs- und Nutzungsrecht des Ehemanns an dem eingebrachten Gute der Ehefrau[5]) und das der Eltern an dem Vermögen der ihrer Gewalt unterworfenen Kinder[6]), die Verpflichtungen und Beschränkungen die sich aus den Vorschriften des Nachbarrechts ergeben[7]), ferner Wiederkaufsrechte und Mieth- und Pachtrechte. Letztere sind nach dem B.G.B. nur obligatorische Rechte, obwohl der gemeinrechtliche Satz „Kauf bricht Miethe“ beseitigt ist.[8])

---

[1]) P. II Bd. 3 S. 276—279. Ebenso Turnau-Förster Bd. 1 S. 385, Biermann S. 129, Boehm S. 111.

[2]) Vgl. unten S. 26.

[3]) Vgl. B.G.B. §. 755 Abs. 3, §. 756 Satz 2; Planck Bd. 2 S. 495, 496, P. II Bd. 2 S. 761.

[4]) Ebenso ohne Begründung R. Förster S. 170. A.M. die preuß. Allg.Verf., die im §. 11 Abs. 1 nur §. 1010 Abs. 1, nicht Abs. 2 anführt, und Fuchs S. 260, der sich für die Eintragung der Ansprüche „als Geldbelastungen (Hypothek, Grundschuld rc.)“ ausspricht.

[5]) B.G.B. §§. 1363, 1404, 1525, 1550. Vgl. Planck Bd. 4 S. 152 Erl. 2 zu §. 1404, S. 289 Erl. 2d zu §. 1525.

[6]) B.G.B §§. 1626ff. Vgl. Planck Bd. 4 S. 405 Erl. 4 zu §. 1649.

[7]) Rechtspr. 1 S. 380.

[8]) B.G.B. §§. 571ff. Vgl. Planck Bd. 2 S. 318 Erl. 4 zu §§. 571—579.

Ausnahmsweise sind auch einige der oben erwähnten dinglichen Rechte nicht eintragungsfähig. Das B.G.B. schließt die Renten, durch die der Eigenthümer eines Grundstücks sowie der Inhaber eines Erbbaurechts oder einer Dienstbarkeit für die Duldung eines Ueberbaues oder eines Nothwegs entschädigt wird, ausdrücklich von der Eintragung aus, obwohl auf sie im Uebrigen die Vorschriften über subjektiv-dingliche Reallasten zur Anwendung kommen; nur „zum Verzicht auf das Recht sowie zur Feststellung der Höhe der Rente durch Vertrag ist die Eintragung erforderlich.“[1]) Von selbst entsteht also das Recht auf eine angemessene Rente und zwar nach §. 914 Abs. 1 des B.G.B. mit dem Vorrange vor allen Rechten an dem belasteten Grundstück, auch den älteren; setzen die Betheiligten aber die Höhe der Rente durch Vertrag fest, so bedarf es der Eintragung in das Grundbuch und zur Erlangung des Vorrangs der Zustimmung der voreingetragenen Berechtigten. Ebenso erlischt das Recht auf eine angemessene Rente nicht durch bloßen Verzicht, sondern erst durch Eintragung des Verzichts in das Grundbuch, damit sich jeder Erwerber des überbauten Grundstücks auf das Bestehen des Rentenrechts verlassen kann, sofern sich nicht aus dem Grundbuche das Gegentheil ergiebt.[2])

b. Der Kreis der eintragungsfähigen dinglichen Rechte verändert sich aber durch die im E.G. z. B.G.B. aufrechterhaltenen landesgesetzlichen Vorschriften, z. B. über das Familienfideikommiß-, Lehen-, Stammgutsrecht, über Rentengüter, über das Anerbenrecht, das Wasser- und Mühlenrecht, das Deich- und Sielrecht, das Bergrecht, das Enteignungsrecht, über die Zusammenlegung von Grundstücken, die Gemeinheitstheilung, über das Recht zur Benutzung eines Platzes in einem dem öffentlichen Gottesdienste gewidmeten Gebäude oder auf einer öffentlichen Begräbnißstätte &c.[3]) Innerhalb des Bereichs dieser Sonderrechte können auch Rechte, die nach dem B.G.B. nur obligatorische Wirkungen haben, als dingliche landesrechtlich zugelassen und andererseits dingliche Rechte von der Eintragung ausgeschlossen werden; ersteres ist z. B. in Preußen hinsichtlich des Wiederkaufsrechts bei Rentengütern geschehen.[4])

Auch für die zur Zeit des Inkrafttretens des B.G.B. bestehenden Rechte bleibt grundsätzlich das bisherige Landesrecht maßgeblich. Für die Uebergangszeit kommen daher als dingliche Rechte außer dem oben S. 16 bereits erwähnten Stockwerkseigenthum insbesondere auch Mieth- und Pachtrechte, welche zu der Zeit, zu der das Grundbuch als angelegt anzusehen ist, als Rechte an einem Grundstücke bestehen, und bäuerliche Nutzungsrechte in Betracht. Hinsichtlich der letzteren gestattet das

---

[1]) B.G.B. §§. 912—917, namentlich §. 914.

[2]) Vgl. P. II Bd. 3 S. 136.

[3]) E.G. z B.G.B. Art. 59, 62, 64, 65—67, 109, 113—116, 133 &c. Vgl. auch die oben S. 17 und in den Erl. zu §§. 83, 84 der G.B.O. erwähnten Vorbehalte.

[4]) Preuß. A.G. z. B.G.B. Art. 29 § 1: „Ein Grundstück, welches gegen Uebernahme einer festen Geldrente zu Eigenthum übertragen ist (Rentengut), kann zu Gunsten des Veräußerers in der Weise belastet werden, daß dieser dem Eigenthümer gegenüber zum Wiederkaufe berechtigt ist. Das Wiederkaufsrecht kann auch zu Gunsten des jeweiligen Eigenthümers eines Grundstücks des Veräußerers bestellt werden.“

Reichsrecht sogar die Neubegründung eines Rechtes gleicher Art nach Beendigung des am 1. Januar 1900 bestehenden Nutzungsrechts auf Grund des Landesrechts, während grundsätzlich nach dem Inkrafttreten des B.G.B. ein nach den Vorschriften des B.G.B. unzulässiges Recht nicht mehr begründet werden kann. Hinsichtlich der Mieth- und Pachtrechte kann durch landesherrliche Verordnung bestimmt werden, daß sie zur Erhaltung der Wirksamkeit gegenüber dem öffentlichen Glauben des Grundbuchs der Eintragung nicht bedürfen.[1])

Schließlich entscheidet das Landesrecht auch über die Eintragungsfähigkeit der öffentlichen Lasten, über die wegen ihres Zusammenhangs mit dem öffentlichen Rechte reichsrechtlich keine Bestimmung getroffen ist.[2])

2. Der **Inhalt** der dinglichen Rechte ist ebenfalls gesetzlich festgelegt und nur in beschränktem Umfange der Parteivereinbarung freigegeben. Nur soweit das Gesetz es gestattet, können die Parteien die Befugnisse des Berechtigten erweitern oder beschränken.[3]) Wie weit dies der Fall ist, soll bei der Besprechung der einzelnen Rechte untersucht werden. Aus den allgemeinen Vorschriften des B.G.B. über Rechte an Grundstücken kommt hier nur die Vorschrift des §. 882 in Betracht: „Wird ein Grundstück mit einem Rechte belastet, für welches nach den für die Zwangsversteigerung geltenden Vorschriften dem Berechtigten im Fall des Erlöschens durch den Zuschlag der Werth aus dem Erlöse zu ersetzen ist, so kann der Höchstbetrag des Ersatzes bestimmt werden. Die Bestimmung bedarf der Eintragung in das Grundbuch." Nach dem Zw.V.G. §. 92 tritt an die Stelle eines nicht auf Zahlung eines Kapitals gerichteten Rechtes, das von dem Ersteher weder auf Grund gesetzlicher Vorschrift noch laut besonderer Vereinbarung zu übernehmen ist und deshalb nach §§. 52, 91 desselben Gesetzes durch den Zuschlag erlischt, der Anspruch auf Ersatz des Werthes aus dem Versteigerungserlöse. §. 882 betrifft demnach nicht solche Rechte, die auf Zahlung eines Kapitals gerichtet sind, wie Hypotheken und Grundschulden. Auch auf Rentenschulden findet er keine Anwendung, weil bei ihnen stets die

---

[1]) E.G. z. B.G.B. Art. 184, 188, 189 Abs. 1 Satz 3, Art. 197. In Preußen ist von dem letzterwähnten Vorbehalte hinsichtlich der zur Zeit des Inkrafttretens des Reichsgrundbuchrechts nicht eingetragenen dinglichen Mieth- und Pachtrechte im Art. 9 der Königl. V.O. vom 16. November 1899 zur Ausführung des B.G.B. (G.S. S. 562) Gebrauch gemacht. (Ueber das frühere preußische Recht ist das Ges. über den Eig.Erw. vom 5. Mai 1872 §. 12 Abs. 2 und Achilles-Strecker 4. Aufl. S. 98 zu vergleichen.)

[2]) In Preußen sind „die öffentlichen Lasten des Grundstücks, die bei der Zwangsversteigerung und der Zwangsverwaltung den Rechten an dem Grundstück im Range vorgehen", von einer Ausnahme abgesehen, und regelmäßig auch die Rentenbankrenten und die Domänen-Amortisationsrenten von der Eintragung ausgeschlossen. A.G. z. G.B.O. Art. 11, 12. Vgl. ferner preuß. A.G. z. B.G.B. Art. 22 und die preuß. Gesetze über das Grundbuchwesen in dem Bezirke des Apellationsgerichts zu Kassel vom 29. Mai 1873 §. 45 (A.G. z G.B.O. Art. 33 Ziff. 6) und über die gerichtliche Eintragung von Grundlasten in den vormals bayerischen Landestheilen desselben Bezirkes vom 29. Mai 1874 §. 1. (S. die Erl. zu Art. 11, 12, 33 des A.G.) Für Sachsen vgl. V.O. vom 26. Juli 1899 §. 12.

[3]) Vgl. Planck Bd. 3 S. 7; Entsch. 1 S. 25 u. S. 165, K.G. N.F. 1 A. S. 91 u. 207.

Ablösungssumme eingetragen werden muß.[1]) Schließlich kommen auch Vorkaufsrechte nicht in Betracht, jedenfalls dann nicht, wenn sie der Regel gemäß auf einen Verkaufsfall beschränkt sind, weil sie bei einem Verkauf im Wege der Zwangsvollstreckung nicht geltend gemacht werden können.[2]) §. 882 bezieht sich demnach nur auf Erbbaurechte, Dienstbarkeiten und Reallasten und nach einer Meinung auch auf die für alle oder mehrere Verkaufsfälle bestellten Vorkaufsrechte. Wird für diese Rechte von der Vorschrift des §. 882 Gebrauch gemacht, so bedarf es der Eintragung des Höchstbetrages des Ersatzes in das Grundbuch. Dieser Betrag darf bei der Festsetzung des Ersatzanspruchs in dem Theilungsplane, welche im Uebrigen nach den Vorschriften des §. 92 Abs. 2, 3 des Zw.V.G. erfolgt, nicht überschritten werden.

II. Eintragungsfähig sind ferner diejenigen **Verfügungsbeschränkungen**, welche den Berechtigten in der Verfügung über ein im Grundbuch eingetragenes Recht zu Gunsten einer bestimmten Person beschränken. Indem das B.G.B. §. 892 Abs. 1 Satz 2 diese Beschränkungen nur dann gegenüber einem Erwerber für wirksam erklärt, wenn sie aus dem Grundbuch ersichtlich oder dem Erwerber bekannt sind, läßt es ihre Eintragung zu.[3])

Zu den erwähnten Beschränkungen gehören **nicht** die Geschäftsunfähigkeit oder die beschränkte Geschäftsfähigkeit des eingetragenen Berechtigten.[4]) Durch diese wird nicht die Verfügungsbefugniß, sondern die Verfügungsfähigkeit entzogen oder beschränkt. Bei ihnen liegt das der Verfügung des Berechtigten entgegenstehende Hinderniß in einer persönlichen Eigenschaft des Berechtigten, bei jenen dagegen in einem Mangel des Rechtes an dem Grundstück, und nur diese, nicht die ersteren sind zur Eintragung in das Grundbuch bestimmt. Die Nichtigkeit der Verfügungen eines Geisteskranken, eines wegen Geistesschwäche, Verschwendung oder Trunksucht Entmündigten oder eines Minderjährigen kann demnach demjenigen, zu dessen Gunsten er verfügt hat, auch dann entgegengehalten werden, wenn dieser ihn für voll geschäftsfähig gehalten hat, und erst dessen gutgläubiger Sondernachfolger kann sich auf den öffentlichen Glauben des Grundbuchs berufen.

Von den Beschränkungen der Verfügungsbefugniß gehören ferner nicht hierher die im öffentlichen Interesse verhängten. Auch sie wirken gegen jeden Dritten, selbst wenn er sie nicht gekannt haben sollte; das Privatinteresse muß dem öffentlichen Interesse nachstehen. Ob sie unmittelbar auf Gesetz beruhen oder durch einen auf das Gesetz gegründeten Ausspruch der zuständigen Behörde hervorgerufen sind, macht keinen Unterschied. Als Beispiele nicht eintragungsfähiger gesetzlicher Verfügungs-

---

[1]) B.G.B. §. 1199 Abs. 2.

[2]) Vgl. B.G.B. §§. 1097, 1098, 512 und über die Streitfrage, ob die für mehrere oder für alle Verkaufsfälle bestellten Vorkaufsrechte von der Vorschrift des §. 882 betroffen werden, Planck Bd. 3 S. 94 Erl. 3.

[3]) Vgl. Planck Bd. 3 S. 67ff. Vorbm. VII. 3; M. z. B.G.B. Bd. 3 S. 215ff. sowie die entsprechenden Vorschriften des preuß. Ges. über den Eig.Erw. ꝛc. §§. 11, 49; Achilles-Strecker 4. Aufl. S. 79ff., 241ff.

[4]) B.G.B. §§. 104ff. Vgl. auch Rechtspr. 1 S. 326.

beschränkungen nennen die Motive z. B.G.B. Bd. 3 S. 216 die in verschiedenen Bundesstaaten bestehenden und durch Art. 119 des Einf.Ges. z. B.G.B. aufrechterhaltenen Verbote oder Einschränkungen der Veräußerung, Theilung oder Zusammenlegung von Grundstücken und als Beispiele von nicht eintragungsfähigen gerichtlichen Verfügungsbeschränkungen im öffentlichen Interesse die Beschlagnahme des Vermögens eines des Hoch- oder Landesverraths Angeschuldigten oder eines abwesenden Angeschuldigten, gegen den Verdachtsgründe vorliegen, welche die Erlassung eines Haftbefehls rechtfertigen würden, auf Grund des §. 93 des St.G.B. und der §§. 332—335, 480 der St.P.O.

Schließlich scheidet von den zum Schutze des Interesses einer bestimmten Person dienenden gesetzlichen Verfügungsbeschränkungen aus die Beschränkung der Ehefrau in der Verfügung über das eingebrachte Gut durch das Verwaltungs- und Nutznießungsrecht des Mannes; diese wird ebensowenig wie das Recht des Mannes eingetragen und wirkt nach §. 1404 gegen einen Dritten auch dann, wenn er nicht gewußt hat, daß die Frau eine Ehefrau ist.[1])

Dagegen sind die übrigen Verfügungsbeschränkungen zum Schutze bestimmter Personen eintragungsfähig, ohne Unterschied, ob sie unmittelbar auf Gesetz beruhen oder auf einer innerhalb der gesetzlichen Zuständigkeit erlassenen Anordnung eines Gerichts oder einer sonstigen Behörde. Unmittelbar durch Rechtsgeschäft kann dagegen eine solche Beschränkung nicht geschaffen werden. Im Gegensatze zu dem Allg. Landrechte (I, 4 §§. 15ff.), nach welchem durch Privatwillkür eine Sache außer Verkehr gesetzt und das Verfügungsrecht des Eigenthümers zu Gunsten eines Anderen beschränkt werden konnte, bestimmt das B.G.B. §. 137: „Die Befugniß zur Verfügung über ein veräußerliches Recht kann nicht durch Rechtsgeschäft ausgeschlossen oder beschränkt werden.“. Die Parteien können also grundsätzlich nicht durch Vereinbarung eine dinglich wirkende Beschränkung, insbesondere ein Veräußerungsverbot mit dinglicher Wirkung schaffen, sondern nur obligatorische Wirkungen erzielen.[2]) Hiervon gilt insofern eine Ausnahme, als durch Vertrag zwischen dem Berechtigten und Verpflichteten die Abtretung einer Forderung oder eines sonstigen Rechtes ausgeschlossen werden kann.[3]) Außerdem sind die Betheiligten befugt, durch Rechtsgeschäft gewisse Rechtsverhältnisse zu schaffen, mit denen das Gesetz Verfügungsbeschränkungen verknüpft, wie z. B. Familienfideikommisse, Einsetzung eines Nacherben, Ernennung eines Testamentsvollstreckers, die Hinzufügung einer Bedingung oder einer Zeitbestimmung ꝛc. In den Motiven z. B.G.B. Bd. 3 S. 218 werden diese Verfügungsbeschränkungen als rechtsgeschäftliche bezeichnet, mit dem Zusatze, daß die Beschränkungen

---

[1]) Dagegen bedarf eine Rechtsänderung, die durch ein vertragsmäßiges Güterrecht eintritt, der Eintragung in das Grundbuch, um die Berufung auf den öffentlichen Glauben des Grundbuchs auszuschließen. Vgl. unten Erl. 3 zu §. 34 der G.B.O.

[2]) Für Eheverträge ist eine Ausnahme von §. 137 nicht zugelassen. Soweit eine Verfügungsbeschränkung nicht die gesetzliche Folge des Güterstandes ist, kann sie so wenig zu Lasten des Mannes wie der Frau ausgemacht werden (R.G. N.F. 1 A. S. 292 = Rechtspr. 1 S. 457).

[3]) B.G.B. §§. 399, 413.

freilich durch das Geſetz normirt und inſofern geſetzliche genannt werden könnten.[1]) Mit Rückſicht auf die obige Beſtimmung des §. 137 verdient nach Planck Bd. 3 S. 68 die letztere Anſicht für das B.G.B. ſelbſt den Vorzug.

Als eintragungsfähige Verfügungsbeſchränkungen kommen demnach in Betracht: der Konkurs, die Nachlaßverwaltung, die Beſchlagnahme im Zwangsverſteigerungs- und im Zwangsverwaltungsverfahren, die Beſchränkung des Vorerben durch das Recht des Nacherben, die Beſchränkung des Erben durch den Teſtamentsvollſtrecker, Bedingungen, Befriſtungen, die Rechtshängigkeit, die Familienfideikommiß-, Lehen-, Stammgutseigenſchaft- u. ä., behördliche Veräußerungsverbote ꝛc. Dieſe werden unten näher beſprochen werden.

III. Eintragungsfähig ſind ſchließlich **Widerſprüche** und **Vormerkungen.** Beide bilden vorläufige Eintragungen in das Grundbuch, welche gegen die aus dem Eintragungsprinzip und dem Grundſatze des öffentlichen Glaubens des Grundbuchs erwachſenden Gefahren Schutz gewähren ſollen. Da nach jenem Prinzipe zur Entſtehung der dinglichen Rechte an Grundſtücken die Eintragung erforderlich iſt, kann derjenige, dem ein ſolches Recht zugeſichert iſt, vor deſſen Eintragung nur den perſönlich Verpflichteten und nicht etwa deſſen Sondernachfolger im Eigenthume des Grundſtücks in Anſpruch nehmen; und ebenſo muß er hinter die inzwiſchen eingetragenen Rechte zurücktreten, wenn der Verpflichtete das Grundſtück anderweit belaſtet. Kraft des öffentlichen Glaubens des Grundbuchs können ferner nicht eingetragene dingliche Rechte nicht gegen gutgläubige Erwerber geltend gemacht werden. Um dieſe Gefahren abzuwenden, geſtatteten ſchon die früheren Rechte vorläufige Eintragungen, theils ſog. Sperrvermerke, welche grundſätzlich jede Eintragung in das Grundbuch zum Nachtheile des dadurch geſicherten Rechtes verhinderten, theils ſog. Proteſtationen oder Vormerkungen.[2]) Das B.G.B. hat nicht die erſteren, wohl aber die letzteren aufgenommen und zwar nicht nur, wie der E. I z. B.G.B. §. 844, zur Erhaltung beſtehender dinglicher Rechte, ſondern auch zum Schutze perſönlicher Anſprüche. Anders als das bisherige preußiſche Recht[3]) nennt es aber nur die letzteren „Vormerkungen" und die erſteren „Widerſprüche gegen die Richtigkeit des Grundbuchs."

Nach §§. 899, 894 des B.G.B. kann ein Widerſpruch gegen die Richtigkeit des Grundbuchs in den Fällen eingetragen werden, in denen eine Berichtigung des Grundbuchs gefordert werden kann, nämlich, wenn „der Inhalt des Grundbuchs in Anſehung eines Rechtes an dem Grundſtück, eines Rechtes an einem ſolchen Rechte oder einer Verfügungsbeſchränkung der im §. 892 Abſ. 1 bezeichneten Art mit der wirklichen Rechtslage nicht im Einklange ſteht."[4]) Die Widerſprüche dienen demnach nur zum Schutze beſtehender dinglicher Rechte oder zum Schutze von Verfügungs-

---

[1]) Aehnlich P. II Bd. 1 S. 125.

[2]) Vgl. M. z. B.G.B. Bd. 3 S. 237ff., Planck Bd. 3 S. 69ff. und über das frühere preuß. Recht Achilles-Strecker 4. Aufl. S. 58ff.

[3]) Geſ. über den Eig.Erw. ꝛc. §§. 8, 9, 16, 22, 60; preuß. G.B.O. §§. 64, 88, 102.

[4]) Vgl. vor allem Schilde, die Unrichtigkeit des Grundbuchs (Leipzig 1899); ferner Staffel im ſächſ. Archiv Bd. 9 S. 202.

beschränkungen in dem oben erläuterten Sinne. Ein obligatorischer Anspruch auf Eintragung, Uebertragung, Löschung oder Inhaltsänderung eines Rechtes genügt nicht, um die Eintragung eines Widerspruchs zu rechtfertigen, denn der Inhalt des Grundbuchs, welches nicht zur Aufnahme persönlicher Ansprüche bestimmt ist, steht mit der wirklichen Rechtslage des Grundstücks noch im Einklange, diese wird durch den obligatorischen Anspruch noch nicht geändert. Dagegen liegt eine Nichtübereinstimmung des Grundbuchs mit der wirklichen Rechtslage vor, wenn ein eintragungsfähiges Recht ohne Eintragung neu entstanden oder ein eingetragenes Recht auf einen neuen Berechtigten ohne Buchung übergegangen oder ohne Löschung aufgehoben ist, ferner, wenn ein noch bestehendes Recht irrthümlich gelöscht oder ein eingetragenes Recht oder dessen Uebertragung oder Belastung nichtig ist (z. B. wegen Mangels der erforderlichen Einigung), wenn der Inhalt oder der Rang eines Rechtes im Grundbuche nicht in Uebereinstimmung mit dem dinglichen Vertrag angegeben oder eine eintragungsfähige Verfügungsbeschränkung nicht oder zu Unrecht eingetragen ist 2c.

Eine Vormerkung ist dagegen zulässig, zur „Sicherung des Anspruchs auf Einräumung oder Aufhebung eines Rechtes an einem Grundstück oder an einem das Grundstück belastenden Rechte oder auf Aenderung des Inhalts oder des Ranges eines solchen Rechtes" (B.G.B. §. 883 Abs. 1 Satz 1), und zwar ohne Unterschied, ob der Anspruch fällig oder ein künftiger oder ein bedingter ist, ob er von einer Gegenleistung abhängig ist oder nicht (ebd. Satz 2), ob er sich auf einen Vertrag, auf ein Vermächtniß oder unmittelbar auf ein Gesetz[1]) gründet. Durch Vormerkungen werden demnach gesichert die Ansprüche auf Auflassung eines Grundstücks, auf Bestellung eines Erbbaurechts, einer Hypothek oder Grundschuld oder jedes anderen eintragungsfähigen Rechtes an einem Grundstücke, auf Abtretung eines solchen Rechtes, es sei denn, daß es, wie z. B. die Briefhypothek nach B.G.B. §. 1154, bereits ohne Eintragung auf den Erwerber übergegangen ist, ferner auf Einräumung eines erst durch Eintragung entstehenden Nießbrauchs oder Pfandrechts an einem eingetragenen Rechte, auf Löschung eines noch bestehenden dinglichen Rechtes,[2]) auf Aenderung des bisherigen Rangverhältnisses oder des noch rechtsbeständigen Inhalts der eingetragenen Rechte 2c.

Im Uebrigen wird von den Vormerkungen und Widersprüchen gegen Ende der Einleitung die Rede sein.

---

[1]) Vgl. z. B. B.G.B. §. 648 (Anspruch des Bauunternehmers auf Einräumung einer Sicherungshypothek an dem Baugrundstücke des Bestellers) und dazu sächs. Archiv Bd. 10 S. 47. Siehe auch preuß. A.G. z. B.G.B. Art. 15 §. 1 (Altentheil), unten S. 50 Anm. 3.

[2]) Der durch die Vormerkung zu sichernde persönliche Anspruch auf Aufhebung eines Rechtes muß sich unmittelbar gegen den in Ansehung dieses Rechtes Berechtigten selbst richten, nicht gegen einen Dritten, der sich verpflichtet hat, das Recht zur Löschung zu bringen (sächs. Archiv Bd. 10 S. 627). S. auch R.G. 20 S. 242. Vgl. aber B.G.B. §. 1179 über der Vormerkung zur Sicherung des Anspruchs gegen den Eigenthümer auf Löschung einer Hypothek, wenn sie sich mit dem Eigenthum in einer Person vereinigt, unten S. 71.

3. Wirkung der Eintragungen im Allgemeinen.

I. Die Bedeutung der Eintragung ist nicht immer die gleiche für die eintragungsfähigen Rechte und Rechtsverhältnisse. Für die dinglichen Rechte hat die Eintragung bald konstitutive bald deklaratorische Wirkung, je nachdem sie zu dem Eintritte der Rechtsänderung erforderlich ist oder nicht. Dieser Unterschied ist für das formelle Grundbuchrecht nicht ohne Bedeutung. Vollzieht sich eine Rechtsänderung ohne Eintragung, so wird durch ihren Eintritt das Grundbuch unrichtig. Dasselbe gilt, wenn eine Eintragung erfolgt, die dem materiellen Rechte nicht entspricht. In allen diesen Fällen kann nach §. 894 des B.G.B. „derjenige, dessen Recht nicht oder nicht richtig eingetragen oder durch die Eintragung einer nicht bestehenden Belastung oder Beschränkung beeinträchtigt ist," „die Zustimmung zu der Berichtigung des Grundbuchs von demjenigen verlangen, dessen Recht durch die Berichtigung betroffen wird." Für diese Berichtigung des Grundbuchs giebt die G.B.O. einige besondere Vorschriften;[1]) außerdem ist, wie bereits erwähnt,[2]) die Unrichtigkeit des Grundbuchs Voraussetzung für die Eintragung eines Widerspruchs.

Auch für die Fälle, in denen der Eintragung keine rechtsändernde Wirkung zukommt, hat sie nicht unerhebliche Bedeutung. Vor allem ist sie zur Erhaltung der Wirksamkeit gegenüber dem öffentlichen Glauben des Grundbuchs erforderlich.[3]) Ferner streitet eine Vermuthung für das Bestehen des eingetragenen Rechtes zu Gunsten des Berechtigten.[4]) Nicht eingetragene Rechte an einem fremden Grundstück erlöschen mit der Verjährung des Anspruchs des Berechtigten gegen den Eigenthümer.[5]) Dagegen unterliegen Ansprüche aus eingetragenen oder durch einen Widerspruch gesicherten Rechten nicht der Verjährung, mit Ausnahme der Ansprüche auf Rückstände wiederkehrender Leistungen oder auf Schadensersatz.[6]) Die Eintragung überhebt ferner den Berechtigten der Verpflichtung, sein Recht im Zwangsversteigerungsverfahren anzumelden,[7]) und schließlich bedarf es der Eintragung des Berechtigten, damit eine sein Recht betreffende weitere Eintragung erfolgen kann.[8])

Von besonderer Bedeutung ist die Eintragung einer Vormerkung; durch sie wird dem persönlichen Anspruche, zu dessen Sicherung die Vormerkung dient, dingliche Wirkung beigelegt.[9])

II. Für die **dinglichen Rechte** hat die Eintragung **regelmäßig** konstitutive Wirkung.

---

[1]) G.B.O. §§. 14, 22, 54.

[2]) Oben S. 25.

[3]) B.G.B. §. 892. Dies gilt nicht nur für die dinglichen Rechte, sondern auch für die Verfügungsbeschränkungen zu Gunsten bestimmter Personen (oben S. 23).

[4]) B.G.B. §. 891. Weiter geht die Vorschrift des §. 1148.

[5]) B.G.B. §. 901.

[6]) Das. §. 902.

[7]) Zw.B.G §. 37 Ziff. 4, §§. 45, 110, 114

[8]) G.B.O. §. 40 Abs. 1; Ausnahme das. Abs. 2 und §. 41.

[9]) Vgl. unten II. 13 der Einleitung.

1. Das B.G.B. hat das Eintragungsprinzip in einem weit größeren Umfange angenommen, als das frühre preußische Recht. Regelmäßig bedarf es zu einer Rechtsänderung an den Grundstücken oder an den Rechten an Grundstücken der Eintragung. Diese ist, „soweit nicht das Gesetz ein Anderes vorschreibt," sowohl „zur Uebertragung des Eigenthums an einem Grundstücke, zur Belastung eines Grundstücks mit einem Rechte sowie zur Uebertragung oder Belastung eines solchen Rechtes," als auch „zur Aufhebung eines Rechtes an einem Grundstücke"[1]) und zur Aenderung des Inhalts oder des Ranges eines solchen Rechtes erforderlich.[2])

2. Andererseits ist die Eintragung allein nicht geeignet, die Rechtsänderung herbeizuführen. Das B.G.B. legt ihr keine formelle Rechtskraft bei, wie z. B. das frühere Hamburger Recht,[3]) sondern knüpft den Eintritt der Rechtsänderung noch an weitere Voraussetzungen.[4]) Bei der Neubegründung, bei der Uebertragung eines Rechtes und bei der Aenderung des Inhalts oder des Ranges ist außer der Eintragung „die **Einigung** des Berechtigten und des anderen Theiles über den Eintritt der Rechtsänderung" und bei der Aufhebung eines Rechtes außer dessen Löschung „die Erklärung des Berechtigten, daß er das Recht aufgebe", gegenüber[5]) dem Grundbuchamt oder demjenigen, zu dessen Gunsten sie erfolgt, erforderlich. Außerdem bedarf es zur Aufhebung und zur Aenderung des Inhalts oder des Ranges eines Rechtes der Zustimmung des Dritten, welchem ein Recht an dem aufzuhebenden, in seinem Inhalte zu verändernden oder in seinem Range zurücktretenden Rechte zusteht; ist dieses ein subjektiv-dingliches Recht und das herrschende Grundstück mit dem Rechte eines Dritten belastet, so ist dessen Zustimmung erforderlich, es sei denn, daß dessen Recht durch die Aufhebung nicht berührt wird.[6]) Diese Zustimmung ist dem Grundbuchamt oder demjenigen gegenüber zu erklären, zu dessen Gunsten sie erfolgt. Bei der Aufhebung einer Hypothek, einer Grundschuld oder einer Rentenschuld oder bei einer Rangänderung zum Nachtheil eines dieser Rechte bedarf es schließlich noch mit Rücksicht auf das Institut der Eigenthümerhypothek ꝛc. der Zustimmung des Eigenthümers; diese ist entweder dem Grundbuchamt oder bei der Aufhebung dem Gläubiger, bei der Rangänderung einem der Betheiligten gegenüber zu erklären.[7])

Nur wenn die hiernach erforderliche Einigung, Erklärung und Zustimmung zu der Eintragung hinzukommen, wird die Rechtsänderung herbeigeführt. Fehlt eines dieser Erfordernisse, ist insbesondere die erforderliche Einigung auf Grund der Vorschriften des allgemeinen Theiles des B.G.B. nichtig (z. B. wegen Geschäftsunfähigkeit

---

[1]) Auf die Aufhebung der Rechte an einem solchen Rechte bezieht sich §. 875 nicht. Von ihr wird unten die Rede sein.

[2]) B.G.B. §§. 873, 875, 877, 880.

[3]) Vgl. M. z. B.G.B. Bd. 3 S. 137 ff., Planck Bd. 3 S. 13.

[4]) Vgl. zu dem Folgenden B.G.B. §§. 873, 875—877, 880 und dazu Planck Bd. 3 S. 72 ff.

[5]) Erklärung „vor" dem Grundbuchamt ist nicht gefordert. Die Einreichung einer schriftlichen Erklärung bei dieser Behörde genügt.

[6]) Vgl. noch G.B.O. §. 21 und Erl. 3 zu §. 8 der G.B.O.

[7]) B.G.B. §. 880 Abs. 2, §. 1183.

eines der Vertragschließenden, wegen Simulation oder Scherz[1]) oder wird sie nichtig durch rechtswirksame Anfechtung (z. B. wegen Irrthums, arglistiger Täuschung oder Drohung[2]), so tritt die Rechtsänderung trotz ihrer Eintragung nicht ein; das Grundbuch ist alsdann unrichtig und unterliegt dem Berichtigungsverfahren.[3]) Nichtig oder anfechtbar ist aber die Einigung nur dann, wenn sie selbst, nicht wenn das ihr zu Grunde liegende obligatorische Rechtsgeschäft an einem Mangel leidet; denn die Einigung ist ein abstrakter Vertrag und wird daher durch das Fehlen, die Nichtigkeit oder die Anfechtbarkeit des obligatorischen Rechtsgeschäfts allein nicht berührt. Nichts Anderes gilt von der Aufhebungserklärung und von der Zustimmung Dritter; auch sie führen zusammen mit der Eintragung und, soweit erforderlich, mit der Einigung die Rechtsänderung trotz des Mangels eines gültigen Kausalgeschäfts herbei.[4])

In welcher Reihenfolge die angeführten Erfordernisse beschafft werden, ist bedeutungslos. Insbesondere braucht die Einigung der Eintragung nicht vorauszugehen und bildet keine Voraussetzung für diese; das Grundbuchamt hat die Eintragung regelmäßig schon auf die einseitige Bewilligung des leidenden Theiles vorzunehmen.[5]) Ebensowenig bedarf die Einigung, die Aufhebungserklärung oder die Zustimmung einer Form. Hiervon gilt nur bei der Uebereignung eines Grundstücks sowie bei der Bestellung und bei der Uebertragung des Erbbaurechts, bei der Uebertragung des Erbpachtrechts und bei der Bestellung und bei der Uebertragung des sog. Abbaurechts eine Ausnahme.[6])

Jede zu einer Rechtsänderung erforderliche Willenserklärung kann nach der C.P.O. § 894 durch eine rechtskräftige Verurtheilung zu ihrer Abgabe ersetzt werden. Sobald das Urtheil die Rechtskraft erlangt hat, gilt die Erklärung als abgegeben. Ist die Willenserklärung jedoch von einer Gegenleistung abhängig gemacht, so gilt sie erst dann als abgegeben, wenn die vollstreckbare Ausfertigung des rechtskräftigen Urtheils ertheilt ist.[7])

3. Weitere Voraussetzungen der Rechtsänderung sind nicht gefordert. Vor allem ist die Gültigkeit der Eintragungsbewilligung nicht wesentlich. Auch eine irrthümliche Eintragung genügt, wenn die Einigung ꝛc. (Aufhebungserklärung, Zustimmung des Dritten) hinzutritt.

Ebensowenig hängt — anders als in dem früheren preußischen Rechte[8]) — der Eintritt der Rechtsänderung davon ab, daß der Berechtigte, der sein Grund-

---

[1]) B.G.B. §§. 104 ff., §§. 116—118.

[2]) B.G.B. §§. 119 ff.

[3]) Ganz ohne Wirkung ist aber auch eine derartige Eintragung nicht, z. B. steht auch ihr die Vermuthung des §. 891 zur Seite, und durch den Erwerb seitens eines gutgläubigen Dritten oder durch Tabularersitzung kann das Recht nachträglich zur Entstehung gelangen.

[4]) Vgl. Planck Bd. 3 S. 14 ff.; Strecker, Rechte an Grundstücken (1898) S. 25 ff.

[5]) G.B.O. §. 19.

[6]) Vgl. unten S. 37 f., 45, 47 und G.B.O. §§. 20, 84 nebst Erl.

[7]) Vgl. unten Vorbm. III 2a vor § 13.

[8]) Vgl. Achilles-Strecker 4. Aufl. S. 47 ff.; R.G. 14 S. 125 = J.M.Bl. 1895 S. 139.

stück oder Recht belastet oder überträgt, zur Zeit der Einigung oder der Eintragungsbewilligung im Grundbuch eingetragen ist. Vgl. hierüber Erl. 1 zu §§. 40, 41 der G.B.O.

III. Von der unter II erörterten Regel gelten viele **Ausnahmen**. Die meisten können erst bei der Besprechung der einzelnen Rechte erörtert werden. Einige sind jedoch von allgemeinerer Bedeutung und daher an dieser Stelle zu erwähnen.

1. Ohne Einigung und Eintragung vollzieht sich der Erwerb des Eigenthums wie auch der Rechte an Grundstücken

a. im Falle der Erbfolge. Der Erbe erwirbt das Vermögen des Erblassers einschließlich der Nachlaßgrundstücke und der Rechte an Grundstücken ohne Weiteres mit dem Erbfalle. Nichts Anderes gilt von dem Nacherben; mit dem Eintritte des Falles der Nacherbfolge hört der Vorerbe auf, Erbe zu sein, und erwirbt der Nacherbe die Erbschaft und damit alle einzelnen Nachlaßgegenstände.[1])

Dagegen findet die Regel Anwendung auf den Erwerb durch einen Vermächtnißnehmer. Abweichend von dem früheren Rechte, giebt ihm das B.G.B. § 2174 nur einen persönlichen Anspruch auf Leistung des vermachten Gegenstandes; er erwirbt also erst durch Einigung mit dem Erben und durch seine Eintragung in das Grundbuch die vermachten Nachlaßgrundstücke oder Rechte.[2])

Dasselbe gilt, in Uebereinstimmung mit dem gemeinen Rechte, aber im Gegensatze zu dem Allg. Landrechte, von dem Erbschaftskäufer.[3])

b. Ein Miterbe kann über seinen Antheil an dem Nachlasse durch einen gerichtlich oder notariell beurkundeten Vertrag verfügen, ihn mit einem Nießbrauch oder einem Pfandrechte belasten und auch an die Miterben oder an einen von ihnen oder an einen Dritten veräußern. Diese Verfügung hat dingliche Wirkung. Insbesondere tritt im Falle der Veräußerung der Erwerber unmittelbar durch den Vertrag in die Miterbenstellung des Veräußerers ein und erwirbt damit ohne Weiteres dessen Anrecht an den einzelnen Nachlaßgegenständen. Es bedarf daher z. B. nicht der Auflassung eines Bruchtheils der Nachlaßgrundstücke und der Eintragung des Erwerbers in das Grundbuch. Eine solche Auflassung ist sogar unmöglich, weil dem einzelnen Miterben keine Verfügungsbefugniß über seinen Antheil an den einzelnen Nachlaßgegenständen, sondern nur über den Antheil an dem Nachlaß als Einheit zusteht. Auch mit bedingter Wirkung, d. h. mit Wirkung hinsichtlich des ihm bei der späteren Erbauseinandersetzung Zufallenden, kann der einzelne Miterbe über die Nachlaßgegenstände (anders als man in dem früheren preuß. Rechte annahm) nicht verfügen. Ebenso ist eine gegen den Miterben gerichtete Zwangsvollstreckung (Pfändung, Ein-

---

[1]) Vgl. B.G.B. §§. 1922, 1942, 2106, 2139. Ueber den Nachweis des Erbrechts ist §. 36, über das Erforderniß der vorgängigen Eintragung des Erben vor einer sein Recht betreffenden Eintragung §. 41 und über die Eintragung des Vorerben und des Testamentsvollstreckers §§. 52, 53 der G.B.O. zu vergleichen.

[2]) Vgl. Planck Bd. 5 S. 355.

[3]) B.G.B. §. 2374.

tragung einer Judikats- oder Arresthypothek ꝛc.) in seinen Antheil an den einzelnen Nachlaßgegenständen unzulässig.[1])

c. Der Familienfideikommißfolger, der Lehnsfolger und der Stammgutsnachfolger erwerben die zu dem Fideikommiß-, Lehens- oder Stammguts-Vermögen gehörigen Gegenstände ohne Einigung und Eintragung, insbesondere die Grundstücke ohne Auflassung.[2])

d. Die erbrechtlichen Vorschriften finden auch Anwendung auf den Erwerb des Vermögens einer juristischen Person durch den Fiskus mit der Auflösung eines Vereins oder der Entziehung seiner Rechtsfähigkeit oder mit dem Erlöschen einer Stiftung. Der Fiskus erwirbt also ohne Einigung (Auflassung) und Eintragung die Grundstücke der juristischen Person und die ihr gehörigen Rechte an Grundstücken. Fällt dagegen das Vereins- oder Stiftungsvermögen an einen anderen Anfallberechtigten, so erwirbt dieser erst mit der Ausantwortung seitens der Liquidatoren den nach der Befriedigung der Gläubiger verbleibenden Ueberschuß des Vermögens; sollte sich ausnahmsweise ein Grundstück oder ein Recht an einem Grundstücke darunter befinden, so ist Einigung und Eintragung erforderlich.[3])

e. Mit dem Eintritte der ehelichen Gütergemeinschaft, d. h. mit dem Abschlusse des Ehevertrags oder, wenn dieser vor der Ehe geschlossen wird, mit der Eingehung der Ehe, werden alle einem der Ehegatten gehörenden Gegenstände, sofern sie zu dem Gesammtgute gehören, gemeinschaftliches Eigenthum beider Ehegatten, ohne daß es einer Einigung (Auflassung) oder Eintragung hinsichtlich der Grundstücke und der Rechte an Grundstücken bedarf. Auch diejenigen Gegenstände, welche einer der Gatten während der Gütergemeinschaft (einschließlich der Errungenschafts- und Fahrnißgemeinschaft) erwirbt, fallen mit dem Erwerb ohne Weiteres in das Gesammteigenthum beider Ehegatten, es sei denn, daß sie nicht zu dem Gesammtgute, sondern zu dem Sonder- oder Vorbehaltsgute (oder dem eingebrachten Gute) gehören. Das Grundbuch, welches den Erwerber als Alleineigenthümer aufführt, ist demnach unrichtig und unterliegt der Berichtigung, zu der jeder Ehegatte die Mitwirkung des anderen verlangen kann.[4]) Entsprechendes gilt für die fortgesetzte Gütergemeinschaft; zu dem Gesammtgute gehört bei dieser aber nicht der Erwerb der Abkömmlinge.[5])

f. Wenn aus der fortgesetzten Gütergemeinschaft ein Abkömmling durch Tod ohne Hinterlassung von antheilsberechtigten Abkömmlingen oder durch Verzicht ausscheidet, so wächst sein Antheil an dem Gesammtgute den übrigen antheilsberechtigten Abkömmlingen oder, wenn solche nicht vorhanden sind, dem überlebenden

---

[1]) Vgl. B.G.B. §. 2033; dazu Planck Bd. 5 S. 179ff.; C.P.O. §. 864 Abs. 2; Entsch. 1 S. 29 = K.G. N.F. 1 A. S. 85, Rechtspr. 2 S. 27, und für die Uebergangszeit K.G. N.F. 1 A. S. 313. Ueber die Eintragung der Miterben vgl. §. 48 der G.B.O.

[2]) Vgl. preuß. A.G. z. G.B.O. Art. 15—19.

[3]) Vgl. B.G.B. §§. 45, 46, 49, 88; Planck Bd. 1 Erl. 1 zu §. 45, S. 96.

[4]) B.G.B. §§. 1438, 1519, 1549. Planck Bd. 4 S. 203, 285.

[5]) B.G.B. §. 1485. Planck Bd. 4 S. 252. Vgl. auch über den Nachweis der Gütergemeinschaft §. 34 und über die Eintragungsform §. 48 der G.B.O. nebst Erl.

Ehegatten zu. Gehören zu dem Gesammtgute Grundstücke oder Rechte an solchen, bedarf es keiner Einigung (Auflassung) und Eintragung.[1])

g. Dasselbe gilt bei dem Ausscheiden eines Gesellschafters aus einer im Uebrigen fortbestehenden Gesellschaft des B.G.B., offenen Handelsgesellschaft oder Kommanditgesellschaft.[2]) Durch diese Vorschrift wird eine Streitfrage des früheren Rechtes entschieden.[3])

Diese Bestimmung setzt aber, wie erwähnt, voraus, daß die Gesellschaft trotz des Ausscheidens fortbesteht, und findet daher keine Anwendung auf den Fall, daß die Gesellschaft aufgelöst und das Gesellschaftsvermögen auf einen Gesellschafter übertragen wird. Hiervon gilt zwar nicht für die Gesellschaft des B.G.B., wohl aber für die aus zwei Gesellschaftern bestehende offene Handelsgesellschaft in einigen Fällen eine Ausnahme. Wenn in der Person des einen von ihnen die Voraussetzungen vorliegen, unter welchen bei einer größeren Zahl von Gesellschaftern seine Ausschließung aus der Gesellschaft zulässig sein würde,[4]) kann der andere Gesellschafter auf seinen Antrag von dem Gerichte für berechtigt erklärt werden, das Geschäft ohne Liquidation mit Aktiven und Passiven zu übernehmen; und ferner, wenn ein Privatgläubiger des einen Gesellschafters die Pfändung und Ueberweisung des Anspruchs seines Schuldners auf das diesem bei der Auseinandersetzung Zukommende erwirkt und alsdann von seinem Kündigungsrechte[5]) Gebrauch gemacht hat, oder wenn über das Vermögen des einen Gesellschafters Konkurs eröffnet ist, so ist der andere berechtigt, das Geschäft in der bezeichneten Weise zu übernehmen. In diesen Fällen gilt für die Auseinandersetzung dasselbe wie bei dem Ausscheiden eines Gesellschafters aus der Gesellschaft.[6]) In allen übrigen Fällen des Uebergangs eines Gesellschaftsvermögens auf einen der bisherigen Gesellschafter bedarf es dagegen zur Uebertragung der Grundstücke und der Rechte an Grundstücken grundsätzlich der Einigung und der Eintragung in das Grundbuch.[7])

---

[1]) B.G.B. §§. 1490, 1491.

[2]) B.G.B. §. 738; Planck Bd. 2 S. 481; H.G.B. §. 105 Abs. 2, §. 161 Abs. 2. Vgl. über die Gründe des Ausscheidens B.G.B. §§. 736, 737; H.G.B. §§. 138–141.

[3]) Vgl. R.G. 18 S. 44; 25 S. 252; K.G. 8 S. 63.

[4]) H.G.B. §. 140.

[5]) H.G.B. §. 135.

[6]) H.G.B. §. 142. Vgl. Staub, Kommentar z. H.G.B. 6. und 7. Aufl. Bd. 1 S. 464 ff.; Oberneck S. 322 ff. A.M. Turnau-Förster Bd. 1 S. 336.

[7]) K.G. 11 S. 125; 13 S. 226; Oberneck S. 321, 322. (Vgl. auch K.G. 19 S. 85 über den Uebergang des Vermögens einer Gewerkschaft auf den Gewerken, in dessen Hand alle Kuxe vereinigt sind.) A.M. für den Fall der Uebertragung des Vermögens einer offenen Handelsgesellschaft mit Aktiven und Passiven auf einen Gesellschafter gegen Abfindung des anderen Staub a. a. O. S. 473 Anm. 8 zu §. 145, der H.G.B. §. 142 entsprechend anwenden will, und für das bisherige Recht R.G. 25 S. 252 und in Gruch. 38 S. 1061, 43 S. 198. Ueber die Höhe des in diesem Falle zu berechnenden Stempels vgl. außer den angeführten Entscheidungen R.G. 32 S. 253 und in Gruch. 39 S. 1011.

h. Ein weiterer handelsrechtlicher Ausnahmefall ist der der sog. Fusion zweier Aktiengesellschaften oder einer Aktiengesellschaft und einer Kommanditgesellschaft auf Aktien, jedoch nur wenn vereinbart ist, daß eine Liquidation des Vermögens der aufgelösten Aktiengesellschaft nicht stattfinden soll.[1])

Unter der gleichen Voraussetzung bildet auch die sog. Verstaatlichung d. h. die Uebernahme des Vermögens einer Aktiengesellschaft als Ganzes durch das Reich, einen Bundesstaat oder einen inländischen Kommunalverband eine Universalsukzession.[2]) Mit der Eintragung des Veräußerungsbeschlusses der Generalversammlung der übertragenden Gesellschaft gilt der Uebergang des Vermögens als erfolgt.

i. Ein Uebergang von Rechten auf einen neuen Berechtigten kann sich ohne Einigung und Eintragung auch mit dem Eintritt einer Bedingung oder eines Termins vollziehen. Hiervon wird unten bei den Verfügungsbeschränkungen näher die Rede sein.

2. Ohne Einigung läßt das B.G.B. einige Rechte an Grundstücken entstehen durch die sog. Tabularersitzung.[3]) Sie ist sowohl für das Eigenthum wie auch für ein sonstiges Recht zugelassen, „das zum Besitze des Grundstücks berechtigt oder dessen Ausübung nach den für den Besitz geltenden Vorschriften geschützt ist", also für das Eigenthum, das Erbbaurecht, das Erbpachtrecht und das sog. Abbaurecht, für den Nießbrauch, das Wohnungsrecht, die Grunddienstbarkeiten und die beschränkten persönlichen Dienstbarkeiten.[4]) Die Voraussetzungen der Tabularersitzung sind Eintragung des Eigenthümers oder des sonstigen Rechtes in das Grundbuch, Besitz des Grundstücks oder bei den Grunddienstbarkeiten und bei den beschränkten persönlichen Dienstbarkeiten thatsächliche Ausübung des Rechtes und ununterbrochene dreißigjährige Dauer dieser beiden Zustände. Wenn das Bestehen des Besitzes am Anfang und am Ende der Frist feststeht, streitet eine gesetzliche Vermuthung für den Besitz der Zwischenzeit. In die Frist wird die Zeit nicht eingerechnet, in der die Verjährung des Anspruchs des wirklichen Eigenthümers gegen den Ersitzenden gehemmt war oder gemäß §§. 206, 207 des B.G.B. nicht vollendet werden konnte oder in der ein Widerspruch gegen die Richtigkeit der Eintragung des Ersitzenden im Grundbuch eingetragen war. Dem Rechtsnachfolger kommt die Zeit seines Rechtsvorgängers, dem

---

[1]) Also nur im Falle des §. 306, nicht in dem der §§. 303, 305 des H.G.B. Vgl. Staub a. a. O. S. 909 Anm. 10, S. 916 Anm. 20, S. 919 Anm. 11; Biermann, Ueber die Nothwendigkeit der Auflassung zum Eigenthumserwerb an Grundstücken, insbes. im Falle der Fusion zweier Handelsgesellschaften (Diss.) 1899.

[2]) H.G.B. §. 304; Staub a. a O. S. 910 Anm. 10.

[3]) B.G.B. §. 900; Planck Bd. 3 S. 123. Ueber eine zur Zeit des Inkrafttretens des Reichsgrundbuchrechts laufende Ersitzung vgl. Art. 189 Abs. 2, Art. 169 des E.G. z. B.G.B.

[4]) Vgl. über den Besitz des Nießbrauchers und des Wohnungsberechtigten B.G.B. §§. 1036, 1093 und über den Besitzesschutz bei den anderen Dienstbarkeiten §. 1029, §. 1090 Abs. 2. In Preußen kann auch das Bergwerkseigenthum durch Tabularersitzung erworben werden (A.G. z. B.G.B. Art. 37 I, vgl. die Begr. zu dem Entw. dieser Vorschrift).

Erben auch die eines Erbschaftsbesitzers zu Statten. Titel und guter Glaube sind nicht erforderlich.

Eine andere Ersitzung der Rechte an Grundstücken ist dem B.G.B. unbekannt.[1]) Vorkaufsrechte, Reallasten, Hypotheken, Grundschulden und Rentenschulden können also nie ersessen werden.

3. Sehr zahlreich sind die Fälle, in denen Rechte an Grundstücken **ohne Löschung untergehen**. Allerdings ist die Konfusion als Erlöschungsgrund der Rechte an Grundstücken ausdrücklich beseitigt. „Ein Recht an einem fremden Grundstück erlischt nicht dadurch, daß der Eigenthümer des Grundstücks das Recht oder der Berechtigte das Eigenthum an dem Grundstück erwirbt." (§. 889). Für das Grundbuchrecht kommt die Konfusion als Beendigungsgrund daher nur für Nießbrauch und Pfandrecht an eingetragenen Rechten in Betracht.[2]) Aus der Beseitigung der Konfusion folgt aber nicht die Zulässigkeit der Bestellung von Rechten an Grundstücken zu Gunsten des Eigenthümers. Nur die Grundschuld und die Rentenschuld können für den Eigenthümer bestellt werden.[3]) Außerdem ist bei allen Rechten die Belastung eines gemeinschaftlichen Grundstücks zu Gunsten eines Miteigenthümers zulässig, und die Bestellung subjektiv-dinglicher Rechte wird nicht dadurch ausgeschlossen, daß der Alleineigenthümer des einen Grundstücks zugleich Miteigenthümer des anderen ist.[4])

Von allgemeiner Bedeutung sind folgende Endigungsgründe für die Rechte an Grundstücken, bei denen es der Löschung nicht bedarf.

a. Von selbst versteht es sich, daß mit dem Untergange des Grundstücks alle Rechte an diesem erlöschen. Dagegen bleibt ihr Bestand von dem Untergange der auf dem Grundstücke stehenden Gebäude unberührt.[5])

b. Subjektiv-dingliche Rechte erlöschen auch mit dem Untergange des herrschenden Grundstücks, höchstpersönliche mit dem Tode des Berechtigten oder mit dem Erlöschen der berechtigten juristischen Person.[6])

Subjektiv-dinglich sind stets die Grunddienstbarkeiten und können auch sein die Vorkaufsrechte und die Reallasten.[7]) Höchstpersönlich sind der Nießbrauch, die beschränkten persönlichen Dienstbarkeiten und regelmäßig auch die subjektiv-persönlichen Vorkaufsrechte, außerdem die Reallasten dann, wenn das Recht auf die einzelne

---

[1]) Vgl. aber unten S. 44 über den Eigenthumserwerb auf Grund eines Aufgebots.

[2]) B.G.B. §§. 1072, 1063, 1273, 1256.

[3]) B.G.B. §§. 1196, 1199.

[4]) B.G.B. §. 1009.

[5]) M. z. B.G.B. III S. 716. Letzteres gilt auch bei dem Erbbaurechte (B.G.B. §. 1016).

[6]) Der Ablauf einer Frist z. B. von hundert Jahren, wie in dem gemeinen Rechte, ist dem Erlöschen der juristischen Person nicht gleichgestellt.

[7]) B.G.B. §. 1018, §. 1094 Abs. 2, §. 1105 Abs. 2, vgl. §§. 1103, 1110. Auch das in Preußen zugelassene Wiederkaufsrecht an Rentengütern kann zu Gunsten des jeweiligen Eigenthümers eines Grundstücks des Veräußerers, also als subjektiv-dingliches bestellt werden (A.G. z. B.G.B. Art. 29 §. 1 Abs. 2, §. 10 Abs. 1).

Leistung, zu welcher die Reallast den Eigenthümer des belasteten Grundstücks verpflichtet, nach den Vorschriften des Obligationenrechts (B.G.B. §§. 399, 400) nicht übertragbar ist.[1])

c. Auflösend bedingte oder befristete Rechte gehen mit dem Eintritte der Bedingung oder des Termins unter.[2])

d. Durch den Zuschlag im Zwangsversteigerungsverfahren erlöschen, sofern nicht im Beschwerdewege der Beschluß rechtskräftig aufgehoben wird, alle Rechte an dem Grundstücke, welche nicht nach den Versteigerungsbedingungen oder nach besonderen Vereinbarungen zwischen dem Berechtigten und dem Ersteher bestehen bleiben sollen.[3])

e. Aehnliche Erlöschungsgründe sind die Enteignung und die Zusammenlegung und Gemeinheitstheilung u. ä. nach Maßgabe der aufrechterhaltenen landesgesetzlichen Vorschriften.[4])

4. In anderen Fällen bedarf es zur Aufhebung der Rechte an Grundstücken zwar der Löschung, aber nicht der Aufgabeerklärung.

a. „Ist ein Recht an einem fremden Grundstück im Grundbuche mit Unrecht gelöscht, so erlischt es, wenn der Anspruch des Berechtigten gegen den Eigenthümer verjährt ist. Das Gleiche gilt, wenn ein kraft Gesetzes entstandenes Recht an einem fremden Grundstücke nicht in das Grundbuch eingetragen worden ist" (§. 901).[5]) Eine erlöschende Verjährung eingetragener Rechte kennt das B.G.B. bei den Grunddienstbarkeiten und bei den beschränkten persönlichen Dienstbarkeiten.[6])

b. Einen Ersatz für die Aufgabeerklärung bildet auch nach Maßgabe der aufrechterhaltenen landesgesetzlichen Vorschriften das sog. Unschädlichkeitszeugniß.[7])

IV. Die in den vorstehenden Ausführungen erwähnten Vorschriften des B.G.B. sind nicht überall mit dem 1. Januar 1900 **in Kraft getreten.** Sie setzen das Vorhandensein von Grundbüchern voraus und können daher erst mit dem der Bestimmung durch landesherrliche Verordnung unterliegenden Zeitpunkt, in welchem das Grundbuch für den einzelnen Bezirk als angelegt anzusehen ist, Wirksamkeit erlangen. Bis zu diesem Zeitpunkt erfolgen „der Erwerb und Verlust des Eigenthums sowie die Begründung, Uebertragung, Belastung und Aufhebung eines anderen Rechtes an einem Grundstück oder eines Rechtes an einem solchen Rechte", die Aenderung des Inhalts und des Ranges der Rechte nach den bisherigen Gesetzen. Ein nach den

---

[1]) B.G.B. §§. 1059, 1061, 1092, 1098, 514, §. 1111 Abs. 2.

[2]) Vgl. darüber unten bei den Verfügungsbeschränkungen.

[3]) Zw.V.G. §. 91; vgl. auch ebd. §. 158 und Erl. 1b zu §. 39 der G.B.O.

[4]) E.G. z. B.G.B. Art. 109, 113. Vgl. preuß. Ges. über die Enteignung von Grundeigenthum vom 11. Juni 1874 §. 45; A.G. z. G.B.O. Art. 12.

[5]) Vgl. Planck Bd. 3 S. 125.

[6]) B.G.B. §. 1028, §. 1090 Abs. 2.

[7]) E.G. z. B.G.B. Art. 130; preuß. A.G. z. B.G.B. Art. 19, 20; A.G. z. G.B.O. Art. 20; bayer. Ges., das Unschädlichkeitszeugniß betr., vom 15. Juni 1898 (Ges.= u. V.O.Bl. S. 301); sächs. A.G. z. B.G.B. vom 18. Juni 1898 (Ges.= u. V.O.Bl. S. 191) §§. 21—27 und V.O. vom 6. Juli 1899 (ebd. S. 203) §§. 20—23.

Vorschriften des B.G.B. unzulässiges Recht kann aber nach dem 1. Januar 1900 nicht mehr begründet werden.

Das Reichsgrundbuchrecht tritt für alle Grundstücke eines Bezirkes gleichzeitig in Kraft, selbst für diejenigen, welche noch kein Blatt im Grundbuch erhalten haben, es sei denn, daß bestimmte Grundstücke durch besondere Anordnung von dem Inkrafttreten ausgenommen sind.

Ebenso macht es für das Inkrafttreten der Vorschriften über die Uebertragung und die Belastung eines Rechtes keinen Unterschied, ob das Recht in das Grundbuch eingetragen ist. Das Reichsrecht kommt auch dann zur Anwendung, wenn die Eintragung unterblieben ist, sofern nur das Grundstück unter Grundbuchrecht steht. Dies gilt auch von den nach dem B.G.B. unzulässigen Rechten. Dagegen erfolgt die Aufhebung eines Rechtes, mit dem ein Grundstück oder ein Recht an einem Grundstücke zu der Zeit belastet ist, zu welcher das Grundbuch als angelegt anzusehen ist, auch nach dieser Zeit nach den bisherigen Gesetzen, bis das Recht in das Grundbuch eingetragen wird.[1])

4. Eigenthum.

I. Der **Inhalt** des Eigenthumsrechts ergiebt sich aus §. 903 des B.G.B.: „Der Eigenthümer einer Sache kann, soweit nicht das Gesetz oder Rechte Dritter entgegenstehen, mit der Sache nach Belieben verfahren und Andere von jeder Einwirkung ausschließen." Schon aus dem oben S. 18 ff. Gesagten erhellt, daß an dem Inhalte des Eigenthums durch Rechtsgeschäft nur insoweit etwas geändert werden kann, als es durch eine der in dem B.G.B. oder in den aufrechterhaltenen Landesgesetzen zugelassenen Belastungen, Verfügungsbeschränkungen, Vormerkungen oder Widersprüche eingeschränkt oder durch Verbindung mit einem der gesetzlich zugelassenen, subjektiv-dinglichen Rechte erweitert werden kann.[2])

II. Steht ein Grundstück im **Miteigenthume** mehrerer Personen, so liegt entweder eine Gemeinschaft zur gesammten Hand oder ein Miteigenthum nach Bruchtheilen vor. Letzteres bildet die Regel[3]); eine Gemeinschaft zur gesammten Hand ist nur dann vorhanden, wenn das Grundstück zu dem Vermögen einer Gesellschaft des B.G.B., einer offenen Handelsgesellschaft oder einer Kommanditgesellschaft, zu dem Gesammtgut einer allgemeinen Gütergemeinschaft, einer fortgesetzten Gütergemeinschaft, einer Errungenschaftsgemeinschaft oder einer Fahrnißgemeinschaft oder zu einem mehreren Erben gehörigen Nachlasse gehört.[4]) Den Parteien steht es nicht frei, an Stelle eines Miteigenthums nach Bruchtheilen ein Gesammteigenthum zu vereinbaren. Bei dem Miteigenthume nach Bruchtheilen kann nämlich jeder Theilhaber über seinen

---

[1]) E.G. z. B.G.B. Art. 186, 189.

[2]) Vgl. Planck Bd. 3 S. 7 und über die subjektiv-dinglichen Rechte oben S. 34 unter 3b.

[3]) B.G.B §. 741.

[4]) B.G.B. §§. 719, 1442, 1471, 1487, 1519, 1549, 2033, §. 2040 Abs. 1; H.G.B. §. 105 Abs. 2, §. 161 Abs. 2.

Antheil verfügen, ihn veräußern oder belasten; nur zur Verfügung über das Grundstück im Ganzen oder über einen reellen Theil desselben bedarf es der Mitwirkung aller Gemeinschafter.[1]) Bei einer Gemeinschaft zur gesammten Hand steht dagegen keinem der Gemeinschafter ein Bruchtheil an den einzelnen zu dem gemeinschaftlichen Vermögen gehörigen Gegenständen zu, der seiner selbständigen Verfügung unterliegt. Wenn demnach zwei Miteigenthümer, die nicht in einem der oben angeführten Gesammthandsverhältnisse stehen, eine Gemeinschaft zur gesammten Hand vereinbaren, so würden sie sich durch Rechtsgeschäft ihrer Verfügungsbefugniß über ihren Grundstücksantheil begeben, und das ist nach B.G.B. §. 137 unzulässig.[2])

Wenn ein Grundstück mehreren Personen nach Bruchtheilen gehört, so sind Belastungen nicht nur des Grundstücks selbst, sondern auch der einzelnen Bruchtheile zulässig. Dagegen kann bei einem im Gesammteigenthume stehenden Grundstücke nur das Grundstück selbst belastet werden; nur der Nießbrauch ist, wie an dem Bruchtheil eines im Alleineigenthume stehenden Grundstücks, so auch an einem Bruchtheile eines im Gesammteigenthume befindlichen zulässig.[3]) Zu dessen Bestellung bedarf es aber grundsätzlich, wie bei jeder Verfügung über einen Gegenstand, der zu dem Vermögen einer Gemeinschaft zur gesammten Hand gehört, der Mitwirkung aller Gemeinschafter; hiervon gelten jedoch Ausnahmen für die Handelsgesellschaften und die ehelichen Gütergemeinschaften.[4])

Dies findet auch auf Belastungen im Wege der Zwangsvollstreckung Anwendung. Wenn ein Grundstück im Miteigenthume nach Bruchtheilen steht, ist die Zwangsvollstreckung, insbesondere auch die Eintragung einer Judikats- und Arresthypothek, nicht nur in das ganze Grundstück auf Grund eines gegen alle Miteigenthümer vollstreckbaren Schuldtitels zulässig, sondern auch in den Bruchtheil des einzelnen Miteigenthümers auf Grund eines gegen ihn gerichteten Titels. Bei der Gemeinschaft zur gesammten Hand ist dagegen die Zwangsvollstreckung in einen Bruchtheil ausgeschlossen.[5])

Die eigenartigen Belastungen, welche das B.G.B. bei dem Miteigenthum an einem Grundstücke zuläßt, sind oben S. 19ff. erwähnt.

III. Eine **Veränderung des Eigenthums** an einem Grundstücke setzt,

1. soweit es sich um eine rechtsgeschäftliche Uebereignung, um eine „Uebertragung des Eigenthums" handelt, **regelmäßig** eine in gehöriger Form erklärte Einigung, die sog. *Auflassung*, und die *Eintragung* des Erwerbers als Eigenthümer in das Grundbuch voraus. Die Auflassung „muß bei gleichzeitiger Anwesenheit

---

[1]) B.G.B. §. 747.

[2]) P. II Bd. 3 S. 51. Vgl. die Erl. zu §. 48 der G.B.O.

[3]) Oben S. 15. Ueber die Belastung zu Gunsten eines Miteigenthümers vgl. oben S. 34 unter 3.

[4]) Vgl. darüber die Erl. zu §. 33, zu §. 34 und zu § 36 der G.B.O.

[5]) C.P.O. §. 864 Abs. 2; Entsch. 1 S. 29 = K.G. N.F. 1 A. S. 85. Vgl. oben S. 30 unter b und für die Uebergangszeit K.G. N.F. 1 A. S. 313.

beider Theile vor dem Grundbuchamt[1]) erklärt werden. Eine Auflassung, die unter einer Bedingung oder einer Zeitbestimmung erfolgt, ist unwirksam"[2]) (B.G.B. §. 925). Nach Art. 143 des E.G. z. B.G.B. bleiben jedoch die landesgesetzlichen Vorschriften unberührt, „welche in Ansehung der in dem Gebiete des Bundesstaats liegenden Grundstücke bestimmen, daß die Einigung der Parteien in den Fällen der §§. 925, 1015 des B.G.B. außer vor dem Grundbuchamt auch vor Gericht, vor einem Notar, vor einer anderen Behörde oder vor einem anderen Beamten erklärt werden kann," sowie die landesgesetzlichen Vorschriften, „nach welchen es bei der Auflassung eines Grundstücks der gleichzeitigen Anwesenheit beider Theile nicht bedarf, wenn das Grundstück durch ein Gericht oder einen Notar versteigert worden ist und die Auflassung noch in dem Versteigerungstermine stattfindet." Von diesen Vorbehalten ist in vielen Bundesstaaten Gebrauch gemacht, in Preußen nur für Grundstücke, die im bisherigen Geltungsbereiche des Rheinischen Rechtes belegen sind.[3])

Ein bestimmter Inhalt der Auflassungserklärungen ist reichsrechtlich nicht vorgeschrieben. Es genügt also jede mündliche Erklärung der Willensübereinstimmung der Betheiligten, daß das Eigenthum von dem Veräußerer auf den Erwerber übergehen soll; die durch das preuß. Ges. über den Eig.Erw. &c. §. 2 vorgeschriebenen Erklärungen des Veräußerers, daß er die Eintragung des neuen Erwerbers bewillige, und des Erwerbers, daß er diese Eintragung beantrage, sind nicht erforderlich.[4])

Ueber die Reihenfolge von Auflassung und Eintragung trifft das B.G.B. keine Bestimmung. Die G.B.O. §. 20 verlangt, daß jene dieser vorausgeht. Ein materielles Erforderniß ist dies jedoch nicht; die Eintragung eines neuen Erwerbers in das

---

[1]) Vgl. über die Frage, welches Grundbuchamt zuständig ist, Erl. 4 zu §. 1 Abs. 1 der G.B.O.

[2]) Vgl. über den letzten Satz unten gegen Ende der Einleitung unter den Verfügungsbeschränkungen.

[3]) Preuß. A.G. z. B.G.B. Art. 26 trifft für diese Grundstücke folgende Vorschriften:

„§. 1. Die Auflassung sowie die zur Bestellung oder Uebertragung eines Erbbaurechts erforderliche Einigung kann außer vor dem Grundbuchamt auch vor einem anderen Preußischen Amtsgericht oder vor einem Preußischen Notar erklärt werden. Durch Königliche Verordnung kann bestimmt werden, daß auch die Amtsgerichte oder die Notare anderer Bundesstaaten zuständig sind.

Jeder Theil ist berechtigt zu verlangen, daß die Auflassung vor dem Grundbuchamt erfolgt.

§. 2. Bei der Auflassung bedarf es der gleichzeitigen Anwesenheit beider Theile nicht, wenn das Grundstück durch ein Amtsgericht oder einen Notar versteigert worden ist und die Auflassung noch in dem Versteigerungstermine stattfindet."

Vgl. ferner bayer. A.G. z. B.G.B. vom 9. Juni 1899 Art. 81, 82; sächs. A.G. z. B.G.B. vom 18. Juni 1898 §. 13; württb. A.G. z. B.G.B. vom 28. Juli 1899 Art. 34 ff. In Bayern sind die Notare, in Sachsen jedes deutsche Amtsgericht und die Notare, in Württemberg der Rathsschreiber neben dem Grundbuchamte zuständig.

[4]) Aber genügend. Lenel in der Deutschen Juristen-Zeitung 1900 S. 286. A.M. O.L.G. Colmar im sächs. Archiv Bd. 10 S. 491. Vgl. ebd. S. 375, 376 und Turnau-Förster Bd. 1 S. 332.

Grundbuch, der keine Auflassung vorausgegangen ist, wird also wirksam, wenn diese nachgeholt wird, ohne daß es einer Wiederholung der Eintragung bedarf.[1])

Auch im Uebrigen gelten für die Auflassung die obigen (S. 28ff.) Erörterungen über die Einigung; insbesondere wird auch die Auflassungserklärung durch ein rechtskräftiges Urtheil ersetzt,[2]) und die vorgängige Eintragung des Auflassenden als Eigenthümer in das Grundbuch ist nicht Bedingung der materiellrechtlichen Gültigkeit der Auflassung.

2. Die dargelegte Regel findet nicht nur bei der Uebereignung des ganzen Grundstücks, sondern auch bei der eines ideellen Theiles Anwendung. Insbesondere bedarf es also bei der Uebertragung des Bruchtheils eines Miteigenthümers der Auflassung und der Eintragung, einerlei ob der Erwerber ein Dritter ist oder einer der Miteigenthümer oder alle übrigen Miteigenthümer; in dem letzteren Falle wächst nicht etwa durch einen Verzicht eines Miteigenthümers dessen Antheil den übrigen an.[3]) Daß die Auflassung eines Bruchtheils seitens eines Miteigenthümers nur bei dem Miteigenthume nach Bruchtheilen, nicht bei einer Gemeinschaft zur gesammten Hand erfolgen kann, ist oben unter II bereits gesagt; bei der letzteren bedarf es für die Auflassung eines Bruchtheils grundsätzlich der Mitwirkung aller Gemeinschafter, ebenso wie bei der Auflassung des ganzen Grundstücks.

Entsprechend dem bisherigen Rechte[4]) gilt die Regel ferner auch dann, wenn die Miteigenthümer sich an Stelle ihrer ideellen Antheile entsprechende reelle Theile des Grundstücks zutheilen wollen, da das Eigenthum an einem Bruchtheile von dem Alleineigenthum an einem reellen Theile durchaus verschieden ist. Jedem der bisherigen Miteigenthümer müssen also die ideellen Theile der übrigen Miteigenthümer an dem ihm zugetheilten Trennstück aufgelassen werden.

Ebenso bedarf es der Auflassung und Eintragung, wenn bei der Errichtung einer Gesellschaft im Sinne des B.G.B. oder einer Handelsgesellschaft das Grundstück eines Gesellschafters gemeinschaftliches Eigenthum der Gesellschafter werden soll.[5]) Ob dasselbe gilt, wenn die Gesellschaft nur aus den bisherigen Miteigenthümern des Grundstücks besteht, ist streitig. Da nach dem B.G.B. §. 718 und nach der herrschenden Ansicht auch nach dem H.G.B. das Vermögen der Gesellschaft des B.G.B.,

---

[1]) Predari S. 121. Vgl. ferner über die Frage, ob die Aufnahme eines Protokolls wesentlich ist, unten Erl. 3 zu §. 1 Abs. 1 der G.B.O.

[2]) Obwohl alsdann nicht beide Theile vor dem Grundbuchamt erscheinen und ihre Erklärung nicht gleichzeitig abgeben. Vgl. P. II Bd. 3 S. 177, Turnau-Förster Bd. 1 S. 333. Ob in dem Falle, daß eine Eintragung des Erwerbers auf Grund einer noch nicht rechtskräftigen Verurtheilung des Veräußerers zur Auflassung erfolgt sein sollte, die Auflassungserklärung des Erwerbers nach dem Eintritte der Rechtskraft wiederholt werden muß, ist zweifelhaft. Vgl. Turnau-Förster a. a. O.

[3]) Planck Bd. 2 S. 489 Erl. 1 zu §. 747.

[4]) R.G. 13 S. 232 = preuß. J.M.Bl. 1894 S. 29.

[5]) Die früher für die Handelsgesellschaft vereinzelt vertretene abweichende Ansicht stützte sich auf Art. 91 Abs. 2 des H.G.B. vom 5. Juni 1869 (vgl. Achilles-Strecker 4. Aufl. S. 33) und bedarf jetzt keiner Widerlegung mehr, weil diese Vorschrift in das neue H.G.B.

der offenen Handelsgesellschaft und der Kommanditgesellschaft den Gesellschaftern und nicht einer von diesen verschiedenen juristischen Person gehört, so tritt ein Wechsel in den Personen der Eigenthümer nicht ein, wenn die sämmtlichen Miteigenthümer des Grundstücks eine Gesellschaft errichten, an der ein Dritter nicht betheiligt ist, und das Grundstück zu dem Gesellschaftsvermögen beisteuern. Daraus hat das Reichsgericht und früher auch das Kammergericht gefolgert,[1]) daß es keiner Auflassung bedarf, wenn die Miteigenthümer die Umschreibung des Grundstücks auf die Firma der Handelsgesellschaft oder die Eintragung des Vermerkes beantragen, daß das Grundstück nicht mehr den Miteigenthümern nach Bruchtheilen, sondern zu dem Gesellschaftsvermögen gehört. Indessen da jeder Eigenthümer sein Sondereigenthum an seinem ideellen Grundstücksantheil aufgiebt und dafür nur an dem ganzen Grundstücke mit den anderen Gesellschaftern zusammen sog. Gesammteigenthum erhält, liegt doch eine Eigenthumsänderung vor, die sich erst mit der Auflassung und Eintragung vollzieht.[2]) Dasselbe gilt, wenn sich die Gesellschafter bei der Auflösung der Gesellschaft ideelle Antheile an dem Gesellschaftsgrundstücke zutheilen.[3]) Unzweifelhaft bedarf es in den entsprechenden Fällen bei Aktiengesellschaften, Gesellschaften mit beschränkter Haftung und eingetragenen Genossenschaften der Auflassuug und Eintragung, da diese juristische Personen sind.[4])

Die Auflassung der Gesellschaftsgrundstücke ist ferner wegen der juristischen Persönlichkeit des Erwerbers erforderlich bei der Umwandlung einer Kommanditgesellschaft in eine Aktiengesellschaft, selbst wenn lediglich die bisherigen Mitglieder Aktionäre werden und auch ihr Antheilsverhältniß an dem Gesellschaftsvermögen das gleiche bleibt,[5]) bei der Umwandlung einer eingetragenen Genossenschaft oder einer nach den französischen Gesetzen errichteten Bergbaugesellschaft in eine Aktiengesellschaft sowie bei der Umwandlung einer offenen Handelsgesellschaft in eine Gewerkschaft u. a.,[6]) dagegen nicht bei der Umwandlung einer Kommanditgesellschaft auf Aktien in eine Aktiengesellschaft[7]) oder in eine gewöhnliche Kommandit-

---

nicht übernommen ist und die an ihre Stelle getretene Bestimmung des B.G.B §. 706 Abs. 2 keinen Zweifel läßt. Vgl. Planck Bd. 2 S. 458 Erl. 2.

In dem obigen Falle ist für die Berechnung der Gerichtskosten und des Stempels der Werth des ganzen Grundstücks maßgeblich, weil der bisherige Eigenthümer keinen Bruchtheil des Grundstücks behält (R.G. in Gruchot 39 S. 1014). Vgl. die folgenden Sätze des Textes. Dasselbe gilt bei der Auflassung des Gesellschaftsgrundstücks an einen Gesellschafter (R.G. a. a. O. S. 853; K.G. 13 S. 226).

1) R.G. 30 S. 150 und in Gruch. 38 S. 1065, K.G. 6 S. 65. Ebenso noch für das jetzige Recht Turnau-Förster Bd. 1 S. 335.

2) K.G. 17 S. 44; Oberneck S. 320, 321; Staub, Kommentar z. H.G.B. 6., 7. Aufl. S. 385 Anm. 10, Exkurs zu §. 122.

3) K.G. 13 S. 229. Vgl. dagegen über den Fall des Ausscheidens eines Gesellschafters oben S. 32g.

4) Johow 7 S. 169.

5) Letzteren Falles a. M. K.G 2 S. 92. Dagegen Oberneck S. 324.

6) K.G. 11 S. 132; Johow 6 S. 116; K.G. 13 S. 221.

7) H.G.B. §. 333 Abs. 3. Staub, Kommentar z. H.G.B. 6., 7. Aufl. S. 992 Anm. 6.

gesellschaft, sofern letzteren Falles die bisherige Firma beibehalten wird und in den Personen keine Aenderung eintritt,[1] sowie bei der Umwandlung einer Gewerkschaft in eine Aktiengesellschaft.[2]

Kein Eigenthumswechsel liegt in der Abtretung eines Grundstücks des preußischen Forstfiskus an den preußischen Eisenbahnfiskus, da der Fiskus nur eine juristische Person bildet und seinen verschiedenen Stationen keine besondere Persönlichkeit zukommt. Es bedarf daher keiner Auflassung zur Umschreibung des Grundstücks.[3]

3. **Keiner Auflassung und Eintragung** bedarf es zur Eigenthumsänderung in den oben S. 30ff. unter Ziff. 1 aufgeführten sowie in folgenden Fällen.

a. Bei der Zwangsversteigerung erwirbt der Ersteher das Eigenthum an dem versteigerten Grundstücke durch den Zuschlag d. h. durch die Verkündung des Beschlusses, durch welchen der Zuschlag ertheilt wird, „sofern nicht im Beschwerdewege der Beschluß rechtskräftig aufgehoben wird." Von seiner Eintragung ist also sein Eigenthumserwerb nicht abhängig. Diese erfolgt erst nach der Vertheilung des Versteigerungserlöses und der Rechtskraft des Zuschlags auf Ersuchen des Vollstreckungsgerichts.[4]

b. Bei der Enteignung geht in Preußen das Eigenthum an dem enteigneten Grundstück ebenfalls ohne Eintragung auf den Unternehmer über mit Zustellung des Enteignungsbeschlusses an den bisherigen Eigenthümer und den Unternehmer und zwar mit der zuletzt erfolgten Zustellung.[5] Die Eintragung erfolgt auf Ersuchen der Enteignungsbehörde, also regelmäßig des Bezirksausschusses.[6] Einigen sich aber die Parteien über die Abtretung des Eigenthums, so bedarf es der Auflassung.[7] Hiervon gilt eine Ausnahme nach dem preuß. Gesetze vom 3. Juni 1874 (G.S. S. 239): „Grundstücke, welche auf Grund der Gesetze vom 7. Oktober 1865 und vom 7. April 1869 zur Errichtung trigonometrischer Marksteine vom Staate erworben sind, müssen, sofern sie im Hypotheken- resp. Grundbuch aufgeführt sind, auf bloße Requisition des Kreislandraths auch dann abgeschrieben werden, wenn die Enteignung nicht zwangsweise, sondern im Wege der Vereinbarung erfolgt ist."

---

1) K.G. 6 S. 62. A.M. Staub a. a. O. S. 994 Anm. 7, weil er die Kommanditgesellschaft auf Aktien als juristische Person ansieht.

2) R.G. 26 S. 334.

3) Vgl. R.G. 2 S. 392, 21 S. 57; K.G. 10 S. 311, 19 S. 94. Ueber die Angabe der verschiedenen Ressorts des Fiskus im Grundbuche vgl. preuß. Allg.Verf. §. 4 Abs. 2 und über das Erforderniß der Genehmigung des Ministers für Landwirthschaft zu der oben erwähnten Umschreibung K.G. in J.M.Bl. 1900 S. 55.

4) Zw.V.G. §§. 89, 90, 130. Vgl. Erl. 1b zu §. 39 der G.B.O.

5) E.G. z. B.G.B. Art. 109; preuß. Ges. über die Enteignung von Grundeigenthum vom 11. Juni 1874 (G.S. S. 221) §. 44.

6) Dasselbe Gesetz §. 33.

7) Dass. Ges. §§. 16, 17; vgl. über die Gebühren- und Stempelfreiheit auch dieser freiwilligen Veräußerungsgeschäfte ebd. §. 43, preuß. Gerichtskostenges. §. 7, preuß. Stempelsteuergesetz §. 4e.

Regelmäßig wird das Enteignungsrecht für jedes einzelne Unternehmen durch Königliche Verordnung besonders verliehen;[1]) zum Zwecke der Anlegung oder Veränderung von Straßen und Plätzen in Städten und ländlichen Ortschaften steht es jedoch den Gemeinden nach näherer Vorschrift des Gesetzes vom 2. Juli 1875 (G.S. S. 561) hinsichtlich der durch die festgesetzten Straßenfluchtlinien bestimmten Grundflächen ohne Weiteres zu.[2])

c. In den Fällen der Gemeinheitstheilung und der Zusammenlegung von Grundstücken wird nach dem aufrechterhaltenen[3]) preußischen Gesetze, betr. die Berichtigung des Grundsteuerkatasters und der Grundbücher bei Auseinandersetzungen vor Bestätigung des Rezesses vom 26. Juni 1875 (G.S. S. 325) das Eigenthum an den Abfindungsplänen ohne Eintragung mit der Bestätigung des Rezesses oder schon vorher mit der Ausführung des endgültig festgestellten Auseinandersetzungsplans erworben.

d. Der Erwerb von Anlandungen (Alluvionen, Avulsionen), von entstehenden Inseln und von verlassenen Flußbetten vollzieht sich ohne Eintragung nach den landesrechtlichen Bestimmungen.[4]) Vgl. A.L.R. I 9 §§. 223ff., 242ff., 263ff. und für das gemeine Recht Endemann Bd. 2 §. 79, Dernburg, Pand. Bd. 1 §. 207. Nach dem ersteren Rechte bedarf es zum Erwerbe der Avulsion, der Insel und des künstlich verengten oder zugelandeten Flußbetts der Besitzergreifung; diese theilen in Folge dessen nicht ohne Weiteres das Schicksal des Ufergrundstücks, sondern sind selbständige Grundstücke, bis sie der Ufereigenthümer als Bestandtheil buchen läßt. Dagegen werden die Alluvionen und das natürlich zugelandete oder verlassene Flußbett von selbst Bestandtheile des Ufergrundstücks. Nach dem gemeinen Rechte bedarf es nie der Besitzergreifung; die Alluvionen und Avulsionen gelten als Theile der Ufergrundstücke, das verlassene Flußbett und Insel als selbständige Grundstücke.

Dagegen bedarf es der Auflassung und Eintragung zum Erwerbe der Entschädigung, welche nach A.L.R. I 9 §. 271 der Erwerber eines verlassenen Flußbetts aus diesem denjenigen gewähren muß, die durch den neuen Flußlauf an ihrem Eigenthume gelitten haben.

e. Das Eigenthum an den Grundstücken, welche dem dienstlichen Gebrauch einer verfassungsmäßig aus Reichsmitteln zu unterhaltenden Verwaltung gewidmet sind, geht von den einzelnen Bundesstaaten, denen das Eigenthum früher zugestanden hat, auf das Deutsche Reich mit dem Zeitpunkt über, in welchem die Grundstücke in eine solche Verwaltung eintreten, ohne daß es der Auflassung und Eintragung bedarf.[5])

---

[1]) Ges. v. 11. Juni 1874 §. 2.

[2]) Ueber den Fall des zwangsweisen Erwerbs eines Grundstücks seitens des Bergwerkseigenthümers auf Verlangen des Grundeigenthümers nach §§. 138, 139 des Allg. Berggesetzes vom 24. Juni 1865 vgl. R.G. 7 S. 139 und dagegen Arndt in Gruch. 33 S. 24ff.

[3]) E.G. z. B.G.B. Art. 113.

[4]) E.G. z. B.G.B. Art. 65.

[5]) Reichsges. über die Rechtsverhältnisse der zum dienstlichen Gebrauch einer Reichsverwaltung bestimmten Gegenstände, vom 25. Mai 1873, R.G.Bl. S. 113, insbes. §§. 1, 2; Johow 6 S. 110.

Auch der Rückerwerb der später für die Zwecke der Reichsverwaltung entbehrlich oder unbrauchbar gewordenen Grundstücke durch den Landesfiskus vollzieht sich kraft Gesetzes.[1]) Die fortdauernde Gültigkeit dieser Vorschriften ergiebt sich aus Art. 32 des E.G. z. B.G.B.

f. Nach Art. 126 des E.G. z. B.G.B. kann durch Landesgesetz, also ohne Auflassung und Eintragung, das dem Staate an einem Grundstücke zustehende Eigenthum auf einem Kommunalverband oder das einem Kommunalverband an einem Grundstücke zustehende Eigenthum auf einen anderen Kommunalverband oder auf den Staat übertragen werden.

g. Schließlich bedarf es keiner Auflassung und Eintragung für die Uebertragung des Eigenthums an einem Grundstücke, das im Grundbuche nicht eingetragen ist und nach den Vorschriften der Grundbuchordnung §. 90 und der hierauf gestützten landesherrlichen Verordnungen[2]) auch nach der Uebertragung nicht eingetragen zu werden braucht, also z. B. bei der Uebertragung des Eigenthums von dem Fiskus auf eine Gemeinde, von einer Gemeinde auf eine andere oder auf eine Kirche. In diesem Falle genügt in Preußen „die Einigung des Veräußeres und des Erwerbers über den Eintritt der Uebertragung", welche gerichtlich oder notariell zu beurkunden ist; wird einer der Betheiligten durch eine öffentliche Behörde vertreten, so ist zur Beurkundung auch der Beamte zuständig, welcher von dem Vorstande der zur Vertretung berufenen Behörde oder von der vorgesetzten Behörde bestimmt ist. Auch diese Eigenthumsübertragung kann nicht unter einer Bedingung oder einer Zeitbestimmung erfolgen.[3])

4. Zu diesen Fällen, in denen weder Auflassung noch Eintragung zum Erwerbe des Eigenthums erforderlich ist, kommen mehrere Fälle, in denen es zwar **der Eintragung, aber keiner Auflassung** bedarf. Diese sind außer der oben S. 33 Ziff. 2 bereits erwähnten Tabularersitzung:

a. Die Aneignung eines aufgegebenen Grundstücks. Zu der Aneignung eines herrenlosen Grundstücks ist nur der Fiskus des Bundesstaats, in dessen Gebiete das Grundstück liegt, oder die durch Landesgesetz für befugt erklärte „bestimmte andere Person" berechtigt.[4]) Diese erwerben das Eigenthum dadurch, daß sie sich als Eigenthümer in das Grundbuch eintragen lassen.[5]) Das Aneignungsrecht ist nicht auf diejenigen Grundstücke beschränkt, welche unter der Herrschaft des B.G.B. aufgegeben und dadurch herrenlos geworden sind, sondern erstreckt sich auf alle Grundstücke, die zu der Zeit des Inkrafttretens des Reichsgrundbuchrechts herrenlos sind.[6])

---

[1]) Dass. Ges. §. 6; K.G. 4 S. 145.

[2]) Preuß. V.O. Art. 1.

[3]) Preuß. A.G. z. B.G.B. Art. 27. Vgl. bayer. A.G. z. B.G.B. vom 9. Juni 1899 Art. 83, 84.

[4]) B.G.B. §. 928 Abs. 2 Satz 1; E.G. Art. 129.

[5]) B.G.B. §. 928 Abs. 2 Satz 2.

[6]) E.G. Art. 190.

Zur Aufgabe des Eigenthums ist nach dem B.G.B. §. 928 Abs. 1 erforderlich, „daß der Eigenthümer den Verzicht dem Grundbuchamte gegenüber erklärt und der Verzicht in das Grundbuch eingetragen wird.“ Von der allgemeinen Regel des §. 875 über die Aufhebung der Rechte an Grundstücken weicht diese Bestimmung insofern ab, als der Verzicht nicht demjenigen gegenüber, zu dessen Gunsten er erfolgt, erklärt werden kann und nicht eine Löschung des Eigenthumsrechts, sondern eine Eintragung des Verzichts erfolgt.[1])

b. Der Eigenthumserwerb auf Grund eines Aufgebots. Dieser bildet einen Ersatz für die in dem B.G.B. nicht zugelassene Ersitzung durch einen nicht eingetragenen Eigenthümer und setzt ebenso wie die oben (S. 33) besprochene Tabularersitzung, weder Titel noch guten Glauben, wohl aber einen dreißigjährigen Eigenbesitz und außerdem die Ausschließung des früheren Eigenthümers durch ein Ausschlußurtheil und Eintragung in das Grundbuch voraus. Das Aufgebotsverfahren kann nur von demjenigen beantragt werden, der das Grundstück dreißig Jahre im Eigenbesitz hatte, und ist ferner nur zulässig, wenn der bisherige Eigenthümer entweder nicht im Grundbuch eingetragen ist (z. B. weil das Grundstück zwar unter Grundbuchrecht steht, aber kein Blatt im Grundbuch erhalten hat, oder weil es von dem Eigenthümer aufgegeben und von dem Fiskus ꝛc. nicht erworben ist), oder wenn der eingetragene Eigenthümer gestorben oder verschollen ist und eine Eintragung in das Grundbuch, die der Zustimmung des Eigenthümers bedurfte, seit dreißig Jahren nicht erfolgt ist. Hat der Eigenbesitzer das Ausschlußurtheil erwirkt, so ist er noch nicht ohne Weiteres Eigenthümer, sondern muß erst auf Grund desselben seine Eintragung erwirken. Dazu bedarf er, falls vor der Erlassung des Ausschlußurtheils ein Dritter als Eigenthümer eingetragen ist, noch dessen Zustimmung oder dessen rechtskräftiger Verurtheilung zur Zustimmung, da diesem gegenüber das Ausschlußurtheil wirkungslos ist. Hat der Dritte nicht seine Eintragung als Eigenthümer, sondern nur wegen seines Eigenthums die Eintragung eines Widerspruchs gegen die Richtigkeit des Grundbuchs erwirkt, so kann der Eigenbesitzer zwar trotzdem als Eigenthümer eingetragen werden, muß aber dem Dritten weichen, wenn dieser sein Eigenthum ihm gegenüber zur richterlichen Anerkennung bringt, denn das Ausschlußurtheil wirkt auch in einem solchen Falle nicht gegen den Dritten.[2])

IV. Für die Uebergangszeit ist die Vorschrift des Art. 181 des E.G. z. B.G.B. zu beachten, wonach auf das zur Zeit des Inkrafttretens des B.G.B. bestehende Eigenthum von dieser Zeit an die Vorschriften des B.G.B. Anwendung finden. Dagegen beurtheilt sich die Frage, ob Eigenthum an dem 1. Januar 1900 besteht, nach dem bisherigen Rechte.[3])

---

[1]) Ueber die Art der Eintragung vgl. preuß. Allg.Verf. §. 10 Ziff. 3.

[2]) B.G.B. §. 927; C.P.O. §§. 977–981. Vgl. R.G. in Gruch. 44 S. 862 über die Anwendbarkeit des §. 927 sofort nach dem Inkrafttreten des Reichsgrundbuchrechts, auch wenn vorher ein Antrag auf Erlaß eines Aufgebots auf Grund des früheren Rechtes (preuß. G.B.O. §. 135 Ziff. 2) wegen Mangels der gesetzlichen Bedingungen abgelehnt war.

[3]) Vgl. noch E.G. Art. 181 Abs. 2, 182, 183 (S. 16 Anm. 1).

5. Erbbaurecht.

I. Das Erbbaurecht[1]) ist „das veräußerliche und vererbliche Recht, auf oder unter der Oberfläche des Grundstücks ein Bauwerk zu haben." (B.G.B. §. 1012.) Es entspricht also der Superfizies des bisherigen Rechtes, ist aber auf ganze Gebäude oder sonstige Bauwerke, z. B. Brücken, Viadukte, beschränkt und kann nicht sonstige Anlagen (z. B. Bäume) oder Theile eines Gebäudes, insbesondere nicht ein Stockwerk, zum Gegenstande haben.[2]) Dagegen ist seine Erstreckung auf die Benutzung eines für das Bauwerk nicht erforderlichen Theiles des Grundstücks zugelassen, wenn diese für die Benutzung des Bauwerkes Vortheil bietet.

Ob das Bauwerk zur Zeit der Begründung des Erbbaurechts bereits besteht oder erst von dem Berechtigten errichtet werden soll, ist gleichgültig. Letzterenfalls ist der Berechtigte Eigenthümer des Bauwerkes.[3])

„Der Begründungsvertrag hat den Inhalt der eingeräumten Benutzungsbefugniß positiv vorzuschreiben. Der Inhalt des Erbbaurechts ist nicht in gleicher Weise wie der Inhalt des Nießbrauchs vom Gesetze dergestalt bestimmt, daß die Betheiligten nur über etwaige Einschränkungen des gesetzlichen Inhalts sich zu einigen hätten" (M. z. B.G.B. Bd. 3 S. 471). Danach unterliegt die Bestimmung des Inhalts des Rechtes in weitem Umfange der Parteivereinbarung. Insbesondere ist diese auch für die Dauer und für die Entgeltlichkeit der Benutzungsbefugniß entscheidend.

Als subjektiv-dingliches, mit dem Eigenthum eines anderen Grundstücks untrennbar verbundenes Recht kann das Erbbaurecht nicht bestellt werden.[4])

II. Zur Begründung eines Erbbaurechts bedarf es entweder der Einigung und Eintragung oder der Tabularersitzung.

Die Einigung „muß bei gleichzeitiger Anwesenheit beider Theile vor dem Grundbuchamt erklärt werden." (B.G.B. §. 1015.) Sie muß also in derselben Form erfolgen, wie die Auflassung; sie wird aber weder in dem B.G.B. noch in der G.B.O. Auflassung genannt, unter letzterer verstehen die Reichsgesetze nur die zur Uebertragung des Eigenthums an einem Grundstück erforderliche Einigung des Veräußerers und des Erwerbers.[5]) Wie für die Auflassung können auch für diese Einigung andere Behörden oder Beamte durch die Landesgesetze für zuständig erklärt werden. Vgl. oben S. 38 mit Anm. 3.

Anders als die Auflassung kann aber die Einigung unter einer Bedingung oder einer Zeitbestimmung erfolgen,[6]) und die für jene in dem E.G. z. B.G.B.

---

[1]) Vgl. B.G.B. §§. 1012—1017, M. z. B.G.B. Bd. 3 S. 466ff. und Grützmann im sächs. Archiv Bd. 8 S. 149, 154ff.

[2]) Vgl. über das bisherige Stockwerkseigenthum oben S. 16.

[3]) B.G.B. §. 95.

[4]) M. z. B.G.B. Bd. 3 S. 468, 474; P. II Bd. 3 S. 282. Vgl. unten Erl. 3 zu §. 7 der G.B.O.

[5]) Vgl. B.G.B. §§. 925, 1015; E.G. z. B.G.B. Art. 143; G.B.O. §. 20. Diese Terminologie ist z. B. für die Auslegung des §. 98 der G.B.O. von Bedeutung.

[6]) Vgl. M. z. B.G.B. Bd. 3 S. 472.

Art. 143 Abs. 2 zugelassene Ausnahme von dem Erfordernisse gleichzeitiger Anwesenheit im Falle einer Versteigerung ist auf die Begründung und die Uebertragung des Erbbaurechts nicht erstreckt.

Ueber die Eintragung des Erbbaurechts vgl. die Erl. zu §. 7 der G.B.O. und über die Tabularersitzung oben S. 33.

III. Die Uebertragung und die Belastung eines Erbbaurechts erfolgt nach denselben Vorschriften, wie die Uebertragung des Eigenthums und die Belastung der Grundstücke. Denn §. 1017 des B.G.B. bestimmt: „Für das Erbbaurecht gelten die sich auf Grundstücke beziehenden Vorschriften.[1]) Die für den Erwerb des Eigenthums und die Ansprüche aus dem Eigenthume geltenden Vorschriften finden auf das Erbbaurecht entsprechende Anwendung." Es kommen demnach für die Uebertragung die oben S. 37 ff. erörterten Vorschriften über die Eigenthumsänderungen[2]) und für die Belastung die oben S. 18 ff. erwähnten dinglichen Rechte an Grundstücken in Betracht.

Demnach ist bei der rechtsgeschäftlichen Uebertragung des Erbbaurechts, anders als bei dessen Bestellung, die Hinzufügung einer Bedingung oder einer Zeitbestimmung unzulässig.[3])

Keine Anwendung findet die Vorschrift über die Aneignung eines aufgegebenen Grundstücks.

IV. Für die Aufhebung des Erbbaurechts gelten nämlich nicht die Vorschriften über die Aufgabe des Eigenthums, sondern die allgemeinen Bestimmungen (oben S. 28 ff.), und mit dem Erlöschen des Rechtes konsolidirt sich das Eigenthum.[4])

Besonders hervorgehoben ist im Gesetze, daß durch den Untergang des Bauwerkes das Erbbaurecht nicht erlischt.[5])

V. Auch auf eine Aenderung des Inhalts oder des Ranges des Erbbaurechts finden die allgemeinen Vorschriften Anwendung.[6])

VI. Für die Uebergangszeit kommt die Vorschrift des E.G. z. B.G.B. Art. 184 in Betracht. Danach bleiben die Rechte, mit denen eine Sache oder ein Recht zur Zeit des Inkrafttretens des B.G.B. belastet ist, mit dem sich aus den bisherigen Gesetzen ergebenden Inhalt und Range bestehen, soweit sich nicht aus den die Hypotheken oder Grundschulden betreffenden Artikeln 192—195 ein Anderes ergiebt.

---

[1]) Dies bezieht sich auch auf die Vorschriften des Obligationenrechts über Grundstücke z. B. auf die Formvorschrift des §. 313 (Planck Bd. 2 S 85 Erl. 1). Auch für die Zwangsvollstreckung zählen „die Berechtigungen, für welche die sich auf Grundstücke beziehenden Vorschriften gelten", zu dem unbeweglichen Vermögen (C.P.O. §§. 864, 870).

[2]) Auch der Erwerb auf Grund eines Aufgebots ist (trotz M. z. B.G.B. Bd. 3 S. 474) mit Oberneck S. 369 Ziff. 4 für anwendbar zu erachten.

[3]) B.G.B. §. 925 Abs. 2, §. 1017 Abs. 2. Turnau-Förster Bd. 1 S. 404.

[4]) Turnau-Förster Bd. 1 S. 392, Oberneck S. 372. Ueber die Löschung des Erbbaurechts im Grundbuch vgl. Erl. 2 zu §. 7 der G.B.O.

[5]) B.G.B. §. 1016.

[6]) Oben S. 28.

Von dem Inkrafttreten des B.G.B. an gelten jedoch für ein Erbbaurecht die Vorschriften des §. 1017 (oben Ziff. III).

6. Erbpachtrechte und Abbaurechte.

Der Inhalt der Erbpachtrechte, mit Einschluß der Büdnerrechte und der Häuslerrechte, sowie der Inhalt der vererblichen und veräußerlichen Rechte zur Gewinnung eines den bergrechtlichen Vorschriften nicht unterliegenden Minerals[1]) bestimmt sich lediglich nach dem Landesrecht.

Für die Begründung und die Aufhebung gilt dasselbe bei den erstgenannten Rechten. Dagegen findet auf die Begründung der Abbaurechte die das Erbbaurecht betreffende Vorschrift des §. 1015 des B.G.B. und auf deren Aufhebung die allgemeinen Vorschriften der §§. 875, 876 über die Aufhebung der Rechte an Grundstücken entsprechende Anwendung.

Die Uebertragung und Belastung erfolgt bei beiden Arten von Rechten nach den Vorschriften des B.G.B. über das Erbbaurecht, sofern das Landesrecht sie nicht für nicht übertragbar und nicht belastbar erklärt hat.

7. Dienstbarkeiten.

Als Dienstbarkeiten läßt das B.G.B. Grunddienstbarkeiten, Nießbrauch und beschränkte persönliche Dienstbarkeiten zu.

I. Der Inhalt

1. der Grunddienstbarkeiten ergiebt sich aus dem B.G.B. §§. 1018, 1019: „Ein Grundstück kann zu Gunsten des jeweiligen Eigenthümers eines anderen Grundstücks in der Weise belastet werden, daß dieser das Grundstück in einzelnen Beziehungen benutzen darf oder daß auf dem Grundstücke gewisse Handlungen nicht vorgenommen werden dürfen oder daß die Ausübung eines Rechtes ausgeschlossen ist, das sich aus dem Eigenthum an dem belasteten Grundstücke dem anderen Grundstücke gegenüber ergiebt (Grunddienstbarkeit)." „Eine Grunddienstbarkeit kann nur in einer Belastung bestehen, die für die Benutzung des Grundstücks des Berechtigten Vortheil bietet. Ueber das sich hieraus ergebende Maß hinaus kann der Inhalt der Dienstbarkeit nicht erstreckt werden." Innerhalb dieser Grenzen bestimmt sich der Inhalt der Grunddienstbarkeiten nach dem Begründungsakte, soweit nicht die im E.G. z. B.G.B. vorbehaltenen landesgesetzlichen Vorschriften entgegenstehen. Unberührt geblieben sind nämlich die landesgesetzlichen Vorschriften über die Ablösung, Umwandlung oder Ein=

---

[1]) Vgl. über die Aufrechterhaltung der landesgesetzlichen Vorschriften über diese Rechte oben S. 16f. und über die Frage, ob der die Abbaurechte betreffende Vorbehalt für Preußen von Bedeutung ist, die Erl. zu Art. 22 des preuß. A.G. z. G.B.O. Vgl. auch Grützmann im sächs. Archiv Bd. 8 S. 157f. und Planck Bd. 6 S. 143, 151.

schränkung von Dienstbarkeiten und Reallasten sowie diejenigen, welche die Belastung eines Grundstücks mit gewissen Grunddienstbarkeiten oder beschränkten persönlichen Dienstbarkeiten oder mit Reallasten untersagen oder beschränken, oder welche den Inhalt und das Maß solcher Rechte näher bestimmen.[1])

Besonders hervorgehoben ist in dem B.G.B. §§. 1021, 1022 die Zulässigkeit einer Vereinbarung über die Unterhaltung der zur Ausübung der Grunddienstbarkeiten gehörigen Anlagen auf dem belasteten Grundstücke. „Besteht die Grunddienstbarkeit in dem Rechte, auf einer baulichen Anlage des belasteten Grundstücks eine bauliche Anlage zu halten, so hat, wenn nicht ein Anderes bestimmt ist, der Eigenthümer des belasteten Grundstücks seine Anlagen zu unterhalten, soweit es das Interesse des Berechtigten erfordert" (§. 1022 Satz 1). Bei anderen Grunddienstbarkeiten versteht sich diese Unterhaltungspflicht im Zweifel nicht von selbst, sie kann aber vereinbart werden, während andererseits auch bei einem Mitbenutzungsrechte des Eigenthümers die Pflicht zur Unterhaltung dem Dienstbarkeitsberechtigten auferlegt werden kann, soweit es für das Benutzungsrecht des Eigenthümers erforderlich ist (§. 1021 Abs. 1). Auf diese Unterhaltungspflichten finden die Vorschriften über die Reallasten entsprechende Anwendung.

Die Grunddienstbarkeiten sind stets subjektiv-dinglich; sie können aber nicht nur zu Gunsten eines Grundstücks, sondern auch zu Gunsten einer Berechtigung bestellt werden, für welche die sich auf Grundstücke beziehenden Vorschriften gelten, insbesondere also zu Gunsten eines Erbbaurechts. Umgekehrt können diese auch mit Dienstbarkeiten aller Art belastet werden.

2. Der Nießbrauch ist das unvererbliche und unübertragbare Recht, die (d. h. sämmtliche) Nutzungen der belasteten Sache zu ziehen.[2]) Unter Nutzungen versteht das B.G.B. die Früchte und die Vortheile, welche der Gebrauch der Sache gewährt.[3]) „Der Nießbrauch kann durch den Ausschluß einzelner Nutzungen beschränkt werden" (B.G.B. §. 1030 Abs. 2). Dagegen ist ein nur auf einzelne bestimmte Gebrauchs- oder Fruchtziehungsrechte beschränktes Recht kein Nießbrauch, sondern eine beschränkte persönliche Dienstbarkeit.

Eine Ausdehnung der Rechte des Nießbrauchers ist nicht zugelassen. Insbesondere kann die höchstpersönliche Natur des Nießbrauchrechts durch Vertrag nicht beseitigt werden. Er ist stets unvererblich und unveräußerlich. Nur die Ausübung kann einem Anderen überlassen werden; dies hat aber nur obligatorische Wirkung.[4])

---

[1]) E.G. z. B.G.B. Art. 113, 115. Vgl. Turnau-Förster Bd. 1 S. 498ff.

[2]) B.G.B. §§. 1030, 1059, 1061. Hier ist nur von dem Nießbrauch an Grundstücken und den diesen gleichgestellten Berechtigungen (Erbbaurecht ꝛc.) die Rede. Der Nießbrauch an Rechten wird unten (S. 110) zusammen mit dem Pfandrecht erörtert werden. Daß das Nutzungsrecht des Ehemanns und des Inhabers der elterlichen Gewalt kein dingliches Recht ist, wurde oben S. 20 schon erwähnt.

[3]) B.G.B. §. 100.

[4]) B.G.B. §. 1059 Satz 2. Vgl. P. II Bd. 3 S. 407ff., 414, 517.

Auch ein sog. Dispositionsnießbrauch d. i. ein Nießbrauch mit der Befugniß des Berechtigten, über die belastete Sache zu verfügen, wie er in dem bisherigen Rechte vielfach durch letztwillige Verfügung, namentlich zu Gunsten des Ehegatten des Erblassers bestellt wurde,[1]) ist als dingliches Recht nicht anerkannt. Daraus allein folgt aber noch nicht die Ungültigkeit einer derartigen letztwilligen Verfügung.[2]) Wenn ein Erblasser seinem Ehegatten oder einer anderen Person Nutzungs- und Verfügungsbefugniß an seinem Nachlasse verschaffen will, wird es das Richtigste sein, wenn er diese Person als Vorerben einsetzt und die Kinder oder die sonstigen Bedachten als Nacherben auf dasjenige beruft, was von der Erbschaft bei dem Tode des Vorerben oder zu dem sonstigen Zeitpunkt, an welchem das Recht des Vorerben endigen soll, noch übrig sein wird; im Zweifel wird man eine Verfügung von Todes-wegen, die den obigen Inhalt hat, als Berufung zum Vorerben auffassen dürfen.[3]) Ausnahmsweise wird vielleicht die Uebertragung der Verfügungsbefugniß durch den Erblasser auch als Ernennung eines Testamentsvollstreckers, dem lediglich die Verwaltung des Nachlasses übertragen ist, aufgefaßt werden können.[4]) Entspricht aber weder diese noch jene Auslegung dem Willen des Testators, so liegt — von dem Nießbrauch abgesehen[5]) — kein eintragungsfähiges Recht und keine eintragungsfähige Verfügungs-beschränkung vor. Die Anordnung des Erblassers ist lediglich als eine Auflage anzusehen, die den Erben verpflichtet, eine dem Willen des Erblassers entsprechende Vollmacht auszustellen und sich selbst jeder diesem widersprechenden Verfügung zu enthalten. In der letztwilligen Verfügung selbst liegt nie eine Vollmachtsertheilung, da diese eine empfangsbedürftige Willenserklärung („gegenüber dem zu Bevollmächtigenden oder dem Dritten, dem gegenüber die Vertretung stattfinden soll," B.G.B. §. 167 Abs. 1) erfordert. Aber auch wenn die Vollmacht von dem Erblasser schon bei seinen Lebzeiten (z. B. gleichzeitig mit einem Erbvertrage) für die Zeit nach seinem Tode oder von dem Erben auf Grund der Anordnung des Erblassers ertheilt sein sollte, gilt für sie nichts Besonderes; und wenn sich der Erbe durch Vertrag mit dem Nießbraucher der Verfügung über den Nachlaß gemäß des Willens des Erblassers begiebt, so ist dieser Vertrag nach § 137 des B.G.B. (oben S. 24) ohne dingliche Wirkung.[6])

---

[1]) R.G. 7 S. 249; K.G. 2 S. 111; 12 S. 339; 14 S. 101, 131, 134.

[2]) Rechtspr. 1 S. 55.

[3]) B.G.B §§. 2137, 2084.

[4]) B.G.B. §. 2209.

[5]) Daß auch dieser erst mit der Bestellung seitens der Erben entsteht, ist oben S. 30 bereits erwähnt.

[6]) Nur für die vor dem 1. Januar 1900 eingetretenen Erbfälle kommen daher die durch die preußische Praxis festgelegten Sätze noch in Betracht, daß die letztwillig eingeräumte, freie Verfügungsbefugniß nach Analogie der Rechtsstellung des Testamentsvollstreckers zu beurtheilen sei, daß ihr Umfang sich nach dem Willen des Erblassers bestimmt, daß sie im Zweifel auch die Befugnisse umfaßt, Namens der Erben und ohne deren Zustimmung die Eintragung des eigenen Verwaltungs- und Verfügungsrechts zu bewilligen, die Nachlaßgrundstücke aufzulassen, über die zum Nachlasse gehörigen Rechte an Grundstücken zu verfügen, die Löschung der auf den Nachlaß-

3. Der Inhalt der gleichfalls höchstpersönlichen **beschränkten persönlichen Dienstbarkeiten** besteht darin, daß der Berechtigte das belastete Grundstück in einzelnen Beziehungen benutzen darf, oder daß ihm eine sonstige Befugniß zusteht, die den Inhalt einer Grunddienstbarkeit bilden kann.[1]) Hinsichtlich ihres Inhalts gilt daher das von den Grunddienstbarkeiten Gesagte mit der bei der subjektiv-persönlichen Natur selbstverständlichen Aenderung, daß der Umfang sich im Zweifel nach dem persönlichen Bedürfnisse des Berechtigten bestimmt. Insbesondere finden auch die oben erwähnten Vorschriften über die Pflicht zur Unterhaltung der Anlagen entsprechende Anwendung.

Im Gegensatze zu dem Nießbrauchsrechte ist die beschränkte persönliche Dienstbarkeit auch der Ausübung nach unübertragbar, es sei denn, daß die Ueberlassung der Ausübung gestattet ist. In dieser Hinsicht ist also der Parteivereinbarung Raum gelassen.[2])

Als besondere Art der beschränkten persönlichen Dienstbarkeiten hebt das B.G.B. das **Wohnungsrecht** hervor d. i. das Recht „ein Gebäude oder einen Theil eines Gebäudes unter Ausschluß des Eigenthümers als Wohnung zu benutzen.“ Bei diesem Rechte ist der Berechtigte befugt, „seine Familie sowie die zur standesmäßigen Bedienung und zur Pflege erforderlichen Personen in seine Wohnung aufzunehmen“ und „falls das Recht auf einen Theil des Gebäudes beschränkt ist, die zum gemeinschaftlichen Gebrauche der Bewohner bestimmten Anlagen und Einrichtungen mitzubenutzen.“

Ein solches Wohnungsrecht wird häufig in Verbindung mit der Ueberlassung eines Grundstücks in einem Leibgedings-, Leibzuchts-, Altentheils- oder Auszugsvertrage bestellt werden. Alsdann finden die landesgesetzlichen Vorschriften Anwendung, „soweit sie das sich aus dem Vertrag ergebende Schuldverhältniß für den Fall regeln, daß nicht besondere Vereinbarungen getroffen werden.“[3])

II. Auf die **Begründung der Dienstbarkeiten** kommen

1. die oben S. 28ff. angeführten allgemeinen Vorschriften zur Anwendung. Insbesondere unterliegen auch die Grunddienstbarkeiten, anders als nach dem preuß.

---

grundstücken eingetragenen Rechte zu beantragen ꝛc., und zwar auch wenn die Erben bereits als Eigenthümer der Nachlaßgrundstücke und als Inhaber der ererbten Rechte in das Grundbuch eingetragen sind, und ohne Rücksicht darauf, ob das Verwaltungs- und Verfügungsrecht gebucht ist oder nicht. Vgl. K.G. und Rechtspr. a. a. O.

[1]) Vgl. über die beschränkten persönlichen Dienstbarkeiten B.G.B. §§. 1090—1093.

[2]) P. II Bd. 3 S. 436.

[3]) E.G. z. B.G.B. Art. 96 Der Vorbehalt betrifft nur „einen mit der Ueberlassung eines Grundstücks in Verbindung stehenden Leibgedings- ꝛc. Vertrag.“ In Preußen ist von diesem Vorbehalt im Art. 15, in Bayern in den Art. 32—48, in Sachsen im §. 31 des A.G. z. B.G.B. Gebrauch gemacht.

Aus den preußischen Bestimmungen ist hervorzuheben, daß der Berechtigte unter der oben erwähnten Voraussetzung, daß nicht besondere Vereinbarungen getroffen sind, ohne Weiteres einen Anspruch auf Bestellung einer seinem Rechte entsprechenden Reallast oder persönlichen Dienstbarkeit hat. Vgl. auch Erl. 3 zu §. 48 und Erl. 4 zu §. 50 der G.B.O.

Gesetz über den Eig. Erw. rc. §. 12 Abs. 2, dem Eintragungszwange. Dieser erstreckt sich aber nicht auf die zur Zeit des Inkrafttretens des Reichsgrundbuchrechts bestehenden Grunddienstbarkeiten; jedoch ist es den Landesgesetzen vorbehalten geblieben, die Erhaltung der Wirksamkeit der bestehenden Grunddienstbarkeiten oder einzelner Arten gegenüber dem öffentlichen Glauben des Grundbuchs von deren Eintragung abhängig zu machen, wenn auch nur für einzelne Grundbuchbezirke. In Preußen ist hiervon kein Gebrauch gemacht.[1]) Ueberall hat aber die Eintragung der zu der angegebenen Zeit bestehenden Grunddienstbarkeiten zu erfolgen, wenn sie von dem Berechtigten oder von dem Eigenthümer des belasteten Grundstücks verlangt wird.[2])

Für die Grunddienstbarkeiten wie für alle subjektiv-dinglichen Rechte ist die oben S. 34 bereits erwähnte Vorschrift des B.G.B. §. 1009 Abs. 2 von Bedeutung: „Die Belastung eines gemeinschaftlichen Grundstücks zu Gunsten des jeweiligen Eigenthümers eines anderen Grundstücks sowie die Belastung eines anderen Grundstücks zu Gunsten der jeweiligen Eigenthümer des gemeinschaftlichen Grundstücks wird nicht dadurch ausgeschlossen, daß das andere Grundstück einem Miteigenthümer des gemeinschaftlichen Grundstücks gehört."[3]) Dagegen kann eine Grunddienstbarkeit wegen Mangels der erforderlichen Einigung nicht entstehen, wenn das herrschende und das dienende Grundstück zur Zeit der Bestellung demselben Eigenthümer gehören. In einem solchen Falle hat das Grundbuchamt den Antrag auf Eintragung der Grunddienstbarkeit abzulehnen.[4])

Daß der Nießbrauch stets an einem ideellen Grundstückstheile bestellt werden kann, auch wenn dieser nicht in dem Antheil eines Miteigenthümers besteht, ist oben S. 15 bereits erwähnt.

2. Von den allgemeinen Erfordernissen der Einigung und der Eintragung läßt das Reichsrecht bei der Begründung der Dienstbarkeiten nur wenige Ausnahmen zu, insbesondere giebt es keine Ersitzung durch einen nicht eingetragenen Berechtigten, keinen gesetzlichen Nießbrauch und keine Entstehung des Nießbrauchs durch letztwillige Verfügung.[5])

Ohne Einigung entstehen alle Arten der Dienstbarkeiten in Fällen der Tabularersitzung (S. 33).

---

[1]) Begr. z. Entw. eines A.G. z. B.G.B. Art. 21. Vgl. dagegen bayer. Ges., Uebergangsvorschriften z. B.G.B. betr., vom 9. Juni 1899 Art. 10—18, 44; sächs. V.O. vom 12. Oktober 1900 betr. vor dem 1. Januar 1900 zur Entstehung gelangte Grunddienstbarkeiten (J.M.Bl. S. 100).

[2]) E.G. z. B.G.B. Art. 187. Die Eintragungskosten trägt derjenige, der die Eintragung verlangt (ebd. Abs. 1 a. E.).

[3]) Vgl. hierzu M. z. B.G.B. Bd. 3 S. 438, P. II Bd. 3 S. 275.

[4]) Entsch. 1 S. 167 = K.G. N.F. 1 A S. 294 = Rechtspr. 1 S. 427. Anders für das frühere Recht K.G. 16 S. 104.

[5]) Vgl. oben S. 30 und S. 34; außerdem Erl. 3b zu §. 30 der G.B.O. über die Anwendbarkeit des §. 181 B.G.B. auf die Bestellung eines vermachten Nießbrauchs zu Gunsten des gesetzlichen Vertreters des Eigenthümers.

Ohne Eintragung entsteht der Nießbrauch an einem Grundstücke zu Gunsten des Nießbrauchers der Forderung auf Uebereignung des Grundstücks. Wenn dieser von seinem Rechte zur Einziehung der Forderung Gebrauch macht und die Eintragung des Gläubigers der belasteten Forderung als Eigenthümer des Grundstücks in das Grundbuch erwirkt, so erwirbt er damit das Nießbrauchsrecht an dem Grundstück, ohne daß dessen Eintragung erforderlich ist.[1])

Daneben können auf Grund der aufrechterhaltenen landesgesetzlichen Bestimmungen Dienstbarkeiten ohne Eintragung entstehen.[2])

III. Eine gesonderte **Uebertragung** bestehender Dienstbarkeiten ist bei ihrer subjektiv-dinglichen oder höchstpersönlichen Natur nicht möglich. Dasselbe gilt grundsätzlich von der **Belastung**.[3])

IV. Eine **Aenderung der Inhalts** der Dienstbarkeiten erfolgt nach den allgemeinen Vorschriften. Zu erwähnen sind nur zwei besondere Bestimmungen des B.G.B. Wenn sich die jeweilige Ausübung der Grunddienstbarkeit oder der beschränkten persönlichen Dienstbarkeit auf einen Theil des belasteten Grundstücks beschränkt, so kann der Eigenthümer unter bestimmten Voraussetzungen nach näherer Vorschrift des §. 1023 (§. 1090 Abs. 2) die Verlegung der Ausübung auf eine andere Stelle des belasteten Grundstücks (nicht auf ein anderes Grundstück) verlangen. Wird ferner das Grundstück des Berechtigten getheilt, so besteht die Grunddienstbarkeit für die einzelnen Theile fort; die Ausübung ist jedoch im Zweifel nur in der Weise zulässig, daß sie für den Eigenthümer des belasteten Grundstücks nicht beschwerlicher wird; gereicht die Dienstbarkeit aber nur einem der Theile zum Vortheile, so erlischt sie für die übrigen Theile (§. 1025).

V. Für das **Erlöschen** der Dienstbarkeiten kommen neben den allgemeinen Vorschriften (S. 28 ff.) zwei Sonderbestimmungen für die Grunddienstbarkeiten und (nach §. 1090 Abs. 2) auch für die beschränkten persönlichen Dienstbarkeiten in Betracht: „Ist auf dem belasteten Grundstück eine Anlage, durch welche die Grunddienstbarkeit beeinträchtigt wird, errichtet worden, so unterliegt der Anspruch des Berechtigten auf Beseitigung der Beeinträchtigung der Verjährung, auch wenn die Dienstbarkeit im Grundbuch eingetragen ist. Mit der Verjährung des Anspruchs erlischt die Dienstbarkeit, soweit der Bestand der Anlage mit ihr in Widerspruch steht“ (§. 1028 Abs. 1).

---

[1]) B.G.B. § 1075.

[2]) Insbesondere auf Grund der Vorbehalte im Art. 113 des E.G. z. B.G.B. über die Gemeinheitstheilung, Zusammenlegung u ä. und im Art. 128 über die nicht buchungspflichtigen Grundstücke (vgl. über letztere Erl zu §. 90). Vgl außerdem preuß. A.G. z. B.G.B. Art. 22 Ziff. 2, wonach die Gebrauchs- und Nutzungsrechte, welche nach den §§. 8, 142 des Allg.Berggeſ vom 24. Juni 1865 im Wege des Zwangsverfahrens erworben werden können, zur Erhaltung der Wirksamkeit gegenüber dem öffentlichen Glauben der Eintragung nicht bedürfen.

[3]) Vgl. unten S. 110 ff.

Die Vorschriften über den öffentlichen Glauben des Grundbuchs finden auf das auf diese Weise erloschene Recht keine Anwendung (§. 1028 Abs. 2).[1])

„Wird das belastete Grundstück getheilt, so werden, wenn die Ausübung der Grunddienstbarkeit auf einen bestimmten Theil des belasteten Grundstücks beschränkt ist, die Theile, welche außerhalb des Bereichs der Ausübung liegen, von der Dienstbarkeit frei" (§. 1026).

Daneben sind die mehrfach erwähnten Vorbehalte zu Gunsten der Landesgesetze für die Endigung der Dienstbarkeiten von großer Bedeutung.

VI. Für die **Uebergangszeit** enthält Art. 184 Satz 2 des E.G. z. B.G.B. eine Ausnahme von der allgemeinen Regel, daß die am 1. Januar 1900 bestehenden beschränkten dinglichen Rechte mit dem sich aus den bisherigen Gesetzen ergebenden Inhalt und Range bestehen bleiben, indem er die Grunddienstbarkeiten den Vorschriften der §§. 1020—1028 des B.G.B. unterwirft.

Daß die zur Zeit des Inkrafttretens des Reichsgrundbuchrechts bestehenden Grunddienstbarkeiten reichsrechtlich keinem Eintragungszwang unterworfen sind, ist unter II 1 schon erwähnt.

8. Vorkaufsrecht.

I. Hinsichtlich des **Inhalts** des Vorkaufsrechts ist der Parteivereinbarung in mehrfacher Hinsicht Spielraum gelassen. Zunächst kann es entweder zu Gunsten einer bestimmten Person oder zu Gunsten des jeweiligen Eigenthümers eines anderen Grundstücks bestellt werden. In dem ersteren Falle ist nicht nur stets seine nachträgliche Verbindung mit dem Eigenthum an einem Grundstück unzulässig, sondern es ist auch, sofern nicht ein Anderes bestimmt ist, nicht übertragbar und unvererblich; ein auf eine bestimmte Zeit beschränktes Vorkaufsrecht ist jedoch im Zweifel vererblich. Ein subjektiv-dingliches Vorkaufsrecht kann nicht von dem Eigenthum an dem herrschenden Grundstücke getrennt werden.[2]) Weiter unterliegt der Parteivereinbarung die Bestimmung der Verkaufsfälle, auf die das Vorkaufsrecht Anwendung finden soll; im Zweifel beschränkt es sich „auf den Fall des Verkaufs durch den Eigenthümer, welchem das Grundstück zur Zeit der Bestellung gehört, oder durch dessen Erben; es kann jedoch auch für mehrere oder für alle Verkaufsfälle bestellt werden" (§. 1097.)[3])

---

[1]) Die Vorschrift des §. 1028 enthält eine Ausnahme von der des §. 902; vgl. oben S. 27.

[2]) B.G.B. §§. 1094, 1098, 514, 1103.

[3]) Den Bestimmungen des B.G.B. über das Vorkaufsrecht sind die Vorschriften des preuß. A.G. z. B.G.B. Art. 29 über das oben S. 21 Anm. 4 erwähnte Wiederkaufsrecht bei Rentengütern nachgebildet. Auch dies kann als ein subjektiv-dingliches, mit dem Eigenthum an einem anderen Grundstücke des Veräußerers untrennbar verknüpftes bestellt werden. Ein zu Gunsten der Person des Veräußerers bestelltes Wiederkaufsrecht kann nicht nachträglich mit dem Eigenthum an einem Grundstücke verbunden werden; dagegen ist es nicht für unvererblich und unübertragbar erklärt (ebd. §. 10). „Das Wiederkaufsrecht beschränkt sich auf die Fälle, daß der Eigenthümer das Rentengut verkauft oder sich durch einen sonstigen Vertrag zur Uebertragung

Aus den Vorschriften über die Wirkungen des Vorkaufsrechts ist § 1098 Abs. 3 hervorzuheben: „Dritten gegenüber hat das Vorkaufsrecht die Wirkung einer Vormerkung zur Sicherung des durch die Ausübung des Rechtes entstehenden Anspruchs auf Uebertragung des Eigenthums."[1])

II. Die **Begründung** eines dinglichen Vorkaufsrechts erfolgt nach dem B.G.B. stets nach der oben S. 28ff. angeführten Regel, also durch Einigung[2]) und Eintragung. Insbesondere kennt das B.G.B. kein gesetzliches Vorkaufsrecht an Grundstücken, auch nicht zu Gunsten der Miteigenthümer. Miterben haben zwar ein gesetzliches Vorkaufsrecht, aber nicht an dem Antheile des Miterben an den einzelnen Nachlaßgegenständen, sondern nur an dessen Antheil an dem ganzen Nachlaß, an dem Erbtheil als solchen.[3]) Auch eine Tabularersitzung ist ausgeschlossen, weil der Vorkaufsberechtigte nicht Besitzer des Grundstücks ist und keinen Besitzesschutz genießt.

Ohne Eintragung kann demnach ein Vorkaufsrecht nur auf Grund der im E.G. z. B.G.B. aufrechterhaltenen landesgesetzlichen Bestimmungen entstehen, insbesondere kommen hier das Recht der Lehen, der Stammgüter, der Renten- und Anerbengüter, das Bergrecht und das Enteignungsrecht in Betracht.[4])

III. Eine **Uebertragung** des Vorkaufsrechts ist regelmäßig nicht möglich, weil es entweder subjektiv-dinglich und dann mit dem Eigenthum an dem herrschenden Grundstück untrennbar verknüpft oder, sofern nicht ein anderes bestimmt ist, höchstpersönlich ist. Ueber die Form der Uebertragung gilt nichts Besonderes.

---

des Eigenthums verpflichtet oder daß das Rentengut im Wege der Zwangsversteigerung veräußert wird; es kann auch für die Fälle bestellt werden, daß der Eigenthümer stirbt oder eine im Rentengutsvertrage festgesetzte Verpflichtung nicht erfüllt" (ebd. §. 3).

[1]) Ebenso für das Wiederkaufsrecht bei Rentengütern preuß. A.G. z. B.G.B. Art. 29 §. 5 Abs. 2 (vgl. das. §§. 5—9). Vgl. außerdem B.G.B. §. 1098 Abs. 1, §§. 1099—1102, 504 bis 513 und über die Wirkungen der Vormerkung unten gegen Ende der Einleitung (II. 13).

[2]) Der obligatorische Vertrag, durch den sich der Grundeigenthümer zur Einräumung eines dinglichen Vorkaufsrechts verpflichtet, bedarf nicht der im §. 313 des B.G.B. vorgeschriebenen Form. Vgl. Planck Bd. 2 S. 85 Erl. 1; Oberneck S. 429 Anm. 3. Rechspr. 1 S. 293 bezieht sich auf das obligatorische Vorkaufsrecht.

[3]) B.G.B. §§. 2034ff. Vgl. Planck Bd. 5 S. 181ff.

[4]) Auf Grund dieser Vorbehalte sind in Preußen die gesetzlichen Vorkaufsrechte des zeitigen Eigenthümers eines durch Enteignung oder durch Veräußerung zu Zwecken des Bergbaubetriebs verkleinerten Grundstücks, das auf den statutarischen Bestimmungen der Ritterschaft des Herzogthums Bremen in der Prov. Hannover beruhende Vorkaufs- und Retraktrecht der Agnaten an den ritterschaftlichen Erbstammgütern (aufrecht erhalten durch Ges. vom 24. Dezember 1872, G.S. 1873 S. 2, und durch Art. 59 des E.G. z. B.G.B.) und das Vorkaufsrecht der Anerbenberechtigten auf Grund des §. 27 des Gesetzes, betr. das Anerbenrecht bei Renten- und Ansiedelungsgütern vom 8. Juni 1896 und des §. 33 des Gesetzes vom 2. Juli 1898, betr. das Anerbenrecht bei Landgütern in der Provinz Westfalen 2c. (aufrecht erhalten durch Art. 64 des E.G. z. B.G.B.) bestehen geblieben. Das an erster Stelle genannte beruht auf §. 57 des Enteignungsgesetzes vom 11. Juni 1874 und „findet wegen aller Theile von Grundstücken statt, welche in Folge des verliehenen Enteignungsrechts zwangsweise oder durch freien Vertrag an

IV. Ueber die **Aufhebung** des Vorkaufsrechts enthält das B.G.B. nur eine besondere Vorschrift; ein subjektiv-persönliches Vorkaufsrecht erlischt mit der Erlassung eines Ausschlußurtheils, durch welches der unbekannte Berechtigte mit seinem Rechte ausgeschlossen wird. Voraussetzung des Aufgebotsverfahrens ist, daß seit der letzten sich auf das Vorkaufsrecht beziehenden Eintragung in das Grundbuch zehn Jahre verstrichen sind und das Recht des Berechtigten nicht innerhalb dieser Frist von dem Eigenthümer in einer zur Unterbrechung der Verjährung geeigneten Weise anerkannt ist. Berechtigt, das Aufgebotsverfahren zu beantragen, ist der Eigenthümer des belasteten Grundstücks sowie derjenige, welcher auf Grund eines im Range gleich- oder nachstehenden Rechtes Befriedigung aus dem Grundstücke verlangen kann, sofern er für seinen Anspruch einen vollstreckbaren Schuldtitel erlangt hat. Zuständig ist das Amtsgericht, in dessen Bezirke das belastete Grundstück belegen ist.[1])

Auch sonst wird ein subjektiv-persönliches Vorkaufsrecht vielfach ohne Eintragung erlöschen, da es regelmäßig unvererblich oder auf Zeit beschränkt ist.

V. Für die am 1. Januar 1900 bestehenden Vorkaufsrechte gilt die oben S. 46 Ziff. VI erwähnte Regel.

9. Reallasten.

I. Die Reallast[2]) besteht in dem Rechte auf wiederkehrende Leistungen, die aus dem belasteten Grundstücke zu entrichten sind. Sie kann entweder zu Gunsten des jeweiligen Eigenthümers eines anderen Grundstücks als untrennbar mit dessen Eigen-

---

den Unternehmer abgetreten sind, wenn in der Folge das abgetretene Grundstück ganz oder theilweise zu dem bestimmten Zwecke nicht weiter nothwendig ist und veräußert werden soll". Das zweite gesetzliche Vorkaufsrecht ist im §. 141 des Allg.Bergges. vom 24. Juni 1865 „wegen aller zu Zwecken des Bergbaubetriebs veräußerten Theile von Grundstücken" gewährt, „wenn in der Folge das Grundstück zu den Zwecken des Bergbaus entbehrlich wird". Beide Rechte stehen dem zeitigen Eigenthümer des durch die ursprüngliche Veräußerung verkleinerten Grundstücks zu (§. 57 a. a. O. Abs. 3, §. 141 a. a. O. Abs. 2) und bedürfen nach Art 22 Ziff. 1 des A.G. z. B.G.B. „zur Erhaltung der Wirksamkeit gegenüber dem öffentlichen Glauben des Grundbuchs" nicht der Eintragung. Dagegen kann das gesetzliche Vorkaufs- und Retraktrecht der Agnaten nach dem bremischen Ritterrechte nur dann gegen gutgläubige Dritte geltend gemacht werden, wenn es eingetragen ist (E.G. z. B.G.B. Art. 61; Begründung zu Art. 21 des Entw. eines A.G. z. B.G.B.), und über die Eintragung des Vorkaufsrechts des Anerbenberechtigten vgl. Ges. vom 2. Juli 1898 §. 37.

[1]) B.G.B. §§. 1104, 1170. C.P.O. §§. 988, 983, §. 984 Abs. 1. In **Preußen** finden diese Vorschriften über das Erlöschen durch Ausschlußurtheil auch Anwendung auf das subjektiv-persönliche Wiederkaufsrecht bei Rentengütern, dessen Entstehung und Uebertragung nach den allgemeinen Vorschriften erfolgt (A.G. z. B.G.B. Art. 29 §. 11), und auf eine in das Grundbuch eingetragene Berechtigung zur Gewinnung von Eisenerzen in dem Herzogthume Schlesien und der Grafschaft Glatz (ebd. Art. 39).

[2]) Vgl. B.G.B. §§. 1105—1108, 1110, 1111 und zu §. 1111 Abs. 2 §§. 399, 400. Ueber den Unterschied zwischen Reallast und Rentenschuld vgl. unten S. 64. Die Verpflichtung des Grundeigenthümers zu einer einmaligen Handlung kann weder den Inhalt einer Reallast noch einer Grunddienstbarkeit, sondern nur eines obligatorischen Anspruchs bilden (Entsch. 1 S. 25 = K.G. N.F. 1 A. S. 91 = Rechtspr. 1 S. 426).

thume verbundenes subjektiv-dingliches Recht oder als vererbliches und veräußerliches oder auch als ein unveräußerliches Recht eines bestimmten Berechtigten bestellt werden. Unveräußerlich und unbelastbar ist die Reallast, wenn der Anspruch auf die einzelne Leistung nicht übertragbar ist, sei es weil dieser nach den Vorschriften der C.P.O. §. 850 der Pfändung nicht unterworfen ist, oder weil die Leistung an einen anderen als den ursprünglichen Gläubiger nicht ohne Veränderung ihres Inhalts erfolgen kann, oder weil die Abtretung durch Vereinbarung mit dem Schuldner ausgeschlossen ist. Eine zu Gunsten einer bestimmten Person bestehende Reallast kann nicht nachträglich mit dem Eigenthum an einem Grundstücke verbunden werden.

Neben der dinglichen Haftung des Grundstücks für alle rückständigen Leistungen besteht die persönliche Haftung des Eigenthümers für die während der Dauer seines Eigenthums fällig werdenden Leistungen, „soweit nicht ein Anderes bestimmt ist“.[1]) Die Parteien können also diese persönliche Haftung ausschließen.

Auch im Uebrigen überläßt das B.G.B. die Bestimmung des Inhalts der Reallasten den Betheiligten, insbesondere hinsichtlich der Art der wiederkehrenden Leistungen, der Ablösbarkeit 2c.; jedoch bleiben die landesrechtlichen Vorschriften unberührt, welche die Belastung eines Grundstücks mit Reallasten untersagen oder beschränken oder welche deren Inhalt und Maß näher bestimmen.[2]) Dieser Vorbehalt ist für Preußen von großer Bedeutung. Auf Grund verschiedener, aber sachlich übereinstimmender Gesetze gelten für die ganze Monarchie mit Ausnahme der Provinz Hannover[3]) folgende Bestimmungen: „Mit Ausnahme fester Geldrenten können beständige Abgaben und Leistungen einem Grundstück als Reallasten nicht auferlegt werden. Eine neu auferlegte Geldrente ist der Eigenthümer nach vorgängiger sechsmonatiger Kündigung mit dem zwanzigfachen Betrag abzulösen berechtigt, sofern nicht ein Anderes bestimmt ist. Es kann jedoch vertragsmäßig die Kündigung nur während eines bestimmten Zeitraums, welcher dreißig Jahre nicht übersteigen darf, ausgeschlossen und ein höherer Ablösungsbetrag als der fünfundzwanzigfache Betrag der Rente nicht festgesetzt werden. Vertragsmäßige Bestimmungen, welche diesen Vorschriften zuwiderlaufen, sind unwirksam, unbeschadet der Rechtsverbindlichkeit des sonstigen Inhalts eines solchen Vertrags. Die Vorschriften über Rentengüter bleiben unberührt.“[4]) Demnach ist die Auferlegung beständiger Abgaben mit Ausnahme der

---

[1]) „Wird das Grundstück getheilt, so haften die Eigenthümer der einzelnen Theile als Gesammtschuldner“ (§. 1108 Abs. 2), ebenso die Miteigenthümer, welche sich durch Vertrag gemeinschaftlich verpflichtet haben (§. 427); ob letztere auch sonst als Gesammtschuldner haften, ist streitig. Vgl. Turnau-Förster Bd. 1 S. 490. Alles dieses betrifft nur die persönliche Haftung der Eigenthümer.

[2]) E.G. z. B.G.B. Art. 115.

[3]) Für diese enthält die V.O. über die erbliche Uebertragung von Gütern und Grundstücken unter Vorbehalt einer Abgabe vom 23. Juli 1883 (G.S. I S. 253) abweichende Vorschriften. Vgl. auch über die Ablösbarkeit der nach dieser V.O. unablösbaren Reallasten die V.O. vom 28. September 1867 (G.S. S. 1670) §. 18a und Ges. vom 3. April 1869 (G.S. S. 544) §. 1.

[4]) So A.G. z. B.G.B. Art. 30 für die linksrheinischen Theile der Rheinprovinz, Lauenburg und Helgoland. Sachlich übereinstimmend die Ablösungsgesetze vom 2. März 1850 (G.S.

Geldrenten verboten; zeitlich beschränkte Reallasten können andere Leistungen als Geld zum Gegenstande haben. Dies ist insbesondere für Altentheile von Bedeutung.[1])

„Auf die einzelnen Leistungen“, zu denen die Reallast verpflichtet, „finden die für die Zinsen einer Hypothekenforderung geltenden Vorschriften entsprechende Anwendung“ (B.G.B. §. 1107). Demnach erfolgt die Abtretung der Rückstände sowie deren Belastung, insbesondere auch Pfändung und Ueberweisung nach den für gewöhnliche Forderungen geltenden Vorschriften. Der Erwerber des Anspruchs auf die rückständigen Leistungen kann sich nicht auf den öffentlichen Glauben des Grundbuchs berufen; die Haftung der Rückstände erlischt durch Konfusion und durch Verzicht gegenüber dem Eigenthümer, sofern nicht einem Dritten ein Recht an dem Anspruche zusteht ꝛc.[2])

Die öffentlich-rechtlichen Reallasten sind von dem B.G.B. unberührt geblieben.[3])

II. Mit Ausnahme der für den Ueberbau oder den Nothweg zu entrichtenden Renten, von denen bereits S. 21 die Rede gewesen ist, vollzieht sich der **Erwerb** der durch das B.G.B. geregelten Reallasten durch Einigung und Eintragung.[4]) Dies gilt nicht nur von der Begründung, sondern auch von der Uebertragung des Reallastrechts.[5]) Jedoch kommen für letztere die oben S. 30 ff. ausgeführten Ausnahmen in Betracht. Ohne Einigung kann sie auch durch Pfändung und Ueberweisung an Zahlungsstatt auf einen neuen Berechtigten übergehen.[6])

III. Für eine **Aenderung** in dem Inhalte der Reallasten gelten auch die allgemeinen Vorschriften. Bei subjektiv-dinglichen Vorkaufsrechten kann jedoch eine Aenderung in dem herrschenden Grundstücke bei einer Theilung desselben ohne Einigung und Eintragung eintreten. Es sind vier Fälle zu unterscheiden. a. „Gereicht die Reallast nur einem der Theile zum Vortheile, so bleibt sie mit diesem Theile allein verbunden.“ b. Ist dies nicht der Fall, so kann der Berechtigte bei der Theilung durch Erklärung gegenüber dem Grundbuchamte bestimmen, daß das Recht nur mit einem Theile verbunden sein soll; diese Erklärung bedarf der Zustimmung der an dem herrschenden Grundstücke Berechtigten, es sei denn, daß ihr Recht durch

---

S. 77) §. 91 Abs. 2—4 für den damaligen Umfang des Königreichs mit Ausnahme der linksrheinischen Landestheile, vom 28. Mai 1860 (G.S. S. 221) §. 18 Abs. 2—4 für Hohenzollern, vom 15. Februar 1872 (G.S. S. 165) §. 13 Abs. 2, 3 für den Reg.Bez. Wiesbaden und die zum Reg.Bez. Kassel gehörigen vormals großherzogl. Hess. Gebietstheile, vom 3. Januar 1873 (G.S. S. 3) §. 54 für Schleswig-Holstein und vom 23. Juli 1876 (G.S. S. 357) für den Rest des Reg.Bez. Kassel.

[1]) Vgl. oben S. 50.

[2]) Vgl. B.G.B. §§. 1158, 1159, 1178; C.P.O. §. 830 Abs. 3, §. 837 Abs. 2. Ueber die Verjährung des Anspruchs auf Rückstände vgl. B.G.B. §§. 902, 197.

[3]) Vgl. die Erl. zu Art. 11 des preuß. A.G. z. B.G.B.

[4]) Dies gilt insbesondere auch von Altentheilen (oben S. 50 Anm. 3). Vgl. Planck Bd. 6 S. 184.

[5]) Aber nicht von der Uebertragung des Rechtes auf die Rückstände, vgl. I a. E.

[6]) Die Vorschriften über die Pfändung und Ueberweisung einer Buchhypothek finden entsprechende Anwendung (C.P.O. §. 857 Abs. 6, §. 837). Vgl. unten S. 113 ff.

die Aenderung nicht berührt wird, und der Eintragung in das Grundbuch. c. „Veräußert der Berechtigte einen Theil des Grundstücks, ohne eine solche Bestimmung zu treffen, so bleibt das Recht mit dem Theile verbunden, den er behält." d. Ist keiner dieser Fälle gegeben, so besteht die Reallast für die einzelnen Theile unverändert fort.[1])

Bei einer Theilung des belasteten Grundstücks bleibt die Reallast an jedem einzelnen Theile im vollen Umfange bestehen.[2]) Hiervon können aber auf Grund der in dem E.G. z. B.G.B. Art. 113, 120, 121 gemachten Vorbehalte die Landesgesetze Ausnahmen anordnen; danach sind unberührt geblieben die landesgesetzlichen Vorschriften über die Ablösung, Umwandlung oder Einschränkung von Reallasten, die Bestimmungen, nach denen auf Grund eines Unschädlichkeitszeugnisses die Reallast auf die einzelnen Theile des belasteten Grundstücks vertheilt wird, sowie die landesgesetzlichen Vorschriften, „nach welchen im Falle der Theilung eines für den Staat oder eine öffentliche Anstalt mit einer Reallast belasteten Grundstücks nur ein Theil des Grundstücks mit der Reallast belastet bleibt und dafür zu Gunsten des jeweiligen Eigenthümers dieses Theiles die übrigen Theile mit gleichartigen Reallasten belastet werden." [3])

IV. Diese beiden erstgenannten Vorbehalte zu Gunsten der Ablösungsgesetze und der Vorschriften über die Unschädlichkeitszeugnisse sind auch für die **Aufhebung** der

---

[1]) B.G.B. §. 1109. Ueber die Theilung der einzelnen Leistungen in dem letzterwähnten Falle vgl. ebd. Abs. 1 Sätze 2, 3.

[2]) Ueber die persönliche Haftung der Eigenthümer vgl. S. 56 Anm. 1.

[3]) Auf Grund des erstgenannten Vorbehalts bestimmt das preuß. A.G. z. B.G.B. Art. 31: „Die Vorschriften, nach welchen im Falle der Theilung eines mit einer Reallast belasteten Grundstücks die Reallast auf die einzelnen Theile des Grundstücks vertheilt wird, bleiben in Kraft. Die Vertheilung ist bei der Auseinandersetzungsbehörde zu beantragen."

Diese Vorschriften sind enthalten im §. 93 des Ablösungsgesetzes vom 2. März 1850 für den damaligen Umfang der Monarchie mit Ausnahme der linksrheinischen Gebietstheile und im §. 29 des Gesetzes über das Grundbuchwesen im Gebiete des Rheinischen Rechtes vom 12. April 1888 (G.S. S. 52). Nach dem ersten Gesetze findet bei einer Theilung des belasteten Grundstücks nach Verhältniß des Werthes der Trennstücke die Vertheilung derjenigen Renten statt, welche nicht nach §. 64 dess. Ges. durch Baarzahlung des achtzehnfachen Betrags des jährlichen Geldwerths oder durch Vermittelung der Rentenbank ablösbar sind. In dem Gebiete des Rheinischen Rechtes gilt dasselbe bei „festen Geldrenten" (vgl. über die Aufrechterhaltung dieses §. 29 A.G. z. G.B.O. Art. 33 Ziff. 10 und Begr. zu Art. 31 des A.G. z. B.G.B.). Nach beiden Gesetzen kann der Berechtigte fordern, daß diejenigen Rentenbeträge, welche nach der Vertheilung jährlich weniger als 12 M. betragen, durch Kapitalzahlung abgelöst werden. Ferner sind auf Grund des Gesetzes über die Errichtung von Rentenbanken vom 2. März 1850 (G.S. S. 112) §§. 20 und 64 und der für die Provinz Hannover geltenden Bestimmungen der V.O. vom 28. September 1867 (G.S. S. 1670) §. 11 und des Gesetzes vom 3. April 1869 (G.S. S. 544) §. 7 die Domänen-Amortisations- und Rentenbankrenten (vgl. Art. 12 des Ausf.Ges. z. G.B.O.) bei einer Zerstückelung des belasteten Grundstücks wie die Staatssteuern zu vertheilen; ihre Vertheilung erfolgt aber nicht durch die Auseinandersetzungsbehörde, sondern durch den Katasterkontroleur (Ges. betr. die Vertheilung der öffentlichen Lasten 2c. in den Prov. Preußen, Brandenburg, Pommern, Posen, Schlesien, Sachsen und Westfalen vom 26. August 1876,

Reallasten von Bedeutung.[1]) Das Reichsrecht kennt als besonderen Erlöschungsgrund nur die Erlassung eines Ausschlußurtheils, durch welches der unbekannte Berechtigte bei einer subjektiv-persönlichen Reallast mit seinem Rechte ausgeschlossen wird; es gilt in dieser Hinsicht dasselbe wie bei dem Vorkaufsrechte.[2])

V. Für die am 1. Januar 1900 bereits bestehenden Reallasten gelten die S. 35 und S. 46 angeführten Regeln.

10. Hypothek, Grundschuld, Rentenschuld.

a. Inhalt. Nebenabreden.

I. Zur Befriedigung des Realkreditbedürfnisses stellt das B.G.B. sehr *mannigfache Arten* dinglicher Belastung des Grundstücks zur Verfügung und überläßt die *Auswahl* zwischen den verschiedenen Formen grundsätzlich den Betheiligten. Diese haben zu bestimmen, ob das Grundstück mit einer Hypothek oder mit einer Grundschuld oder mit einer Rentenschuld belastet werden, ob die Hypothek eine Verkehrshypothek oder eine Sicherungshypothek sein soll, sowie auch, ob bei der Verkehrshypothek, bei der Grundschuld und bei der Rentenschuld die Ertheilung des Briefes ausgeschlossen werden soll oder nicht. Bei den Sicherungshypotheken fällt das letztere Wahlrecht weg; sie sind stets Buchhypotheken. Einige Hypotheken sind außerdem stets Sicherungshypotheken und in anderen Fällen kommt nur eine Grundschuld als die geeignete Grundkreditbelastungsart in Betracht.

1. Die Hypothek *unterscheidet sich dadurch von der Grundschuld*, daß sie die Zahlung einer bestimmten Geldsumme aus dem belasteten Grundstücke wegen einer dem Berechtigten zustehenden Forderung zum Inhalte hat, während die Grundschuld lediglich auf Zahlung einer bestimmten Geldsumme aus dem Grundstücke gerichtet ist.[3]) Die Hypothek setzt demnach eine persönliche Forderung voraus; wenn sie auch nicht so streng akzessorisch ist, wie das Mobiliarpfandrecht des B.G.B., so ist doch das Bestehen der persönlichen Forderung Bedingung nicht nur für den Erwerb der Hypothek durch den eingetragenen Berechtigten, sondern auch für den Bestand der Hypothek als solcher. Gelangt die Forderung nicht zur Entstehung oder erlischt sie, so besteht zwar das zu ihrer Sicherung eingetragene dingliche Recht trotzdem, aber nicht zu Gunsten des eingetragenen Gläubigers, sondern zu Gunsten

---

G.S. S. 405, §§. 2, 4, 8; für Hannover Ges. vom 4. Juli 1887, G.S. S. 324, §§. 2, 4, 8; für Schleswig-Holstein Ges. vom 13. Juni 1888, G.S. S. 243, §§. 2, 4, 8). Alle diese Vorschriften galten schon nach dem bisherigen Rechte (vgl. preuß. G.B.O. §. 66). Das Grundbuchamt darf, wie bisher, so auch künftig nicht die Entgegennahme der Auflassung und die Abschreibung des Trennstücks von der Vertheilung der Reallasten durch die Auseinandersetzungsbehörde oder den Katasterkontroleur abhängig machen.

[1]) Die preuß. Ablösungsgesetze sind oben S. 56 Anm. 3 und Anm. 4 angeführt. Ueber die Unschädlichkeitszeugnisse vgl. preuß. A.G. z. G.B.O. Art. 20 nebst Erl.

[2]) Oben S. 55 IV.

[3]) B.G.B. §§. 1113, 1191.

des Eigenthümers und nicht als Hypothek, sondern als Grundschuld. Ferner geht mit der Uebertragung der Forderung die Hypothek auf den neuen Gläubiger über und regelmäßig kann diese nicht ohne jene und jene nicht ohne diese abgetreten werden. Außerdem können dem Berechtigten Einreden aus dem persönlichen Schuldverhältniß entgegengesetzt werden, soweit nicht der öffentliche Glaube des Grundbuchs entgegensteht.[1])

Die Grundschuld ist dagegen von einer persönlichen Forderung unabhängig.[2]) Allerdings steht ihrer Bestellung das Vorhandensein einer Forderung nicht entgegen, es wird ihr sogar häufig eine solche zu Grunde liegen; aber das Bestehen der Forderung ist ohne rechtlichen Einfluß auf das Grundschuldrecht. Der eingetragene Gläubiger erwirbt dieses, auch wenn die Forderung, die zu seiner Bestellung den Anlaß gegeben hat, nicht bestehen sollte, und haftet höchstens persönlich nach den Grundsätzen der ungerechtfertigten Bereicherung. Demnach ist die Grundschuld ein abstraktes Grundstückspfand; der Berechtigte hat nur das dingliche Recht an dem Grundstücke, keine obligatorische Forderung, höchstens eine sog. Realobligation.[3]) Die Hypothek setzt dagegen ein neben dem dinglichen Rechte oder der Realobligation bestehendes persönliches Forderungsrecht voraus, auf welches bei der Bestellung Bezug genommen werden muß. Daraus folgt, daß bei dieser die persönliche Forderung im Grundbuch angegeben werden muß, wenn auch nur durch Bezugnahme auf die Eintragungsbewilligung,[4]) und daß andererseits aus dem im Eintragungsvermerke stehenden Worte: Darlehen, Kaufgeld, Bürgschaft od. ä. erhellt, daß eine Hypothek vorliegt, während bei einer Grundschuld statt dessen der Zusatz „Grundschuld" einzutragen ist.[5])

2. Der Unterschied zwischen der gewöhnlichen Hypothek, der sog. Verkehrshypothek, und der Sicherungshypothek besteht in der strengeren akzessorischen Natur der letzteren in Folge der Einschränkung der Wirkungen des öffentlichen Glaubens des Grundbuchs. Bei der Verkehrshypothek hat die eingetragene

---

[1]) B.G.B. §. 1163, §. 1177 Abs. 1, §§. 1153, 1137, 1138.

[2]) B.G.B. §. 1192 Abs. 1: „Auf die Grundschuld finden die Vorschriften über die Hypothek entsprechende Anwendung, soweit sich nicht daraus ein Anderes ergiebt, daß die Grundschuld nicht eine Forderung voraussetzt." Abs. 2 ebd.: „Für Zinsen der Grundschuld gelten die Vorschriften über die Zinsen einer Hypothekenforderung." Welche Vorschriften über die Hypothek nach Abs. 1 auf die Grundschuld anwendbar sind, erhellt am besten aus dem von der Redaktionskommission ausgearbeiteten Entwurfe B., mitgetheilt in den P. II Bd. 4 S. 497—514, in dem die Vorschriften über die Grundschuld denen über die Hypothek vorangestellt sind.

[3]) In dem B.G.B. ist allerdings jeder Ausdruck, der für die Auffassung der Grundschuld und der Hypothek als einer Realobligation verwerthet werden könnte, vermieden, vgl. §§. 1113, 1191, 1199, 1142. Aber trotzdem wird vielfach eine Verpflichtung des Eigenthümers, den Berechtigten aus dem Grundstücke zu befriedigen, also eine Realobligation angenommen, insbesondere auf Grund der §§. 1137, 1138, 1141, 1146. Vgl. auch P. II Bd. 3 S. 539.

[4]) §§. 874, 1115. Vgl. unten Vorbm. V2 vor §. 13. Eine falsche Bezeichnung des Schuldgrundes in dem Eintragungsvermerke hat die Unwirksamkeit der Hypothek nicht zur Folge, vgl. R.G. 42 S. 315, 45 S. 176, Turnau-Förster Bd. 1 S. 556, Achilles-Strecker S. 210.

[5]) Vgl. das der preuß. Allg.Verf. beigefügte amtliche Formular Abth. III.

Forderung die Vermuthung ihres Bestehens für sich und steht unter dem öffentlichen Glauben des Grundbuchs; dem Erwerber einer solchen Hypothek können daher keine Einwendungen aus dem persönlichen Schuldverhältniß entgegengehalten werden, die weder aus dem Grundbuch oder dem Hypothekenbrief erhellen noch ihm bei dem Erwerbe bekannt gewesen sind.[1]) Bei der Sicherungshypothek bestimmt sich dagegen das Recht des Gläubigers nur nach der Forderung; er kann sich zu dem Beweis ihres Bestehens und ihrer Höhe nicht auf die Eintragung im Grundbuche beziehen und muß sich alle Einwendungen aus dem Schuldverhältnisse gefallen lassen, insbesondere auch den Einwand, daß die Forderung an den früheren Gläubiger gezahlt sei, bevor der Schuldner Kenntniß von der Abtretung erhalten habe.[2]) Wohl aber bleibt in gleicher Weise, wie bei der Verkehrshypothek, auch bei der Sicherungshypothek der öffentliche Glaube des Grundbuchs für das dingliche Hypothekenrecht von Bedeutung; die Einwendungen gegen den dinglichen Vertrag sind also bei beiden in gleicher Weise durch den öffentlichen Glauben des Grundbuchs beschränkt. Auch hinsichtlich der Eigenthümerhypothek gilt für beide Arten das Gleiche; die strenge akzessorische Natur der Sicherungshypothek hat also nicht die Wirkung, daß diese beim Fehlen der Forderung nichtig ist, sondern sie steht in diesem Falle ebenso wie die Verkehrshypothek als Grundschuld dem Eigenthümer zu.

Die Sicherungshypothek muß als solche im Grundbuche bezeichnet werden; nur die Hypotheken für Forderungen aus Inhaber- oder Orderpapieren[3]) und die Ultimat- (Kautions-, Maximal-) Hypotheken gelten als Sicherungshypotheken, auch wenn diese Bezeichnung fehlt.[4])

Bei der letzteren Art Sicherungshypothek wird nur „der Höchstbetrag, bis zu dem das Grundstück haften soll, bestimmt," und in das Grundbuch eingetragen, während „im Uebrigen die Feststellung der Forderung vorbehalten wird."[5]) Abweichend von allen sonstigen Hypotheken und auch von den Kautionshypotheken des früheren preußischen Rechtes[6]) bedarf es bei den Ultimathypotheken nicht der Angabe der zu sichernden Forderung in dem Grundbuch; es genügt die Eintragung des Höchstbetrags.[7]) Ein Zinsvermerk kann nicht eingetragen werden;[8]) die Zinsen werden in den Höchstbetrag eingerechnet, über diesen hinaus haftet also das Grundstück auch für die Zinsen nicht,[9]) wohl aber für die Kosten der Kündigung und der die Befriedigung aus

---

[1]) §§. 1138, 1140, 1156.

[2]) §§. 1184, 1185.

[3]) Vgl G.B.O. §§. 44, 51.

[4]) §§. 1184, 1187, 1190.

[5]) §. 1190.

[6]) Eig.Erw.Ges. §. 24; Achilles-Strecker S. 162ff.

[7]) Vgl. das der preuß. Allg.Verf. beigefügte Formular Abth. III lfd. Nr. 5. Vgl. aber Turnau-Förster Bd. 1 S. 760, welcher mit Recht die Angabe des Rechtsverhältnisses als durch das Interesse der Betheiligten geboten bezeichnet.

[8]) R.G. 13 S. 151.

[9]) B.G.B. §. 1190 Abs. 2; vgl. jedoch über die Umwandlung unten S. 89.

dem Grundstücke bezweckenden Rechtsverfolgung, wie in Uebereinstimmung mit dem bisherigen preußischen Rechte[1]) anzunehmen ist, da diese nach §. 1118 nicht der Eintragung bedürfen und §. 1190 Abs. 2 nur die Einrechnung der Zinsen, nicht der Kosten in den Höchstbetrag vorschreibt.[2]) Dagegen weicht das B.G.B. darin von dem preuß. Gesetz über den Eig. Erw. §. 67 ab, daß die Vorschriften des B.G.B. über die Eigenthümerhypothek auch für die Kautionshypotheken gelten.

Neben den Hypotheken für Forderungen aus Inhaber- und Orderpapieren und den Ultimathypotheken sind ferner stets nur als Sicherungshypotheken einzutragen: die Hypothek, deren Eintragung an dem Baugrundstücke des Bestellers der Unternehmer eines Bauwerkes oder eines einzelnen Theiles eines Bauwerkes für seine Forderungen aus dem Werkvertrag oder, falls das Werk noch nicht vollendet ist, für einen der geleisteten Arbeit entsprechenden Theil der Vergütung und für die in der Vergütung nicht inbegriffenen Auslagen kraft Gesetzes verlangen kann;[3]) die auf Ersuchen des Vormundschaftsgerichts einzutragende Hypothek an Grundstücken des Vormundes, des Pflegers oder des Beistandes, falls nach dem Ermessen des Gerichts die Voraussetzungen vorliegen, unter denen diese zur Sicherheitsleistung angehalten werden können;[4]) die Hypothek, welche der Pfandgläubiger einer Forderung auf Uebereignung eines Grundstücks mit der Uebertragung des Eigenthums auf den Gläubiger erwirbt, einerlei ob das Forderungspfandrecht durch Vertrag oder durch Pfändung erworben ist;[5]) ferner die sog. Zwangs- oder Judikatshypotheken,[6]) endlich die auf Ersuchen des Vollstreckungsgerichts einzutragenden Hypotheken für die Forderungen, welche bei der Zwangsversteigerung eines Grundstücks den aus dem Versteigerungserlöse zu befriedigenden Berechtigten gegen den Ersteher übertragen werden.[7]) Auf Grund des Art. 91 des E.G. z. B.G.B. kann schließlich noch eine weitere Hypothek hinzutreten; nach dieser Bestimmung bleiben nämlich die landesgesetzlichen Vorschriften unberührt, nach welchen der Fiskus, eine Körperschaft, Stiftung oder Anstalt des öffentlichen Rechtes oder eine unter der Verwaltung einer öffentlichen Behörde stehende Stiftung berechtigt ist, zur Sicherung gewisser Forderungen die Eintragung einer Hypothek an Grundstücken des Schuldners zu verlangen; auch diese kann nur als Sicherungshypothek eingetragen werden.

3. Bei der Sicherungshypothek ist die Ertheilung des Hypothekenbriefs kraft Gesetzes ausgeschlossen.[8]) Die Verkehrshypotheken sind dagegen sowohl als Buchhypotheken wie als Briefhypotheken möglich, und das Entsprechende gilt von den Grundschulden und den Rentenschulden. Ob diese oder jene Form gewählt

---

1) R.G., J.M.Bl. 1888 S. 176, Gruchot 32 S. 1088.
2) M. z. B.G.B. Bd. 3 S. 768.
3) B.G.B. §. 648.
4) Freiw. G.G. §. 54.
5) B.G.B. §. 1287; C.P.O. §. 848.
6) C.P.O. §§. 866, 867, 932. Vgl. unten S. 94 ff.
7) Zw.V.G. §§. 128, 130. Vgl. unten S. 76.
8) B.G.B. §. 1185.

werden soll, hängt von der Vereinbarung der Parteien ab. Als die regelmäßige Form gilt die Briefhypothek, die Briefgrundschuld und Briefrentenschuld; die Ausschließung der Ertheilung des Briefes kann nur durch Vertrag des Gläubigers und des Eigenthümers erfolgen und bedarf der Eintragung in das Grundbuch; formell ist zu der Eintragung aber, wenn diese bei der Bestellung der Hypothek rc. beantragt wird, die einseitige Bewilligung des Eigenthümers, ohne Zustimmung des Gläubigers, genügend.[1]) Ist also in dem Grundbuche nichts hierüber vermerkt, liegt eine Briefhypothek rc. vor. Ueber die Bedeutung des Briefes vgl. unten Vorbm. 2 zum dritten Abschnitt (vor §. 56).

4. Nur in der Form der Grundschuld oder der Rentenschuld kann ein Grundstückspfand zu Gunsten des Inhabers des Briefes oder zu Gunsten des Eigenthümers des belasteten Grundstücks bestellt werden.

Eine Briefhypothek darf stets nur zu Gunsten eines bestimmt bezeichneten Berechtigten, eine Grundschuld und eine Rentenschuld dagegen auch „in der Weise bestellt werden, daß der Grundschuldbrief auf den Inhaber ausgestellt wird. Auf einen solchen Brief finden die Vorschriften über Schuldverschreibungen auf den Inhaber entsprechende Anwendung“ (§. 1195). Aus diesen Vorschriften ist hervorzuheben, daß zu der Ausstellung staatliche Genehmigung erforderlich ist, welche in Preußen „auf Grund eingeholter Königlicher Ermächtigung von den zuständigen Ministern ertheilt wird.“[2]) Ehe diese nicht erwirkt ist, darf die Grundschuld für den Inhaber des Grundschuldbriefs nicht eingetragen werden.

„Eine Grundschuld kann auch für den Eigenthümer bestellt werden“ (§. 1196 Abs. 1).[3]) Dasselbe gilt von der Rentenschuld. Eine Hypothek darf dagegen bei ihrer Bestellung nur auf den Namen eines Anderen als des Eigenthümers eingetragen werden, obwohl sie nicht nur später auf den Eigenthümer übergehen, sondern auch von vornherein diesem zustehen kann, weil die Forderung nicht zur Entstehung gelangt oder der Hypothekenbrief noch nicht ausgehändigt ist.[4]) Auch alle übrigen reichsrechtlich geregelten dinglichen Rechte an Grundstücken können zu Gunsten des Eigenthümers nicht bestellt werden.[5])

5. Was in dem Vorstehenden von der Grundschuld gesagt ist, gilt auch von der Rentenschuld, denn diese bildet eine Unterart jener und unterscheidet sich von der gewöhnlichen oder Kapital-Grundschuld dadurch, daß sie nicht die Verpflichtung zur

---

[1]) Vgl. B.G.B. §. 1116 und unten Erl. 3 zu §. 19.

[2]) B.G.B. §. 795; preuß. Kgl. V.O. vom 16. November 1899 zur Ausf. des B.G.B. (G.S. S. 562) Art. 8; Entsch. 1 S. 37 = K.G. N.F. 1 A. S. 105 = Rechtspr. 1 S. 104. Vgl. über die Inhabergrundschulden noch unten S. 70, 76 und 79, G.B.O. §. 43 (Erl. 2), §. 51 nebst Erl., §. 56 (Erl. 2d) und §. 70 (Erl. 3, 4).

[3]) Ebenso schon nach dem preuß. Ges. über den Eig.Erw. rc. §. 27 (Achilles-Strecker S. 169 ff.).

[4]) B.G.B. §. 1163.

[5]) Vgl. oben S. 34. Anders bei dem Bergwerkseigenthum und den Kohlenabbaugerechtigkeiten; vgl. preuß. Bergges. vom 24. Juni 1865 §. 24, A.G. z. B.G.B. Art. 38 §§. 2, 3.

Zahlung eines Kapitals mit oder ohne Zinsen oder anderen Nebenleistungen aus dem Grundstücke zum Inhalte hat, sondern daß bei ihr „in regelmäßig wiederkehrenden Terminen eine bestimmte Geldsumme aus dem Grundstücke zu zahlen ist“ (§. 1199). Der Berechtigte hat also grundsätzlich nur auf die einzelnen Renten Anspruch. Indessen bei der Bestellung muß stets der Betrag bestimmt und im Grundbuch angegeben werden, durch dessen Zahlung die Rentenschuld abgelöst werden kann.[1]) Regelmäßig hat aber nur der Eigenthümer das Ablösungsrecht; der Gläubiger kann die Ablösungssumme erst fordern, nachdem der Eigenthümer von seinem Ablösungsrechte Gebrauch gemacht und durch Kündigung die Fälligkeit jener Summe herbeigeführt hat, außerdem aber, wenn in Folge einer Verschlechterung des Grundstücks die Sicherheit der Rentenschuld gefährdet wird und der Eigenthümer auf Verlangen des Gläubigers gemäß §. 1133 die Gefährdung nicht beseitigt.[2])

Ein weitergehendes Ablösungsrecht darf dem Gläubiger nicht eingeräumt werden; deshalb darf eine Rentenschuld auch nicht in der Art bestellt werden, daß die wiederkehrende Geldleistung zum Theil zur Amortisation des Kapitals dient.[3])

Die Rentenschuld nähert sich der Reallast; aber abgesehen davon, daß letztere auch auf andere wiederkehrende Leistungen als Geldzahlungen gehen kann und nicht auf regelmäßig wiederkehrende Leistungen gerichtet zu sein braucht, unterscheidet die Rentenschuld sich dadurch von einer auf Zahlung einer Geldrente gerichteten Reallast, daß es bei der Reallast keinen Rentenschuldbrief giebt, daß die Ablösung bei ihr nicht reichsrechtlich geregelt, insbesondere die Eintragung der Ablösungssumme in das Grundbuch nicht vorgeschrieben ist, daß der Eigenthümer für die Rentenschuld stets nur mit dem Grundstücke, nie persönlich haftet, daß ferner nur diese für den Eigenthümer des Grundstücks bestellt werden kann und durch Ablösung auf ihn übergeht sowie einer Umwandlung in eine gewöhnliche Grundschuld fähig ist.[4])

II. Bei allen diesen verschiedenen Formen des Grundpfandes haben die Parteien den näheren Inhalt des Rechtes zu bestimmen.

1. Bei der Hypothek geschieht dies vor allem durch nähere Bezeichnung der zu sichernden Forderung. Hinsichtlich dieser sind der Parteiwillkür nur insofern Schranken gesetzt, als es eine Geldforderung sein muß und ihr Betrag in Reichswährung angegeben werden soll.[5]) Im Uebrigen unterliegt die Bestimmung der Forderung der Vereinbarung der Betheiligten. Auch eine künftige oder eine bedingte genügt, wie das B.G.B. §. 1113 Abs. 2 ausdrücklich hervorhebt. Hieraus ergiebt sich, daß indirekt auch eine nicht auf Geld gerichtete Forderung Gegenstand hypothekarischer Sicherung sein kann, indem z. B. für die im Falle ihrer Nichterfüllung zu zahlende Vertragsgeldstrafe oder Schadensersatzforderung eine Hypothek bestellt wird.

---

[1]) §. 1199 Abs. 2.

[2]) §§. 1201, 1202.

[3]) Entsch. 1 S. 122 = K.G. N.F. 1 A. S. 212 = Rechtspr. 1 S. 191.

[4]) Zeitschr. f. C.Prz. 27 S. 361.

[5]) B.G.B. §§. 1113, 1115; G.B.O. §. 28. Vgl. auch Rechtspr. 2 S. 9.

Der Geldbetrag der Forderung oder der Grundschuld muß, ebenso wie der Gläubiger, stets im Grundbuch angeführt werden; eine Bezugnahme auf die Eintragungsbewilligung genügt nicht.[1])

2. Das Letztere gilt auch von dem Zinssatze, falls die Hypothekenforderung oder die Grundschuld verzinslich ist,[2]) und von dem Geldbetrage der etwaigen anderen Nebenleistungen; nur „bei der Eintragung einer Hypothek für ein Darlehn einer Kreditanstalt, deren Satzung von der zuständigen Behörde öffentlich bekannt gemacht worden ist, genügt zur Bezeichnung der außer den Zinsen satzungsgemäß zu entrichtenden Nebenleistungen die Bezugnahme auf die Satzung" (§. 1115). Des Vermerkes der Zinslosigkeit bedarf es dagegen nicht.

Ob die Hypothekenforderung und das Grundschuldkapital verzinst werden soll oder nicht, unterliegt der Bestimmung der Betheiligten.[3]) Sie können auch von einer Bedingung oder Befristung die Verzinsung oder die Höhe der Zinsen abhängig machen; so ist z. B. die Erhöhung des Zinsfußes von 4 auf 5 % für den Fall nicht pünktlicher Zinszahlung eintragungsfähig.[4])

Auch die Abrede, daß bei vorzeitiger Rückzahlung des Kapitals dem Gläubiger eine in Prozenten desselben ausgedrückte Entschädigung zu zahlen sei, ist mit dem Range und an der Stelle des Kapitals einzutragen; der Eintragung einer besonderen Sicherungshypothek bedarf es nicht.[5]) Dagegen sind nicht eintragungsfähig, weil sie keiner Eintragung bedürfen und überflüssige Eintragungen vermieden werden sollen, die gesetzlichen Zinsen und die Kosten der Kündigung und der die Befriedigung aus dem Grundstücke bezweckenden Rechtsverfolgung; für sie haftet das Grundstück kraft Gesetzes.[6]) Demnach braucht nicht eingetragen zu werden, daß der Eigenthümer von dem Eintritte der Voraussetzungen des Schuldnerverzugs in seiner Person ab Verzugszinsen zu entrichten habe.[7]) Hierin liegt eine Abweichung von dem bisherigen preußischen Rechte.[8]) Auch darin weicht das B.G.B. von dem preußischen Grundbuchrecht[8]) ab, daß es nicht nur die Eintragung von „Zinsen und sonstigen Jahreszahlungen", sondern allgemein die Eintragung anderer Nebenleistungen als Zinsen gestattet; die Eintragung einer Vertragsstrafe für unpünktliche Zahlung

---

[1]) B.G.B § 1115. Vgl. Vorbm. V2 vor §. 13 der G.B.O.

[2]) Deshalb ist der Antrag auf Eintragung einer Hypothek abzulehnen, wenn diese als verzinslich bezeichnet, der Zinssatz aber nicht angegeben ist. (Rechtspr. 1 S. 456.)

[3]) B.G.B §. 1115, §. 1191 Abs. 2.

[4]) Entsch. 1 S. 79 = K.G. N.F. 1 A. S. 198 = Rechtspr. 1 S. 200. Vgl. auch Sächs. Archiv Bd. 10 S. 188, wo die Angabe des vereinbarten Maximalsatzes des Zinsfußes („bis zu 5%") im Grundbuche für genügend erklärt ist.

[5]) Entsch. 1 S. 119 = K.G. N.F. 1 A. S. 204 = Rechtspr. 1 S. 291.

[6]) B.G.B. §. 1118. Entsch. 1 S. 81 = K.G. N.F. 1 A. S. 203 = Rechtspr. 1 S. 202. A.M. Turnau-Förster Bd. 1 S. 560, welche die Eintragung für zulässig und das Grundbuchamt für verpflichtet erklären, dem Eintragungsantrage stattzugeben.

[7]) B.G.B. §. 1146

[8]) Ges. über den Eig.Erw. ꝛc. §. 30; Achilles-Strecker S. 178f.

ist also nicht mehr unzulässig.[1]) Stets aber sind andere Nebenleistungen als Zinsen nach ihrem Geldbetrage und in Reichswährung anzugeben;[2]) dies gilt auch von gültig vereinbarten Zinseszinsen und Kosten.[3])

3. Die Angabe des Anfangstags der Verzinsung und der Zinszahlungstermine im Grundbuch ist nicht vorgeschrieben, aber zulässig und mit Rücksicht auf §. 13 des Zw.V.G. empfehlenswerth, damit das Vollstreckungsgericht gleich aus dem Grundbuche selbst den letzten Fälligkeitstermin vor der Beschlagnahme des Grundstücks ersehen kann. Den Parteivereinbarungen sind in dieser Hinsicht keine Schranken gesetzt; als Dispositivvorschriften kommen für die Hypothek die Bestimmungen über die einzelnen Forderungsrechte in Betracht.[4])

4. Auch die Rückzahlungsbedingungen unterliegen grundsätzlich dem freien Bestimmungsrechte der Betheiligten. Bei Rentenschulden ist jedoch eine Beschränkung des Kündigungsrechts des Eigenthümers nur insoweit zulässig, daß er nach dreißig Jahren unter Einhaltung einer sechsmonatigen Frist kündigen kann, und nach Art. 117 Abs. 2 des E.G. z. B.G.B. bleiben die landesgesetzlichen Vorschriften unberührt, „welche die Belastung eines Grundstücks mit einer unkündbaren Hypothek oder Grundschuld untersagen oder die Ausschließung des Kündigungsrechts des Eigenthümers bei Hypothekenforderungen und Grundschulden zeitlich beschränken und bei Rentenschulden nur für eine kürzere als die im §. 1202 Abs. 2 des B.G.B. bestimmte Zeit zulassen." Auf Grund dieses Vorbehalts bestimmt Art. 32 §. 1 des preuß. Ausf.Ges. z. B.G.B.: „Bei Hypothekenforderungen, Grundschulden und Rentenschulden kann das Kündigungsrecht des Eigenthümers nur insoweit ausgeschlossen werden, daß der Eigenthümer nach zwanzig Jahren unter Einhaltung einer sechsmonatigen Frist kündigen kann."[5]) Hierdurch ist nicht nur die Vorschrift des §. 1202 Abs. 2 des B.G.B. für die Rentenschulden abgeändert, sondern auch die in verschiedenen Punkten abweichende, durch Art. 89 Ziff. 15, 22, 27, 29, 31 desselben Gesetzes aufgehobene Vorschrift des Ablösungsgesetzes vom 2. März 1850 und seiner Nachbildungen ersetzt, insbesondere auch die dort vorgesehene Ausnahme zu Gunsten der

---

[1]) P. II Bd. 3 S. 545; vgl. über das frühere Recht Johow 4 S. 156, 7 S. 224, R.G. 7 S. 76.

[2]) B.G.B. §. 1115; G.B.O. §. 28.

[3]) Entsch. 1 S. 81 = R.G. N.F. 1 A. S. 199 = Rechspr. 1 S. 201. Ueber die Zulässigkeit der Vereinbarung von Zinseszinsen in bestimmten Fällen vgl. B.G.B. §. 248 Abs. 2. Als einzutragende Kosten kommen z. B. die der Eintragung in Betracht, für die das Grundstück, anders als nach dem preuß. Ges. über den Eig.Erw. §. 30, nicht mehr ohne Weiteres haftet. (Ausnahme bei Zwangshypotheken nach C.P.O. §. 867 Abs. 1 Satz 3.) Vgl. auch Sächs. Archiv Bd. 10 S. 186.

[4]) Vgl. namentlich §. 608 über Darlehnszinsen, die in Ermangelung einer anderen Bestimmung jährlich zu zahlen sind.

[5]) Ueber die Anwendbarkeit dieser Vorschrift auf vor dem 1. Januar 1900 eingetragene Kapitalien vgl. ebd. §. 2.

Kreditinstitute beseitigt. Die Ausschließung der Kündigungsbefugniß des Eigenthümers auf länger als zwanzig Jahre ist daher nicht eintragungsfähig.[1]) Anders verhält es sich dagegen mit der Vereinbarung der Unkündbarkeit für die Lebenszeit des Gläubigers; diese ist an sich gültig und eintragungsfähig, verliert aber mit dem Ablaufe von zwanzig Jahren ihre Wirksamkeit, sofern der Gläubiger diesen Zeitraum überleben sollte.[2]) Für das Kündigungsrecht des Gläubigers gelten diese Vorschriften nicht.

Eine weitere Einschränkung enthält §. 247 des B.G.B.: „Ist ein höherer Zinssatz als sechs vom Hundert für das Jahr vereinbart, so kann der Schuldner nach dem Ablaufe von sechs Monaten das Kapital unter Einhaltung einer Kündigungsfrist von sechs Monaten kündigen. Das Kündigungsrecht kann nicht durch Vertrag ausgeschlossen oder beschränkt werden.“ Ein derartiger Vertrag ist also nicht eintragungsfähig. Eine Ausnahme gilt nach Abs. 2 ebd. für Schuldverschreibungen auf den Inhaber und deshalb nach §. 1195 für Grundschuldbriefe auf den Inhaber.

Von diesen Einschränkungen abgesehen können die Betheiligten die Rückzahlungsbedingungen frei bestimmen, insbesondere Kündigungsfrist, Zahlungszeit und Zahlungsort festsetzen und in das Grundbuch eintragen lassen. Insbesondere ist auch die Vereinbarung, daß der Gläubiger das Kapitals sofort fordern darf, wenn der Eigenthümer die gehörige Versicherung der auf dem belasteten Grundstücke stehenden Gebäude gegen Feuersgefahr unterläßt od. ä., als Rückzahlungsbedingung eintragungsfähig. In Ermangelung einer abweichenden Festsetzung richtet sich die Rückzahlung der Hypotheken nach den für die gesicherten Forderungen geltenden Bestimmungen,[3]) und für die Grundschuld trifft das B.G.B. in den §§. 1193, 1194 Dispositivvorschriften, wonach das Kapital nach vorgängiger, sowohl dem Eigenthümer wie dem Gläubiger zustehenden Kündigung mit sechsmonatiger Frist fällig wird und ebenso wie die Zinsen und andere Nebenleistungen am Sitze des Grundbuchamts zu zahlen ist. Diese Vorschriften gelten auch für die Rentenschulden mit der bereits erwähnten Einschränkung, daß dem Gläubiger kein Ablösungsrecht gewährt werden darf.[4])

Zulässig und eintragungsfähig ist insbesondere auch die sog. Goldklausel d. h. die Bedingung der Zahlung in Reichsgoldmünzen trotz späterer Aenderung der Münzgesetzgebung, insbesondere auch unter Ausschluß der Thalerstücke. Die Ordnungsvorschrift des §. 28 G.B.O. steht dem nicht entgegen, weil der Geldbetrag der Hypothek oder der Grundschuld trotz dieses Zusatzes in Reichswährung unter der der Einschränkung auf Reichsgoldmünzen angegeben ist.[5])

---

[1]) R.G. 14 S. 141, Rechtspr. 2 S. 9.

[2]) O.Tr. Entsch. 75 S. 68, Str.Arch. 85 S. 21; R.G. 10 S. 323.

[3]) Vgl. B.G.B. §§. 269—271, und z. B. über die Fälligkeit einer Darlehnsforderung §. 609.

[4]) §§. 1201, 1202.

[5]) Entsch. 1 S. 71 = R.G. N.F. 1 A. S. 194 = Rechtspr. 1 S. 24. Vgl. auch R.G. 9 S. 79, 14 S. 138 und Merfeld in Gruchot 39 S. 574 ff. Wenn in der an erster Stelle genannten Entscheidung ausgeführt wird, daß die Eintragung der Goldklausel nicht durch Bezugnahme auf die Eintragungsbewilligung ersetzt werden könne, weil sie zur näheren Bestimmung

Dagegen ist, wie unter der Herrschaft des preuß. Eig.Erw.Ges. § 23, die Bedingung der Rückzahlung eines Darlehens in Pfandbriefen eines Kreditinstituts nicht eintragungsfähig, weil diese Papiere dem Kurse unterworfen sind und mithin dem Erfordernisse der Bestimmtheit der Geldsumme nicht genügen können; eine derartige Verpflichtung konnte damals und kann auch jetzt nur durch eine Kautionshypothek sicher gestellt werden.[1])

III. Außer den erwähnten Vereinbarungen, die den Inhalt der Hypotheken und Grundschulden näher bestimmen, kommen gerade bei diesen Rechten mehr als bei den übrigen eine große Zahl **Nebenberedungen** in Betracht, deren Zulässigkeit oder Unzulässigkeit theils ausdrücklich ausgesprochen theils aus den sonstigen Vorschriften zu entnehmen ist.[2])

1. Ausdrücklich für nichtig erklärt sind:

a. „eine Vereinbarung, durch die sich der Eigenthümer dem Gläubiger gegenüber verpflichtet, das Grundstück nicht zu veräußern oder nicht weiter zu belasten." (§ 1136.) Die Bestimmung enthält eine Erweiterung der Vorschrift des preuß. Ges. über den Eig.Erw. 2c. § 48, die sich nur auf Belastungen, nicht auf Veräußerungen des belasteten Grundstücks bezog.[3]) Trotz dieser Vorschrift ist von dem Kammergerichte[4]) für zulässig und eintragungsfähig gehalten eine von dem Eigenthümer übernommene Verbindlichkeit, ohne Genehmigung des Hypothekengläubigers das Grundstück nicht mit Grundschulden weiter zu belasten, widrigenfalls der Gläubiger zur Rückforderung des Kapitals befugt sein solle, weil diese Abrede nur als Rückzahlungsbedingung aufzufassen sei. Dies trifft auch für das jetzige Recht noch zu.

b. die Vereinbarungen, daß der Gläubiger berechtigt sein soll, „zum Zwecke der Befriedigung die Uebertragung des Eigenthums an dem Grundstücke zu verlangen oder die Veräußerung des Grundstücks auf andere Weise als im Wege der Zwangsvollstreckung zu bewirken," sofern sie getroffen werden, bevor die Forderung dem Eigenthümer gegenüber[5]) fällig geworden ist. (§ 1149.) Das B.G.B. wieder=

---

der Währung diene, in welcher die Rückzahlung der Hypothek erfolgen soll, so halte ich das nicht für zutreffend. Nur der Geldbetrag der Forderung muß in dem Grundbuche selbst angegeben werden; die Angabe der Währung, in der die Rückzahlung geschehen soll, ist nicht vorgeschrieben, weil das Gesetz davon ausgeht, daß nur eine Währung, die Reichswährung, einzutragen ist (G.B.O. §. 28). M.E. handelt es sich bei der Goldklausel nur um eine Rückzahlungsbedingung, deren Eintragung durch Bezugnahme ersetzt werden kann.

[1]) Johow [illegible] S. 154, 155; 4 S. 153, 6 S. 360; K.G. 4 S. 172; R.G. 38 S. 229. A.M. Johow 4 S. [illegible]8, 249; 7 S. 220.

[2]) An dieser Stelle ist auf die für die Nebenabreden wichtige Uebergangsvorschrift des Art. 167 des E.G. z. B.G.B. hinzuweisen: „In Kraft bleiben die landesgesetzlichen Vorschriften, welche die zur Zeit des Inkrafttretens des B.G.B. bestehenden **landschaftlichen oder ritterschaftlichen Kreditanstalten** betreffen."

[3]) Achilles=Strecker S. 239ff. Für Bayern vgl. Obermeyer in Seufferts Blättern für Rechtsanwendung 6[illegible] Jahrg. (1900) S. [illegible].

[4]) K.G. 9 S. [illegible]0.

[5]) Vgl. B.G.B. § 1141.

holt demnach einmal das dem früheren Rechte bekannte Verbot der ex commissoria und verbietet außerdem die Vereinbarung des außergerichtlichen Verkaufs des Grundstücks.[1]) Beide Abreden sind aber nur unzulässig, wenn sie vor der Fälligkeit der Hypothek getroffen werden. Nach der Verfallzeit können sie gültig getroffen werden; sie sind aber nicht eintragungsfähig, weil sie lediglich obligatorische Wirkungen haben.[2])

2. Nicht aufgenommen ist die Vorschrift des § 45 des preuß. Ges. über den Eig.Erw. rc.: „Ein Vertrag zwischen dem hypothekarischen oder Grundschuldgläubiger und dem Eigenthümer, durch welchen Ersteren das Recht der Veräußerung zum Zweck ihrer Befriedigung entzogen wird, ist nichtig.“ Trotzdem gilt diese Vorschrift auch nach dem B.G.B., für dieses ist sogar über jene Bestimmung, wie sie wenigstens in der Praxis aufgefaßt wurde, hinauszugehen und die von der Rechtsprechung bejahte Zulässigkeit der Revenüenhypotheken[3]) zu verneinen. Die Bestellung einer Hypothek mit der Einschränkung, daß der Gläubiger sich nur an die Nutzungen, nicht an die Substanz des Grundstücks halten und zu seiner Befriedigung nur die Zwangsverwaltung, nicht die Zwangsversteigerung beantragen darf, widerspricht der Natur der Hypothek und ist bei der zwingenden Natur der sachenrechtlichen Normen unzulässig. Hierfür spricht auch die Vorschrift des Art. 60 des E.G. z. B.G.B.: „Unberührt bleiben die landesgesetzlichen Vorschriften, welche die Bestellung einer Hypothek, Grundschuld oder Rentenschuld an einem Grundstücke, dessen Belastung nach den in den Artikeln 57—59 bezeichneten Vorschriften nur beschränkt zulässig ist, dahin gestatten, daß der Gläubiger Befriedigung aus dem Grundstücke lediglich im Wege der Zwangsverwaltung suchen kann.“ Durch Art. 57—59 sind die Normen des Privatfürstenrechts, des Rechtes gewisser adeliger Häuser sowie des Familienfideikommiß-, Lehen- und Stammgutsrechts aufrechterhalten. Nur innerhalb des Bereichs dieser Sonderrechte sind also Revenüenhypotheken zulässig.

3. Keine Vorschrift trifft das B.G.B. über die Antichrese an Grundstücken.[4]) Eine Hypothek oder eine Grundschuld kann demnach nicht mit der Nebenabrede bestellt werden, daß der Gläubiger zur Nutzung des Grundstücks befugt sein soll. Eine solche Abrede hat nur obligatorische Wirkung und ist nicht eintragungsfähig. Dagegen steht nichts entgegen, dem Gläubiger neben seiner Hypothek oder Grundschuld als selbständiges dingliches Recht einen Nießbrauch an dem belasteten Grundstücke bis zur Tilgung seiner Forderung, jedoch nicht über seinen Tod hinaus zu bestellen.[5])

---

[1]) Ueber das frühere Recht vgl. Achilles-Strecker S. 234.

[2]) Turnau-Förster Bd. 1 S. 658 Anm. 4.

[3]) Vgl. Achilles-Strecker S. 237 ff.; K.G. 6 S. 115, 17 S. 83; R.G. 13 S. 239.

[4]) Anders bei beweglichen Sachen. B.G.B. §§. 1213, 1214.

[5]) Oberneck S. 474. Vgl. das Muster bei Jastrow, Formularbuch 13. Aufl. (1900) Th. 2 S. 172 und über die Fortdauer einer vor dem 1. Januar 1900 begründeten Antichrese Rechtsp. 1 S. 261, dagegen Freudenthal in der D. Juristen-Zeitg. 1900 S. 270.

4. Ausdrücklich zugelassen ist bei einer Hypothek für die Forderung aus einer Schuldverschreibung auf den Inhaber, aus einem Wechsel oder aus einem anderen indossabelen Papiere sowie bei Grundschulden oder Rentenschulden für den Inhaber des Briefes die Bestellung eines Vertreters für den jeweiligen Gläubiger.[1])

5. Ferner kann nach §. 800 der C.P.O. der Eigenthümer sich in einer von einem deutschen Gericht oder von einem deutschen Notar innerhalb der Grenzen ihrer Amtsbefugnisse in der vorgeschriebenen Form aufgenommenen (also nicht blos beglaubigten) Urkunde „in Ansehung einer Hypothek, einer Grundschuld oder einer Rentenschuld der sofortigen Zwangsvollstreckung in der Weise unterwerfen, daß die Zwangsvollstreckung aus der Urkunde gegen den jeweiligen Eigenthümer des Grundstücks zulässig sein soll. Die Unterwerfung bedarf in diesem Falle der Eintragung in das Grundbuch." Dadurch werden die Streitfragen des bisherigen preußischen Rechtes bejaht, ob eine derartige Abrede mit bindender Kraft gegen den Erwerber des Grundstücks überhaupt getroffen werden kann, und ob sie eintragungsfähig ist.[2])

6. Eintragungsfähig sind ferner gewisse Einreden. Nach §. 1138 des B.G.B. gelten nämlich die Vorschriften über den öffentlichen Glauben des Grundbuchs sowie über dessen Berichtigung und über die Zulässigkeit der Eintragung eines Widerspruchs „für die Hypothek auch in Ansehung der Forderung und der dem Eigenthümer nach §. 1137 zustehenden Einreden," d. i. die Einreden, welche dem persönlichen Schuldner gegen die Forderung zustehen, mit Ausnahme der Einrede der beschränkten Haftung des Erben und der Einrede der Verjährung, und die auf ein Anfechtungsrecht des Schuldners oder auf eine Aufrechnungsbefugniß des Gläubigers gestützten, einem Bürgen zustehenden Einreden. Das Gleiche gilt nach §. 1157 für die Einreden, die dem Eigenthümer auf Grund eines zwischen ihm und dem bisherigen Hypotheken- oder Grundschuldgläubiger bestehenden Rechtsverhältnisses gegen die Hypothek oder die Grundschuld zustehen. Daraus erhellt, daß der Eigenthümer sich diese Einreden gegenüber einem gutgläubigen Erwerber der Hypothek oder der Grundschuld nur erhalten kann, wenn er deren Eintragung in das Grundbuch oder ihren Vermerk auf dem Briefe erwirkt.

Eintragungsfähig ist danach auch die Einrede, daß die Abtretung der Hypothekenforderung seitens des Gläubigers durch Vereinbarung mit dem Schuldner ausgeschlossen ist (B.G.B. §. 399). Das Gleiche gilt auch für die Grundschuld, obwohl es sich bei dieser nicht um die Abtretung einer Forderung handelt; denn nach §. 413 des B.G.B. finden die Vorschriften über die Uebertragung von Forderungen, also auch der §. 399, auf die Uebertragung anderer Rechte entsprechende Anwendung, soweit nicht besondere gesetzliche Bestimmungen entgegenstehen, und das ist in diesem Punkte nicht der Fall.[3])

---

[1]) B.G.B. §§. 1189, 1192, 1195. Vgl. hierüber unten Erl. 3e ϑ zu §. 30 und §§. 43, 44 der G.B.O. nebst Erl.

[2]) Vgl. Zeitschr. f. C.Prz. 28 S. 171; Achilles-Strecker S. 236ff.; K.G. 8 S. 87; andererseits K.G. 17 S. 75.

[3]) Vgl. oben S. 24.

7. Mit dieser Frage, ob die Abtretungsbefugniß des Gläubigers ausgeschlossen werden kann, ist nicht die weitere zu verwechseln, ob der Eigenthümer auf die ihm bei der Tilgung der Forderung zufallende Eigenthümerhypothek im Voraus verzichten, sich also verpflichten kann, diese nicht abzutreten oder anderweit über sie zu verfügen. §. 399 ist hierauf nicht anwendbar, denn es liegt kein Vertrag zwischen dem Gläubiger und dem Schuldner einer Forderung oder eines sonstigen Rechtes vor, in welchem jener auf die Abtretung der ihm gegen seinen Vertragsgenossen zustehenden Forderung verzichtet, sondern es handelt sich um eine Vereinbarung zwischen dem künftigen Erwerber eines dinglichen Rechtes an dem eigenen Grundstücke und einem Dritten, meist einem nachstehenden oder gleichstehenden Berechtigten, durch den jener sich verpflichtet, sein künftiges dingliches Recht nicht zum Nachtheile des letzteren geltend zu machen. Diese Vereinbarung hat nach dem B.G.B. §. 137 nur obligatorische Wirkung.[1]) §. 1179 ermöglicht es aber, sie mit dinglicher Wirkung auszustatten, indem dort bestimmt wird: „Verpflichtet sich der Eigenthümer einem Anderen gegenüber, die Hypothek löschen zu lassen, wenn sie sich mit dem Eigenthum in einer Person vereinigt, so kann zur Sicherung des Anspruchs auf Löschung eine Vormerkung in das Grundbuch eingetragen werden." Nur in Form einer derartigen Vormerkung ist also eine solche Vereinbarung, die in der Praxis häufig vorkommt,[2]) eintragungsfähig; und um den Nachfolger in dem Eigenthume des belasteten Grundstücks zu binden, ist die Eintragung durchaus erforderlich. Die Verpflichtung, über die Hypothek oder Grundschuld — denn für letztere gilt nichts Abweichendes[3]) — nach deren Erwerbe nicht zu verfügen, sondern sie löschen zu lassen, kann der Eigenthümer nicht nur einem gleich- oder nachstehenden Berechtigten übernehmen, sondern nach dem Wortlaut des §. 1179 auch einem sonstigen Interessenten, insbesondere hinsichtlich einer in Theilzahlungen zu tilgenden Hypothek auch dem Gläubiger eben dieser Hypothek oder Grundschuld gegenüber. Allerdings hat letzterer nach dem B.G.B. weit weniger Interesse an einer solchen Vereinbarung als nach dem preußischen Rechte; denn während nach diesem, wenigstens nach der herrschenden Meinung die Restforderung des Gläubigers gleichen Rang mit der auf den Eigenthümer übergegangenen Theilhypothek hatte,[4]) kann nach dem B.G.B. §. 1176 die Eigenthümerhypothek nicht zum Nachtheile der dem Gläubiger verbleibenden Hypothek geltend gemacht werden, letztere hat also den Vorrang vor dieser.[5]) Deshalb ist die häufig beantragte Eintragung dieses Vorrangs auf Grund besonderer Bewilligung des Eigenthümers überflüssig und daher, weil Selbstverständliches und Ueberflüssiges nicht in das Grundbuch gehört, richtiger abzulehnen.[6])

---

[1]) K.G. N.F. 1 A. S. 206 und S. 319. Vgl. ebd. über die Ausnahme zu Gunsten der ritterschaftlichen oder landschaftlichen Kreditanstalten, insbesondere der Hannoverschen Landeskreditanstalt. Vgl. ferner auch Entsch. 1 S. 165.

[2]) K.G. a. a. O. und Johow 7 S. 261; 8 S. 258; K.G. 12 S. 347, 18 S. 87.

[3]) §. 1192.

[4]) Vgl. Achilles-Strecker S. 272.

[5]) Vgl. Turnau-Förster Bd. 1 S. 716 Anm. 2.

[6]) Rechtspr. 2 S. 46. Anders nach dem preußischen Rechte, K.G. 17 S. 91, S. 95.

Die Vormerkung zur Sicherung des Anspruchs auf Löschung ist bei der Hypothek oder Grundschuld, zu deren Löschung der Eigenthümer sich verpflichtet hat, nicht bei der Post, deren Gläubiger gegenüber die Verpflichtung übernommen ist, einzutragen.[1])

In analoger Weise ist auch die Eintragung einer Vormerkung zuzulassen auf Grund eines Versprechens des Eigenthümers, einer anderen Post den Vorrang vor einer Hypothek oder Grundschuld einzuräumen, falls er die letztere erwerben sollte.

8. Im Zusammenhange mit dem soeben erwähnten Verzichte des Eigenthümers auf eine Verfügung über den durch Abschlagszahlungen getilgten Theil der Hypothek oder Grundschuld wird zuweilen dem Gläubiger, der die Vorlage des Hypotheken- oder Grundschuldbriefs vor der völligen Tilgung der Post vermeiden will, von dem Eigenthümer die im §. 1145 geregelte Verpflichtung erlassen, „die theilweise Befriedigung auf dem Briefe zu vermerken und den Brief zum Zwecke der Berichtigung des Grundbuchs oder der Löschung dem Grundbuchamt oder zum Zwecke der Herstellung eines Theilhypothekenbriefs für den Eigenthümer der zuständigen Behörde oder einem zuständigen Notar vorzulegen." Soweit hierin ein Erlaß der Verpflichtung liegt, die Umschreibung auf den Eigenthümer oder einen anderen Berechtigten zu bewirken, fällt er unter den Anspruch auf Löschung und kann durch die obige Vormerkung mit Wirkung gegen einen dritten Grundstückserwerber ausgestattet werden. Im Uebrigen ist der erwähnte Erlaß nicht eintragungsfähig; denn es handelt sich bei ihm nicht um eine Tilgungsbedingung,[2]) sondern um eine Schmälerung der Rechte des Eigenthümers auf die Eigenthümerhypothek und auf das durch die Theilzahlung erworbene Recht auf Berichtigung des Grundbuchs; und hierüber können Vereinbarungen mit verbindlicher Kraft gegenüber dem späteren Erwerber des Grundstücks, anders als durch die oben erwähnte Vormerkung, nicht getroffen werden. Eine Vereinbarung, durch die dem Gläubiger die Verpflichtung erlassen ist, zur Löschung des getilgten Theilbetrags mitzuwirken, kann nicht einmal durch eine Vormerkung gesichert werden, da durch sie dem Gläubiger nicht ein Anspruch „auf Einräumung oder Aufhebung eines Rechtes an einem Grundstück oder an einem das Grundstück belastenden Rechte oder auf Abänderung des Inhalts oder des Ranges eines solchen Rechtes" gewährt wird.

Dagegen wird man einen Verzicht des Eigenthümers auf Vorlegung des

---

[1]) In Preußen erfolgt sie in den Spalten 5 bis 7 (Veränderungen) der Abth. III des Grundbuchblatts selbst dann, wenn sie nicht erst nachträglich, sondern gleichzeitig mit jener Hypothek oder Grundschuld eingetragen wird. (Vgl. die Allg.Verf. §. 14 Ziff. 3 und die analoge Vorschrift über die Eintragung der Verfügungsbeschränkungen ebd. §. 12 Abs. 2.) Die Zustimmung des Hypotheken- und Grundschuldgläubigers ist nicht erforderlich, da deren Recht von der Vormerkung nicht berührt wird. Ob aus demselben Grunde auch die Vorlegung des Briefes unterbleiben kann, wird bei §. 42 besprochen werden.

[2]) Vgl. Entsch. 1 S. 165 = Rechtspr. 1 S. 424 = K.G. N.F. 1 A. S. 308.

Hypothekenbriefs für den Fall künftiger Kündigung als eine Tilgungsbedingung ansehen und für eintragungsfähig halten dürfen.[1])

IV. Für die **Uebergangszeit** enthält das E.G. z. B.G.B. eingehende, von der oben S. 46 angeführten Regel abweichende Vorschriften. Abgesehen von der Bestimmung des Art. 188 Abs. 1, wonach durch landesherrliche Verordnung bestimmt werden kann, „daß gesetzliche Pfandrechte, die zu der Zeit bestehen, zu welcher das Grundbuch als angelegt anzusehen ist, zur Erhaltung der Wirksamkeit gegenüber dem öffentlichen Glauben des Grundbuchs während einer zehn Jahre nicht übersteigenden, von dem Inkrafttreten des B.G.B. an zu berechnenden Frist nicht der Eintragung bedürfen," kommen die Vorschriften der Art. 192—195 in Betracht. Nach ihnen gilt ein zu der Zeit des Inkrafttretens des Reichsgrundbuchrechts an einem Grundstücke bestehendes Pfandrecht „von dieser Zeit an" als Verkehrs-Buchhypothek im Sinne des Reichsrechts, wenn jedoch der Betrag der gesicherten Forderung nicht bestimmt ist, als Sicherungshypothek und eine zu jener Zeit bestehende Grundschuld als Grundschuld im Sinne des B.G.B. sowie eine über die Grundschuld ertheilte Urkunde als Grundschuldbrief. Dem Reichsrecht ist also insoweit rückwirkende Kraft beigelegt. Für Revenüenhypotheken und Revenüengrundschulden bleibt aber die Beschränkung bestehen, daß der Gläubiger Befriedigung aus dem Grundstücke nur im Wege der Zwangsverwaltung suchen kann.

Durch Landesgesetz kann jedoch diese Regel durchbrochen und bestimmt werden, daß ein Pfandrecht, welches nach der angeführten Vorschrift nicht als Sicherungshypothek gilt, oder eine Grundschuld als Sicherungshypothek oder als Briefhypothek und eine darüber ertheilte Urkunde als Hypothekenbrief gelten soll, sowie daß ein Gläubiger, dessen Pfandrecht zu der Zeit des Inkrafttretens des Reichsgrundbuchrechts besteht, „die Löschung eines im Range vorgehenden oder gleichstehenden Pfandrechts, falls dieses sich mit dem Eigenthum in einer Person vereinigt, in gleicher Weise zu verlangen berechtigt ist, wie wenn zur Sicherung des Rechtes auf Löschung eine Vormerkung im Grundbuch eingetragen wäre," und dadurch das Fortbestehen der Hypothek als Eigenthümerhypothek verhindern und das Vorrücken seines Rechtes erwirken kann.

Von dem letzteren Vorbehalt ist in Preußen kein Gebrauch gemacht, wohl aber von dem ersteren. Durch Art. 33 des A.G. z. B.G.B. sind zunächst die Hypotheken (mit Ausnahme der Kautionshypotheken[2]), welche unter der Herrschaft der Gesetze vom 5. Mai 1872 begründet sind, sofern über sie nach den Vorschriften der preuß. G.B.O. (§§ 122, 129) ein Brief gebildet ist, zu Briefhypotheken, der Brief zu einem

[1]) Entsch. 1 S. 34 = K.G. N.F. 1 A. S. 107 = Rechtspr. 1 S. 10, wo auf Grund der dispositiven Natur der Vorschrift des §. 1160 Abs. 2 ohne weitere Begründung die Eintragungsfähigkeit des obigen Verzichts angenommen ist.

[2]) Die Kautionshypotheken sind Sicherungshypotheken des neuen Rechtes. Die über sie ausgestellten Hypothekenbriefe sind keine Briefe im Sinne des B.G.B. (Schultzky in der D. Juristen-Zeitg. 1900 S. 526).

Hypothekenbrief im Sinne der Reichsgesetze erkärt.[1]) Von den vor dem Inkrafttreten der Gesetze vom 5. Mai 1872 begründeten Hypotheken, über die ein Hypothekeninstrument ausgefertigt ist, gilt dasselbe nur für den ursprünglichen Geltungsbereich der G.B.O. vom 5. Mai 1872[2]) und für einige Theile der Provinz Hannover.[3]) Dagegen kommt für die übrigen Gebietstheile, einerlei ob in ihnen die Grundbuchanlegung vor oder nach dem 1. Januar 1900 erfolgt ist, die Regel zur Anwendung, daß die vor der Anlegung des Grundbuchs begründeten Hypotheken von dem Inkrafttreten des Reichsrechts an Buchhypotheken im Sinne des B.G.B. sind, es sei denn, daß vor diesem Zeitpunkte der Gläubiger auf Grund der bestehenden gesetzlichen Vorschriften[4]) die Bildung eines den Vorschriften der Gesetze vom 5. Mai 1872 entsprechenden Hypothekenbriefs erwirkt oder wenigstens beantragt hat.[5]) Schließlich sind noch besondere Vorschriften getroffen für die vor dem 1. Juli 1874 errichteten und nicht in Hypotheken des preußischen Rechtes umgewandelten Hypotheken im Bezirke Kassel und für die nach den Vorschriften des Rheinischen Bürgerlichen Gesetzbuchs begründeten Privilegien und Hypotheken, die nicht durch Einschreibung im Hypothekenregister oder durch Eintragung im Grundbuche wirksam geworden sind.[6])

b. Erwerb, Inhaltsänderung und Aufhebung der Hypotheken, Grundschulden und Rentenschulden.

I. Zur **Begründung** der Hypotheken, der Grundschulden und der Rentenschulden bedarf es der Regel gemäß der Einigung und der Eintragung. Diese Regel gilt aber nicht ausnahmslos; theils sind diese beiden Voraussetzungen nicht ausreichend, theils nicht erforderlich.

1. Damit der eingetragene Berechtigte die Hypothek erwirbt, ist außer der Einigung und der Eintragung die Entstehung der gesicherten Forderung erforderlich;

---

[1]) Ist dagegen gemäß §. 122 der preuß. G.B.O. auf die Ausfertigung des Hypothekenbriefs verzichtet und dieser auch nicht nach §. 129 nachträglich gebildet, so kommt die reichsgesetzliche Regel zur Anwendung; die Hypothek ist jetzt eine Buchhypothek im Sinne des B.G.B. Zu ihrer Umschreibung auf einen neuen Gläubiger bedarf es nach dem Inkrafttreten des Reichsgrundbuchrechts weder der Bildung eines Hypothekenbriefs, da §. 129 Abs. 2 der preuß. G.B.O. nicht mehr zur Anwendung kommt, noch des Nachweises der Annahme der Abtretungserklärung (Rechtspr. 1 S. 415).

[2]) Vgl. oben S. 5.

[3]) Ostfriesland und Harlingerland, Niedergrafschaft Lingen und die ehemals Münsterschen Ortschaften.

[4]) Vgl. Kgl. V.O. vom 13. November 1899 Art. 13 nebst Erl.

[5]) Die Ertheilung des Hypothekenbriefs erfolgt nach Art. 33 §. 2 Abs. 2 Satz 1 kostenfrei, wenn sie vor der Zeit, zu welcher das Grundbuch als angelegt anzusehen ist, beantragt wird. (Die ähnlichen Vorschriften des Satzes 2 ebd. und des Art. 34 kommen jetzt nicht mehr in Betracht.)

[6]) Vgl. A.G. z. B.G.B. Art. 33 §§. 3, 4. Alle Vorschriften des A.G. Art. 33 werden, soweit sie schon in dem Entwurf enthalten waren, am besten durch die diesem beigefügte Begründung erläutert.

sonst steht das eingetragene Recht als Grundschuld dem Eigenthümer zu.[1]) Für die Grund- und Rentenschuld gilt dies natürlich nicht, da sie eine Forderung nicht voraussetzen (§. 1192). Dagegen kommt für alle drei Arten des Grundstückspfands die Vorschrift des §. 1117 zur Anwendung, daß der Gläubiger die Brief-Hypothek (-Grundschuld oder -Rentenschuld) erst erwirbt, wenn ihm der Brief von dem Eigenthümer des Grundstücks übergeben wird,[2]) es sei denn, daß vereinbart ist, daß der Gläubiger berechtigt sein soll, sich den Brief von dem Grundbuchamt aushändigen zu lassen; diese Vereinbarung ersetzt die Uebergabe des Briefes und bringt also in Verbindung mit der Einigung und der Eintragung die Brief-Hypothek rc. zur Entstehung. Ohne diese Vereinbarung steht bis zur Uebergabe des Briefes die Hypothek oder die Grundschuld dem Eigenthümer zu.[3])

2. **Ohne Eintragung** entsteht nur die Sicherungshypothek, nicht die Verkehrshypothek und ebenso wenig die Grundschuld, und auch jene nur zu Gunsten des Pfandgläubigers einer Forderung, die auf Uebertragung des Eigenthums an einem Grundstücke gerichtet ist, einerlei ob das Pfandrecht durch Vertrag oder durch Pfändung entstanden ist.[4]) Mit dem Augenblick, in dem dem Schuldner der verpfändeten oder gepfändeten Forderung das Eigenthum an dem Grundstück übertragen wird, erlangt der Pfandgläubiger eine Sicherungshypothek an dem übereigneten Grundstück für seine durch das Pfandrecht gesicherte Forderung.

Bei dem vertragsmäßig bestellten Forderungspfandrechte gilt dies sowohl im Falle der Einziehung der Forderung vor dem Eintritte der Verkaufsbefugniß, welche durch den Pfandgläubiger und den Pfandschuldner gemeinsam erfolgen muß, wie auch bei der nach jenem Zeitpunkte zulässigen selbständigen Einziehung durch den Pfandgläubiger. Nach dem Eintritte der Verkaufsvoraussetzungen ist der Pfandgläubiger befugt, statt und im Namen des Gläubigers der verpfändeten Forderung die zum Erwerbe des Grundstücks erforderlichen Erklärungen abzugeben, also die Auflassung mit dem Schuldner der verpfändeten Forderung vorzunehmen. Weigert sich der letztere, so bedarf es seiner Verurtheilung zur Auflassung, welche der Pfandgläubiger auf Grund seines Pfandrechts erwirken kann. Das rechtskräftige Urtheil ersetzt die zur Einigung erforderliche Erklärung des Veräußerers. Erlangt der Pfandgläubiger

---

[1]) §. 1163 Satz 1. Dies bildet gegenüber dem bisherigen preußischen Rechte eine Neuerung; nach dem Gesetz über den Eig.Erw. vom 5. Mai 1872 §§. 63 ff. konnte eine Hypothek, der eine gültige Forderung nicht zu Grunde lag, nicht zur Eigenthümerhypothek werden; sie war vielmehr wirkungslos (vgl. Achilles-Strecker 4. Aufl. S. 274). Dies gilt für eine unter der Herrschaft dieses Rechtes eingetragene Hypothek auch jetzt noch trotz Art. 192 des E.G. z. B.G.B. (Rechtspr. 1 S. 264, S. 452; R.G. N.F. 1 A S. 311).

[2]) Besitzkonstitut und Abtretung des Herausgabeanspruchs sowie, wenn der Gläubiger bereits im Besitze ist, die Einigung über den Eigenthumsübergang genügen. B.G.B. §. 1117 Abs. 1 Satz 2, §. 929 Satz 2, §§. 930, 931.

[3]) §. 1163 Abs. 2.

[4]) B.G.B. §. 1287; C.P.O. §. 848 Abs. 2. Dasselbe gilt nach dem oben S. 16 f, 46 f Gesagten von einer Forderung auf Bestellung oder Uebertragung eines Erbbaurechts oder einer dieser gleichgestellten Berechtigung.

die Eintragung des Gläubigers der gepfändeten Forderung als Eigenthümer in das Grundbuch, so kann er die Eintragung seiner Sicherungshypothek beantragen. Diese Eintragung ist aber nur erforderlich, um die Berufung auf den öffentlichen Glauben des Grundbuchs auszuschließen, nicht zur Entstehung der Hypothek.[1])

Bei dem Pfändungspfandrecht ist nicht der Pfandgläubiger selbst befugt, bei der Auflassung als Vertreter des Vollstreckungsschuldners mitzuwirken, sondern er muß bei dem Amtsgerichte der belegenen Sache die Bestellung eines Sequesters erwirken, der als Vertreter des Schuldners die Auflassung entgegenzunehmen und die Eintragung der Sicherungshypothek zu bewilligen hat. Daß letztere aber schon vorher entstanden ist, ergiebt sich aus dem Wortlaute des §. 848 Abs. 2 der C.P.O. im Gegensatze zu §. 867 Abs. 1 Satz 2 ebd. mit voller Deutlichkeit.

3. Zahlreicher sind die Fälle, in denen Hypotheken oder Grundschulden zwar der Eintragung, aber **nicht der Einigung** zu ihrer Entstehung bedürfen. Allerdings giebt es keine Tabularersitzung dieser Rechte, da ihre Ausübung nicht nach den für den Besitz geltenden Vorschriften geschützt wird. Wohl aber bedarf es zur Bestellung einer Hypothek für die Forderung aus einer Schuldverschreibung auf den Inhaber, einer Grundschuld für den Inhaber des Grundschuldbriefs und einer Grundschuld für den Eigenthümer keines dinglichen Vertrags; statt dessen ist neben der Eintragung die einseitige Erklärung des Eigenthümers gegenüber dem Grundbuchamte, daß er die Hypothek oder die Grundschuld bestelle, oder daß die Grundschuld für ihn in das Grundbuch eingetragen werden soll, erforderlich.[2])

Ferner entstehen mit der Eintragung, aber ohne Einigung, die Sicherungshypotheken, welche auf Ersuchen des Vollstreckungsgerichts in einem Zwangsversteigerungsverfahren auf dem versteigerten Grundstück eingetragen werden.[3]) Für diejenigen Ansprüche nämlich, welche nach §. 49 des Zw.V.Ges. oder den Versteigerungsbedingungen im Vertheilungstermine baar zu berichtigen waren, wird, wenn das Baargebot nicht berichtigt wird, die Forderung gegen den Ersteher auf die Berechtigten durch Anordnung des Gerichts übertragen.[4]) Eine solche Uebertragung findet unter Umständen auch für Rechte statt, die bei der Feststellung des geringsten Gebots berücksichtigt und von dem Ersteher zu übernehmen waren, wenn sich nämlich vor der Feststellung des Theilungsplans herausstellt, daß sie nicht bestehen, oder wenn ihr Bestehen ungewiß oder streitig geworden ist. Für alle diese Fälle gilt Zw.V.Ges. §. 128 Abs. 1—3: „Soweit für einen Anspruch die Forderung gegen

---

[1]) So die zwar nicht unbestrittene (a. M. Hachenburg Vorträge S. 227 und, wie in vielen Punkten, Endemann Bd. 2 §. 59 Anm. 23, §. 144 Anm. 23), aber herrschende Ansicht, welche allein mit dem Wortlaute des Gesetzes und den Materialien (P. II Bd. 3 S. 532) vereinbar ist. Indessen da der Pfandgläubiger stets gleichzeitig mit der Eintragung des Gläubigers als Eigenthümer die Eintragung seiner Sicherungshypothek erwirken wird, wird der Streit schwerlich praktische Bedeutung gewinnen.

[2]) §§. 1188, 1192, 1195, 1196.

[3]) Zw.V.G. §. 130.

[4]) Ebd. §§. 118ff., 126.

den Ersteher übertragen wird, ist für die Forderung eine Sicherungshypothek an dem Grundstücke mit dem Range des Anspruchs einzutragen. War das Recht, aus welchem der Anspruch herrührt, nach dem Inhalte des Grundbuchs mit dem Rechte eines Dritten belastet, so wird dieses Recht als Recht an der Forderung miteingetragen (Abs. 1). Soweit die Forderung gegen den Ersteher unvertheilt bleibt, wird eine Sicherungshypothek für denjenigen eingetragen, welcher zur Zeit des Zuschlags Eigenthümer des Grundstücks war (Abs. 2). Mit der Eintragung entsteht die Hypothek. Vereinigt sich die Hypothek mit dem Eigenthum in einer Person, so kann sie nicht zum Nachtheil eines Rechtes, das bestehen geblieben ist, oder einer nach Abs. 1, 2 eingetragenen Sicherungshypothek geltend gemacht werden" (Abs. 3).

Ebenso entsteht mit der Eintragung, aber ohne Einigung die Sicherungshypothek an Grundstücken des Vormundes, des Pflegers oder des Beistandes, welche auf Ersuchen des Vormundschaftsgerichts eingetragen wird, weil nach dessen Ermessen die Voraussetzungen vorliegen, unter denen der Vormund, der Pfleger oder der Beistand zur Sicherheitsleistung angehalten werden kann.[1])

Auf Grund des Ersuchens einer Behörde kann ferner eine Sicherungshypothek eingetragen werden und ohne Einigung entstehen gemäß des Vorbehalts im Art. 91 des E.G. z. B.G.B.: „Unberührt bleiben die landesgesetzlichen Vorschriften, nach welchen der Fiskus, eine Körperschaft, Stiftung oder Anstalt des öffentlichen Rechtes oder eine unter der Verwaltung einer öffentlichen Behörde stehende Stiftung berechtigt ist, zur Sicherung gewisser Forderungen die Eintragung einer Hypothek an Grundstücken des Schuldners zu verlangen und nach welchen die Eintragung der Hypothek auf Ersuchen einer bestimmten Behörde zu erfolgen hat. Die Hypothek kann nur als Sicherungshypothek eingetragen werden; sie entsteht mit der Eintragung."[2])

Der wichtigste und häufigste Fall der Entstehung einer Hypothek ohne Einigung ist schließlich der der Zwangs- und Arresthypotheken. Von ihnen wird unten (S. 94 ff.) näher die Rede sein.

Keine Ausnahme gilt dagegen für die Sicherungshypothek für die Forderungen des Unternehmers eines Bauwerkes oder eines einzelnen Theiles eines Bauwerkes;[3]) durch den diesem gewährten gesetzlichen Titel zur Hypothek wird nur der obligatorische Vertrag ersetzt, zur Entstehung der Sicherungshypothek bedarf es der Einigung oder deren Ersatz durch ein rechtskräftiges Urtheil und der Eintragung.

II. Für den **Erwerb bestehender Hypotheken, Grundschulden** und **Rentenschulden** gelten von der Regel des §. 873 viele Ausnahmen.

1. Diese Regel betrifft nur die rechtsgeschäftliche Uebertragung der Hypotheken rc., nicht deren Uebergang kraft Gesetzes oder im Wege der Zwangsvollstreckung.

---

[1]) Freiw.G.G. §. 54.

[2]) Vgl. z. B. bayer. A.G. z. B.G.B. vom 9. Juni 1899 Art. 89, 123.

[3]) B.G.B §. 648. Vgl. Planck Bd. 2 S. 387 Erl. 3 und **Rechtspr. 1 S. 433.**

a. Aber auch in dieser Beschränkung findet sie nur Anwendung auf Buchhypothekenforderungen,[1]) Buchgrundschulden und Buchrentenschulden; bei ihnen bedarf es also zu der Abtretung der Einigung und der Eintragung in das Grundbuch.[2]) Ob die ganze Post oder nur ein Theil abgetreten wird, macht keinen Unterschied.

Ausgenommen sind die Sicherungshypotheken für Forderungen aus Schuldverschreibungen auf den Inhaber, aus Wechseln und anderen Orderpapieren; sie werden nach den für die Inhaber- und Orderpapiere geltenden Grundsätzen übertragen.[3])

Auch die Abtretung der Forderungen auf Rückstände von Zinsen oder anderen Nebenleistungen und auf Erstattung der Kosten der Kündigung und der die Befriedigung aus dem Grundstücke bezweckenden Rechtsverfolgung erfolgt ohne Eintragung durch formlosen Vertrag. Das Grundbuch giebt zwar über die Verzinslichkeit der Hypothek oder Grundschuld, über das Zinsrecht Auskunft, aber nicht über die einzelnen Zinsraten; ob die fälligen Zinsen gezahlt oder noch rückständig sind, wird nicht gebucht. In Folge dessen finden auf die Form und die Wirkung der Abtretung der Zinsrückstände die allgemeinen Vorschriften über die Forderungsübertragung Anwendung.[4]) Dasselbe gilt nicht nur von den bereits erwähnten anderen Nebenleistungen und Kosten, sondern auch von den einzelnen Leistungen der Rentenschuld, da auf sie die für Hypothekenzinsen geltenden Vorschriften entsprechende Anwendung finden.[5])

b. Diese Besonderheit für die Rückstände von Zinsen ꝛc. ist nicht auf die Buchhypotheken und Buchgrundschulden beschränkt, sondern auf alle Grundstückspfandrechte anwendbar. Sie bildet demnach auch eine Ausnahme von der für die Abtretung der Briefhypotheken, Briefgrundschulden und Briefrentenschulden geltenden Regel, daß zu der Abtretung stets die Uebergabe des Briefes und außerdem entweder Ertheilung der Abtretungserklärung in schriftlicher Form oder Eintragung in das Grundbuch erforderlich ist.[6]) Die Eintragung ist demnach nicht unumgänglich nöthig

---

[1]) Da die Forderung nicht ohne die Hypothek und diese nicht ohne jene übertragen werden kann (§. 1153, oben S. 60), schreibt das B.G.B. die oben zu erörternden Formen für die Uebertragung der durch die Hypothek gesicherten Forderung vor und trifft damit eine Ausnahmebestimmung von dem Satze des §. 398 des B.G.B., wonach ein formloser Vertrag für die Abtretung einer Forderung genügt. Nur bei der Maximalhypothek ist die formlose Abtretung der Forderung gestattet; sie hat aber den Uebergang der Hypothek nicht zur Folge (§. 1190 Abs. 4); soll diese mit übertragen werden, bedarf es der Einigung und der Eintragung. (Vgl. Sächs. Archiv Bd. 10 S. 189.)

[2]) B.G.B. §. 1154 Abs. 3.

[3]) B.G.B. §. 1187 Satz 3. Vgl. G.B.O. §. 44 nebst Erl.

[4]) B.G.B. §. 1159; vgl. auch §. 1158, §. 1160 Abs. 2, §. 1178, §. 1192 Abs. 2. Die einzelnen fälligen Zinsraten und sonstigen Nebenleistungen stehen nicht unter dem öffentlichen Glauben des Grundbuchs. Alles dieses galt auch schon nach dem preußischen Grundbuchrechte, vgl. K.G. 12 S. 117, 15 S. 136, 18 S. 96.

[5]) B.G.B. §. 1200.

[6]) B.G.B. §. 1154 Abs. 1, 2.

und nicht genügend. Stets muß die Uebergabe des Briefes erfolgen;[1]) für diese gelten die Vorschriften des §. 929 Satz 2 und der §§. 930, 931 über die zur Eigenthumsübertragung erforderliche Uebergabe, daß nämlich die bloße Einigung die Uebergabe ersetzt, wenn der Erwerber bereits im Besitze des Briefes ist, sowie daß ein constitutum possessorium oder die Abtretung des Herausgabeanspruchs gegen den dritten Besitzer des Briefes genügt. Die Uebergabe des Briefes kann auch durch die Vereinbarung ersetzt werden, daß der Erwerber berechtigt sein soll, sich den Brief von dem Grundbuchamt aushändigen zu lassen, und wird vermuthet, wenn der Erwerber im Besitze des Briefes ist.[2]) Neben der Uebergabe ist entweder die Eintragung oder eine schriftliche Abtretungserklärung vorgeschrieben. Es braucht also nur die Erklärung des Abtretenden, nicht die Annahme des Erwerbers beurkundet zu werden. Eine öffentliche Urkunde ist zur Uebertragung des Hypotheken- oder Grundschuldrechts nicht erforderlich; aber da der Erwerber nur durch eine öffentliche oder öffentlich beglaubigte Abtretungserklärung dem Grundbuchamte gegenüber und zur Geltendmachung der Hypothek sowie zu einer Kündigung oder Mahnung gegenüber dem Eigenthümer legitimirt wird, ist der bisherige Gläubiger auf Verlangen des neuen Gläubigers verpflichtet, die Abtretungserklärung auf seine Kosten öffentlich beglaubigen zu lassen.[3]) In der Abtretungserklärung muß der Name des Erwerbers genannt sein, eine Blankoabtretung ist unzulässig.[4])

Eine Grundschuld für den Inhaber des Briefes wird nach den Regeln der Schuldverschreibungen auf den Inhaber, also durch Uebergabe des Briefes übertragen.[5])

2. Ohne Einigung und Eintragung vollzieht sich der Uebergang einer Hypothek, Grundschuld oder Rentenschuld auf einen neuen Gläubiger in den zahlreichen Fällen des **Uebergangs kraft Gesetzes**. Außer den oben S. 30ff. erwähnten allgemeinen Fällen sind folgende hervorzuheben:

a. Der persönliche Schuldner der durch die Hypothek gesicherten Forderung, welcher mit dem Eigenthümer des belasteten Grundstücks nicht identisch ist, erwirbt, wenn er den Gläubiger befriedigt oder wenn sich Forderung und Schuld in seiner Person vereinigen (z. B. durch Erbgang), die Hypothek insoweit, als er von dem Eigenthümer oder einem Rechtsvorgänger des Eigenthümers Ersatz verlangen kann. Letzteres ist namentlich der Fall, wenn bei einer Veräußerung des belasteten Grundstücks die Uebernahme der persönlichen Schuld durch den Erwerber vereinbart war,

---

[1]) Ist der Brief vernichtet oder verloren gegangen, so kann die Abtretung erst nach Beendigung des Aufgebotsverfahrens erfolgen (Oberneck S. 550). Vgl. G.B.O. §§. 42, 43, 67ff. Bei einer Theilabtretung bedarf es nicht nothwendig der Bildung eines Theilhypothekenbriefs; vgl. G.B.O. §. 61 nebst Erl., insbesondere Erl. 1.

[2]) B.G.B. §. 1154 Satz 1, §. 1117. Vgl. G.B.O. §. 60 nebst Erl.

[3]) B.G.B. §. 1154 Satz 2, §. 1160. Vgl. ebd. §. 1155 und dazu G.B.O. §. 40 Abs. 2; ferner G.B.O. §§. 19, 26.

[4]) Anders nach dem preuß. Ges. über den Eig.Erw. ꝛc. §. 55 bei Grundschulden.

[5]) B.G.B. §§. 1195, 793.

der Gläubiger aber die Schuldübernahme nicht genehmigt hat; da die Genehmigung der Schuldübernahme erst nach der Eintragung des Erwerbers in das Grundbuch erfolgen kann, ist in diesem Falle der Veräußerer, der nach der Verweigerung der Genehmigung den Gläubiger befriedigt, stets zu dem hier maßgeblichen Zeitpunkte, nämlich dem der Befriedigung, nicht mehr Eigenthümer des belasteten Grundstücks. Ist die Hypothek eine *Gesammthypothek*, so geht diese an allen Grundstücken auf den Schuldner nur dann über, wenn er von allen Eigenthümern oder deren Rechtsvorgängern Ersatz fordern kann; hat er dagegen einen Ersatzanspruch nur gegen den Eigenthümer eines der Grundstücke oder gegen dessen Rechtsvorgänger, so erwirbt er nur die Hypothek an diesem Grundstücke, während sie an den übrigen erlischt. Hat er die Forderung zwar völlig getilgt, aber nur einen Anspruch auf Ersatz eines Theilbetrags, so geht nur in Höhe dieses Betrags die Hypothek auf ihn über, während sie im Uebrigen dem Eigenthümer oder bei der Gesammthypothek den mehreren Eigenthümern als Grundschuld zufällt.[1]) In diesem Falle steht der Theilhypothek des Schuldners der Vorrang vor der Eigenthümergrundschuld zu; dagegen steht sie einer etwaigen Resthypothek des Gläubigers, wenn dieser nur theilweise befriedigt ist, nach.[2])

Ob die Hypothek ohne die durch die Befriedigung des Gläubigers erloschene Forderung weiter besteht oder sich mit der Ersatzforderung des persönlichen Schuldners gegen den Eigenthümer verbindet, ist streitig. Die letztere Ansicht dürfte den Vorzug verdienen.[3])

Der persönliche Schuldner ist berechtigt, gegen Befriedigung des Gläubigers die Aushändigung des Hypothekenbriefs und der sonstigen Urkunden zu verlangen, die zur Berichtigung des Grundbuchs oder zur Löschung der Hypothek erforderlich sind; bei einer theilweisen Befriedigung ist der Gläubiger verpflichtet, diese auf dem Briefe zu vermerken und den Brief zum Zwecke der Berichtigung des Grundbuchs oder der Löschung dem Grundbuchamt oder zum Zwecke der Herstellung eines Theilhypothekenbriefs der zuständigen Behörde oder einem zuständigen Notar vorzulegen.[4])

Zum Nachweise des Uebergangs der Hypothek genügt aber nicht der Beweis der Zahlung durch den persönlichen Schuldner, sondern es muß auch der Ersatzanspruch gegen den Eigenthümer nachgewiesen werden.

Diese Vorschriften gelten nur für die Hypotheken, einschließlich der Sicherungshypotheken, nicht für die Grundschulden und die Rentenschulden, da für diese die persönliche Forderung nicht in Betracht kommt.

---

[1]) B.G.B. §§. 1164, 1174. Vgl. über das angeführte Beispiel der Schuldübernahme ebd. §§ 415, 416.

[2]) B.G.B. § 1164 Abs. 1 Satz 2, § 1176.

[3]) Vgl. *Oberneck* S. 574; *Biermann* S. 224. A.M. *Turnau-Förster* Bd. 1 S. 691. Vgl. P. II Bd. 3 S. 727 f.

[4]) B.G.B. §§ 1167, 1144, 1145. Vgl. §. 1145 Abs. 2 über eine Besonderheit für Zinsen, andere Nebenleistungen und Kosten.

b. Erfolgt die Befriedigung des Hypothekengläubigers nicht durch den persönlichen Schuldner und nicht durch den Eigenthümer des Grundstücks, sondern durch einen Dritten, so erwirbt regelmäßig der Eigenthümer die Hypothek als Grundschuld.[1]) Nur in einigen Fällen geht sie auf den Dritten über.

Zunächst erwirbt der Bürge mit der Befriedigung des Gläubigers dessen Forderung gegen den persönlichen Schuldner nebst der Hypothek. Dem nur theilweise befriedigten Gläubiger verbleibt für seine Restforderung der Vorrang vor der Theilhypothek des Bürgen. Der Gläubiger ist verpflichtet, dem Bürgen die zum Beweise der Forderung dienenden Urkunden auszuliefern, soweit sie sich in seinem Besitze befinden.[2])

Jeder, der Gefahr läuft, durch die Zwangsvollstreckung in das Grundstück behufs Befriedigung des Hypothekengläubigers ein Recht an dem Grundstück oder dessen Besitz zu verlieren (also z. B. auch ein Miether oder Pächter), ist berechtigt, den Gläubiger zu befriedigen, sobald dieser, wenn auch nur außergerichtlich, Befriedigung aus dem Grundstücke verlangt, und erwirbt damit dessen Forderung nebst Hypothek. Auch hier verbleibt der Resthypothek des nur theilweise befriedigten Gläubigers der Vorrang. Daß diese Befriedigung auch durch Hinterlegung oder durch Aufrechnung erfolgen kann, ist besonders hervorgehoben. Dem Gläubiger liegen bezüglich der Aushändigung oder der Vorlage des Hypothekenbriefs und der sonstigen Urkunden dieselben Pflichten ob, wie im Falle seiner Befriedigung durch den persönlichen Schuldner.[3]) Da der Erwerb der Hypothekenforderung davon abhängt, daß dem Dritten der Verlust eines Rechtes oder des Besitzes drohte, muß auch diese Thatsache erwiesen werden, wenn der Dritte seine Eintragungsbewilligung oder Abtretungserklärung beantragt; der Nachweis der Befriedigung durch den Antragsteller genügt nicht.

Haften dem Gläubiger mehrere Personen als Gesammtschuldner oder als Mitbürgen und befriedigt einer von ihnen den Gläubiger, so erwirbt er dessen Forderung gegen die übrigen Schuldner oder die übrigen Mitbürgen nebst der Hypothek, soweit er von diesen Ausgleichung verlangen kann. Regelmäßig besteht eine Ausgleichungspflicht nach Kopftheilen, doch kann etwas Anderes ausdrücklich oder stillschweigend vereinbart sein oder sich aus einer gesetzlichen Sondervorschrift über das zu Grunde liegende Schuldverhältniß ergeben. Kann von einem Gesammtschuldner oder Mitbürgen der auf ihn entfallende Betrag nicht erlangt werden, so ist der Ausfall von den übrigen zur Ausgleichung Verpflichteten zu tragen. Hinsichtlich des Vorrangs einer Resthypothek des Gläubigers und dessen Verpflichtung zur Auslieferung von Urkunden gilt dasselbe wie bei einer Befriedigung durch den Bürgen.[4])

---

[1]) Nach § 1163 Abs. 1 Satz 2: „Erlischt die Forderung, so erwirbt der Eigenthümer die Hypothek." Gemeint ist natürlich der Eigenthümer zur Zeit des Erlöschens der Forderung Vgl. Turnau-Förster Bd. 1 S. 645.

[2]) B.G.B. §§. 774, 412, 401, 402, 1153.

[3]) B.G.B. §§. 1150, 268, 1144, 1145.

[4]) B.G.B. § 426, §. 774 Abs. 2, §§ 412, 401, 402, 1153. Ausn. z. B. §. 1833 Abs. 2.

Zum Nachweise des Uebergangs der Hypothek genügt auch in diesem Falle nicht der Beweis der Befriedigung durch den Gesammtschuldner und des Bestehens des Gesammtschuldverhältnisses, sondern es muß auch festgestellt werden, daß nichts Abweichendes vereinbart ist, und hierzu wird regelmäßig ein Anerkenntniß des Eigenthümers erforderlich sein.

Von den aufgeführten drei Fällen findet der zweite auch bei Grundschulden und bei Rentenschulden, die beiden anderen nur bei Hypotheken Anwendung.[1])

c. Auf den Eigenthümer des belasteten Grundstücks geht die Hypothek, die Grundschuld oder die Rentenschuld in vielen Fällen kraft Gesetzes über. Das B.G.B. hat das Institut der Eigenthümerhypothek und Eigenthümergrundschuld im Verhältnisse zu dem bisherigen Rechte[2]) in einem sehr erweiterten Umfang aufgenommen, indem es vor allem die Fälle, in denen eine Eigenthümerhypothek ꝛc. entsteht, bedeutend vermehrt und auch die in dem preußischen Rechte für Kautionshypotheken gemachte Ausnahme beseitigt hat. Auch auf Sicherungs- und auf Maximalhypotheken finden die Vorschriften über die Eigenthümerhypothek Anwendung. Nur die Hypothek und die Grundschuld für Rückstände von Zinsen und anderen Nebenleistungen sowie für Kosten, die dem Gläubiger zu erstatten sind, erlischt, wenn sie sich mit dem Eigenthum in einer Person vereinigt; dies gilt jedoch nicht, solange einem Dritten ein Recht an dem Anspruch auf eine solche Leistung zusteht.[3])

Der Eigenthümer erwirbt das als Hypothek eingetragene dingliche Recht bald als Hypothek bald als Grundschuld; als Hypothek nur dann, wenn ihm auch die gesicherte Forderung zusteht;[4]) ist dies nicht der Fall, so verwandelt sich die Hypothek kraft Gesetzes in eine Grundschuld, für die jedoch in Ansehung der Verzinslichkeit, des Zinssatzes, der Zahlungszeit, der Kündigung und des Zahlungsorts die für die Hypothekenforderung getroffenen Bestimmungen maßgebend bleiben.[5])

Verfügt der Eigenthümer über die so entstandene Grundschuld, so muß die Eintragungsbewilligung erkennen lassen, ob die Post als Grundschuld weiterbestehen oder wieder in eine Hypothek zur Sicherung einer bestimmten Forderung umgewandelt werden soll, und auch der Eintragungsvermerk muß die Umwandlung in die Grundschuld und die Rückverwandlung in eine Hypothek ꝛc. zum Ausdrucke bringen.[6])

---

[1]) Vgl. P. II Bd. 4 S. 506 (§. 1142d).

[2]) Vgl. über das frühere preußische Recht Achilles-Strecker S. 267—280.

[3]) B.G.B. §. 1178.

[4]) In diesem Falle bestimmen sich nach §. 1177 Abs. 2 nur, solange die Vereinigung besteht, die Rechte des Eigenthümers nach den für eine Eigenthümergrundschuld geltenden Vorschriften des §. 1197. Eine Veränderung der gesicherten Forderung oder des sonstigen Inhalts der Hypothek tritt nicht ein.

[5]) B.G.B. §. 1177. Dies gilt nicht für die vor dem 1. Januar 1900 unter der Herrschaft des preußischen Grundbuchrechts entstandenen Eigenthümerhypotheken; Rechtspr. 2 S. 44, a. M. Entsch. 1 S. 162 = K.G. N.F. 1 A S. 282 = Rechtspr. 1 S. 416.

[6]) Vgl. das preuß. amtliche Formular G. S. Nr. 33 (Oberneck S. 925, 926), Entsch. 1 a. a. O., Turnau-Förster Bd 1 S. 718. Vgl. über die Behandlung des Briefes in diesem Falle G.B.O §. 65.

In allen Fällen der Eigenthümerhypothek und der Eigenthümergrundschuld steht dem bisherigen Gläubiger hinsichtlich des Restbetrags seiner Forderung der Vorrang vor dem auf den Eigenthümer übergegangenen Theilbetrage zu.[1])

Die Fälle der Eigenthümerhypothek und der Eigenthümergrundschuld[2]) sind folgende:

α. „Ist die Forderung, für welche die Hypothek bestellt ist, nicht zur Entstehung gelangt, so steht die Hypothek dem Eigenthümer zu,"[3]) und zwar als Grundschuld. Aus welchem Grunde die Forderung nicht zur Entstehung gelangt ist, ist gleichgültig (z. B. wegen Nichtauszahlung der Darlehnsvaluta, wegen Nichtigkeit oder erfolgreicher Anfechtung des obligatorischen Vertrags). Voraussetzung für die Entstehung der Eigenthümerhypothek ist jedoch, daß die Erfordernisse der Begründung des dinglichen Rechtes gegeben sind, daß also außer der Eintragung eine rechtsgültige Einigung vorliegt.[4])

Eine Gesammthypothek steht in diesem Falle, wie überhaupt regelmäßig, „den Eigenthümern der belasteten Grundstücke gemeinschaftlich zu. Jeder Eigenthümer kann, sofern nicht ein Anderes vereinbart ist, verlangen, daß die Hypothek an seinem Grundstück auf den Theilbetrag, der dem Verhältnisse des Werthes seines Grundstücks zu dem Werthe der sämmtlichen Grundstücke entspricht, nach §. 1132 Abs. 2 beschränkt und in dieser Beschränkung ihm zugetheilt wird. Der Werth wird unter Abzug der Belastungen berechnet, die der Gesammthypothek im Range vorgehen."[5])

Für die Grundschuld kommt dieser Fall nicht in Betracht.

β. „Erlischt die Forderung, so erwirbt der Eigenthümer die Hypothek"[6]), auch in diesem Falle als Grundschuld. Der Hauptgrund für das Erlöschen der Forderung bildet die Befriedigung des Gläubigers. Durch sie erwirbt der Eigenthümer nicht immer die Hypothek; in den oben unter a und b angeführten Fällen geht sie auf den persönlichen Schuldner oder auf den den Gläubiger befriedigenden Dritten über, und wenn der Gläubiger im Wege der Zwangsvollstreckung aus dem Grundstücke oder aus den mithaftenden Gegenständen befriedigt wird, erlischt die Hypothek.[7]) Eine Ausnahme gilt auch, wenn der Eigenthümer, der nicht der persönliche Schuldner ist, den

---

Daß der Eigenthümer vor der Eintragung der von ihm vorgenommenen Verfügung sich in das Grundbuch eintragen läßt, ist bei einer Briefhypothek gemäß §. 40 Abs. 2 nicht erforderlich, wohl aber bei einer Buchhypothek; doch ist letzteres streitig. Vgl. Erl. 2 zu §§. 40, 41 der G.B.O.

[1]) B.G.B. §§. 1143, 774, 1176.

[2]) Die Rentenschuld ist als Unterart der Grundschuld nicht neben dieser besonders genannt; was von dieser gesagt ist, gilt auch von jener.

[3]) B.G.B. §. 1163 Satz 1. Daß dies eine Neuerung gegenüber dem preuß. Rechte ist, wurde oben S. 75 Anm. 1 bereits erwähnt.

[4]) So im Anschluß an P. II Bd. 3 S. 603f. die herrschende Meinung. Vgl. Turnau-Förster Bd. 1 S. 685. A.M. Oberneck S. 457f., Schilde, Die Unrichtigkeit des Grundbuchs S. 31ff., Dernburg Bd. 3 S. 603ff.

[5]) B.G.B. §. 1172. Vgl. G.B.O. §. 64 nebst Erl.

[6]) B.G.B. §. 1163 Satz 2.

[7]) B.G.B. §. 1181.

Gläubiger befriedigt; dies führt kein Erlöschen der Forderung, sondern deren Uebergang mit der Hypothek auf den Eigenthümer herbei (unten S. 85). Befriedigt dagegen der Eigenthümer, der zugleich der persönliche Schuldner ist, oder der persönliche Schuldner, der keinen Ersatzanspruch hat, oder ein nicht unter b aufgeführter Dritter den Gläubiger, so erlischt die Forderung und die Hypothek geht als Grundschuld auf den Eigenthümer über.[1])

Eine weitere Ausnahme gilt für den Untergang der Forderung durch Konfusion d. h. durch Vereinigung von Forderung und Schuld in der Person des Gläubigers oder des Schuldners. Ist der persönliche Schuldner mit dem Eigenthümer nicht identisch, so erwirbt er, wie unter a erwähnt, die Hypothek, soweit er von dem Eigenthümer Ersatz fordern kann. Hat er keinen Ersatzanspruch oder ist er selbst der Eigenthümer, so erlischt die Forderung; die Hypothek wird eine Eigenthümergrundschuld. Dagegen bleiben Forderung und Hypothek bestehen, wenn der Eigenthümer, der nicht der persönliche Schuldner ist, den Gläubiger beerbt oder von ihm beerbt wird.

In allen übrigen Fällen des Erlöschens der Forderung (z. B. durch Eintritt eines Endtermins oder einer auflösenden Bedingung, durch Verzicht auf die Forderung) wird die Hypothek zur Eigenthümergrundschuld.

Für eine Gesammthypothek gilt beim Erlöschen der Forderung grundsätzlich das unter α Gesagte. Das B.G.B. macht hiervon aber Ausnahmen für die Fälle der Befriedigung des Gläubigers durch den Eigenthümer eines der belasteten Grundstücke und für den Fall der Zwangsvollstreckung. In dem ersteren Falle, dem die weiteren Fälle gleichgestellt sind, daß das Gläubigerrecht auf den Eigenthümer übertragen wird, oder daß sich Forderung und Schuld in seiner Person vereinigen, erwirbt der Eigenthümer die Hypothek nur an seinem Grundstück und, falls er von dem Eigenthümer eines mitverhafteten Grundstücks oder einem Rechtsvorgänger dieses Eigenthümers Ersatz verlangen kann, auch in Höhe des Ersatzanspruchs die Hypothek an dem Grundstücke dieses Eigenthümers, so daß er in der Höhe dieses Ersatzanspruchs an dem letzteren Grundstücke und an dem seinigen eine Gesammthypothek erhält; die Hypothek an den übrigen Grundstücken erlischt.[2]) In dem Falle der Befriedigung

---

[1]) Wegen der erwähnten Ausnahmefälle genügt eine öffentlich beglaubigte Quittung des Gläubigers, in der er nur den Empfang des Betrags seiner Forderung bescheinigt, zum Nachweise des Uebergangs der Hypothek auf den Eigenthümer nicht, vielmehr muß aus ihr erhellen, daß der Eigenthümer gezahlt hat; hat ein Anderer den Gläubiger befriedigt, so muß bewiesen werden, daß keiner der oben unter a. und b genannten Fälle vorliegt.

[2]) B.G.B. §. 1173. Wenn also ein Eigenthümer eines der mit der Gesammthypothek belasteten Grundstücke eine Eigenthümerhypothek in Anspruch nimmt, muß er nachweisen, daß er allein den Gläubiger befriedigt hat; denn falls die Befriedigung durch alle Eigenthümer zusammen erfolgt ist oder falls die Forderung auf andere Weise erloschen ist, verbleibt es bei der Regel des §. 1172, wonach die Gesammthypothek allen Gläubigern zusteht. Auch auf Grund jenes Nachweises kann er nur an seinem Grundstücke die Eigenthümerhypothek beanspruchen; nur beim Bestehen eines besonders zu begründenden und nachzuweisenden Ersatzanspruchs gegen einen anderen Miteigenthümer steht ihm eine Gesammthypothek an seinem und an dessen Grund-

des Gläubigers im Wege der Zwangsvollstreckung aus einem der mit einer Gesammthypothek belasteten Grundstücke erlischt die Hypothek grundsätzlich an allen Grundstücken; nur wenn der Eigenthümer des Grundstücks, aus dem der Gläubiger befriedigt wird, von dem Eigenthümer eines der anderen Grundstücke oder einem Rechtsvorgänger dieses Eigenthümers Ersatz verlangen kann, geht die Hypothek an dem Grundstücke dieses Eigenthümers (nicht an seinem Grundstück) auf ihn über, sie darf aber nicht zum Nachtheile der dem Gläubiger verbleibenden Resthypothek und, wenn das Grundstück mit einem im Range gleich- oder nachstehenden Rechte belastet ist, nicht zum Nachtheile dieses Rechtes geltend gemacht werden.[1]) In beiden Fällen steht dem Eigenthümer ein Ersatzanspruch nur auf Grund eines besonderen Rechtsverhältnisses zu.

Auf die Grundschuld finden die letzterwähnten Vorschriften über die Gesammthypothek entsprechende Anwendung, sowohl für den Fall, daß der Eigenthümer eines der mit einer Gesammtgrundschuld belasteten Grundstücke den Gläubiger befriedigt oder die Grundschuld übertragen erhält, als auch für den Fall der Befriedigung des Gläubigers aus einem der verhafteten Grundstücke. Dagegen können die übrigen die Einzelhypothek betreffenden Vorschriften auf die Grundschuld keine Anwendung finden, da sie von einer Forderung unabhängig ist; nur im Falle der Befriedigung des Gläubigers gilt dasselbe wie bei der Hypothek, die Grundschuld geht auf den Eigenthümer über.[2]) Daß sie durch Konfusion nicht erlischt, ist oben S. 34 bereits erwähnt.

γ. Auf den Eigenthümer, der nicht der persönliche Schuldner ist, geht, soweit er den Gläubiger befriedigt, die Forderung nebst Hypothek über; er erlangt also eine Hypothek (keine Eigenthümergrundschuld). Besteht für die Forderung eine Gesammthypothek, so gelten für diese die unter β Abs. 4 erwähnten Vorschriften des §. 1173.[3])

Ueber die Rechte des Eigenthümers auf Aushändigung oder Vorlage des Hypothekenbriefs und der sonstigen Urkunden gilt dasselbe wie bei der Befriedigung durch den persönlichen Schuldner[4]) (oben S. 80 Abs. 3).

Bei der Grundschuld kann dieser Fall der Eigenthümerhypothek nicht vorkommen.

δ. Eine Briefhypothek oder eine Briefgrundschuld steht bis zur Uebergabe des Briefes an den Gläubiger dem Eigenthümer zu.[5]) Da die Uebergabe des Briefes

---

stücke zu. In allen übrigen Fällen erlischt die Hypothek an den übrigen Grundstücken. Wegen ihrer Löschung vgl. G.B.O. §. 27 Abs. 1 mit Erl. Auf eine vor dem 1. Januar 1900 erfolgte Befriedigung des Gesammthypothekengläubigers durch einen Eigenthümer findet nicht §. 1173 Abs. 1, sondern das bisherige Recht (preuß. Ges. über den Eig.Erw. §§. 63, 64; Achilles-Strecker S. 230 Erl. 2d) Anwendung; vgl. Rechtspr. 1 S. 425.

[1]) B.G.B. §. 1181 Abs. 2, §. 1182. Vgl. P. II Bd. 3 S. 624ff.

[2]) Vgl. P. II Bd. 4 S. 505, 508. (§§. 1139b, 1142s, 1142t.)

[3]) B.G.B. §. 1143.

[4]) B.G.B. §§. 1144, 1145. Vgl. S. 72.

[5]) Ebd. §. 1163 Abs. 2. Vgl. oben S. 75.

durch die Vereinbarung ersetzt werden kann, daß der Gläubiger berechtigt sein soll, sich den Brief von dem Grundbuchamt aushändigen zu lassen, und nur an den Besitz des Gläubigers die Vermuthung, daß die Uebergabe erfolgt sei, nicht an den Besitz des Eigenthümers die entgegengesetzte Vermuthung geknüpft ist, führt der Eigenthümer durch die Vorlage des Briefes allein nicht den Nachweis, daß ihm die Briefhypothek oder die Briefgrundschuld zustehe, und zwar selbst dann nicht, wenn der Brief noch bei dem Grundbuchamte sich befindet und noch Niemandem behändigt ist; denn die erwähnte Vereinbarung kann getroffen sein, ohne daß sie zur Kenntniß des Grundbuchamts gelangte.[1])

ε. Verzichtet der Gläubiger ganz oder zu einem Theilbetrag auf die Hypothek[2]) oder auf die Grundschuld, so erwirbt sie der Eigenthümer, und zwar auch jene als Grundschuld. Eine Gesammthypothek oder eine Gesammtgrundschuld fällt der Regel gemäß (oben S. 83) den Eigenthümern der belasteten Grundstücke gemeinschaftlich zu; verzichtet der Gläubiger aber nur auf die Hypothek oder die Grundschuld an einem Grundstücke, so erlischt sie an diesem.[3])

Der Verzicht ist dem Grundbuchamt oder dem Eigenthümer gegenüber zu erklären und bedarf der Eintragung in das Grundbuch. Wenn die Post mit dem Rechte eines Dritten belastet ist, muß auch dieser zustimmen. Dem Verzichte gleich behandelt wird die Schuldübernahme, in welche der Eigenthümer des belasteten Grundstücks nicht eingewilligt hat.[4]) „Steht dem Eigenthümer eine Einrede zu, durch welche die Geltendmachung der Hypothek dauernd ausgeschlossen wird, so kann er verlangen, daß der Gläubiger auf die Hypothek verzichtet" (§. 1169).

Ueber die Verpflichtungen des Gläubigers auf Aushändigung oder Vorlage der erforderlichen Urkunden gelten auch in diesem Falle die Vorschriften der §§. 1144, 1145 (oben S. 80).

ζ. Die Hypothek und die Grundschuld gehen ferner auf den Eigenthümer mit der Erlassung des Ausschlußurtheils über, durch das der unbekannte Gläubiger mit seinem Rechte ausgeschlossen wird. Das B.G.B. kennt zwei Fälle des Aufgebotsverfahrens zu diesem Zwecke;[5]) in dem einen wird angenommen, daß dem Gläubiger kein Recht zusteht, während der andere eine noch zu Recht bestehende Hypotheken-

---

[1]) Martinius in Gruch. 44 S. 385 ff. Vgl. Turnau-Förster Bd. 1 S. 688 und die Erl. zu §. 60 der G.B.O.

[2]) Ueber den Verzicht auf die Forderung vgl. oben S. 84 unter β. Hier handelt es sich um den Verzicht auf die Hypothek ohne gleichzeitigen Verzicht auf die Forderung. (P. II Bd. 3 S. 602.)

[3]) B.G.B. §§. 1168, 1175. Die Vorschrift des §. 1172 Abs. 2 über die Vertheilung der Gesammthypothek oder Gesammtgrundschuld (S. 83) gilt auch hier. Vgl. über die Wirkung der Freigabe eines Grundstücks aus einer Gesammthypothek in Bayern während der Uebergangszeit Güntzer in Seuff. Blättern f. Rechtsanwendung 65. Jahrg. (1900) S. 122.

[4]) B.G.B. §. 1168 Abs. 2, §. 418.

[5]) Daneben ein Aufgebotsverfahren zum Zwecke der Kraftloserklärung eines abhanden gekommenen oder vernichteten Hypotheken- oder Grundschuldbriefs (§. 1162).

forderung oder Grundschuld voraussetzt. In beiden Fällen muß der Gläubiger unbekannt sein, wie der Antragsteller dem für das Aufgebotsverfahren zuständigen Amtsgerichte, in dessen Bezirke das belastete Grundstück belegen ist, glaubhaft zu machen hat. In dem ersten Falle ist ferner erforderlich, daß seit der letzten sich auf die Hypothek oder Grundschuld beziehenden Eintragung in das Grundbuch zehn Jahre verstrichen sind und das Recht des Gläubigers nicht innerhalb dieser Frist von dem Eigenthümer in einer nach §. 208 des B.G.B. zur Unterbrechung der Verjährung geeigneten Weise anerkannt worden ist; wenn für die Forderung oder die Grundschuld eine nach dem Kalender bestimmte Zahlungszeit besteht, so beginnt die Frist nicht vor dem Ablaufe des Zahlungstags. In dem zweiten Falle muß der Eigenthümer zur Befriedigung des Gläubigers oder zur Kündigung berechtigt sein und den Betrag der Forderung nebst den etwa aus dem Grundbuch ersichtlichen Zinsen für die letzten vier Jahre für den Gläubiger unter Verzicht auf das Recht zur Rücknahme hinterlegen.

Berechtigt, das Aufgebotsverfahren zu beantragen, ist in dem letzteren Falle nur der Eigenthümer des belasteten Grundstücks, in dem ersteren auch ein im Range gleich- oder nachstehender Gläubiger, zu dessen Gunsten eine Vormerkung zur Sicherung des Anspruchs auf Löschung der Hypothek oder Grundschuld eingetragen ist, und bei einer Gesammthypothek oder Gesammtgrundschuld außerdem derjenige, welcher auf Grund eines im Range gleich- oder nachstehenden Rechtes Befriedigung aus einem der belasteten Grundstücke verlangen kann, sofern der Gläubiger oder der sonstige Berechtigte für seinen Anspruch einen vollstreckbaren Schuldtitel erlangt hat.[1])

In dem ersten Falle ergeht das Ausschlußurtheil dahin, daß der Gläubiger mit seinem Rechte ausgeschlossen wird. Mit der Verkündung des Ausschlußurtheils wird der Hypotheken- oder Grundschuldbrief kraftlos und erwirbt der Eigenthümer die Hypothek als Grundschuld. Für eine Gesammthypothek oder Gesammtgrundschuld gilt dasselbe wie im Falle des Verzichts (ε); sie fällt den Eigenthümern der belasteten Grundstücke gemeinschaftlich zu, wenn das Aufgebotsverfahren für alle Grundstücke beantragt ist, andernfalls erlischt sie an demjenigen Grundstücke, für welches das Aufgebotsverfahren stattgefunden hat, und bleibt an den übrigen bestehen.

Bei dem Aufgebot einer noch nicht getilgten Post besteht der Rechtsnachtheil des Gläubigers nur darin, daß er seine Befriedigung statt aus dem Grundstücke nur noch aus dem hinterlegten Betrage verlangen kann und daß sein Recht auf diesen erlischt, wenn er sich nicht vor dem Ablaufe von dreißig Jahren nach der Erlassung des Ausschlußurtheils bei der Hinterlegungsstelle meldet. „Mit der

---

[1]) „Durch diese Vorschrift wird für die bezeichneten Fälle dem Gläubiger oder dem sonstigen Berechtigten, wenn er die Zwangsvollstreckung in das Grundstück betreiben will, die Möglichkeit eröffnet, die der wahren Rechtslage entsprechende Löschung vorgehender oder gleichstehender Rechte herbeizuführen, welche die Erzielung eines seine Befriedigung sichernden Gebots erschweren oder das Gebot zu seinem Nachtheil erhöhen würden." (Begr. zu §§. 836x bis 836cc der Novelle zur C.P.O.)

Erlassung des Ausschlußurtheils gilt der Gläubiger als befriedigt, sofern nicht nach den Vorschriften über die Hinterlegung die Befriedigung schon vorher eingetreten ist. Der dem Gläubiger ertheilte Hypothekenbrief wird kraftlos." Es gilt also, wenn der Eigenthümer nicht der persönliche Schuldner der durch die Hypothek gesicherten Forderung ist, das oben unter γ, anderenfalls und stets bei der Grundschuld das unter β Gesagte. Für die Frage, welcher Eigenthümer im Falle eines Eigenthumswechsels während des Verfahrens die Hypothek oder Grundschuld erwirbt, ist der Zeitpunkt der Hinterlegung oder, wenn der Betrag der Hinterlegungsstelle durch die Post übersendet worden ist, der der Aufgabe zur Post maßgeblich, da die Hinterlegung dem Erlasse des Ausschlußurtheils (wenn auch nicht der Anordnung des Aufgebots) voraufgehen muß.[1])

η. Schließlich wird eine Zwangs- (Judikats-) Hypothek zu einer Eigenthümergrundschuld, wenn durch eine vollstreckbare Entscheidung die Entscheidung, auf Grund deren die Zwangshypothek eingetragen ist, oder ihre vorläufige Vollstreckbarkeit aufgehoben oder die Zwangsvollstreckung für unzulässig erklärt oder deren Einstellung angeordnet wird, oder wenn durch eine gerichtliche Entscheidung die einstweilige Einstellung der Vollstreckung und zugleich die Aufhebung der erfolgten Vollstreckungsmaßregeln angeordnet wird oder wenn die zur Abwendung der Vollstreckung nachgelassene Sicherheitsleistung oder Hinterlegung erfolgt.[2])

ϑ. Außer durch rechtsgeschäftliche Uebertragung und kraft Gesetzes kann die Hypothek oder die Grundschuld auch durch Pfändung und Ueberweisung an Zahlungsstatt auf einen neuen Gläubiger übergehen. Hiervon wird unten bei Besprechung des Pfandrechts an eingetragenen Rechten die Rede sein.[3])

III. Die oben S. 28ff. besprochenen Vorschriften des B.G.B. über die **Aenderung des Inhalts** eines Rechtes an einem Grundstücke sind vor allem für die Hypotheken und Grundschulden von praktischer Bedeutung.

Das B.G.B. gestattet die Umwandlung einer Briefhypothek in eine Buchhypothek, einer Verkehrshypothek in eine Sicherungshypothek, einer Hypothek in eine Grundschuld, einer Grundschuld in eine Rentenschuld, einer Brief-Grundschuld in eine Buchgrundschuld und umgekehrt.[4]) Ferner kommt bei den Hypotheken und Grundschulden häufig eine Veränderung in den Verzinsungs- und Rückzahlungsbedingungen vor und bei der Hypothek ist eine Veränderung der gesicherten Forderung zulässig.

1. Für alle diese Fälle gilt die Regel des § 877, daß zu der Inhaltsänderung ein Vertrag zwischen dem Eigenthümer des belasteten Grundstücks und dem Berechtigten

---

[1]) B.G.B. §§. 1170, 1171, 375, 378; C.P.O. §§. 982—987 (dazu preuß. A.G. z. C.P.O. §. 21 in der Fassung des Gesetzes vom 22. September 1899 Art. 1 IV).

[2]) C.P.O. §§. 868, 775, 776. Eine einstweilige Einstellung ohne Aufhebung der erfolgten Vollstreckungsmaßregeln genügt nicht. Vgl. im Uebrigen über die Zwangshypotheken S. 94ff.

[3]) Unten S. 113.

[4]) §§. 1116, 1186, 1198, 1203.

und die Eintragung in das Grundbuch, außerdem die Zustimmung des etwa an der Hypothek ꝛc. berechtigten Dritten erforderlich ist. Dazu muß unter Umständen die Zustimmung der gleich- oder nachstehenden Berechtigten hinzutreten, weil deren Rechte durch eine Aenderung des Inhalts der vor- oder gleichstehenden Post geschmälert werden können.

a. Dies ist jedoch bei der Umwandlung einer Brief-Hypothek (oder Grundschuld) in eine Buch-Hypothek (oder Grundschuld) oder umgekehrt nicht denkbar. Auch bei den übrigen oben erwähnten Umwandlungen erklärt das B.G.B. die Zustimmung der im Range gleich- oder nachstehenden Berechtigten für nicht erforderlich.[1])

b. Für die Veränderung der Verzinsungs- und Rückzahlungsbedingungen gilt die Vorschrift des §. 1119: „Ist die Forderung unverzinslich oder ist der Zinssatz niedriger als fünf vom Hundert, so kann die Hypothek ohne Zustimmung der im Range gleich- oder nachstehenden Berechtigten dahin erweitert werden, daß das Grundstück für Zinsen bis zu fünf vom Hundert haftet. Zu einer Aenderung der Zahlungszeit und des Zahlungsorts ist die Zustimmung dieser Berechtigten gleichfalls nicht erforderlich." Während der letzte Satz in dem preuß. Eig.Erw.Ges. nicht enthalten, aber doch wohl auch nach diesem als richtig anzusehen war und in das B.G.B. nur aufgenommen ist, um jeden Zweifel auszuschließen,[2]) entspricht der erste Absatz dem §. 25 des preuß. Ges. über den Eig.Erw. ꝛc.;[3]) von diesem weicht er aber insoweit ab, als die Zustimmung der gleich- oder nachstehenden Berechtigten auch dann nicht erforderlich ist, wenn diese bereits vor dem Inkrafttreten des B.G.B. oder sogar des preuß. Ges. über den Eig.Erw. ꝛc. eingetragen sind. Dies steht mit der Vorschrift des Art. 192 des B.G.B. im Zusammenhange, nach der ein zur Zeit des Inkrafttretens des Reichsgrundbuchrechts bestehendes Grundstückspfand als eine Hypothek des B.G.B. anzusehen ist, das neue Reichsrecht also auch auf die früher bestellten Hypotheken zur Anwendung kommt.[4])

Nach dem bisherigen preuß. Rechte war es nicht unstreitig, ob die obige Bestimmung auch auf Kautionshypotheken zur Anwendung zu bringen sei, ob also bei deren Umwandlung in gewöhnliche Hypotheken nach Feststellung des Betrags der Forderung, auch wenn dieser den eingetragenen Höchstbetrag erreiche, noch außerdem Zinsen von diesem Betrage bis zu 5 % mit dem Range der umgewandelten Hypothek eingetragen werden könnten. Nachdem das Obertribunal diese Frage anfangs verneint hatte, hat es später seine Ansicht geändert, und das Reichsgericht und das Kammergericht haben die Frage gleichfalls bejaht.[5]) Nach dem B.G.B. §. 1190 Abs. 2 sind nun allerdings die Zinsen in den Höchstbetrag der Maximalhypotheken

---

[1]) B.G.B. §§. 1186, 1198, 1203. Vgl. über die Behandlung des Briefes G.B.O. §. 65.

[2]) Vgl. P. II Bd. 4 S. 602.

[3]) Ueber seine Begründung vgl. M. z. B.G.B. Bd. 3 S. 646.

[4]) Vgl. oben S. 73ff.

[5]) Vgl. Gruch. 21 S. 860, 23 S. 754; R.G. 5 S. 234, K.G. 5 S. 169, 10 S. 328, 13 S. 154.

einzurechnen. Trotzdem ist auch für das jetzige Recht die obige Frage zu bejahen. Die Vorschrift des §. 1190 Abs. 2 besagt nur, daß der Gläubiger seine Forderung einschließlich der Zinsen nur in Höhe des eingetragenen Höchstbetrags geltend machen kann, wenn nur dieser in das Grundbuch eingetragen ist; sie will verhindern, daß aus dem Grundstücke Zinsen beigetrieben werden können, deren Höhe aus dem Grundbuche nicht ersichtlich ist, und dem Spezialitätsprinzipe gemäß die Haftung des Grundstücks fest begrenzen. Sie verbietet aber nicht, daß die Maximalhypothek in eine gewöhnliche Hypothek, deren Kapital dem eingetragenen Höchstbetrage gleichkommt, umgewandelt wird und bei dieser Umwandlung zugleich Zinsen bis zu 5% gemäß §. 1119 eingetragen werden. Mit Recht wurde in der 2. Kommission von der Mehrheit [1]) hervorgehoben, daß eine solche Eintragung nach der Umwandlung unzweifelhaft zulässig sei, daß es aber unzweckmäßig wäre, die Eintragung nicht auch bei der Umwandlung zu gestatten. Es sind dies dieselben Gründe, welche zur Bejahung der obigen Frage für das frühere Recht geführt haben. [2])

Bei einer Erhöhung des Zinssatzes über 5% bedarf es außer der Einigung zwischen dem Gläubiger und dem Eigenthümer der Zustimmung der gleich- oder nachstehenden Berechtigten, widrigenfalls die Zinserhöhung nur mit dem Range hinter ihren Rechten eingetragen werden kann. Aber auch in dem letzteren Falle darf die Zinserhöhung nicht in den Spalten 1 bis 4 des neuen preußischen Formulars unter einer neuen Nummer eingetragen werden, da sie keine neue Hypothek ist, denn diese erfordert (im Gegensatze zu den Reallasten und zur Rentenschuld) ein Kapital; ihre Eintragung muß vielmehr in den Spalten 5 bis 7 (Veränderungen) erfolgen. [3]) Die Eintragung als selbständige Hypothek, über die ein besonderer Hypothekenbrief zu bilden ist, entspricht zweifellos nicht der Rechtslage und dem Willen der Betheiligten. [4])

In einer Herabsetzung des Zinsfußes liegt eine theilweise Aufhebung der Hypothek oder Grundschuld. [5]) Es müssen daher die für diese vorgeschriebenen Formen (unten Ziff. IV) gewahrt werden.

c. Eine weitere Aenderung des Inhalts einer Hypothek [6]) gestattet das B.G.B. im §. 1180, dessen Abs. 1 lautet: „An die Stelle der Forderung, für welche die Hypothek besteht, kann eine andere Forderung gesetzt werden. Zu der Aenderung ist die Einigung des Gläubigers und des Eigenthümers sowie die Eintragung in das Grundbuch erforderlich; die Vorschriften des §. 873 Abs. 2 und der §§. 876, 878 finden entsprechende Anwendung." Es gilt also auch für diesen Fall die obige Regel. Der dingliche Vertrag muß zwischen dem Eigenthümer und dem Gläubiger der neuen Forderung geschlossen werden. Dies erhellt aus Abs. 2: „Steht die Forderung, die an die Stelle der bisherigen Forderung treten soll, nicht

[1]) P. II Bd. 3 S. 689.
[2]) Vgl. auch Turnau-Förster Bd. 1 S. 746 Anm. 5.
[3]) Allg.Verf. §. 12 Abs. 2.
[4]) Rechtspr. 1 S. 481. A. M. Turnau-Förster Bd. 1 S. 570.
[5]) Vgl. R.G. 39 S. 208; Turnau-Förster Bd. 1 S. 571.
[6]) Bei der Grundschuld und der Rentenschuld kann diese nicht vorkommen. §. 1192 Abs. 1.

dem bisherigen Hypothekengläubiger zu, so ist dessen Zustimmung erforderlich; die Zustimmung ist dem Grundbuchamt oder demjenigen gegenüber zu erklären, zu dessen Gunsten sie erfolgt. Die Vorschriften des §. 875 Abs. 2 und des §. 876 finden entsprechende Anwendung." Demnach bedarf es in diesem Falle keiner Abtretung der Hypothekenforderung seitens des bisherigen Gläubigers; dieser behält ja seine Forderung und giebt nur deren hypothekarische Sicherung auf. Wenn es an der Vorschrift des §. 1180 fehlte, würde der Eintritt einer neuen Forderung an Stelle der bisherigen nur dadurch zu erreichen sein, daß der Gläubiger auf seine Hypothek verzichtete, wodurch sie als Grundschuld an den Eigenthümer fallen würde, daß diese Grundschuld darauf wieder in eine Hypothek umgewandelt würde, die zur Sicherung für die neue Forderung dienen sollte. Dieser Umweg wird durch §. 1180 vermieden.[1])

2. Ausnahmsweise kennt das B.G.B. auch Aenderungen des Inhalts der Hypotheken ohne Einigung und Eintragung. So verwandelt sich die Hypothek kraft Gesetzes in eine Grundschuld, wenn sich die Hypothek mit dem Eigenthum in einer Person vereinigt, ohne daß dem Eigenthümer auch die Forderung zusteht.[2]) Auch in dem Falle, daß der mit dem Eigenthümer nicht identische persönliche Schuldner den Gläubiger befriedigt und die Hypothek erwirbt, weil er von dem Eigenthümer oder einem Rechtsvorgänger des Eigenthümers Ersatz verlangen kann, tritt nach einer allerdings bestrittenen Meinung kraft Gesetzes eine Veränderung der Hypothek insofern ein, als diese sich nur mit der Ersatzforderung des persönlichen Schuldners verknüpft.[3])

Als eine Inhaltsänderung der Hypothek oder Grundschuld läßt sich vielleicht auch die Vertheilung des Betrags einer Gesammthypothekenforderung oder einer Gesammtgrundschuld auf die einzelnen Grundstücke ansehen. Nach §§. 1132, 1192 ist nämlich der Gläubiger berechtigt, den Betrag auf die einzelnen belasteten Grundstücke „in der Weise zu vertheilen, daß jedes Grundstück nur für den zugetheilten Betrag haftet. Auf die Vertheilung finden die Vorschriften der §§. 875, 876, 878 entsprechende Anwendung." Es bedarf also hierzu außer der Eintragung keiner Einigung, sondern — neben der Zustimmung etwaiger an der Gesammthypothek berechtigter Dritter — nur der einseitigen empfangsbedürftigen Erklärung des Gläubigers gegenüber dem Grundbuchamt oder den Eigenthümern, daß er an jedem einzelnen Grundstücke die Hypothek nur in der angegebenen Höhe behalte und im Uebrigen sein Recht aufgebe, wie es sich überhaupt in diesem Falle weniger um eine Aenderung der Hypothek ꝛc., als um einen theilweisen Verzicht des Gläubigers handelt. Daher findet auch §. 1175 Abs. 1 Satz 2 Anwendung, wonach ein Ver-

---

[1]) P. II Bd. 3 S. 725 f. Vgl. über die Wirkung des Verzichts oben S. 86 und über die Behandlung des Hypothekenbriefs bei der Aenderung der Forderung G.B.O. §. 65 Abs. 2 Auch für das preußische Recht hat das Reichsgericht wiederholt die Unterlegung einer neuen Forderung für zulässig erklärt, wenn die Forderung, für welche die Hypothek bestellt war, nicht zur Entstehung gelangt war; vgl. R.G. 44 S. 294 und die daselbst angeführten Entsch.

[2]) Vgl. oben S. 82 ff. unter c. Daselbst sind die in Betracht kommenden Fälle unter α, β, δ, ε, ζ, η aufgeführt.

[3]) Vgl. oben S. 80 Abs. 2.

zicht des Eigenthümers auf die Hypothek an einem der mehreren belasteten Grundstücke das Erlöschen der Hypothek an diesem zur Folge hat.[1])

Andererseits genügen zur Aenderung des Ranges zweier Rechte an Grundstücken, wenn das zurücktretende Recht eine Hypothek, eine Grundschuld oder eine Rentenschuld ist, nicht der Regel des §. 880 gemäß eine Einigung des zurücktretenden und des vortretenden Berechtigten, die Zustimmung des etwa an dem zurücktretenden Rechte Berechtigten und die Eintragung der Rangänderung in das Grundbuch, sondern es muß die Zustimmung des Eigenthümers hinzukommen,[2]) weil dieser durch eine Verschlechterung des Ranges der Hypotheken und Grundschulden bei dem späteren Erwerbe der Eigenthümerhypothek oder Eigenthümergrundschuld benachtheiligt werden würde. „Die Zustimmung ist dem Grundbuchamt oder einem der Betheiligten gegenüber zu erklären; sie ist unwiderruflich."[3]) Ausnahmsweise ist sie bei der Theilung einer Hypothek 2c. zur Aenderung des Rangverhältnisses der Theilhypotheken unter einander nicht erforderlich,[4]) weil es sich hier nicht um die Rangänderung verschiedener Berechtigungen, sondern um die Reihenfolge der Antheile mehrerer an einem Rechte Betheiligten handelt[5]) und daher das Recht des Eigenthümers durch diese Rangänderung nicht geschmälert wird.

IV. Für die **Aufhebung der Hypotheken und Grundschulden** gelten von den oben S. 28ff. und S. 34ff. dargestellten Regeln viele Ausnahmen.

1. Regelmäßig wird außer den allgemeinen Erfordernissen der Aufhebungserklärung, der Zustimmung des etwaigen Dritten und der Löschung noch ein Weiteres gefordert; §. 1183 bestimmt nämlich:

> „Zur Aufhebung der Hypothek durch Rechtsgeschäft ist die Zustimmung des Eigenthümers erforderlich. Die Zustimmung ist dem Grundbuchamt oder dem Gläubiger gegenüber zu erklären; sie ist unwiderruflich."

Diese Vorschrift, welche nach §. 1192 auch für die Grundschulden und die Rentenschulden gilt, entspricht der Bestimmung des §. 58 des preußischen Gesetzes über den Eig.Erw. 2c., daß die Löschung der Hypotheken und Grundschulden, außer auf Ersuchen einer zuständigen Behörde, nur auf Antrag des Eigenthümers erfolgen darf, und erklärt sich aus dem Institute der Eigenthümer-Hypothek (bezw. -Grundschuld). Wenn der Gläubiger auf die Hypothek oder Grundschuld verzichtet und dieser Verzicht in das Grundbuch eingetragen ist, so erlischt nicht das Hypotheken- oder Grundschuldrecht, sondern es geht auf den Eigenthümer über.[6]) Demnach würde dem Eigenthümer ein Vermögensgegenstand wider sein Wollen entzogen werden können,

---

[1]) Oben S. 86 und G.B.O. §. 64 nebst Erl. Ueber die Vertheilung der Gesammthypothek oder Gesammtgrundschuld, welche den Eigenthümern der belasteten Grundstücke gemeinschaftlich zugefallen ist, vgl. §. 1172 Abs. 2, §. 1175 Abs. 1 Satz 1, oben S. 83 und S. 86.

[2]) §. 880 Abs. 2 Satz 2.

[3]) Ebd. Satz 3.

[4]) B.G.B. §§. 1151, 1192.

[5]) P. II Bd. 3 S. 95.

[6]) Vgl. oben S. 86 ε.

wenn man auf die Aufhebung der Hypotheken oder Grundschulden die Vorschriften der §§. 875 und 876 unverändert anwenden würde. Um dies zu vermeiden, ist das Erlöschen dieser Rechte von der Zustimmung des Eigenthümers abhängig gemacht.[1])

Ebenso wie der Verzicht des Gläubigers, bewirkt auch sein Ausschluß im Wege des Aufgebotsverfahrens nicht das Erlöschen der Hypothek oder Grundschuld, sondern deren Uebergang auf den Eigenthümer.[2])

2. Andererseits giebt es auch bei den Hypotheken und Grundschulden Fälle des Erlöschens ohne Löschung im Grundbuche.

a. „Wird der Gläubiger aus dem Grundstücke befriedigt, so erlischt die Hypothek. Erfolgt die Befriedigung des Gläubigers aus einem der mit einer Gesammthypothek belasteten Grundstücke, so werden auch die übrigen Grundstücke frei. Der Befriedigung aus dem Grundstücke steht die Befriedigung aus den Gegenständen gleich, auf die sich die Hypothek erstreckt.“ (§. 1181.) Unter der Befriedigung „aus dem Grundstück“ oder „aus den Gegenständen, auf die sich die Hypothek erstreckt“ (Erzeugnisse, Bestandtheile, Zubehörstücke, Mieth- und Pachtzins- und Versicherungsforderungen und subjektiv-dingliche Rechte nach näherer Bestimmung der §§. 1120—1131) ist ebenso wie nach dem preuß. Rechte[3]) nur eine Befriedigung im Wege der Zwangsvollstreckung zu verstehen. Eine freiwillige Zahlung durch den Eigenthümer fällt nicht darunter.[4])

Von dem zweiten Satze des §. 1181 gilt eine Ausnahme für den Fall, daß der Eigenthümer des Grundstücks, aus dem der Gläubiger befriedigt ist, von dem Eigenthümer eines der anderen Grundstücke oder von einem Rechtsvorgänger dieses Eigenthümers Ersatz verlangen kann; dies ist oben S. 85 unter β bereits erwähnt.

b. Weitere Ausnahmen von der Regel, daß es zur Aufhebung der Hypotheken und Grundschulden einer Löschung im Grundbuche bedarf, gelten für die Gesammthypotheken und Gesammtgrundschulden in den oben S. 80, 84 ff. unter a und unter c β, γ, ζ aufgeführten Fällen der Befriedigung des Gläubigers durch den persönlichen Schuldner oder durch den Eigenthümer eines der belasteten Grundstücke, soweit diese keinen Ersatzanspruch gegen die Eigenthümer der übrigen Grundstücke oder deren Rechtsvorgänger haben, und der Ausschließung des unbekannten Gläubigers im Aufgebotsverfahren bezüglich eines Grundstücks. Auch der Verzicht des Gläubigers auf die Hypothek oder Grundschuld an einem der Grundstücke hat das Erlöschen seines Rechtes an diesem zur Folge (oben S. 86 ε), aber zu dem Verzichte bedarf es der Eintragung, so daß der Fall einer Beendigung des Rechtes ohne Eintragung nicht gegeben ist. Die Eintragung braucht jedoch nicht nothwendig in einem Löschungsvermerke zu bestehen; auch die Eintragung des Verzichts als Veränderung genügt zur Herbeiführung des Erlöschens.[5])

---

1) Damit steht die Bestimmung der G.B.O. §. 27 Abs. 1 im Einklange.

2) Vgl. oben S. 87.

3) Eig.Erw. Ges. §. 42; R.G. 3 S. 259.

4) Vgl oben S. 83 ff. unter β und γ.

5) Vgl. preuß. Allg Verf. §. 12 Abs. 2. Richtiger ist in diesem Falle ein Löschungsvermerk einzutragen. Turnau-Förster Bd. 1 S. 715.

c. Schließlich erlischt die Hypothek für Rückstände von Zinsen und anderen Nebenleistungen sowie für Kosten ohne Löschung durch Konfusion und durch einseitige Verzichtserklärung des Gläubigers gegenüber dem Eigenthümer. Solange einem Dritten ein Recht an dem Anspruch auf eine solche Leistung zusteht, tritt im Falle der Konfusion das Erlöschen nicht ein und bedarf es zum Verzichte der Zustimmung des Dritten; diese „ist demjenigen gegenüber zu erklären, zu dessen Gunsten sie erfolgt; sie ist unwiderruflich" (§. 1178.)

c. Insbesondere Zwangs- und Arresthypothek.

I. In Uebereinstimmung mit dem in dem größten Theile Deutschlands, insbesondere auch in Preußen geltenden Rechte, giebt das neue Reichsrecht dem Gläubiger einer vollstreckbaren Geldforderung die Befugniß, auf Grund des vollstreckbaren Schuldtitels die Eintragung einer Hypothek auf den Grundbesitz seines Schuldners zu erwirken.[1]) Die hierauf bezüglichen Vorschriften giebt aber nicht das B.G.B., sondern die C.P.O. in den §§. 866—868, §. 870 Abs. 2, §. 932.

„§. 866. Die Zwangsvollstreckung in ein Grundstück erfolgt durch Eintragung einer Sicherungshypothek für die Forderung, durch Zwangsversteigerung und durch Zwangsverwaltung.

Der Gläubiger kann verlangen, daß eine dieser Maßregeln allein oder neben den übrigen ausgeführt werde.

Auf Grund eines Vollstreckungsbefehls findet die Eintragung einer Sicherungshypothek nicht statt. Auf Grund eines anderen Schuldtitels darf eine Sicherungshypothek nur für eine den Betrag von dreihundert Mark übersteigende Forderung eingetragen werden; die Vorschriften der §§. 4, 5 finden entsprechende Anwendung.

§. 867. Die Sicherungshypothek wird auf Antrag des Gläubigers in das Grundbuch eingetragen; die Eintragung ist auf dem vollstreckbaren Titel zu vermerken. Mit der Eintragung entsteht die Hypothek. Das Grundstück haftet auch für die dem Schuldner zur Last fallenden Kosten der Eintragung.

Sollen mehrere Grundstücke des Schuldners mit der Hypothek belastet werden, so ist der Betrag der Forderung auf die einzelnen Grundstücke zu vertheilen; die Größe der Theile bestimmt der Gläubiger.

§. 868. Wird durch eine vollstreckbare Entscheidung die zu vollstreckende Entscheidung oder ihre vorläufige Vollstreckbarkeit aufgehoben oder die Zwangsvollstreckung für unzulässig erklärt oder deren Einstellung angeordnet, so erwirbt der Eigenthümer des Grundstücks die Hypothek.

---

[1]) Vgl. M. z. B.G.B. Bd. 3 S. 246, 621 ff., 769 ff., P. II Bd. 3 S. 694 ff., Begr. zu §. 757b der Novelle zur C.P.O. und für das preußische Recht Achilles-Strecker S. 137 ff. In Preußen hatte zuerst die V.O. vom 4. März 1834 §§. 22, 23 den vollstreckbaren Schuldtiteln die Bedeutung eines „Titels zum Pfandrecht auf die dem Schuldner zugehörigen Immobilien" beigelegt; später waren ähnliche Bestimmungen für einige gemeinrechtliche Gebiete ergangen; schließlich hatte das Gesetz, betr. die Zwangsvollstreckung in das unbewegliche Vermögen, vom 13. Juli 1883 §§. 6—12 das Institut der Judikatshypothek allgemein geregelt.

Das Gleiche gilt, wenn durch eine gerichtliche Entscheidung die einstweilige Einstellung der Vollstreckung und zugleich die Aufhebung der erfolgten Vollstreckungsmaßregeln angeordnet wird oder wenn die zur Abwendung der Vollstreckung nachgelassene Sicherheitsleistung oder Hinterlegung erfolgt.

§. 870 Abs. 1. Auf die Zwangsvollstreckung in eine Berechtigung, für welche die sich auf Grundstücke beziehenden Vorschriften gelten, finden die Vorschriften über die Zwangsvollstreckung in Grundstücke entsprechende Anwendung.

§. 932. Die Vollziehung des Arrestes in ein Grundstück oder in eine Berechtigung, für welche die sich auf Grundstücke beziehenden Vorschriften gelten, erfolgt durch Eintragung einer Sicherungshypothek für die Forderung; der nach §. 923 festgestellte Geldbetrag ist als der Höchstbetrag zu bezeichnen, für welchen das Grundstück oder die Berechtigung haftet.

Im Uebrigen finden die Vorschriften der §§. 867, 868 Anwendung.

Der Antrag auf Eintragung der Hypothek gilt im Sinne des §. 929 Abs. 2, 3 als Vollziehung des Arrestbefehls."[1])

II. Wenn auch diese Vorschriften in Einzelheiten nicht unerheblich von den preußischen Bestimmungen abweichen, bleiben die diese betreffende Litteratur und Rechtsprechung doch auch für das Verständniß des neuen Rechtes von Bedeutung.[2]) Insbesondere sind folgende für die rechtliche Natur der Zwangseintragungen erheblichen Sätze aus der ständigen Rechtsprechung des preußischen Kammergerichts als jetzt noch gültig anzusehen.[3])

1. Das Grundbuchamt handelt bei der Eintragung der Zwangshypotheken nicht als Vollstreckungsgericht, sondern als Grundbuchamt. Sein Verfahren unterliegt daher nicht den Vorschriften der C.P.O., sondern der G.B.O. und der für die Grundbuchämter geltenden landesrechtlichen Ausführungsbestimmungen. Insbesondere findet gegen die die Zwangshypotheken betreffenden Entscheidungen des Grundbuchamts die Beschwerde gemäß der G.B.O. §§. 71 ff. statt, und die für die Eintragungen in Grundbuchsachen überhaupt bestehenden Kostenbestimmungen gelten auch für die Judikatshypotheken, jedoch erstreckt sich die Bewilligung des Armenrechts für die erste Prozeßinstanz auf die Gerichtskosten der von der armen Partei betriebenen Eintragung der vollstreckbaren Forderung in das Grundbuch.[4])

---

[1]) Vgl. über die Vollziehung eines Arrestbefehls in Grundstücke nach dem früheren Rechte M. z. B.G.B. Bd. 3 S. 624 ff.

[2]) Vgl. die Kommentare zu dem preuß. Zw.V.G. vom 13. Juli 1883, insbesondere Krech u. Fischer 3. Aufl. 1894 S. 96 ff., Hinrichs, Studien aus dem Gebiete des preuß Hypothekenrechts 1. Heft 1883; Wolff, Die Eintragung in das Grundbuch zur Vollstreckung einer Forderung, 1886; Rothenberg in Gruchot 35 S. 753 ff., 36 S. 595 ff. Thiele ebd. 37 S. 625 ff.; Ring in Zeitschr. f. C.Prz. 7 S. 567.

[3]) Vgl. auch Entsch. 1 S. 16 = Rechtsp. 1 S. 6 (O.L.G. Jena), Rechtsp. 1 S. 206 (K.G.)

[4]) K.G. 4 S. 116, 5 S. 88, 7 S. 101, 305, 306, 11 S. 419, 14 S. 189, 192. Vgl. R.G. 28 S. 283.

2. Letztere Einschränkung erklärt sich daraus, daß wenn das Grundbuchamt auch als solches mit der Sache befaßt wird, dennoch ein Zwangsvollstreckungsakt vorliegt. In Folge dessen darf die Eintragung nur erfolgen, wenn alle Voraussetzungen der Zwangsvollstreckung für den Gläubiger und gegen den Eigenthümer des Grundstücks vorliegen, nicht nur die in den oben angeführten Paragraphen der C.P.O. enthaltenen besonderen Voraussetzungen, sondern die in dem ersten Abschnitte des 8. Buches der C.P.O. geregelten allgemeinen. Das Grundbuchamt hat deren Vorhandensein zu prüfen.[1])

III. Von den allgemeinen Voraussetzungen der Zwangsvollstreckung soll unter IV die Rede sein. Die obigen Sondervorschriften enthalten erhebliche Abweichungen von dem bisherigen preußischen Rechte.

1. Das letztere bestimmte ausdrücklich, daß nur „eine vollstreckbare Geldforderung, deren Betrag in gesetzlicher Währung bestimmt ist," als Judikatshypothek einzutragen sei. Die C.P.O. hebt dies nicht hervor; trotzdem gilt auch nach dem jetzigen Rechte nichts Anderes. Die §§. 866ff. stehen in dem zweiten Abschnitte des achten Buches der C.P.O. dessen Ueberschrift lautet: „Zwangsvollstreckung wegen Geldforderungen"; sie setzen also wie alle Vorschriften dieses Abschnitts eine Verurtheilung des Schuldners zur Zahlung einer Geldsumme oder einen sonstigen vollstreckbaren Schuldtitel wegen einer Geldforderung voraus. Aus Schuldtiteln, welche auf eine andere Leistung gehen, ist die Eintragung einer Zwangshypothek nicht möglich. Auch daraus, daß eine Sicherungshypothek im Sinne des B.G.B. durch die Eintragung entstehen soll, ergiebt sich, daß ein bestimmter Geldbetrag eingetragen werden muß, da das B.G.B. Sicherungshypotheken ohne dieses Erforderniß nicht kennt.

Auch die Angabe des Geldbetrags in Reichswährung ist noch jetzt erforderlich, wenn auch davon die Gültigkeit der Eintragung nicht abhängt. Nicht unbedingt nöthig ist es, daß bereits der Schuldtitel die Geldsumme in gesetzlicher Währung angiebt; der Gläubiger kann die Umrechnung der in dem Schuldtitel genannten Summe in Währungsgeld in seinem Antrage vornehmen.[2])

Dieses Erforderniß, daß nur ein in gesetzlicher Währung angegebener Geldbetrag in das Grundbuch eingetragen werden darf, gilt auch für die Arresthypotheken. Arrestbefehle können freilich nicht nur wegen Geldforderungen, sondern auch wegen sonstiger Ansprüche erlassen werden, die in Geldforderungen übergehen können.[3]) Immer aber ist in dem Arrestbefehl ein Geldbetrag festzustellen, „durch dessen Hinterlegung die Vollziehung des Arrestes gehemmt und der Schuldner zu dem Antrag auf Aufhebung des vollzogenen Arrestes berechtigt wird" (§. 923). Dieser Geldbetrag ist als der Höchstbetrag der Haftung des Grundstücks nach §. 932 Abs. 1 in das Grundbuch einzutragen.

---

[1]) K.G. 7 S. 102, 10 S. 113; Begr. zu §. 757c des Entw. der Novelle z. C.P.O.

[2]) G.B.O. §. 28 Satz 2 nebst Erl. Vgl. Turnau-Förster Bd. 1 S. 780, der jedoch die Umrechnung für eine Sache des Grundbuchrichters erklärt.

[3]) C.P.O. §. 916.

2. Die Vorschrift, daß der Gläubiger die Eintragung einer Zwangshypothek neben der Zwangsversteigerung oder der Zwangsverwaltung oder neben beiden betreiben darf, entspricht dem bisherigen preußischen Rechte[1]) und den sonst für die Zwangsvollstreckung geltenden Vorschriften der C.P.O. Da die Sicherungshypothek dem Gläubiger keine Befriedigung, sondern nur eine Sicherung gewährt, steht sie einer der beiden anderen Zwangsvollstreckungsarten nicht entgegen, während umgekehrt auch die Einleitung der Zwangsversteigerung oder der Zwangsverwaltung den Gläubiger nicht hindern darf, sich für den Fall, daß er durch diese nicht befriedigt werden sollte, zu sichern.

Auf die Arresthypotheken findet diese Bestimmung keine Anwendung; die Vollziehung des Arrestes in ein Grundstück oder in eine diesem gleichgestellte Berechtigung kann stets nur durch Eintragung einer Sicherungshypothek, nicht durch Zwangsversteigerung oder Zwangsverwaltung erfolgen (C.P.O. §. 932 Abs. 1).

3. Neu im Verhältnisse zu dem preußischen Rechte ist die von der Reichstagskommission eingeschaltete Vorschrift des §. 866 Abs. 3 Satz 1, daß auf Grund eines Vollstreckungsbefehls keine Zwangshypothek eingetragen werden darf. Sie hat ein Vorbild in dem badischen Rechte[2]) und ist damit begründet, daß die Möglichkeit, im Mahnverfahren eine Judikatshypothek zu erlangen, vielfach zur Schädigung der weniger geschäftskundigen Landbewohner mißbraucht worden sei, daß auch der Zahlungsbefehl den Schuldgrund nicht genügend angebe.

4. Ebenfalls neu ist die Vorschrift des §. 866 Abs. 3 Satz 2, die das Erforderniß eines Betrags von mehr als dreihundert Mark aufstellt. Auch sie verdankt ihre Aufnahme einem Beschlusse der Reichstagskommission auf Grund der Erwägung, daß für die auf den Personalkredit hin gewährten kleinen Kredite des täglichen Verkehrs nicht der Anspruch auf Realsicherheit gewährt werden dürfe, da bei so geringfügigen Schuldbeträgen der Schuldner nie daran denken werde, daß durch sie sein Grundbesitz belastet werden würde, sowie daß auch die Ueberfüllung des Grundbuchs mit vielen Zwangshypotheken von geringen Beträgen zu verhindern sei; die Gläubiger so kleiner Forderungen können also nur die Zwangsversteigerung oder die Zwangsverwaltung beantragen.

Für die Berechnung des Betrages von 300 Mark gelten die Vorschriften des §. 4 der C.P.O.: „Früchte, Nutzungen, Zinsen, Schäden und Kosten bleiben unberücksichtigt, wenn sie als Nebenforderungen geltend gemacht werden. Bei Ansprüchen aus Wechseln im Sinne der Wechselordnung sind Zinsen, Kosten und Provisionen, welche außer der Wechselsumme gefordert werden, als Nebenforderungen anzusehen." Auf Grund dieser Vorschrift kann aber nicht die Eintragung eines Kostenbetrags von nicht mehr als 300 Mark auf Grund eines Kostenfestsetzungsbeschlusses deshalb erwirkt werden, weil die 300 Mark übersteigende Hauptforderung bereits früher als Sicherungshypothek eingetragen ist; denn in diesem Falle soll die Kostenforderung als selb-

[1]) Preuß. ZwV.G. vom 13. Juli 1883 §. 2 Abs. 2.

[2]) Vgl. M z. BGB. Bd. 3 S. 770.

ständige neue Hypothek eingetragen werden. Wenn dagegen die Eintragung der Hauptforderung und der Kostenforderung gleichzeitig und als eine Post [beantragt wird, genügt es, wenn der Betrag der ersteren 300 Mark übersteigt, da die letztere in diesem Falle nur als Nebenforderung in Betracht kommt.[1])

Sehr streitig ist die Bedeutung der Vorschrift des § 866 a. E., welche die Bestimmung des § 5 der C.P.O. für entsprechend anwendbar erklärt: „Mehrere in einer Klage geltend gemachte Ansprüche werden zusammengerechnet." Man streitet sich darüber, ob der Klage der vollstreckbare Schuldtitel oder der Antrag gleich zu stellen sei, ob also nur eine Zusammenrechnung der in demselben Schuldtitel zuerkannten Ansprüche oder auch eine Zusammenrechnung der Forderungen aus verschiedenen Schuldtiteln, welche in dem Antrage zusammengefaßt sind, zulässig ist. Die Frage ist äußerst zweifelhaft, aber von großer praktischer Bedeutung, da ein Verstoß gegen die Vorschriften des §. 866 Abs. 3 die Nichtigkeit der Sicherungshypothek zur Folge hat. Als herrschend kann man die Ansicht bezeichnen, daß nur die in demselben Schuldtitel enthaltenen Forderungen zusammengerechnet werden dürfen; für sie spricht die Absicht des Gesetzgebers, die Zwangshypotheken für geringfügige Forderungen möglichst einzuschränken.[2])

Schließlich knüpft sich an diese Vorschrift noch die weitere Streitfrage, ob sie auch auf Arresthypotheken anzuwenden sei oder nicht. In dem §. 932 Abs. 2 sind nur die §§. 867, 868 für anwendbar erklärt, nicht §. 866 Abs. 3. Daraus und auf Grund der Erwägung, daß aus einem Arrestbefehle keine andere Immobiliar-Zwangsvollstreckung als die Eintragung einer Sicherungshypothek zugelassen ist, hat man die Anwendbarkeit der Vorschrift des §. 866 Abs. 3 Satz 2 auf die Arrestbefehle gefolgert. Mit Recht hat aber das Kammergericht[3]) ausgeführt, daß das Fehlen des Hinweises auf §. 866 Abs. 3 sich aus der nachträglichen Einschiebung dieses Absatzes erkläre und daß es systemwidrig erscheinen müßte, wenn die Sicherung der künftigen Vollstreckung eines Urtheils durch Arrest auf einem Wege erreicht werden könnte, welcher für die Vollstreckung des Urtheils selbst nicht offen steht.[4])

5. Nicht völlig neu ist die Vorschrift des §. 867 Abs. 2, die Unzulässigkeit einer Zwangs-Gesammthypothek auf den Grundstücken desselben Schuldners. Zwar widerspricht sie den Vorschriften des preuß. Zw.V.G. vom 13. Juli 1883 §. 6 Abs. 2, sie steht aber mit dem älteren preußischen Rechte (V.O. vom 4. März 1834 §. 23) im Einklange.[5]) Der Gläubiger muß daher den noch nicht belasteten

---

[1]) Entsch. 1 S. 33 (K.G.), K.G. N.F. 1 A. S. 113 = Rechtspr. 1 S. 103. A.M. in ersterer Hinsicht Rechtspr. 1 S. 101 (bayer. oberst. L.G.).

[2]) Entsch. 1 S. 16 = Rechtspr. 1 S. 6 (O.L.G. Jena), K.G. N.F. 1 A. S. 111, Rechtspr. 1 S. 99 (bayer. oberst. L.G.), Turnau-Förster Bd. 1 S. 768. A.M. Frey im sächs. Archiv Bd. 10 S. 594 und die ebd. S. 183 angeführte Entscheidung; vgl. auch ebd. S. 270.

[3]) Entsch. 1 S. 20 = K.G. N.F. 1 A. S. 115.

[4]) Selbstverständlich findet §. 866 Abs. 3 keine Anwendung auf Sicherungshypotheken, zu deren Bewilligung der Schuldner verurtheilt ist (C.P.O. §. 894). Rechtspr. 1 S. 205.

[5]) Vgl. über die Gründe für die Aufnahme dieser Vorschrift P. II Bd. 3 S. 703 ff. und Begr. zu §. 757c des Entw. der Nov. z. C.P.O.

Werth der einzelnen Grundstücke seines Schuldners durch Einsicht des Grundbuchs und Schätzung feststellen und demgemäß die Forderung auf die Grundstücke vertheilen. Daß auf die einzelnen Grundstücke ein 300 Mark nicht übersteigender Betrag entfällt, steht der Vertheilung nicht entgegen; insofern steht diese Bestimmung mit der Vorschrift des §. 866 Abs. 3 Satz 2 in einem gewissen Widerspruche. Die Beobachtung dieser Vorschrift ist ebenso wie die der Sätze des §. 866 Abs. 3 wesentlich, eine Judikatsgesammthypothek an den Grundstücken eines und desselben Schuldners schlechthin unzulässig.

Den Grundstücken selbst stehen die Bruchtheile des Schuldners an im Miteigenthume stehenden Grundstücken gleich.[1]) Ein aus mehreren Grundstücken bestehender Gutskomplex, der als ein einheitliches Grundstück gebucht ist, bildet auch für die Vorschrift des §. 867 Abs. 2 ein Grundstück; eine Vertheilung der vollstreckbaren Forderung auf die einzelnen Parzellen ist nicht erforderlich.[2])

Durch die obige Vorschrift ist aber nicht jede Judikatsgesammthypothek ausgeschlossen. Sind mehrere Personen als Gesammtschuldner verurtheilt, so kann die Forderung in voller Höhe als Gesammthypothek auf dem Grundbesitz eines jeden Gesammtschuldners eingetragen werden. Dies folgt aus der Natur der Gesammtschuld, welche bis zur wirklichen Befriedigung eine Zwangsvollstreckung gegen jeden Schuldner unabhängig von der gleichzeitigen Vollstreckung gegen die übrigen Gesammtschuldner gestattet. Auf mehrere Grundstücke desselben Gesammtschuldners muß die Forderung aber vertheilt und die Mithaft der Grundstücke des anderen Schuldners zu dem auf jedes seiner Grundstücke eingetragenen Betrage vermerkt werden.[3])

Dagegen verhindert diese Vorschrift die Eintragung einer vollstreckbaren Forderung, für welche der Schuldner eine Hypothek bestellt hat, auf ein bisher nicht belastetes Grundstück desselben Schuldners. Während die Eintragung einer Gesammthypothek in diesem Falle nach dem bisherigen preußischen Rechte nicht unzulässig war, kann die vollstreckbare Forderung jetzt nur zu einem Theilbetrag und erst nach der Löschung dieses Theilbetrags auf dem anderen Grundstück eingetragen werden. Ihrer Eintragung als Gesammthypothek steht, wenn auch nicht der Wortlaut, so doch der Sinn des §. 867 Abs. 2 entgegen.

6. Das Verfahren bei der Eintragung der Zwangshypotheken richtet sich grundsätzlich nach der G.B.O.

---

[1]) Daß die Eintragung einer Zwangshypothek gegen einen Schuldner, der nur Miteigenthümer eines im Gesammteigenthum stehenden Grundstücks ist, sowie die Zwangsvollstreckung in einen Bruchtheil, der nicht in dem Antheil eines Miteigenthümers besteht, unzulässig ist, wurde oben S. 30 und 37 bereits erwähnt.

[2]) Rechtspr. 1 S. 75. Vgl. Seufferts Blätter für Rechtsanwendung 65. Jahrg. (1900) S. 348, 363.

[3]) Vgl. Zeitschr. f. C.Prz. Bd. 28 S. 157 ff. Turnau-Förster Bd. 1 S. 785. — Ob die mehreren Schuldner als Gesammtschuldner verurtheilt sind, hat das Grundbuchamt aus dem gesammten Inhalte des Schuldtitels durch Auslegung zu ermitteln (K.G. 9 S. 92).

a. Der Gläubiger hat die Eintragung zu beantragen. Der Antrag ist unmittelbar an das Grundbuchamt zu richten; eine Vermittelung des Prozeßgerichts findet nicht statt.[1]) Eine Form ist nicht vorgeschrieben; auch ein Bevollmächtigter des Gläubigers, der für ihn den Antrag stellt, bedarf keiner beglaubigten Vollmacht.[2]) Inhaltlich muß der Antrag stets die zu belastenden Grundstücke[3]) „übereinstimmend mit dem Grundbuch oder durch Hinweisung auf das Grundbuchblatt" bezeichnen (G.B.O. §. 28), den Betrag der einzutragenden Forderung, wenn auch nur durch Hinweis auf den Vollstreckungstitel, angeben und eine Bezugnahme auf den Schuldtitel enthalten; letzterer ist nebst den Nachweisen der sonstigen Voraussetzungen beizufügen. In dem Antrag auf Eintragung auf mehrere Grundstücke desselben Schuldners muß außerdem die Bestimmung der Größe des auf jedes Grundstück einzutragenden Theilbetrags enthalten sein.

b. Das Grundbuchamt hat die Voraussetzungen zu prüfen, und zwar nicht nur die oben erwähnten besonderen Erfordernisse der Zwangshypotheken, sondern auch die allgemeinen Voraussetzungen, welche die C.P.O. für jede Zwangsvollstreckung (unten IV) und die G.B.O. für jede Eintragung aufstellen. Der vollstreckbare Schuldtitel bildet aber den Ersatz für die Eintragungsbewilligung. Es kommt daher neben dem Antrage nur das Erforderniß der vorgängigen Eintragung des Schuldners als Eigenthümer gemäß §§. 40, 41 der G.B.O. in Betracht.[4])

c. Erfolgt die Eintragung, so ist sie nach §. 867 Abs. 1 Satz 1 auf dem vollstreckbaren Titel zu vermerken, „um den Schuldner vor Schwierigkeiten zu bewahren."[5]) Dieselbe Vorschrift enthielt das preußische Zw.V.G. vom 13. Juli 1883 §. 9, jedoch mit dem Zusatze: „wird ein Hypothekenbrief nicht ausgefertigt." Dieser ist jetzt fortgefallen, da die Zwangshypothek eine Sicherungshypothek und also stets eine Buchhypothek ist.[6])

7. Eine erhebliche Abweichung von dem preußischen Rechte enthält das Reichsrecht hinsichtlich der Wirkung der Zwangseintragungen. Während jenes in bestimmten Fällen, namentlich auf Grund vorläufig vollstreckbarer Schuldtitel, vollstreckbarer Urkunden und Vergleiche sowie auf Grund von Arrestbefehlen nur die Eintragung einer Vormerkung gestattete, sonst aber eine Briefhypothek zuließ, sofern der Gläubiger nicht auf Ausfertigung eines Briefes verzichtete, ist nach der C.P.O. stets eine Sicherungshypothek, und zwar auf Grund eines Arrestbefehls eine

---

[1]) Begr. zu §. 757c des Entw. der Nov. z. C.P.O. Anders in Preußen vor dem 1. Oktober 1879.

[2]) G.B.O. §. 30 nebst Erl.

[3]) In dem vollstreckbaren Schuldtitel kann ausnahmsweise auch eine Bestimmung der Grundstücke erfolgt sein, wenn in dem Arrestbefehle der dingliche Arrest nur auf bestimmte Grundstücke beschränkt ist. Dann kann die Eintragung der Zwangshypothek nur auf diese erfolgen.

[4]) Ueber die Erwirkung dieser Eintragung durch den Gläubiger vgl. G.B.O. §. 14 nebst Erl.

[5]) Begr. zu §. 757c des Entw. der Novelle z. C.P.O.

[6]) Vgl. oben S. 62.

Maximalhypothek,[1]) nie eine Briefhypothek und nie lediglich eine Vormerkung einzutragen. Eine Verkehrshypothek ist mit Rücksicht auf den Schuldner nicht zugelassen, damit dieser „in der Lage bleibt, die ihm gegen die Forderung zustehenden Einreden auch einem dritten gutgläubigen Erwerber der Forderung gegenüber geltend zu machen (B.G.B. §. 1184).“[2]) In Folge dieser Beschränkung des öffentlichen Glaubens bringt auch die Eintragung einer Sicherungshypothek auf Grund eines nur vorläufig vollstreckbaren Schuldtitels an Stelle der früher allein zugelassenen Vormerkung keine Gefahr mit sich.[3])

Für die Zwangshypotheken gelten im Allgemeinen die Vorschriften des B.G.B. über die Sicherungshypotheken; die C.P.O. enthält nur drei Sondervorschriften.

a. „Die sonst gemäß §. 873 des B.G.B. zur Entstehung einer Hypothek erforderliche Einigung zwischen dem Gläubiger und dem Eigenthümer sowie die im §. 19 der G.B.O. bezeichnete Eintragungsbewilligung des Eigenthümers wird durch den vollstreckbaren Titel ersetzt. Zur Entstehung der Hypothek genügt daher die Eintragung.“ Durch diese Sätze der Begründung zu §. 757c des Entw. der Novelle z. C.P.O. wird die Bedeutung der Vorschrift des §. 867 Abs. 1 Satz 2 klar gestellt.

b. Während nach dem B.G.B. §. 1118 das Grundstück nur für die Kosten der Kündigung und der die Befriedigung aus dem Grundstücke bezweckenden Rechtsverfolgung haftet,[4]) ist die Haftung bei der Zwangshypothek auch auf „die dem Schuldner zur Last fallenden Kosten der Eintragung“ erstreckt. Dies entspricht, wie in der Begründung (a. a. O.) hervorgehoben wird, dem Zwecke der Vollstreckungsmaßregel und der Vorschrift des §. 788 Abs. 1 der C.P.O.: „Die Kosten der Zwangsvollstreckung fallen, soweit sie nothwendig waren (§. 91), dem Schuldner zur Last; sie sind zugleich mit dem zur Zwangsvollstreckung stehenden Anspruche beizutreiben.“

Zu den Eintragungskosten, für welche das Grundstück demnach ohne Eintragung haftet,[5]) sind auch die Kosten des Eintragungsantrags, insbesondere die Anwaltsgebühren für diesen zu rechnen.[6]) Andere Kosten, insbesondere die Kosten des Rechtsstreits, in welchem der vollstreckbare Schuldtitel erwirkt ist, und die Kosten einer früheren Zwangsvollstreckung, die nicht zu der Befriedigung des Gläubigers geführt hat,

---

[1]) Vgl. oben S. 96 über die Eintragung des in dem Arrestbefehle festgesetzten Geldbetrags als Höchstbetrag.

[2]) Begr. zu §. 757b des Entw. der Novelle z. C.P.O. Vgl. oben S. 60ff.

[3]) Der öffentliche Glaube des Grundbuchs ist übrigens für die Zwangshypotheken nicht ohne Bedeutung; einem dritten gutgläubigen Erwerber der Zwangshypothek können Einreden gegen die Forderung, aber nicht Einwendungen gegen die Rechtsgültigkeit des eingetragenen dinglichen Rechtes entgegengehalten werden. Dagegen kann sich der Gläubiger, auf dessen Antrag die Zwangseintragung erfolgt ist, auf den öffentlichen Glauben des Grundbuchs überhaupt nicht berufen, weil er die Hypothek nicht „durch Rechtsgeschäft“ erworben hat. Vgl. B.G.B. §. 892, Planck Bd. 3 S. 110.

[4]) Oben S. 65.

[5]) Vgl. P. II Bd. 3 S. 699f.

[6]) Turnau-Förster Bd. 1 S. 786.

bedürfen der Eintragung. Die Prozeßkosten können nur auf Grund einer vollstreckbaren Ausfertigung des Kostenfestsetzungsbeschlusses eingetragen werden. Dagegen bedarf es für die Zwangsvollstreckungskosten auf Grund des §. 788 der C.P.O. keines vollstreckbaren Schuldtitels; das Grundbuchamt hat selbst ihre Nothwendigkeit zu prüfen.[1])

c. Wie jede andere Sicherungshypothek kann auch die Judikats- und Arresthypothek auf einen neuen Gläubiger übertragen werden oder kraft Gesetzes übergehen; namentlich erwirbt sie auch in den oben S. 83 ff. erwähnten Fällen der Eigenthümer. Dort (S. 88 unter η) ist auch bereits die Sondervorschrift des §. 868 der C.P.O. erwähnt.

IV. Die **allgemeinen Voraussetzungen der Zwangsvollstreckung**, deren Vorhandensein das Grundbuchamt vor Eintragung der Zwangshypotheken zu prüfen hat, sind folgende:

1. Ein vollstreckbarer Schuldtitel. Als solche kennt die C.P.O. außer den hier nicht in Betracht kommenden Vollstreckungsbefehlen[2]) **a.** die Endurtheile eines deutschen Gerichts oder eines Konsulargerichts, wenn sie entweder rechtskräftig oder für vorläufig vollstreckbar erklärt sind. Den Endurtheilen stehen die „unter Vorbehalt" der Aufrechnung, der Vertheidigungsmittel des Beklagten oder „der Rechte" erlassenen Zwischenurtheile gleich;[3]) **b.** Urtheile eines ausländischen Gerichts, sofern die Zulässigkeit der Zwangsvollstreckung durch ein Vollstreckungsurtheil eines deutschen Gerichts ausgesprochen ist;[4]) c. Arrestbefehle und einstweilige Verfügungen;[5]) d. Schiedssprüche, wenn die Zulässigkeit der Zwangsvollstreckung durch ein Vollstreckungsurtheil ausgesprochen ist;[6]) e. Vergleiche, welche im Lauf eines Rechtsstreits zur Beilegung desselben zwischen den Parteien oder zwischen einer Partei und einem Dritten vor einem deutschen Gerichte geschlossen sind; **f.** im amtsgerichtlichen Sühneverfahren abgeschlossene Vergleiche; **g.** mit der Beschwerde anfechtbare Entscheidungen, insbesondere Kostenfestsetzungsbeschlüsse; h. deutsche gerichtliche oder notarielle Urkunden über einen Anspruch auf eine bestimmte Quantität Fungibilien, in denen sich der Schuldner der sofortigen Zwangsvollstreckung unterworfen hat.[7])

Zu diesen in der C.P.O. aufgezählten Titeln kommen dann noch einige in anderen Reichsgesetzen geregelte: i. die Tabelle im Konkurse hinsichtlich der festgestellten und vom Gemeinschuldner im Prüfungstermine nicht bestrittenen Forderungen;[8])

---

[1]) K.G. 12 S. 91.

[2]) C.P.O. §. 700.

[3]) Vgl. über diese Urtheile „unter Vorbehalt" C.P.O. §§. 302, 529, 540, 599, über die Rechtskraft ebd. §§. 705, 706, über die vorläufige Vollstreckbarkeit §§ 708—711, 717 und über deren Abwendung §§. 712, 713, sowie über die Urtheile der Konsulargerichte Ges. über die Konsulargerichtsbarkeit vom 10. Juli 1879 §. 14 und vom 7. April 1900 §. 19.

[4]) C.P.O. §§. 722, 723, 328.

[5]) C.P.O. §§. 916 ff. Vgl. über die einstweiligen Verfügungen Vorbm. III 2 b vor §. 13.

[6]) C.P.O. §§ 1042, 1046.

[7]) Vgl. zu e bis h C.P.O. §. 794.

[8]) K.O. §. 164 Abs. 2, §. 206 Abs. 2; vgl. §§. 140, 144.

k. der rechtskräftig bestätigte Zwangsvergleich hinsichtlich derselben Ansprüche;[1]) l. im Strafprozeß die den Verfall einer Sicherheit, gegen welche ein Beschuldigter von der Untersuchungshaft befreit wurde, aussprechende Entscheidung;[2]) m. rechtskräftige strafgerichtliche Entscheidungen über Vermögensstrafen oder Bußen;[3]) n. Festsetzungen von Strafen und Kosten nach der Rechtsanwaltsordnung §§. 97, 58, 63, 94; o. die im Genossenschaftskonkurse vom Konkursverwalter aufgestellte, vom Konkursgerichte für vollstreckbar erklärte Vorschuß-, Zusatz- und Nachschußberechnung betreffend die Beiträge der Genossen zur Deckung des Fehlbetrages;[4]) p. die gerichtliche Festsetzung der von der Genossenschaft zu zahlenden Vergütung und Auslagen des gerichtlich bestellten Revisors;[5]) q. die rechtskräftigen oder für vorläufig vollstreckbar erklärten Endurtheile der Gewerbegerichte oder die vor diesen nach Erhebung der Klage geschlossenen Vergleiche;[6]) r. die gerichtlich bestätigten Auseinandersetzungsverträge und Dispachen;[7]) s. der Zuschlagsbeschluß im Zwangsversteigerungsverfahren hinsichtlich der Forderungen, die auf die Berechtigten in Ausführung des Theilungsplans übertragen sind;[8]) t. Entscheidungen der Innungen und der Innungsschiedsgerichte sowie die vor diesen nach Erhebung der Klage geschlossenen Vergleiche;[9]) u. Kostenfestsetzungsbeschlüsse in Patentsachen.[10])

Schließlich läßt der §. 801 der C.P.O. auch noch landesgesetzliche Vollstreckungstitel zu. In Preußen gehören dahin: v. die Entscheidungen deutscher und außerdeutscher Rheinschifffahrts- und Elbzollgerichte;[11]) w. vor einem Schiedsmann abgeschlossene Vergleiche;[12]) x. gerichtliche Kostenfestsetzungen sowie Entscheidungen, durch die ein Betheiligter zur Erstattung der ihm zu viel gezahlten Kosten verurtheilt wird, in Sachen der freiwilligen Gerichtsbarkeit;[13]) y. Vergleiche, welche vor den Vergleichskammern der Gewerbegerichte in der Rheinprovinz vor Erhebung der Klage geschlossen sind;[14]) z. Urkunden, welche von einem zum Richteramte befähigten Beamten einer öffentlichen landschaftlichen (ritterschaftlichen, kommunalständischen) Kreditanstalt innerhalb der Grenzen seiner Amtsbefugnisse aufgenommen sind, sofern mit landesherrlicher

---

1) K.O. §. 194.

2) St.P.O. §. 122 Abs. 3.

3) Ebd. §§. 495, 483.

4) Genossenschaftsgesetz in der Fassung der Bek. vom 20. Mai 1898 §§. 105—115.

5) Ebd. §. 62.

6) Ges., betr. die Gewerbegerichte, vom 29. Juli 1890 §. 56; vgl. ebd. §. 73 über die vor dem Gemeindevorsteher geschlossenen Vergleiche und über dessen Entscheidungen.

7) Freiw.G.G. §§. 98, 158.

8) Zw V.G. §§. 132, 133; preuß. A.G. z. Zw.V.G. Art. 10. Vgl. oben S. 76.

9) Gewerbe-O. §. 91 b.

10) R.G. 33 S. 423.

11) Ges. vom 8. März 1879 §. 12 u. v. 9. März 1879 §. 9.

12) SchiedsmannsO. v. 29. März 1879 §. 32 in der Fassung des A.G. vom 22. September 1899 Art. 3; vgl. §. 25.

13) Preuß. freiw. G.G. Art. 14; vgl. auch Art. 30.

14) Ges. vom 11. Juli 1891 (G.S. S. 311) §§. 1, 10.

Genehmigung durch die Satzung bestimmt ist, daß aus diesen Urkunden die gerichtliche Zwangsvollstreckung stattfindet.[1])

Schließlich kommt noch das landesrechtlich geregelte Verwaltungszwangsverfahren in Betracht, welches in Preußen in das unbewegliche Vermögen nach den für gerichtliche Zwangsvollstreckungen bestehenden Vorschriften erfolgt.[2])

2. Eine vollstreckbare Ausfertigung des Schuldtitels. Regelmäßig erfolgt die Zwangsvollstreckung nur „auf Grund einer mit der Vollstreckungsklausel versehenen Ausfertigung des Urtheils" oder sonstigen Titels.[3]) Davon macht die C.P.O. aber für Arrestbefehle (und für die hier nicht in Betracht kommenden Vollstreckungsbefehle) Ausnahmen; sie bedürfen der Vollstreckungsklausel nur dann, wenn die Zwangsvollstreckung für einen anderen als den in dem Befehle bezeichneten Gläubiger oder gegen einen anderen als den darin genannten Schuldner erfolgen soll.[4])

Die Vollstreckungsklausel lautet: „Vorstehende Ausfertigung wird dem u. s. w. zum Zwecke der Zwangsvollstreckung ertheilt;" sie ist der Ausfertigung am Schlusse beizufügen, vom Gerichtsschreiber zu unterschreiben und mit dem Gerichtssiegel zu versehen. Ertheilt wird sie von dem Gerichtsschreiber des Gerichts erster Instanz und, wenn der Rechtsstreit bei einem höheren Gerichte anhängig ist, von dem Gerichtsschreiber dieses Gerichts.[5]) Der Gerichtsschreiber bedarf aber einer in der Klausel zu erwähnenden, vorhergehenden Anordnung des Vorsitzenden: 1. wenn derselben Partei eine weitere vollstreckbare Ausfertigung ertheilt werden soll, ohne daß die erste zurückgegeben wird, 2. wenn die Vollstreckung nach dem Inhalt des Titels von dem durch den Gläubiger zu beweisenden Eintritt einer anderen Thatsache abhängt, als einer Sicherheitsleistung, dem Eintritt eines Kalendertags oder einer Gegenleistung, welche Zug um Zug mit der vollstreckbaren Leistung zu erfüllen ist, und schließlich 3. wenn für oder gegen eine andere Person als die in dem Titel bezeichneten Parteien, insbesondere für oder gegen einen Rechtsnachfolger eine Ausfertigung beantragt wird. Außerdem muß in den beiden letzten Fällen der Eintritt der Thatsache, die Rechtsnachfolge oder das sonstige die Wirksamkeit des Schuldtitels für oder gegen den Anderen begründende Rechtsverhältniß durch öffentliche oder öffentlich beglaubigte Urkunden nachgewiesen werden oder in dem letzten Falle notorisch sein, widrigenfalls

---

[1]) Ges. vom 3. August 1897 (G.S. S. 388) §§. 1, 10. §. 10 Abs. 2 ist durch das A.G. vom 22. September 1899 (G.S. S. 284) Art. 5 abgeändert.

[2]) Vgl. preuß. V.O. vom 15. November 1899 (G.S. S. 545) betr. das Verwaltungszwangsverfahren wegen Beitreibung von Geldbeträgen §§. 4, 51. Auf Grund dieser V.O. ist insbesondere der Rendant der Gerichtskasse oder an seiner Stelle der Kurator befugt, die Eintragung einer Gerichtskostenforderung, deren Betrag ohne Nebenkosten 300 Mark übersteigt, als Sicherungshypothek zu beantragen (Kassenordnung vom 31. März 1900 §§. 33, 41).

[3]) C.P.O. §§. 724, 795.

[4]) C.P.O. §§. 796, 929.

[5]) C.P.O. §§. 724, 725. In Preußen sollen Gerichtsschreibergehülfen vollstreckbare Ausfertigungen regelmäßig nicht ertheilen; vgl. preuß. freiw. G.G. Art. 131.

der Gläubiger beim Prozeßgericht erster Instanz auf Ertheilung der Vollstreckungsklausel Klage zu erheben hat. Die Notorietät der Rechtsnachfolge 2c. ist in der Klausel zu erwähnen.[1])

Diese zunächst für die unter 1 a und b genannten Vollstreckungstitel erlassenen Bestimmungen finden auch auf die übrigen Anwendung, soweit nicht abweichende Vorschriften für sie ergangen sind. Dies ist in der C.P.O. nur bezüglich „gerichtlicher und notarieller Urkunden" der Fall, unter denen nach der Ansicht des Reichsgerichts[2]) nicht nur die unter 1 h, sondern auch die unter e und f ebd. genannten Titel zu verstehen sind. Für sie bestimmt §. 797 der C.P.O., daß bei gerichtlichen Urkunden der Gerichtsschreiber des Gerichts, welches die Urkunde aufgenommen hat, und bei notariellen der Notar oder die Behörde, welche die Urkunden verwahren, die vollstreckbare Ausfertigung zu ertheilen haben. Für die in den Absätzen 2 und 3 unter 1 aufgeführten Schuldtitel sind die dazu in den Anmerkungen angeführten gesetzlichen Bestimmungen zu vergleichen. In dem ebd. unter i genannten Falle ist eine auszugsweise Ausfertigung der Tabelle, im Falle k diese in Verbindung mit dem rechtskräftig bestätigten Zwangsvergleich, im Falle m das strafgerichtliche Urtheil mit der Vollstreckungsklausel zu versehen; handelt es sich in dem letzten Falle nicht um Vollstreckung einer Buße, sondern einer Geldstrafe, so erfolgt die Vollstreckung durch die Strafvollstreckungsbehörde, also regelmäßig durch die Staatsanwaltschaft auf Grund einer von dem Gerichtsschreiber zu ertheilenden, mit der Bescheinigung der Vollstreckbarkeit zu versehenden, beglaubigten Abschrift der Urtheilsformel.[3]) Im Falle n hat der Schriftführer des Vorstandes der Anwaltskammer eine beglaubigte Abschrift der Entscheidungsformel mit der Bescheinigung der Vollstreckbarkeit zu versehen und daraufhin die Vollstreckung zu betreiben. Im Falle o ist die Entscheidung des Konkursgerichts, welches die Berechnung für vollstreckbar erklärt, und ein Auszug aus der Berechnung auszufertigen und von dem Gerichtsschreiber mit der Vollstreckungsklausel zu versehen. In der Vollstreckungsklausel des Zuschlagsbeschlusses (s) ist der Berechtigte sowie der Betrag der Forderung anzugeben. Die Entscheidungen außerdeutscher Rheinschiffahrtsgerichte (v) versieht das O.L.G. Köln und die außerdeutscher Erbzollgerichte jedes Landgericht, zu dessen Bezirk ein Erbzollgericht gehört, mit der Vollstreckungsklausel. Auf die Vollstreckung der vor einem Schiedsmann abgeschlossenen Vergleiche (w) und der Urkunden einer Kreditanstalt (z) finden die oben erwähnten Vorschriften über die Zwangsvollstreckung aus notariellen Urkunden entsprechende Anwendung, aber in den in dem vorigen Absatze unter 2 und 3 angeführten Fällen bedarf es zur Ertheilung der Vollstreckungsklausel einer Anordnung des Amtsgerichts, in dessen Bezirke der Schiedsmann seinen Wohnsitz oder die Anstalt ihren Sitz hat.

---

[1]) C.P.O. §§. 726—733, 738, 742, 744, 745, 749. Vgl. unten S. 106 ff.

[2]) R.G. 21 S. 345.

[3]) Es bedarf also keiner vollstreckbaren Ausfertigung. Vgl. St.P.O. §. 483, R.G. 13 S. 130, Turnau-Förster 1 S. 774. A.M. R.G. 1 S. 233.

Die Prüfung der Zulässigkeit der Vollstreckungsklausel ist Sache des diese ertheilenden Beamten. Dem Grundbuchamt liegt es aber ob festzustellen, ob sie von dem zuständigen Beamten und formell ordnungsmäßig ertheilt ist.[1])

3. Die namentliche Bezeichnung der Personen, für und gegen welche die Zwangsvollstreckung stattfinden soll, in dem Schuldtitel oder in der diesem beigefügten Vollstreckungsklausel. Gegen oder für einen Rechtsnachfolger der in dem Urtheil oder in dem sonstigen Schuldtitel genannten Personen kann daher eine Zwangsvollstreckung erst dann stattfinden, wenn gegen oder für den Rechtsnachfolger eine Vollstreckungsklausel auf dem unter Ziff. 2 Abs. 2 angegebenen Wege erwirkt ist. Als Rechtsnachfolger des Schuldners kommt bei der Zwangseintragung, bei der es sich um die Vollstreckung eines rein obligatorischen Geldanspruchs handelt, von den in dem folgenden Absatz erwähnten Fällen abgesehen, nur ein Gesammtnachfolger in Betracht. Gegen diesen bedarf es einer Vollstreckungsklausel vor der Eintragung der Zwangshypothek nach dem Tode des verurtheilten Schuldners selbst dann, wenn das Grundstück noch auf den Namen des letzteren eingetragen ist; nur die Fortsetzung einer Zwangsvollstreckung, welche zur Zeit des Todes des Schuldners gegen diesen bereits begonnen hatte, in den Nachlaß ist ohne neue Vollstreckungsklausel zulässig; als Beginn der Zwangsvollstreckung ist bei der Zwangshypothek frühestens der Eingang des Eintragungsantrags bei dem Grundbuchamt anzusehen.[2])

Die C.P.O. trifft noch für einige besondere Fälle ausdrückliche Bestimmungen über die Ertheilung einer vollstreckbaren Ausfertigung des Urtheils oder des sonstigen Schuldtitels für und gegen andere Personen als die in dem Titel genannten Parteien.[3]) So kann in den Fällen der vertragsmäßigen Uebertragung eines ganzen Vermögens oder eines Handelsgeschäfts eine vollstreckbare Ausfertigung des gegen den Veräußerer ergangenen Urtheils gegen den Uebernehmer ertheilt werden, wenn dieser das Vermögen oder das Geschäft nach der rechtskräftigen Feststellung der Schuld oder der im Betriebe des Geschäfts begründeten Verbindlichkeit erworben hat; letzteren Falles muß hinzukommen, daß er das Handelsgeschäft unter der bisherigen Firma fortführt, ohne daß die Nichtübernahme der Verbindlichkeiten in das Handelsregister eingetragen und bekannt gemacht oder dem Gläubiger mitgetheilt ist. Ferner kann aus einem gegenüber dem Vorerben ergangenen, aber auch gegenüber dem Nacherben wirksamen Urtheil eine vollstreckbare Ausfertigung für oder gegen den Nacherben,[4]) aus einem Urtheile, das gegenüber dem Testamentsvollstrecker erlassen und für oder gegen den Erben wirksam ist, eine vollstreckbare Ausfertigung für oder gegen diesen, aus einem gegenüber dem Erblasser ergangenen Urtheil eine solche für oder gegen den Testamentsvollstrecker, aus einem Urtheile, welches gegenüber der Ehefrau in einem vor Eintritt

---

[1]) K.G. 2 S. 92.

[2]) C.P.O. §. 779; K.G. 10 S. 111, 17 S. 86; Rothenburg in Gruchot 35 S. 792.

[3]) Vgl. zu den folgenden Sätzen C.P.O. §§. 728, 729, 738, 742, 744, 745, 749 nebst den darin angeführten Vorschriften, zu §. 729 Abs. 1 auch B.G.B. §. 419.

[4]) Vgl. über die Rechtsstellung des Vorerben unten S. 123.

der Ehe oder des vertragsmäßigen Güterrechts begonnenen Rechtsstreit ergangen ist, eine Vollstreckungsklausel für oder gegen den Ehemann und umgekehrt auf Grund eines Rechtsstreits des Ehemanns während einer gütergemeinschaftlichen Ehe eine in Ansehung des Gesammtguts vollstreckbare Ausfertigung des Urtheils gegen die Ehefrau nach Beendigung der Gütergemeinschaft ertheilt werden, und schließlich ist die Ertheilung einer vollstreckbaren Ausfertigung gegen den Nießbraucher eines Vermögens oder einer Erbschaft wegen einer Schuld des Bestellers oder des Erblassers zulässig, wenn diese vor der Bestellung rechtskräftig festgestellt ist. In allen diesen Fällen kommen die unter Ziff. 2 Abs. 2 erwähnten Formvorschriften in Betracht.

Für die Zwangsvollstreckung in einige Sondervermögensmassen enthält die C.P.O.[1]) besondere Vorschriften über die Frage, auf wessen Namen der vollstreckbare Schuldtitel oder die Vollstreckungsklausel lauten muß, damit die Zwangsvollstreckung zulässig ist. Zur Zwangsvollstreckung in das Vermögen eines nicht rechtsfähigen Vereins genügt ein gegen den Verein ergangenes Urtheil. Zur Zwangsvollstreckung in das Gesellschaftsvermögen ist bei einer Gesellschaft des B.G.B. ein gegen alle Gesellschafter ergangenes Urtheil, bei einer Handelsgesellschaft dagegen ein gegen die Gesellschaft gerichteter vollstreckbarer Schuldtitel erforderlich.[2]) Bei der Zwangsvollstreckung in ein einem Nießbrauch unterliegendes Vermögen bedarf es der Verurtheilung des Bestellers zu der Leistung und des Nießbrauchers zu der Duldung der Zwangsvollstreckung. Dagegen ist zur Zwangsvollstreckung in das der elterlichen Nutznießung unterliegende Vermögen des Kindes ein gegen das Kind ergangenes Urtheil genügend. Die Zwangsvollstreckung in das eingebrachte Gut der Ehefrau ist nur zulässig, wenn die Ehefrau zu der Leistung und der Ehemann zur Duldung der Zwangsvollstreckung verurtheilt ist, während zur Zwangsvollstreckung in das Gesammtgut einer gütergemeinschaftlichen Ehe ein gegen den Ehemann und bei der fortgesetzten Gütergemeinschaft ein gegen den überlebenden Ehegatten ergangenes Urtheil erforderlich und genügend ist. Von beiden Sätzen gilt eine Ausnahme für den Fall des selbständigen Betriebs eines Erwerbsgeschäfts durch die Ehefrau; in diesem Falle genügt für alle Verbindlichkeiten der Frau ein gegen die Ehefrau ergangenes Urtheil, es sei denn, daß zur Zeit des Eintritts der Rechtshängigkeit der Einspruch des Ehemanns gegen den Betrieb des Erwerbsgeschäfts oder der Widerruf seiner Einwilligung im Güterrechtsregister eingetragen war.[3]) Nach der Beendigung einer Gütergemeinschaft ist vor der Auseinandersetzung die Zwangsvollstreckung in das Gesammtgut nur zulässig, wenn beiden Ehegatten zu der Leistung oder der eine zu der Leistung und der andere zur Duldung der Zwangsvollstreckung verurtheilt sind. Zur Zwangsvollstreckung in einen Nachlaß ist, wenn mehrere Erben vorhanden sind und der Nachlaß nicht getheilt ist, ein gegen alle

---

[1]) C.P.O. §§. 735—749.

[2]) H.G.B. §. 124 Abs. 2. Vgl. ebd. §. 129 Abs. 4: „Aus einem gegen die Gesellschaft gerichteten vollstreckbaren Schuldtitel findet die Zwangsvollstreckung gegen die Gesellschafter nicht statt."

[3]) Vgl. Planck Bd. 4 S. 163 ff., S. 220 und C.P.O. §. 774.

Erben, und wenn der Nachlaß der Verwaltung eines Testamentsvollstreckers unterliegt, ein gegen diesen ergangenes Urtheil erforderlich; steht dem Testamentsvollstrecker nur die Verwaltung einzelner Nachlaßgegenstände zu, so setzt die Zwangsvollstreckung in diese die Verurtheilung des Erben zu der Leistung und des Testamentsvollstreckers zur Duldung der Zwangsvollstreckung voraus. Eine Ausnahme von den beiden letzten Sätzen gilt für die Zwangsvollstreckung wegen eines Pflichttheilsanspruchs; hierzu ist ein sowohl gegen den Erben als gegen den Testamentsvollstrecker ergangenes Urtheil erforderlich.[1])

Die nach dem Gesetze erforderliche Verurtheilung eines Betheiligten zur Duldung der Zwangsvollstreckung wird dadurch ersetzt, daß der Betheiligte in einer von einem deutschen Gericht oder einem deutschen Notar aufgenommenen Urkunde die sofortige Zwangsvollstreckung in die seinem Rechte unterworfenen Gegenstände bewilligt.[2])

4. Die Zustellung des Schuldtitels an den Schuldner spätestens mit Beginn der Zwangsvollstreckung.[3]) Das Grundbuchamt darf daher die Zwangshypothek erst eintragen, nachdem ihm die Zustellung nachgewiesen ist. Hierzu ist nicht nothwendig die Vorlage der Zustellungsurkunde erforderlich; es genügt z. B. bei Kostenfestsetzungsbeschlüssen, deren Zustellung von Amtswegen erfolgt ist, die Bescheinigung des Gerichtsschreibers, daß die Zustellung stattgefunden hat.

Regelmäßig genügt es, wenn die Zustellung gleichzeitig mit dem Beginne der Zwangsvollstreckung erfolgt. Nur Kostenfestsetzungsbeschlüsse und die oben S. 102 unter b. aufgeführten gerichtlichen oder notariellen Urkunden müssen mindestens einen Tag vor Beginn der Zwangsvollstreckung zugestellt sein.

Eine weitere Besonderheit gilt für Arrestbefehle. Diese können vor der Zustellung des Arrestbefehls vollstreckt werden; die Vollziehung ist aber ohne Wirkung, wenn die Zustellung nicht innerhalb einer Woche nach der Vollziehung und vor Ablauf von zwei Wochen nach der Verkündung des Arrestbefehls oder dessen Zustellung an den Gläubiger nachgeholt wird.[4])

Außer dem Schuldtitel selbst sind unter Umständen noch weitere Urkunden zuzustellen. Wenn die Vollstreckung von dem durch den Gläubiger zu beweisenden Eintritt einer anderen Thatsache, als einer Sicherheitsleistung, dem Eintritt eines Kalendertags oder einer Gegenleistung Zug um Zug abhängt, sowie wenn die Zwangsvollstreckung für einen Anderen als den in dem Schuldtitel bezeichneten Gläubiger oder gegen einen Anderen als den darin genannten Schuldner stattfinden

---

[1]) Vgl. noch unten S. 125 und Erl. zu §. 36 der G.B.O. über die Rechtsstellung des Testamentsvollstreckers und die Erl. zu §. 34 sowie Erl. 2 zu §. 36 der G.B.O. über das eheliche Güterrecht.

[2]) C.P.O. §. 794 Abs. 2.

[3]) Vgl. C.P.O. §§. 750, 798, 929 Abs. 3. Die Zustellung des Urtheils muß an den für die Instanz bestellten Prozeßbevollmächtigten erfolgen; vgl. R.G. in Strafsachen Bd. 16 S. 275.

[4]) Ueber eine weitere, hier nicht in Betracht kommende Ausnahme vgl. Zw.V.G. §§. 132, 133.

soll (oben S. 104 f. Abs. 4 Ziff. 2, 3), muß auch die Vollstreckungsklausel und eine Abschrift der öffentlichen oder öffentlich beglaubigten Urkunden, auf Grund deren sie ertheilt ist, spätestens mit Beginn der Vollstreckung dem Schuldner zugestellt werden.[1]) Weitere Zustellungen sind in den unten unter Ziff. 5 und 7 erörterten Fällen erforderlich.

5. Nachweis der Sicherheitsleistung des Gläubigers, von der die Vollstreckung nach dem Inhalte des Schuldtitels abhängt, durch eine öffentliche oder öffentlich beglaubigte Urkunde und Zustellung einer Abschrift dieser Urkunde.[2])

6. Ablauf des Kalendertags, von dessen Eintritte die Geltendmachung des vollstreckbaren Anspruchs abhängig ist.[3])

7. Wenn die Vollstreckung von einer Zug um Zug zu bewirkenden Leistung des Gläubigers an den Schuldner abhängt, bedarf es vor Beginn der Zwangsvollstreckung des Nachweises der Befriedigung oder des Annahmeverzugs des Schuldners durch öffentliche oder öffentlich beglaubigte Urkunden und der Zustellung einer Abschrift dieser Urkunden.[4])

8. Die Vollstreckung eines Arrestbefehls setzt ferner voraus, daß seit seiner Verkündung oder Zustellung an den Gläubiger noch nicht zwei Wochen verstrichen sind. Innerhalb dieser Frist braucht aber nach ausdrücklicher Vorschrift die Zwangshypothek nicht eingetragen, sondern nur beantragt zu sein.[5])

9. Unter Umständen müssen mit Rücksicht auf die Person des Schuldners weitere besondere Vorbedingungen erfüllt sein, z. B. wenn er eine dem aktiven Heere oder der aktiven Marine angehörende Militärperson ist, die Anzeige an die vorgesetzte Militärbehörde[6]), ferner bei Zwangsvollstreckungen gegen den Fiskus, eine Körperschaft, Stiftung oder Anstalt des öffentlichen Rechtes oder eine unter der Verwaltung einer öffentlichen Behörde stehende Körperschaft oder Stiftung die besonderen landesrechtlichen Voraussetzungen.[7])

10. Schließlich darf das Grundbuchamt auch dann die beantragte Zwangseintragung nicht vornehmen, wenn ihm eine Urkunde vorgelegt wird, auf Grund

---

[1]) Hiervon gelten hier nicht interessirende Ausnahmen für Zwangsvollstreckungen wegen Hypothekenforderungen, Grundschulden und Rentenschulden nach §§. 799, 800 der C.P.O.

[2]) C.P.O. §. 751 Abs. 2.

[3]) Ebd. Abs. 1.

[4]) C.P.O. §§. 756, 765. Vgl. R.G. 16 S. 126. Die Vollstreckungsklausel wird in diesem Falle ohne den oben erwähnten Nachweis ertheilt, es sei denn, daß die dem Schuldner Zug um Zug obliegende Leistung in der Abgabe einer Willenserklärung besteht; vgl. C.P.O. §. 726 Abs. 2 und Begr. zu §. 664 des Entw. der Novelle z. C.P.O.

[5]) C.P.O. §. 929 Abs. 2, §. 932 Abs. 3. Anders früher R.G. 26 S. 395.

[6]) C.P.O. §. 752.

[7]) Diese sind durch §. 15 Ziff 3 des E.G. z. C.P.O. aufrechterhalten. In dem Gebiete der preuß allg. Gerichtsordnung ist die Einholung der Einwilligung des Kreisausschusses, des Bezirksausschusses oder des Regierungspräsidenten oder der Anweisung des Justizministers erforderlich. Vgl A.G.O. I. 35 §. 33 und Anhang §. 242, Anhang §. 153 zu I. 24 §. 45; Verf. vom 24. März 1882, J.M.Bl. S. 59; Turnau-Förster Bd. 1 S. 782.

deren die Zwangsvollstreckung nach den Vorschriften der C.P.O. einzustellen ist. Selbst die Anordnung einer einstweiligen Einstellung ohne gleichzeitige Aufhebung der bereits erfolgten Vollstreckungsmaßregeln genügt. Da die Zwangsvollstreckung erst durch Eintragung der Zwangshypothek in das Grundbuch vollzogen wird, genügt der Eingang der die Einstellung ergebenden Urkunde vor der Eintragung.[1])

11. Nießbrauch und Pfandrecht an den Rechten an Grundstücken.

I. Nicht an allen Rechten an Grundstücken sind Nießbrauch und Pfandrecht zulässig. Zunächst kommen hier diejenigen Rechte nicht in Betracht, auf welche die sich auf Grundstücke beziehenden Vorschriften Anwendung finden, also z. B. das Erbbaurecht; sie unterliegen denselben dinglichen Rechten wie die Grundstücke selbst, können also nicht mit einem Pfandrechte, sondern mit einer Hypothek, einer Grundschuld oder einer Rentenschuld und nicht mit einem Rechtsnießbrauche, sondern mit einem Sachnießbrauche belastet werden.

Ferner scheiden die unübertragbaren Rechte aus. „An einem Rechte, das nicht übertragbar ist, kann ein Nießbrauch nicht bestellt werden" (§. 1069 Abs. 2). Etwas anders lautet die entsprechende Vorschrift bei dem Pfandrechte: „Soweit ein Recht nicht übertragbar ist, kann ein Pfandrecht an dem Rechte nicht bestellt werden" (§. 1274 Abs. 2). Dieser Unterschied in der Fassung ist indessen nach den Protokollen[2]) ohne rechtliche Bedeutung; es ist nicht etwa ein Pfandrecht an einem nur der Ausübung nach übertragbaren Rechte (wie dem Nießbrauch und, wenn die Ueberlassung gestattet ist, der beschränkten persönlichen Dienstbarkeit[3]) zugelassen, sondern nur an dem durch die Ueberlassung der Ausübung begründeten Forderungsrechte; wie dieses Forderungsrecht selbst, so ist auch das Pfandrecht an ihm nicht eintragungsfähig. Dies gilt auch dann, wenn der Berechtigte, z. B. der Nießbraucher, die Ausübung zu Pfandzwecken überläßt.

Hinsichtlich des Pfändungspfandrechts bestimmt die C.P.O. im §. 857 Abs. 3: „Ein unveräußerliches Recht ist in Ermangelung besonderer Vorschriften der Pfändung insoweit unterworfen, als die Ausübung einem Anderen überlassen werden kann." Danach kann nicht nur das durch die Ueberlassung der Ausübung entstandene Forderungsrecht des Dritten gepfändet werden, sondern auch gegen den Inhaber des unveräußerlichen Rechtes selbst eine Pfändung erfolgen, jedoch wieder nur, insoweit die Ausübung übertragbar ist. Gegenstand des Pfändungspfandrechts bildet also auch hier nur das Recht auf Ausübung; der Pfändungspfandgläubiger enthält daher ebensowenig wie jemand, dem durch Vertrag die Ausübung überlassen wird, ein

---

[1]) C.P.O. §§. 775, 776; R.G. 26 S. 395 und dazu C.P.O. §. 932 Abs. 3, R.G. 28 S. 283. Hierüber herrschte für das preußische Recht viel Streit, vgl. Achilles-Strecker S. 142 x.

[2]) P. II Bd. 3 S. 414, 517; Biermann S. 161 §. 1069 Bem. 2 und S. 298 §. 1274 Bem. 1; Turnau-Förster 1 S. 823.

[3]) B.G.B. §§. 1059, 1092; oben S. 48, 50.

dingliches Recht an der persönlichen Dienstbarkeit oder dem sonstigen unveräußerlichen Rechte. Das Pfändungspfandrecht an einem solchen Rechte ist also nicht eintragungsfähig.[1])

Demnach können Nießbrauch und Pfandrecht nur an Hypotheken, Grundschulden und Rentenschulden, außerdem regelmäßig an subjektiv-persönlichen Reallasten, wenn nicht der Anspruch auf die einzelne Leistung unübertragbar ist, und ausnahmsweise an subjektiv-persönlichen Vorkaufsrechten eingetragen werden, wenn deren Uebertragbarkeit besonders bestimmt ist. Alle übrigen Rechte sind entweder höchstpersönlich oder subjektiv-dinglich und in Folge dessen nicht übertragbar.[2])

II. Bei der Darstellung des **Inhalts** dieser Rechte sind der Nießbrauch und das auf Rechtsgeschäft beruhende Pfandrecht und das Pfändungspfandrecht auseinander zu halten.

1. Die beiden ersteren sind durch das B.G.B. geregelt; nach ihm gelten für den Nießbrauch und das Pfandrecht an Rechten die Vorschriften über den Nießbrauch und über das Pfandrecht an beweglichen Sachen nur mit Einschränkungen.[3]) Ist ein Recht, kraft dessen eine Leistung gefordert werden kann, Gegenstand des Nießbrauchs oder des Pfandrechts, so finden auf das Rechtsverhältniß zwischen dem Nießbraucher oder dem Pfandgläubiger und dem Verpflichteten die Vorschriften entsprechende Anwendung, welche im Falle der Uebertragung des Rechtes für das Rechtsverhältniß zwischen dem Erwerber und dem Verpflichteten gelten.[4]) Daneben enthält das B.G.B. noch einige Sonderbestimmungen.

a. Besondere Vorschriften über den Inhalt des Nießbrauchs giebt das B.G.B. einmal für den Nießbrauch an einer Leibrente, einem Auszug oder an einem ähnlichen Rechte, also an einer Reallast, indem es hierbei dem Nießbraucher das Recht auf alle einzelnen Leistungen gewährt, die auf Grund des Rechtes gefordert werden können,[5]) und vor allem für den Nießbrauch an Forderungen einschließlich der Hypothekenforderungen, Grundschulden und Rentenschulden.[6]) Bei diesen ist zu unterscheiden, ob die Hypothek oder Grundschuld verzinslich ist oder nicht. Letzterenfalls ist der Nießbraucher allein zur Kündigung und Einziehung an Stelle des Berechtigten berechtigt und verpflichtet und erwirbt an dem eingezogenen Kapital Eigenthum mit der Verpflichtung zum Ersatze nach Beendigung des Nießbrauchs; zu anderen Verfügungen, z. B. zu Abtretungen des belasteten Rechtes, ist er nicht befugt.[7]) Der Nießbraucher einer verzinslichen Hypothek oder Grundschuld ist dagegen

---

[1]) Förster S. 178, 263.

[2]) Vgl. oben S. 34, S. 48, S. 53, S. 56. Für Preußen kommen die subjektiv-persönlichen Wiederkaufsrechte hinzu; vgl. oben S. 53 Anm. 3.

[3]) B.G.B. §§. 1068, 1273.

[4]) Vgl. B.G.B. §§. 1070, 1275.

[5]) B.G.B. §. 1073. Vorausgesetzt ist natürlich, daß diese Rechte überhaupt übertragbar sind, denn sonst ist ein Nießbrauch unzulässig. Turnau-Förster Bd. 1 S. 458.

[6]) §§. 1074—1080.

[7]) §§. 1074, 1075.

allein lediglich zur Einziehung der Zinsen, dagegen nur in Gemeinschaft mit dem Hypotheken- oder Grundschuldgläubiger zur Kündigung und Einziehung des Kapitals berechtigt, und beide sind einander verpflichtet, hierzu sowie zur verzinslichen mündelsicheren Anlegung des eingezogenen Kapitals mitzuwirken.[1]) Demnach kann die Löschung einer Hypothek oder Grundschuld von dem Nießbraucher allein nur bewilligt werden, wenn sie unverzinslich ist. Eine Erweiterung oder Beschränkung des dinglichen Rechtes des Nießbrauchers ist nicht zugelassen.

b. Auch bei dem Pfandrechte giebt das B.G.B. für das Pfandrecht an Forderungen, einschließlich der Hypothekenforderungen, an Grundschulden und an Rentenschulden besondere Vorschriften, aber der abweichenden Festsetzung der Parteien ist ein weiter Spielraum gelassen.[2]) Bei einem Pfandrecht an einer Hypothek oder Grundschuld ist der Zeitpunkt vor und nach Eintritt der Voraussetzungen des Pfandverkaufs zu unterscheiden; letztere bestehen in der Fälligkeit der durch das Pfandrecht gesicherten Forderung, sei es ganz oder zum Theil, und in deren Uebergang in eine Geldforderung, falls sie Anfangs einen anderen Inhalt gehabt haben sollte.[3]) Bevor diese Voraussetzungen eingetreten sind, kann nur an den Pfandgläubiger und den Hypotheken- oder Grundschuldgläubiger gemeinschaftlich geleistet werden,[4]) nur bei dem Pfandrecht an einem Inhaber- oder Orderpapier (z. B. einem Grundschuldbrief auf den Inhaber) kann der Pfandgläubiger auch jetzt schon die Forderung einziehen und der Schuldner nur an ihn leisten.[5]) Nachher ist der Pfandgläubiger[6]) dagegen allein zur Einziehung der Hypothek nebst Zinsen berechtigt, soweit diese zu seiner Befriedigung erforderlich ist; statt der Einziehung kann er auch die Abtretung der Hypothek ꝛc. an Zahlungsstatt in der angegebenen Höhe fordern oder, wenn er für sie einen vollstreckbaren Schuldtitel hat, aus ihr Befriedigung nach den Regeln der Zwangsvollstreckung suchen, dagegen nicht anderweit über sie verfügen.[7]) Er kann also auch in dem letzteren Falle zwar eine Löschungsbewilligung in Höhe seiner Forderung ertheilen, die gepfändete Hypothek aber nicht ohne Weiteres auf sich oder einen Dritten umschreiben lassen; hierzu ist er, von einer Bewilligung des Gläubigers abgesehen, nur auf Grund eines diesen zur Bewilligung verurtheilenden Urtheils oder eines Beschlusses des Vollstreckungsgerichts, durch welchen ihm die Hypothek an Zahlungsstatt überwiesen wird, befugt. Alle diese Vorschriften können jedoch durch Vereinbarung zwischen

---

1) §§. 1076—1079.

2) B.G.B. §§. 1279, 1291; 1277, 1284.

3) B.G.B. §. 1228 Abs. 2.

4) Vgl. B.G.B. §§ 1281, 1285, 1288. Ueber die Kündigungsbefugniß vgl. §§. 1285, 1286, und über die mündelsichere Anlegung des eingezogenen Geldes §. 1288 Abs. 1.

5) B.G.B §. 1294.

6) „Bestehen mehrere Pfandrechte an einer Forderung, so ist zur Einziehung nur derjenige Pfandgläubiger berechtigt, dessen Pfandrecht den übrigen Pfandrechten vorgeht" (§. 1290).

7) B.G.B. §§. 1282, 1277. C.P.O. §§. 835ff. Nur wenn das verpfändete Papier ein Orderpapier ist und einen Börsen- oder Marktpreis hat, ist der Pfandgläubiger nach dem Eintritte der Verkaufsberechtigung berechtigt, das Papier nach §. 1221 verkaufen zu lassen (§. 1295).

dem Pfandgläubiger und dem Gläubiger außer Kraft gesetzt, die Rechte des ersteren also sowohl erweitert wie beschränkt werden.[1])

Ist nicht eine Forderung, einschließlich der Hypothekenforderung, eine Grundschuld oder eine Rentenschuld, sondern ein sonstiges Recht Gegenstand des Pfandrechts, so kann der Pfandgläubiger aus ihm nur auf Grund eines vollstreckbaren Schuldtitels nach den Zwangsvollstreckungsvorschriften der C.P.O. Befriedigung suchen. Aber auch für diesen Fall ist eine abweichende Bestimmung gestattet; nur eine vor dem Eintritte der Verkaufsberechtigung getroffene Vereinbarung, nach welcher dem Pfandgläubiger, falls er nicht oder nicht rechtzeitig befriedigt wird, das verpfändete Recht selbst zufallen oder übertragen werden soll, ist nichtig, und, soweit ein Verkauf des Pfandgegenstandes erfolgt, kann auf die Beobachtung der in §. 1235, §. 1237 Satz 1, §. 1240 getroffenen Formvorschriften nicht vor Eintritt der Verkaufsberechtigung verzichtet werden.[2])

2. Bei dem durch die C.P.O. geregelten Pfändungspfandrechte sind die Rechte des Pfandgläubigers verschieden, je nachdem eine Forderung, insbesondere eine Hypothekenforderung, der die Grundschulden, die Rentenschulden und die Reallasten gleich behandelt werden,[3]) oder ein sonstiges Recht Gegenstand der Pfändung ist, und bei den Forderungen wieder, je nachdem sie eine Geldzahlung zum Gegenstande haben oder eine sonstige Leistung. Bei allen Geldforderungen ist der Gläubiger befugt, nach seiner Wahl die Ueberweisung zur Einziehung oder an Zahlungsstatt bei dem Vollstreckungsgerichte zu beantragen.[4]) Bei anderen Forderungen und sonstigen Rechten (z. B. auch bei Reallasten, die auf andere Leistungen als Geld gehen) giebt es nur erstere Art der Ueberweisung.[5]) Durch die Ueberweisung an Zahlungsstatt geht die gepfändete Geldforderung „auf den Gläubiger mit der Wirkung über, daß derselbe, soweit die Forderung besteht, wegen seiner Forderung an den Schuldner als befriedigt anzusehen ist" (C.P.O. §. 835 Abs. 2); sie ist also, da sie einen Wechsel in der Person des Gläubigers, einen Uebergang der gepfändeten Geldforderung bewirkt, eintragungsfähig. Dagegen berechtigt die andere Art der Ueberweisung den Pfandgläubiger nur zur Einziehung der Forderung und ist nicht eintragungsfähig, da sie „eine Aenderung des für ihn auf Grund der Pfändung bereits eingetragenen Rechtes nicht in sich schließt."[6])

An Stelle der Ueberweisung kann das Vollstreckungsgericht eine andere Art der Verwerthung des gepfändeten Rechtes anordnen, bei Forderungen und den diesen gleichgestellten Rechten aber nur dann, wenn die gepfändete Forderung bedingt oder betagt oder schwer einziehbar ist, und nur auf Antrag und nach Anhörung des Gegners; bei anderen Rechten kann immer die Anordnung der Veräußerung des

---

[1]) B.G.B. §. 1284.
[2]) B.G.B. §. 1277.
[3]) C.P.O. §. 857 Abs. 6.
[4]) C.P.O. §. 835.
[5]) C.P.O. §. 849.
[6]) Begr. zu §. 737a des Entw. der Novelle z. C.P.O. Vgl. C.P.O. §§. 835, 836.

gepfändeten Rechtes und, wenn es unveräußerlich ist, eine sonstige besondere Anordnung getroffen werden.[1])

III. Auch bei der **Entstehung** von Nießbrauch und Pfandrecht ist das Pfändungspfandrecht von dem Nießbrauch und dem rechtsgeschäftlichen Pfandrechte getrennt zu halten.

1. Die Bestellung der letzteren erfolgt nach den für die Uebertragung des Rechtes geltenden Vorschriften.[2]) Grundsätzlich ist also nach der Regel des §. 873 Einigung und Eintragung erforderlich. Für die Belastung der Hypotheken, der Grundschulden und der Rentenschulden gelten aber die oben S. 77 ff. angeführten vielfachen Abweichungen; soweit danach für die Uebertragung dieser Rechte andere Formen vorgeschrieben sind, sind diese auch für die Belastung erforderlich und genügend. Wenn aber für die Uebertragung ein formloser Abtretungsvertrag genügt, muß bei der Bestellung eines Pfandrechts (nicht des Nießbrauchs) eine Anzeige des Gläubigers an den Schuldner hinzukommen;[3]) für das Grundbuchrecht hat diese Bestimmung nur für die Verpfändung von Rückständen an Zinsen oder anderen Nebenleistungen und von Kosten Bedeutung. Demnach ist insbesondere zur Belastung einer Brief-Hypothek oder Brief-Grundschuld die Uebergabe des Briefes und entweder die Eintragung des Nießbrauchs oder des Pfandrechts in das Grundbuch oder die Ertheilung der Belastungserklärung in schriftlicher Form erforderlich. Die Verpfändung einer für den Inhaber des Grundschuldbriefs bestellten Grundschuld erfolgt durch Uebergabe des Grundschuldbriefs an den Gläubiger und Einigung über die Entstehung des Pfandrechts.[4]) Zur Verpfändung einer Sicherungshypothek für eine Forderung aus einer Schuldverschreibung auf den Inhaber genügt die Einigung und die Uebergabe des Inhaberpapiers, und bei einer Sicherungshypothek für eine Forderung aus einem Wechsel oder einem anderen Orderpapiere gilt dasselbe, nur muß das Papier auf den Namen des Pfandgläubigers oder in blanco indossirt sein.[5])

Schließlich erwirbt auf Grund der Vorschriften der §§. 1075, 1287[6]) der Nießbraucher oder der Pfandgläubiger einer Forderung, die auf Bestellung eines Rechtes an einem Grundstücke gerichtet ist, mit der Leistung des Schuldners, also mit der Bestellung des Rechtes zu Gunsten des Gläubigers der belasteten Forderung ohne Weiteres den Nießbrauch oder ein Pfandrecht an dem bestellten Rechte.

2. Für die Entstehung eines Pfändungspfandrechts an einer Hypothekenforderung gilt die Vorschrift des §. 830 der C.P.O., welche nach §. 857 Abs. 6

---

[1]) C.P.O. §. 844, §. 857 Abs. 4. 5. Vgl. hierüber, insbesondere über die Verwerthung einer Hypothekenforderung durch Versteigerung und über ihre Umschreibung auf den Ersteher R.G. 17 S. 98, wo für letztere eine Bescheinigung des Vollstreckungsgerichts (nicht des Gerichtsvollziehers) über die Uebereignung an den Ersteher für erforderlich erklärt ist.

[2]) B.G.B. §§. 1069, 1274, 1291.

[3]) B.G.B. §. 1280.

[4]) §§. 1195, 1293, 1205.

[5]) §. 1187 Satz 3, §§. 1292, 1293.

[6]) Vgl. oben S. 52 und S. 75.

ebd. auf die Pfändung einer Reallast, einer Grundschuld oder einer Rentenschuld entsprechende Anwendung findet: „Zur Pfändung einer Forderung, für welche eine Hypothek besteht, ist außer dem Pfändungsbeschlusse die Uebergabe des Hypothekenbriefs an den Gläubiger erforderlich. Wird die Uebergabe im Wege der Zwangsvollstreckung erwirkt, so gilt sie als erfolgt, wenn der Gerichtsvollzieher den Brief zum Zwecke der Ablieferung an den Gläubiger wegnimmt. Ist die Ertheilung des Hypothekenbriefs ausgeschlossen, so ist die Eintragung der Pfändung in das Grundbuch erforderlich; die Eintragung erfolgt auf Grund des Pfändungsbeschlusses" (Abs. 1). „Wird der Pfändungsbeschluß vor der Uebergabe des Hypothekenbriefs oder der Eintragung der Pfändung dem Drittschuldner zugestellt, so gilt die Pfändung diesem gegenüber mit der Zustellung als bewirkt" (Abs. 2).

Erforderlich ist also stets der gerichtliche Pfändungsbeschluß und außerdem bei Briefhypotheken und Briefschulden die Uebergabe des Briefes an den Gläubiger oder dessen Wegnahme durch den Gerichtsvollzieher, dagegen bei Buchhypotheken, Buchgrundschulden und Reallasten die Eintragung der Pfändung in das Grundbuch, die auf Grund des Pfändungsbeschlusses erfolgt. Dieses zweite Erforderniß entspricht den Vorschriften des B.G.B. über die Abtretung der genannten Rechte, welche, wie erwähnt, auf die vertragsmäßige Bestellung eines Pfandrechts zur entsprechenden Anwendung gelangen.

Zu dem ersten Erforderniß ist zu bemerken, daß nur der Erlaß des Pfändungsbeschlusses, nicht seine Zustellung an den Drittschuldner gefordert wird. In der Begründung zu dem Entwurf eines Gesetzes, betr. Aenderungen der C.P.O. (zu §. 731) wird hierzu bemerkt: „Die Zustellung des Pfändungsbeschlusses an den Drittschuldner erfolgt auch hier gemäß §. 730 Abs. 2" (jetzt §. 829 Abs. 2) „der C.P.O. Jedoch ist von dieser Zustellung die Gültigkeit der Pfändung im Allgemeinen so wenig abhängig, wie die Wirksamkeit der Pfändung einer durch Hypothek gesicherten Forderung von der im §. 1280 des B.G.B. vorgesehenen Anzeige an den Schuldner. Der Drittschuldner ist, sei es durch die Uebergabe des Hypothekenbriefs an den Gläubiger, sei es durch die Eintragung der Pfändung genügend gesichert; von der letzteren erhält er gemäß §. 55 der G.B.O. durch das Grundbuchamt Kenntniß. Nur für die Fälle, in denen der Pfändungsbeschluß vor der Eintragung dem Drittschuldner zugestellt wird, bleibt es nach §. 731" (jetzt §. 830) „Abs. 2 in dem Sinne bei der Regel des §. 730" (jetzt §. 829) „Abs. 3, daß dem Drittschuldner gegenüber die Pfändung schon mit der Zustellung als bewirkt gilt; der letztere wird dadurch außer Stand gesetzt, noch mit Wirksamkeit an den Schuldner zu zahlen." Demnach darf das Grundbuchamt die Eintragung des Pfändungspfandrechts in das Grundbuch nicht von dem Nachweise der Zustellung des Pfändungsbeschlusses abhängig machen; es genügt dessen Vorlage, um den Eintragungsantrag des Vollstreckungsgläubigers zu rechtfertigen; nur bei Briefhypotheken und bei Briefgrundschulden muß außerdem der Brief vorgelegt werden.[1])

---

[1]) Vgl. G.B.O. §§. 42, 43.

Die Herbeischaffung dieses Briefes wird dem Gläubiger durch die Bestimmung des §. 836 Abs. 3 der C.P.O. erleichtert: „Der Schuldner ist verpflichtet, dem Gläubiger... die über die Forderung vorhandenen Urkunden herauszugeben. Die Herausgabe kann von dem Gläubiger im Wege der Zwangsvollstreckung erwirkt werden.“ Voraussetzung dieser Zwangsvollstreckung auf Erwirkung der Herausgabe der Urkunden ist, wie aus §. 836 Abs. 1, 2 der C.P.O. erhellt, der Ueberweisungsbeschluß. Der Pfändungsbeschluß genügt also nicht. Erst wenn sich der Gläubiger die Hypothekenforderung ꝛc. zur Einziehung oder an Zahlungsstatt hat überweisen lassen, kann er auf Grund dieses Beschlusses dem Schuldner den Brief durch den Gerichtsvollzieher gemäß §. 883 der C.P.O. wegnehmen lassen. Der Ueberweisungsbeschluß bildet für die Zwangsvollstreckung zur Erwirkung der Herausgabe des Briefes den Vollstreckungstitel. Hat nicht der Schuldner, sondern ein Dritter den Brief in Händen, kann der Gläubiger auf Grund des Ueberweisungsbeschlusses den Anspruch seines Schuldners gegen den Dritten auf Herausgabe geltend machen und gegen den Dritten klagen; eine besondere Ueberweisung dieses Anspruchs ist nicht erforderlich, er ist mit der Ueberweisung der Hypothekenforderung ꝛc. als mitüberwiesen anzusehen.[1]) Die Wegnahme des Briefes durch den Gerichtsvollzieher ersetzt nach §. 830 Abs. 1 Satz 2 der C.P.O. die Uebergabe des Briefes durch den Schuldner.[2])

Die obigen Regeln über die Pfändung gelten jedoch nicht ausnahmslos. Nach §. 830 Abs. 3 der C.P.O. finden die Vorschriften der Abs. 1 und 2 keine Anwendung, soweit es sich um die Pfändung der Ansprüche auf Rückstände von Zinsen oder anderen Nebenleistungen oder auf Erstattung von Kosten der Kündigung und der die Befriedigung aus dem Grundstücke bezweckenden Rechtsverfolgung handelt; wie deren Uebertragung erfolgt auch ihre Pfändung nach den allgemeinen Regeln über die Abtretung und Pfändung von Forderungen, also durch Zustellung des Pfändungsbeschlusses an den Drittschuldner. Auch die Pfändung einer Sicherungshypothek für Forderungen aus Inhaber- oder Orderpapieren erfolgt ohne Eintragung dadurch, daß der Gerichtsvollzieher diese Papiere in Besitz nimmt.[3]) Dasselbe gilt von der Grundschuld für den Inhaber des Grundschuldbriefs.[4]) Schließlich kann auch die durch eine Maximalhypothek gesicherte Forderung nach den allgemeinen Vorschriften über die Pfändung von Forderungen, also ohne Eintragung „gepfändet und überwiesen werden, wenn der Gläubiger die Ueberweisung der Forderung ohne die Hypothek an Zahlungsstatt beantragt.“[5]).

Diese Ausnahmen gelten auch für die Ueberweisung. Bei den Inhaberpapieren einschließlich der Grundschuldbriefe auf den Inhaber findet überhaupt keine

---

[1]) R.G. 21 S 364.

[2]) Vgl. C P O. §. 897.

[3]) C.P O. §. 808, § 830 Abs 3, §. 831.

[4]) B.G.B. §. 1195

[5]) C.P.O. §. 837 Abs. 3. Dies entspricht der oben S. 78 Anm. 1 erwähnten Bestimmung des §. 1190 Abs. 4 des B G B.

Ueberweisung statt und in den übrigen in dem vorigen Absatze genannten Fällen erfolgt die Ueberweisung nach der Regel des §. 835 Abs. 3 der C.P.O. durch Zustellung des Ueberweisungsbeschlusses des Vollstreckungsgerichts an den Drittschuldner. Dagegen gilt sonst für die Ueberweisung der Hypothekenforderungen, Grundschulden, Rentenschulden und Reallasten die Vorschrift des §. 837 Abs. 1 der C.P.O.: „Zur Ueberweisung einer gepfändeten Forderung, für welche eine Hypothek besteht, genügt die Aushändigung des Ueberweisungsbeschlusses an den Gläubiger. Ist die Ertheilung des Hypothekenbriefs ausgeschlossen, so ist zur Ueberweisung an Zahlungsstatt die Eintragung der Ueberweisung in das Grundbuch erforderlich; die Eintragung erfolgt auf Grund des Ueberweisungsbeschlusses." Bei Briefhypotheken und Briefgrundschulden bedarf es also nur der Aushändigung des Ueberweisungsbeschlusses an den Gläubiger, nicht dessen Zustellung an den Schuldner oder den Drittschuldner; die Uebergabe des Hypothekenbriefs ist nicht vorgeschrieben, weil sie schon zu der Pfändung erforderlich ist.[1]) Bei Briefhypotheken, Briefgrundschulden und Reallasten gilt dies nur für die Ueberweisung zur Einziehung; für die Ueberweisung an Zahlungsstatt bedarf es der Eintragung in das Grundbuch. Diese ist, wie S. 113 bereits erwähnt, bei jener Ueberweisung unzulässig. Bei der letzteren Art der Ueberweisung erfolgt sie stets lediglich auf Grund des Ueberweisungsbeschlusses, ohne daß es des Nachweises der Zustellung bedarf; dagegen ist bei Briefhypotheken und Briefgrundschulden der Brief vorzulegen.[2])

Die erwähnten Vorschriften über die Pfändung und Ueberweisung finden auch dann Anwendung, wenn die zu pfändende Hypothek, Grundschuld, Rentenschuld oder Reallast nicht auf den Namen des Vollstreckungsschuldners im Grundbuche verzeichnet steht. Es bedarf also auch in diesem Falle bei Buchhypotheken, Buchgrundschulden und Reallasten regelmäßig des Pfändungs- und Ueberweisungsbeschlusses und der Eintragung der Pfändung und der Ueberweisung an Zahlungsstatt in das Grundbuch, während bei den Briefhypotheken und Briefgrundschulden außer dem Pfändungs- und Ueberweisungsbeschlusse nur die Uebergabe des Briefes oder dessen Wegnahme durch den Gerichtsvollzieher erforderlich ist. Fraglich könnte es aber sein, wie in diesem Falle die Eintragung der Pfändung sowie der Ueberweisung an Zahlungsstatt in das Grundbuch zu erwirken ist. Diese Frage wird vor allem bei der Eigenthümerhypothek und der Eigenthümergrundschuld praktisch werden und ist für die Buchhypothek und die Buchgrundschuld von besonderer Bedeutung, weil bei ihnen die Eintragung zur Pfändung und zur Ueberweisung an Zahlungsstatt wesentlich ist. Nach §. 14 der G.B.O. kann der Gläubiger in einem derartigen Falle die Eintragung seines Schuldners als Gläubiger der Hypothek 2c. in das Grundbuch beantragen, sofern er den Uebergang der Hypothek oder der Grundschuld auf diesen durch eine öffentliche oder öffentlich beglaubigte Urkunde nachweisen kann.[3]) Weigert sich aber

---

[1]) Begr. zu §. 737a des Entw. der Novelle zur C.P.O.

[2]) G.B.O. §§. 42, 43.

[3]) Rechtspr. 1 S. 264.

der als Gläubiger Eingetragene, ihm die zu der Umschreibung erforderliche Anerkennung oder Bewilligung auszustellen, so bedarf es der Ueberweisung des Anspruchs seines Schuldners gegen den im Grundbuch eingetragenen Berechtigten auf Berichtigung des Grundbuchs, um gegen diesen klagen zu können. Da der Vollstreckungsgläubiger erst mit der Eintragung ein Pfandrecht an der Buchhypothek oder der Buchgrundschuld erlangt, steht ihm vorher kein Recht an dem Grundstück oder an einem eingetragenen Rechte zu, das ihn zur Geltendmachung des Berichtigungsanspruchs auf Grund des B.G.B. §. 894 berechtigte. Dagegen erlangt er bei der Briefhypothek oder der Briefgrundschuld mit der Uebergabe des Briefes ohne Eintragung ein Pfandrecht und kann ohne Ueberweisung des Berichtigungsanspruchs seines Schuldners kraft eigenen Rechtes gegen den zu Unrecht Eingetragenen auf Zustimmung zu einer Eintragung des Vollstreckungsschuldners als jetzigen Berechtigten klagen, auf Grund des rechtskräftigen Urtheils die Eintragung des letzteren gemäß G.B.O. §. 14 beantragen und gleichzeitig sein Pfandrecht eintragen lassen.[1])

IV. Auf die **Uebertragung eines Pfandrechts** an einer Hypothek, Grundschuld, Rentenschuld oder Reallast findet die Vorschrift des §. 873 B.G.B. keine Anwendung. Mit der Uebertragung der durch das Pfandrecht gesicherten Forderung geht auch das Pfandrecht auf den neuen Gläubiger über. Eine Form ist nicht vorgeschrieben.[2])

V. Auch auf die **Aufhebung** der Nießbrauchs- und Pfandrechte finden die Vorschriften der §§. 875, 876 keine Anwendung.[3]) Dagegen kommen die oben S. 34 ff. unter Ziff. 3 erwähnten Erlöschungsgründe der Rechte an Grundstücken auch hier in Betracht. Außerdem erlöschen

1. beide Rechte durch einseitige empfangsbedürftige Verzichts-Erklärung des Berechtigten gegenüber dem Besteller des Nießbrauchs bezw. dem Verpfänder oder gegenüber dem Inhaber des belasteten Rechtes. Bei dem Pfandrechte bedarf es außerdem der Zustimmung des Dritten, dem ein Recht an dem Pfandrechte zusteht; diese ist demjenigen gegenüber zu erklären, zu dessen Gunsten sie erfolgt, und unwiderruflich;[4])

2. beide Rechte durch Konfusion. Diese hat jedoch den Untergang der Rechte nicht zur Folge, soweit der Berechtigte, dessen Recht belastet ist, ein rechtliches Interesse an dem Fortbestehen des Nießbrauchs oder Pfandrechts hat, und solange die durch das Pfandrecht gesicherte Forderung mit dem Rechte eines Dritten belastet ist.[5]) Ein rechtliches Interesse an der Fortdauer seines Pfandrechts hat z. B. der Pfandgläubiger einer Hypothekenforderung, welcher den Hypothekengläubiger beerbt, dann, wenn an dieser Forderung noch ein jüngeres Pfandrecht besteht, welches den Berechtigten

---

[1]) Vgl. die Erl. zu §. 14 und zu §§. 40, 41 der G.B.O.

[2]) B.G.B. §§. 1273, 1250.

[3]) Vgl. Planck Erl. 8 zu §. 875, Bd. 3 S. 80.

[4]) B.G.B. §§. 1072, 1064; 1273, 1255.

[5]) B.G.B. §§. 1072, 1063; 1273, 1256.

nach dem Erlöschen des älteren Pfandrechts zur Einziehung der Hypothekenforderung berechtigen würde;[1])

3. das Pfandrecht durch Untergang der Forderung, für die es besteht, oder durch deren Uebertragung unter Ausschluß des Uebergangs des Pfandrechts.[2]) Nicht jede Befriedigung des Pfandgläubigers hat aber ein Erlöschen des Pfandrechts, sondern unter Umständen den Uebergang der Forderung nebst Pfandrecht auf den Zahlenden zur Folge; dies ist der Fall, wenn der Verpfänder, der nicht der persönliche Schuldner ist, oder derjenige, welcher durch die Veräußerung des Pfandes ein Recht an dem Pfande verlieren würde, den Pfandgläubiger befriedigt.[3])

VI. Auf Nießbrauchs- und Pfandrechte mit denen ein Recht zur Zeit des Inkrafttretens des B.G.B. belastet war, kommt auch jetzt noch das frühere Recht zur Anwendung.[4])

12. Verfügungsbeschränkungen.

I. Bereits oben S. 23ff. ist der Begriff der Verfügungsbeschränkungen und ihre Eintragungsfähigkeit erörtert worden. Dem ist hier eine Besprechung der einzelnen eintragungsfähigen Verfügungsbeschränkungen nachzufügen. Dabei ist insbesondere die für das formelle Grundbuchrecht besonders wichtige Frage zu erörtern, welche Wirkung die Verfügungsbeschränkungen hinsichtlich der Zulässigkeit weiterer Eintragungen haben, ob das Grundbuchamt die Eintragungen, welche der in seiner Verfügungsbefugniß Beschränkte bewilligt oder welche auf Grund eines gegen ihn vollstreckbaren Schuldtitels beantragt werden, vorzunehmen oder abzulehnen hat.

In dieser Hinsicht kommt zunächst die allgemeine Vorschrift des §. 878 des B.G.B. in Betracht: „Eine von dem Berechtigten in Gemäßheit der §§. 873, 875, 877 abgegebene Erklärung wird nicht dadurch unwirksam, daß der Berechtigte in der Verfügung beschränkt wird, nachdem die Erklärung für ihn bindend geworden und der Antrag auf Eintragung bei dem Grundbuchamte gestellt worden ist.“ Demnach steht grundsätzlich bei jeder auf Rechtsgeschäft beruhenden Rechtsänderung (bei der Uebertragung des Eigenthums an einem Grundstücke, bei der Belastung eines Grundstücks mit einem Rechte, bei der Uebertragung oder der Belastung eines solchen Rechtes, bei der Aufhebung des Rechtes an einem Grundstücke, bei der Aenderung des Inhalts oder des Ranges[5]) eines solchen Rechtes) eine Verfügungsbeschränkung der Wirksamkeit und der Ein-

---

[1]) B.G.B. §. 1290. Vgl. hierzu noch G.B.O. §. 27 Abs. 2.

[2]) B.G.B. §§. 1273, 1250, 1252.

[3]) B.G.B. §§. 1225, 1249.

[4]) E.G. z. B.G.B. Art. 181. Vgl. für das Gebiet des rheinischen Rechtes preuß. A.G. z. B.G.B. Art. 33 §. 4 Abs. 2.

[5]) B.G.B. §. 880 Abs. 2. Der §. 878 ist auch für entsprechend anwendbar erklärt in §. 1109 Abs. 2, §. 1116 Abs. 2, §. 1132 Abs. 2, §. 1154 Abs. 3, §. 1168 Abs. 2, §. 1180 Abs. 1, §. 1188 Abs. 1, §. 1196 Abs. 2.

tragung einer Rechtsänderung nicht entgegen, wenn sie erst nach der Bindung des Berechtigten und der Stellung des Eintragungsantrags eintritt. (Von dem Zeitpunkte der Bindung wird unter Erl. 3 zu §. 1 Abs. 1 die Rede sein.) Von besonderer Bedeutung ist diese Vorschrift für den Konkurs; eine Hypothek oder eine sonstige Last, deren Eintragung der Gemeinschuldner vor der Konkurseröffnung in bindender Weise bewilligt und beantragt hat, hat trotz des §. 15 der K.O. Wirksamkeit gegenüber den Konkursgläubigern, auch wenn sie erst nach der Konkurseröffnung in das Grundbuch eingetragen ist; mit Rücksicht auf die abweichende Ansicht des Reichsgerichts für das frühere Recht hebt die jetzige K.O. §. 15 Satz 2 dies besonders hervor, indem sie die Vorschrift des §. 878 für unberührt erklärt.[1])

Im Uebrigen ist die obige Frage nicht für alle Fälle gleich zu beantworten. In einigen ist jede Eintragung auf Grund der Bewilligung des in der Verfügung Beschränkten oder im Wege einer gegen ihn gerichteten Zwangsvollstreckung unzulässig. In anderen Fällen ist zwischen den verschiedenen Eintragungen zu unterscheiden. In der Regel steht aber die Verfügungsbeschränkung weiteren Eintragungen nicht entgegen. Der in der Verfügung Beschränkte kann sein Grundstück auflassen oder belasten; das Grundbuchamt darf die beantragten Eintragungen nicht ablehnen; es ist der Prüfung überhoben, ob diese mit der Verfügungsbeschränkung vereinbar sind oder nicht;[2]) vielmehr ist es Sache desjenigen, zu dessen Schutze die Beschränkung dient, oder der sonst an der Richtigkeit der Eintragungen rechtlich interessirt ist, die Unwirksamkeit der Eintragungen geltend zu machen und deren Beseitigung, nöthigenfalls im Prozeßwege, zu erwirken.[3]) Nur für solche Verfügungen, deren Natur der Beschränkung durch einen Endtermin widerstrebt und durch die das Recht des durch die Beschränkung Geschützten vereitelt werden würde, wird man allgemein eine Ausnahme zulassen und die Unzulässigkeit ihrer Eintragung annehmen müssen; dies gilt vor allem von der Löschung eines zu Gunsten des in der Verfügung Beschränkten eingetragenen dinglichen Rechtes, z. B. einer Hypothek.[4])

II. Als die wichtigeren in Betracht kommenden Verfügungsbeschränkungen sind zu nennen:

1. die mit dem Konkurse verbundenen. Mit der Eröffnung des Konkursverfahrens verliert der Gemeinschuldner die Befugniß, sein zur Konkursmasse gehöriges Vermögen zu verwalten und über dasselbe zu verfügen; diese Befugniß geht auf den Konkursverwalter über.[5]) Die hierin liegende Verfügungsbeschränkung dient aber nur zum Schutze des Interesses bestimmter Personen, der Konkursgläubiger, deren Befriedigung der alleinige Zweck des Verfahrens ist. Nur ihnen gegenüber

---

[1]) Vgl. Planck Bd. 3 S. 83 und R.G. 28 S. 283.

[2]) Vgl. M. z. B.G.B. Bd. 3 S. 219.

[3]) Ueber die Zulässigkeit des Berichtigungsverfahrens in diesem Falle vgl. G.B.O. §. 22 Erl. 2.

[4]) R.G. 17 S. 228; K.G. 16 S. 155.

[5]) K.O. §. 6. Vgl. ebd. §§. 7, 15.

sind die Rechtshandlungen, welche der Gemeinschuldner nach der Eröffnung des Verfahrens vorgenommen hat, und die Rechte unwirksam, welche nach diesem Zeitpunkt an den zur Konkursmasse gehörigen Gegenständen erworben sind, auch wenn der Erwerb nicht auf einer Rechtshandlung des Gemeinschuldners beruht. Es handelt sich also in diesem Falle um eine Verfügungsbeschränkung der im §. 892 des B.G.B. erwähnten Art, welche einem Erwerber, insbesondere also demjenigen gegenüber, zu dessen Gunsten der Gemeinschuldner verfügt hat, nur wirkt, wenn sie ihm bekannt oder aus dem Grundbuch ersichtlich ist, wie die Konkursordnung in den §§. 7 und 15 noch ausdrücklich hervorhebt.[1]) Deshalb verpflichtet diese das Konkursgericht, das Grundbuchamt von Amtswegen um die Eintragung der Eröffnung des Konkursverfahrens in das Grundbuch bei den Grundstücken und eingetragenen Rechten des Gemeinschuldners zu ersuchen und erklärt auch den Konkursverwalter zur Stellung des Eintragungsantrags für befugt.[2])

Durch die Konkurseröffnung verliert der Gemeinschuldner nicht das Recht, Eintragungen zu bewilligen und Auflassungen zu erklären; denn seine Rechtshandlungen sind nicht absolut, sondern nur den Konkursgläubigern gegenüber nichtig und haben im Uebrigen, namentlich für die Zeit nach Beendigung des Konkurses, Wirkung. Das Grundbuchamt darf daher die von dem Gemeinschuldner bewilligten Eintragungen, von der oben erwähnten Einschränkung abgesehen, nicht ablehnen. Hiervon gilt jedoch eine wichtige Ausnahme: „Während der Dauer des Konkursverfahrens finden Arreste und Zwangsvollstreckungen zu Gunsten einzelner Konkursgläubiger weder in das zur Konkursmasse gehörige, noch in das sonstige Vermögen des Gemeinschuldners statt. In Ansehung der zur Konkursmasse gehörigen Grundstücke, sowie der für den Gemeinschuldner eingetragenen Rechte an Grundstücken oder an eingetragenen Rechten kann während der Dauer des Konkursverfahrens eine Vormerkung auf Grund einer einstweiligen Verfügung zu Gunsten einzelner Konkursgläubiger nicht eingetragen werden." (K.O. §. 14 Abs. 1 und Abs. 2 Satz 1.) Eintragungen im Wege der Zwangsvollstreckung oder der Arrestvollziehung oder Eintragungen von Vormerkungen auf Grund einstweiliger Verfügungen sind also von dem Grundbuchamt abzulehnen, wenn sie zu Gunsten einzelner Konkursgläubiger erfolgen sollen, also zu Gunsten eines persönlichen Gläubigers, der einen zur Zeit der Eröffnung des Konkursverfahrens begründeten Vermögensanspruch an den Gemeinschuldner hat.[3]) Zu Gunsten anderer Gläubiger sind sie dagegen zulässig.[4])

2. Die Anordnung der Nachlaßverwaltung; d. i. der Nachlaßpflegschaft zum Zwecke der Befriedigung der Nachlaßgläubiger.[5]) Diese hat ähnliche Wirkungen wie

---

[1]) Anders für das frühere Recht Achilles-Strecker S. 85.

[2]) Vgl. K.O. §. 113 und über die Löschung des Vermerkes §§. 114, 116, 163, 190 sowie über die Gebührenfreiheit dieser Eintragungen und Löschungen §. 115. Vgl. auch unten die Erl. zu §. 39 der G.B.O.

[3]) K.O. §. 3.

[4]) Vgl. R.G. 28 S. 283, K.G. 10 S. 111, Turnau-Förster Bd. 1 S. 125.

[5]) B.G.B. §. 1975.

die Konkurseröffnung: „Mit der Anordnung der Nachlaßverwaltung verliert der Erbe die Befugniß, den Nachlaß zu verwalten und über ihn zu verfügen. Die Vorschriften der §§. 6, 7 der K.O. finden entsprechende Anwendung." (B.G.B. §. 1984 Abs. 1 Satz 1, 2.) Demnach sind die Rechtshandlungen, welche der Erbe nach der Anordnung der Nachlaßverwaltung in Bezug auf den Nachlaß vornimmt, den Nachlaßgläubigern gegenüber unwirksam, vorbehaltlich der Wirkung des öffentlichen Glaubens des Grundbuchs. Um diese auszuschließen, bedarf es der Eintragung der Anordnung der Nachlaßverwaltung in das Grundbuch auf Ersuchen des Nachlaßgerichts oder auf Antrag des Nachlaßverwalters.[1])

Außer dem Nachlaßverwalter, dessen Verfügungsbefugniß nach den Regeln des Vormundschaftsrechts zu beurtheilen ist,[2]) kann auch der Erbe über die Nachlaßgegenstände verfügen. Es gilt in dieser Hinsicht dasselbe wie von dem Gemeinschuldner. Anders als in dem Konkurse sind jedoch Zwangsvollstreckungen und Arreste in den Nachlaß zulässig, jedoch nicht zu Gunsten eines Gläubigers, der nicht Nachlaßgläubiger ist. Da aber ein Anspruch, der sich gegen den Nachlaß richtet, nur gegen den Nachlaßverwalter geltend gemacht werden kann, muß der vollstreckbare Schuldtitel, der während der Nachlaßverwaltung erwirkt ist, gegen diesen gerichtet sein; ein vorher gegen den Erblasser oder den Erben ergangenes Urtheil bedarf aber keiner Vollstreckungsklausel gegen den Verwalter.[3])

3. Die Beschlagnahme im Zwangsversteigerungs- oder Zwangsverwaltungsverfahren. Diese tritt ein mit der Zustellung des die Zwangsversteigerung oder die Zwangsverwaltung einleitenden Beschlusses an den Schuldner oder mit dem Zeitpunkt, in welchem das Ersuchen um Eintragung des Versteigerungsvermerkes dem Grundbuchamte zugeht, sofern auf das Ersuchen die Eintragung demnächst erfolgt, bei der Zwangsverwaltung auch mit dem Zeitpunkt, in dem der von dem Gerichte bestellte Verwalter den Besitz des Grundstücks erlangt.[4]) Sie hat die Wirkung eines Veräußerungsverbots zu Gunsten des betreibenden Gläubigers, welches, anders als sonstige Veräußerungsverbote, selbst im Konkurse wirksam bleibt.[5]) Verfügungen über das Grundstück[6]) sind dem betreibenden Gläubiger gegenüber unwirksam. Die Unwirksamkeit kann aber gegenüber einem Erwerber, der weder die

---

[1]) Vgl. Planck Bd. 5 S. 102 Erl. 2 zu §. 1983. Besonders vorgeschrieben ist die Eintragung nicht.

[2]) Er ist, wie erwähnt, ein Nachlaßpfleger. Vgl. Planck Bd. 5 S. 87, 104 ff. Ueber die Verfügungsbefugniß eines Vormundes vgl. unten Erl. 3 e β zu §. 30 der G.B.O.

[3]) Vgl. B.G.B. §. 1984 nebst den Erl. bei Planck Bd. 5 S. 103 ff. Trotz der Nachlaßverwaltung oder des Nachlaßkonkurses ist eine Zwangsvollstreckung eines Nachlaßgläubigers in das nicht zum Nachlasse gehörige Vermögen des Erben, insbesondere auch die Eintragung einer Zwangshypothek zulässig, bis der Erbe Einwendungen dagegen erhebt; vgl. C.P.O. §§. 781 ff.

[4]) Zw.V.G. §§. 22, 146, 151.

[5]) Ebd. §§. 20, 23; B.G.B. §. 135; K.O. §. 13.

[6]) Ueber die hier nicht interessirenden, von der Beschlagnahme mitumfaßten beweglichen Gegenstände vgl. Zw.V.G. §. 21, §. 22 Abs. 2, §. 23 Satz 2, §. 148.

Beschlagnahme noch den Vollstreckungsantrag kannte, nur dann geltend gemacht werden, wenn die Anordnung der Zwangsversteigerung oder Zwangsverwaltung in das Grundbuch eingetragen[1]) war. Die Eintragung dieses Vermerkes erfolgt auf Ersuchen des Vollstreckungsgerichts.[2])

Trotz der Beschlagnahme sind Eintragungen in das Grundbuch auf Bewilligung des Schuldners oder auf Grund gegen ihn gerichteter vollstreckbarer Schuldtitel zulässig.[3])

4. Die Beschränkung des Vorerben durch das Recht des Nacherben.[4]) Nach §. 2113 Abs. 1 ist die Verfügung des Vorerben über ein zur Erbschaft gehörendes Grundstück oder über ein zur Erbschaft gehörendes Recht an einem Grundstück „im Falle des Eintritts der Nacherbfolge insoweit unwirksam, als sie das Recht des Nacherben vereiteln oder beeinträchtigen würde." Davon gilt nach §. 2114 nur insofern eine Ausnahme, als der Vorerbe eine Hypothekenforderung, eine Grundschuld oder eine Rentenschuld kündigen und einziehen kann; zu anderweitigen Verfügungen ist er jedoch nicht befugt und auch bei der Einziehung kann er lediglich fordern, daß das Kapital an ihn nach Beibringung der Einwilligung des Nacherben gezahlt oder daß es für ihn und den Nacherben hinterlegt wird. Von dieser Verfügungsbeschränkung kann jedoch der Erblasser den Vorerben befreien, sei es indem er ihm ausdrücklich die Befugniß zur Verfügung über die Grundstücke und die Rechte an Grundstücken einräumt, oder indem er allgemein bestimmt, daß er „zur freien Verfügung über die Erbschaft" berechtigt sein soll, oder indem er den Nacherben auf dasjenige einsetzt, was von der Erbschaft bei dem Eintritte der Nacherbfolge übrig sein wird. Nur zu unentgeltlichen

---

[1]) Zw.V.G. §. 23 Abs. 2, B.G.B. §. 135 Abs. 2, §. 892. Vgl. auch die Ausnahmevorschrift des Zw.V.G. §. 26, wonach eine nach der Beschlagnahme bewirkte Veräußerung des Grundstücks auf den Fortgang des Verfahrens keinen Einfluß hat, wenn die Zwangversteigerung wegen eines Anspruchs aus einem eingetragenen Rechte angeordnet ist.

[2]) Zw.V.G. §§. 19, 146. Vgl. unten Erl. 1b zu §. 39 der G.B.O.

[3]) Vgl. Zw.V.G. §. 10 Ziff. 6, §. 26, §. 55 Abs. 2, §. 67 Abs. 2, §. 68 Abs. 3.

[4]) Die Nacherbfolge beruht nicht nothwendig auf ausdrücklicher Anordnung des Erblassers. Das B.G.B. kennt eine Reihe von Fällen, in denen auch ohne eine solche Anordnung eine Nacherbeinsetzung anzunehmen ist, sofern nicht ein entgegenstehender Wille des Erblassers erhellt, insbesondere wenn eine zur Zeit des Erbfalls noch nicht erzeugte Person oder eine noch nicht bestehende juristische Person als Erbe eingesetzt ist, oder wenn der Erbe die Erbschaft mit dem Eintritt eines bestimmten Zeitpunkts oder Ereignisses einem Anderen herausgeben oder wenn der Erbe nur bis zum Eintritt eines bestimmten Zeitpunkts oder Ereignisses Erbe sein oder erst mit diesem die Erbschaft erhalten soll ꝛc. In den beiden letzten Fällen treten die gesetzlichen Erben als Nacherben oder als Vorerben ein. Vgl. B.G.B. §§. 2101, 2103, 2104, 2105. Die Einsetzung einer noch nicht erzeugten Person kommt besonders häufig in der Gestalt vor, daß der Erblasser sämmtliche Kinder eines Anderen, auch die zur Zeit des Erbfalls noch nicht erzeugten, zu Erben einsetzt. Vgl. Planck Bd. 5 S. 274 Erl. 1 zu §. 2101. Dagegen liegt im Zweifel keine Nacherbfolge vor, wenn die Ehegatten in einem Erbvertrag oder in einem gemeinschaftlichen Testamente sich gegenseitig zu Erben eingesetzt und bestimmt haben, daß nach dem Tode des Ueberlebenden der beiderseitige Nachlaß an einen Dritten fallen soll; der Dritte gilt vielmehr für den gesammten Nachlaß als Erbe des zuletzt versterbenden Ehegatten. B.G.B. §§. 2269, 2280.

Verfügungen (mit Ausnahme der Schenkungen, durch die einer sittlichen Pflicht oder einer auf den Anstand zu nehmenden Rücksicht entsprochen wird) kann der Erblasser den Vorerben nicht ermächtigen; und selbst wenn dem Vorerben die weiteste Verfügungsbefugniß eingeräumt ist, ist dennoch eine Verfügung, die im Wege der Zwangsvollstreckung oder der Arrestvollziehung oder durch den Konkursverwalter erfolgt, im Falle des Eintritts der Nacherbfolge insoweit unwirksam, als sie das Recht des Nacherben vereiteln oder beeinträchtigen würde, es sei denn, daß der Anspruch eines Nachlaßgläubigers oder ein an einem Erbschaftsgegenstande bestehendes Recht geltend gemacht wird, das im Falle des Eintritts der Nacherbfolge dem Nacherben gegenüber wirksam ist.[1]) Diese letztere Vorschrift bedeutet, daß die dem Vorerben von dem Erblasser eingeräumte freie Verfügungsbefugniß nur dem Vorerben selbst, nicht seinen Gläubigern zusteht, daß deshalb Zwangsvollstreckungen u. a. in die Nachlaßgegenstände regelmäßig nur zu Gunsten der Nachlaßgläubiger und nur dann zu Gunsten der Gläubiger des Vorerben erfolgen dürfen, wenn sie deren Befriedigung wegen eines Rechtes bezwecken, welches der Vorerbe innerhalb der Grenzen seiner Verfügungsgewalt oder mit Zustimmung des Nacherben an dem Erbschaftsgegenstande bestellt hat.[2])

Andererseits kann der Vorerbe die ihm kraft Gesetzes oder auf Grund besonderer Anordnung des Erblassers zustehende Verfügungsbefugniß verlieren, indem die Verwaltung der Erbschaft einem von dem Gerichte zu bestellenden Verwalter übertragen wird. Dies ist nur dann zulässig, wenn durch das Verhalten des Vorerben oder durch seine ungünstige Vermögenslage die Besorgniß einer erheblichen Verletzung der Rechte des Nacherben begründet wird, der Nacherbe daraufhin Sicherheitsleistung gefordert und eine rechtskräftige Verurtheilung des Vorerben zur Sicherheitsleistung erzielt, alsdann aber nach fruchtlosem Ablaufe der für die Sicherheitsleistung bestimmten Frist statt dieser die Bestellung eines Verwalters verlangt hat.[3]) Da der Vorerbe kraft Gesetzes zur Verfügung über die Nachlaßgrundstücke und die Rechte an ihnen nicht befugt ist, kann diese Entziehung der Verwaltung hauptsächlich nur dann praktische Bedeutung für das Grundbuchrecht haben, wenn der Erblasser dem Vorerben zwar die Verfügung über jene Gegenstände eingeräumt, ihn aber von der Verpflichtung zur Sicherheitsleistung nicht entbunden und die Bestellung eines Verwalters nicht für unzulässig erklärt hat. Denn auch von dieser Beschränkung kann der Erblasser den Vorerben befreien, sei es ausdrücklich oder stillschweigend durch die oben erwähnten allgemeinen Anordnungen.[4])

Alle die erwähnten Beschränkungen des Vorerben bestehen nur zu Gunsten des Nacherben; nur soweit die Verfügungen das Recht des Nacherben vereiteln oder

---

[1]) B.G.B. §§. 2136, 2137, §. 2113 Abs. 2, §. 2115.

[2]) Vgl. Planck Bd. 5 S. 293 ff. Damit steht die Vorschrift der C.P.O. §. 326 über die Wirkung eines zwischen den Vorerben und einem Dritten ergangenen Urtheils für oder gegen den Nacherben im Einklange.

[3]) §§. 2128, 2129, 1052.

[4]) §§. 2136, 2137.

beeinträchtigen würden, sind sie im Falle des Eintritts der Nacherbfolge unwirksam. Außerdem betont das B.G.B.[1]) auch bei diesen Beschränkungen ausdrücklich: „Die Vorschriften zu Gunsten derjenigen, welche Rechte von einem Nichtberechtigten herleiten, finden entsprechende Anwendung." In Folge dessen bedarf es der Eintragung des Rechtes des Nacherben in das Grundbuch, um der Verfügungsbeschränkung gegen gutgläubige Dritte Wirkung zu verschaffen; und zwar ist nach besonderer Vorschrift des §. 52 der G.B.O. bei der Eintragung des Vorerben als Eigenthümer oder sonstigen Berechtigten in das Grundbuch „von Amtswegen" zugleich das Recht des Nacherben und die etwaige Befreiung des Vorerben von den Beschränkungen seines Verfügungsrechts einzutragen. Dies gilt selbst dann, wenn dem Vorerben die freieste Verfügungsbefugniß eingeräumt ist, weil auch in diesem Falle die oben erwähnten Beschränkungen hinsichtlich der Schenkungen und der Verfügungen durch den Konkursverwalter oder im Wege der Zwangsvollstreckung und Arrestvollziehung bestehen bleiben.[2])

Durch die Verfügungsbeschränkungen des Vorerben werden Eintragungen in das Grundbuch auf Grund seiner Bewilligung oder auf Grund gegen ihn vollstreckbarer Schuldtitel nicht gehindert, denn diese sind nicht von vornherein nichtig, sondern haben bis zum Eintritte des Falles der Nacherbfolge Gültigkeit; erst mit diesem verlieren sie ihre Wirkungen, soweit sie sonst das Recht des Nacherben schmälern würden. Sie sind also auflösend bedingt.[3]) Hat der Vorerbe, dessen Verfügungsbeschränkung aus dem Grundbuche nicht hervorging, ein Nachlaßgrundstück an einen schlechtgläubigen Dritten aufgelassen oder zu dessen Gunsten eine sonstige Verfügung getroffen, so kann der Nacherbe vor dem Eintritte des Nacherbfalls die Eintragung eines Widerspruchs erwirken, weil das Recht des Dritten als unbedingtes eingetragen, aber auflösend bedingt ist.

5. Die Beschränkung des Erben durch Ernennung eines Testamentsvollstreckers. „Ueber einen der Verwaltung des Testamentsvollstreckers unterliegenden Nachlaßgegenstand kann der Erbe nicht verfügen. Die Vorschriften zu Gunsten derjenigen, welche Rechte von einem Nichtberechtigten herleiten, finden entsprechende Anwendung." (B.G.B. §. 2211.) Auch hier bedarf es wieder der Eintragung der Ernennung des Testamentsvollstreckers in das Grundbuch, um der Verfügungsbeschränkung des Erben gegen redliche Erwerber Wirkung zu verschaffen, und auch in diesem Falle erfolgt die Eintragung von Amtswegen bei der Eintragung des Erben, „es sei denn, daß der Nachlaßgegenstand der Verwaltung des Testamentsvollstreckers nicht unterliegt."[4]) Nicht immer steht nämlich dem Testamentsvollstrecker die Verwaltung des ganzen Nachlasses zu. Regelmäßig gilt allerdings B.G.B

---

[1]) §. 2113 Abs. 3, §. 2129 Abs. 2.

[2]) Vgl. Planck Bd. 5 S. 295 Erl. 3 zu §. 2115.

[3]) Vgl. Planck Bd. 5 S. 271 und S. 294 Erl. 2. Nach der C.P.O. §. 773 „soll" aber ein Gegenstand, der zu einer Vorerbschaft gehört, „nicht im Wege der Zwangsvollstreckung veräußert oder überwiesen werden, wenn die Veräußerung oder die Ueberweisung im Falle des Eintritts der Nacherbfolge nach §. 2115 des B.G.B. dem Nacherben gegenüber unwirksam ist."

[4]) G.B.O. §. 53.

§. 2205: „Der Testamentsvollstrecker hat den Nachlaß zu verwalten. Er ist insbesondere berechtigt, den Nachlaß in Besitz zu nehmen und über die Nachlaßgegenstände zu verfügen. Zu unentgeltlichen Verfügungen ist er nur berechtigt, soweit sie einer sittlichen Pflicht oder einer auf den Anstand zu nehmenden Rücksicht entsprechen." Nach §. 2208 hat aber der Testamentsvollstrecker diese Rechte nicht, „soweit anzunehmen ist, daß sie ihm nach dem Willen des Erblassers nicht zustehen sollen. Unterliegen der Verwaltung des Testamentsvollstreckers nur einzelne Nachlaßgegenstände, so stehen ihm die im §. 2205 Satz 2 bestimmten Befugnisse nur in Ansehung dieser Gegenstände zu." Die Beschränkung der Verwaltungs- und damit der Verfügungsbefugniß des Testamentsvollstreckers auf einzelne Nachlaßgegenstände tritt danach durch besondere Anordnung des Erblassers ein. Außerdem erlischt diese Befugniß hinsichtlich derjenigen Gegenstände, die er dem Erben auf dessen Verlangen zur freien Verfügung überlassen muß, weil er ihrer zur Erfüllung seiner Obliegenheiten offenbar nicht bedarf, mit der Ueberlassung.[1]) Verbindlichkeiten darf der Testamentsvollstrecker für den Nachlaß regelmäßig nur insoweit eingehen, als die Eingehung zur ordnungsmäßigen Verwaltung erforderlich ist, eine Verbindlichkeit zur Verfügung über einen Nachlaßgegenstand aber auch dann, wenn er zu der Verfügung berechtigt ist.[2]) Der Erblasser kann ihn jedoch zur unbeschränkten Eingehung von Verbindlichkeiten für den Nachlaß, von Schenkungen abgesehen, ermächtigen und zwar auch stillschweigend dadurch, daß er ihm schlechthin die Verwaltung des Nachlasses überträgt.[3])

Da, wie erwähnt, der Erbe über die der Verwaltung des Testamentsvollstreckers unterliegenden Nachlaßgegenstände nicht verfügen kann, so verhindert diese Verfügungsbeschränkung, abweichend von den bisher erwähnten, jede Eintragung auf Grund einer Bewilligung des Erben oder auf Grund eines gegen ihn vollstreckbaren Schuldtitels.[4])

6. Die Beschränkungen durch aufschiebende oder auflösende Bedingungen oder durch Befristungen. Deren Hinzufügung ist zwar grundsätzlich bei allen Rechten an Grundstücken zulässig, auch das Eigenthum kann bedingt oder befristet sein; vor allem kann der Erblasser das Eigenthumsrecht des Erben an den Nachlaßgrundstücken dadurch beschränken, daß er für den Fall des Eintritts einer Bedingung oder Befristung einen Nacherben beruft. Als eine Einsetzung eines Nacherben ist es insbesondere auch anzusehen, wenn der Erblasser angeordnet hat, daß der Erbe mit dem Eintritt eines bestimmten Zeitpunkts oder Ereignisses die Erbschaft einem Anderen herausgeben soll, oder daß er nur bis zu dem Eintritt eines bestimmten Zeitpunkts oder Ereignisses Erbe sein oder erst mit diesem Eintritt die Erbschaft erhalten soll; in Ermangelung

---

[1]) §. 2217.

[2]) §. 2206 Abs. 1.

[3]) §§. 2207, 2209.

[4]) Vgl. C.P.O. §. 327, §. 728 Abs. 2, §§. 748, 749, und über den Inhalt der beiden letzteren Paragraphen oben S. 108. S. auch Rechtspr. 1 S. 410 über die Wirkung der Eintragung, daß ein Testamentsvollstrecker ernannt ist, auf eine vorher eingetragene Vormerkung zur Sicherung des Anspruchs auf Auflassung.

einer anderen Bestimmung sind die gesetzlichen Erben letzterenfalls die Vorerben und in dem vorhergehenden Falle die Nacherben.[1])

Nur die rechtsgeschäftliche Eigenthumsübertragung unter einer Bedingung oder Befristung ist unzulässig; §. 925 Abs. 2 bestimmt ausdrücklich: „Eine Auflassung, die unter einer Bedingung oder einer Zeitbestimmung erfolgt, ist unwirksam." Insoweit stimmt das neue Recht mit dem bisherigen preußischen Rechte überein.[2]) Aber während das Kammergericht nach diesem durch Eintragung einer Verfügungsbeschränkung gemäß §. 11 des preuß. Eig.Erw.Ges. dem obligatorischen Anspruch auf Auflassung im Falle des Eintritts des Termins oder der Bedingung Wirkung gegen Dritte verschaffen wollte, ermöglicht das B.G.B. dies durch die Vormerkung; der im Falle des Eintritts der Bedingung oder des Termins Berechtigte kann seinen obligatorischen Anspruch auf Uebertragung des Eigenthums durch Eintragung einer Vormerkung sichern, welche eine ähnliche dingliche Bindung bewirkt, wie die Bedingung oder Befristung.[3])

Ebenso wie die Auflassung ist auch die Uebertragung eines Erbbaurechts, eines Erbpachtrechts und eines Abbaurechts unter einer Bedingung oder Befristung nach §. 1017 Abs. 2 ausgeschlossen. Dagegen ist die Bestellung des Erbbaurechts und Abbaurechts unter einer Bedingung oder Befristung zulässig; denn im §. 1015 ist nur die Vorschrift des §. 925 Abs. 1, nicht die des Abs. 2 wiederholt.

Die Folgen dieser Beschränkungen ergeben sich aus §§. 161, 163 des B.G.B.; Verfügungen desjenigen, dessen Recht mit dem Eintritte der Bedingung oder des Termins endigt, einschließlich der Verfügungen im Wege der Zwangsvollstreckung, der Arrestvollziehung und durch den Konkursverwalter, sind im Falle des Eintritts der Bedingung oder des Termins insoweit unwirksam, als sie die von der Bedingung abhängige Wirkung vereiteln oder beeinträchtigen würden. §. 161 Abs. 3 enthält aber wieder den Zusatz: „Die Vorschriften zu Gunsten derjenigen, welche Rechte von

---

[1]) Vgl. B.G.B. §§. 2103—2105, oben S. 123 Ziff. 4, insbes. Anm. 4

[2]) K.G. 17 S. 41. Ueber die Zulässigkeit einer Auflassung unter einer Rechtsbedingung vgl. Rechtsspr. 2 S. 1.

[3]) Dies gilt nach ausdrücklicher Vorschrift des Art. 25 des preuß. A.G. z. B.G.B. auch für das Gebiet des Rheinischen Rechtes, welches zahlreiche Fälle kannte, in denen die rechtsgeschäftliche Eigenthumsübertragung, sei es auf die Klage des Veräußerers oder seiner Erben durch Urtheil, sei es unmittelbar kraft Gesetzes mit rückwirkender Kraft wiederaufgehoben wird. Für alle diese Fälle bestimmt Art. 25 in Abänderung des §. 7 des Gesetzes vom 12. April 1888: „Steht im bisherigen Geltungsbereiche des Rheinischen Rechtes dem früheren Eigenthümer eines Grundstücks auf Grund eines Rechtsgeschäfts, durch welches das Grundstück veräußert worden ist, ein Recht zu, vermöge dessen bei dem Eintritt eines bestimmten Umstandes das Eigenthum an dem Grundstücke mit rückwirkender Kraft auf ihn zurückfällt, so verwandelt sich das Rückfallsrecht zu der Zeit, zu welcher das Grundbuch als angelegt anzusehen ist, in einen Anspruch auf Rückübertragung des Eigenthums und Befreiung des Grundstücks von den dem Rückfallsberechtigten gegenüber nicht wirksamen Belastungen. Diejenigen, gegen welche sich der Anspruch richtet, sind verpflichtet, die Eintragung einer Vormerkung zur Sicherung des Anspruchs zu bewilligen." Um eine nochmalige Eintragung in das Grundbuch zu vermeiden, fügt Abs. 2 ebd. hinzu: „Die vor der im Abs. 1 bezeichneten Zeit erfolgte Eintragung des Rückfallrechts gilt als Eintragung einer Vormerkung."

einem Nichtberechtigten herleiten, finden entsprechende Anwendung"; es bedarf also der Eintragung der Beschränkung in das Grundbuch, um ihr gegenüber gutgläubigen Dritten Wirkung zu verschaffen.

Ueber die Zulässigkeit von Eintragungen auf Grund der Bewilligung des durch die Bedingung und die Befristung Beschränkten oder auf Grund eines gegen diesen vollstreckbaren Schuldtitels gilt dasselbe wie bei dem Vorerben (S. 125; vgl. auch S. 120).

7. Die durch die Rechtshängigkeit begründete Verfügungsbeschränkung. Diese besteht zwar nicht in der Unveräußerlichkeit der in Streit befangenen Sache oder des geltend gemachten Anspruchs, wohl aber darin, daß diese in Folge der Ausdehnung der Wirkungen des rechtskräftigen Urtheils auf die nach der Rechtshängigkeit eingetretenen Rechtsnachfolger der Parteien nur unter Wahrung dieser Wirkungen veräußert werden können. Hierbei gilt aber die Einschränkung: „Die Vorschriften des bürgerlichen Rechtes zu Gunsten derjenigen, welche Rechte von einem Nichtberechtigten herleiten, finden entsprechende Anwendung."[1]) Erwirbt Jemand ein eingetragenes Recht im Laufe eines Rechtsstreits über dessen Bestehen, Umfang oder Rang, so kann er sich auf den öffentlichen Glauben des Grundbuchs berufen und braucht das gegen seinen Rechtsvorgänger ergangene Urtheil nicht gegen sich gelten zu lassen, wenn die Rechtshängigkeit zur Zeit seines Erwerbs weder aus dem Grundbuch ersichtlich noch ihm bekannt war. In dem gleichen Falle wirkt auch bei einer Veräußerung des belasteten Grundstücks nach dem Eintritte der Rechtshängigkeit das Urtheil über ein dingliches Recht an dem Grundstücke nicht gegen den Erwerber, es sei denn, daß das Urtheil einen Anspruch aus einer eingetragenen Reallast, Hypothek, Grundschuld oder Rentenschuld betrifft; letzterenfalls hat es in Ansehung des Grundstücks gegen den Erwerber auch dann Wirkung, wenn dieser die Rechtshängigkeit nicht gekannt hat.[2]) In den übrigen Fällen erlangt die Rechtshängigkeit erst durch die Eintragung in das Grundbuch absolute Wirkung. Voraussetzung der Eintragung ist die Bewilligung des eingetragenen Berechtigten oder eine einstweilige Verfügung auf Grund des §. 938 der C.P.O.[3])

Zu beachten ist, daß durch diese Eintragung nur die im §. 325 Abs. 1 der C.P.O. angeordnete Wirkung des rechtskräftigen Urtheils für und gegen die nach Beginn der Rechtshängigkeit eingetragenen Rechtsnachfolger absolute Kraft erlangt. Keineswegs genügt diese Eintragung um einem Urtheil gegen eine Person Wirkung zu verschaffen, gegen die es nach §. 325 Abs. 1 nicht wirksam ist. Ein rechtskräftiges Urtheil über einen lediglich obligatorischen Anspruch auf Uebertragung des Eigenthums oder auf Bestellung eines dinglichen Rechtes an einem Grundstücke wirkt nach §. 325 Abs. 1 nicht gegen denjenigen, der nach dem Eintritte der Rechtshängigkeit das Grundstück erworben hat, selbst wenn er diese gekannt haben sollte; die Rechts-

---

[1]) C.P.O. §§. 265, 325.

[2]) C.P.O. §. 325 Abs. 3.

[3]) M. z. B.G.B. Bd. 3 S. 217. Planck Bd. 3 S. 68.

hängigkeit ist daher auch in diesem Falle nicht eintragungsfähig. Anders ist es, wenn der obligatorische Anspruch durch eine Vormerkung gesichert ist; dann ist die Eintragung der Rechtshängigkeit zulässig und andererseits auch erforderlich, um die Wirkungen der Rechtskraft gegen einen gutgläubigen Erwerber des Grundstücks zu erhalten. Die Vormerkung allein verschafft, ebenso wie ein Widerspruch oder die Eintragung eines dinglichen Rechtes selbst, zwar dem vorgemerkten Anspruch oder dem eingetragenen Rechte dingliche Wirksamkeit, sodaß der Erwerber des Grundstücks diese anerkennen muß, aber es würde — von der oben erwähnten Ausnahme für Ansprüche aus eingetragenen Hypotheken, Grundschulden und Reallasten abgesehen — eines neuen Rechtsstreits gegen ihn bedürfen, wenn die Rechtshängigkeit ihm weder bekannt noch aus dem Grundbuch ersichtlich wäre, während im umgekehrten Falle das gegen den Vorgänger erwirkte Urtheil unmittelbar gegen den Rechtsnachfolger wirksam und vollstreckbar ist.

Auch durch diese Verfügungsbeschränkung werden Eintragungen auf Grund einer Bewilligung des in der Verfügung Beschränkten oder auf Grund eines gegen ihn vollstreckbaren Schuldtitels nicht gehindert.

8. Die Eigenschaft eines Grundstücks oder eines Gutes als Lehns-, Meier-, Erbzins- oder Erbleihegut oder als ein sonstiges Gut, an dem ein Obereigenthum besteht, als Erbpacht- oder als Familienfideikommißgut ist nach Art. 15 des preuß. A.G. z. G.B.O. als Verfügungsbeschränkung einzutragen, während der jeweilig zu Besitz und Nutzung Berechtigte, also der Untereigenthümer, als Eigenthümer zu buchen ist. Entsprechendes gilt von den zu einem derartigen Vermögensverbande gehörigen Rechten.[1])

Auch daß ein allodifizirtes Lehen noch einmal nach Lehenrecht vererbt, ist eine Verfügungsbeschränkung des Eigenthümers.

Dasselbe gilt von der Eigenschaft eines Gutes als Stammgut.

9. Schließlich können auch durch Anordnungen der Gerichte oder anderer zuständiger Behörden Verfügungsbeschränkungen im Interesse bestimmter Personen geschaffen werden, vor allem durch Erlaß von Veräußerungsverboten. Die von einem Gericht oder von einer anderen Behörde innerhalb ihrer Zuständigkeit erlassenen Veräußerungsverbote haben die Wirkung, daß die dagegen verstoßenden Verfügungen, einschließlich der im Wege der Zwangsvollstreckung oder Arrestvollziehung erfolgenden,[2]) denjenigen Personen gegenüber unwirksam sind, deren Schutz das Verbot bezweckt; jedoch finden die Vorschriften zu Gunsten derjenigen, welche Rechte von einem Nichtberechtigten herleiten, entsprechende Anwendung.[3]) Nur durch Eintragung in das Grundbuch erhalten also diese Verbote Wirkung gegen gutgläubige Dritte. Beispiele bilden die einstweiligen Verfügungen, durch welche nicht die Eintragung einer Vormerkung oder eines Widerspruchs angeordnet, sondern die Veräußerung, Belastung

[1]) Ebd. Art. 15 Abs. 2.

[2]) Dagegen sind diese Veräußerungsverbote den Konkursgläubigern gegenüber unwirksam (K.O. §. 13).

[3]) B.G.B §§. 135, 136.

oder Verpfändung eines Grundstücks oder eines eingetragenen Rechtes untersagt wird,[1]) das nach dem Antrag auf Eröffnung des Konkursverfahrens vor der Entscheidung über diesen Antrag zulässige allgemeine Veräußerungsverbot,[2]) die Beschlagnahme des im deutschen Reiche befindlichen Vermögens eines abwesenden Angeschuldigten, falls diese nicht auf Grund der §§. 332 ff. der St.P.O. an Stelle seiner Verhaftung, sondern zur Deckung der Staatskasse wegen der ihn möglicher Weise treffenden höchsten Geldstrafe und der Kosten des Verfahrens auf Grund der §§. 325, 326 ebd. geschieht, da in diesem Falle die Verfügungen des Angeschuldigten nur der Staatskasse gegenüber nichtig sind. Dagegen gehört der Arrestbefehl nicht hierher, da er nur durch Eintragung einer Sicherungshypothek oder durch Pfändung beweglicher Gegenstände vollzogen wird.[3])

Beispiele anderer behördlicher Verfügungsbeschränkungen aus dem Gebiete des preußischen Rechtes sind in der preuß. Allg. Verf. §. 11 Ziff. 2 erwähnt.

Auch diese Veräußerungsverbote stehen Eintragungen auf Grund von Bewilligungen des durch sie Beschränkten oder auf Grund gegen ihn ergangener Urtheile oder anderer vollstreckbarer Schuldtitel nicht entgegen. Soweit der Erwerb eines eingetragenen Rechtes oder eines Rechtes an einem solchen Rechte gegenüber demjenigen, zu dessen Gunsten das Veräußerungsverbot erlassen ist, unwirksam ist, kann dieser von dem Erwerber die Zustimmung zu der Eintragung oder der Löschung verlangen, die zur Verwirklichung des durch das Veräußerungsverbot gesicherten Anspruchs erforderlich ist.[4])

III. Für die Uebergangszeit gilt Art. 168 des E.G. z. B.G.B.: „Eine zur Zeit des Inkrafttretens des B.G.B. bestehende Verfügungsbeschränkung bleibt wirksam, unbeschadet der Vorschriften des B.G.B. zu Gunsten derjenigen, welche Rechte von einem Nichtberechtigten herleiten."

13. Widersprüche und Vormerkungen.

I. Von dem Begriffe der Widersprüche und der Vormerkungen und ihrer Zulässigkeit im Allgemeinen ist bereits oben S. 25 ff. die Rede gewesen. An anderen Stellen sind auch schon einige besondere Fälle hevorgehoben, z. B. S. 70 die Widersprüche zur Erhaltung von Einreden gegenüber einer Hypothek oder einer Grund-

---

[1]) C.P.O. §. 938 Abs. 2.

[2]) K.O. §§. 106, 113. Ueber die Eintragung dieses allgemeinen Veräußerungsverbots gilt dasselbe wie über die Eintragung des Konkursvermerkes, vgl. oben S. 121 und Erl. 1d zu §. 39.

[3]) C.P.O. §§. 930, 932.

[4]) B.G.B. §. 888 Abs. 2 (unten §. 22 Erl. 2). Vgl. auch C.P.O. §. 772, wonach der Gegenstand, auf welchen sich das Veräußerungsverbot bezieht, wegen eines persönlichen Anspruchs oder auf Grund eines in Folge des Verbots unwirksamen Rechtes nicht im Wege der Zwangsvollstreckung veräußert oder übertragen werden soll.

schuld, S. 71 die Vormerkung zur Sicherung des Anspruchs auf Löschung einer Hypothek oder einer Grundschuld, wenn diese sich mit dem Eigenthum in einer Person vereinigt. Weitere besondere Fälle der Vormerkungen und Widersprüche ergeben sich aus einzelnen Bestimmungen der G.B.O.[1]) Schließlich finden sich auch in den Landesgesetzen besondere Fälle der Vormerkungen und der Widersprüche innerhalb des Bereichs der jenen vorbehaltenen Sonderrechte.[2])

Zweifelhaft ist die Zulässigkeit einer Vormerkung zum Schutze eines Wiederkaufsrechts des B.G.B., welches, wie oben S. 20 bereits erwähnt, rein obligatorisch ist. Die herrschende Meinung läßt eine Vormerkung zur Sicherung der aus dem Vorbehalte des Wiederkaufsrechts für den Verkäufer entstehenden Ansprüche zu.[3]) Dies ist nur für den Fall richtig, daß dem Verkäufer auf Grund des Wiederkaufsrechts ein (durch die empfangsbedürftige formlose Erklärung des Verkäufers, daß er das Wiederkaufsrecht ausübe[4]) bedingter Anspruch auf Rückauflassung des verkauften Grundstücks oder auf Rückübertragung des sonstigen Kaufgegenstandes zustehen sollte; und ob dies nach den Vorschriften des B.G.B. anzunehmen ist, erscheint bedenklich.[5]) Indessen da diesen Vorschriften eine bestimmte theoretische Auffassung von dem Wesen des Wiederkaufsrechts nicht zu Grunde liegt und jede juristische Konstruktion mit der einen oder der anderen Vorschrift nicht recht verträglich ist, die Bejahung der obigen Frage aber einem praktischen Bedürfniß entspricht, wird die Praxis sich wohl trotz der Bedenken der herrschenden Meinung anschließen. Nach der Erklärung des Verkäufers, daß er das Wiederkaufsrecht ausübe, besteht zweifellos ein Anspruch auf Auflassung oder auf Uebertragung des Kaufgegenstandes, der durch eine Vormerkung gesichert werden kann; denn mit dieser Erklärung kommt der Wiederkauf zu Stande.

II. **Die Voraussetzungen der Eintragung der Vormerkungen und Widersprüche** sind

1. regelmäßig eine einstweilige Verfügung oder die Bewilligung desjenigen, dessen Grundstück oder dessen Recht von der Vormerkung oder dessen Recht durch die Berichtigung des Grundbuchs betroffen wird. Zur Erlassung der einstweiligen

---

[1]) Vgl. G.B.O. §. 18 (Vormerkung oder Widerspruch zur Wahrung der Priorität eines beanstandeten, aber nicht zurückgewiesenen Antrags), §. 54 und §. 71 Abs. 2 (Widerspruch gegen eine unter Verletzung gesetzlicher Vorschriften vorgenommene Eintragung, durch die das Grundbuch unrichtig geworden ist) und §. 76 (Vormerkung oder Widerspruch auf einstweilige Anordnung des Beschwerdegerichts). Der in den §§. 23, 24 erwähnte Widerspruch gehört nicht hierher, vgl. Erl. 3b zu §§. 23, 24.

[2]) Vgl. preuß. A.G. z. B.G.B. Art. 21 (Vormerkungen zur Sicherung des Anspruchs auf Einräumung einer Landeskulturrente und zur Sicherung des Anspruchs auf Einräumung des dieser laut Beschluß der Auseinandersetzungsbehörde zukommenden Vorzugsrechts) und Art. 25 (rheinisch-rechtliches Rückfallsrecht, oben S. 127 Anm. 3).

[3]) P. II Bd. 3 S. 767; Begr. zu Art. 29 des Entw. zu dem preuß. A.G. z. B.G.B.; Planck Bd. 2 S. 271 Vorbm 1; Oberneck S. 434; Fuchs S. 109. A. M. Turnau-Förster Bd. 1 S. 473.

[4]) B.G.B. §. 497 Abs. 1.

[5]) Vgl. außer Turnau-Förster a. a. O. Planck a. a. O. Vorbm. 3.

Verfügung ist nicht erforderlich, daß eine Gefährdung des zu sichernden Anspruchs oder des Rechtes des Widersprechenden glaubhaft gemacht wird; es genügt die Glaubhaftmachung des Anspruchs oder des Rechtes.[1]) Danach bedarf es keiner besonderen Rechtfertigung, weshalb man seinen Anspruch durch eine Vormerkung, sein Recht durch einen Widerspruch gesichert sehen will; die aus dem Eintragungs- und dem Publizitätsprinzip erwachsenden Gefahren rechtfertigen ohne Weiteres diese Eintragungen. Es kann also z. B. jeder Käufer eines Grundstücks ohne weitere Begründung fordern, daß sein Anspruch auf Auflassung durch eine Vormerkung gesichert wird. Eine Härte für den Verkäufer liegt nicht darin; insbesondere hat nicht dieser, sondern der Käufer in Ermangelung einer entgegenstehenden Vereinbarung die Kosten der Eintragungsbewilligung und der Eintragung zu tragen.[2])

Der Bewilligung steht nach der allgemeinen Vorschrift des §. 894 der C.P.O. die rechtskräftige Verurtheilung des Schuldners zur Bewilligung der Eintragung der Vormerkung oder des Widerspruchs gleich. Sobald das Urtheil die Rechtskraft erlangt hat, oder, wenn die Bewilligung von einer Gegenleistung abhängig gemacht ist, sobald eine vollstreckbare Ausfertigung des rechtskräftigen Urtheils ertheilt ist, gilt die Bewilligungserklärung als abgegeben.

Dieser Fall, daß auf Bewilligung der Eintragung der Vormerkung oder des Widerspruchs geklagt wird, wird selten vorkommen. Eine Klage wird regelmäßig gleich auf Verurtheilung zur Bewilligung der endgültigen Eintragung (z. B. zur Abgabe der Auflassungserklärung, zur Bewilligung der Eintragung einer Hypothek rc.) gerichtet werden. Ist auf Grund einer solchen Klage eine rechtskräftige Verurtheilung des Beklagten erzielt, so kann der Berechtigte die endgültige Eintragung seines Rechtes erwirken; ist das den Gegner verurtheilende Erkenntniß noch nicht rechtskräftig, aber vorläufig vollstreckbar, so gilt nach der neuen Vorschrift des §. 895 der C.P.O. „die Eintragung einer Vormerkung oder eines Widerspruchs als bewilligt."

Außer der Bewilligung des leidenden Theiles oder der diese ersetzenden einstweiligen Verfügung oder Verurtheilung bedarf es zur Eintragung der Vormerkung oder des Widerspruchs noch der in der G.B.O. geforderten weiteren Voraussetzungen, insbesondere des Antrags der Aktiv- oder Passivbetheiligten oder statt dessen des Ersuchens einer zuständigen Behörde, z. B. des Gerichts, welches die die Eintragung anordnende einstweilige Verfügung erlassen hat,[3]) ferner der vorgängigen Eintragung der Passivbetheiligten in das Grundbuch, regelmäßig auch der Vorlage des Hypotheken- oder Grundschuldbriefs, wenn die Vormerkung oder der Widerspruch eine Briefhypothek oder eine Briefgrundschuld betrifft, u. dgl. m.[4])

---

[1]) B.G.B. §. 885, §. 899 Abs. 2. Vgl. sächs. Arch. Bd. 10 S. 47.

[2]) Ebenso wie die Kosten der Auflassung und der Eintragung des Eigenthumsübergangs nach §. 449 des B.G.B. Ueber die Kosten der einstweiligen Verfügung und des dieser vorausgegangenen Verfahrens ist von dem Prozeßgerichte nach §§. 91ff. der C.P.O. zu entscheiden.

[3]) C.P.O. §. 941.

[4]) Vgl. G.B.O. §§. 13, 28, 39, 40—44.

2. Ausnahmsweise erfolgt die Eintragung einer Vormerkung oder eines Widerspruchs ohne diese Voraussetzungen.

Lediglich der Antrag des Eigenthümers des Grundstücks genügt zur Eintragung eines Widerspruchs bei einer Buchhypothek, „der sich darauf gründet, daß die Hingabe des Darlehns unterblieben sei," sofern der Antrag vor dem Ablauf eines Monats nach der Eintragung der Hypothek gestellt wird, und zwar selbst wenn die Hypothek inzwischen auf einen neuen Gläubiger umgeschrieben sein sollte; der innerhalb eines Monats eingetragene Widerspruch hat nämlich die gleiche Wirkung wie wenn er zugleich mit der Hypothek eingetragen wäre. Diese Bestimmung ist durch die Erwägung gerechtfertigt, daß der Gläubiger einer Buchhypothek über diese schon unmittelbar nach deren Eintragung, vor Auszahlung der Darlehnsvaluta verfügen, insbesondere sie an einen gutgläubigen Dritten abtreten kann, dem gegenüber der Einwand des Nichtempfangs des Darlehns unzulässig ist. Bei einer Briefhypothek gilt dies nicht, da der Gläubiger diese erst mit Aushändigung des Hypothekenbriefs erwirbt und der Eigenthümer ihm den Brief bis zur Auszahlung des Darlehns vorenthalten kann.[1]) Auch auf Sicherungshypotheken, Grundschulden und Rentenschulden findet die Vorschrift bei der Natur dieser Rechte keine Anwendung.

In den oben S. 131 Anm. 1 erwähnten, in der G.B.O. aufgeführten besonderen Fällen erfolgt die Eintragung des Widerspruchs oder der Vormerkung von Amtswegen oder auf Anordnung des Beschwerdegerichts.[2])

III. **Die Wirkungen der Widersprüche und Vormerkungen** sind verschieden, entsprechend der Verschiedenheit der durch sie geschützten Rechte.

1. Die Widersprüche sind, wie erwähnt, in den Fällen zulässig, in denen eine Berichtigung des Grundbuchs gefordert werden kann, und sollen verhindern, daß durch eine vor der Durchführung des Berichtigungsanspruchs erfolgende Verfügung des Verpflichteten zu Gunsten eines redlichen Dritten das Recht des Berechtigten kraft des öffentlichen Glaubens des Grundbuchs vereitelt oder beeinträchtigt wird. Nach §. 892 Satz 1 ist nämlich die Berufung auf den öffentlichen Glauben des Grundbuchs ausgeschlossen, wenn ein Widerspruch gegen die Richtigkeit eingetragen ist. Das durch den Widerspruch gesicherte Recht kann demnach gegen jeden Dritten, der nach der Eintragung des Widerspruchs ein entgegenstehendes Recht erworben hat, geltend gemacht werden. Der Berechtigte kann von diesem die Bewilligung zur Berichtigung des Grundbuchs insoweit fordern, daß dieses mit der wirklichen Rechtslage zur Zeit der Eintragung des Widerspruchs übereinstimmt.[3]) Weitere Wirkungen des Widerspruchs ergeben sich aus B.G.B. §. 900 (Hemmung des Laufes der Frist für die Tabularersitzung), §. 902 (Unverjährbarkeit der Ansprüche aus den durch Widersprüche

---

[1]) Vgl. B.G.B. §. 1139, M. z. B.G.B. Bd. 3 S. 703ff. Ueber die Form des Antrags auf Eintragung dieses Widerspruchs vgl. Erl. 1a zu §. 30 der G.B.O.

[2]) Vgl. noch über die Stelle der Eintragung der Vormerkungen und Widersprüche in Preußen die Allg.Verf. §. 14.

[3]) Vgl. Planck Bd. 3 S. 122.

gesicherten Rechten) und §. 927 Abs. 3 (Wirkungslosigkeit des den Eigenthümer ausschließenden Ausschlußurtheils gegen den Dritten, wegen dessen Eigenthums ein Widerspruch vor Erlaß des Urtheils eingetragen war) und aus dem Zw.V.G. §. 48 (Berücksichtigung bei dem geringsten Gebote).

2. Eine weitergehende Wirkung haben die **Vormerkungen**.[1]) Sie schließen nicht nur die Berufung auf den öffentlichen Glauben des Grundbuchs aus, sondern sie legen den persönlichen Ansprüchen, zu deren Sicherung sie dienen, dingliche Wirkung bei. Allerdings sind die Vormerkungen keine dinglichen Rechte, keine Belastung des Grundstücks.[2]) Sie beschränken vielmehr, ähnlich wie Veräußerungsverbote den persönlich Verpflichteten der Art in der Verfügung über sein Recht, daß jede mit dem vorgemerkten Anspruch im Widerspruche stehende Verfügung dem Anspruchsberechtigten gegenüber unwirksam ist. Dies ergiebt sich aus B.G.B. §. 883 Abs. 2, 3: „Eine Verfügung, die nach der Eintragung der Vormerkung über das Grundstück oder das Recht getroffen wird, ist insoweit unwirksam, als sie den Anspruch vereiteln oder beeinträchtigen würde. Dies gilt auch, wenn die Verfügung im Wege der Zwangsvollstreckung oder der Arrestvollziehung oder durch den Konkursverwalter erfolgt. — Der Rang des Rechtes, auf dessen Einräumung der Anspruch gerichtet ist, bestimmt sich nach der Eintragung der Vormerkung." Demnach muß bei der endgültigen Eintragung des dinglichen Rechtes, auf dessen Einräumung der vorgemerkte Anspruch gerichtet war, der Zustand wiederhergestellt werden, der zur Zeit der Eintragung der Vormerkung bestand, soweit dies zur Vermeidung einer Beeinträchtigung jenes Anspruchs erforderlich ist. Da diese Wiederherstellung, insbesondere die Löschung der unwirksamen Rechte nach dem formellen Konsensprinzipe[3]) nicht ohne Zustimmung des leidenden Theiles d. h. des eingetragenen Berechtigten, dessen Recht von ihr betroffen wird, erfolgen kann, bestimmt §. 888: „Soweit der Erwerb eines eingetragenen Rechtes oder eines Rechtes an einem solchen Rechte gegenüber demjenigen, zu dessen Gunsten die Vormerkung besteht, unwirksam ist, kann dieser von dem Erwerber die Zustimmung zu der Eintragung oder der Löschung verlangen, die zur Verwirklichung des durch die Vormerkung gesicherten Anspruchs erforderlich ist." Durch diese Vorschrift wird dem durch die Vormerkung gesicherten Berechtigten, dessen Anspruch an sich nur gegen den persönlich Verpflichteten geht, ein weiterer Anspruch gegen den dritten Erwerber gewährt. Während aber der durch Widerspruch gesicherte dingliche Berichtigungsanspruch gegen denjenigen geltend gemacht werden muß, dessen Recht von der Berichtigung betroffen wird, richtet sich der durch die Vormerkung gesicherte persönliche Anspruch nach dem B.G.B. stets nur gegen den persönlich Verpflichteten; der jeweilig

---

[1]) Vgl. zu dem Folgenden Planck Bd. 3 S. 71 und S. 95, P. II Bd. 3 S. 743ff.; durch ausdrückliche Vorschrift ist auch dem dinglichen Vorkaufsrechte Dritten gegenüber die Wirkung einer Vormerkung beigelegt (§. 1098 Abs. 2).

[2]) Vgl R.G. N.F. 1 A. S. 80.

[3]) Von diesem Grundsatze macht §. 22 der G.B.O. eine Ausnahme für den Fall der Berichtigung des Grundbuchs, wenn die Unrichtigkeit nachgewiesen wird. Ob diese Vorschrift auf den obigen Fall zur Anwendung kommt, ist streitig; vgl. Erl. 2 zu §. 22.

eingetragene Berechtigte wird nur verpflichtet, seine Zustimmung zu der erforderlichen Eintragung oder Löschung zu ertheilen.[1]) Wenn z. B. der Anspruch auf Auflassung des Grundstücks auf Grund eines Kaufvertrags durch eine Vormerkung gesichert ist und der verpflichtete Verkäufer das Grundstück nach deren Eintragung einem Dritten aufgelassen hat, — wozu er an sich befugt ist, da die Vormerkung nicht das Grundbuch gegen weitere Eintragungen sperrt, — kann der Käufer nur von dem Verkäufer, nicht von dem Dritten die Auflassung fordern, seine Eintragung aber erst erwirken, wenn er außer der Auflassungserklärung des Verkäufers noch die Zustimmung des Dritten[2]) zu seiner Eintragung beibringt; natürlich werden beide Erklärungen durch rechtskräftige Urtheile gemäß §. 894 der C.P.O. ersetzt.[3]) Hat der Verkäufer das Grundstück nicht aufgelassen, sondern nur belastet, so genügt zwar die Auflassung seitens des Verkäufers, um die Eintragung des Käufers als Eigenthümer zu erwirken; zur Löschung des inzwischen eingetragenen Rechtes bedarf es aber der Zustimmung des Berechtigten oder dessen rechtskräftigen Verurtheilung.[4]) In entsprechender Weise bedarf es zur Verwirklichung eines vorgemerkten Anspruchs auf Einräumung einer Hypothek oder eines sonstigen Rechtes an einem Grundstück der Bewilligung des zur Bestellung persönlich Verpflichteten und der Zustimmung des etwaigen neuen Eigenthümers, und falls nach der Vormerkung andere Rechte an dem Grundstück eingetragen sein sollten, müssen auch diese Berechtigten der Eintragung der Hypothek mit dem ihr nach §. 883 Abs. 3 zukommenden Range zustimmen. Diese Regeln finden auf eine Vormerkung zur Sicherung des Anspruchs auf Abtretung oder Belastung eines eingetragenen Rechtes an einem Grundstücke entsprechende Anwendung. Zweifelhaft ist es, ob das abzutretende oder zu belastende Recht ohne Einwilligung des durch die Vormerkung Gesicherten gelöscht werden darf; da die Vormerkung keine Belastung bildet, kommt die Vorschrift des §. 876 nicht in Betracht. Indessen wenn man die Löschung eines Rechtes, dessen Gläubiger in der Verfügung zu Gunsten eines Anderen beschränkt ist, ohne die Zustimmung des Letzteren für unzulässig hält,[5]) muß man bei der Aehnlichkeit der Wirkungen das Gleiche auch hier annehmen.[6]) Für die Verneinung der obigen Frage spricht auch ein praktisches Bedürfniß; meistens wird

---

[1]) Vgl. Planck Bd. 3 S. 102 Erl. 4; P. II Bd. 3 S. 746.

[2]) Diese Zustimmung bedarf der im §. 29 Satz 1 der G.B.O. vorgeschriebenen Form, nicht der Form der Auflassungserklärung.

[3]) Unter Umständen ist das gegen den Verkäufer ergangene Urtheil auch gegen den Dritten vollstreckbar, sodaß es nur einer neuen Vollstreckungsklausel gegen diesen bedarf. Da nämlich die Eintragung der Vormerkung dem persönlichen Anspruch auf Auflassung dingliche Wirkung beilegt, so ist das Grundstück eine im Streite befangene Sache im Sinne der C.P.O. §§. 265, 325 (R.G. 27 S. 235) und das gegen den Veräußerer ergangene Urtheil wirkt auch gegen den Erwerber, der nach dem Eintritte der Rechtshängigkeit und nach deren Eintragung in das Grundbuch oder in Kenntniß derselben das Grundstück erworben hat.

[4]) Es sei denn, daß man den §. 22 der G.B.O. für anwendbar erachtet, vgl. darüber Erl. 2 zu §. 22.

[5]) Vgl. oben S. 120.

[6]) Turnau-Förster Bd. 1 S. 157. A. M. Planck Bd. 3 S. 103c.

die Einrichtung der Grundbücher in den einzelnen Bundesstaaten eine derartige sein, daß nach der Löschung eines Rechtes an einem Grundstücke die daneben eingetragene Vormerkung zur Sicherung des Anspruchs auf Abtretung oder auf Belastung dieses Rechtes nicht mehr mit genügender Deutlichkeit hervortritt, um nicht übersehen zu werden, obwohl sie nicht mit gelöscht ist. Ist aber trotzdem die Löschung inzwischen erfolgt, so muß bei der Verwirklichung des durch die Vormerkung gesicherten Anspruchs der persönlich Verpflichtete die Wiedereintragung bewilligen, und der Eigenthümer und die eingetragenen gleich- oder nachstehenden Berechtigten müssen ihre Zustimmung zu der Eintragung unter Vermerk des früheren Ranges geben.

Weitere Wirkungen der Vormerkungen ergeben sich aus dem B.G.B. §. 884 (Ausschluß der Beschränkung der Haftung des Erben) und §. 1971 (Unwirksamkeit des Aufgebots der Nachlaßgläubiger), Zw.V.G. §. 48 (Berücksichtigung bei dem geringsten Gebot) und K.O. §. 24 (Wirksamkeit der Vormerkungen zur Sicherung von Ansprüchen auf Einräumung oder Aufhebung eines Rechtes an einem Grundstücke oder an einem eingetragenen Rechte oder auf Inhalts- oder Rangänderung im Konkurse.[1]) Vgl. schließlich noch über die Gleichstellung der Vormerkungen zur Sicherung des Anspruchs auf Bestellung einer Hypothek, einer Grundschuld oder einer Rentenschuld an einem Grundstücke oder eines Pfandrechts an einem eingetragenen Rechte mit diesen Rechten selbst für die Gewährleistungspflicht des Verkäufers B.G.B. §. 439 Abs. 2 und für die Wirkungen eines Zwangsvergleichs K.O. §. 193. Alle diese Vorschriften bezwecken, die Vormerkungen, die keine dinglichen Rechte sind, sondern nur obligatorische Ansprüche sichern, den dinglichen Rechten in den angeführten Punkten gleichzustellen. Hinsichtlich der Unverjährbarkeit gilt dies jedoch nicht; §. 902 Abs. 2 erklärt nur die Ansprüche aus den durch Widersprüche gesicherten Rechten, nicht die vorgemerkten in demselben Umfange, wie die Ansprüche aus eingetragenen Rechten, für unverjährbar. Ist der vorgemerkte persönliche Anspruch verjährt, so kann derjenige, dessen Grundstück oder dessen Recht von der Vormerkung getroffen wird, von dem Gläubiger die Beseitigung der Vormerkung ebenso verlangen, wie wenn durch eine sonstige Einrede die Geltendmachung des durch die Vormerkung gesicherten Anspruchs dauernd ausgeschlossen ist.[2])

IV. Ueber die **Uebertragung** der durch Vormerkungen oder Widersprüche gesicherten Ansprüche oder Rechte gelten keine besonderen Vorschriften. Es kommen also die Bestimmungen zur Anwendung, welche für die Uebertragung der durch die Vormerkungen gesicherten obligatorischen Ansprüche oder der durch die Widersprüche geschützten dinglichen Rechte gelten. Die letzteren werden regelmäßig erst nach oder bei ihrer endgültigen Eintragung auf einen neuen Erwerber übertragen werden können, da vorher die für die Uebertragung vorgeschriebenen Formen nicht gewahrt werden

---

[1]) Vgl. hierzu Planck Bd. 3 S. 101 Erl. 1.

[2]) B.G.B. §. 886, Planck ebd. S. 99.

können. Dagegen kann ein vorgemerkter Anspruch auch schon vorher abgetreten und die Abtretung im Grundbuche vermerkt werden.[1])

V. Die **Löschung der Vormerkungen und Widersprüche** erfolgt nach den Vorschriften der G.B.O. Neben den allgemeinen Bestimmungen kommt die Vorschrift des §. 25 für die auf Grund einer einstweiligen Verfügung oder auf Grund eines vorläufig vollstreckbaren Urtheils eingetragenen Vormerkungen und Widersprüche in Betracht und die zur Sicherung eines beanstandeten Antrags oder auf einstweilige Anordnung des Beschwerdegerichts eingetragenen Vormerkungen und Widersprüche werden von Amtswegen gelöscht.[2])

Für die Vormerkung bildet der Erlaß eines Ausschlußurtheils, durch das der unbekannte Gläubiger mit seinem Rechte ausgeschlossen wird, einen besonderen Erlöschungsgrund; für das Aufgebotsverfahren und dessen Voraussetzungen gilt dasselbe wie bei dem Vorkaufsrechte.[3])

VI. Eine vorläufige Eintragung, welche vor dem 1. Januar 1900 nach Maßgabe des früheren Landesrechts erfolgt ist, ist lediglich nach diesem zu beurtheilen.[4])

III. Literatur.

1. Kommentare zu der G.B.O. Vollständig erschienen ist bisher nur:

Böhm, Rechtsanwalt, Das materielle und formelle Reichsgrundbuchrecht, Hannover 1898.

Theilweise erschienen sind:

Turnau und Förster, Das Liegenschaftsrecht nach den deutschen Reichsgesetzen und den preußischen Ausführungsbestimmungen (Paderborn). Hiervon ist Bd. 1, Das Sachenrecht des B.G.B., 1900 erschienen.

Predari, Die Grundbuchordnung, Berlin (Heymanns Verlag). Bisher sind die Erläuterungen zu §§. 1—12 und die Vorbemerkungen vor §. 13 (160 S., 1900) erschienen.

Fuchs, Grundbuchrecht, Kommentar zu den grundbuchrechtlichen Normen des B.G.B. und zur G.B.O. Berlin (J. J. Heines Verlag); bisher 4 Hefte (1899, 1900), bis §. 1109 des B.G.B.

2. Textausgaben mit Erläuterungen von

Kranichfeld, Leipzig 1897;

---

[1]) Vgl. Planck Bd. 3 S. 97 Erl. 4; Turnau-Förster Bd. 1 S. 159, 170 und über das frühere Recht Achilles-Strecker 4. Aufl. S. 66 Erl. 7, R.G. 16 S. 141.

[2]) G.B.O. §. 18 Abs. 2 Satz 2, §. 76 Abs. 2.

[3]) B.G.B. §§. 887, 1104, 1170; C.P.O. §. 988; Planck a. a. O. S. 100. Vgl. oben S. 55.

[4]) Vgl. E.G. z. B.G.B. Art. 168, 170, 179, 184.

Schwarze, Berlin (Vahlen) 1897;

Willenbücher, Berlin (H. W. Müller) 2. Aufl. 1900 (2 Ausgaben: für das Reich, und für Preußen).

3. Textausgaben mit kurzen Anmerkungen von

Fischer, Berlin (J. Guttentag) 2. Aufl. 1900.

Krech, München (Beck) 2. Aufl. 1900 (2 Ausgaben: eine allgemeine und eine für Preußen);

Turnau u. Förster, Textausgabe für Preußen mit Anhang, Paderborn 1900;

Adamczyk, Berlin (v. Decker) 1900.

Paris, Die reichs- und preußisch-rechtlichen Bestimmungen über das Eigenthum und die sonstigen Rechte an Grundstücken in ihrer besonderen Beziehung für das ehem. Hzgt. Nassau, Wiesbaden 1900.

4. Systematische Darstellungen, regelmäßig das formelle und das materielle Grundbuchrecht umfassend:

Oberneck, Das Reichsgrundbuchrecht und die Preuß. Ausführungs- und Ergänzungsbestimmungen, Berlin (Heymanns Verlag) 2. Aufl. 1900.

Oberneck, Das formelle Reichsgrundbuchrecht, in Gruchots Beiträgen zur Erläuterung des deutschen Rechts Bd. 43 (1899) S. 151ff., 454ff., 689ff., 867ff.

R. Förster, Handbuch des formellen Grundbuchrechts, Berlin (H. W. Müller) 1900;

Koellner, Der Uebergang des preußischen Praktikers in das deutsche Grundbuchrecht, Berlin (Puttkammer & Mühlbrecht), 3 Aufl. 1901;

Siméon, Die Reichsgrundbuchordnung, Berlin (J. Guttentag) 1897;

Klumpp, Das deutsche Grundbuchrecht; übersichtliche Darstellung der Grundsätze und Bestimmungen des B.G.B. und der G.B.O. und Vergleichung derselben mit dem bish. Württ. Rechte, Stuttgart 1899;

Maenner, Das Recht der Grundstücke nach dem B.G.B. und der G.B.O., München (Schweitzer) 1899.

5. Abhandlungen:

Altvater, Das Grundbuchrecht, in der Meckl. Zeitschr. für Rechtspflege und Rechtswissenschaft, Bd. 16 (Wismar 1897) S. 72ff.

Grützmann, Das Grundbuch, im Sächs. Archiv für Bürgerliches Recht und Prozeß Bd. 8 (Leipzig 1898) S. 143ff., 193ff.

Staffel, Erörterungen über Grundbuchberichtigung, ebd. Bd. 9 (1899) S. 202ff.

Schilde, Die Unrichtigkeit des Grundbuchs, Diss., Leipzig (Veit) 1899.

Mügel, in der Deutschen Juristenzeitung 1898 S. 440ff., 459ff.

Möller, ebd. 1900 S. 37.

Henle, in der Deutschen Notariatszeitung 1897 S. 125ff., 1898 S. 19ff., 70ff.

Strecker, Die allgemeinen Vorschriften des B.G.B. über Rechte an Grundstücken, Berlin (J. Guttentag) 1898.

6. Sammlungen von Entscheidungen und Zeitschriften:

Entscheidungen in Angelegenheiten der freiwilligen Gerichtsbarkeit und des Grundbuchrechts, zusammengestellt im Reichsjustizamte, Berlin (Puttkammer & Mühlbrecht) 1. Bd. 1900.

Johow und Ring, Jahrbuch für Entscheidungen des Kammergerichts in Sachen der freiwilligen Gerichtsbarkeit und in Kosten-, Stempel- und Strafsachen. Neue Folge. Berlin (Vahlen). 1. Bd. 1900.

Diese Sammlung bildet die Fortsetzung von

Johow und Küntzel, Jahrbuch für Entscheidungen des Kammergerichts in Sachen der nichtstreitigen Gerichtsbarkeit und in Strafsachen, Berlin, seit 1881, 19 Bände; von Bd. 6 an von Johow allein herausgegeben.

Mugdan und Falkmann, Die Rechtsprechung der Oberlandesgerichte auf dem Gebiete des Civilrechts, Leipzig (Veit) 1. Jahrgang 1900.

Beiträge zur Erläuterung des deutschen Rechts, begründet von Gruchot, herausgegeben von Rassow, Küntzel und Eccius; Berlin (Vahlen) seit 1857, z. Zt. 44 Jahrgänge.

Zeitschrift für Deutschen Civilprozeß und für das Verfahren in Angelegenheiten der freiwilligen Gerichtsbarkeit von Busch, jetzt von Schultzenstein und Vierhaus, Berlin (Heymanns Verlag), z. Zt. 28. Band (1901).

Sächsisches Archiv für Bürgerliches Recht und Prozeß, Leipzig (Roßberg) z. Zt. 10. Band (1901).

Seufferts Blätter für Rechtsanwendung, herausgegeben von Dr. von Staudinger, Erlangen (Palm & Enke), z. Zt. 66. Jahrgang 1901.

Centralblatt für freiwillige Gerichtsbarkeit und Notariat, herausgegeben von Dr. Lobe, Leipzig (Dieterichsche Verlagsbuchh.) 1. Jahrgang 1900.

7. Schließlich enthalten auch die Lehrbücher des Bürgerlichen Rechtes und die Kommentare zum B.G.B. kurze Darstellungen des formellen Grundbuchrechts.[1])

---

[1]) Vgl. Planck Bd. 1 S. 28, 29; Bd. 3 S. 26. — Die Literatur des preußischen Grundbuchrechts ist bei Achilles-Strecker 4. Aufl. S. 24 ff. aufgeführt.

Grundbuchordnung.

Vom 24. März 1897.

In der Fassung der Bekanntmachung vom 20. Mai 1898.

(R.G.Bl. 1898 S. 754ff.)

Wir **Wilhelm**, von Gottes Gnaden Deutscher Kaiser, König von Preußen rc. verordnen im Namen des Reichs, nach erfolgter Zustimmung des Bundesraths und des Reichstags, was folgt:

Erster Abschnitt.

Allgemeine Vorschriften.

Erster Abschnitt.

1. Ueber die Entstehungsgeschichte der G.B.O. vgl. die Einl. S. 6ff. Ebendaselbst ist auch bereits von ihrem Charakter und ihrem Verhältnisse zu den Landesgesetzen im Allgemeinen die Rede gewesen; vgl. oben S. 7, 8, 9 und 10f. und unten §. 82 Abs. 2, §§. 83ff. nebst Erl.

2. Die G.B.O. enthält nur formellrechtliche Vorschriften; das materielle Grundbuchrecht ist durch das B.G.B. geregelt. Für das materielle Recht ist daher die Beobachtung der Bestimmungen der G.B.O. grundsätzlich ohne Bedeutung, soweit nicht aus dem B.G.B. selbst etwas Anderes zu entnehmen ist (vgl. S. 144). Insbesondere ist eine Eintragung, die unter Verletzung jener Vorschriften erfolgt (z. B. ohne eine gültige Eintragungsbewilligung oder ohne Antrag oder unter einem Verstoße gegen die Bestimmungen der G.B.O. §§. 45ff. über den Inhalt der Eintragung), nicht deshalb allein rechtsunwirksam. Die G.B.O. enthält fast ausnahmslos nur Ordnungsvorschriften; meist sind ihre Bestimmungen als solche durch die Fassung („soll") deutlich gekennzeichnet, jedoch auch für die anders gefaßten Vorschriften (z. B. §§. 6, 28) gilt regelmäßig dasselbe (M. S. 22).

Wesentlich ist aber die Beobachtung der Vorschriften über die Einrichtung der Grundbücher und über die Ertheilung und den Inhalt der Hypotheken- und Grundschuldbriefe, soweit nicht aus ihrer Fassung das Gegentheil erhellt. Vgl. G.B.O. §§. 2, 3, 56, 61 nebst Erl.

3. Die G.B.O. zerfällt in fünf Abschnitte mit den Ueberschriften: Allgemeine Vorschriften (§§. 1—12), Eintragungen in das Grundbuch (§§. 13—55), Hypotheken-, Grundschuld-, Rentenschuldbrief (§§. 56—70), Beschwerde (§§. 71—81) und Schlußbestimmungen (§§. 82—102).

§. 1.

Die Grundbücher werden von den Grundbuchämtern geführt.

Die Einrichtung der Bücher bestimmt sich nach den Anordnungen der Landesjustizverwaltung, soweit sie nicht in diesem Gesetze geregelt ist.

---

4. In dem ersten Abschnitt ordnet das Gesetz die Errichtung von Grundbuchämtern an (§. 1 Abs. 1), trifft einige Bestimmungen über die Einrichtung der Grundbücher (§. 1 Abs. 2, §§. 2—8), regelt die Aufbewahrung von Urkunden (§. 9), den Einfluß einer relativen Unfähigkeit eines Grundbuchbeamten auf die Wirksamkeit der Eintragungen (§. 10), das Recht auf Einsicht des Grundbuchs und auf Ertheilung von Abschriften (§. 11) und die Haftpflicht für Pflichtwidrigkeiten der Grundbuchbeamten (§. 12).

5. In diesem Abschnitte tritt das oben S. 8 und S. 11 bereits erwähnte Bestreben der gesetzgebenden Faktoren des Reiches besonders hervor, möglichst die in den einzelnen Bundesstaaten bestehenden Einrichtungen zu schonen und in die Gesetzgebung der Einzelstaaten nur insoweit einzugreifen, als es zur einheitlichen Durchführung des B.G.B. nothwendig ist. Die Organisation der Grundbücher ist zum größten Theile der Landesgesetzgebung oder den Anordnungen der Landesjustizverwaltung überlassen; die in dem 5. Abschnitte gemachten Vorbehalte für das Landesrecht beziehen sich fast sämmtlich (§§. 85—96) auf die Bestimmungen dieses Abschnitts. Soweit aber nicht ausdrücklich oder stillschweigend dem Landesrechte Spielraum gelassen ist, kommt dieses auch hier nicht in Betracht, denn die G.B.O. hat den Charakter einer Kodifikation. Vgl. die Erl. zu §. 82 Abs. 2 und zu §§. 83, 84.

6. Während die G.B.O. im Allgemeinen erst mit dem Zeitpunkt in Kraft tritt, in welchem das Grundbuch für den betreffenden Bezirk als angelegt anzusehen ist, gilt für einen Theil der Vorschriften des ersten Abschnitts, nämlich für die Bestimmungen über die Einrichtung der Grundbücher eine Ausnahme; diese müssen bei der Anlegung berücksichtigt werden und sind deshalb bereits am 1. Januar 1900 in Kraft getreten. Vgl. §. 82 Abs. 1 nebst Erl.

I. Grundbuchämter.

§. 1 Abs. 1.

E. I §. 1 Abs. 1; II §. 1 Abs. 1. P. I S. 13333, 13334. M. S. 26. D. S. 3034. St.B. S. 4418.

1. Bedeutung der Vorschrift.
2. Verfassung der Grundbuchämter.
3. Sachliche Zuständigkeit.
4. Oertliche Zuständigkeit.
5. Nichtöffentlichkeit.
6. Sitzungspolizei.
7. Berathung und Abstimmung.
8. Gerichtssprache. Dolmetscher.
9. Gerichtsferien.
10. Rechtshülfe.

1. Durch die Vorschrift des §. 1 Abs. 1 wird zum Ausdrucke gebracht, daß für die Grundbuchführung eine amtliche Stelle d. h. eine Behörde zuständig sein soll, und zugleich den Bundesstaaten zur Pflicht gemacht, solche Behörden einzurichten.

Dagegen ist aus dieser Vorschrift nicht zu folgern, daß die mit der Führung der Grundbücher betraute Behörde sich als „Grundbuchamt" bezeichnen und seine Entscheidungen und Urkunden mit dieser Bezeichnung unterschreiben müßte. Das Wort „Grundbuchamt" ist aus dem B.G.B. übernommen und sein Gebrauch in den M. z. B.G.B. Bd. 3 S. 22 folgender Maßen begründet: „Der Entwurf kann, um nicht zu einer umständlichen, die Klarheit seiner Vorschriften beeinträchtigenden Umschreibung genöthigt zu werden, eines technischen Ausdrucks zur Bezeichnung der Buchbehörde nicht entbehren. Die einfachste und passendste Bezeichnung aber bietet sich in dem Worte „Grundbuchamt". Durch den Gebrauch dieses Wortes in dem Gesetzbuche wird der Frage, welchen Behörden die Verwaltung des Grundbuchwesens zustehen oder ob selbständige Buchämter errichtet werden sollen, nicht vorgegriffen". Demnach hat es der

Reichsgesetzgebung fern gelegen, für die landesgesetzlich mit der Buchführung betrauten Behörden die Führung des Namens „Grundbuchamt" vorzuschreiben. Wenn also, wie in den meisten Bundesstaaten, die Amtsgerichte zu Grundbuchämtern erklärt sind, sind sie wohl befugt, aber nicht verpflichtet, sich als „Königliches Amtsgericht Grundbuchamt" zu bezeichnen. In Preußen haben sie nach den der Allg. Verf. vom 20. November 1899 in Anlage B. bis G. beigefügten Mustern der Hypotheken- und Grundschuldbriefe nur „Königliches Amtsgericht" zu zeichnen. (Ebenso Predari S. 2, 3. A. M. Oberneck S. 69, vgl. aber S. XLIX).

2. Der Redaktorenentwurf vom Jahre 1883 (oben S. 7) enthielt eine Reihe von Vorschriften, durch welche die **Verfassung der Grundbuchämter** reichsgesetzlich geordnet werden sollte. Schon die erste Kommission erklärte sich mit Rücksicht auf die Mannigfaltigkeit der Organisation der bisherigen Buchbehörden gegen die Aufnahme derartiger Bestimmungen, um die Bundesstaaten nicht zu einer Neuorganisation zu nöthigen. Dieser Standpunkt ist in den späteren Entwürfen und in dem Gesetze selbst beibehalten. Indem die G.B.O. über die Organisation der Grundbuchämter schweigt, überläßt sie ihre Regelung den Bundesstaaten. Diese haben freie Hand, ob sie besondere Behörden errichten oder die Geschäfte des Grundbuchamts einer anderen Staats- oder Kommunalbehörde übertragen wollen, ob hiermit ein Einzelbeamter oder mehrere Beamte betraut werden und ob in dem letzten Falle die Beamten als Kollegium die Geschäfte führen oder wie sie sich in diese theilen sollen und dgl. m. Auch welche Anforderungen an die Personen, insbesondere an die Vorbildung der Grundbuchbeamten zu stellen sind, bestimmen die Einzelstaaten; Befähigung zum Richteramt ist reichsrechtlich nicht gefordert. Nicht ganz dasselbe gilt von der relativen Fähigkeit der Grundbuchbeamten; in welchen Fällen diese kraft Gesetzes ausgeschlossen sind oder abgelehnt werden dürfen, bestimmt sich nach Landesrecht; über die Wirkung der relativen Unfähigkeit enthält aber die G.B.O. im §. 10 eine Vorschrift; vgl. hierüber §. 10 nebst Erl. Schließlich hat das Landesrecht auch die Dienstaufsicht über die Grundbuchbeamten zu regeln; das Reichsrecht regelt zwar das Beschwerdeverfahren in Grundbuchsachen erschöpfend, insbesondere auch die Organisation der Beschwerdeinstanzen (vgl. G.B.O. §§. 71—81); hiervon werden aber die im Dienstaufsichtswege zu erledigenden Beschwerden nicht betroffen.

Ob alle diese den Einzelstaaten überlassenen Bestimmungen durch Landesgesetz, landesherrliche Verordnung oder Ministerialverfügung getroffen werden, richtet sich nach dem Staatsrechte der Einzelstaaten; die G.B.O. schweigt auch über diese Frage.

In den meisten Bundesstaaten sind die Amtsgerichte zu Grundbuchämtern erklärt, insbesondere auch in Preußen (A.G. z. G.B.O. Art. 1), Bayern (A.G. z. G.B.O. vom 9. Juni 1899 Art. 1) und Sachsen (V.O. vom 24. Juli 1899 § 19; anders in Württemberg, A.G. z. B.G.B. vom 28. Juli 1899 Art. 1ff.). Dadurch ist das Grundbuchwesen zu einer den ordentlichen Gerichten übertragenen Angelegenheit der freiwilligen Gerichtsbarkeit für diese Staaten geworden. Hieraus folgt aber nicht ohne Weiteres die Anwendbarkeit der Vorschriften des Reichsgesetzes über die Angelegenheiten der freiwilligen Gerichtsbarkeit vom 17. Mai 1898 auf die Grundbuchsachen; nur die Bestimmungen des zehnten Abschnitts dieses Gesetzes („gerichtliche und notarielle Urkunden", §§. 167ff.) gelten für alle gerichtlichen Urkunden, auch für die von den Amtsgerichten in ihrer Eigenschaft als Grundbuchämter aufgenommenen (vgl. die Erl. zu §. 29 der G.B.O.); dagegen finden die allgemeinen Vorschriften (§§. 1—34) nur auf diejenigen Angelegenheiten der freiwilligen Gerichtsbarkeit Anwendung, welche durch Reichsgesetz den Gerichten übertragen sind (§. 1), und hierzu gehören die Grundbuchsachen nicht. Vielfach ist aber auch die Anwendung von einigen dieser allgemeinen Vorschriften durch Landesgesetz auf die Grundbuchsachen erstreckt (z. B. durch das preuß. freiw. G.G. vom 21. September 1899 Art. 1 und durch das bayer. A.G. z. G.B.O. vom 9. Juni 1899 Art. 8); deshalb werden sie in dem Folgenden berücksichtigt werden.

3. **Sachlich zuständig** sind die Grundbuchämter nach § 1 Abs. 1 zur Führung der Grundbücher und außerdem zu allen Geschäften, die ihnen in der G.B.O. oder in sonstigen Reichs-

gesetzen, insbesondere in dem B.G.B., oder auch innerhalb der den Landesgesetzen vorbehaltenen Rechtsgebiete durch diese übertragen sind.

Das B.G.B. erklärt die Grundbuchämter zur Entgegennahme folgender Erklärungen für zuständig und knüpft daran materielle Wirkungen.

a. Bei der Auflassung eines Grundstücks, bei der Bestellung und bei der Uebertragung eines Erbbaurechts, bei der Uebertragung eines Erbpachtrechts und bei der Bestellung und bei der Uebertragung eines Abbaurechts muß die zu der Rechtsänderung erforderliche Einigung „bei gleichzeitiger Anwesenheit beider Theile vor dem Grundbuchamt erklärt worden," soweit nicht die Landesgesetze auf Grund des Vorbehalts des E.G. z. B.G.B. Art. 143 Ausnahmen zugelassen haben. Vgl. oben S. 37f., S. 45f. und S. 47 und G.B.O. §§. 20, 84.

b. Auch in den übrigen Fällen, in denen das B.G.B. neben der Eintragung „die Einigung des Berechtigten und des anderen Theiles über den Eintritt der Rechtsänderung" als materielle Voraussetzung der letzteren fordert, also grundsätzlich bei jeder Belastung des Grundstücks mit einem Rechte, bei jeder Uebertragung oder Belastung, sowie bei der Aenderung des Inhalts oder des Ranges eines solchen Rechtes (vgl. oben S. 28 und die S. 88ff. angeführten Beispiele für Inhaltsänderungen), ist das Grundbuchamt zur Entgegennahme der Erklärungen zuständig. Dies folgt aus §. 873 Abs. 2 des B.G.B.: „Vor der Eintragung sind die Betheiligten an die Einigung nur gebunden, wenn die Erklärungen gerichtlich oder notariell beurkundet oder vor dem Grundbuchamt abgegeben oder bei diesem eingereicht sind oder wenn der Berechtigte dem anderen Theile eine den Vorschriften der G.B.O. entsprechende Eintragungsbewilligung ausgehändigt hat." Hiernach hat die Abgabe der Erklärungen vor dem Grundbuchamt oder ihre Einreichung bei diesem die Unwiderruflichkeit des dinglichen Vertrags zur Folge; zu der Rechtsänderung selbst bedarf es, anders als in den unter a genannten Fällen, der Beobachtung dieser Formen nicht.

c. Die zur Aufhebung eines Rechtes an einem Grundstücke (neben der Löschung) erforderliche Erklärung des Berechtigten, daß er das Recht aufgebe (oben S. 28), ist „dem Grundbuchamt oder demjenigen gegenüber abzugeben, zu dessen Gunsten sie erfolgt. Vor der Löschung ist der Berechtigte an seine Erklärung nur gebunden, wenn er sie dem Grundbuchamte gegenüber abgegeben oder demjenigen, zu dessen Gunsten sie erfolgt, eine den Vorschriften der G.B.O. entsprechende Löschungsbewilligung ausgehändigt hat" (§. 875 Satz 2 u. Abs. 2). Diese Vorschriften finden auf die Vertheilung des Betrags einer Gesammthypothekenforderung oder einer Gesammtgrundschuld auf die einzelnen belasteten Grundstücke durch den Gläubiger entsprechende Anwendung (§. 1132 Abs. 2, oben S. 91). Auch der Verzicht eines Hypotheken- oder Grundschuldgläubigers auf die Hypothek oder die Grundschuld ist dem Grundbuchamt oder dem Eigenthümer gegenüber zu erklären und erlangt erst gemäß der Vorschrift des §. 875 Abs. 2 bindende Kraft (§. 1168, oben S. 86). Die zu der Aufgabe des Eigenthums erforderliche Verzichtserklärung muß stets dem Grundbuchamte gegenüber erklärt werden (§. 928, oben S. 44).

d. Die zu der Aufhebung, zu der Aenderung des Inhalts oder des Ranges eines Rechtes, zur Vertheilung einer Gesammthypothek oder einer Gesammtgrundschuld oder zum Verzicht auf eine Hypothek oder eine Grundschuld erforderliche Zustimmung des Dritten, welchem ein Recht an dem aufzuhebenden, zu verändernden oder in seinem Range zurücktretenden Rechte oder, wenn dieses subjektiv-dinglich ist, an dem herrschenden Grundstück zusteht, „ist dem Grundbuchamt oder demjenigen gegenüber zu erklären, zu dessen Gunsten sie erfolgt; sie ist unwiderruflich" (§. 876, vgl. oben S. 28, S. 86 und S. 91). Das Gleiche gilt von der Zustimmung des Eigenthümers, welche zu der Aufhebung einer Hypothek oder einer Grundschuld durch Rechtsgeschäft oder zu der Verschlechterung ihres Ranges erforderlich ist, und von der Zustimmung des bisherigen Hypothekengläubigers zu dem Eintritt einer ihm nicht zustehenden neuen Forderung an die Stelle der durch die Hypothek gesicherten; jedoch ist die Zustimmung zu der Aufhebung „dem Grundbuchamt oder dem Gläubiger gegenüber" und die Zustimmung zu der Rangänderung „dem Grundbuchamt oder einem der Betheiligten gegenüber" zu erklären, und die zuletzt erwähnte Zustimmung ist, anders als die übrigen, nicht stets ohne Weiteres unwiderruflich, sondern nach Maßgabe der Vorschrift des §. 875 Abs. 2, oben unter c, bindend (§. 880 Abs. 2 u. 3, §. 1180 Abs. 2, §. 1183; oben S. 91, S. 92ff.).

e. Nach §. 1109 (oben S. 57) kann der Reallastberechtigte bei der Theilung des herrschenden Grundstücks, dessen jeweiligem Eigenthümer die Reallast zusteht, bestimmen, daß das Recht nur mit einem der Theile verbunden sein soll. „Die Bestimmung hat dem Grundbuchamte gegenüber zu erfolgen und bedarf der Eintragung in das Grundbuch." Hinsichtlich der Zustimmung des Dritten, welchem ein Recht an dem herrschenden Grundstücke zusteht, gilt das unter d Gesagte.

f. Schließlich ist zu der Bestellung einer Hypothek für die Forderung aus einer Schuldverschreibung auf den Inhaber, einer Grundschuld für den Inhaber des Grundschuldbriefs und einer Grundschuld für den Eigenthümer neben der Eintragung die Erklärung des Eigenthümers gegenüber dem Grundbuchamte, daß er die Hypothek oder die Grundschuld bestelle, oder daß die Grundschuld für ihn in das Grundbuch eingetragen werden soll, erforderlich (§§. 1188, 1192, 1195, 1196; oben S. 76).

Die unter b angeführte Vorschrift des §. 873 Abs. 2 des B.G.B. hat zu der Streitfrage Veranlassung gegeben, ob die Betheiligten an ihre vor dem Grundbuchamt abgegebenen oder bei diesem eingereichten Erklärungen nur dann gebunden sind, wenn auf Grund derselben die Eintragung der Rechtsänderung in das Grundbuch erfolgen kann, so daß insbesondere die Beobachtung der Formvorschriften des §. 29 der G.B.O. erforderlich ist. Für die Bejahung hat man sich auf die M. z. B.G.B. Bd. 3 S. 175 und die P. II Bd. 3 S. 63 berufen, wonach die Gebundenheit der Vertragschließenden erst mit dem Zeitpunkt eintreten soll, in welchem sie ihrerseits Alles gethan haben, was das Gesetz von ihnen verlangt, um die Rechtsänderung zur Vollendung zu bringen (z. B. Strecker, Rechte an Grundstücken S. 30, Biermann S. 26, Turnau-Förster Bd. 1 S. 90, Predari S. 113ff.). Von anderer Seite (vor allem Planck Bd. 3 S. 74, Fuchs S. 62ff., Tränkner im sächs. Archiv Bd. 8 S. 636ff. u. a.) wird als der Grund der Gebundenheit betrachtet, daß mit der Abgabe oder der Einreichung der Erklärungen vor oder bei dem Grundbuchamte jeder Zweifel an der Ernstlichkeit des Willens der Vertragschließenden beseitigt sei; und hierfür spricht die Bestimmung, wonach die gerichtliche oder notarielle Beurkundung der Erklärungen zur Bindung genügt, selbst wenn die Eintragung noch nicht beantragt ist oder sogar auf Grund der Urkunden, z. B. wegen Verstoßes gegen §. 28 der G.B.O. nicht erfolgen kann, die Vertragschließenden also noch nicht alles ihnen Obliegende zur Herbeiführung der Rechtsänderung gethan haben. Vor allem aber steht der Wortlaut des Gesetzes der ersteren Ansicht entgegen, da nur in der letzten Alternative des §. 873 Abs. 2 eine „den Vorschriften der G.B.O. entsprechende" Urkunde verlangt ist.

Die Bedeutung dieser Streitfrage beschränkt sich nicht auf die Vorschrift des §. 873 Abs. 2; auch in den übrigen oben unter a bis f erwähnten Fällen läßt sich die Frage aufwerfen, ob die Aufnahme eines gehörigen Protokolls über die vor dem Grundbuchamt abgebenen und die Form einer öffentlichen oder öffentlich beglaubigten Urkunde für die dem Grundbuchamte gegenüber erfolgten Erklärungen sowie die Beobachtung der sonstigen Vorschriften der G.B.O. Bedingungen für die materiellen Wirkungen sind, die das B.G.B. mit der Abgabe der Erklärungen vor oder gegenüber dem Grundbuchamte verknüpft, mögen diese in der Unwiderruflichkeit der Erklärungen oder in der Herbeiführung einer Rechtsänderung bestehen. So könnte man vor allem zweifeln, ob eine gültige Auflassung vorliegt, wenn die Betheiligten zwar ihre Erklärungen vor dem Grundbuchamt abgegeben haben, hierüber aber ein Protokoll entweder überhaupt nicht oder nicht in gehöriger Form errichtet ist. Aus dem oben Gesagten und der Erwägung, daß die Bestimmungen der G.B.O. nur Ordnungsvorschriften sind (Vorbm. 2 S. 140), ergiebt sich die Verneinung dieser Frage.

Ferner ist aus dem Obigen zu folgern, daß es sich in den genannten Fällen nicht um die gewöhnliche Zuständigkeit der Grundbuchämter zur Aufnahme oder zur Annahme von Eintragungsbewilligungen und Eintragungsanträgen handelt, welche sich aus ihrer Pflicht zur Führung der Grundbücher ohne Weiteres ergiebt, sondern um eine besondere Zuständigkeit zur Entgegennahme von Erklärungen mit materieller Wirkung, und daß die Grundbuchämter diese auch dann entgegenzunehmen haben, wenn der Eintragung ein Hinderniß entgegensteht oder wenn die Parteien aus anderen Gründen die Erklärungen nicht zur Erwirkung der Eintragung, sondern nur zur Herbeiführung der Unwiderruflichkeit oder zum Abschlusse des dinglichen Vertrags ꝛc. abgeben oder einreichen (M. S. 76; Oberneck S. 269, 275).

4. Die **örtliche Zuständigkeit** der Grundbuchämter ist in der G.B.O. nicht geregelt. Aus der Vorschrift des §. 2 Abs. 1, wonach die Grundbücher für Bezirke einzurichten sind, ist indessen zu entnehmen, daß jedes Grundbuchamt für die Führung des Grundbuchs über diejenigen Grundstücke zuständig ist, welche in einem der ihm zugewiesenen Bezirke belegen sind, daß sich also die örtliche Zuständigkeit grundsätzlich nach der Lage der Grundstücke innerhalb eines Bezirkes bestimmt; hiervon können aber in Folge der Vereinigung zweier Grundstücke oder der Zuschreibung des einen als Bestandtheil des anderen (G.B.O. §. 5) sowie auf Grund des Vorbehalts im §. 85 der G.B.O. Ausnahmen vorkommen. Dem entspricht es, wenn die Landesgesetze (z. B. preuß. A.G. Art. 1—3, bayer. A.G. Art. 4—6, sächs. V.O. vom 24. Juli 1899 §§. 20—22) die Amtsgerichte für die Grundbuchämter hinsichtlich der in ihrem Bezirke belegenen Grundstücke erklären und für die Fälle der Zuschreibung und der Vereinigung u. ä. besondere Normen aufstellen.

Der E. I enthielt zwei die örtliche Zuständigkeit betreffende Vorschriften. Im §. 3 war vorgeschlagen, die Entscheidung von Streitigkeiten über die Zuständigkeit mehrerer Grundbuchämter, welche in den Gebieten verschiedener Bundesstaaten ihren Sitz haben, in Ermangelung einer zuständigen gemeinsamen Behörde dem Reichsgerichte zu übertragen. Die zweite Kommission hat diese Bestimmung gestrichen, weil Streitigkeiten zwischen Grundbuchämtern verschiedener Bundesstaaten nicht leicht vorkommen und nöthigenfalls durch eine Verständigung der betheiligten Behörden oder der Landesregierungen erledigt werden würden.

Von größerer Bedeutung ist die Bestimmung des E. I §. 1 Abs. 2: „Eintragungen in das Grundbuch sind nicht aus dem Grunde unwirksam, weil das Grundbuch von einem unzuständigen Grundbuchamte geführt ist." Trotzdem diese Regelung im Interesse des Verkehrs dringend geboten ist, um den mit der Nichtigkeit der Eintragungen verbundenen Uebelständen zu begegnen (vgl. M. S. 26), ist auch dieser Satz in der zweiten Lesung gestrichen; da der Landesgesetzgebung die Vorschriften über die Einrichtung und die Zuständigkeit der Grundbuchämter überhaupt überlassen sind, mußte ihr auch die Bestimmung darüber vorbehalten werden, welche Bedeutung den von ihr aufgestellten Zuständigkeitsnormen zukommt. Auch die Vorschrift des freiw. G.G. §. 7: „Gerichtliche Handlungen sind nicht aus dem Grunde unwirksam, weil sie von einem örtlich unzuständigen Gericht... vorgenommen sind" gilt, wie S. 142 Erl. 2 a. E. erwähnt, nur dann für Grundbuchsachen, wenn sie durch Landesgesetz auf diese erstreckt ist. Das ist aber wohl in den meisten Bundesstaaten (z. B. in Preußen durch das preuß. freiw. G.G. Art. 1, in Bayern durch das A.G. z. G.B.O. Art. 8, in Württ. durch das A.G. z. B.G.B. Art. 18) geschehen. Dadurch sind die Vorschriften über die örtliche Zuständigkeit zu Ordnungsvorschriften erklärt; ein Verstoß gegen sie macht also weder die Eintragungen in das Grundbuch noch sonstige Handlungen des Grundbuchamts nichtig. Hieraus ist aber nicht zu folgern, daß die in Erl. 3 unter a bis f erwähnten Erklärungen vor oder gegenüber jedem beliebigen Grundbuchamt abgegeben werden könnten. Das B.G.B. schreibt die Erklärung vor oder gegenüber „dem Grundbuchamte," nicht einem Grundbuchamte vor und stellt demnach als Erforderniß für die materiellrechtlichen Wirkungen der Erklärung auf, daß diese vor oder gegenüber demjenigen Grundbuchamt erfolgt, welches das Grundbuch über das in Betracht kommende Grundstück führt. Dagegen steht es der Wirksamkeit der Erklärung nicht entgegen, daß das Grundbuch von einem unzuständigen Grundbuchamte geführt wird. Nur dies ist aus der Vorschrift des freiw. G.G. §. 7 zu entnehmen.

5. Die Verhandlungen vor dem Grundbuchamte sind **nicht öffentlich**. Dies ist nicht ausdrücklich ausgesprochen, insbesondere enthält auch das freiw. G.G. keine entsprechende Vorschrift; bei der Berathung dieses Gesetzes in der Reichstagskommission wurde ein hierauf bezüglicher Antrag abgelehnt, weil es selbstverständlich sei, daß die Verhandlungen vor Gericht nicht öffentlich zu führen seien, soweit nicht durch besondere Vorschrift von diesem Grundsatz abgewichen wäre (vgl. Dorner, das freiw. G.G. S. 62ff.). Für Preußen kommt die Vorschrift des §. 88 Satz 2 des A.G. z. G.V.G. in Betracht, wonach eine mündliche Verhandlung, die in den nicht zu der ordentlichen streitigen Gerichtsbarkeit gehörigen gerichtlichen Angelegenheiten „nach Vorschrift der deutschen Prozeßordnungen stattfindet," öffentlich nach den Bestimmungen der §§. 170—176 des G.V.G. zu erfolgen hat. In Grundbuchsachen giebt es aber keine mündliche Verhandlung nach Vorschrift der deutschen Prozeßordnungen, also auch keine Oeffentlichkeit der Verhandlungen. Demnach steht einer nicht betheiligten Person kein Recht zu, den Verhandlungen beizuwohnen, es sei denn, daß sie **Beistand** eines Betheiligten ist. Die Vorschrift des freiw. G.G. §. 13 Satz 1: „Die Betheiligten können mit Beiständen erscheinen" ist nämlich vielfach landesrechtlich (z. B. durch das preuß. freiw. G.G. Art. 1, das bayer. A.G. z. G.B.O. Art. 8) auf Grundbuchsachen erstreckt.

6. Auch die reichsrechtlichen Vorschriften über die **Sitzungspolizei** (G.V.G. §§. 177 ff.) sind in verschiedenen Bundesstaaten auf Grundbuchsachen für anwendbar erklärt. Vgl. preuß. A.G. z. G.V.G. §. 88; bayr. A.G. z. G.B.O. Art. 8; freiw. G.G. §. 8. Danach können betheiligte Rechtsanwälte von dem Grundbuchamt in eine Ordnungsstrafe bis zu einhundert Mark genommen werden, wenn sie sich vor dem Grundbuchamt einer Ungebühr schuldig machen; Parteien, Beistände, Vertreter und alle nicht betheiligten Personen können dagegen, wenn sie den zur Aufrechterhaltung der Ordnung erlassenen Befehlen nicht gehorchen, auf Beschluß des Grundbuchamts aus dem Sitzungszimmer entfernt, auch zur Haft abgeführt und während einer in dem Beschlusse zu bestimmenden Zeit, welche 24 Stunden nicht übersteigen darf, festgehalten und, wenn sie sich einer Ungebühr schuldig machen, in eine Ordnungsstrafe bis zu 100 Mark oder bis zu drei Tagen Haft genommen werden. „Ist eine Ordnungsstrafe wegen Ungebühr festgesetzt oder eine Person zur Haft abgeführt oder eine bei der Verhandlung betheiligte Person entfernt worden, so ist der Beschluß des Gerichts und dessen Veranlassung in das Protokoll aufzunehmen" (G.V.G. §. 184); bei der Entfernung einer nicht betheiligten Person gilt dies nicht. Gegen die Festsetzung einer Ordnungsstrafe wegen Ungebühr ist binnen einer Woche von der Bekanntmachung der Entscheidung ab Beschwerde zulässig, über welche das Oberlandesgericht entscheidet. Diese hat aufschiebende Wirkung, da die Amtshandlungen des Grundbuchamts außerhalb einer „Sitzung" im Sinne der Reichsjustizgesetze vorgenommen werden (G.V.G. §. 183 Abs. 2, §. 182). Aus demselben Grunde ist auch die Anwendbarkeit des §. 185 des G.V.G. über die Feststellung des Thatbestandes einer in der „Sitzung" begangenen strafbaren Handlung auf die Verhandlungen vor dem Grundbuchamte zu verneinen.

7. Die **Berathung und Abstimmung** in Grundbuchsachen, insbesondere der Beschwerdegerichte, erfolgt ebenfalls auf Grund landesrechtlicher Normen meist nach den Vorschriften des G.V.G. §§. 194—199; vgl. z. B. preuß. A.G. z. G.V.G. §. 90, bayer. A.G. z. G.B.O. Art. 8 und freiw. G.G. §. 8.

8. Die **Gerichtssprache** ist auch in Grundbuchsachen die deutsche. Allerdings ist auch dies nicht reichsrechtlich, sondern nur durch die Landesgesetze bestimmt. Vgl. z. B. preuß. freiw. G.G. Art. 1, bayer. A.G. z. G.B.O. Art. 8 und freiw. G.G. §§. 8, 9. Da die Hauptthätigkeit des Grundbuchamts bei den Verhandlungen mit den Betheiligten in der Beurkundung ihrer Erklärungen besteht, ist für diejenigen Staaten, welche die Amtsgerichte zu Grundbuchämtern erklärt haben, die Zuziehung eines **Dolmetschers** durch das freiw. G.G. §§. 179, 180 geregelt. Vgl. über den Inhalt dieser Vorschriften die Erl. 4c*α* zu §. 29 der G.B.O. Soweit es sich

nicht um eine Beurkundung handelt, kommt §. 9 dess. Ges. in Betracht, wenn er, wie in Preußen und Bayern, landesrechtlich auf Grundbuchsachen erstreckt ist.

9. „Auf das gerichtliche Verfahren sind die **Gerichtsferien** ohne Einfluß." Dieser Satz 1 des §. 10 des freiw. G.G. findet in verschiedenen deutschen Bundesstaaten (z. B. bayer. A.G. z. G.B.O. Art. 8) auch auf Grundbuchsachen Anwendung. In Preußen gilt sachlich dasselbe auf Grund des § 91 des A.G. z. G.V.G.

10. Aehnlich verhält es sich mit der Vorschrift des §. 2 des freiw. G.G.: „Die Gerichte haben sich **Rechtshülfe** zu leisten. Die §§. 158—169 des G.V.G. finden Anwendung" (vgl. auch ebd. §. 194 Abs. 4). Auch diese Bestimmung bezieht sich nicht ohne Weiteres auf Grundbuchsachen; sie ist aber z. B. in Bayern (a. a. O.) hierauf für entsprechend anwendbar erklärt. Für Preußen ist die Frage durch §. 87 Abs. 1 des A.G. z. G.V.G. geordnet: „Die Gerichte haben sich in den Angelegenheiten, welche zu der ordentlichen streitigen Gerichtsbarkeit nicht gehören, Rechtshülfe zu leisten. Die Leistung der Rechtshülfe erfolgt unter entsprechender Anwendung der Vorschriften der §§. 158—160, 162, 164, 167 des deutschen G.V.G. Eine Anfechtung der Entscheidung des Oberlandesgerichts findet in keinem Falle statt." Diese Vorschrift regelt aber nur die Verpflichtungen der preußischen Gerichte untereinander. Über die Rechtshülfe im Verkehre mit außerpreußischen Behörden und Gerichten fehlt es an einer gesetzlichen Bestimmung.

II. Die Grundbücher.

1. Allgemeine Bestimmung.

§. 1 Abs. 2.

E. I §. 16; II §. 1 Abs. 2. P. I S. 13329—13332. M. S. 47. D. S. 3034. K.B. S. 3418. St.B. S. 4418, 4419, 4421, 4422, 4425.

Die Einrichtung der Grundbücher war vor dem Inkrafttreten des B.G.B. in den einzelnen Bundesstaaten sehr verschieden. Um nun den großen Aufwand an Zeit und Mühe und die erheblichen Kosten zu vermeiden, welche die Einführung eines neuen, einheitlichen Formulars an Stelle des bisherigen zur Folge haben würde, vermeidet es das Reichsgesetz, genaue Vorschriften über die Einrichtung der Grundbücher zu treffen (vgl. oben S. 8), begnügt sich vielmehr mit wenigen zur Durchführung des B.G.B. erforderlichen Bestimmungen (§§. 2—8) und überträgt im Uebrigen die erforderlichen Anordnungen den Landesjustizverwaltungen (§. 1 Abs. 2); außerdem wird in §§. 87 bis 89 die Weiterführung der bisherigen Bücher unter gewissen Einschränkungen gestattet.

1. Nach §. 1 Abs. 2 ist es **Sache der Justizverwaltungen** der einzelnen Bundesstaaten, Anordnungen über die Einrichtung der Grundbücher zu treffen. Es ist daher nicht, wie hinsichtlich der Regelung der Verfassung der Grundbuchämter (oben S. 142 Erl. 2), nach dem inneren Staatsrechte jedes einzelnen Bundesstaats zu entscheiden, ob die erforderlichen Vorschriften im Wege der Gesetzgebung oder im Verordnungs- oder im Verwaltungswege zu geben sind, sondern die Zuständigkeit der Justizverwaltungen reichsrechtlich festgelegt; dies ist geschehen, um eine Aenderung des Grundbuchformulars ohne Inanspruchnahme des schwerfälligen Apparats der Gesetzgebung zu ermöglichen, wenn sich das bisherige nicht bewähren sollte, da ein maßgebendes Urtheil über die Vorzüge und Mängel dieser oder jener Einrichtung in den Einzelheiten nur in der Praxis unter dem Einflusse der wechselnden Anschauungen und Bedürfnisse gewonnen werden kann (Begr. z. Entw. v. 1883 S. 42). Darin liegt für einige Bundesstaaten, insbesondere für Preußen eine Neuerung; die bisherigen Grundbuchformulare waren durch Gesetz eingeführt. Um das Landesrecht auch hinsichtlich der durch die G.B.O. nicht berührten Grundbücher mit dieser Vorschrift des §. 1 Abs. 2 in Einklang zu bringen, ermächtigt Art 29 des preuß. A.G. z. G.B.O. den Justizminister, die landesgesetzlichen Vorschriften über die Einrichtung der Grundbücher, die neben der Grundbuchordnung in Kraft bleiben, zu ändern.

2. Während der §. 16 des E. I lautete: „Weitere Anordnungen über die Einrichtung der Grundbücher . . . können von der Landesjustizverwaltung getroffen werden," ist in der zweiten Lesung die jetzige Fassung gewählt, um außer Zweifel zu stellen, daß die Justizverwaltung nicht nur ermächtigt, sondern auch **verpflichtet** ist, die erforderlichen Anordnungen zu erlassen, da gewisse Anforderungen, insbesondere über die Eintheilung der Grundbuchblätter, unbedingt nöthig seien.

3. Die Befugniß der Landesjustizverwaltung wird durch die G.B.O. **eingeschränkt**; soweit in ihr die Einrichtung der Grundbücher geregelt ist, bleibt für Anordnungen der Justizverwaltung kein Raum, wie in Abs. 2 a. E. ausdrücklich hervorgehoben wird. In Betracht kommen die Bestimmungen der §§. 2—8 der G.B.O.; aber auch von ihnen sind nach näherer Bestimmung der §§. 85—90 Ausnahmen zugelassen, jedoch bedarf es, um die vorbehaltenen Ausnahmebestimmungen zu treffen, einer landesherrlichen Verordnung, eine Anordnung der Landesjustizverwaltung genügt nicht. Vor Allem legt das Reichsrecht Werth auf eine bestimmte Bezeichnung der Grundstücke gemäß §. 2 Abs. 1 und schreibt diese auch für diejenigen bisherigen Bücher vor, die durch landesherrliche Verordnung auf Grund der §§. 87, 88 für Grundbücher im Sinne des B.G.B. erklärt werden (§. 89). Dagegen unterliegt den Anordnungen der Landesjustizverwaltungen insbesondere die Bestimmung über die Eintheilung des Grundbuchblatts in verschiedene Abtheilungen und die sonstige nähere Einrichtung des Formulars des Grundbuchblatts. Auch die Aufnahme gewisser thatsächlicher Angaben, die nicht zum Inhalte des Grundbuchs im Sinne des B.G.B. gehören, insbesondere von Angaben, die zur Bestimmung des Werthes der Grundstücke dienen, kann durch die Justizverwaltung vorgeschrieben werden, wie die Denkschrift hervorhebt, und in der Reichstagskommission ist die Befugniß der Landesjustizverwaltungen für zweifellos erklärt, Anordnungen über die Vertheilung der Grundstücke auf die einzelnen Bände des Grundbuchs zu treffen, insbesondere auch zu bestimmen, daß für ein einzelnes Grundstück ein besonderer Band gebildet werde.

4. In Preußen ist an Stelle der oben S. 4 erwähnten Formulare I und II der G.B.O. vom 5. Mai 1872 durch die Allg. Verf. vom 20. November 1899 ein neues Formular des Grundbuchblatts eingeführt, welches die Vorzüge des bisherigen Formulars I und die des Formulars II in sich vereinigt. Wie jenes stellt es ein Realfolium dar; dagegen gewährt es wie dieses Raum für die genaue Bezeichnung der einzelnen Parzellen, falls das Grundbuchblatt über mehrere Grundstücke geführt wird (G.B.O. §. 4), und beugt durch die auch in dem bisherigen Artikelformular vorhandene Spalte in Abth. II und III „Lfd. Nummer der belasteten Grundstücke" der Gefährdung der Uebersichtlichkeit des Grundbuchs vor. Im Uebrigen entsprechen die drei Abtheilungen mit geringen Abweichungen dem früheren Formular I. Dagegen ist an die Stelle des Titelblatts die „Aufschrift" und das „Bestandsverzeichniß" getreten. Erstere enthält nur das Amtsgericht, den Bezirk, den Kreis sowie die Nummer des Bandes und des Blattes; in dem ersten Theile des Bestandsverzeichnisses folgt die Bezeichnung der Grundstücke und in dem zweiten die Anführung der mit dem Eigenthume verbundenen Rechte. Vgl. über die Einzelheiten die Allg. Verf. §§. 1—20 und das dieser beigefügte amtliche Formular.

Durch dieses neue Formular werden die bisherigen nur sehr allmählich verdrängt werden, denn es sind nur die Grundbuchblätter in neu anzulegenden Bänden und nur, wenn die Bücher noch nicht gebunden sind, alle neu anzulegenden Blätter nach den neuen Vorschriften einzurichten (Allg. Verf. §. 27).

5. Von großer Bedeutung ist, wenigstens für die Uebergangszeit, die Frage, **welche Wirkung einem Verstoße gegen die Anordnungen** der Landesjustizverwaltungen über die Einrichtung der Grundbücher **beizumessen ist.** Allerdings wird es wohl nie vorkommen, daß das Grundbuchamt für ein Grundbuchblatt ein Formular wählt, das von der Landesjustizverwaltung als ein solches überhaupt nicht, weder für diesen Fall noch für andere Fälle zugelassen ist; ein solches Blatt würde kein Grundbuch im Sinne der G.B.O. und des B.G.B. sein. Dagegen ist es schon wiederholt vorgekommen, daß ein Blatt in Preußen noch nach einem der alten Formulare

§. 2.

Die Grundbücher sind für Bezirke einzurichten.

Die Bezeichnung der Grundstücke erfolgt in den Büchern nach einem amtlichen Verzeichniß, in welchem die Grundstücke unter Nummern oder Buchstaben aufgeführt sind. Die Einrichtung des Verzeichnisses wird durch landesherrliche Verordnung bestimmt.

---

angelegt ist, während nach der Allg. Verf. vom 20. November 1899 das neue gewählt werden mußte. Auch für diesen Fall läßt sich die Ansicht begründen, daß kein Grundbuch in Sinne des Reichsrechts vorliegt, weil die Einrichtung des Blattes nicht den Anordnungen der Landesjustizverwaltung und in Folge dessen nicht dem §. 1 der G.B.O. entspricht. Indessen wenn auch die Benutzung der alten Formulare für den betreffenden Fall den Vorschriften der Landesjustizverwaltung widerspricht, so sind doch die nach ihnen angelegten Blätter Grundbücher im Sinne der Reichsgesetze, da sie nicht nur, soweit sie vor dem 1. Januar 1900 angelegt sind, für die im Art. 3 und 4 der Kgl. V.O. vom 13. November 1899 angeführten Bezirke kraft ausdrücklicher Vorschrift als solche Grundbücher gelten, sondern auch nach §. 27 der Allg. Verf. (Erl. 4 a. E.) in den bereits in Angriff genommenen Bänden auch nach dem 1. Januar 1900 noch angelegt werden dürfen. Deshalb läßt sich auch die Ansicht rechtfertigen, daß die Eintragungen in die nach den alten Formularen angelegten Blätter der materiellen Wirkung nicht entbehren, obwohl die Landesjustizverwaltung für den betreffenden Fall die Benutzung des neuen Formulars vorgeschrieben hat; und mit Rücksicht auf die Uebelstände, die aus der Nichtigkeit der Buchführung erwachsen können, verdient die letztere Meinung den Vorzug. Dasselbe würde dann auch in anderen Fällen anzunehmen sein, in denen das Grundbuchamt ein Formular wählt, dessen Anwendung zwar nicht für diesen Fall, aber für andere Fälle von der Landesjustizverwaltung vorgeschrieben ist.

Ein Verstoß gegen die Anordnungen der Landesjustizverwaltung, welche die Frage regeln in welcher Abtheilung des Grundbuchblatts eine Eintragung zu erfolgen hat, steht der Wirksamkeit der Eintragung nicht entgegen (vgl. R.G. 31 S. 311). So ausdrücklich die sächs. V.O. vom 26. Juli 1899 §. 97.

2. Einrichtung der Grundbücher nach Bezirken.

§. 2 Abs. 1.

E. I §. 5; II §. 2 Abs. 1. P. I S. 13303—13306. M. S. 30. D. S. 3034. St.B. S. 4419.

1. Die Vorschrift, daß die Grundbücher nach örtlichen Bezirken zu führen sind, stimmt mit dem früheren preußischen Rechte (preuß. G.B.O. §. 1) überein und bezweckt, die einzelnen Grundstücke im Grundbuche leichter auffindbar und ihre Rechtsverhältnisse dadurch den Interessenten leichter erkennbar zu machen. Aus ihr ist zu folgern, daß das Grundbuchamt grundsätzlich für alle in seinem Bezirke belegenen Grundstücke zuständig ist, daß ferner der Bezirk des Grundbuchamts regelmäßig wieder in Grundbuchbezirke zu zerlegen ist, und daß das Grundbuch grundsätzlich alle in seinem Bezirke belegenen Grundstücke enthalten muß. Wie diese Grundbuchbezirke abgegrenzt werden sollen, ist reichsrechtlich nicht bestimmt; sie brauchen sich mit politischen, namentlich mit den Gemeindebezirken nicht zu decken. In Folge dessen sieht §. 1 der Allg. Verf. für Preußen vor, daß ein Gemeindebezirk zum Zwecke der Grundbuchanlegung in mehrere Bezirke getheilt werden kann und daß diese sog. Anlegungsbezirke neben den Gemeindebezirken und selbständigen Gutsbezirken Grundbuchbezirke im Sinne der obigen Vorschrift sind, für die ein Grundbuch eingerichtet wird, welches aus einem oder mehreren Bänden bestehen kann.

2. Die Regel des Abs. 1 unterliegt jedoch mehreren **Ausnahmen.**

a. Zunächst gestattet §. 85 die Bestimmung im Wege einer landesherrlichen Verordnung, „daß für gewisse Gattungen von Grundstücken besondere nicht für Bezirke eingerichtete Grundbücher geführt werden." Dieser Vorbehalt ist mit Rücksicht auf die in verschiedenen Staaten (z. B. Mecklenburg, Württemberg rc.) bestehenden Spezial=Grund= oder Hypothekenbuchämter für Staatsdomänen, ritterschaftliche, standesherrliche Güter od. ä. gemacht (vgl. M. S. 31), für Preußen aber bedeutungslos.

b. Eine zweite Ausnahme macht die G.B.O. selbst im §. 4, indem sie die Führung eines gemeinschaftlichen Grundbuchblatts für mehrere Grundstücke desselben Eigenthümers zuläßt, wenn sie auch in verschiedenen Grundbuchbezirken belegen sind; grundsätzlich ist aber Voraussetzung, daß sie im Bezirke desselben Grundbuchamts liegen, doch kann hiervon durch landesherrliche Verordnung entbunden werden (§. 86), ein Vorbehalt, von dem Preußen für Grundstücke, die zu einem Familienfideikommisse gehören, Gebrauch gemacht hat (V.O. Art. 37). Für die bisherigen Bücher ist sogar die Identität des Eigenthümers nicht unbedingtes Erforderniß (vgl. §. 87 und S. 156 Erl. 3a zu §. 4).

c. Auch in Folge der Vereinigung mehrerer Grundstücke zu einem einheitlichen Grundstück oder der Zuschreibung des einen Grundstücks als Bestandtheil eines anderen (§. 5) kann ein Grundbuch das Grundbuchblatt über ein in einem anderen Grundbuchbezirk oder sogar in einem anderen Grundbuchamtsbezirke belegenes Grundstück enthalten.

3. Die Vorschrift des §. 2 Abs. 1 bezieht sich nicht nur auf Grundstücke, sondern auch auf die **Erbbaurechte, Erbpachtrechte** und **Abbaurechte,** die nach §§. 7 und 84 ein Grundbuchblatt erhalten können (vgl. oben S. 16f.). Auch sie sind in das Grundbuch desjenigen Bezirkes einzutragen, in dem das mit ihnen belastete Grundstück gebucht ist (ebenso Predari S. 80 Anm. 4). Dagegen werden die **Bergwerke** und andere als die genannten **Gerechtigkeiten,** die etwa nach den von dem B.G.B. nicht berührten landesrechtlichen Normen Grundstücksqualität haben, von der obigen Vorschrift wie von allen Bestimmungen der G.B.O. nicht betroffen, vielmehr bleibt die Frage, in welchem Grundbuche sie zu buchen sind, dem Landesrecht überlassen. Vgl. für Preußen A.G. z. G.B. Art. 22 und Allg. Verf. §§. 22, 23.

3. Bezeichnung der Grundstücke im Grundbuche.

§. 2 Abs. 2.

E. I §. 7; II §. 2 Abs. 2 P. 1 S. 13301—13303; II Bd. 3 S. 13—16. M. S. 34. D. S. 3034, 3035. K.B. S. 3418, 3419. St.B. S. 4419, 4420, 4421, 4423.

1. „Um seinen Zweck zu erfüllen, muß das Grundbuch in erster Linie den Gegenstand der aus ihm zu ersehenden Rechte, das Grundstück, mit hinreichender Deutlichkeit erkennbar machen" (D.; vgl. M. z. B.G.B. Bd. 3 S. 19). Durch die Vorschrift des Abs. 2 soll diese, von dem sog. Spezialitätsprinzipe geforderte bestimmte Bezeichnung der einzelnen Grundstücke, deren Rechtsverhältnisse durch das Grundbuch veröffentlicht werden, sicher gestellt und zugleich garantirt werden, daß das Grundbuch die Grundstücke ohne Ausnahme, aber auch nicht etwa einzelne Grundstücke doppelt enthält. Deshalb verlangt die G.B.O. in Uebereinstimmung mit dem bisherigen, namentlich auch dem preußischen Grundbuchrecht, als Grundlage des Grundbuchs ein amtliches Verzeichniß, in dem die einzelnen Grundstücke aufgefunden werden können und nach Buchstaben oder Nummern unterscheidbar bezeichnet sind. Dieses muß vorliegen, bevor mit der Grundbuchanlegung begonnen werden kann.

2. Ueber die **Einrichtung dieses Verzeichnisses** waren in dem Entwurfe von 1883 genauere Bestimmungen vorgeschlagen und vor allem neben den Verzeichnissen selbst (dort Stockbücher genannt) Grundkarten gefordert, welche die durch geometrische Aufnahme festgestellten Grenzen jedes einzelnen Grundstücks angeben. Die erste Kommission (M. S. 34; M. z. B.G.B. Bd. 3 S. 54ff.) hat diese Vorschläge verworfen. Allerdings hat auch sie es als wünschenswerth

bezeichnet, daß das Verzeichniß, für welches sie den Namen Flurbuch gebraucht, eine amtliche geometrische Vermessung und Kartirung zur Grundlage habe, diese aber nicht bei allen Arten von Grundstücken für erforderlich gehalten, insbesondere nicht für Grundstücke, deren Grenzen durch feste Grenzzeichen klargestellt seien und deren Bezeichnung nach ihrer Lage od. ä., wie namentlich bei städtischen Grundstücken, genüge, um sie von anderen zu unterscheiden; vor allem aber sollte die Benutzung der in den einzelnen Bundesstaaten vorhandenen Verzeichnisse und der hierauf fußenden Grundbücher nicht durch die Aufstellung genauerer Anforderungen an die amtlichen Verzeichnisse unmöglich gemacht werden. Aus diesen Gründen sieht das Gesetz von dem Erfordernisse der Kartirung, deren Bedeutung auch von dem Reichstage in der oben S. 9 a. E. erwähnten Resolution anerkannt ist, und von der Aufstellung näherer Vorschriften ab und überläßt die Bestimmungen über die Einrichtung der Verzeichnisse landesherrlichen Verordnungen, denen auch im Uebrigen die Regelung des Verfahrens über die Anlegung der Grundbücher nach Art. 186 des E.G. z. B.G.B. obliegt. Auch der im E. I §. 7 vorgeschlagene technische Ausdruck „Flurbuch" fehlt in dem Gesetze mit Rücksicht auf den in den einzelnen Bundesstaaten hinsichtlich der Bezeichnung der Verzeichnisse herrschenden verschiedenen Sprachgebrauch (Flurbücher, Lagerbücher, Fundbücher, Meßregister rc.).

Das Reichsgesetz verlangt von dem Verzeichnisse nur, daß es ein amtliches d. h von einer Behörde aufgestelltes und geführtes sei, und daß es die Grundstücke unter Nummern oder Buchstaben aufführt. „Dabei ist es auch zulässig, die Grundstücke nach bestimmten Merkmalen in verschiedene Gruppen zu theilen und innerhalb jeder Gruppe die zugehörigen Grundstücke in gesonderter Nummern- oder Buchstabenfolge aufzuführen" (D., vgl. K.B.).

In Preußen dienen wie bisher (preuß. G.B.O. §. 4) als amtliche Verzeichnisse in dem obigen Sinne die Grund- und Gebäudesteuerbücher (Kgl. V.O. Art. 2, Allg. Verf. §§. 3, 29, 30). Für Sachsen vgl. die V.O. vom 26. Juli 1899 §§. 4, 13—15.

3. **Die Bedeutung des Verzeichnisses für das Grundbuch** besteht

a. nach §. 2 Abs. 2 lediglich darin, daß die Grundstücksbezeichnung in diesem die gleiche wie in jenem sein muß. Das Grundbuch muß also die in jenem enthaltenen Buchstaben oder Nummern beibehalten. Daraus folgt, daß bei der Theilung eines Grundstücks eine neue Bezeichnung der Grundstückstheile in dem Verzeichniß erfolgen muß, damit diese in das Grundbuch übernommen werden kann. Trotzdem schreibt die G.B.O. dies nicht direkt vor, sondern überläßt es im §. 96 der Landesjustizverwaltung, darüber zu bestimmen, „inwieweit für die Fälle, in denen ein Theil eines Grundstücks von diesem abgeschrieben oder ohne Abschreibung mit einer Dienstbarkeit oder einer Reallast belastet werden soll, die Eintragung von einer Aenderung des amtlichen Verzeichnisses der Grundstücke oder von der Beibringung einer die Lage und die Grenzen des Grundstückstheils darstellenden Karte abhängig sein soll." In den M. S. 62 und der D. S. 3051 (zu §. 94 des E. II) ist dies damit begründet, daß die Führung des Verzeichnisses nicht reichsgesetzlich geordnet sei, daher bleibe der Erlaß dieser Vorschriften der partikulären Regelung und zwar, der Vereinfachung wegen, der Regelung durch die Landesjustizverwaltung überlassen. Für Preußen enthält die betreffende Vorschrift §. 30 der Allg. Verf. (vgl. unten Erl. 4 zu §. 6).

Die Vorschrift des §. 2 Abs. 2 Satz 1 kommt nach §. 89 auch für diejenigen bisher geführten Bücher zur Anwendung, die laut landesherrlicher Verordnung gemäß §. 87 als Grundbücher gelten sollen. In ihnen muß die vorgeschriebene Bezeichnung der Grundstücke im Anschluß an das Verzeichniß nöthigenfalls von Amtswegen nachgeholt werden.

b. Vielfach werden die amtlichen Verzeichnisse die Lage, die Größe, die Wirthschaftsart, den Reinertrag oder ähnliche Umstände angeben, wenn dies auch nicht reichsrechtlich erfordert ist. Daß auch diese Angaben in das Grundbuch zu übernehmen sind, schreibt die G.B.O. nicht vor; gemäß §. 1 Abs. 2 unterliegt dies der Anordnung der Landesjustizverwaltung. (Für Preußen ist die Uebernahme des entsprechenden Inhalts der Steuerbücher im §. 3 der Allg. Verf. und für die bisherigen Bücher im §. 28 Abs. 2 ebd. vorgeschrieben, und für die ständige Ueber-

§. 3.

Jedes Grundstück erhält im Grundbuch eine besondere Stelle (Grundbuchblatt). Das Grundbuchblatt ist für das Grundstück als das Grundbuch im Sinne des Bürgerlichen Gesetzbuchs anzusehen.

---

einstimmung zwischen den Grundbüchern und den Steuerbüchern sorgen die durch §. 29 ebd. aufrechterhaltenen Bestimmungen.) Derartige Angaben werden, auch wenn das Grundbuch hinsichtlich ihrer auf das amtliche Verzeichniß Bezug nimmt oder sie sogar wiedergiebt, von dem öffentlichen Glauben des Grundbuchs (B.G.B. §. 892) nicht gedeckt. Als richtig gilt der Inhalt des Grundbuchs nur hinsichtlich derjenigen Angaben, deren Aufnahme in das Grundbuch in dem B.G.B. selbst vorgeschrieben ist, also über die dinglichen Rechtsverhältnisse und die Verfügungsbeschränkungen, dagegen nicht über die obigen, rein thatsächlichen Umstände; nur „daß das an der Hand des Flurbuchs zu ermittelnde Grundstück den im Grundbuch angegebenen Rechtsverhältnissen unterliegt" (M. S. 35), wird garantirt, nicht die Größe, die Lage, die Kulturart und auch nicht die aus dem Grundbuche garnicht ersichtlichen Grenzen des Grundstücks (vgl. M. S. 35, D. S. 3055; Planck Bd. 3 S. 108 Erl. 1, Turnau-Förster Bd. 1 S. 29, 30, Predari S. 29, 34 ff. Abw. Oberneck S. 219 und in Gruchot 43 S. 171 ff., Fuchs S. 155 ff. Ueber das frühere preuß. Recht, für das diese Frage sehr zweifelhaft war, vgl. Achilles-Strecker 4. Aufl. S. 53, 54, 299; K.G. 2 S. 89, 11 S. 91, 96, 17 S. 38; R.G. 27 S. 240, 29 S. 198, 42 S. 200; Koppers in Gruch. 36 S. 338 ff.) Auch die Vermuthung der Richtigkeit hat das Grundbuch hinsichtlich dieser Angaben nicht nach §. 891 des B.G.B. für sich, wie schon die Fassung des Gesetzes ergiebt; ein Antrag, die Vorschrift zu verallgemeinern, wurde in der 2. Kommission abgelehnt, um nicht die Vermuthung auf die „Grundbucheinträge über thatsächliche Umstände (z. B. die Größe und die Lage eines Grundstücks), zu deren Aufnahme das Grundbuch nicht bestimmt sei", zu erstrecken (P. II Bd. 3 S. 49. Siehe auch R.G. 42 S. 200).

Aus diesen Sätzen folgt, daß das Grundbuchamt derartige thatsächliche Angaben, wenn sich ihre Unrichtigkeit herausstellen sollte (z. B. durch die Flurbuchsanhänge oder sonstige Katasterdokumente), im Grundbuche berichtigen kann, ohne die Möglichkeit eines Rechtserwerbs auf Grund des öffentlichen Glaubens des Grundbuchs zu berücksichtigen, während die bisherige preußische Praxis mehrfach mit Rücksicht auf diese Möglichkeit eine Entscheidung des Prozeßgerichts gefordert hat, ob die falsche thatsächliche Notiz eine Aenderung in der Rechtslage herbeigeführt habe (vgl. K.G. a. a. O., ferner K.G. 13 S. 100, unten S. 154 Erl. 4 a. E. zu §. 3).

Andererseits ist aber zu beachten, daß es in vielen Fällen zweifelhaft sein kann, ob es sich lediglich um thatsächliche Angaben handelt. Vgl. Planck Bd. 3 S. 108 Erl. 1 Abs. 2. Daher muß das Grundbuchamt bei seinen Berichtigungen mit Vorsicht verfahren und in zweifelhaften Fällen die Betheiligten hören und im Falle ihres Widerspruchs auf den Rechtsweg verweisen. Jedenfalls ist dieses m. E. erforderlich, wenn das Grundbuchblatt eine Parzelle ausdrücklich als Bestandtheil des Grundstücks aufführt, da in diesem Falle die gebuchten Rechtsverhältnisse auch hinsichtlich dieser Parzelle unter dem öffentlichen Glauben des Grundbuchs stehen (K.G. 17 S. 38, R.G. 27 S. 243, Oberneck in Gruch. 43 S. 172).

Ueber den Fall doppelter Buchung desselben Grundstücks vgl. S. 154 Erl. 4 zu §. 3.

4. Grundbuchblatt.

§. 3.

E. I §. 6 Abs. 1; II §. 3. P. I S. 13303—13306, 13619 M. S. 32. D. S. 3035.

1. §. 3 Satz 1 schreibt zunächst vor, daß für **jedes Grundstück** (über diesen Begriff vgl. oben S. 14) ein Grundbuchblatt von Amtswegen anzulegen ist. Damit ist nicht gesagt, daß

der Zeitpunkt, in welchem das Grundbuch für einen Bezirk als angelegt anzusehen ist, und das Reichsgrundbuchrecht nach Art. 189 des E.G. z. B.G.B. und §. 82 der G.B.O. in Kraft tritt, durch landesherrliche Verordnung nur so bestimmt werden darf, daß wirklich alle Grundstücke vorher ein Blatt erhalten haben. Art. 186 des E.G. z. B.G.B. sieht ausdrücklich vor, daß in jenem Zeitpunkt einige Grundstücke noch nicht gebucht sein sollten, und unterscheidet, ob diese „durch besondere Anordnung" ausgenommen sind oder nicht; nur in dem ersteren Falle soll das Inkrafttreten des Immobiliarsachenrechts des B.G.B. für diese einzelnen Grundstücke noch hinausgeschoben werden. Ebenso berücksichtigt die G.B.O. diesen Fall, indem sie im §. 91 die Bestimmung des Verfahrens zum Zwecke der Eintragung dieser Grundstücke landesherrlicher Verordnung überläßt. Vgl. für Preußen die Kgl. V.O. Art. 3, 4, 14—32.

Der obige Satz gilt aber **nicht ausnahmslos**. Nach §. 90 kann durch landesherrliche Verordnung bestimmt werden, daß die Grundstücke des Fiskus oder gewisser juristischer Personen, die öffentlichen Wege und Gewässer sowie solche Grundstücke, welche einem dem öffentlichen Verkehre dienenden Bahnunternehmen gewidmet sind, ferner die landesherrlichen Grundstücke und die Haus- oder Familiengüter der landesherrlichen und der diesen gleichgestellten Familien nur auf Antrag ein Grundbuchblatt erhalten. Vgl. hierüber die Erl. zu §. 90 und für Preußen die Kgl. V.O. Art. 1.

2. Die Hauptbedeutung der Vorschrift des Satzes 1 besteht in der Anordnung, daß jedes Grundstück **eine besondere Stelle** im Grundbuche haben muß. Diese Bestimmung beruht auf der Erwägung, daß das Grundbuch seinen Zweck, die Rechtsverhältnisse an den einzelnen Grundstücken erkennbar zu machen, nur dann erfüllen kann, wenn es so eingerichtet ist, daß Jeder, für den die rechtlichen Beziehungen eines Grundstücks von Interesse sind, leicht und sicher erfahren kann, was in Ansehung desselben eingetragen ist. Deshalb ist angeordnet,

a. daß jedes einzelne Grundstück ein besonderes Grundbuchblatt erhält, daß also grundsätzlich nicht ein Blatt mehrere Grundstücke umfaßt, indessen gilt hiervon die im §. 4 bestimmte Ausnahme;

b. daß jedes Grundstück nur einmal in das Grundbuch einzutragen ist und alle dasselbe betreffenden Angaben an **einer** Stelle zu finden sind. Hiervon gestattet das Gesetz nur für die bisher geführten Bücher eine Ausnahme (§. 87), jedoch mit der Einschränkung, daß jedes Grundstück in einem der mehreren Bücher eine besondere Stelle haben muß, an der auf die in den anderen Büchern befindlichen Eintragungen zu verweisen ist (§. 88);

c. daß ferner regelmäßig das Grundbuchblatt nur solche Eintragungen enthalten darf, die sich auf das ganze Grundstück beziehen, nicht auch besondere Angaben über die Rechtsverhältnisse eines Bestandtheils; vgl. hierüber §. 5 Erl. 6 und §. 6.

Dagegen ist aus dem Erforderniß eines besonderen Grundbuchblatts für jedes Grundstück nicht zu folgern, daß die preußischen Grundbuchartikel (Formular II von 1872, oben S. 4f.) reichsgesetzlich unzulässig seien. Der Ausdruck „Grundbuchblatt" ist nur die (aus dem preußischen Rechte übernommene) technische Bezeichnung für die „besondere Stelle" im Grundbuche. Wie dieses Blatt einzurichten ist, wird von der Landesjustizverwaltung bestimmt (§. 1 Abs. 2); diese kann auch anordnen, daß der Name des Eigenthümers voransteht, und daß, unter Beobachtung der Vorschriften des §. 4 (bezw. der §§. 86, 87), das Blatt (der Artikel) jedes Eigenthümers alle ihm gehörigen Grundstücke umfaßt, sofern nur alle die Grundstücke betreffenden Angaben auf diesem neuen Blatte verzeichnet stehen und bei einer Uebertragung des Grundstücks auf einen anderen Artikel mitübertragen werden (vgl. §. 47 Abs. 2). Derartige, dem preußischen Formular II entsprechende, sog. Personalfolien sind also reichsrechtlich nicht unzulässig (vgl. M. S. 33, 34).

3. Der zweite Satz des §. 3 dient zur näheren Bestimmung der Tragweite des ersten. Er stellt klar, daß dieser **nicht lediglich eine Ordnungsvorschrift** enthält, sondern daß jede im B.G.B. vorgeschriebene Eintragung und Löschung gerade auf dem für das Grundstück bestimmten

Grundbuchblatt erfolgen muß, und daß eine an anderer Stelle erfolgte Eintragung ohne materielle Wirkung für die Rechtsverhältnisse dieses Grundstücks ist. Praktisch kann dies vor allem bei einer Gesammthypothek oder einer sonstigen Gesammtbelastung mehrerer Grundstücke werden; diese muß auf dem Blatte eines jeden belasteten Grundstücks eingetragen werden, eine Eintragung auf einem Blatte würde die Mithaft der übrigen Grundstücke nicht bewirken, selbst wenn diese als mitverhaftet auf jenem Blatte benannt wären. Nicht die Eintragung an irgend einer Stelle des Grundbuchs genügt, weil ja dadurch der in Erl. 2 erwähnte Zweck des Grundbuchs nicht erreicht werden würde; sondern nur die Eintragung auf dem Grundbuchblatte des von ihr betroffenen Grundstücks ist im Sinne des B.G.B. eine Eintragung in das Grundbuch.

Wenn nach landesherrlicher Verordnung mehrere bisher geführte Bücher oder ein solches zusammen mit einem oder mehreren neuen Büchern als Grundbuch gelten, so muß, wie erwähnt, jedes Grundstück in einem der Bücher eine besondere Stelle haben, an der auf die in den anderen Büchern befindlichen Eintragungen zu verweisen ist; jene Stelle und die Stelle, auf die verwiesen ist, gelten alsdann zusammen als das Grundbuchblatt im Sinne der obigen Vorschrift (§. 88).

4. Nach dem in Erl. 2 Gesagten ist es unzulässig, daß **über ein Grundstück zwei Grundbuchblätter geführt werden.** Falls dies trotzdem versehentlich vorkommen sollte, bestimmen sich die Wirkungen der Eintragungen nach dem bürgerlichen Rechte; vgl. Planck Bd. 3 S. 109 §. 892 Erl. I 4, wo in Uebereinstimmung mit der das bisherige preußische Recht betreffenden Rechtsprechung (O.Tr.Entsch. 75 S. 333, 83 S. 270; R.G. 11 S. 278, 13 S. 247, 29 S. 198, Gruchot 33 S. 1069) ausgeführt wird, daß, soweit die Eintragungen auf den beiden Blättern einander widersprechen, sich keine Partei für die ihr günstige Eintragung auf den öffentlichen Glauben des Grundbuchs berufen kann, sondern lediglich das materielle Recht über die Rechtsverhältnisse des Grundstücks entscheidet. Dagegen soll nach der Denkschrift das Verfahren zum Zwecke der Beseitigung eines solchen Mangels der landesherrlichen Regelung unterliegen, da es sich dabei um die Einrichtung und Führung des Grundbuchs handle (vgl. S. 179 Vorbm. II vor §. 13). Für Preußen und diejenigen sonstigen Staaten, deren landesrechtliche Bestimmungen keine besondere Vorschrift enthalten, wird man das Grundbuchamt jedenfalls unter den Voraussetzungen des §. 54 der G.B.O. für befugt erachten dürfen, von Amtswegen einen Widerspruch einzutragen. Außerdem wird das Grundbuchamt, wenn z. B. bei der Uebertragung eines Grundstücks auf ein anderes Blatt (G.B.O. §§. 4, 5) dessen Abschreibung von dem bisherigen Blatte versehentlich unterblieben ist, auch diese Abschreibung solange noch nachholen dürfen, als die Rechtslage noch unverändert d. h. hinsichtlich des Grundstücks auf dem früheren Blatte noch keine weitere Eintragung erfolgt ist; auch erscheint es unbedenklich, das eine Blatt von Amtswegen zu schließen, wenn ein Widerspruch zwischen dem Inhalte der Blätter nicht besteht, an beiden Stellen dieselbe Person als Eigenthümerin und keine oder dieselben Lasten eingetragen sind, wenn auch dieses Offizialverfahren nirgends besonders zugelassen ist. Im Uebrigen aber muß das Grundbuchamt sich darauf beschränken, die Betheiligten auf die doppelte Buchung aufmerksam zu machen und zur Stellung der erforderlichen Anträge zu veranlassen, und hat bis zur Richtigstellung alle Eintragungsanträge abzulehnen, soweit sie nach dem Inhalte des einen oder des anderen Blattes unzulässig sind. Vgl. indessen K.G. 13 S. 100; in dem hier behandelten Falle war bei der Zurückführung des Grundbuchs auf das Kataster eine und dieselbe Parzelle fälschlich als Bestandtheil zweier lediglich mit dem Gesammtflächeninhalt eingetragenen Grundstücke betrachtet und so durch Verweisung auf die Katasterauszüge doppelt eingetragen: das Kammergericht erklärte die Abschreibung dieser Parzelle von dem Blatte, auf dem sie zu Unrecht gebucht war, ohne Einwilligung der vor und nach der Zurückführung eingetragenen Hypothekengläubiger und ohne Mitübertragung ihrer Hypotheken für zulässig, weil die bei der Zurückführung eingetragenen Angaben der Bestandtheile des Grundstücks nur die Bedeutung einer thatsächlichen Mittheilung hätten und die Hypothekengläubiger sich wegen der doppelten Buchung des Grundstücks nicht auf den öffentlichen Glauben des Grundbuchs berufen könnten.

§. 4.

Ueber mehrere Grundstücke desselben Eigenthümers, die im Bezirke desselben Grundbuchamts belegen sind, kann ein gemeinschaftliches Grundbuchblatt geführt werden, solange hiervon Verwirrung nicht zu besorgen ist.

---

5. Gemeinschaftliches Grundbuchblatt.

§. 4.

E. I §. 6 Abs. 2; II §. 4. P. I S. 13303—13307. M. S. 33. D. S. 3035. K.B. S. 3419, 3420.

1. Grund für die Zulassung.
2. Einrichtung.
3. Voraussetzungen.
4. Wirkung.
5. Wiederaufhebung.

1. Wie S. 153 Erl. 2a bereits erwähnt, geht die G.B.O. davon aus, daß grundsätzlich jedes Grundstück ein besonderes Grundbuchblatt erhält. Diese der Idee des Grundbuchsystems am meisten entsprechende Einrichtung ist aber nicht überall praktisch durchführbar. In Gegenden, wo die freie Theilbarkeit des Grundbesitzes stark ausgenutzt ist, scheitert die Durchführung dieser Regel schon an der Zahl der Blätter. Außerdem würde die Verfügung des Eigenthümers über seinen Grundbesitz formellen Schwierigkeiten begegnen, wenn letzterer auf so viele Blätter vertheilt wäre, als die Zahl der vielfach nur sehr kleinen Parzellen beträgt; häufig würde bei Belastungen und Auflassungen eine Parzelle vergessen werden. Schließlich würde die Eintragung einer jeden Rechtsänderung auch in Folge der großen Zahl der Blätter eine erhebliche Arbeitsvermehrung der Grundbuchämter zur Folge haben. Aus diesen Gründen war schon in dem bisherigen Rechte vielfach ein gemeinschaftliches Blatt für mehrere Grundstücke zugelassen, und zwar in der preußischen G.B.O. vom 5. Mai 1872 in doppelter Weise; nach §. 13 konnte für mehrere im Bezirke desselben Grundbuchamts liegende Grundstücke desselben Eigenthümers auf dessen Antrag ein gemeinschaftliches Realfolium (Formular I) angelegt werden, wenn daraus nach dem Ermessen des Grundbuchamts keine Verwirrung zu besorgen war, und daneben war gerade für die Gegenden des zersplitterten Grundbesitzes das Formular II durch diese G.B.O. neu eingeführt. Vgl. oben S. 5 und die Motive z. preuß. G.B.O. bei Werner 2 S. 151. Dieselben Gründe haben auch die Aufnahme des §. 4 veranlaßt, indem man darauf vertraute, daß die Landesjustizverwaltungen für die Uebersichtlichkeit der Eintragungen durch die zweckmäßige Einrichtung des Formulars sorgen und damit den mit dem gemeinschaftlichen Blatte verbundenen Gefahren vorbeugen würden.

2. Die **Einrichtung** des gemeinschaftlichen Grundbuchblatts ist völlig den landesrechtlichen Ausführungsvorschriften überlassen. Diese haben insbesondere auch darüber zu entscheiden, ob das gemeinschaftliche Blatt entsprechend dem preußischen Formular II als sog. Personalfolium, bei dem die Bezeichnung des Eigenthümers der der Grundstücke vorangeht, oder als Realfolium eingerichtet werden soll (vgl. M., D. und K.B. a. a. O.). In Preußen ist das neue Formular gerade deshalb eingeführt, weil es sich besser als das bisherige Formular I zu einem gemeinschaftlichen Blatte eignet, und trotzdem ein Realfolium ist (vgl. oben S. 148 Erl. 4).

3. Die Anlegung eines gemeinschaftlichen Blattes ist nur unter bestimmten **Voraussetzungen** zugelassen:

a. Die Grundstücke müssen **demselben Eigenthümer** gehören. Damit ist, wie sich von selbst versteht, nicht gefordert, daß sie im Alleineigenthum einer Person stehen; auch mehrere Grundstücke derselben Mit- oder Gesammteigenthümer können ein gemeinschaftliches Blatt erhalten. Selbst die Verschiedenheit des Antheilverhältnisses der Miteigenthümer an den einzelnen Parzellen ist kein gesetzlicher Hinderungsgrund, es sei denn, daß in Folge dessen Verwirrung zu besorgen ist, was häufig der Fall sein wird.

Von diesem Erfordernisse läßt §. 87 für die bereits bestehenden Bücher eine Ausnahme zu mit Rücksicht auf einzelne partikularrechtliche Bestimmungen (z. B. in Württemberg), nach denen Grundstücke der Ehegatten oder der Eltern und der Kinder auf demselben Blatte verzeichnet werden dürfen (M. S. 35).

b. Die Grundstücke müssen **im Bezirke desselben Grundbuchamts belegen** sein. Dagegen ist nicht erforderlich, daß sie auch in demselben Grundbuchbezirke liegen; diese Ausnahme von §. 2 Abs. 1 ist damit begründet, daß eine derartige Beschränkung den Zweck des gemeinschaftlichen Blattes beeinträchtigen würde (M. S. 34). Für die meisten Provinzen Preußens bildet dies zwar nicht für das Formular I (preuß. G.B.O. §. 13), wohl aber für das Formular II (das. §. 15) eine Neuerung; nur für Westfalen war von der Justizverwaltung und für das Gebiet des Rheinischen Rechtes durch das Gesetz vom 12. April 1888 §. 18 die Anlegung eines Artikels für Grundstücke, die in verschiedenen Steuerbezirken liegen, zugelassen.

Auch diese Voraussetzung gilt nicht ausnahmslos; §. 86 gestattet mit Rücksicht auf die durch Art. 119 Ziff. 2 des E.G. z. B.G.B. aufrecht erhaltenen landesgesetzlichen Vorschriften, welche die getrennte Veräußerung bisher zusammen bewirthschafteter Grundstücke untersagen, eine landesherrliche Verordnung, durch die von ihr dispensirt wird. In Preußen ist von dieser Befugniß nur für „mehrere zu einem Familienfideikommisse gehörende Grundstücke" Gebrauch gemacht (Kgl. V.O. Art. 37).

c. Schließlich muß die **Besorgniß einer Verwirrung ausgeschlossen** sein. Durch diesen Zusatz, der in dem E. I fehlte, wird klargestellt, daß das Grundbuchamt für die höchst wichtige Uebersichtlichkeit des Grundbuchs (vgl. Neumann in Gruch. 39 S. 259ff.) zu sorgen hat. Eine Verwirrung kann namentlich in Folge der Verschiedenartigkeit des Antheilverhältnisses der Miteigenthümer oder der Belastung zu besorgen sein; ohne Weiteres bildet nämlich letztere so wenig wie jene (oben a) ein gesetzliches Hinderniß.

Weitere Erfordernisse sind nicht aufgestellt; insbesondere ist auch nicht, wie in der preuß. G.B.O. §. 13 beim Formular I, ein Antrag des Eigenthümers gefordert. Ebensowenig ist, wie für das preußische Formular II, bei Einführung eines Personalfoliums die Anlegung mehrerer Artikel für die in demselben Grundbuchbezirke belegenen Grundstücke desselben Eigenthümers reichsrechtlich für unzulässig erklärt. Vielmehr bleibt in dieser Hinsicht Alles den Bestimmungen der Landesjustizverwaltung überlassen (§. 1 Abs. 2).

Das Landesrecht kann auch die Anwendung des §. 4 durch das Aufstellen weiterer Erfordernisse einschränken oder sogar ganz ausschließen (so sächs. V.O. vom 26. Juli 1899 §. 6), wenn auch ein ausdrücklicher Vorbehalt fehlt; denn die G.B.O. geht von dem Satze, daß jedes selbständige Grundstück ein besonderes Blatt erhält, als Regel aus (Erl. 1) und steht einer landesrechtlichen Norm, welche die Ausnahme von dieser Regel beseitigt, nicht entgegen.

Für Preußen sind besondere Vorschriften nicht ergangen (vgl. jedoch für Anerbengüter die Allg. Verf. §. 21 Abs. 1 Satz 2). Bei der Weiterführung des Artikelformulars wird die bisherige Bestimmung auch in Zukunft zu beachten sein; im Uebrigen bleibt die Entscheidung, ob beim Vorhandensein der gesetzlichen Voraussetzungen ein gemeinschaftliches Blatt angelegt werden soll, dem pflichtmäßigen Ermessen des Grundbuchamts überlassen (K.B. S. 3420).

4. Die Anlegung eines gemeinschaftlichen Blattes hat nicht die **Wirkung**, daß die mehreren Grundstücke ihre Selbständigkeit verlieren. Jedes von ihnen kann allein belastet werden, §. 6 findet hierauf keine Anwendung. Hierin liegt der Unterschied von der Vereinigung mehrerer Grundstücke im Sinne des §. 5.

5. Ueber die **Wiederaufhebung** des gemeinschaftlichen Blattes sagt die Denkschrift: „Durch seine Fassung bringt der §. 4 zugleich zum Ausdrucke, daß die gemeinschaftliche Buchung von Amtswegen wieder aufzuheben ist, sobald eine der Voraussetzungen ihrer Zulässigkeit später wegfällt, sobald also die Grundstücke verschiedene Eigenthümer erhalten oder aus einem sonstigen Grunde von der Beibehaltung des gemeinschaftlichen Blattes Verwirrung zu besorgen ist."

§. 5.

Ein Grundstück soll nur dann einem anderen Grundstück als Bestandtheil zugeschrieben oder mit ihm vereinigt werden, wenn hiervon Verwirrung nicht zu besorgen ist.

Dies ist vor Allem in dem Worte „solange" zum Ausdrucke gekommen. Danach ist das Grundbuchamt jeder Zeit in der Lage, aus Besorgniß der Verwirrung die Vereinigung von Amtswegen wieder aufzuheben.

Alsdann sind bei der Abschreibung des einen Grundstücks auf dessen neues Blatt alle sich auf dieses Grundstück beziehenden bisherigen, noch ungelöschten Eintragungen zu übertragen; ein nicht mitübertragenes Recht gilt als gelöscht (§. 47 Abs. 2; vgl. auch Erl. 2 und 3 zu §. 3). Ueber das Verfahren vgl. noch §. 49 und für Preußen die Allg. Verf. §. 8 Abs. 3 Ziff. 2 u. Abs. 7.

6. Zuschreibung und Vereinigung.

§. 5.

E. I §. 13; II §. 5. P. I S. 13320—13323, 13510, 13511. M. S. 40. D. S. 3035. K.B. S. 3420.

1. Inhalt und Zweck des §. 890 des B.G.B.
2. Voraussetzungen der Zuschreibung und der Vereinigung.
3. Zuständigkeit des Grundbuchamts.
4. Art der Eintragung.
5. Wirkung.
6. Wiederaufhebung.

1. Aus §. 2 Abs. 1 ist zu entnehmen, daß regelmäßig jede einzelne in dem amtlichen Verzeichniß unter besonderer Nummer oder unter besonderem Buchstaben aufgeführte Parzelle ein selbständiges Grundstück bildet. Die strenge Durchführung dieser Regel würde aber den wirthschaftlichen Bedürfnissen nicht gerecht werden. Damit, wie bisher in großen Theilen Deutschlands, so auch in Zukunft die wirthschaftlich ein Grundstück bildenden geschlossenen Güter noch zu rechtlichen Einheiten gemacht werden und als solche rechtliche Anerkennung erlangen können, gestattet das B.G.B. im §. 890 dem Eigenthümer, mehrere Grundstücke durch Eintragung in das Grundbuch zu einem einheitlichen Ganzen zu machen und dadurch einen einheitlichen Verfügungsgegenstand zu schaffen. Auf diese Weise wird zugleich das Verfahren bei Verfügungen über die Grundstücke, sowohl für deren Beurkundung wie für die Eintragung in das Grundbuch, erheblich vereinfacht (vgl. M. z. B.G.B. Bd. 3 S. 56ff., P. II Bd. 3 S. 551 ff.).

Die Verbindung mehrerer Grundstücke zu einem Ganzen kann in doppelter Weise geschehen; §. 890 des B.G.B. bestimmt nämlich: „Mehrere Grundstücke können dadurch zu einem Grundstücke vereinigt werden, daß der Eigenthümer sie als ein Grundstück in das Grundbuch eintragen läßt. Ein Grundstück kann dadurch zum Bestandtheil eines anderen Grundstücks gemacht werden, daß der Eigenthümer es diesem im Grundbuche zuschreiben läßt." Demnach ist zu unterscheiden, ob das eine der beiden Grundstücke als Hauptgrundstück anzusehen ist oder nicht; in dem ersteren Falle erfolgt die *Zuschreibung* des einen Grundstücks zu einem anderen, dem Hauptgrundstück, als dessen Bestandtheil und in dem letzteren die *Vereinigung* der mehreren Grundstücke zu einem neuen Ganzen. Die erste Art der Verbindung entspricht der Zuschreibung als Zubehör des früheren preußischen Rechtes (preuß. G.B.O. §§. 5, 61).

Nach Art. 119 Ziff. 3 des E.G. z. B.G.B. bleiben übrigens die landesgesetzlichen Vorschriften, welche die Vereinigung oder Zuschreibung untersagen oder beschränken, unberührt; für Preußen ist dieser Vorbehalt ohne Belang.

2. Die **Voraussetzungen** der Eintragung beider Arten in das Grundbuch bilden nach §. 890 des B.G.B. und §. 5:

a. Identität des Eigenthümers mehrerer Grundstücke. Für das preußische Recht hat das Kammerger. (K.G. 16 S. 60) angenommen, daß auch ein ideeller Miteigenthumsantheil an einem Grundstücke, wenn er auch nicht als selbständiges Grundstück gebucht werden darf, doch einem anderen Grundstück als Zubehör (Bestandtheil im Sinne des B.G.B.) zugeschrieben werden kann; ebensogut wie nach der preuß. G.B.O. §. 5 wird man dies auch nach §. 5 der G.B.O. für zulässig erachten müssen, obwohl hier nur von der Zuschreibung eines „Grundstücks" die Rede ist. (So auch die Reichstagskommission, K.B. S. 3420.) Praktisch empfehlenswerth ist das von dem Kammerger. gebilligte Verfahren namentlich bei Privatwegen (Einfahrten u. ä.), die im Miteigenthume mehrerer Nachbarn stehen. Dasselbe ist aber nicht unbedenklich, weil dadurch das Grundstück, entgegen der Vorschrift des §. 3, mehrere besondere Stellen im Grundbuch erhält und die Ansicht, daß jeder Miteigenthumsantheil ein Grundstück im Sinne des §. 3 sei, schwerlich zu rechtfertigen ist.

b. Die Erklärung des Eigenthümers, daß die Grundstücke als ein Grundstück in das Grundbuch eingetragen oder daß das eine dem anderen als Bestandtheil zugeschrieben werden soll (anders im Falle des §. 4, vgl. S. 156 Erl. 3 a. E.). Diese Erklärung bedarf der im §. 29 Satz 1 vorgeschriebenen Form; sie ist kein reiner Antrag im Sinne des §. 30, keine bloße Verfahrenshandlung, sondern ein rechtsgeschäftlicher Akt (Predari S. 64).

c. Dazu kommt die Ordnungsvorschrift des §. 5, daß dem Antrage des Eigenthümers nicht stattgegeben werden soll, wenn von der Vereinigung oder Zuschreibung Verwirrung zu besorgen ist. „Die beantragte Buchung ist hiernach namentlich dann abzulehnen, wenn sie wegen verschiedener Belastung der Grundstücke das Grundbuch unübersichtlich machen oder bei der Zwangsvollstreckung zu Verwickelungen führen würde" (D. Ebenso Sächs. V.O. v. 26. Juli 1899 §. 7). Wie nämlich aus §. 1131 des B.G.B. erhellt, bildet an sich die Verschiedenheit der Belastung keinen Hinderungsgrund; aber häufig wird sie die Besorgniß einer Verwirrung der Grundbuchverhältnisse rechtfertigen und deshalb zur Ablehnung des Antrags des Eigenthümers ausreichen (a. M. L.G. Leipzig im sächs. Archiv Bd. 10 S. 378).

Weitere Erfordernisse sind nicht aufgestellt. Insbesondere ist nicht erforderlich, daß die Grundstücke räumlich aneinander grenzen, noch daß sie wirklich eine wirtschaftliche Einheit bilden. Auch die Zugehörigkeit zu demselben Grundbuchbezirk oder zu dem Bezirke desselben Grundbuchamts ist nicht vorausgesetzt (vgl. indessen württemb. A.G. z. B.G.B. Art. 19). Selbst daß die Grundstücke in verschiedenen deutschen Bundesstaaten liegen, steht nicht entgegen, sofern nur unter den betheiligten Staaten über die Zuständigkeit des Grundbuchamts eine Einigung erzielt ist (vgl. oben S. 145 Erl. 4, M. S. 42). Dagegen wird man (mit der preuß. G.B.O. §. 5 Abs. 3) die Unzulässigkeit der Vereinigung und Zuschreibung annehmen müssen, wenn eines der beiden Grundstücke im Auslande, d. h. (anders als im Sinne der preuß. G.B.O.) außerhalb des deutschen Reiches liegt, da für das ausländische Grundstück das ausländische Recht maßgeblich ist und „die Justizhoheit nicht über die Grenze reicht, aber auch nicht einen Eingriff in das deutsche Gebiet duldet" (M. S. 42), es sei denn, daß durch einen Staatsvertrag des Reiches oder durch einen vor dem 1. Januar 1900 abgeschlossenen Landesstaatsvertrag (E.G. z. B.G.B. Art. 56) etwas Anderes vereinbart ist. In den Motiven wird der das Herzogthum Warschau betreffende Traktat zwischen Preußen und Rußland vom 31. (19.) Dezember 1835 (G.S. 1836 S. 1) als Beispiel angeführt. Ebenso Predari S. 66.

Wenn die beiden Grundstücke zwar im Inlande liegen, aber das eine noch nicht unter Grundbuchrecht steht, so findet §. 5 nach §. 82 und nach dem Art. 186 des E.G. z. B.G.B. keine Anwendung. Erst nachdem der Zeitpunkt, in welchem das Grundbuch nach der landesherrlichen Verordnung als angelegt anzusehen ist, für alle Bezirke eingetreten ist, in denen die betreffenden Grundstücke belegen sind, kann die Vereinigung oder Zuschreibung erfolgen. (Vgl. Kolligs im Magazin für das deutsche R. der Gegenwart Bd. 5, 1885, S. 98).

3. Falls die zu vereinigenden Grundstücke nicht in dem Bezirke desselben Grundbuchamts liegen, fragt es sich, welches der betheiligten Grundbuchämter zur Entscheidung über

den Antrag des Eigenthümers und zur Führung des Grundbuchs über das neue einheitliche Grundstück **zuständig** ist. Hierüber enthielt der E. I §. 13 Satz 2 eine besondere Vorschrift, die in dem Gesetze fehlt, weil die Regelung der Zuständigkeit der Grundbuchämter überhaupt der Landesgesetzgebung überlassen ist. Vgl. preuß. A.G. z. G.B.O. Art. 2, 3; bayer. A.G. Art. 5, 6; sächs. V.O. vom 24. Juli 1899 §§. 21, 22. Nach dem preuß. A.G. ist im Falle der Zuschreibung das Grundbuchamt zuständig, in dessen Bezirke das Hauptgrundstück belegen ist; in dem Falle der Vereinigung erfolgt die Bestimmung des zuständigen Gerichts durch das gemeinschaftliche obere Gericht oder in dessen Ermangelung durch den Justizminister. Für den Fall, daß eines der Grundstücke außerhalb Preußens liegt, fehlt es an einer gesetzlichen Zuständigkeitsnorm (vgl. oben S. 145 Erl. 4).

4. Die **Art und Weise der Eintragung** bestimmt sich nach Landesrecht. Vgl. z. B. sächs. V.O. vom 26. Juli 1899 §§. 8, 51—53, 75, 151. Für **Preußen** ist sie durch die Allg. Verf. §. 8 Abs. 3 Ziff. 2 und 3 und Abs. 4 näher geregelt, und durch das dieser Verf. beigefügte Musterformular (Bestandsverzeichniß I laufd. No. 1 bis 3 und 6 bis 8) veranschaulicht. Stehen die Grundstücke bisher auf verschiedenen Blättern, so ist bei der Zuschreibung der Bestandtheil von seinem bisherigen Grundbuchblatt abzuschreiben und mit seinen Belastungen auf das Blatt des Hauptgrundstücks zu übertragen, bei der Vereinigung entweder ein neues Blatt anzulegen oder eines der beiden Blätter weiterzuführen und ersterenfalls beide, letzterenfalls das andere Grundstück nebst Lasten dahin zu übertragen. Ueber die Schließung des oder der bisherigen Blätter enthalten die §§. 17—19 der Allg. Verf. die näheren Anweisungen. Vgl. auch unten Erl. 5 Abs. 3 und Erl. 6. Für den Fall, daß die mehreren Grundstücke in den Bezirken verschiedener Grundbuchämter liegen, ist ferner die Vorschrift des §. 18 der Allg. Verf. zu beachten (vgl. die Erl. zu diesem §. 18).

Schließlich fragt es sich, ob es der Anlegung eines besonderen Blattes für das zuzuschreibende oder mit einem anderen Grundstücke zu vereinigende Grundstück auch dann bedarf, wenn der Eigenthümer den Antrag auf Zuschreibung oder Vereinigung stellt, bevor jenes Grundstück ein Blatt erhalten hat, trotzdem aber nach Art. 186 Abs. 2 des E.G. z. B.G.B. bereits unter Grundbuchrecht steht. Die Frage ist unbedingt zu verneinen, wenn die Grundstücke in demselben Grundbuchamtsbezirke, wenn auch in verschiedenen Grundbuchbezirken, liegen; die Eintragung auf das Blatt des Hauptgrundstücks oder des andern Grundstücks ist dann nach §. 4 genügend. Dagegen giebt die G.B.O. auf diese Frage für den Fall, daß die Grundstücke in den Bezirken verschiedener Grundbuchämter liegen, keine Antwort, weil das Verfahren über die Anlegung der Grundbücher wie das zum Zwecke der Eintragung von Grundstücken, die bei der Anlegung des Grundbuchs ein Blatt nicht erhalten haben, durch landesherrliche Verordnung bestimmt wird (E.G. z. B.G.B. Art. 186; G.B.O. §. 91). Soweit diese besonderen Vorschriften nicht entgegenstehen, ist die Anlegung des besonderen Blattes zu empfehlen, damit der Verbleib des Grundstücks aus dem Grundbuche seines Bezirkes zu ersehen ist; denn, wenn auch das Blatt sofort wieder geschlossen wird, enthält es doch einen Hinweis auf das Grundbuchblatt, auf welches das Grundstück übertragen ist. Selbstverständlich ist nach §. 873 die vorgängige Anlegung erforderlich, wenn der Eigenthümer des einen Grundstücks das andere erst behufs Vereinigung mit seinem übrigen Grundbesitz erwerben will.

5. Die **Wirkungen** der Zuschreibung und Vereinigung stimmen darin überein, daß die bisher selbständigen Grundstücke von nun an nur noch als ein einheitliches Ganzes für Veräußerungen und Belastungen in Betracht kommen. Soll eines von ihnen allein belastet werden, finden §§. 6 und 96 (Allg. Verf. §. 30) Anwendung; von der Belastung mit Dienstbarkeiten oder Reallasten abgesehen, setzt also jede Belastung eine Aufhebung der Vereinigung voraus.

Die Bestandtheile sind aber keine wesentlichen im Sinne des §. 93 des B.G.B.; es bleiben daher die vor der Vereinigung auf den einzelnen Grundstücken ruhenden Lasten unverändert bestehen. Nur bei der Zuschreibung gilt die Ausnahme, daß die Hypotheken und Grundschulden, die zur Zeit der Zuschreibung auf dem Hauptgrundstücke lasten, den zugeschriebenen Bestandtheil

§. 6.

Soll ein Grundstückstheil mit einem Rechte belastet werden, so ist er von dem Grundstück abzuschreiben und als selbständiges Grundstück einzutragen. Ist das Recht eine Dienstbarkeit oder eine Reallast, so kann die Abschreibung unterbleiben, wenn hiervon Verwirrung nicht zu besorgen ist.

---

mitergreifen, jedoch im Range den auf diesem ruhenden Lasten nachstehen (B.G.B. §§. 1131, 1192). Vgl. Grützmann im sächs. Archiv Bd. 8 S. 145ff.

Die Eintragung der auf den einzelnen Grundstücken ruhenden Lasten als Belastungen dieses Bestandtheils wird für Preußen durch die in der Allg. Verf. §. 8 Abs. 3 Ziff. 2, Abs. 4 vorgeschriebene Eintragung des Bestandtheils (als selbständiges Grundstück unter besonderer Nummer unter sofortiger Löschung beider Grundstücke und gemeinsamer Eintragung unter einer neuen Nummer) erleichtert.

6. Die **Wiederaufhebung** beider Arten der Verbindung kann jederzeit auf Antrag des Eigenthümers erfolgen, soweit nicht landesrechtliche Theilungsverbote (E.G. z. B.G.B. Art. 119 Ziff. 2) entgegenstehen. Sie soll außerdem erfolgen, wenn eines der früher selbständigen Grundstücke allein belastet werden soll, es sei denn, daß es sich um eine Dienstbarkeit oder eine Reallast handelt und keine Verwirrung zu besorgen ist (vgl. §. 6). Bei der Wiederaufhebung wird das im Bezirk eines andern Grundbuchamts belegene Grundstück wieder in das Grundbuch seines Bezirkes übernommen, dem betreffenden Grundbuchamt ist zu diesem Zwecke von der Abschreibung Mittheilung zu machen (vgl. preuß. Allg. Verf. §. 18), und auch das in einem anderen Grundbuchbezirke desselben Amtes liegende Grundstück erhält ein Blatt in dem Grundbuche seines Bezirkes, wenn nicht die Anlegung eines gemeinschaftlichen Blattes gemäß §. 4 erfolgt. Ob das vor der Zuschreibung oder Vereinigung geschlossene Blatt wieder zu eröffnen ist, richtet sich nach den landesrechtlichen Vorschriften. In Preußen war vor dem 1. Januar 1900 die Schließung des Grundbuchblatts über das Zubehörstück (den Bestandtheil) keine endgültige, sondern sie erfolgte nur, um das Grundbuchblatt „gegen weitere Eintragungen" zu sperren (preuß. G.B.O. §. 5 Abs. 4. Vgl. Achilles-Strecker S. 302, R.G. 16 S. 82). Dagegen kennt die Allg. Verf. §. 17ff. nur *eine* Art der Schließung, keine besondere für den hier fraglichen Fall, und erwähnt die Wiedereröffnung nicht. Es muß daher bei der Vereinigung und der Zuschreibung die Abschreibung des Grundstücks von seinem bisherigen Blatte und dessen endgültige Schließung und bei der Wiederaufhebung der Verbindung die Uebertragung auf ein anderes Blatt erfolgen.

7. Belastung eines Grundstückstheils.

§. 6.

E. I §. 26; II §. 6. P. I S. 13524–13526; II Bd. 3 S. 13–16. M. S. 61. D. S. 3035, 3036. K.B. S. 3420.

1. Zweck der Vorschrift.
2. Voraussetzung ihrer Anwendbarkeit.
3. Verfahren nach §. 6.
4. Aenderung des Grundstücksverzeichnisses und Vorlage einer Karte.
5. Anwendung auf Haftentlassungen und Vorrechtseinräumungen.
6. Auflassung und Belastung während eines Zusammenlegungsverfahrens.

1. Wie in Erl. 5 zu §. 5 bereits erwähnt, bilden die Theile eines Grundstücks keine wesentlichen Bestandtheile im Sinne des §. 93 des B.G.B. Ihre gesonderte Belastung ist daher nach dem materiellen Rechte nicht ausgeschlossen. Eine ungleichmäßige Belastung der verschiedenen Bestandtheile eines Grundstücks würde aber die Uebersichtlichkeit des Grundbuchs erheblich beeinträchtigen, die Buchführung erschweren und das Zwangsvollstreckungsverfahren

bis zu einem bedenklichen Grade verwickeln und verwirren (M. z. B.G.B. Bd. 3 S. 55, 56). Diese Uebelstände zu vermeiden, ist der Zweck der Vorschrift des §. 6. Auch in ihr kommt das sog. Spezialitätsprinzip zum Ausdrucke.

2. **Voraussetzung** für die Anwendbarkeit des §. 6 ist die Belastung eines Grundstückstheils mit einem Rechte.

a. Unter einem Grundstückstheil ist ein reeller Theil eines Grundstücks zu verstehen, einerlei ob letzteres in dem Grundstücksverzeichnisse (§. 2 Abs. 2) unter einer Nummer oder einem Buchstaben eingetragen ist oder erst auf Antrag des Eigenthümers gemäß §. 5 als ein einheitliches Grundstück gebucht ist; auch eine nach §. 5 als Bestandtheil zugeschriebene, mit dem Hauptgrundstücke garnicht räumlich verbundene Parzelle ist ein Grundstückstheil im Sinne des §. 6. Reelle Theile können ferner nur durch vertikale Linien, welche die Erdoberfläche schneiden, hergestellt werden; eine horizontale Theilung eines Gebäudes oder einer sonstigen Anlage kommt nicht in Frage, vgl. oben S. 15, 16.

Ideelle Theile eines Grundstücks fallen nicht unter die Vorschrift des §. 6, vgl. oben S. 15.

b. Nur bei Belastungen eines Grundstückstheils mit einem Rechte findet §. 6 Anwendung. Bei Veräußerungen gilt dasselbe schon auf Grund des §. 4; da nur mehrere Grundstücke desselben Eigenthümers ein gemeinschaftliches Blatt erhalten können, darf das Grundbuchamt nicht für einen Theil eines Grundstücks auf demselben Grundbuchblatte, das über den dem Veräußerer verbleibenden Grundbesitz weitergeführt wird, den Erwerber als Eigenthümer eintragen, sondern muß den veräußerten Theil abschreiben.

Keine Belastung mit einem Rechte liegt vor, wenn eine Verfügungsbeschränkung, eine Vormerkung oder ein Widerspruch eingetragen werden soll; diese können also auch auf einem nicht abgeschriebenen Grundstückstheile gebucht werden, und die Eintragung einer Vormerkung zur Sicherung des Rechtes auf Auflassung oder Belastung eines Theiles wird häufig gerade deshalb erfolgen, um den Berechtigten bis zur Beschaffung der zur Abschreibung nöthigen Katasterdokumente (unten Erl. 4) zu sichern (vgl. K.G. N.F. 1 A. S. 77, Entsch. 1 S. 158. A. M. für die Vormerkung zur Sicherung des Anspruchs auf eine Belastung Predari S. 72f.). Dagegen ist die Abschreibung des Grundstückstheils stets erforderlich, wenn dieser mit einem Erbbaurecht, einem Vorkaufsrecht, einer Hypothek, Grundschuld oder Rentenschuld belastet werden soll. Bei der Belastung mit einer Reallast, einer Grunddienstbarkeit, einem Nießbrauch oder einer beschränkten persönlichen Dienstbarkeit hat nach Satz 2 das Grundbuchamt zu ermessen, ob von der Eintragung des Rechtes ohne Abschreibung Verwirrung zu besorgen ist, und nur im Falle der Bejahung die Abschreibung vorzunehmen; diese Ausnahme ist in der zweiten Lesung im Interesse der Vereinfachung der Buchführung beschlossen worden, namentlich im Hinblick auf Altentheile und andere vorübergehende Belastungen.

3. Für die unter 2 besprochenen Fälle schreibt §. 6 die **Abschreibung des Grundstückstheils und dessen Eintragung als selbständiges Grundstück** vor. Wie die Vorschriften der G.B.O. im Allgemeinen, so ist auch diese nur eine Ordnungsvorschrift; ein im Widerspruche hiermit auf einem nicht abgeschriebenen Grundstückstheil eingetragenes Recht ist materiell gültig. Dem Grundbuchamt ist aber zur Pflicht gemacht, **von Amtswegen** (anders E. I §. 26 Abs. 1) die Abschreibung vorzunehmen, bevor es das Recht einträgt. Sollte die Eintragung zu Unrecht bereits erfolgt sein, so kann die Abschreibung auch nachträglich noch von Amtswegen geschehen.

Ob der abzuschreibende Theil auf ein besonderes Grundbuchblatt zu übertragen oder auf demselben Blatte als selbständiges Grundstück zu buchen ist, richtet sich nach den Bestimmungen des §. 4. Vgl. auch Erl. 6 zu §. 5, oben S. 160, und für Preußen die Allg. Verf. §. 8 Abs. 3 Ziff. 4 und Abs. 5, durch die für den letzteren, und ebd. Abs. 6 und 7, durch die für den ersteren Fall die Eintragungsweise geregelt ist (für Sachsen B.O. vom 26. Juli 1899 §§. 9, 51—53, 76—79).

4. Für jeden Fall der Abschreibung eines Grundstückstheils, nicht nur bei Belastungen, sondern auch bei Veräußerungen, sowie für den Fall der Belastung eines solchen mit Dienstbar-

keiten oder Reallasten ohne gleichzeitige Abschreibung gestattet §. 96 eine Anordnung der Landesjustizverwaltung, welche die Eintragung von einer **Aenderung des amtlichen Grundstücksverzeichnisses** oder von der **Beibringung einer** die Lage und die Grenzen des Grundstückstheils darstellenden **Karte** abhängig macht. Davon ist für Preußen im §. 30 der Allg. Verf. Gebrauch gemacht (für Sachsen vgl. V.O. vom 26. Juli 1899 §§. 10, 11). Nach dieser ist, im Wesentlichen in Uebereinstimmung mit §. 58 der preuß. G.B.O., wie letzterer in der Rechtsprechung ausgelegt ist (vgl. Achilles-Strecker S. 380), erforderlich:

a. bei Abschreibungen eines Grundstückstheils die Vorlage eines beglaubigten Auszugs aus dem Steuerbuch und einer von dem Fortschreibungsbeamten beglaubigten Karte, „aus denen die Größe und die Lage des Theiles ersichtlich sind; der Theil muß im Steuerbuch unter einer besonderen Nummer verzeichnet sein, es sei denn, daß nach dem Ermessen der Grundsteuerbehörde die deutliche Darstellung der Nummer in der Karte unausführbar ist. Der Vorlegung einer Karte bedarf es nicht, wenn bei der Abschreibung eine Aenderung der Karte nicht eintritt." In dem letzterwähnten Falle der Abschreibung einer ganzen Katasterparzelle, also bei Wiederaufhebung einer Zuschreibung oder einer Vereinigung (§. 5), ist nur die Vorlage des Steuerbuchauszugs vorgeschrieben.

Ob das abgeschriebene Trennstück auf ein anderes Blatt übertragen oder auf demselben Blatte als selbständiges Grundstück eingetragen wird, macht auch hier keinen Unterschied. Die Vorschrift findet also auch bei Theilungen ohne Veräußerung oder Belastung eines Theiles Anwendung. Diese können auf Antrag des Eigenthümers stets gebucht werden, sofern nicht die durch Art. 119 Ziff. 2 des E.G. z. B.G.B. aufrechterhaltenen Landesgesetze entgegenstehen (in Preußen nur bei Renten- und Anerbengütern); Besorgniß der Verwirrung berechtigt das Grundbuchamt nicht zur Ablehnung der Eintragung der Theilung (K.B. a. a. O.).

Durch ausdrückliche Bestimmung sind Abschreibungen auf Ersuchen einer Auseinandersetzungsbehörde auf Grund eines von ihr bestätigten Rezesses oder auf Ersuchen der zuständigen Behörde auf Grund eines Enteignungsbeschlusses ausgenommen;

b. bei Belastung eines Grundstückstheils ohne Abschreibung mit einer Dienstbarkeit oder Reallast die Vorlegung einer Karte unter entsprechender Anwendung der vorstehenden Vorschriften.

Vgl. auch die Erl. zu §. 30 der Allg. Verf.

5. Es fragt sich, ob die Vorschriften des §. 6 der G.B.O. und des §. 30 der Allg. Verf. nicht über ihren Wortlaut hinaus analog anzuwenden sind.

Das Kammerger. (K.G. 16 S. 153) hat die dem angeführten §. 30 entsprechende Vorschrift des §. 58 der preuß. G.B.O. für anwendbar erklärt bei der **Entlassung** eines reellen Theiles eines Pfandgrundstücks **aus der Mithaft** für eine Hypothek. **Aus dem** diesen Vorschriften zu Grunde liegenden Gedanken (oben Erl. 1) sind jetzt sowohl der §. 30 der Allg. Verf. wie auch der §. 6 der G.B.O. anwendbar; die Eintragung der Entlassung in das Grundbuch ist also nur bei gleichzeitiger Abschreibung des entlassenen Trennstücks auf Grund der vorzulegenden Katasterdokumente (Auszug und Karte) zulässig (Entsch. 1 S. 208; Predari S. 72 Anm. 7). Sonst würden diese Bestimmungen dadurch umgangen werden können, daß statt des Grundstückstheils, dessen alleinige Belastung beabsichtigt ist, zunächst das ganze Grundstück belastet und dann der Rest aus der Mithaft entlassen wird.

In einem anderen preußischrechtlichen Falle (K.G. 15 S. 134) hat das Kammergericht die **Einräumung eines Vorrechts** für eine Hypothek unter Beschränkung auf einen bestimmten reellen Theil des Grundstücks ohne dessen Abzweigung unter der Voraussetzung für zulässig erklärt, daß der Theil seinem Umfang und seiner Identität noch aus dem Grundbuch ersichtlich ist und die Besorgniß einer Verwirrung nicht entsteht. Auch auf diesen Fall wird man die obigen Vorschriften entsprechend anzuwenden haben (ebenso Predari a. a. O.).

Daß andererseits aus §. 6 nicht die Unzulässigkeit einer Vereinigung mehrerer theils belasteter, theils unbelasteter oder verschieden belasteter Grundstücke zu entnehmen ist, folgt aus §. 5 (vgl. namentlich Erl. 2c und 5, S. 158 und S. 159), obwohl der Grundgedanke jener

§. 7.

Ist auf dem Blatte eines Grundstücks ein Erbbaurecht eingetragen, so ist auf Antrag für dieses Recht ein besonderes Grundbuchblatt anzulegen. Die Anlegung erfolgt von Amtswegen, wenn das Recht veräußert oder belastet werden soll.

Die Anlegung wird auf dem Blatte des Grundstücks vermerkt.

Vorschrift auch diesen Fall trifft. Durch die Befugniß des Grundbuchamts, die Vereinigung oder Zuschreibung wegen Besorgniß einer Verwirrung abzulehnen, wird jenem Gedanken genügend Rechnung getragen.

6. Den Vorschriften des §. 6 der G.B.O. und des §. 30 der Allg. Verf. kann während eines **Zusammenlegungs-, Gemeinheitstheilungs-** oder **Verkoppelungsverfahrens** regelmäßig nicht genügt werden, solange das neue Kataster über die in diesem Verfahren zugewiesenen Abfindungspläne noch nicht aufgestellt ist. In Folge dessen können die Interessenten, obwohl sie bereits nach dem preußischen Rechte mit der Ausführung des endgültig festgestellten Auseinandersetzungsplans Eigenthümer der Abfindungspläne geworden sind (oben S. 42), vielfach noch Jahre lang über die einzelnen Abfindungspläne nicht grundbuchmäßig verfügen, bis diese auf Grund der neuen Steuerbücher in das Grundbuch übernommen sind (vgl. K.G. 19 S. 65). Nur Verfügungen (Auflassungen, Belastungen 2c.) über den gesammten, in dem Verkoppelungsverfahren zugetheilten Grundbesitz sind möglich, indem an dessen Stelle die in dem Grundbuche noch verzeichneten, in die Masse eingeworfenen bisherigen Grundstücke, für welche die Abfindungspläne nur das Surrogat bilden, aufgelassen oder belastet werden (R.G. 11 S. 250, K.G. 3 S. 111, 7 S. 167). Bei der langen Dauer der thatsächlichen Verfügungsbeschränkung der Eigenthümer würde es einem praktischen Bedürfniß entsprechen, wenn man für diesen Fall eine Ausnahme von den obigen Vorschriften zulassen könnte; indessen nach der G.B.O. ist dies nicht angängig und insbesondere auch die von dem K.G. 7 S. 167 zugelassene Eintragung einer Hypothek auf den noch eingetragenen alten Grundstücken mit Ausnahme derjenigen Parzellen, für welche der Eigenthümer bei der Separation einen näher bezeichneten Plan erhalten hat, ordnungswidrig, aber nicht materiell unwirksam.

8. Grundbuchblätter für Erbbaurechte.

§. 7.

E. II §. 7. P. II Bd. 3 S. 283, 284; Bd. 6 S. 525. M. S. 31. D. S. 3036. St.B. S. 4423.

1. Der §. 7 beruht auf einem Beschlusse der Kommission für die zweite Lesung des Entw. des B.G.B. und ist eine Folge des §. 1017 Abs. 1 des B.G.B.: „Für das Erbbaurecht gelten die sich auf Grundstücke beziehenden Vorschriften;" denn aus dieser Bestimmung folgt, daß zur Uebertragung und Belastung des Erbbaurechts die Eintragung auf ein für das Erbbaurecht bestimmtes Grundbuchblatt erforderlich ist. Zugleich ist mit der Zulassung der Anlegung eines besonderen Blattes eine technische Erleichterung der Buchführung für weitere auf das Erbbaurecht bezügliche Eintragungen (Uebertragungen, Belastungen 2c.) bezweckt.

Die Vorschriften des §. 7 finden aber nicht nur auf das Erbbaurecht Anwendung. Durch §. 84 ist ihre entsprechende Anwendung auf einige landesrechtlich geregelte Rechte, für die der angeführte §. 1017 ebenfalls gilt, vorgeschrieben, nämlich für die Erbpachtrechte (Büdnerrechte und Häuslerrechte) und für die Abbaurechte. Vgl. über alle diese Rechte oben S. 16f., 45ff.

Auf die anderen selbständigen Gerechtigkeiten, die nach den aufrechterhaltenen landesrechtlichen Vorschriften ein Blatt im Grundbuch erhalten können, findet §. 7 keine Anwendung, soweit er nicht durch eine landesrechtliche Norm auf sie erstreckt ist. In Preußen ist letzteres nur hinsichtlich der selbständigen Kohlenabbaugerechtigkeiten geschehen (A.G. z. G.B.O. Art. 27 Abs 1):

§. 8.

Rechte, die dem jeweiligen Eigenthümer eines Grundstücks zustehen, sind auf Antrag auch auf dem Blatte dieses Grundstücks zu vermerken. Antragsberechtigt

---

für andere selbständige Gerechtigkeiten werden nur auf Antrag des Berechtigten Grundbuchblätter angelegt, soweit sich nicht aus den für die Anlegung der Grundbücher geltenden Vorschriften ein Anderes ergiebt (ebd. Abs. 2).

2. Für die erwähnten Rechte ist nach §. 7 ein besonderes **Grundbuchblatt anzulegen**

a. von Amtswegen, wenn sie veräußert oder belastet werden sollen;

b. sonst nur auf Antrag. Diesem Antrage muß stattgegeben werden.

Daraus und aus der oben angeführten Vorschrift des §. 1017 erhellt, daß eine Veräußerung und eine Belastung der genannten Rechte nur auf dem über das Recht geführten Blatte, nicht auf dem Blatte des mit diesem Rechte belasteten Grundstücks eingetragen werden darf.

Dagegen bedarf es zu der Begründung der Rechte nach §. 873 des B.G.B. und §. 3 der G.B.O. der Eintragung auf dem letzteren Blatte — auch dies für das Erbpachtrecht nur, wenn es landesgesetzlich vorgeschrieben ist (D. S. 3050) —, und entsprechend muß auf demselben Blatte bei der Aufhebung die Löschung erfolgen. Das besondere Grundbuchblatt über das Recht ist weder für dessen Entstehung noch für dessen Fortbestehen von Bedeutung, sondern dient nur dazu, die Belastung und Veräußerung des Rechtes zu ermöglichen (vgl. P. II Bd. 3 S. 285, Schilde S. 10, 11).

Wird das Erbbaurecht 2c. auf dem Blatte des belasteten Grundstücks gelöscht, so ist das über die Berechtigung geführte Blatt von Amtswegen zu schließen. Ebenso sind etwaige Inhaltsänderungen auf diesem von Amtswegen nachzutragen (Predari S. 80 Anm. 7).

3. Ueber die **Einrichtung des Grundbuchblatts** für die genannten Berechtigungen gilt nichts Besonderes. Demnach können diese, da auf sie die sich auf Grundstücke beziehenden Vorschriften Anwendung finden, sowohl ein Grundbuchblatt für sich allein als auch mit Grundstücken oder anderen Gerechtigkeiten ein gemeinschaftliches Grundbuchblatt nach §. 4 erhalten, oder auch gemäß § 890 des B.G.B. (§. 5) mit einem anderen Grundstücke vereinigt oder diesem als dessen Bestandtheil zugeschrieben werden. In dem letzten Falle kann in gleicher Weise wie bei Grundstücken die Verbindung auf Antrag wieder aufgehoben werden; die Bestellung eines Erbbaurechts als eines subjektiv-dinglichen, dem jeweiligen Eigenthümer eines Grundstücks zustehenden und von diesem herrschenden Grundstück untrennbaren Rechtes ist in dem B.G.B. absichtlich nicht zugelassen (vgl. oben S. 45).

4. Die Vorschrift des Abs. 2 bezweckt, Täuschungen zu verhüten; damit nicht aus der Eintragung auf dem Blatte des belasteten Grundstücks geschlossen wird, daß das Erbbaurecht 2c. dem dort eingetragenen Berechtigten noch zusteht und unbelastet ist, soll dort die Anlegung des Grundbuchblatts für das Recht von Amtswegen vermerkt werden. In Preußen ist dieser Vermerk in die Spalte „Veränderungen" der Abth. II einzutragen: vgl. Allg. Verf. §. 11 Abs. 2.

9. Eintragung subjektiv-dinglicher Rechte.

§. 8.

E. II §. 8. D. S. 3036. St.B. S. 4423.

1. §. 96 B.G.B. bestimmt: „Rechte, die mit dem Eigenthum an einem Grundstücke verbunden sind, gelten als Bestandtheile des Grundstücks." Die Folge dieser Vorschrift ist, daß diese Rechte das rechtliche Schicksal des Grundstücks theilen und insbesondere von den auf diesen lastenden Rechten mitergriffen werden (vgl. Planck Bd. 1 Erl. 2 zu §. 93; B.G.B. §§. 1120,

ist der Eigenthümer des Grundstücks sowie Jeder, dessen Zustimmung nach §. 876 Satz 2 des Bürgerlichen Gesetzbuchs zur Aufhebung des Rechtes erforderlich ist.

Der Vermerk ist von Amtswegen zu berichtigen, wenn das Recht geändert oder aufgehoben wird.

1126). Daher können sie auch grundsätzlich ohne die Zustimmung der Inhaber dieser Rechte nicht aufgehoben oder geändert werden (B.G.B. §. 876 Satz 2, §. 877). Weiter ergiebt sich aus ihrer Mithaftung, daß sie geeignet sein können, den Realkredit des Grundstückseigenthümers zu erhöhen. Deshalb rechtfertigt sich die Bestimmung, daß sie auf Antrag auf dem Blatte des Grundstücks, dessen jeweiligem Eigenthümer sie zustehen, also des herrschenden Grundstücks, zu vermerken sind.

2. **Zu den betreffenden Rechten gehören** nach dem B.G.B. stets die Grunddienstbarkeiten (§. 1018), außerdem wenn sie „zu Gunsten des jeweiligen Eigenthümers eines anderen Grundstücks bestellt" sind, Vorkaufsrechte und Reallasten (§§. 1094, 1105). Andere subjektiv-dingliche Rechte sind dem B.G.B. nicht bekannt (vgl. über das Erbbaurecht oben S. 164 Erl. 3 zu §. 7). Dazu kommen noch landesrechtliche, von dem B.G.B. nicht berührte Rechte, wie z. B. das Wiederkaufsrecht bei Rentengütern nach dem preuß. A.G. z. B.G.B. Art. 29 §. 1 Abs. 2 (oben S. 21 Anm. 4). Immer aber müssen es Rechte an Grundstücken sein, die auf dem Blatte des belasteten Grundstücks bereits eingetragen sind, wie aus dem Worte „auch" erhellt (Predari S. 82 Anm. 2). Andere subjektiv-dingliche Rechte, wie z. B. Patronatsrechte, Gemeindeberechtigungen, fallen nicht unter die Vorschrift des §. 8; indessen dürfte sich, soweit nicht landesgesetzliche Vorschriften entgegenstehen, die entsprechende Anwendung empfehlen, damit auch diese für den Realkredit oft sehr wichtigen Rechte aus dem Grundbuch erhellen.

3. Die **Bedeutung des Vermerkes** dieser Rechte auf dem Blatte des herrschenden Grundstücks ergiebt sich, abgesehen von einer Erhöhung der Kreditwürdigkeit, vor allem aus §. 21 der G.B.O., wonach die nach §. 876 Satz 2, §. 877 des B.G.B. (oben Erl. 1) erforderliche Zustimmung der an dem Grundstücke Berechtigten, mit Ausnahme des Eigenthümers, zu der Löschung oder der Eintragung einer Inhaltsänderung des subjektiv-dinglichen Rechtes nur dann gefordert wird, wenn dieses auf jenem Blatte vermerkt ist. Obwohl also die Rechte, welche auf dem herrschenden Grundstücke lasten, durch die Löschung oder Aenderung des subjektiv-dinglichen Rechtes betroffen werden, können die dieses Recht berührenden Eintragungen entgegen der Regel des §. 19 ohne die Bewilligung jener Berechtigten, lediglich auf Bewilligung des Eigenthümers des herrschenden Grundstücks erfolgen, wenn der Vermerk auf diesem Blatte fehlt. Freilich werden dadurch die materiellrechtlichen Vorschriften des §. 876 Satz 2 und des §. 877 des B.G.B. nicht abgeändert; trotz seiner formell ordnungsmäßigen Löschung bleibt das Recht bestehen, bis die Zustimmung der Berechtigten erfolgt; gegen gutgläubige Erwerber des belasteten Grundstücks, die sich auf den öffentlichen Glauben des Grundbuchs berufen können, kann es aber nicht geltend gemacht werden.

Dagegen hat der erwähnte Vermerk keine Bedeutung für die Entstehung und den Fortbestand der subjektiv-dinglichen Rechte. Hierfür ist bei den subjektiv-dinglichen Rechten an einem Grundstücke die Eintragung auf dem Blatte des belasteten Grundstücks ausschließlich maßgeblich (vgl. Schilde S. 11). Daraus erklärt sich die Vorschrift des zweiten Absatzes; die Berichtigung des Vermerkes von Amtswegen soll verhindern, daß jemand durch die dem materiellen Rechte nicht mehr entsprechende Eintragung getäuscht wird.

4. **Voraussetzung für die Eintragung des Vermerkes** ist ein (formloser) Antrag, entweder des Eigenthümers des herrschenden Grundstücks oder eines Berechtigten, „dessen Zustimmung nach §. 876 Satz 2 des B.G.B. zur Aufhebung des Rechtes erforderlich ist." Hierher gehört grundsätzlich jeder, dem ein Recht an dem genannten Grundstücke zusteht; eine Ausnahme gilt jedoch für denjenigen, dessen Recht durch die Aufhebung oder Inhaltsänderung nicht berührt

§. 9.

Urkunden, auf die eine Eintragung sich gründet oder Bezug nimmt, sind von dem Grundbuchamt aufzubewahren. Die Herausgabe einer solchen Urkunde darf nur erfolgen, wenn statt der Urkunde eine beglaubigte Abschrift aufbewahrt wird.

---

wird. „Dies trifft z. B. zu, wenn das Grundstück, mit dessen Eigenthum ein Vorkaufsrecht verbunden ist, einem Nießbrauch unterliegt. Ist das Recht, welches aufgehoben werden soll, eine Grunddienstbarkeit oder eine Reallast, so wird mit Rücksicht darauf, daß es bei der Zwangsversteigerung in ein Recht auf Ersatz des Werthes aus dem Versteigungserlös übergehen kann (Zw.B.G. §. 92), die Voraussetzung der Ausnahmevorschrift sich nur schwer feststellen lassen" (Planck Bd. 3 S. 82).

Dem Antrage des Antragsberechtigten muß stattgegeben werden. Natürlich ist aber von dem Antragsteller der Nachweis des Bestehens des Rechtes zu erbringen, was bei den auf einem anderen Grundstücke lastenden subjektiv-dinglichen Rechten nur durch den Beweis ihrer Eintragung auf dem belasteten Grundstücke geschehen kann. Dies gilt, wie aus dem Worte „auch" zu schließen ist, selbst für die vor dem Inkrafttreten des B.G.B. ohne Eintragung entstandenen Grunddienstbarkeiten (ebenso Predari S. 82).

5. Die **Eintragung** des Rechtes erfolgt in dem neuen preuß. Formular im zweiten Abschnitte des Bestandsverzeichnisses (Allg. Verf. §. 9), in dem alten Formular I auf dem Titel und in Formular II in Abth. I unter Hinweis auf die laufende Nummer des herrschenden Grundstücks (Allg. Verf. §. 28 Abs. 5). Hinsichtlich des bisherigen Formulars III vgl. Allg. Verf. §. 25 Ziff. 2.

Daß das Recht auf dem Blatte des herrschenden Grundstücks vermerkt ist, braucht aus dem Blatte des belasteten Grundstücks nicht ersichtlich zu sein. Wenigstens ist dies nicht vorgeschrieben. Man kann es höchstens empfehlen, um die Befolgung der Vorschriften des Abs. 2 sowie des §. 876 Satz 2 und des §. 877 des B.G.B., soweit letztere nach §. 21 für das Grundbuchamt von Bedeutung sind, zu sichern (übereinstimmend Predari S 83 Anm. 6). Indessen ist zu beachten, daß das Grundbuchamt bei jeder Löschung oder Eintragung, die das Recht betrifft, das Blatt des herrschenden Grundstücks aufschlagen muß, um nachzusehen, ob die Eintragungsbewilligung von dem jetzigen Eigenthümer des letzteren als dem Berechtigten ertheilt ist, wobei leicht festgestellt werden kann, ob dort das Recht vermerkt ist. Der Hinweis auf diesen Vermerk ist also von geringer Bedeutung.

6. Die **Berichtigung des Vermerkes** muß nach Abs. 2 aus den in Erl. 3 Abs. 2 erwähnten Gründen von Amtswegen erfolgen, wenn das subjektiv-dingliche Recht geändert oder aufgehoben wird, also wenn das Grundbuchamt auf dem Blatte des belasteten Grundstücks die Aenderung oder Aufhebung eingetragen hat.

7. Für Preußen sind schließlich noch die besonderen Vorschriften des A.G. Art. 12 Abs. 2 Nr. 2 (über die Eintragung der Ablösung subjektiv-dinglicher Rechte auf Grund eines Rezesses) und Art. 20 Ziff. 1 (über die Eintragung eines subjektiv-dinglichen Rentenrechts auf Grund eines Unschädlichkeitsattestes) zu vergleichen.

III. Aufbewahrung von Urkunden.

§. 9.

E. I §. 14; II §. 9. P. I S. 13325, 13326, 13482, 13549, 13555, 13573, 13624. M. S. 43. D. S. 3036.

1. Wenn auch die G.B.O. nicht die Führung von Grundakten vorschreibt, sondern eine derartige Anordnung wegen ihrer reglementarischen Natur im §. 94 den Landesjustizverwaltungen überläßt, so ist doch eine reichsrechtliche Vorschrift über die Pflicht zur Aufbewahrung gewisser

Ist über das einer Eintragungsbewilligung zu Grunde liegende Rechtsgeschäft eine Urkunde errichtet, so können die Betheiligten die Urkunde oder eine beglaubigte Abschrift dem Grundbuchamte zur Aufbewahrung übergeben.

Urkunden, die mit den Eintragungen im Zusammenhange stehen, für erforderlich erachtet, theils weil der Inhalt dieser Urkunden einen Theil der Eintragung selbst bildet, theils damit die Voraussetzungen der Eintragung sowie das der Rechtsänderung zu Grunde liegende obligatorische Rechtsgeschäft jeder Zeit klargestellt werden können.

2. §. 9 schreibt die Aufbewahrung **folgender drei Arten von Urkunden** vor:

a. der Urkunden, auf die eine Eintragung sich gründet. Ihre Aufbewahrung ist vorgeschrieben, weil die Ordnung bei der Führung des Grundbuchs und die Rechtssicherheit erfordern, daß die Voraussetzungen der einzelnen Eintragungen ohne Schwierigkeit jeder Zeit nachgewiesen werden können. Hierher gehören alle Urkunden, die in den §§. 13ff. als Unterlagen der Eintragungen gefordert werden: die Eintragungsanträge, sofern diese schriftlich gestellt sind (vgl. Erl. 1b zu §. 30 der G.B.O.; a. M. Predari S. 86 Anm. C., der §. 9 für nicht anwendbar erklärt), die Protokolle des Grundbuchamts und die öffentlichen oder öffentlich beglaubigten Urkunden, welche die Eintragungsbewilligungen, die sonstigen zu der Eintragung erforderlichen Erklärungen und andere Voraussetzungen der Eintragungen enthalten, z. B. auch die etwaigen Vollmachten, Legitimationen gesetzlicher Vertreter, Testamente, Erbscheine, gerichtliche Entscheidungen, Zeugnisse über Eintragungen in dem Handels- oder Güterrechtsregister, ferner die Eintragungsersuchen von Behörden u. dgl. m.;

b. der Urkunden, auf die eine Eintragung Bezug nimmt. Diese Bezugnahme ist — in Verallgemeinerung des dem §. 76 der preuß. G.B.O. zu Grunde liegenden Gedankens — in verschiedenen Bestimmungen des B.G.B. gestattet, vor allem in §. 874: „Bei der Eintragung eines Rechtes, mit dem ein Grundstück belastet wird, kann zur näheren Bezeichnung des Inhalts des Rechtes auf die Eintragungsbewilligung Bezug genommen werden, soweit nicht das Gesetz ein Anderes vorschreibt" (vgl. Vorbm. V 2 vor §. 13, unten S. 187 f.). Neben den Eintragungsbewilligungen kommen hier ferner in Betracht: die einstweiligen Verfügungen, auf Grund deren eine Vormerkung eingetragen wird, und auf welche nach §. 885 Abs. 2 „zur näheren Bezeichnung des zu sichernden Anspruchs" Bezug genommen werden darf — eine Vorschrift, die analog auch bei der Eintragung eines Widerspruchs anzuwenden ist (vgl. Planck Bd. 3 S. 122 Erl. 3) —, ferner die Urtheile, welche die Eintragungsbewilligungen gemäß §. 894 der C.P.O. ersetzen. Auch bei Zwangshypotheken (oben S. 94ff.) wird man die Bezugnahme auf den vollstreckbaren Schuldtitel und bei Eintragungen auf Grund des Ersuchens einer Behörde die Bezugnahme auf dieses Ersuchen zulassen dürfen (vgl. Planck Bd. 3 Erl. 4 zu §. 874, S. 78). Eine erweiterte Bezugnahme auf die Eintragungsbewilligung wird schließlich in §. 50 der G.B.O. für Altentheile und im §. 84 für Erbpachtrechte und Abbaurechte zugelassen, und die preuß. Kgl. V.O. Art. 9 gestattet bei der Anlegung des Grundbuchs die Bezugnahme auf die der Eintragung zu Grunde liegende Urkunde an Stelle der Eintragungsbewilligung. Daß alle diese Urkunden, sofern auf sie Bezug genommen ist, aufzubewahren sind, versteht sich von selbst, da sich auf sie das Recht der Interessenten auf Einsicht (§. 11) und der öffentliche Glaube des Grundbuchs erstreckt; ihr Inhalt gilt als miteingetragen (Planck a. a. O. Erl. 3).

c. der Urkunden, welche über das einer Eintragungsbewilligung zu Grunde liegende Rechtsgeschäft errichtet sind, also der Urkunden über den obligatorischen Vertrag, welcher dem abstrakten dinglichen Vertrage zu Grunde liegt. Diese Bestimmung enthält eine Verallgemeinerung der Vorschrift der preuß. G.B.O. §. 48 Abs. 2, die nur von Urkunden über das der Auflassung zu Grunde liegende Rechtsgeschäft spricht; neben diesen Urkunden (z. B. über einen Kauf-, Tausch- oder Uebergabevertrag), die auch jetzt hauptsächlich in Betracht kommen, ist z. B. die Urkunde über das einer Grundschuld zu Grunde liegende Darlehn zu nennen. Die

Ausdehnung der Aufbewahrungspflicht auf diese dritte Gruppe von Urkunden erklärt sich nicht aus ihrer Bedeutung für die Gültigkeit der Eintragungen; denn bei der abstrakten Natur des dinglichen Vertrags ist das ihm zu Grunde liegende obligatorische Rechtsgeschäft für die Entstehung, Uebertragung und Aufhebung der dinglichen Rechte ohne Einfluß. Aber die Unwirksamkeit des obligatorischen Vertrags kann dahin führen, daß die dingliche Rechtsänderung nach den Vorschriften über die Herausgabe einer ungerechtfertigten Bereicherung rückgängig gemacht wird. Um für diese und andere Fälle den Parteien die Möglichkeit zu gewähren, auf einfache und sichere Weise sich den Beweis des zu Grunde liegenden Rechtsgeschäfts zu sichern, ist Abs. 2 aufgenommen.

In welcher Form diese Urkunden errichtet sind, ist gleichgültig. Dies gilt insbesondere auch von den den Auflassungen zu Grunde liegenden obligatorischen Verträgen; denn obschon diese nach §. 313 Satz 1 des B.G.B. der gerichtlichen oder notariellen Beurkundung zu ihrer Gültigkeit bedürfen (vgl. noch preuß. A.G. z. B.G.B. Art. 12), so werden sie nach Satz 2 ebd. doch ihrem ganzen Inhalte nach gültig, wenn die Auflassung und die Eintragung in das Grundbuch (vgl. Rechtspr. 2 S. 50) erfolgen.

3. Die **Voraussetzungen der Aufbewahrungspflicht** sind nicht bei allen drei Urkundengruppen die gleichen. Die ersteren beiden müssen stets von dem Grundbuchamt aufbewahrt werden; es hat von Amtswegen darauf zu achten, daß diese Urkunden nicht etwa nur vorgelegt, sondern überreicht werden. Dagegen hängt die Aufbewahrung der unter 2c. erwähnten Urkunden von dem Belieben der Betheiligten ab; verpflichtet sind sie zu der Vorlage und Ueberreichung dieser Urkunden kraft Reichsrechts nicht, landesgesetzlich kann aber nach §. 98 die Vorlage des der Auflassung zu Grunde liegenden gerichtlichen oder notariellen Vertrags als Voraussetzung für die Entgegennahme der Auflassung vorgeschrieben werden. Dies ist z. B. in Bayern (A.G. z. G.B.O. Art. 12) und in Württemberg (A.G. z. B.G.B. Art. 22) geschehen. Dagegen ist in Preußen von diesem Vorbehalte kein Gebrauch gemacht; hier ist nur die Vorlage des genannten Vertrags bei der Auflassung oder nach dieser binnen einer von der Zustellung der Gerichtskostenrechnung laufenden zweiwöchigen Frist erforderlich, um den Auflassungsstempel zu vermeiden; vgl. darüber unten Erl. II zu Art. 30 des A.G. z. G.B.O. Für Sachsen ist die V.O. vom 26. Juli 1899 §. 18 zu vergleichen.

4. Das Gesetzbuch verlangt **nicht**, daß die Urkunden **in Urschrift** aufbewahrt werden. Dies ist völlig ausgeschlossen bei Testamenten, Erbscheinen, Vollmachten und sonstigen Urkunden, die nicht lediglich zum Zwecke der Eintragung errichtet sind, sondern von den Betheiligten auch noch zu anderen Zwecken gebraucht werden; und auch bei den Urkunden, die lediglich eine Eintragungsbewilligung enthalten, wird die Zurückgabe der Urschrift häufig erforderlich sein, weil die bewilligte Eintragung auf mehreren, in verschiedenen Grundbuchamtsbezirken belegenen Grundstücken erfolgen muß, oder weil sie nach §. 58 mit dem Hypothekenbriefe zu verbinden ist. Aus diesen Gründen schreibt das Gesetz nur die **Aufbewahrung der Urschrift oder** im Falle deren Rückgabe die **einer beglaubigten Abschrift** vor, ohne zu entscheiden, wann diese genügt oder jene erforderlich ist. Durch die Fassung des Abs. 1. hat die zweite Kommission gerade zum Ausdrucke bringen wollen, daß durch §. 9 über die Voraussetzungen der Herausgabe einer Urkunde nicht entschieden wird, die Entscheidung vielmehr nach anderweit bestehenden Vorschriften oder nach allgemeinen Rechtsgrundsätzen zu treffen ist. Für Preußen ist als allgemeine Vorschrift die des Art. 42 des preuß. freiw. G.G. zu erwähnen, wonach die Urschrift der Protokolle des Grundbuchamts in dessen Verwahrung bleiben; daneben kommen auch einzelne Spezialbestimmungen, wie z. B. die des §. 58 der G.B.O. in Betracht.

Soweit nicht nach besonderer Vorschrift die Urschrift aufzubewahren ist, kann die Aufbewahrung überhaupt ersetzt werden durch eine Verweisung auf andere Akten, „der das Grundbuch führenden Behörde", in denen die Urkunde in Urschrift oder beglaubigter Abschrift enthalten ist, sofern die Landesjustizverwaltung diese Verweisung für genügend erklärt (§. 95). In Preußen ist hiervon im §. 35 der Allg. Verf. Gebrauch gemacht; jedoch genügt nur eine Verweisung auf

§. 10.

Eine Eintragung in das Grundbuch ist nicht aus dem Grunde unwirksam, weil ein Grundbuchbeamter sie bewirkt hat, der von der Mitwirkung bei der Eintragung kraft Gesetzes oder in Folge einer Ablehnung ausgeschlossen ist.

---

solche Akten, die der Vernichtung nicht unterliegen; welche hierzu gehören, ergiebt sich aus der Allg. Verf. vom 6. September 1900, J.M.Bl. S. 569. Ob die letzteren Akten von dem Amtsgericht als Grundbuchamt oder als Prozeßgericht oder als Behörde der sonstigen freiwilligen Gerichtsbarkeit oder in anderer Eigenschaft geführt werden, ist gleichgültig; es genügt, daß es von der Vernichtung ausgeschlossene Akten „des das Grundbuch führenden Amtsgerichts" sind.

Wie in der Denkschrift besonders hervorgehoben wird, sich aber auch von selbst versteht, gilt für die Vorschrift des §. 9 bei gerichtlichen oder notariellen Urkunden, soweit sie nicht von dem zuständigen Grundbuchamt errichtet sind, nicht das von dem Richter oder Notar aufgenommene Protokoll, sondern dessen den Parteien ertheilte Ausfertigung als Urschrift.

5. Ueber **Ort und Art der Aufbewahrung** ist reichsrechtlich nichts bestimmt. Darüber Anordnungen zu treffen, ist daher Sache der Landesjustizverwaltung. In Preußen sind die Urkunden und Abschriften nach §. 35 der Allg. Verf. zu den Grundakten zu nehmen (über die Aufbewahrung derjenigen Urkunden, die nicht zu den Grundakten geheftet werden dürfen, vgl. §. 49 der Geschäftsordnung für die Gerichtsschreibereien der Amtsgerichte). Für Sachsen vgl. V.O. vom 21. März 1900, betr. Aufbewahrung und Aushändigung von Urkunden in Grundbuchsachen (J.M.Bl. S. 21).

IV. Relative Unfähigkeit der Grundbuchbeamten.

§. 10.

E. I §. 2. P. I S. 13334—13339. M. S. 27. K.B. S. 3423, 3424. St.B. S. 4420, 4421.

1. Der E. I enthielt im §. 2 eine Vorschrift, welche die Fälle regelte, in denen ein Grundbuchbeamter kraft Gesetzes von der Anordnung einer Eintragung ausgeschlossen sein sollte, und die dieser Bestimmung zuwider erfolgte Eintragung für nichtig erklärte, die Ablehnung eines Grundbuchbeamten aber nicht gestattete. In der zweiten Lesung ist diese Vorschrift gestrichen, weil derartige Bestimmungen zu den den Bundesstaaten überlassenen Vorschriften über die Einrichtung der Grundbuchämter gehörten (D. S. 3034 zu §. 1 Abs. 1). Erst in der Reichstagskommission wurde diese Frage wieder aufgenommen und die Einschaltung des jetzigen §. 10 beantragt und beschlossen mit der Begründung, „daß Vorsorge dagegen getroffen werden müsse, daß Nichtigkeitsgründe, die nicht aus dem B.G.B. und der Vorlage selbst hervorgehen, durch Landesrecht bewirkt würden," „daß es gegen den Geist der Rechtseinheit verstoßen würde, wenn das Publikum unter den Nichtigkeitsgründen landesrechtlicher Vorschriften, mit denen es nicht vertraut sei, zu leiden haben würde." Demnach entscheidet jetzt über die Frage, wann ein Grundbuchbeamter kraft Gesetzes ausgeschlossen ist oder abgelehnt werden kann, das Landesrecht; die Wirkung dieser Unfähigkeit auf die Gültigkeit der Eintragungen ist dagegen reichsrechtlich geregelt.

2. Die erstere Frage bestimmt sich für die Grundbuchämter vieler Bundesstaaten (vgl. z. B. preuß. freiw. G.G. Art. 1, bayer. A.G. z. G.B.O. Art. 8, oben S. 142 Erl. 2 a. E., sächs. V.O. vom 24. Juli 1899 §. 25; auch für Württemberg gilt sachlich dasselbe, vgl. A.G. z. B.G.B. Art. 15) nach §. 6 des freiw. G.G.:

„Ein Richter ist von der Ausübung des Richteramts kraft Gesetzes ausgeschlossen:

1. in Sachen, in denen er selbst betheiligt ist oder in denen er zu einem Betheiligten in dem Verhältniß eines Mitberechtigten oder Mitverpflichteten steht;
2. in Sachen seiner Ehefrau, auch wenn die Ehe nicht mehr besteht;

3. in Sachen einer Person, mit der er in gerader Linie oder im zweiten Grade der Seitenlinie verwandt oder verschwägert ist;
4. in Sachen, in denen er als Vertreter eines Betheiligten bestellt oder als gesetzlicher Vertreter eines solchen aufzutreten berechtigt ist.

Ein Richter kann sich der Ausübung seines Amtes wegen Befangenheit enthalten.

Die Ablehnung eines Richters ist ausgeschlossen."

In dieser Bestimmung ist nur von dem Grundbuchrichter die Rede. Für den Gerichtsschreiber gilt aber meist dasselbe, in Preußen auf Grund des Art. 2 des preuß. freiw. G.G., wonach auf den Gerichtsschreiber die Vorschriften der §§. 6, 7 des freiw. G.G. entsprechende Anwendung finden.

Die Vorschrift des ersten Absatzes des §. 6 des freiw. G.G. ist dem §. 41 Ziff. 1 bis 4 der C.P.O. nachgebildet, weicht aber in mehreren Punkten hiervon ab, namentlich ist Seitenverwandtschaft im dritten Grade kein Ausschließungsgrund für den Grundbuchbeamten. Daß die Ablehnung unzulässig ist, erklärt sich daraus, daß die Gefahr einer Beeinflussung bei der Einfachheit der diesem Beamten obliegenden Entscheidungen sehr gering ist. Vgl. Dorner S. 42ff., Oberneck S. 71ff.

3. Die **Wirkung dieser Unfähigkeit** besteht nach G.B.O. §. 10 nur darin, daß die Grundbuchbeamten nicht thätig werden sollen; nehmen sie aber trotzdem eine **Eintragung** in das Grundbuch vor, so ist diese wirksam. Diese Vorschrift erscheint im Interesse der Zuverlässigkeit der Grundbücher und zur Vermeidung von Nachtheilen für die Betheiligten dringend geboten.

4. Die Bestimmung des §. 10 findet nur auf Eintragungen Anwendung und erstreckt sich nicht auf **andere Amtshandlungen** der Grundbuchbeamten. Bei ihnen ist wieder zwischen der beurkundenden Thätigkeit der Grundbuchbeamten und sonstigen Amtshandlungen zu unterscheiden.

a. Für alle diejenigen Bundesstaaten, welche die Gerichte zu Grundbuchämtern erklärt haben, wird die Fähigkeit der Grundbuchbeamten zur Beurkundung von Rechtsgeschäften durch das freiw. G.G. §§. 170—172 (vgl. oben S. 142 Erl. 2) bestimmt. Ein Verstoß gegen diese Vorschriften hat Nichtigkeit der ganzen Beurkundung oder einer in der Urkunde getroffenen Verfügung zur Folge. Vgl. über diese Vorschriften unten die Erl. 4cα zu §. 29 der G.B.O.

b. Für sonstige Handlungen kommen meist auf Grund besonderer landesrechtlicher Bestimmungen die bereits erwähnte Vorschrift des §. 6 und die Bestimmung des §. 7 des freiw. G.G. in Betracht. Letztere lautet: „Gerichtliche Handlungen sind nicht aus dem Grunde unwirksam, weil sie von einem örtlich unzuständigen Gericht oder von einem Richter vorgenommen sind, der von der Ausübung des Richteramts kraft Gesetzes ausgeschlossen ist" (vgl. Erl. 2, insbesondere auch über die entsprechende Anwendung auf den Gerichtsschreiber). Danach gilt auch für diese Handlungen der Satz, daß sie von einem ausgeschlossenen Beamten nicht vorgenommen werden sollen, daß aber ein Verstoß gegen diese Bestimmung keine Nichtigkeit der Handlung zur Folge hat. Hieraus ist aber nicht zu folgern, daß ein solcher Verstoß nicht die Beschwerde rechtfertige; vielmehr haben die Betheiligten auf Beobachtung jener Vorschriften ein Recht und können, soweit eine Beschwerde nach §§. 71 ff. überhaupt zulässig ist, diese auch darauf stützen, daß der Grundbuchrichter, der z. B. einen Eintragungsantrag abgelehnt hat, kraft Gesetzes ausgeschlossen gewesen sei, vgl. hierüber Dorner S. 49, Predari S. 91 Erl. 2; a. M. Oberneck S. 74; nach ihm soll nur im Beschwerdewege verlangt werden können, daß die fernere Behandlung der Sache dem ausgeschlossenen Richter abgenommen werde.

5. Schließlich finden die erwähnten Vorschriften auf die Mitglieder der **Beschwerdegerichte** keine Anwendung. Für diese gelten die Bestimmungen der C.P.O. über die Ausschließung und Ablehnung der Gerichtspersonen (§. 81 Abs. 2). Der §. 10 kann für sie schon deshalb nicht in Betracht kommen, weil die Beschwerdegerichte nicht selbst eine Eintragung bewirken oder verfügen, sondern die Grundbuchämter nur anweisen, die Eintragung vorzunehmen (vgl. Erl. 2 zu §. 77, Predari S. 91 Erl. 3).

§. 11.

Die Einsicht des Grundbuchs ist Jedem gestattet, der ein berechtigtes Interesse darlegt. Das Gleiche gilt von Urkunden, auf die im Grundbuche zur Ergänzung einer Eintragung Bezug genommen ist, sowie von den noch nicht erledigten Eintragungsanträgen.

Soweit die Einsicht des Grundbuchs, der im Abs. 1 bezeichneten Urkunden und der noch nicht erledigten Eintragungsanträge gestattet ist, kann eine Abschrift gefordert werden; die Abschrift ist auf Verlangen zu beglaubigen.

V. Recht auf Einsicht und auf Abschriften.

§. 11.

E. I §. 15; II §. 10. P. I S. 13326—13330, 13624. M. S. 44. D. S. 3036, 3037. K.B. S. 3420—3423. St.B. S. 4422, 4423.

1. Zweck der Vorschrift.
2. Die Berechtigten.
3. Gegenstand der Einsicht.
4. Recht auf Entnahme von Notizen und auf Abschriften.
5. Natur des Rechtes. Beschwerde.
6. Ausübung des Rechtes durch Vertreter.
7. Besondere Fälle.

1. §. 11 enthält den Grundsatz der formellen Oeffentlichkeit, **das formelle Publizitätsprinzip.** Dieser Satz ist eine nothwendige Folge der Grundbucheinrichtung, denn sie bezweckt, die Grundstücke und deren Rechtslage erkennbar zu machen, zuverlässige Auskunft über diese zu ertheilen. Daher ist es unbedingt erforderlich, daß die Grundbücher zur Einsicht offen stehen, und es kann sich höchstens fragen, in welchem Umfange dies der Fall sein soll. Einerseits darf die Grundbucheinrichtung der bloßen Neugier oder gar der Erforschung fremder Vermögensverhältnisse in unlauterer Absicht nicht Vorschub leisten. Andererseits darf nicht durch Aufstellung zu strenger Voraussetzungen die Oeffentlichkeit fast völlig ausgeschlossen werden. Beide Fehler sucht §. 11 durch die Bestimmung über die Person der Berechtigten zu vermeiden. Außerdem gewährt er neben dem Rechte auf Einsicht auch ein Recht auf Abschriften.

2. **Berechtigt ist**

a. nach Satz 1 Jeder, der „ein berechtigtes Interesse darlegt." Das Grundbuch steht also, anders als das Handelsregister, Genossenschaftsregister, Vereins- und Güterrechtsregister ꝛc. (H.G.B. §. 9, Genossenschaftsgesetz §. 156, B.G.B. §§. 79, 1563) nicht schlechthin Jedem offen, sondern die Oeffentlichkeit ist beschränkt, um die Gefahr eines Mißbrauchs auszuschließen. Insoweit stimmt die G.B.O. mit der preuß. G.B.O. §. 19 überein, dagegen erweitert sie das Recht zur Einsicht, indem sie nicht, wie diese, ein rechtliches, sondern nur ein berechtigtes Interesse erfordert. Diese Aenderung beruht auf einem Beschlusse der Reichstagskommission; durch sie soll außer Zweifel gestellt werden, daß das Interesse sich nicht auf ein bereits vorhandenes Recht zu stützen braucht, sondern daß jedes verständige, durch die Sachlage gerechtfertigtes Interesse genügt (K.B. a. a. O.). Demnach sind zur Einsicht nicht nur der Eigenthümer und alle an dem Grundstück oder an einem Rechte an diesem dinglich Berechtigten sowie diejenigen befugt, die ein obligatorisches Recht auf den Erwerb des Eigenthums oder eines sonstigen Rechtes an dem Grundstück haben, einerlei ob dieses auf Rechtsgeschäft oder auf Gesetz (z. B. B.G.B. §. 648) beruht, sondern auch wer über den Erwerb des Grundstücks oder eines solchen Rechtes mit dem Berechtigten oder mit dem Eigenthümer des Grundstücks über einen Werkvertrag verhandelt, der nach §. 648 des B.G.B. den Anspruch auf Bestellung einer Sicherungshypothek gewährt (D. a. a. O.). Auch das Bestehen von Personalforderungen und die Einräumung eines Personalkredits, insbesondere auch eine kaufmännische Geschäftsverbindung zwischen dem Antragsteller und dem Eigenthümer des Grundstücks kann genügen, weil die bestehenden oder voraussichtlich entstehenden persönlichen Forderungen zum Erwerbe von Rechten an dem Grundstücke (namentlich zum Erwerbe von Judikatshypotheken) führen können (Entsch. 1 S. 74 = K.G. N.F. Bd. 1 A S. 173 = Rechtspr. 1 S. 180). Wird aber unter dem Vorwand eines berechtigten Interesses nur ein auf Neugier beruhendes, unbefugtes Eindringen in die Vermögensverhältnisse des Eigenthümers bezweckt, so ist die Einsicht zu versagen (Entsch. a. a. O. u. S. 1 = K.G. N.F. Bd. 1 A S. 7; Oberneck S. 64).

Weiter ist erforderlich, daß das berechtigte Interesse dargelegt wird. Danach genügt nicht die bloße Behauptung eines Interesses, andererseits ist auch nicht allgemein die Glaubhaftmachung der zu Grunde liegenden Thatsachen gemäß §. 294 der C.P.O. gefordert, wohl aber muß das Interesse durch Angabe dieser Thatsachen begründet werden, und von den Umständen des Falles hängt es ab, ob das Grundbuchamt auch noch die Glaubhaftmachung der thatsächlichen Behauptungen verlangen kann (vgl. Entsch. 1 S. 74 = K.G. N.F. 1 A S. 173 = Rechtspr. 1 S. 180). Das Grundbuchamt hat also (wie bisher in Preußen) nach pflichtmäßigem Ermessen darüber zu befinden, ob das erforderliche Interesse vorliegt.

Welchem Beamten des Grundbuchamts diese Prüfung obliegt, unterliegt landesrechtlicher Bestimmung. In Sachsen ist z. B. regelmäßig eine Anordnung des Grundbuchrichters erforderlich; der Grundbuchführer ist nur ausnahmsweise zur selbständigen Vorlegung befugt (V.O. vom 26. Juli 1899 §. 29). Auch in Preußen darf der Gerichtsschreiber die Einsicht ohne richterliche Anweisung nicht gestatten; §. 3 Ziff. 4 der Geschäftsordnung für die Gerichtsschreibereien der Amtsgerichte ermächtigt ihn hierzu nur, soweit die Einsicht „Jedermann freisteht," was hier nicht zutrifft. Jedoch wird man mit Predari S. 93 und Koellner S. 11 den Grundbuchrichter für befugt erachten dürfen, dem Grundbuchführer allgemeine Anweisungen in dieser Hinsicht ertheilen, sodaß jener nicht jeden einzelnen Fall zu entscheiden braucht.

b. Wer kein berechtigtes Interesse darzulegen vermag, hat kraft Reichsrechts kein Recht auf Einsicht oder auf Abschriften. Wohl aber kann nach §. 93 die Landesjustizverwaltung diese Rechte im weiteren Umfange gewähren. Dieser Vorbehalt bezweckt vor allem, für diejenigen Gebiete, in denen bisher die unbeschränkte Oeffentlichkeit bestand, die Fortdauer dieses der Bevölkerung vertraut gewordenen Rechtszustandes zu ermöglichen; außerdem gewährt diese Bestimmung auch für die übrigen Rechtsgebiete eine sichere Grundlage für solche Anordnungen der Justizverwaltung, durch die eine zu enge Auslegung des §. 11 berichtigt wird (vgl. K.B. S. 3422). In Preußen ist der Kreis der berechtigten Privatpersonen auf Grund dieses Vorbehalts nicht erweitert (vgl. jedoch unten Erl. 6).

c. Schließlich bleibt eine landesrechtliche Befugniß der Behörden und Beamten von §. 11 unberührt, soweit derartige Bestimmungen zu dem öffentlichen Rechte gehören, da die G.B.O. wie das B.G.B. in dieses Recht nicht eingreifen. Die preuß. G.B.O. §. 19 Abs. 2 gewährte öffentlichen Behörden und den von ihnen beauftragten Beamten nur „in den gesetzlich bestimmten Fällen" das Recht zur Einsicht ꝛc. Die preuß. Allg. Verf. §. 32 erweitert dies, indem sie „öffentlichen Behörden und den von ihnen beauftragten Beamten" das Recht zur Einsicht und auf Abschriften allgemein gewährt, „ohne daß es der Darlegung eines berechtigten Interesses bedarf" (vgl. auch preuß. freiw. G.G. Art. 52). Es bedarf daher nicht mehr eines Eingehens auf die einzelnen gesetzlichen Fälle. Früher herrschte Streit, ob die Bestimmung des §. 19 Abs. 2 der preuß. G.B.O. auch dann Anwendung fände, wenn die Behörde einen rein privatrechtlichen Anspruch vertrete (vgl. Achilles-Strecker S. 320 Anm. 5c; Johow 7 S. 104, 105 und K.G. 4 S. 113). Für das jetzige Recht ist die Frage zu bejahen, da die Allg. Verf. §. 32 nicht unterscheidet und die Landesjustizverwaltung zur Ausdehnung des Rechtes über die Fälle des §. 11 hinaus nach §. 93 befugt ist, auch soweit es sich um privatrechtliche Interessen handelt. Nach dem Wortlaute des §. 32 haben die öffentlichen Behörden jene Rechte schlechtweg, ohne den Zweck, den sie bei deren Ausübung verfolgen, angeben zu müssen (Predari S. 95). Für Bayern vgl. A.G. z. G.B.O. Art. 11, für Württ. A.G. z. B.G.B. Art. 21, für Sachsen V.O. vom 26. Juli 1899 §. 27.

3. **Der Einsicht unterliegen**

a. zunächst das Grundbuch selbst;

b. ferner die Urkunden, auf die im Grundbuche zur Ergänzung einer Eintragung Bezug genommen ist. Welche hierzu gehören, ist oben S. 167 Erl. 2b bereits erwähnt. Da ihr Inhalt, soweit die Bezugnahme reicht, als miteingetragen gilt, ist die Oeffentlichkeit dieser Urkunden ebenso nothwendig und selbstverständlich, wie die des Grundbuchs selbst.

c. die noch nicht erledigten Eintragungsanträge. Die Erledigung der Anträge hat nämlich nach der Reihenfolge ihres Eingangs zu erfolgen (§. 17); kein Erwerber eines Grundstücks oder eines Rechtes an einem Grundstücke kann sich daher, selbst wenn er den Eintragungsantrag unmittelbar nach der Einsicht des Grundbuchs stellt, darauf verlassen, daß er weitere Lasten, als zur Zeit der Einsichtnahme aus dem Grundbuche erhellen, nicht zu übernehmen oder als seinem Rechte vorgehend nicht anzuerkennen hat, wenn er sich nicht Gewißheit darüber verschafft hat, ob auch unerledigte Eintragungsanträge vorliegen. Daher muß er berechtigt sein, auch deren Einsicht zu fordern; für die späteren Eintragungsanträge stehen sie den bereits vollzogenen Eintragungen gleich.

d. Schließlich ermächtigt die G.B.O. §. 94 die Landesjustizverwaltung, Anordnungen über die Einsicht der Grundakten und über die Ertheilung von Abschriften zu treffen, „unbeschadet der Vorschrift des §. 11". Die Landesjustizverwaltung kann also das Recht auf Einsicht erweitern, indem sie die Einsicht der Grundakten gestattet, auch soweit es sich nicht um die unter b und c erwähnten Urkunden handelt. Hiervon ist in der Allg. Verf. §. 36 für Preußen Gebrauch gemacht; Jeder, der ein berechtigtes Interesse darlegt, hat das Recht zur Einsicht der Grundakten und auf Abschriften aus ihnen.

4. In dem Rechte auf Einsicht ist zwar zugleich das Recht enthalten, sich bei der Einsicht **Notizen zu machen**, da ohne diese der Zweck jenes Rechtes, daß der Interessirte sich mit dem Inhalte des Grundbuchs bekannt machen und diese Kenntniß verwerthen darf, oft vereitelt werden würde (R.G. 7 S. 99); dagegen ist aus ihm nicht ohne Weiteres das Recht herzuleiten, **Abschriften zu fordern.** Die preuß. G.B.O. hatte ausdrückliche Bestimmungen nur über das Recht öffentlicher Behörden und des Eigenthümers (§. 19 Abs. 2, §. 120); ob auch anderen Privatpersonen Abschriften auf Verlangen ertheilt werden mußten oder durften, war streitig (vgl. Achilles-Strecker S. 319 Anm. 3). Das jetzige Recht geht dagegen davon aus, daß das Recht auf Ertheilung von Abschriften nur zur Unterstützung und Vervollständigung des Rechtes auf Einsicht zu dienen habe und hiernach in seinem Umfange zu bemessen sei (M. S. 46), und gewährt daher jenes Recht insoweit, als die Einsicht gestattet ist. Das gilt nicht nur für die nach §. 11 Abs. 1, sondern auch für die nach der preuß. Allg. Verf. §§. 32 und 36 zur Einsicht des Grundbuchs und der Grundakten Berechtigten. Auch für die Frage, welcher Grundbuchbeamte über den Antrag auf Ertheilung der Abschrift zu entscheiden hat, kommt das in Erl. 2a Gesagte in Betracht. (Vgl. preuß. freiw. G.G. Art. 51 Abs. 1: „Der Gerichtsschreiber soll Ausfertigungen oder Abschriften nur auf Anordnung des Gerichts ertheilen.")

Ob die Abschrift beglaubigt (vgl. A.G. z. G.B.O. Art. 7 Abs. 2, preuß. freiw. G.G. Art. 57) werden soll, hängt von dem Antrage des Berechtigten ab. Er kann in allen Fällen eine einfache oder eine beglaubigte Abschrift fordern. Daß nicht nur von ganzen Blättern, sondern auch von einzelnen Abtheilungen oder Theilen von denselben Abschriften gefordert werden können, ergiebt sich ohne Weiteres aus dem Wortlaute der Bestimmungen. Ueber diesen Fall ertheilt §. 33 der preuß. Allg. Verf. nähere Anweisung.

Weitere Rechte sind nicht gewährt, insbesondere sind die Grundbuchämter nicht verpflichtet, Auszüge zu ertheilen: „denn bei der Ertheilung eines Auszuges müßte das Grundbuchamt eine gewisse Beurtheilung vornehmen und die Vollständigkeit bezeugen" (M. a. a. O). Dasselbe gilt von der Ertheilung von Auskunft über den Inhalt des Grundbuchs (Entsch. 1 S. 210). Auch öffentlichen Behörden gegenüber besteht eine solche Pflicht nicht, soweit sie nicht durch besondere Vorschriften des öffentlichen Rechtes für bestimmte Fälle angeordnet ist (vgl. Erl. 7).

5. Das Recht auf Einsicht und auf Ertheilung von Abschriften ist ein **publizistisches**, kein privatrechtliches; weder gegen den Eigenthümer oder sonstigen eingetragenen Berechtigten noch gegen das Grundbuchamt hat der Interessirte einen Anspruch. Falls das Grundbuchamt einen Antrag auf Einsicht oder auf Ertheilung einer Abschrift ablehnt, steht dem Antragsteller das Rechtsmittel der **Beschwerde** nach §§. 71 ff. zu. Das Rechtsmittel der weiteren Beschwerde, das nur auf eine Gesetzesverletzung gestützt werden kann (§. 78), ist aber nach einer Entsch. des Kammergerichts (K.G. 3 S. 89) ausgeschlossen, wenn der Antrag abgelehnt ist, weil ein genügendes Interesse nicht dargelegt sei, denn hierbei handelt es sich nur um eine Feststellung thatsächlicher Verhältnisse, es sei denn, daß zu der Versagung der Einsicht oder Abschriftsertheilung ein Rechtsirrthum geführt hat (Entsch. 1 S. 4 = K.G. N.F. 1 A. S. 7).

6. Die zur Einsicht Berechtigten brauchen ihr Recht nicht persönlich auszuüben; vielmehr ist **Vertretung** zulässig. Natürlich müssen die Vertreter auch ihre Vertretungsmacht darlegen: Bevollmächtigte bedürfen aber keiner öffentlichen oder öffentlich beglaubigten Vollmacht, da §. 29 auf diesen Fall keine Anwendung findet (Oberneck S. 65). Landesrechtlich bestehen hiervon vielfach für Notare (in Sachsen für Notare und Rechtsanwälte, V.O. vom 26. Juli 1899 §. 28 Abs. 2) Ausnahmen. Für Preußen ist im §. 32 Abs. 2 der Allg. Verf. bestimmt: „Notare, die das Grundbuch im Auftrage des Eigenthümers oder eines sonst zur Einsicht Berechtigten einsehen wollen, brauchen den Auftrag nicht nachzuweisen"; auch dies findet auf den Antrag auf Ertheilung einer einfachen oder beglaubigten Abschrift nach Abs. 3 ebd. entsprechende Anwendung. Dadurch sind die Notare aber nicht der Verpflichtung überhoben, das Interesse der von ihnen vertretenen Personen darzulegen; sie brauchen nur den „Auftrag" nicht nachzuweisen.

Auch Rechtskonsulenten sind als Bevollmächtigte nicht ohne Weiteres unzulässig (K.G. 1 S. 60, 7 S. 97). Das Kammergericht (a. a. O. 7 S. 97) hält die Zurückweisung für zulässig, wenn dem Rechtskonsulenten die Ausübung des Gewerbebetriebs untersagt ist oder seine Persönlichkeit zu Bedenken Anlaß giebt. Aus dem letzten Grunde sind jetzt Prozeßagenten, denen gemäß §. 157 Abs. 4 der C.P.O. das mündliche Verhandeln vor Gericht gestattet ist, nicht abzulehnen, da sich das Grundbuchamt sonst in einen scharfen Gegensatz zu der Justizverwaltung und dem Prozeßgerichte setzen würde.

7. Als **besonderer Fall**, in dem die Grundbuchämter anderen Behörden gegenüber zur Ertheilung von Abschriften oder einer Auskunft verpflichtet sind, ist der des Zw.V.G. §. 19 hervorzuheben. Hiernach hat das Vollstreckungsgericht bei Anordnung einer Zwangsversteigerung (und entsprechend auch bei der Anordnung der Zwangsverwaltung, ebd. §. 146) das Grundbuchamt um „Eintragung dieser Anordnung in das Grundbuch" zu ersuchen. „Das Grundbuchamt hat nach der Eintragung des Versteigerungsvermerkes dem Gericht eine beglaubigte Abschrift des Grundbuchblatts und der Urkunden, auf welche im Grundbuche Bezug genommen wird, zu ertheilen, die bei ihm bestellten Zustellungsbevollmächtigten zu bezeichnen und Nachricht zu geben, was ihm über Wohnort und Wohnung der eingetragenen Betheiligten und deren Vertreter bekannt ist. Statt der Ertheilung einer beglaubigten Abschrift der Urkunden genügt die Beifügung der Grundakten oder der Urkunden." Da nach §. 22 Abs. 1 Satz 2 dess. Ges. die Beschlagnahme des Grundstücks, außer mit der Zustellung des Einleitungsbeschlusses an den Schuldner, auch mit dem Zeitpunkte wirksam wird, in welchem das oben genannte Ersuchen dem Grundbuchamte zugeht, sofern daraufhin die Eintragung demnächst erfolgt, so ist auch dieser Zeitpunkt dem Vollstreckungsgerichte mitzutheilen.

Ferner sind die preußischen Grundbuchämter nach näherer Bestimmung der Allg. Verf. vom 15. November 1894 zu bestimmten Mittheilungen an die Steuerbehörden behufs Veranlagung der Einkommens- und Ergänzungssteuer verpflichtet. Dagegen besteht keine Pflicht, Eigenthumsveränderungen den Gemeinden behufs Erhebung der Umsatzsteuer mitzutheilen. Vergl. die Erl. zu §. 31 der Allg. Verf.

§. 12.

Verletzt ein Grundbuchbeamter vorsätzlich oder fahrlässig die ihm obliegende Amtspflicht, so trifft den Betheiligten gegenüber die im §. 839 des Bürgerlichen Gesetzbuchs bestimmte Verantwortlichkeit an Stelle des Beamten den Staat oder die Körperschaft, in deren Dienste der Beamte steht. Das Recht des Staates oder der Körperschaft, von dem Beamten Ersatz zu verlangen, bleibt unberührt.

B.G.B. §. 839 Abs. 1, 3:

Verletzt ein Beamter vorsätzlich oder fahrlässig die ihm einem Dritten gegenüber obliegende Amtspflicht, so hat er dem Dritten den daraus entstehenden Schaden zu ersetzen. Fällt dem Beamten nur Fahrlässigkeit zur Last, so kann er nur dann in Anspruch genommen werden, wenn der Verletzte nicht auf andere Weise Ersatz zu erlangen vermag.

Die Ersatzpflicht tritt nicht ein, wenn der Verletzte vorsätzlich oder fahrlässig unterlassen hat, den Schaden durch Gebrauch eines Rechtsmittels abzuwenden.

VI. Haftung für Pflichtverletzungen der Grundbuchbeamten.

§. 12.

E. I §. 4; II §. 11. P. I S. 13381—13383; II Bd. 3 S. 767—771. M. S. 30. D. S. 3037. K.B. S. 3423. St.B. S. 4419, 4422, 4424, 4427.

1. Begründung der Vorschrift.
2. Voraussetzungen für die Haftung des Staates.
3. Der Ersatzberechtigte.
4. Der Verpflichtete.
5. Die Klage. Zuständigkeit. Vertreter des preuß. Fiskus.
6. Verjährung des Anspruchs.
7. Haftung des Grundbuchbeamten.
8. Anwendbarkeit der neuen Bestimmung für die Uebergangszeit.

1. Die im §. 12 vorgeschriebene Haftung des Staates für die Versehen seiner Beamten bildet eine Besonderheit des Grundbuchrechts und insoweit, als die Haftung nicht blos subsidiär ist, eine Neuerung gegenüber dem bisherigen preußischen Rechte.

Bei der Frage, ob der Staat für widerrechtliche Handlungen seiner Beamten zu haften hat, ist seine Stellung als Fiskus, als Inhaber von Privatrechten, von der Stellung als Subjekt der Souveränität, als Träger von Hoheitsrechten zu unterscheiden. Nach dem B.G.B. §§. 89, 31 ist der Fiskus für denjenigen Schaden verantwortlich, den ein Beamter durch eine in Ausführung der ihm zustehenden privatrechtlichen Verrichtungen begangene, zum Schadensersatze verpflichtende Handlung einem Dritten zufügt. Dagegen haftet für die Handlungen, die ein Beamter in Ausübung der ihm anvertrauten öffentlichen Gewalt, der staatlichen Hoheitsrechte, vorgenommen hat, kraft Reichsrechts nur der Beamte selbst; die landesgesetzlichen Vorschriften über die Haftung des Staates für den hierdurch angerichteten Schaden sind jedoch im E.G. Art. 77 aufrechterhalten (vgl. Planck Bd. 1 Erl. 2 zu §. 89 und Bd. 6 S. 162). Obwohl es sich bei der staatlichen Verwaltung des Grundbuchwesens um eine hoheitsrechtliche Funktion des Staates handelt, schreibt die G.B.O. dennoch dessen Haftung vor aus folgender Erwägung. Durch die Grundbucheinrichtung soll der Verkehr mit den Rechten an Grundstücken auf eine sichere und feste Grundlage gestellt und damit die Rechtssicherheit überhaupt gefördert werden. Aus Rücksicht auf das allgemeine Wohl ist also das Grundbuchsystem eingeführt, obwohl mit ihm, insbesondere kraft des Grundsatzes des öffentlichen Glaubens des Grundbuchs die Gefahr verknüpft ist, daß ein an einem Grundstücke Berechtigter durch ein Versehen des Grundbuchamts sein Recht verlieren oder sonstigen Schaden erleiden kann. Daher ist es einfach eine Forderung der Gerechtigkeit, daß dieser Schaden aus öffentlichen Mitteln ersetzt wird (vgl. P. II Bd. 3 S. 770).

Die Vorschrift, daß der Staat dem Geschädigten allein haftet und nicht etwa, wie nach dem bisherigen preuß. Rechte, bloß dann, wenn von dem Beamten kein Ersatz zu erlangen ist, wurde von der Kommission für die zweite Lesung des B.G.B. empfohlen (P. a. a. O.). Für sie spricht in erster Linie die Rücksicht auf den Geschädigten. Die Vorstellung, daß ihm nicht der Staat, sondern der Beamte, der zufällig die betreffende Amtshandlung vorgenommen hat, gegebenen Falles ersatzpflichtig sei, liegt dem Laien fern. Die Person des Beamten ist den Betheiligten der Regel nach gleichgültig, nicht selten völlig unbekannt und später schwer zu ermitteln; und nachdem der Geschädigte ihn ermittelt und einen langwierigen Prozeß gegen ihn geführt hat, stellt sich vielleicht seine Zahlungsunfähigkeit heraus, ein Umstand, der geeignet ist, die ganze Grundbucheinrichtung zu diskreditiren und die Rechtssicherheit zu erschüttern. Außerdem spricht auch die Rücksicht auf die Grundbuchbeamten für diese Vorschrift; denn wenn auch ein etwaiges Regreßrecht des Staates nach §. 12 Satz 2 unberührt bleibt, so ist dieser doch in der Lage, in dem einzelnen Falle von dem Rückgriffe gegen einen sonst pflichttreuen Beamten keinen Gebrauch zu machen, und vor allem kann das Landesrecht, wie in Preußen (A.G. Art. 8) geschehen, dieses Regreßrecht einschränken, während der Ersatzanspruch des Geschädigten aus den obigen Gründen nicht beschränkt werden darf. Schließlich betrachtete die genannte Kommission es als der Würde des Staates entsprechend, wenn dieser für seine Beamten nach außen hin einstehe.

2. **Voraussetzung für die Haftung des Staates** ist, daß in Ermangelung der Sondervorschrift des §. 12 der Grundbuchbeamte nach §. 839 des B.G.B. haften würde. Im Einzelnen ist erforderlich:

a. daß ein Grundbuchbeamter Schaden verursacht hat. Für eine Beschädigung, die lediglich auf das Verschulden eines Dritten oder auf ein zufälliges Ereigniß zurückzuführen ist, haftet der Staat nicht. Ihrem Wortlaute nach bezieht sich die Vorschrift auch nicht auf Schäden, die in Grundbuchsachen durch andere Beamte angerichtet sind, z. B. durch die Richter der Beschwerdeinstanz oder durch Aufsichtsbeamte, die ihre Aufsichtspflicht verletzt oder für eine Vertretung nicht rechtzeitig gesorgt haben; für eine analoge Ausdehnung auf diese Fälle dürfte auch kein praktisches Bedürfniß vorliegen. A.M. hinsichtlich der Beschwerderichter Oberneck S. 99, Predari S. 97 u. A.

b. daß der Grundbuchbeamte eine ihm obliegende Amtspflicht verletzt hat. Es genügt also nicht, daß er bei Gelegenheit einer Amtshandlung eine unerlaubte Handlung begangen hat, sondern er muß eine Handlung, zu deren Vornahme er amtlich verpflichtet war, verzögert oder unterlassen oder, ohne daß ihre gesetzlichen Voraussetzungen vorlagen, bewirkt haben, indem er z. B. einen Eintragungsantrag nicht erledigte, eine Eintragung oder Löschung unter Verstoß gegen die gesetzlichen Bestimmungen vornahm. Dagegen ist hier — anders als nach §. 839 — nicht zu prüfen, ob dem Grundbuchbeamten die Amtspflicht einem Dritten gegenüber oblag; durch die Fassung des §. 12 ist „klargestellt, daß im Sinne des §. 839 des B.G.B. sämmtliche Amtspflichten des Grundbuchbeamten Pflichten sind, die ihm einem Dritten gegenüber obliegen" (D.).

c. daß der Grundbuchbeamte vorsätzlich oder fahrlässig gehandelt hat. Auf den Grad des Verschuldens kommt nichts an; jedes Außerachtlassen der einem pflichttreuen Beamten obliegenden Sorgfalt oder (nach der Ausdrucksweise der preuß. G.B.O. §. 29) jedes Versehen genügt. In der falschen Auslegung eines zweifelhaften Rechtssatzes wird eine Fahrlässigkeit nur sehr selten zu finden sein. Dagegen hat das R.G. unter der Herrschaft der preuß. G.B.O. z. B. eine Fahrlässigkeit des Grundbuchrichters in der Unterlassung eines rechtzeitigen Bescheids auf einen Antrag auf Eintragung einer Hypothek und in der Rückgabe der von dem Gläubiger eingereichten Schuldurkunde nebst Eintragungsbewilligung an den Schuldner auf dessen einseitigen Antrag gesehen (R.G. 22 S. 235) und eine grobe Fahrlässigkeit des Grundbuchführers darin, daß er der Verfügung des Grundbuchrichters zuwider die Benachrichtigung des Eigenthümers von der Löschung einer Hypothek unterlassen hatte; in dem letzteren Falle wurde kein Versehen des Grundbuchrichters darin gefunden, daß er bei der Vorlage der von dem Grundbuchführer entworfenen Expedition seiner Verfügung übersehen habe, daß das verfügte Benachrichtigungsschreiben nicht entworfen sei (Gruchot 33 S. 1080).

Darüber, daß der die Haftung eines Beamten einschränkende Abs. 2 des §. 839 auf Grundbuchbeamte keine Anwendung findet, weil diese keine „Urtheile" fällen, vgl. Planck Bd. 2 S. 639 Erl. 2, Predari S. 98.

d. daß der Verletzte es nicht vorsätzlich oder fahrlässig unterlassen hat, den Schaden durch Gebrauch des Rechtsmittels der Beschwerde abzuwenden. Auch ein sonstiges Verschulden des Geschädigten kann gemäß §. 254 des B.G.B. die Ersatzpflicht aufheben oder beschränken, vgl. Predari S. 100 Anm. 5.

e. daß aus der Verletzung der Amtspflicht ein Schaden erwachsen ist, z. B. weil in Folge des öffentlichen Glaubens des Grundbuchs ein versehentlich gelöschtes Recht erloschen oder weil eine Verschlechterung des Ranges eines Rechtes durch die Verspätung der Eintragung oder durch einen falschen Eingangsvermerk herbeigeführt ist, oder weil durch die unterbliebene Benachrichtigung von einer Löschung ein Rechtsstreit des Eigenthümers gegen den zur Löschung Verpflichteten veranlaßt ist (Gruchot a. a. O.) 2c. Ueber den Umfang der Ersatzpflicht gelten die Bestimmungen des B.G.B. §. 249 ff.

f. Schließlich setzt die Haftung des Staates für eine nicht vorsätzliche, sondern nur fahrlässige Pflichtverletzung voraus, daß der Verletzte nicht auf andere Weise Ersatz zu erlangen vermag. Insoweit haftet auch jetzt noch der Staat blos subsidiär, da ihn nur die im §. 839 bestimmte Verantwortlichkeit an Stelle des Beamten trifft. Aber seine Haftung ist nicht, wie nach dem früheren preußischen Rechte, dadurch bedingt, daß von dem Beamten kein Ersatz zu erlangen ist; sondern nur gegen den Dritten, von dem er auf Grund irgend eines Anspruchs Ersatz seines Schadens oder Herausgabe der Bereicherung fordern kann, muß der Verletzte zunächst vorgehen.

3. **Berechtigt**, ihren Schaden ersetzt zu verlangen, sind nach §. 12 die „Betheiligten;" „die Verantwortlichkeit kann daher nicht von demjenigen geltend gemacht werden, der, ohne betheiligt zu sein, durch die Verletzung der Amtspflicht nur mittelbar einen Schaden erleidet" (D.). Demnach sind als ersatzberechtigt z. B. bei einer unrichtigen Eintragung oder bei der pflichtwidrigen Unterlassung einer Eintragung nur diejenigen anzusehen, zu deren Gunsten die Eintragung erfolgt ist oder erfolgen sollte oder deren Rechte von der Eintragung betroffen werden (§. 13 Abs. 2), bei Unterlassung einer vorgeschriebenen Benachrichtigung der zu Benachrichtende 2c., dagegen nicht Dritte, denen gegenüber dem Grundbuchbeamten keine Amtspflicht oblag, vgl. Predari S. 102 Anm. 6, Planck Bd. 2 S. 639 unter c.

4. **Verpflichtet** zum Schadensersatz ist der Staat oder die Körperschaft, in dessen Dienste der Grundbuchbeamte steht. Obwohl also die Grundbucheinrichtung reichsrechtlich vorgeschrieben ist, haftet nicht das Reich, da die Einrichtung und Besetzung der Grundbuchämter Sache der Bundesstaaten ist, sondern der Bundesstaat oder die Gemeinde oder sonstige Körperschaft, dessen Beamter seine Amtspflicht verletzt hat, da diese gleichsam durch den Beamten handelt.

5. Für die **Schadensersatzklage** ist der Rechtsweg zulässig und in Preußen, wo die Amtsgerichte die Grundbuchämter sind, sachlich das Landgericht ohne Rücksicht auf die Höhe der Forderung zuständig (G.V.G. §. 70, A.G. z. G.V.G. §. 39 Ziff. 2). Da es sich um eine Angelegenheit der Justizverwaltung handelt, ist die Klage gegen die Staatsanwaltschaft bei demjenigen Oberlandesgerichte zu richten, in dessen Bezirke das Grundbuchamt belegen ist (Ges. vom 14. März 1885, G.S. S. 65, und Allg. Verf. vom 23. dess. Mon., J.M.Bl. S. 119). Oertlich ist daher das Landgericht zuständig, zu dessen Bezirke der Amtssitz des Oberstaatsanwalts gehört (C.P.O. §. 18).

6. Für die **Verjährung** der Ansprüche auf Schadensersatz kommt die Vorschrift des §. 852 Abs. 1 des B.G.B. zur Anwendung: „Der Anspruch auf Ersatz des aus einer unerlaubten Handlung entstandenen Schadens verjährt in drei Jahren von dem Zeitpunkt an, in welchem der Verletzte von dem Schaden und der Person des Ersatzpflichtigen Kenntniß erlangt, ohne Rücksicht

auf diese Kenntniß in dreißig Jahren von der Begehung der Handlung an." Da aber der Ersatzanspruch nach §. 12 stets gegen den Staat zu erheben und die Person des Grundbuchbeamten gleichgültig ist, kommt es für den Beginn der Verjährungsfrist auf die Kenntniß von der Person des Ersatzpflichtigen nicht an.

7. Der schuldige **Grundbuchbeamte** selbst darf von dem Geschädigten nicht belangt werden: seine Verantwortlichkeit aus §. 839 des B.G.B. ist laut §. 12 auf den Staat übergegangen. Soweit seine Handlung aber nicht blos eine Verletzung der Amtspflicht, sondern zugleich eine sonstige unerlaubte Handlung darstellt, bleibt seine Haftung bestehen.

Daneben läßt Satz 2 etwaige Vorschriften über den Rückgriff des Staats gegen den Grundbuchbeamten unberührt. Die G.B.O. selbst gewährt kein Regreßrecht; wie das ganze Dienstverhältniß der Grundbuchbeamten, so ist auch diese Frage landesrechtlicher Regelung überlassen. Für Preußen ist letztere in dem A.G. z. G.B.O. Art. 8 erfolgt. Danach hat der Staat einen Rückgriff gegen den Beamten nur, wenn dieser vorsätzlich oder grobfahrlässig seine Amtspflicht verletzt hat, nicht bei leichter Fahrlässigkeit. Außerdem soll nach Art. 8 die in Erl. 6 erwähnte dreijährige Verjährungsfrist für den Regreßanspruch des Staates mit dem Zeitpunkte beginnen, in welchem der Staat seine Ersatzpflicht aus §. 12 dem Verletzten gegenüber anerkannt hat oder diese rechtskräftig festgestellt ist.

8. Die Neuerung des §. 12 der G.B.O. findet nach Art. 170 des E.G. z. B.G.B. erst Anwendung auf diejenigen Verletzungen der Amtspflicht, welche nach dem Inkrafttreten der Grundbuchordnung (§. 82) begangen sind. Auf die vorher vorgekommenen Versehen kommt auch künftig noch das frühere Recht (also in Preußen die preuß. G.B.O. §. 29) zur Geltung, selbst wenn erst nach jenem Zeitpunkte der Schaden eingetreten oder das Versehen entdeckt ist (Habicht, Einwirkung des B.G.B. auf zuvor entstandene Rechtsverhältnisse, 2. Aufl. S. 173 Anm. 1).

Zweiter Abschnitt.

Eintragungen in das Grundbuch.

Zweiter Abschnitt.

I. Der zweite Abschnitt der G.B.O. (§§. 13--55) betrifft die Eintragungen in das Grundbuch, und zwar sind in den §§. 13—44 vor allem die Voraussetzungen der Eintragungen (Vorbm. III), daneben auch (§§. 17, 18) die Reihenfolge der Erledigung der Eintragungsanträge und die Behandlung nicht gerechtfertigter Anträge (vgl. Vorbm. IV), in den §§. 45—53 der Inhalt der Eintragungen (Vorbm. V), im §. 54 die Berichtigung unzulässiger oder unrichtiger Eintragungen und im §. 55 die Bekanntmachung der Eintragungen geregelt.

II. Unter den „**Eintragungen**" im Sinne dieses Abschnitts sind nicht alle Einschreibungen in das Grundbuch zu verstehen. Zunächst scheiden, da die G.B.O. erst nach der Anlegung der Grundbücher in Kraft tritt (G.B.O. §. 82 Abs. 1, vgl. oben S. 10 und S. 141 Vorbm. 6), die Einschreibungen im Anlegungsverfahren aus; nur die Vorschriften über den Inhalt der Eintragungen (§§. 45ff.) werden auch schon in dem Anlegungsverfahren zu beobachten sein (vgl. Predari S. 106 II).

Eine weitere Einschränkung ist aus der Einstellung der Vorschrift über die Bezeichnung der Grundstücke (§. 2 Abs. 2) in den ersten Abschnitt für alle diese betreffenden Einschreibungen zu entnehmen. Nicht nur für die Anlegung des Grundbuchs, sondern auch für jede spätere Veränderung in der Bezeichnung der Grundstücke bleiben die Bestimmungen des zweiten Abschnitts außer Betracht, vgl. D. S. 3035 zu §. 2 und zu §. 3 sowie oben S. 159 Erl. 4. Demnach ist also z. B. in Preußen eine Berichtigung des Grundbuchs auf Grund der Flurbuchs- und Gebäudesteuerrollenanhänge (vgl. Allg. Verf. §. 29 nebst Erl.) keine Eintragung im Sinne der §§. 13ff.; sie kann also ohne Antrag und ohne Bewilligung erfolgen und braucht nicht nach §. 55 bekannt gemacht zu werden. Entsprechendes gilt auch für die übrigen, in dem ersten Abschnitte der G.B.O. erwähnten Einschreibungen, und auch auf die Ausscheidung eines nicht buchungspflichtigen Grundstücks aus dem Grundbuche gemäß §. 90 Absatz 2 finden die §§. 13ff. keine Anwendung (vgl. Erl. 5a zu §. 90).

Unter den Eintragungen im Sinne dieses Abschnitts sind nur „Eintragungen über die Rechtsverhältnisse eines Grundstücks, die nach der Anlegung des Grundbuchs vorzunehmen sind" (D. S. 3037, vgl. M. S. 51), also die oben S. 17ff. erwähnten eintragungsfähigen Rechte, Verfügungsbeschränkungen, Vormerkungen und Widersprüche zu verstehen.

III. Die **formellen Voraussetzungen** einer Eintragung ergeben sich

1. in erster Linie aus den Vorschriften der G.B.O., nicht etwa aus denen des B.G.B. Insbesondere ist daraus, daß das B.G.B. zur Rechtsänderung außer der Eintragung die

Einigung der Betheiligten fordert, nicht zu folgern, daß das Grundbuchamt die Eintragung erst vornehmen darf, nachdem ihm die Einigung nachgewiesen ist. Vielmehr hat die Eintragung zu erfolgen, wenn die in den §§. 13—44 aufgestellten formellen Voraussetzungen vorliegen, auch wenn wegen des Fehlens der erforderlichen Einigung die Rechtsänderung nicht eintritt und das Grundbuch also durch die Eintragung unrichtig wird.

In der G.B.O. sind folgende formelle Voraussetzungen gefordert:

a. Ein **Antrag** desjenigen, dessen Recht von der Eintragung betroffen wird oder zu dessen Gunsten die Eintragung erfolgen soll; ausnahmsweise auch einer anderen Person, vgl. §§. 13—15. Von diesem Antragsprinzipe läßt die G.B.O. jedoch verschiedene Ausnahmen zu, indem sie Eintragungen entweder auf Ersuchen einer Behörde (§. 39) oder von Amtswegen anordnet, vgl. Erl. 2 zu §. 13 (S. 192) und die Erl. zu §. 39.

Ueber die Form des Antrags vgl. §. 30, über seine Zurücknahme §. 32, über die Hinzufügung eines Vorbehalts §. 16.

Einen Zwang zur Stellung des Eintragungsantrags kennt die G.B.O. nicht.

b. die **Bewilligung** desjenigen, dessen Recht von der Eintragung betroffen wird (§. 19). Im Gegensatze zu dem Antrage, welcher nur eine Verfahrenshandlung ist und nicht nur von dem leidenden Theile gestellt werden kann, ist die Bewilligung einer rechtsgeschäftlichen Willenserklärung, welche die Unterlage für die beantragte Eintragung, die Begründung des Eintragungsantrags bildet.

Den Grundsatz, „daß die Bewilligung des leidenden Theiles zu einer Eintragung in das Grundbuch erforderlich und ausreichend ist" (M. z. B.G.B. Bd. 3 S. 158), daß also das Grundbuchamt nicht das Vorhandensein der materiellrechtlichen Voraussetzungen der Eintragung zu prüfen braucht, sondern lediglich auf die einseitige Bewilligung des durch die Eintragung verlierenden Berechtigten diese vorzunehmen hat, nennt man das formelle Konsensprinzip. Ausnahmsweise bedarf es des Nachweises der erforderlichen Einigung im Falle der Auflassung eines Grundstücks sowie im Falle der Bestellung oder Uebertragung eines Erbbaurechts oder eines Abbaurechts und im Falle der Uebertragung eines Erbpachtrechts (§§. 20, 84). Andererseits gestattet die G.B.O. in gewissen Ausnahmefällen auch Eintragungen ohne Bewilligung des leidenden Theiles, vgl. unten §. 19 Erl. 8 und die ebd. angeführten Bestimmungen.

Ueber die Form der Eintragungsbewilligung vgl. §. 29 und über ihren Inhalt §. 28.

c. die **vorgängige Eintragung** des leidenden Theiles als Berechtigten in das Grundbuch (§. 40 Abs. 1). Von dieser Ordnungsvorschrift macht §. 40 Abs. 2 für die Briefhypothek oder Briefgrundschuld und §. 41 für den Erben des eingetragenen Berechtigten in bestimmtem Umfange Ausnahmen.

d. Schließlich sind für besondere Fälle noch weitere Voraussetzungen aufgestellt, nämlich für die Löschung einer Hypothek oder einer Grundschuld das Erforderniß der Zustimmung des Eigenthümers des belasteten Grundstücks und für die Löschung eines Rechtes, mit dem eine Hypothek oder eine Grundschuld belastet ist, regelmäßig das der Zustimmung des Hypotheken- oder Grundschuldgläubigers (§. 27); ferner für eine Eintragung bei einer Briefhypothek oder Briefgrundschuld regelmäßig das Erforderniß der Vorlage des Briefes nach näherer Bestimmung der §§. 42, 43 und für eine Eintragung bei einer Sicherungshypothek für eine Forderung aus einem Inhaberpapiere oder einem Orderpapiere regelmäßig das Erforderniß der Vorlage dieses Papiers (§. 44).

2. Diese Vorschriften der G.B.O. über die formellen Voraussetzungen der Eintragungen, die bei den einzelnen Paragraphen erst näher erläutert werden, werden ergänzt durch andere reichsrechtliche Bestimmungen. So regelt z. B. das B.G.B. die Voraussetzungen der Eintragung einer Vormerkung oder eines Widerspruchs, von denen oben S. 131 ff. bereits die Rede gewesen ist, und vor allem enthält die C.P.O. eine Anzahl einschlägiger Bestimmungen, die für das formelle Grundbuchrecht von erheblicher Bedeutung sind, insbesondere über den Ersatz einer Willenserklärung durch ein rechtskräftiges Urtheil oder durch eine einstweilige Verfügung, sowie

über die Pfändung und Ueberweisung eingetragener Rechte an Grundstücken und über die Zwangs- und Arresthypotheken. Von den letzteren ist bereits oben S. 94ff. und von der Pfändung und Ueberweisung oben S. 110ff. ausführlich die Rede gewesen. Dagegen sind die ersteren Bestimmungen oben S. 29, 39 und 132 nur kurz erwähnt und hier näher zu erörtern.

a. Die C.P.O. bestimmt in §. 894 Abs. 1: „Ist der Schuldner **zur Abgabe einer Willenserklärung verurtheilt,** so gilt die Erklärung als abgegeben, sobald das Urtheil die Rechtskraft erlangt hat. Ist die Willenserklärung von einer Gegenleistung abhängig gemacht, so tritt diese Wirkung ein, sobald nach den Bestimmungen der §§. 726, 730 eine vollstreckbare Ausfertigung des rechtskräftigen Urtheils ertheilt ist."

α. Diese Vorschrift findet auf alle Erklärungen Anwendung, welche die G.B.O. als Unterlagen des Eintragungsantrags erfordert, insbesondere auf die Eintragungsbewilligung, die zur Löschung einer Hypothek erforderliche Zustimmung des Eigenthümers, die Abtretungserklärung 2c. (vgl. E. I des B.G.B. §. 833, M. z. B.G.B. Bd. 3 S. 196ff., P. II Bd. 3 S. 68). Auch die Auflassungserklärungen sind, wie oben S. 39 bereits erwähnt, nicht ausgenommen; sowohl die Auflassungserklärung des Veräußerers wie die des Erwerbers wird durch das zu ihrer Abgabe verurtheilende rechtskräftige Urtheil ersetzt, obwohl die Auflassung bei gleichzeitiger Anwesenheit beider Theile vor dem Grundbuchamt erklärt werden muß. Dieses Erforderniß ist „als erfüllt anzusehen, wenn der Theil, welcher das Urtheil erstritten hat, unter Vorlegung desselben seine Vertragserklärung abgiebt. Die Sache wird so behandelt, als wenn auch der unterlegene Theil anwesend wäre, um die Erklärung seines Gegners gegen seine Erklärung einzutauschen" (M. z. B.G.B. Bd. 3 S. 197). Die Auflassungserklärung des obsiegenden Theiles ist aber vor dem Grundbuchamt abzugeben; denn nicht die Auflassung überhaupt, sondern nur die Erklärung des Verurtheilten wird durch das Urtheil ersetzt.

Nothwendig ist jedoch die Verurtheilung zur Abgabe der erforderlichen Willenserklärung selbst, insbesondere zur Abgabe einer Auflassungserklärung, zur Bewilligung der Eintragung, der Uebertragung oder der Löschung einer Hypothek oder einer sonstigen dinglichen Last. Ein Urtheil, aus dem lediglich die Verpflichtung zur Veräußerung des Grundstücks, z. B. dessen Verkauf erhellt, oder das nur zur Anerkennung des Eigenthums oder eines dinglichen Rechtes verurtheilt, bildet keinen Ersatz für die Auflassungserklärung oder für die Eintragungsbewilligung (vgl. sächs. Archiv Bd. 10 S. 267). Andererseits kommt es auf den Wortlaut der Entscheidung nicht an, wenn nur die Verurtheilung zur Abgabe der erforderlichen grundbuchrechtlichen Erklärung genügend erhellt (vgl. Turnau-Förster Bd. 1 S. 98, 99).

Der Inhalt des Urtheils, das eine Eintragungsbewilligung 2c. ersetzen soll, muß den Erfordernissen genügen, welche das Gesetz an den Inhalt einer Eintragungsbewilligung selbst stellt. Vgl. G.B.O. §. 28 nebst Erl.

Keine Anwendung findet §. 894 der C.P.O., wenn der Schuldner nach seiner Wahl zur Abgabe einer Willenserklärung oder zu einer anderen Leistung verurtheilt ist. Vgl. R.G. 27 S. 382, Kipp, Verurtheilung zur Abgabe von Willenserklärungen S. 81, Levy in Gruch. 36 S. 31 ff.

β. Die Willenserklärung gilt mit der Rechtskraft des Urtheils als abgegeben. „Ist durch ein vorläufig vollstreckbares Urtheil der Schuldner zur Abgabe einer Willenserklärung verurtheilt, auf Grund deren eine Eintragung in das Grundbuch oder das Schiffsregister erfolgen soll, so gilt die Eintragung einer Vormerkung oder eines Widerspruchs als bewilligt" (C.P.O. §. 895). Vgl. oben S. 132. Demnach muß dem Grundbuchamte die Rechtskaft nachgewiesen werden, wenn die endgültige Eintragung auf Grund des zu ihrer Bewilligung verurtheilenden Erkenntnisses erfolgen soll. Hierzu dient in erster Linie das von dem Gerichtsschreiber ausgestellte Zeugniß der Rechtskraft (C.P.O. §. 706). Dies ist aber nicht erforderlich, wenn das Urtheil sofort mit seiner Verkündung rechtskräftig ist, wie z. B. das kontradiktorische Urtheil eines Landgerichts in der Berufungsinstanz.

Andererseits genügt der Nachweis der Rechtskraft des Urtheils. Da damit die Erklärung als abgegeben gilt und ein Zwangsvollstreckungsakt auf Grund des Urtheils überhaupt nicht stattfindet, bedarf es regelmäßig **nicht**, wie zu der Eintragung einer Zwangshypothek (oben S. 104ff.), einer **vollstreckbaren Ausfertigung** des Urtheils oder des Nachweises seiner **Zustellung** (vgl. **Kipp**, Die Verurtheilung zur Abgabe von Willenserklärungen, 1892 S. 53ff. A. M. **Turnau-Förster** Bd. 1 S. 104).

γ. Eine Ausnahme gilt für den Fall, daß die Willenserklärung **von einer Gegenleistung abhängig** gemacht ist. Alsdann genügt nicht der Nachweis der Rechtskraft, sondern es ist eine vollstreckbare Ausfertigung des rechtskräftigen Urtheils erforderlich. Der Gläubiger muß in diesem Falle durch öffentliche oder öffentlich beglaubigte Urkunden nachweisen, daß der Schuldner befriedigt oder im Verzuge der Annahme ist; auf Grund dieses Nachweises hat der Vorsitzende des Prozeßgerichts die Ertheilung der vollstreckbaren Ausfertigung anzuordnen. Kann er den Nachweis nicht durch die erwähnten Beweismittel erbringen, muß er bei dem Prozeßgericht erster Instanz auf Ertheilung der Vollstreckungsklausel klagen. In diesem Falle muß er seinem Eintragungsantrage das auf diese Klage ergangene rechtskräftige Urtheil neben dem zur Abgabe der Willenserklärung verurtheilenden Erkenntnisse beifügen. Vgl. oben S. 104. Der Zustellung der Vollstreckungsklausel und der ihr zu Grunde liegenden Urkunden (oben S. 108) bedarf es nicht (**Kipp** a. a. O. S. 106).

Diese Vorschriften finden sowohl dann Anwendung, wenn der Gläubiger zu einer **Vorleistung**, als auch wenn er zu einer **Leistung Zug um Zug** verpflichtet ist (C.P.O. §. 726 Abs. 2).

δ. Das rechtskräftige Urtheil oder in dem soeben erwähnten Falle die vollstreckbare Ausfertigung des rechtskräftigen Urtheils ersetzt nur die Willenserklärung des **Verurtheilten** selbst. Ob diese zur Begründung des Eintragungsantrags genügt oder ob noch eine weitere Bewilligung oder Zustimmung erforderlich ist, bestimmt sich nach den Vorschriften der G.B.O. §§. 19ff. und des materiellen Rechtes, denn über die Folgen der Willenserklärung sagt die C.P.O. nichts (**Kipp** a. a. O. S. 59—71). Die oben S. 107f. erwähnten Bestimmungen der C.P.O. §§. 735—749 über die Zwangsvollstreckung in Sondervermögensmassen, insbesondere in das eingebrachte Gut der Ehefrau oder in das Gesammtgut einer ehelichen Gütergemeinschaft finden keine Anwendung, da es sich hier nicht um einen Akt der Zwangsvollstreckung handelt (a. M. **Turnau-Förster** Bd. 1 S. 104). Aus demselben Grunde steht der nach seiner Verurtheilung eingetretene Tod des Schuldners der Eintragung, zu deren Bewilligung er verurtheilt ist, nicht entgegen, wenn er noch in dem Grundbuch als Berechtigter eingetragen steht (anders im Falle der Eintragung einer Zwangshypothek, oben S. 106).

Ist der Verurtheilte noch nicht als der Berechtigte gebucht, so kann nach §§. 40, 41 der G.B.O. regelmäßig erst dann die Eintragung auf Grund des Urtheils erfolgen, nachdem er als Berechtigter eingetragen ist. Auf welchem Wege dies zu erwirken ist, darüber vgl. G.B.O. §. 14 nebst Erl., insbesondere über den Fall, daß der Verurtheilte nur einen obligatorischen Anspruch auf Eintragung eines Rechtes hat, ebd. Erl. 5c.

Wenn umgekehrt nicht mehr der Verurtheilte, sondern schon sein Rechtsnachfolger in das Grundbuch eingetragen ist, so kann die Eintragung, zu deren Bewilligung jener verurtheilt ist, erst erfolgen, nachdem eine vollstreckbare Ausfertigung gegen diesen erwirkt ist. Ueber die Voraussetzungen und die Form dieser Vollstreckungsklausel vgl. oben S. 104 und S. 106 Ziff. 3 Abs. 2. Damit die Rechtsnachfolger die Willenserklärung des Rechtsvorgängers überhaupt gegen sich gelten lassen müssen, ist, von den Fällen der Gesammtnachfolge, der Uebernahme eines Vermögens (B.G.B. §. 419) oder eines Handelsgeschäfts (H.G.B. §. 25) abgesehen, erforderlich, daß die Rechtsnachfolge nach Beginn der Rechtshängigkeit eingetreten ist, daß der Anspruch des Gläubigers ein dinglicher oder ein durch eine Vormerkung gesicherter obligatorischer war und daß dem Rechtsnachfolger in jenem Falle sowohl das dingliche Recht wie die Rechtshängigkeit und in diesem Falle die letztere bekannt war. S. oben S. 128f. Ueber die Wirkung eines zwischen dem Vorerben und einem Dritten ergangenen Urtheils gegenüber dem Nacherben vgl. C.P.O. §. 326 und oben S. 124, und über die Wirkung eines zwischen dem Testamentsvollstrecker und einem Dritten ergangenen Urtheils gegenüber dem Erben C.P.O. §. 327 und oben S. 125 f.

Auch ein Nachfolger des Gläubigers kann die Eintragung in das Grundbuch nur auf Grund einer auf seinen Namen lautenden vollstreckbaren Ausfertigung des Urtheils erwirken.

ε. Auf andere vollstreckbare Schuldtitel als Urtheile, insbesondere auf vollstreckbare Vergleiche findet §. 894 der C.P.O. nach der herrschenden Meinung keine Anwendung (R.G. 11 S. 418. A.M. Kipp a. a. O. S. 126 ff.).

b. Daß durch **einstweilige Verfügungen** die Eintragung von Vormerkungen und Widersprüchen angeordnet werden kann, ist oben S. 131 f. bereits erwähnt. Aber auch andere Eintragungen können im Wege einstweiliger Verfügungen herbeigeführt werden, insbesondere die Einschreibung von Veräußerungs- und Belastungsverboten (C.P.O. §. 938 Abs. 2), ja selbst die Löschung einer Hypothek (Rechtspr. 1 S. 376).

Die einstweiligen Verfügungen sind durch die C.P.O. §§. 935—942 im Anschluß an die Vorschriften über den Arrest geregelt.

α. Die Voraussetzungen ergeben sich aus §§. 935, 940. Danach bezwecken die einstweiligen Verfügungen die Sicherung von individuellen Leistungen oder die Regelung eines einstweiligen Zustandes in Bezug auf ein streitiges Rechtsverhältniß. Sie sind nach der C.P.O. nur dann zulässig, wenn zu besorgen ist, daß durch eine Veränderung des bestehenden Zustandes die Verwirklichung des Rechtes auf den Streitgegenstand vereitelt oder wesentlich erschwert werden könnte, oder wenn die Regelung eines einstweiligen Zustandes zur Abwendung wesentlicher Nachtheile, zur Verhinderung drohender Gewalt oder aus anderen Gründen nöthig erscheint.

Formell ist die Glaubhaftmachung des Anspruchs und der Gefährdung erforderlich; gegen Sicherheitsleistung kann jedoch auch ohne gehörige Glaubhaftmachung die einstweilige Verfügung erlassen werden (P. II Bd. 3. S. 116). Von dem ersteren Satze gilt, wie oben S. 132 bereits erwähnt, eine Ausnahme für die Anordnung der Eintragung von Vormerkungen und Widersprüchen; bei ihnen ist nur der Anspruch, nicht eine besondere Gefährdung desselben glaubhaft zu machen (B.G.B. §. 885 Abs. 1 Satz 2, §. 899 Abs. 2 Satz 2). „Diese Gefährdung ist in allen in Betracht kommenden Fällen durch die Einrichtung des Grundbuchs gegeben, welche es dem Schuldner ermöglicht, das Grundstück zu jeder Zeit und ohne daß der Gläubiger davon vorher Kenntniß erlangt, an einen Dritten zu veräußern oder es zu belasten" (P. II Bd. 3 S. 115). Danach erscheint es gerechtfertigt, auch in den anderen Fällen, in denen durch einstweilige Verfügung eine Eintragung in das Grundbuch angeordnet werden soll, die Gefährdung ohne Weiteres als glaubhaft zu erachten.

Ueber die Mittel der Glaubhaftmachung vgl. C.P.O. §. 294 und R.G. 30 S. 376. Von den in der C.P.O. sonst zugelassenen Beweismitteln fällt die Eideszuschiebung fort, dafür ist die Versicherung des Antragstellers an Eidesstatt zugelassen. Auch die Bezugnahme auf gerichtliche Akten genügt (O.Tr.Entsch. 79 S. 265), und wenn die Behauptung nach den Umständen des Falles ohne Weiteres glaubhaft erscheint, bedarf es keiner Beweisaufnahme. Stets ist eine Beweisaufnahme ausgeschlossen, welche nicht sofort erfolgen kann.

β. Zuständig für den Erlaß einer einstweiligen Verfügung ist das Gericht der Hauptsache d. h. dasjenige Gericht, welches für die Verhandlung und Entscheidung des gefährdeten Anspruchs (vgl. R.G. 30 S. 351, 45 S. 346) zuständig ist, einerlei ob dieser bereits rechtshängig ist oder nicht. Ist der Anspruch in der Berufungsinstanz anhängig, so entscheidet das Berufungsgericht, sonst stets das erstinstanzliche Gericht. Daneben ist auch der Vorsitzende des Gerichts der Hauptsache oder das Amtsgericht, in dessen Bezirke das Grundstück belegen ist, zur Entscheidung zuständig; während diese aber regelmäßig nur „in dringenden Fällen" die einstweilige Verfügung erlassen können und das Amtsgericht außerdem eine Frist zu bestimmen hat, innerhalb welcher der Antragsteller den Gegner zur mündlichen Verhandlung über die Rechtmäßigkeit der einstweiligen Verfügung vor das Gericht der Hauptsache zu laden hat, gilt seit dem 1. Januar 1900 für diejenigen einstweiligen Verfügungen, auf Grund deren Vormerkungen oder Widersprüche eingetragen werden sollen, Ausnahmen; diese können von dem erwähnten Amtsgericht auch dann erlassen werden, wenn der Fall für dringlich nicht erachtet wird, und die Fristbestimmung erfolgt nur auf Antrag des Gegners (C.P.O. §. 942 Abs. 2). Nach fruchtlosem Ablaufe der Frist hat das Amtsgericht auf Antrag die einstweilige Verfügung aufzuheben.

γ. Das Verfahren ist durch §. 936, §. 937 Abs. 2, §. 939, §. 942 Abs. 2 und §§. 922, 924—926 der C.P.O. geregelt. Das Gericht der Hauptsache entscheidet regelmäßig nach vorgängiger mündlicher Verhandlung durch Endurtheil, gegen welches dieselben Rechtsmittel wie gegen das in derselben Instanz in der Hauptsache erlassene Endurtheil Platz greifen (vgl. R.G. 5 S. 430, Küntzel in Gruch. 24 S. 142, v. Krämel in Zeitschr. f. C.Prz. 2 S. 397). In dringenden Fällen können die Entscheidungen des Gerichts der Hauptsache und stets die des Amtsgerichts der belegenen Sache ohne vorgängige mündliche Verhandlung durch Beschluß erfolgen (vgl. R.G. 13 S. 324). Wird durch Beschluß der Antrag abgelehnt, so ist die einfache Beschwerde zulässig; gegen den die einstweilige Verfügung erlassenden Beschluß findet dagegen Widerspruch statt, der durch Ladung zur mündlichen Verhandlung über die Rechtmäßigkeit der einstweiligen Verfügung erhoben wird und bewirkt, daß hierüber von dem Gerichte, das die einstweilige Verfügung erlassen hat, wenn diese aber erst in der Beschwerdeinstanz erlassen ist, von dem Gericht erster Instanz (R.G. 29 S. 396, 37 S. 368) durch Endurtheil entschieden wird. Die Vollziehung der einstweiligen Verfügung wird dadurch nicht gehemmt.

Ist die Hauptsache noch nicht anhängig, so hat das Gericht, welches die einstweilige Verfügung erlassen hat, auf Antrag ohne vorgängige mündliche Verhandlung anzuordnen, daß die Partei, welche die einstweilige Verfügung erwirkt hat, binnen einer zu bestimmenden Frist Klage zu erheben habe, und bei Nichtbefolgung dieser Anordnung die einstweilige Verfügung auf erneuten Antrag durch Endurtheil, also nach vorgängiger mündlicher Verhandlung, aufzuheben (C.P.O. §§. 926, 936).

„Unter besonderen Umständen" kann die Aufhebung einer einstweiligen Verfügung gegen Sicherheitsleistung gestattet werden (C.P.O. §. 939, vgl. §§. 923, 925, 927, 934, 936). Das nachträgliche Erbieten zu einer Sicherheitsleistung bildet unter solchen Umständen auch einen in der C.P.O. §. 927 hervorgehobenen Fall der „veränderten Umstände", bei deren Eintritt die Aufhebung der einstweiligen Verfügung durch Endurtheil erfolgen kann (vgl. R.G. 33 S. 418).

δ. Für das formelle Grundbuchrecht sind vor allem die Vorschriften über die Vollziehung der einstweiligen Verfügung wichtig. Diese ist grundsätzlich unter denselben Voraussetzungen zulässig, wie die Zwangsvollstreckung auf Grund eines Arrestbefehls; es kommen daher die oben S. 102ff. bereits aufgeführten Voraussetzungen der Zwangsvollstreckung mit den daselbst erwähnten Besonderheiten der Arrestbefehle auch für die einstweiligen Verfügungen in Betracht.

Hervorzuheben ist, daß die einstweiligen Verfügungen sofort nach ihrem Erlasse vollzogen werden können. Insbesondere ist, wenn sie durch Endurtheil erlassen sind, nicht erforderlich, daß das Endurtheil rechtskräftig oder für vorläufig vollstreckbar erklärt ist, und wenn ein Rechtsmittel gegen das Urtheil eingelegt ist, kann das höhere Gericht nicht auf Grund des §. 719 der C.P.O. die vorläufige Einstellung der Vollstreckung anordnen (R.G. 40 S. 383, 42 S. 361). Auch eine Vollstreckungsklausel ist nicht nothwendig, es sei denn, daß die Vollziehung für einen anderen als den in der einstweiligen Verfügung bezeichneten Gläubiger oder gegen einen anderen als den darin bezeichneten Schuldner erfolgen soll. Ebensowenig bedarf es der vorgängigen Zustellung; diese muß jedoch innerhalb einer Woche nach der Vollziehung und vor Ablauf der für die Vollziehung gesetzten zweiwöchigen Frist nachgeholt werden (vgl. oben S. 104 Ziff. 2 Abs. 1 und S. 108 Ziff. 4 Abs. 3).

Diese zweiwöchige Frist beginnt mit der Verkündung der einstweiligen Verfügung oder mit ihrer Zustellung an den Antragsteller (§. 929 Abs. 2). Binnen dieser Frist muß die Vollziehung erfolgt sein, eine spätere Vollziehung ist unstatthaft, vgl. oben S. 109 Ziff. 8. Nach der Rechtsprechung des R.G. 21 S. 416 und des K.G. 12 S. 102 wird aber die einstweilige

Verfügung, einerlei ob sie ein Gebot oder ein Verbot ausspricht, mit der Zustellung an den Schuldner vollzogen, weil dadurch schon die Gebundenheit des Willens des Schuldners herbeigeführt wird. Es genügt also die Zustellung der einstweiligen Verfügung zur Wahrung der Frist; ist sie rechtzeitig erfolgt, so kann die Eintragung in das Grundbuch auf Grund der Verfügung auch noch später erfolgen; dem Grundbuchamte muß aber die rechtzeitige Zustellung nachgewiesen werden. Dieses Nachweises bedarf es dagegen zur Rechtfertigung des Eintragungsantrags nicht, wenn die Frist zur Zeit des Eintragungsantrags noch nicht abgelaufen ist, da die vorgängige Zustellung nicht Voraussetzung der Eintragung ist und die Zustellung noch rechtzeitig nachgeholt werden kann.

Die Eintragung auf Grund einer einstweiligen Verfügung erfolgt entweder auf Antrag des Gläubigers oder auf Ersuchen des Gerichts, welches die einstweilige Verfügung erlassen hat. Während die C.P.O. die Vollstreckung grundsätzlich dem Parteibetrieb überläßt, macht sie im Interesse der Beschleunigung in diesem Falle eine Ausnahme. §. 941 bestimmt: „Hat auf Grund der einstweiligen Verfügung eine Eintragung in das Grundbuch oder das Schiffsregister zu erfolgen, so ist das Gericht befugt, das Grundbuchamt oder die Registerbehörde um die Eintragung zu ersuchen". (Ueber die Entstehungsgeschichte vgl. M. z. B.G.B. Bd. 3 S. 244, 245ff., P. II Bd. 3 S. 117, Begr. zu §. 819a des Entw. der Nov. z. C.P.O.) Das Gericht ist also zu diesem Ersuchen nicht verpflichtet; es kann die Erwirkung der Eintragung auch dem Gläubiger überlassen, während es andererseits zu dem Ersuchen auch ohne dahingehenden besonderen Antrag befugt ist. Vor allem empfiehlt es sich, die Erwirkung der Eintragung dem Gläubiger zu überlassen, wenn die übrigen von dem Grundbuchamte zu prüfenden Voraussetzungen der Eintragung, insbesondere das Erforderniß der vorgängigen Eintragung des Schuldners oder der Vorlegung des Hypothekenbriefs ꝛc. nach näherer Vorschrift der §§. 40—44 der G.B.O. nicht vorliegen oder dem Prozeßgerichte zweifelhaft sind.

IV. Ob die gesetzlichen Voraussetzungen der Eintragung vorliegen, unterliegt der **Prüfung und Entscheidung des Grundbuchamts.**

1. Während die meisten partikularen Grundbuch- oder Hypothekengesetze (z. B. preuß. G.B.O. §. 46) ausdrücklich vorschreiben, daß die Buchbehörden verpflichtet sind, die Eintragungs- und Löschungsanträge auf ihre Begründung und Rechtfertigung zu prüfen, fehlt eine entsprechende Vorschrift in der G.B.O. Daraus ist aber nicht zu folgern, daß das Grundbuchamt jetzt jeder **Prüfungspflicht** enthoben sei. Schon bei der Berathung des §. 46 der preuß. G.B.O. vom 5. Mai 1872 in der Kommission des Abgeordnetenhauses wurde von dem Regierungskommissar hervorgehoben, daß Satz 1 des §. 46: „Der Grundbuchrichter ist verpflichtet, die Rechtsgültigkeit der vollzogenen Auflassung, Eintragungs- oder Löschungsbewilligung nach Form und Inhalt zu prüfen," nur dasjenige positiv ausspreche, was die Regierung für selbstverständlich erachte (Achilles-Strecker S. 355). Selbstverständlich ist es in der That, daß, wenn das Gesetz bestimmte Voraussetzungen der Eintragungen aufstellt, das Grundbuchamt eine Eintragung nur dann vornehmen darf, wenn es das Vorhandensein dieser Voraussetzungen geprüft und festgestellt hat (sog. Legalitätsprinzip, vgl. oben S. 4 und Planck Bd. 3 S. 65 Vorbm. VI. 2). Indem die G.B.O. eine Eintragung von der Bewilligung des passiv Betheiligten abhängig macht, giebt sie unzweideutig zu erkennen, daß nur eine formell und inhaltlich den gesetzlichen Anforderungen entsprechende Bewilligung die Eintragung rechtfertigt, und daß das Grundbuchamt in jedem einzelnen Falle zu untersuchen hat, ob die ihm vorgelegte Bewilligung den gesetzlichen Anforderungen genügt. Aus diesem Grunde ist auch von dem Redaktor des Sachenrechts die Aufnahme einer entsprechenden Bestimmung in seinem Entwurfe vom Jahre 1883 für entbehrlich erklärt (Begründung S. 200), und die weiteren Entwürfe haben denselben Standpunkt festgehalten. Die M. S. 86 sagen hierüber: „Die Prüfungspflicht des Grundbuchamts braucht nicht hervorgehoben zu werden; denn sie ergiebt sich daraus, daß dem Grundbuchamte die Anordnung der Eintragung übertragen ist und daß das Gesetz die Voraussetzungen für die Zulässigkeit der Anordnung bestimmt."

Es kann demnach keinem Zweifel unterliegen, daß auch jetzt noch das Legalitätsprinzip gilt, und es fragt sich nur, in welchem Umfange. Da das B.G.B. die Entstehung, die Aenderung und die Aufhebung der Rechte an Grundstücken von der Gültigkeit des der Rechtsänderung zu Grunde liegenden obligatorischen Rechtsgeschäfts nicht abhängig macht, sondern nur neben der Eintragung einen abstrakten dinglichen Vertrag oder bei der Aufhebung eines Rechtes an einem Grundstücke die einseitige Verzichtserklärung erfordert (sog. materielles Konsensprinzip, vgl. oben S. 29), unterliegt dieses obligatorische Geschäft keinenfalls der Prüfung des Grundbuchamts (so ausdrücklich sächs. V.O. vom 26. Juli 1899 §. 99). Aber auch um die Gültigkeit des abstrakten dinglichen Vertrags hat sich das Grundbuchamt nicht zu kümmern; es muß die Eintragung auf die Bewilligung und den Antrag des leidenden Theiles vornehmen, wenn auch die Zustimmung desjenigen, zu dessen Gunsten die Eintragung erfolgen soll, nicht vorliegt. Nur in den Fällen des §. 20 setzt die Eintragung den Nachweis der Einigung voraus. Das Grundbuchamt braucht also stets nur zu prüfen, ob die formellen Voraussetzungen der Eintragung (vgl. oben III) vorliegen; um ihre materielle Wirksamkeit hat es sich nicht zu kümmern (vgl. Lenel in der D. Juristenzeitg. 1900 S. 288). Dies gilt insbesondere auch bei der Eintragung einer Hypothek; abweichend von dem bisherigen preußischen Rechte (vgl. Achilles-Strecker S. 128ff.) bedarf es hier nicht der Vorlage und Prüfung der Schuldurkunde (vgl. jedoch G.B.O. §. 58).

Im Einzelnen unterliegen der Prüfung des Grundbuchamts die Eintragungsfähigkeit der beantragten Eintragung (vgl. oben S. 18ff.), die Form der Eintragungsbewilligung und der sonstigen erforderlichen Erklärungen (§. 29), die Geschäftsfähigkeit der Personen, deren Erklärungen zu der Eintragung erforderlich sind (vgl. K.G. N.F. 1 A. S. 277 = Rechtspr. 1 S. 382), ihre Identität, die Befugniß derjenigen Personen, die die Eintragung bewilligt oder beantragt haben, zur Abgabe dieser Erklärungen, die Legitimation der auftretenden gesetzlichen Vertreter oder Bevollmächtigten (vgl. §§. 30 bis 33, 35, §. 36 Abs. 2), das Erforderniß der Zustimmung einer Aufsichtsbehörde u. dgl. m. (Ueber die Prüfung der Existenz einer juristischen Person, deren Eintragung als Berechtigte beantragt wird, vgl. unten S. 189.) Dagegen darf die Eintragung eines eintragungsfähigen Rechtes nicht wegen Zweifel an dessen Bedeutung oder wegen Bedenken über seine Tragweite abgelehnt werden (K.G. 3 S. 79, S. 139, 7 S. 126, 8 S. 66; sächs. Arch. Bd. 10 S. 189).

Zweifelhaft ist die Frage, ob das Grundbuchamt berechtigt oder verpflichtet ist, Mängel in der Verfügungsbefugniß des Bewilligenden oder sonstige Bedenken gegen die Gültigkeit der Eintragungsbewilligung oder gegen die gesetzliche Zulässigkeit der beantragten Eintragung zu berücksichtigen und nach ihnen zu forschen, obwohl sie nicht aus dem Grundbuch erhellen. Da das Grundbuchamt nach dem oben Gesagten nur auf Grund einer gültigen Eintragungsbewilligung des Passivbetheiligten eine Eintragung vornehmen darf, ist es zur Ablehnung des Eintragungsantrags verpflichtet, wenn ihm ein Umstand, aus dem sich die Unwirksamkeit der Bewilligung ergiebt, amtlich bekannt ist, einerlei ob dieser aus dem Grundbuch oder aus der Eintragungsbewilligung erhellt oder dem Grundbuchamte durch die Verhandlung mit den Betheiligten bekannt wird oder schon vorher amtlich bekannt war (vgl. K.G. 4 S. 151, 6 S. 91, 15 S. 115 u. N.F. Bd. 1 A S. 189; vgl. auch ebd. 1 A S. 277 = Rechtspr. 1 S. 382). Eine weitergehende Verpflichtung ist aber nicht anzuerkennen, insbesondere nicht eine Pflicht, nach Mängeln zu forschen oder wegen Bedenken, deren Begründetheit zweifelhaft ist, die Eintragung abzulehnen (vgl. K.G. 10 S. 292; R.G. bei Gruchot 36 S. 458). Eine Berechtigung des Grundbuchamts, wegen solcher Bedenken den Eintragungsantrag zu beanstanden, bis ihm deren Unbegründetheit nachgewiesen wird, ist dagegen zu bejahen, vorausgesetzt daß den Bedenken eine bestimmte Thatsache, nicht eine bloße Vermuthung zu Grunde liegt (K.G. 1 S. 62, 10 S. 295 Anm., 14 S. 479; Entsch. 1 S. 162 = K.G. N.F. 1 A S. 282 = Rechtspr. 1 S. 416).

2. Wenn diese Prüfung die Unzulässigkeit der beantragten Eintragung oder das Fehlen einer formellen Voraussetzung ergiebt, hat das Grundbuchamt den Eintragungsantrag unter An-

gabe der Gründe zurückzuweisen oder, wenn die Beseitigung des entgegenstehenden Hindernisses möglich ist, dem Antragsteller zur Hebung des Hindernisses eine angemessene Frist zu bestimmen; vgl. hierüber §. 18. Eine Verpflichtung des Grundbuchamts, Ermittelungen in den Sachen, in denen es dem Grundsatze des §. 13 entsprechend auf Antrag thätig wird, anzustellen oder einen beantragten Beweis aufzunehmen, besteht nicht; es kann erwarten, daß mit den Anträgen gleichzeitig die erforderlichen Beweisstücke in gehöriger Form (§. 29) beigebracht werden oder daß wenigstens, soweit zulässig (vgl. §. 35), auf sie Bezug genommen wird (K.G. N.F. 1 A S. 277 = Rechtspr. 1 S. 382; vgl. die Begr. zu Art. 1 des Entw. des preuß. freiw. G.G. und unten Erl. 1 zu §. 77). Gegen den einen Antrag zurückweisende oder beanstandende Entscheidung des Grundbuchamts findet das Rechtsmittel der Beschwerde statt (G.B.O. §§. 71 ff.).

Erachtet dagegen das Grundbuchamt sämmtliche Voraussetzungen der Eintragung für gegeben, so hat es diese vorzunehmen. Eine Entscheidung des Grundbuchamts, durch welche die Eintragung angeordnet wird, ist in diesem Falle reichsrechtlich nicht vorgeschrieben; die G.B.O. kennt weder einen die Eintragung anordnenden Beschluß des Grundbuchamts, der den Betheiligten zu eröffnen ist, wie das bayer. Hypothekengesetz, noch einem Eintragungsbefehl, der lediglich eine innere Angelegenheit des Grundbuchamts bildet, wie die im E. I vorgeschlagene „Anordnung" (vgl. E. I §§. 2, 20, 22, 24—26, 29, 31, 32, 39 ꝛc.; M. S. 49, 92). Das Reichsrecht überläßt es der Landesgesetzgebung, eine derartige Eintragungsverfügung vorzuschreiben (vgl. preuß. A.G. Art. 6, sächs. V.O. vom 26. Juli 1899 §§. 98, 102) oder von einer solchen abzusehen. Stets ist aber die Verfügung für die Gültigkeit der Eintragung bedeutungslos und unterliegt keiner Beschwerde. Gegen die Eintragungen selbst läßt die G.B.O. nur ausnahmsweise die Beschwerde zu; vgl. §. 71 Abs. 2. Ueber die Bekanntmachung der Eintragungen vgl. §. 55 (preuß. Allg. Verf. §. 31).

Mehrere Eintragungen, durch die dasselbe Recht betroffen wird, sind nach der Zeitfolge der Anträge zu erledigen, vgl. §. 17.

V. Während für die Voraussetzungen der Eintragungen in erster Linie die Bestimmungen der G.B.O. in Betracht kommen (vgl. Vorbm. III), bestimmt sich der **Inhalt der Eintragung** vor allem nach dem B.G.B.; die G.B.O. enthält hierüber nur wenige Bestimmungen.

1. Das B.G.B. enthält zunächst im §. 873 die Vorschrift, daß es zur Uebereignung der Grundstücke sowie zur Begründung, Uebertragung und Belastung der Rechte an Grundstücken der **Eintragung der „Rechtsänderung"** bedarf. Es ist demnach grundsätzlich Alles in das Grundbuch einzutragen, was erforderlich ist, um klarzustellen, inwieweit durch die neue Eintragung in den Rechtsverhältnissen des Grundstücks eine Aenderung eintritt (vgl. Planck Bd. 3 S. 77 Erl. 8). Bei der Uebereignung eines Grundstücks oder der Uebertragung eines eingetragenen Rechtes ist demnach die Eintragung des genau zu bezeichnenden Erwerbers als neuen Eigenthümer oder Berechtigten erforderlich, aber auch genügend. Bei der Bestellung eines beschränkten dinglichen Rechtes ist außer der Person des Berechtigten der gesammte Inhalt des Rechtes im Grundbuche zu verzeichnen, soweit er sich nicht aus der Natur des Rechtes nach dem B.G.B. von selbst ergiebt.

2. Da die vertragsmäßige Bestimmung des Inhalts des Rechtes bei einzelnen dinglichen Rechten, insbesondere bei dem Erbbaurechte, den Grunddienstbarkeiten und den Hypotheken sehr in das Einzelne gehen kann, gestattet das B.G.B. (§§. 874, 877, §. 885 Abs. 2), um eine Ueberfüllung des Grundbuchs zu vermeiden und die Grundbuchführung zu erleichtern, zur näheren Bezeichnung des Inhalts des Rechtes sowohl bei dessen Eintragung wie bei einer Inhaltsänderung die **Bezugnahme auf die Eintragungsbewilligung** und bei der Eintragung einer Vormerkung die Bezugnahme auf die dieser zu Grunde liegende einstweilige Verfügung, „soweit nicht das Gesetz ein Anderes vorschreibt." Vgl. über diese Vorschriften und ihre analoge Ausdehnung oben S. 167 Erl. 2b zu §. 9, und über die Zulassung der Bezugnahme in weiterem Umfange für Altentheile, Erbpachtrechte und Abbaurechte unten §§. 50, 84. Von dem letzteren Falle abgesehen, in welchem die Bezugnahme auch zur Bezeichnung der von dem Sammelbegriff

„Altentheil" ꝛc. umfaßten einzelnen Rechte (Dienstbarkeiten und Reallasten) zugelassen ist, ersetzt die Bezugnahme nur die Eintragung des Inhalts des Rechtes, dagegen nicht die Eintragung einer Belastung des Rechtes oder einer Verfügungsbeschränkung des Berechtigten, welche aus der Eintragungsbewilligung erhellen, oder die Eintragung einer Rangänderung oder eines Rangvorbehalts (vgl. Planck Bd. 3 S. 89 Erl. e Abs. 3) sowie einer Vormerkung zur Sicherung des Anspruchs auf Löschung des eingetragenen Rechtes, insbesondere auf Löschung einer Hypothek gemäß §. 1179 des B.G.B., da diese nicht den Inhalt des eingetragenen Rechtes, sondern besondere eintragungsfähige Rechtsverhältnisse bilden. Dagegen ist zur näheren Bezeichnung des Inhalts der aus dem Grundbuche selbst ersichtlichen Belastung, Verfügungsbeschränkung oder Vormerkung die Bezugnahme zulässig.

Besondere Bestimmungen gelten vor allem für die Hypotheken, Grundschulden und Rentenschulden. Der auch auf die beiden letzteren entsprechend anwendbare §. 1115 Abs. 1 (vgl. §. 1192) lautet: „Bei der Eintragung der Hypothek müssen der Gläubiger, der Geldbetrag der Forderung und, wenn die Forderung verzinslich ist, der Zinssatz, wenn andere Nebenleistungen zu entrichten sind, ihr Geldbetrag im Grundbuch angegeben werden; im Uebrigen kann zur Bezeichnung der Forderung auf die Eintragungsbewilligung Bezug genommen werden." Was danach der Eintragung in das Grundbuch bedarf und bei einer Bezugnahme nicht als eingetragen gilt, ist oben S. 65ff. bereits erörtert; vgl. insbesondere S. 65 Ziff. 2 über die im §. 1115 Abs. 2 getroffene Ausnahmebestimmung für die Nebenleistungen der Kreditanstaltshypotheken, S. 67 Anm. 5 über die Eintragung der Goldklausel. Die Bezugnahme ist z. B. zulässig hinsichtlich des Anfangstags der Verzinsung, der Zinszahlungstermine und der Rückzahlungsbedingungen sowie auch zur näheren Bezeichnung des Grundes der gesicherten Forderung, dagegen nicht hinsichtlich der Ablösungssumme bei der Rentenschuld (oben S. 64; Zeitschr. f. C.Prz. 27 S. 361); auch die Ausschließung der Ertheilung eines Hypotheken- oder Grundschuldbriefs und die Eigenschaft einer Hypothek als Sicherungshypothek muß regelmäßig aus dem Grundbuche selbst erhellen (S. 61 Ziff. 2 und S. 63 Ziff. 3). Auch die Bestellung eines Vertreters für den jeweiligen Gläubiger bei einer Hypothek für die Forderung aus einer Schuldverschreibung auf den Inhaber, aus einem Wechsel oder einem anderen indossabelen Papiere sowie bei Grundschulden und Rentenschulden für den Inhaber des Briefes (S. 70 Ziff. 4) und die Klausel, wonach sich der Eigenthümer der sofortigen Zwangsvollstreckung gemäß §. 800 der C.P.O. unterworfen hat (ebd. Ziff. 5; Begr. zu §. 705b des Entw. der Novelle z. C.P.O.) bedürfen der Eintragung.

3. Das im §. 1115 aufgestellte Erforderniß der **Angabe des Gläubigers im Grundbuch** ist nicht so zu verstehen, daß stets ein bestimmter Gläubiger mit seinem Namen einzutragen ist. Abgesehen davon, daß das B.G.B., wie oben S. 61 und S. 63 erwähnt, Sicherungshypotheken für Forderungen aus Inhaberpapieren und Grundschulden für den Inhaber des Grundschuldbriefs kennt, ist es nach den M. z. B.G.B. (Bd. 3 S. 641) ausdrücklich vermieden, die Eintragung auf den „Namen" des Gläubigers vorzuschreiben, um nicht der Frage vorzugreifen, ob für die Abkömmlinge einer bestimmten Person, d. h. für die Kinder, welche diese etwa noch bekommt, eine Hypothek bestellt werden kann. Regelmäßig wird allerdings der Name des Hypothekengläubigers und ebenso auch des Berechtigten bei anderen subjektiv-persönlichen Rechten einzutragen sein; nur dann, wenn eine namentliche Bezeichnung nicht möglich ist, kann ausnahmsweise die Angabe des Namens unterbleiben, sofern nur auf andere Weise die Person des Gläubigers so deutlich bezeichnet ist, daß kein Zweifel an seiner Identität möglich ist (vgl. preuß. Allg. Verf. §. 4, K.G. 4 S. 184, 5 S. 158, 6 S. 98; Turnau-Förster Bd. 1 S. 551). Das Zw. V.G. §§. 126, 128, 130 läßt die Eintragung einer Sicherungshypothek für einen unbekannten Berechtigten unzweideutig zu.

Die in den M. a. a. O. berührte Frage der Zulässigkeit der Eintragung der künftigen Abkömmlinge einer Person als Berechtigte in das Grundbuch war für das preußische Recht äußerst bestritten. Vgl. Achilles-Strecker S. 158, 309. Sie ist keine grundbuchrechtliche, sondern auf Grund der Vorschriften des B.G.B. über die Rechtsfähigkeit zu beantworten; ist die künftige Deszendenz in diesen als Rechtssubjekt anerkannt, so kann sie als solches auch in das Grundbuch eingetragen werden. Nach dem B.G.B. §. 1 beginnt die Rechtsfähigkeit erst mit der Vollendung der Geburt; noch nicht Geborene sind grundsätzlich keine Rechtssubjekte, einerlei ob sie bereits erzeugt sind oder nicht. Nur für einige besondere Fälle giebt das B.G.B. Ausnahmevorschriften, so insbesondere für den Erbfall; ein zur Zeit des Erbfalls bereits Erzeugter gilt als vor dem Erbfalle geboren und zu Nacherben können auch Personen berufen werden, die zur Zeit des Erbfalls noch nicht einmal erzeugt waren, sofern sie nur zur Zeit des Falles der Nacherbfolge geboren oder wenigstens erzeugt sind (B.G.B. §§. 1923, 2101, 2105, 2108, Planck Bd. 5 S. 11—13, 274, 281). Aehnliches gilt für Vermächtnisse (B.G.B. §§. 2162, 2178, Planck Bd. 5 S. 360). Vgl. ferner B.G.B. §. 844 Abs. 2 Satz 2. Von diesen Sonderfällen abgesehen, kann eine noch nicht existirende physische oder juristische Person nicht als Berechtigter eingetragen werden, selbst wenn für sie auf Grund des B.G.B. §§. 1912, 1913 ein Pfleger bestellt sein sollte (R.G. N.F. 1 A. S. 241 = Rechtspr. 2 S. 35).

Hieraus ist aber nicht zu folgern, daß das Grundbuchamt verpflichtet wäre, den Nachweis der Existenz einer Person, deren Eintragung als Berechtigter in das Grundbuch beantragt ist, zu verlangen. Nur wenn das Grundbuchamt begründete Veranlassung hat, ihre Existenz zu bezweifeln, kann es die Eintragung beanstanden, um eine wirkungslose Eintragung zu verhindern. Dies gilt insbesondere für juristische Personen (vgl. Turnau-Förster Bd. 1 S. 550). Auch bei ihnen hat also das Grundbuchamt nicht zu prüfen, ob sie bestehen, wohl aber ob sie, falls sie in der angegebenen Weise bestehen sollten, Rechtsfähigkeit haben würden. Das Grundbuchamt kann also ohne Weiteres eine Aktiengesellschaft, eingetragene Genossenschaft u. ä. als Berechtigte eintragen, ohne sich zu vergewissern, ob diese in dem Handels- oder Genossenschaftsregister verzeichnet ist. Bei Vereinen, auf welche die Vorschriften des B.G.B. Anwendung finden, muß aus den der Eintragung zu Grunde liegenden Urkunden erhellen, ob sie durch Eintragung in das Vereinsregister oder durch staatliche Verleihung Rechtsfähigkeit erworben haben sollen, und das Grundbuchamt hat zu prüfen, ob dieser oder jener Akt in dem vorliegenden Falle die Rechsfähigkeit verschaffen konnte, ob also der Zweck des Vereins auf einen wirthschaftlichen Geschäftsbetrieb gerichtet ist oder nicht (B.G.B. §§. 21 ff.); dagegen ist es nicht verpflichtet, den Nachweis der Eintragung in das Vereinsregister oder der staatlichen Verleihung zu fordern. Der Nachtheil, der aus der Eintragung einer nicht existirenden Person erwächst, trifft lediglich den Antragsteller persönlich. Anders ist jedoch zu entscheiden, wenn der Eintragungsantrag von den Vertretern der juristischen Person selbst gestellt wird; in diesem Falle muß das Grundbuchamt die Legitimation der Vertreter und damit auch das Bestehen der juristischen Person feststellen. Auch die Beobachtung der landesrechtlichen Vorschriften über die Erwerbsbeschränkungen juristischer Personen (E.G. z. B.G.B. Art. 86, 88, vgl. Planck Bd. 6 S. 171 ff. und die Erl. 3eδ zu §. 30) ist zu prüfen.

Nicht rechtsfähige Vereine sind nicht eintragungsfähig. Nur die Mitglieder als solche sind als Berechtigte einzuschreiben (R.G. 10 S. 88), unter Vermerk des Gemeinschaftsverhältnisses auf Grund des §. 48 der G.B.O. Vgl. über die Rechtsverhältnisse dieser Vereine Planck Bd. 1 S. 103 ff., Predari S. 154.

Bei Handelsgesellschaften, eingetragenen Genossenschaften und juristischen Personen anderer Art ist deren Firma oder Name und der Sitz einzutragen (preuß. Allg. Verf. §. 4 Ziff. 2), nicht der Name des Vertreters (also z. B. nicht Kirchenvorstand, Polizeibehörde u. ä.). Ueber die Pflicht, die Firma genau so auch in der Schreibweise zu bezeichnen, wie sie im Handelsregister eingetragen ist, vgl. R.G. 19 S. 99. Ein Einzelkaufmann kann nur unter seinem bürgerlichen Namen, nicht unter seiner Firma eingetragen werden (R.G. 4 S. 133, 9 S. 3; Oberneck in Gruch. 43 S. 697, Staub 6., 7. Aufl. S. 107, Turnau-Förster Bd. 1 S. 550).

Für eine Konkursmasse kann keine Eintragung erfolgen, sondern nur für den Gemeinschuldner (Johow 8 S. 245).

Subjekt der kirchlichen Vermögensrechte ist in dem Gebiete des Allg. Landrechts die Kirchengemeinde; dieser gehört nicht nur das Kirchenvermögen im engeren Sinne, sondern auch das Pfarrvermögen; die Pfarre kann daher nicht als ein besonderes Rechtssubjekt in das Grundbuch eingetragen werden (K.G. 18 S. 63). Dagegen sind nach dem gemeinen Rechte die einzelnen kirchlichen Institute (Kirche, Küsterei, Pfarrwittwenthum rc.) mit juristischer Persönlichkeit ausgestattete Anstalten (Richter=Dove, Kirchenr. §. 302, K.G. 10 S. 312); daneben bildet auch die Kirchengemeinde eine besondere juristische Person.

Vgl. noch die preuß. Allg. Verf. §. 4 Abs. 2 über die Angabe desjenigen Theiles des Vermögens einer öffentlich=rechtlichen juristischen Person, zu welchem das für diese eingetragene Grundstück oder Recht gehört, oder der Zweckbestimmung des Grundstücks oder des Rechtes und ebd. Abs. 3 über die Eintragung der Gesammtheit der Gemeinheitstheilungs= oder Verkoppelungs=Interessenten, ferner die Erl. zu §§. 30 und 33 der G.B.O. und zu Art. 9 des preuß. A.G. z. G.B.O.

4. Die G.B.O. enthält über den Inhalt der Eintragung nur die unten näher zu erörternden Bestimmungen, daß Geldbeträge in Reichswährung anzugeben sind (§. 28 Satz 2), daß jede Eintragung den Tag, an welchem sie erfolgt ist, angeben und mit der Unterschrift des Grundbuchbeamten versehen werden soll (§. 45), daß erforderlichen Falles das Rangverhältniß im Grundbuche zu vermerken ist (§. 46), daß die Löschung regelmäßig durch Eintragung eines Löschungsvermerkes erfolgt (§. 47), daß bei der Eintragung mehrerer Berechtigten deren Antheile oder das für die Gemeinschaft maßgebende Rechtsverhältniß bezeichnet werden soll (§. 48), und daß eine etwaige Mitbelastung anderer Grundstücke von Amtswegen zu vermerken ist (§. 49). Vgl. ferner die §§. 51 bis 53 über die Eintragung einer Hypothek für Theilschuldverschreibungen auf den Inhaber, über die Eintragung des Rechtes eines Nacherben und der Ernennung eines Testamentsvollstreckers.

Den Bundesstaaten bleibt es unbenommen, noch weitere Vorschriften über die Fassung und die äußere Form der Eintragungen zu treffen, soweit sie nicht mit den Reichsgesetzen in Widerspruch stehen, sondern diese nur ergänzen (M. S. 51). Vgl. preuß. A.G. Art. 6; Allg. Verf. §§. 4, 8ff.; sächs. V.O. vom 26. Juli 1899 §§. 104ff., 114ff.

VI. Ueber die **Bekanntmachung** der Entscheidungen des Grundbuchamts fehlt es an einer unmittelbar anwendbaren reichsrechtlichen Vorschrift. Vielfach ist aber auch diese Frage landesrechtlich durch die Ausdehnung der betreffenden Vorschrift (§. 16) des freiw. G.G. auf Grundbuchsachen geregelt (vgl. oben S. 142 Erl. 2 a. E., preuß. freiw. G.G. Art. 1, bayer. A.G. z. G.B.O. Art. 8, sächs. V.O. vom 24. Juli 1899 §. 25; anders württ. A.G. z. B.G.B. Art. 20).

§. 16 lautet:

„Gerichtliche Verfügungen werden mit der Bekanntmachung an denjenigen, für welchen sie ihrem Inhalte nach bestimmt sind, wirksam.

Die Bekanntmachung erfolgt, wenn mit ihr der Lauf einer Frist beginnt, durch Zustellung nach den für die Zustellung von Amtswegen geltenden Vorschriften der C.P.O.; durch die Landesjustizverwaltung kann jedoch für Zustellungen im Ausland eine einfachere Art der Zustellung angeordnet werden. In denjenigen Fällen, in welchen mit der Bekanntmachung nicht der Lauf einer Frist beginnt, soll in den Akten vermerkt werden, in welcher Weise, an welchem Orte und an welchem Tage die Bekanntmachung zur Ausführung gebracht ist; durch die Landesjustizverwaltung kann näher bestimmt werden, in welcher Weise in diesen Fällen die Bekanntmachung zur Ausführung gebracht werden soll.

Einem Anwesenden kann die Verfügung zu Protokoll bekannt gemacht werden. Auf Verlangen ist ihm eine Abschrift der Verfügung zu ertheilen."

Die Vorschrift des Abs. 1 paßt nicht für Grundbucheintragungen, da diese sofort mit ihrem Vollzuge, vor der Bekanntmachung an die Betheiligten wirksam werden (Begr. zu Art. 1 des preuß. freiw. G.G.). Die Bestimmungen der beiden anderen Absätze sind dagegen uneingeschränkt anwendbar. Vgl. über die Zustellung von Amtswegen C.P.O. §§. 208ff. und für Preußen

§. 13.

Eine Eintragung soll, soweit nicht das Gesetz ein Anderes vorschreibt, nur auf Antrag erfolgen. Der Zeitpunkt, in welchem ein Antrag bei dem Grundbuchamt eingeht, soll auf dem Antrage genau vermerkt werden.

Antragsberechtigt ist Jeder, dessen Recht von der Eintragung betroffen wird oder zu dessen Gunsten die Eintragung erfolgen soll.

---

die Allg. Verf. vom 10. Dezember 1899 (J.M.Bl. S. 728), ergänzt durch die Allg. Verf. vom 12. und vom 28. September 1900 (J.M.Bl. S. 564, 585). Nach der erstgenannten Allg. Verf. §. 2 wird „die Bekanntmachung gerichtlicher Verfügungen, soweit sie nicht zu Protokoll erfolgt, in denjenigen Fällen, in welchen mit der Bekanntmachung nicht der Lauf einer Frist beginnt, in der Regel durch Uebersendung mittelst einfachen Briefes oder durch Behändigung ohne Beurkundung zur Ausführung gebracht. Sind der Verfügung wichtige Urkunden (z. B. Wechsel, Hypothekenbriefe, Testamentsausfertigungen ꝛc.) beigegeben, so ist bei Uebersendung durch die Post der Brief mit der Bezeichnung „Einschreiben", geeignetenfalls „gegen Rückschein", zu versehen; die Behändigung durch den Gerichtsdiener erfolgt in diesem Falle gegen „Empfangsbescheinigung" (Abs. 1). „Die Behörde, welche die Zustellung veranlaßt, kann anordnen, daß die Bekanntmachung durch Zustellung erfolgt, wenn dies nach Lage der Umstände angezeigt erscheint, wie z. B. bei Ladungen oder in anderen Fällen, in denen an die Nichtbefolgung der Verfügung Nachtheile geknüpft sind. Auch kann die Uebersendung mittelst eingeschriebenen Briefes oder die Aushändigung gegen Empfangsbescheinigung in anderen als den im ersten Absatze bezeichneten Fällen angeordnet werden" (Abs. 2).

VII. Der landesrechtlichen Regelung ist schließlich auch das **Kosten- und Stempelwesen** in Grundbuchsachen überlassen. Nur eine reichsrechtliche Vorschrift findet in vielen Bundesstaaten auf Grund landesrechtlicher Bestimmung (z. B. preuß. freiw. G.G. Art. 1, bayer. A.G. z. G.B.O. Art. 8) Anwendung, nämlich die des §. 14 des freiw. G.G., wonach die Vorschriften der C.P.O. (§§. 114 ff.) über das **Armenrecht** sowie die Vorschriften der §§. 34—36 der Rechtsanwaltsordnung entsprechende Anwendung finden. Danach kann auch von dem Grundbuchamt einem Antragsteller das Armenrecht bewilligt werden. Vgl. Oberneck S. 172 ff.

Im Uebrigen ist über die preußischen Vorschriften über Gerichtskosten und Stempel Art. 30 des A.G. z. G.B.O. nebst Erl. zu vergleichen.

I. Antrag.

1. Antragsprinzip. Antragsrecht im Allgemeinen.

§. 13.

E. I §. 19; II §. 12. P. I S. 13385—13389, 13349, 13450, 13625, 13634. M. S. 51. D. S. 3037. K.B. S. 3424. St.B. S. 4421, 4424.

1. Antragsprinzip.
2. Ausnahmen von dem Antragsprinzipe.
3. Bedeutung und Wirkung des Antrags.
4. Vermerk des Zeitpunkts des Eingangs.
5. Die Antragsberechtigten.
6. Inhalt des Antrags.
7. Form. Zurücknahme.

1. §. 13 Satz 1 bringt das **Antragsprinzip** zum Ausdrucke (vgl. oben S. 4 und S. 180 Vorbm. III 1 a). Da die Eintragungen in das Grundbuch bezwecken, die Rechtsänderungen an den Grundstücken zu vollenden oder zu veröffentlichen, und demnach hauptsächlich den Privatinteressen dienen, ist es den Betheiligten überlassen, auf die Vollziehung der Einschreibungen hinzuwirken, und wenn ausnahmsweise ein öffentliches Interesse an einer Eintragung besteht, ist es Sache der zuständigen Behörde, das Grundbuchamt um die Eintragung zu ersuchen (§. 39).

Von Amtswegen schreitet das Grundbuchamt grundsätzlich nicht ein. Allerdings gilt dieser Grundsatz nicht ausnahmslos (vgl. unten Erl. 2), aber die Ausnahmen sind weniger zahlreich, und einschneidend als z. B. in dem älteren preuß. Rechte (Hyp. O. v. 20. Dezember 1783 Tit. 2 §§. 79ff., Ges. v. 24. Mai 1853), welches den Grundbuchrichter verpflichtete, bei den Besitztitelberichtigungen gewisse in den vorgelegten Verträgen oder letztwilligen Verfügungen enthaltenen Nebenbestimmungen von Amtswegen einzutragen, oder in dem bayer. Hypothekengesetze vom 1. Juni 1882 (§§. 97, 99, 131, 137, 139), wonach das Hypothekenamt von Amtswegen vorgehen mußte, wenn es in seiner Eigenschaft als Hypotheken- oder als Erbschafts- oder als Vormundschaftsbehörde von Veränderungen an hypothekarischen Einträgen Kenntniß erlangte. Selbst der Umstand, daß die Behörde, welcher die Funktionen des Grundbuchamts landesrechtlich übertragen sind, zugleich Vormundschafts-, Konkurs- oder Vollstreckungsgericht ist und als solches eine Eintragung herbeizuführen hat, berechtigt das Grundbuchamt nicht, diese Eintragung von Amtswegen vorzunehmen; auch in diesem Falle ist ein Ersuchen jenes Gerichts an das Grundbuchamt erforderlich.

In Abweichung von der Vorschrift der preuß. G.B.O. §. 30: „Die Grundbuchämter verfahren, mit Ausnahme der im Gesetze bestimmten Fälle, nur auf Antrag" beschränkt die G.B.O. das Antragsprinzip auf die Eintragungen. Dies beruht auf einem Beschlusse der ersten Kommission, welche jene allgemeine Ausdrucksweise für bedenklich und durch kein praktisches Bedürfniß gerechtfertigt hielt. Die sonstigen Pflichten des Grundbuchamts sind zum Theil lediglich gesetzliche Folgen der Eintragungen, wie z. B. die Ertheilung der Hypotheken-, Grundschuld- oder Rentenschuldbriefe (§§. 56ff.) und die Bekanntmachung der Eintragungen (§. 55); bei anderen wieder (z. B. der Verpflichtung, die Einsicht zu gestatten oder Abschriften zu ertheilen, §. 11) erhellt aus den betreffenden besonderen Vorschriften deutlich, ob sie von Amtswegen oder nur auf Antrag zu erfüllen sind.

Eine weitere Abweichung von dem bisherigen Rechte liegt darin, daß die G.B.O. keinen Zwang zur Stellung des Eintragungsantrags kennt; vgl. §. 14 Erl. 1.

2. Die **Ausnahmen**, in denen das Gesetz Eintragungen von Amtswegen, ohne Antrag eines Antragsberechtigten und ohne Ersuchen einer Behörde (§. 39) vorschreibt, sind folgende:

a. Die erste Anlegung der Grundbücher erfolgt von Amtswegen. Dies ist zwar in der G.B.O. nicht direkt ausgesprochen, weil die Anlegung, wie S. 10 erwähnt, den Bundesstaaten überlassen ist. Aber da das B.G.B. und die G.B.O. das Vorhandensein von Grundbüchern voraussetzen, machen sie es den Bundesstaaten zur Pflicht, die Anlegung zu bewirken; diese müssen daher, auch ohne und gegen den Willen der Betheiligten, die erforderlichen Vorarbeiten und Eintragungen durch ihre Beamten vornehmen lassen. Für Preußen vgl. Kgl. V.O. Art. 5ff.

b. Wenn ein bisher geführtes Buch durch landesherrliche Verordnung gemäß §. 87 für das Grundbuch erklärt wird, aber keine der Vorschrift des §. 2 Abs. 2 entsprechende Bezeichnung der Grundstücke nach einem amtlichen Verzeichniß enthält, ist diese Bezeichnung von Amtswegen zu bewirken (§. 89).

c. Sobald eine der gesetzlichen Voraussetzungen des §. 4 über die Anlegung eines gemeinschaftlichen Grundbuchblatts fortfällt, ist die gemeinschaftliche Buchung von Amtswegen wieder aufzuheben. Vgl. oben S. 156 Erl. 5.

d. Bei der Belastung eines Grundstückstheils ist dieser nach näherer Vorschrift des §. 6 von Amtswegen abzuschreiben und als selbständiges Grundstück einzutragen. Vgl. oben S. 161 Erl. 3.

e. Für ein Erbbaurecht, ein Erbpachtrecht und ein Abbaurecht ist von Amtswegen ein besonderes Grundbuchblatt anzulegen, wenn das Recht veräußert oder belastet werden soll (§§. 7, 84; oben S. 164).

f. Die Vermerke über die subjektiv-dinglichen Rechte auf dem Blatte des herrschenden Grundstücks sind von Amtswegen zu berichtigen, wenn die Rechte geändert oder aufgehoben werden (§. 8 Abs. 2; oben S. 165 f.).

g. Wenn dem Antragsteller eine angemessene Frist zur Hebung des der beantragten Eintragung entgegenstehenden Hindernisses bestimmt ist und inzwischen vor der Erledigung dieses Antrags eine andere Eintragung beantragt wird, durch welche dasselbe Recht betroffen wird, so ist zu Gunsten des ersten Antrags von Amtswegen eine Vormerkung oder ein Widerspruch einzutragen. Diese werden von Amtswegen gelöscht, wenn später der früher gestellte Antrag zurückgewiesen wird (§. 18 Abs. 2).

h. Bei Rechten, die auf die Lebenszeit des Berechtigten beschränkt sind oder mit der Erreichung eines bestimmten Lebensalters des Berechtigten oder mit dem Eintritt eines sonstigen bestimmten Zeitpunkts oder Ereignisses erlöschen, ist der Widerspruch des Berechtigten oder seines Rechtsnachfolgers gegen die Löschung nach näherer Vorschrift der §§. 23, 24 von Amtswegen in das Grundbuch einzutragen, falls Rückstände von Leistungen nicht ausgeschlossen sind.

i. Wenn Rechte auf mehreren Grundstücken lasten, ist auf dem Blatte jedes Grundstücks die Mitbelastung der übrigen von Amtswegen erkennbar zu machen. Auch das Erlöschen einer Mitbelastung ist von Amtswegen zu vermerken (§. 49).

k. In zwei Fällen schreibt auch die G.B.O. die Berücksichtigung von Nebenbestimmungen von Amtswegen vor: bei der Eintragung eines Vorerben ist das Recht des Nacherben und eventuell dessen Befreiung von den Beschränkungen seines Verfügungsrechts, und bei der Eintragung des Erben ist das Vorhandensein eines Testamentsvollstreckers, wenn der Nachlaßgegenstand seiner Verwaltung unterliegt, von Amtswegen mit einzutragen (§§. 52, 53).

l. Falls das Grundbuchamt unter Verletzung gesetzlicher Vorschriften eine Eintragung vorgenommen hat, durch die das Grundbuch unrichtig geworden ist, so ist von Amtswegen ein Widerspruch einzutragen. Eine nach ihrem Inhalt unzulässige Eintragung ist von Amtswegen zu löschen (§. 54, vgl. §. 71 Abs. 2).

m. Die Ertheilung eines neuen Hypotheken-, Grundschuld- oder Rentenschuldbriefs an Stelle des bisherigen ist im Grundbuche zu vermerken (§. 68).

n. Schließlich kann das Beschwerdegericht vor der Entscheidung über die Beschwerde durch eine einstweilige Anordnung dem Grundbuchamt aufgeben, eine Vormerkung oder einen Widerspruch einzutragen, die nach Zurücknahme oder Zurückweisung der Beschwerde von Amtswegen gelöscht werden (§. 76).

3. Die **Bedeutung des Eintragungsantrags** besteht nicht darin, daß eine ohne den erforderlichen Antrag vollzogenen Einschreibung ungültig sei. Der Antrag ist kein materiellrechtliches Erforderniß der Rechtsänderung. Vielmehr enthält §. 13 Abs. 1, wie die Fassung unzweideutig ergiebt, nur eine Ordnungsvorschrift. Der Verstoß gegen diese Vorschrift allein steht also dem Eintritte der Rechtsänderung nicht entgegen, sofern deren materiellrechtliche Voraussetzungen vorliegen. Dies gilt sowohl, wenn der Antrag gänzlich fehlt, als auch wenn er von einer nicht antragsberechtigten Person gestellt ist (M. S. 52 Ziff. 2).

Der Antrag ist ferner auch keine rechtsgeschäftliche Willenserklärung. Er bildet nur eine Verfahrenshandlung, durch welche das Grundbuchamt zur Thätigkeit genöthigt wird. Er bedarf daher auch grundsätzlich keiner Form (§. 30; anders die Zurücknahme nach §. 32). Alles dieses gilt aber nur für reine Anträge, denen die zu der Eintragung erforderlichen Erklärungen und Nachweise in gehöriger Form beigefügt sind. Wenn dagegen, wie es in der Praxis sehr häufig vorkommt und, wie bisher (K.G. 1 S. 108, 2 S. 117, R.G. 22 S. 235), so auch jetzt zulässig ist, der Antrag zugleich eine erforderliche Erklärung, insbesondere die Bewilligung desjenigen, dessen Recht von der Eintragung betroffen wird, bildet, wenn z. B. der Eigenthümer die Eintragung einer Hypothek beantragt, ohne eine weitere Eintragungsbewilligung beizufügen, dann finden auf diesen Antrag die Vorschriften über die Bewilligung Anwendung (vgl. §§. 29, 30).

Wenn demnach auch der Antrag die Gültigkeit der Eintragung nicht bedingt, so ist er doch nicht ohne **materielle Wirkungen.**

a. Häufig wird er die Unwiderruflichkeit des dinglichen Vertrags oder der Erklärung des Berechtigten, daß er sein Recht aufgebe, bewirken. Zwar ist diese Wirkung nicht an den Antrag als solchen geknüpft, aber nach §§. 873, 875, 877 (oben S. 143) ist die Abgabe der Erklärungen vor oder gegenüber dem Grundbuchamt oder ihre Einreichung bei diesem einer der Umstände, welche die Bindung zur Folge haben.

b. „Eine von dem Berechtigten in Gemäßheit der §§. 873, 875, 877 abgegebene Erklärung wird nicht dadurch unwirksam, daß der Berechtigte in der Verfügung beschränkt wird, nachdem die Erklärung für ihn bindend geworden und der Antrag auf Eintragung bei dem Grundbuchamte gestellt worden ist" (§. 878). Auch durch diese oben S. 119 bereits erwähnte Vorschrift ist dem Eintragungsantrag als solchem eine besondere materielle Bedeutung beigelegt.

c. Eine weitere Wirkung hat der Antrag auf Grund des §. 892 Abs. 2. Während regelmäßig die Berufung auf den öffentlichen Glauben des Grundbuchs demjenigen Erwerber versagt ist, welcher zur Zeit seines Erwerbs die Unrichtigkeit des Grundbuchs kannte, ist für die Kenntniß desjenigen, dessen Erwerb sich mit der Eintragung in das Grundbuch vollzieht, nicht die Zeit der Eintragung, sondern die der Stellung des Eintragungsantrags maßgebend, wenn die erforderliche Einigung vorausgegangen oder ausnahmsweise eine Einigung zu dem Erwerbe nicht erforderlich ist. Die Kenntniß von der Unrichtigkeit des Grundbuchs, welche der Erwerber erst nach der erforderlichen Einigung und der Stellung des Eintragungsantrags erhält, kann ihm demnach nicht entgegengehalten werden. Vgl. Planck Bd. 3 S. 112 unter δ.

d. Schließlich ist der Eintragungsantrag für die Reihenfolge der Eintragungen und für die Rangordnung der Rechte von Bedeutung. In Ermangelung einer abweichenden Bestimmung der Antragsteller sind nämlich die Eintragungen, welche auf demselben Grundbuchblatte zu bewirken sind, in der Reihenfolge, welche der Zeitfolge der Anträge entspricht oder, wenn sie in verschiedenen Abtheilungen an demselben Tage bewirkt werden, unter Vermerk des dieser Zeitfolge entsprechenden Ranges, und mehrere gleichzeitig beantragte Eintragungen derselben Abtheilung unter Vermerk des gleichen Ranges zu vollziehen (G.B.O. §. 46; vgl. B.G.B. §. 879, Planck Bd. 3 S. 85 Erl. 4). Außerdem darf, wenn mehrere dasselbe Recht betreffende Eintragungen beantragt werden, die später beantragte nicht vorab erledigt werden und ist abzulehnen, falls sie sich nach der früher beantragten Eintragung als unzulässig ergeben sollte (§. 17). Demnach ist, wenn auch das Recht erst mit der Eintragung entsteht, doch der Zeitpunkt der Stellung des Eintragungsantrags insofern von maßgebender Bedeutung, als alle später beantragten Eintragungen demjenigen Rechte, dessen Eintragung früher beantragt ist, weichen müssen. Dies gilt aber nur unter der Voraussetzung, daß ordnungsmäßig verfahren wird. Nicht mit dem Eingange des Eintragungsantrags wird ein dem Zeitpunkte des Eingangs entsprechendes Recht erworben, sondern erst mit der Eintragung. Ein Verstoß gegen die obigen Vorschriften macht demnach das Grundbuch nicht unrichtig. Wohl aber kann er Anlaß zu einer Schadensersatzklage gegen den Staat 2c. auf Grund des §. 12 der G.B.O oder zu einem persönlichen Anspruch auf Aenderung des Rangverhältnisses geben. Vgl. Planck a. a. O.

4. Mit Rücksicht auf diese Bedeutung des Eintragungsantrags ordnet der von der Reichstagskommission eingeschaltete Satz 2 des Abs. 1 den genauen **Vermerk des Zeitpunkts des Eingangs** an.

a. Nur die Anträge selbst, nicht die ihm beigefügten und zu seiner Begründung dienenden Urkunden sollen mit dem Eingangsvermerke versehen werden. Der in der Reichstagskommission zunächst gestellte Antrag, welcher auch auf den letzteren den Zeitpunkt des Eingangs vermerkt wissen wollte, ist nicht angenommen. Zu den Anträgen gehören aber auch die von dem Grundbuchamte selbst aufgenommenen; die Protokolle des Grundbuchamts, in denen eine Eintragung bewilligt und beantragt oder nur beantragt ist, sind also ebenfalls mit dem Eingangsvermerke zu versehen (vgl. preuß. Geschäfts-O. f. d. Gerichtsschreibereien der Amtsgerichte vom 26. November 1899 §. 5 Abs. 11, sächs. V.O. vom 26. Juli 1899 §. 33).

Den Anträgen gleichzustellen sind die Ersuchen zuständiger Behörden. Vgl. G.B.O. §. 39 nebst Erl.

b. Zu vermerken ist der Zeitpunkt, in welchem der Antrag bei dem Grundbuchamt eingeht. Dies ist bei den von dem Grundbuchamte selbst aufgenommenen Anträgen der Zeitpunkt des Abschlusses des Protokolls, einerlei ob dieses in dem Geschäftslokale des Grundbuchamts oder an einem anderen Orte aufgenommen ist. Bei den schriftlich eingereichten Eintragungsanträgen ist es derjenige Zeitpunkt, in welchem der Antrag dem Beamten des Grundbuchamts und, wenn dieses aus mehreren Beamten besteht, dem für die Beurkundung des Eingangs landesrechtlich für zuständig erklärten Beamten vorgelegt wird. Nicht maßgeblich ist also der Zeitpunkt des Einwurfs des Antrags in den Briefkasten des Grundbuchamts oder der Abgabe an einen Unterbeamten, andererseits aber auch nicht die Zeit, zu welcher das Gesuch zu den betreffenden Grundakten gebracht ist (R.G. 33 S. 324) oder der Beamte des Grundbuchamts den Präsentationsvermerk auf den Antrag setzt oder von dem Inhalte des Antrags Kenntniß nimmt. Mehrere gleichzeitig vorgelegte Briefe sind demnach gleichzeitig eingegangen und nicht etwa in der Reihenfolge, in der sie geöffnet werden (a. M. Boehm S. 378). An welchem Orte die Vorlage erfolgt, ist gleichgültig; auch eine Vorlage außerhalb des Amtslokals, z. B. in der Wohnung des Beamten genügt, wenn landesrechtlich nichts Abweichendes bestimmt ist (vgl. Achilles-Strecker 4. Aufl. S. 347, 352). Letzteres ist z. B. in Württemberg geschehen (A.G. z. B.G.B. Art. 9).

Wenn in einem Bundesstaate die Geschäfte des Grundbuchamts einer anderen Behörde übertragen sind, hängt es von den landesrechtlichen Vorschriften ab, ob jeder Beamte dieser Behörde oder nur der mit den Geschäften des Grundbuchamts betraute zur Entgegennahme und Präsentation der Anträge zuständig ist. Im Zweifel ist das letztere anzunehmen. In Preußen sind nur „die mit der Führung des Grundbuchs über das betreffende Grundstück beauftragten Beamten" für zuständig erklärt, aber nicht nur der Grundbuchrichter, sondern auch der Gerichtsschreiber; vgl. A.G. Art. 4. Dasselbe gilt in Sachsen (V.O. vom 24. Juli 1899 §. 24). Nach dem bayer. A.G. z. G.B.O. Art. 3 ist ebenfalls „auch der Gerichtsschreiber des Amtsgerichts" zuständig.

„Bezieht sich der Antrag oder das Ersuchen auf mehrere Grundstücke, in Ansehung deren die Führung des Grundbuchs verschiedenen Grundbuchbeamten obliegt, so ist jeder dieser Beamten zuständig." Preuß. A.G. Art. 4 Abs. 2 (anders für das frühere Recht R.G. 33 S. 320). Vgl. hierzu die Geschäfts-O. für die Gerichtsschr. §. 5 Abs. 12.

c. Dieser Zeitpunkt ist genau zu vermerken, d. h. so genau, daß beim Zusammentreffen mehrerer Anträge kein Zweifel bleibt, ob gleichzeitig oder in welcher Reihenfolge sie eingegangen sind. Daher ist nicht nur der Tag, sondern auch die Stunde und unter Umständen auch die Minute anzugeben. Falls mehrere Beamte zur Präsentation zuständig sind, empfiehlt sich Letzteres regelmäßig, weil der präsentirende Beamte nie wissen kann, ob nicht in derselben Stunde einem anderen zuständigen Beamten ein dasselbe Grundstück oder Recht betreffendes Gesuch vorgelegt wird. Deshalb ist dies in Preußen durch die Geschäfts-O. f. die Gerichtsschr. §. 5 Abs. 10 allgemein vorgeschrieben.

d. Durch den Vermerk soll der Nachweis des Zeitpunkts des Eingangs mit Rücksicht auf dessen rechtliche Bedeutung gesichert werden. Der Vermerk bedarf daher der Unterschrift des Beamten, durch welche dieser seine Richtigkeit bezeugt und ihm Beweiskraft verleiht (vgl. preuß. Geschäfts-O. a. a. O., wonach der Eingangsvermerk „mit vollem Namen zu unterzeichnen" ist). Der Vermerk selbst kann dagegen mit Stempeldruck hergestellt werden.

5. Zur Gültigkeit des Antrags ist schließlich erforderlich, daß er von einem **Antragsberechtigten** ausgeht. Der Kreis der Berechtigten ist genau bestimmt; die Regel enthält §. 13 Abs. 2; der §. 14 trifft für den Antrag auf Berichtigung des Grundbuchs eine eng begrenzte Ausnahmebestimmung und §. 15 regelt das Antragsrecht der Notare.

a. Zunächst ist der verlierende Theil oder, wie die G.B.O. im Anschluß an das B.G.B. §. 885 Abs. 1 Satz 1, §§. 886, 894, 899 sagt, derjenige, „dessen Recht von der Eintragung betroffen wird," antragsberechtigt, also derselbe, dessen Eintragungsbewilligung nach

§. 19 erforderlich ist. Dahin gehört jeder, der durch die beantragte Eintragung eine Einbuße in seiner Rechtsstellung an dem Grundstück erleidet, sei es, daß er ein ihm zustehendes Recht an dem Grundstück überträgt oder sonst aufgiebt oder daß er es belastet oder daß der Inhalt oder Rang seines Rechtes verschlechert wird. Ebensowenig macht es einen Unterschied, ob er wirklich oder nur buchmäßig berechtigt ist; auch der zu Unrecht als Berechtigter Eingetragene hat ein Antragsrecht auf Löschung oder Umschreibung des zu seinen Gunsten eingetragenen, materiell nicht bestehenden Rechtes (D. S. 3037, Planck Bd. 3 S. 118 Erl. IV).

In den M. S. 53 ist ausgeführt, daß das Antragsrecht auf diejenigen zu beschränken sei, gegen deren Recht die Eintragung unmittelbar sich richte, ohne Hineinziehung aller derjenigen nur mittelbar leidenden Personen, deren Einwilligung nothwendig sei, weil sie in Mitleidenschaft gezogen würden. Als nur mittelbar leidende Personen sind insbesondere diejenigen genannt, welche nicht das aufzuhebende Recht, sondern ein Recht an diesem Rechte verlieren oder durch Bestellung eines vorgehenden Rechtes im Range leiden würden. Diese sollen nach der Ansicht der ersten Kommission nicht zu denjenigen gehörigen, gegen deren Recht die Eintragung sich richtet, wie die Passivbetheiligten in dem ersten Entwurfe genannt wurden. Im Gegensatze hierzu heißt es in der Denkschrift: „Antragsberechtigt kann auch ein mittelbar Betheiligter sein." Dies ist — wie schon aus dem Wortlaut erhellt — nicht dahin zu verstehen, daß jeder mittelbar Betheiligte berechtigt sei. Aus der gleichlautenden Fassung des §. 13 und des §. 19 folgt unzweideutig, daß Jeder, dessen Bewilligung zu der Eintragung erforderlich ist, auch zu dem Antrage berechtigt ist. Demnach ist z. B., um bei den in den Motiven erwähnten Fällen zu bleiben. der Nießbraucher oder Pfandgläubiger eines eingetragenen Rechtes nicht nur zu dem Antrag auf Löschung seines Nießbrauchs oder Pfandrechts, sondern auch zu dem Antrag auf Löschung des belasteten Rechtes selbst berechtigt, auch wenn die Bewilligung des Inhabers des letzteren Rechtes erforderlich ist (vgl. oben S. 111ff.). Zweifelhaft ist es dagegen, ob zu dem Antrag auf Eintragung einer neuen Hypothek unter Vermerk des Vorrangs vor einer bereits eingetragenen Post der zurücktretende Berechtigte befugt ist, weil er nicht durch die Eintragung der Hypothek, sondern nur durch die Eintragung der Rangänderung an seinem Rechte verliert und beide Eintragungen an sich trennbar sind; indessen unter Umständen, z. B. wenn die Eintragung der Hypothek von vornherein nur mit diesem Range bewilligt ist, stellen sich beide Eintragungen im Sinne der Betheiligten als eine einheitliche Rechtsänderung dar, und dann muß man auch dem zurücktretenden Berechtigten die Befugniß zubilligen, die Eintragung dieser ganzen Rechtsänderung zu beantragen.

b. Antragsberechtigt ist ferner der gewinnende Theil, „zu dessen Gunsten die Eintragung erfolgen soll," also bei der Neueintragung eines Rechtes jedenfalls derjenige, welcher als der Berechtigte eingetragen werden soll, bei der Uebertragung eines Rechtes der einzutragende Erwerber, bei der Eintragung einer Inhalts- oder Rangänderung der Berechtigte, dessen Recht in seinem Inhalt oder seinem Range verbessert werden soll, und bei der Löschung eines Rechtes der Eigenthümer des belasteten Grundstücks oder der Inhaber des belasteten Rechtes. Aber nicht nur diese sind als diejenigen Personen anzusehen, zu deren Gunsten die Eintragung erfolgen soll. Allerdings hat der bereits mitgetheilte Satz 2 der Denkschrift: „Antragsberechtigt kann auch ein mittelbar Betheiligter sein" lebhaften Widerspruch erfahren; insbesondere wird er von Oberneck S. 132 als unzutreffend bezeichnet, weil dann Jeder, der überhaupt nur ein rechtliches Interesse an der Eintragung habe, insbesondere auch bloß obligatorisch berechtigte Gläubiger der zunächst Betheiligten antragsberechtigt sein würden. Indessen die Denkschrift erklärt nicht jeden mittelbar Betheiligten für antragsberechtigt; gegenüber der engen Begrenzung, welche der Kreis der Interessenten in den M. S. 53, 84 erfährt, will sie nur betonen, daß auch die an diesen Stellen als mittelbar betheiligt Bezeichneten antragsberechtigt sein können, wie aus dem angeführten Beispiel erhellt. Daß nicht jeder mittelbar Betheiligte antragsberechtigt ist, erhellt vor allem aus der Vorschrift des §. 14, die sonst überflüssig sein würde. Insbesondere ist demjenigen, der nur ein obligatorisches Recht gegen den einzutragenden Berechtigten hat, das

Antragsrecht zu versagen; da die Grundbücher zur Veröffentlichung obligatorischer Rechte nicht bestimmt sind, erfolgt die Eintragung nicht zu ihren Gunsten. Dagegen kann die Eintragung eines neuen Rechtes nicht nur der einzutragende Berechtigte selbst, sondern wenn zugleich auf Grund derselben Bewilligung das Nießbrauchsrecht eines Dritten an dem neuen Rechte eingetragen werden soll und beide Eintragungen im Sinne der Betheiligten als eine einheitliche Rechtsänderung anzusehen sind, auch dieser Dritte die Eintragung des Rechtes mit dem Nießbrauche beantragen, mag man ihn mit den M. S. 53 als mittelbar betheiligt ansehen oder nicht. Ferner ist zu dem Antrag auf Eintragung einer Grunddienstbarkeit auf dem belasteten Grundstücke nicht nur der Eigenthümer, sondern auch der (in den M. S. 53 ebenfalls nur als mittelbar betheiligt bezeichneter) Nießbraucher 2c. des herrschenden Grundstücks für befugt zu erachten. (Boehm S. 376. §. 8 giebt dem Nießbraucher nur das Recht, die Eintragung auf dem Blatte des herrschenden Grundstücks zu beantragen; a. M. Oberneck S. 133 Anm. 5.) Vor allem aber soll der Satz der Denkschrift zum Ausdrucke bringen, daß zu Löschungsanträgen nicht nur der Eigenthümer des bisher belasteten Grundstücks (bezw. der Inhaber des belasteten Rechtes an dem Grundstück), sondern auch gleich- oder nachstehende Berechtigte befugt sind, welche durch die Löschung im Range gewinnen. In dem E. I wurden diese als mittelbar Betheiligte angesehen; deshalb sollte durch eine besondere Vorschrift (§. 46) nach dem Vorbilde des §. 5 des preuß. Zw.V.G. vom 13. Juli 1883 demjenigen, welcher für den Anspruch aus einer Reallast, Hypothek oder Grundschuld einen gegen den Eigenthümer des belasteten Grundstücks vollstreckbaren Titel hat, das Recht gegeben werden, die Löschung erloschener oder nicht entstandener vorgehender oder gleichstehender Rechte zu beantragen. Diese Vorschrift ist gestrichen, weil sich das Antragsrecht der gleich- oder nachstehenden Berechtigten aus §. 13 Abs. 2 und aus dem B.G.B. §. 894 (vgl. Planck Bd. 3 S. 118) ergiebt (D. S. 3037). Aber auch wenn es sich nicht um Berichtigung des Grundbuchs, um erloschene oder nicht entstandene Rechte, sondern um Löschung noch bestehender Rechte handelt, erfolgt diese auch zu Gunsten der gleich- oder nachstehenden Berechtigten, so daß ihnen auch in diesem Falle das Antragsrecht nicht zu versagen ist, selbst wenn man sie nicht als unmittelbar Betheiligte ansieht; nicht für das Antragsrecht, sondern nur für die zur Begründung des Antrags erforderlichen Urkunden ist der Unterschied von Bedeutung (vgl. §§. 19, 22, 27).

c. Wenn §. 13 Abs. 2 Jeden für antragsberechtigt erklärt, dessen Recht von der Eintragung betroffen wird oder zu dessen Gunsten die Eintragung erfolgen soll, so liegt darin, daß nicht etwa der gewinnende und der verlierende Betheiligte zusammen, sondern jeder von ihnen allein, und daß, wenn auf der einen oder der anderen Seite Mehrere betheiligt sind, jeder einzelne berechtigt ist (D.). Hiervon macht die G.B.O., abweichend von dem früheren preußischen Rechte (Ges. über den Eig.Erw. 2c. §. 58, G.B.O. §. 92) auch für die Löschung der Hypotheken und Grundschulden keine Ausnahme; auch sie kann nicht nur von dem Eigenthümer, sondern auch von dem bisherigen Gläubiger und sonstigen Aktiv- oder Passivbetheiligten beantragt werden; wohl aber bedarf es nach §. 27 zur Rechtfertigung des Antrags der Zustimmung des Eigenthümers.

Daraus, daß jeder Antragsberechtigte ein selbständiges Recht hat, folgt weiter, daß z. B. dem Antrage des gewinnenden Theiles trotz des Widerspruchs des Passivbetheiligten stattzugeben ist, sofern ihm die erforderlichen Urkunden (Bewilligung, Zustimmung 2c.) beigefügt sind (vgl. P. I S. 13435).

d. Die Antragsberechtigten brauchen nicht persönlich den Antrag zu stellen, sondern können nach allgemeinen Grundsätzen durch gesetzliche Vertreter oder Bevollmächtigte vertreten werden. Vgl. §§. 30 und 33 nebst Erl. Ueber die Vertretungsbefugniß der Notare vgl. §. 15.

6. **Inhaltlich** muß sich der Antrag grundsätzlich mit der Bewilligung decken. Dies gilt insbesondere von dem des gewinnenden Theiles. Sein Antrag schöpft seine Berechtigung lediglich aus der Bewilligung. Er hat dem Grundbuchamte gegenüber eine ähnliche Stellung wie ein Bevollmächtigter des Bewilligenden; die Bewilligung bildet für ihn gleichsam die Vollmacht, in

§. 14.

Die Berichtigung des Grundbuchs durch Eintragung eines Berechtigten darf auch von demjenigen beantragt werden, welcher auf Grund eines gegen den Berechtigten vollstreckbaren Titels eine Eintragung in das Grundbuch verlangen kann, sofern die Zulässigkeit dieser Eintragung von der vorgängigen Berichtigung des Grundbuchs abhängt

---

deren Grenzen er sich halten muß. Er ist daher zu einer Abänderung des in der Bewilligung angegebenen Inhalts der Eintragung nicht befugt, insbesondere z. B. auch nicht zu dem Antrag auf Eintragung eines geringeren Hypothekenbetrags, weil die Herabsetzung vielleicht die ganze Eintragung für den Bewilligenden werthlos macht. Wenn jedoch in einer und derselben Urkunde mehrere Eintragungen bewilligt sind und aus der Urkunde erhellt, daß sie im Sinne der Betheiligten von einander unabhängig sein sollen, kann der Antrag auf eine Eintragung beschränkt werden. Auch zu solchen Aenderungen, die für den Bewilligenden zweifellos ohne Interesse sind und die der Antragsteller auch nach der Eintragung einseitig bewirken könnte, ist er für befugt zu erachten.

Aehnlich verhält es sich mit dem Antrage des Bewilligenden selbst, auch wenn seine Bewilligung allein nach §. 19 zur Begründung des Antrags erforderlich ist. Er kann diese zwar abändern, aber nicht lediglich durch einen formlosen Antrag, sondern nur durch eine neue Bewilligung. Auch er würde z. B. nicht auf Grund einer Urkunde, in welcher er die Eintragung einer Hypothek von 1000 Mark bewilligt hat, den Antrag auf Eintragung einer Hypothek von 900 Mark stellen können.

Vgl. auch die Erl. 6a zu §. 46 der G.B.O.

7. Die **Form** des Eintragungsantrags ist durch §. 30 (vgl. das. Erl. 1) geregelt, und über die **Zurücknahme** des Antrags vgl. §. 32 nebst Erl.

2. Erweitertes Antragsrecht zum Zwecke der Berichtigung des Grundbuchs.

§. 14.

E. I §. 45; II §. 13. P. I S. 13490—13500, 13757. M. S. 81. D. S. 3037, 3038.

1. Zweck der Vorschrift.
2. Voraussetzungen des Antragsrechts.
3. Der Antragsberechtigte.
4. Die zur Rechtfertigung des Antrags erforderlichen Urkunden.
5. Rechte des zu einer Eintragung Berechtigten, wenn sein Schuldner nur einen obligatorischen Anspruch auf eine Eintragung hat.

1. Nach §. 40 soll eine Eintragung regelmäßig nur erfolgen, wenn derjenige, dessen Recht durch sie betroffen wird, als der Berechtigte eingetragen ist. Die Eintragung eines Rechtes an einem Grundstücke setzt demnach die vorgängige Eintragung des augenblicklichen Eigenthümers, die Eintragung der Uebertragung, der Belastung oder der Aenderung eines eingetragenen Rechtes oder einer Verfügungsbeschränkung des Berechtigten die vorherige Eintragung des Berechtigten voraus. Fehlt diese, so ist der Antrag auf Eintragung der Rechtsänderung oder der Verfügungsbeschränkung zurückzuweisen. In Folge dessen würde ein Recht auf eine Eintragung, der sich der nicht eingetragene leidende Theil widersetzt, vereitelt oder nur schwer verwirklicht werden können, wenn das Gesetz nicht durch eine besondere Vorschrift die Eintragung des Berechtigten erleichterte.

Die früheren Landesgesetze ließen vielfach ein Zwangsverfahren zu, durch welches die Eintragung des Eigenthümers, der das Eigenthum ohne Eintragung erworben hatte, erzwungen wurde. Vgl. preuß. G.B.O. §§. 55, 56. Das Reichsgesetz hat dieses nicht aufgenommen, sondern ein einfacheres Mittel zur Beseitigung des obigen Hindernisses gewährt, indem es zu dem Antrag auf Eintragung des leidenden Theiles neben diesem (§. 13 Abs. 2) auch dessen Gläubiger für berechtigt erklärt, der für seinen Eintragungsanspruch einen vollstreckbaren Schuldtitel erwirkt hat. Da nicht die Eintragung seines Schuldners, sondern nur die sich anschließende Eintragung seines Rechtes zu seinen Gunsten erfolgt, steht ihm nach der Regel des §. 13 Abs. 2 ein Antragsrecht hinsichtlich jener nicht zu; es bedurfte deshalb der besonderen Vorschrift des §. 14.

2. Die **Voraussetzungen** dieses erweiterten Antragsrechts sind eng begrenzt.

a. Nur die Berichtigung des Grundbuchs kann beantragt werden. Was hierunter zu verstehen ist, ergiebt sich aus dem B.G.B. §. 894 (vgl. oben S. 25—27 und Planck Bd. 3 S. 115ff.). Es muß das Grundbuch die wirkliche Rechtslage nicht richtig wiedergeben. Dem nicht eingetragenen Berechtigten muß bereits ein Eigenthumsrecht oder ein sonstiges dingliches Recht an dem Grundstück oder ein Recht an einem eingetragenen Rechte zustehen, sei es daß dieses ohne Eintragung neu entstanden oder auf den jetzigen Berechtigten übergegangen ist (vgl. über die in Betracht kommenden Fälle die Einl., insbesondere S. 30ff., 41ff., 75ff.) oder daß ein noch bestehendes Recht versehentlich gelöscht oder auf einen Nichtberechtigten umgeschrieben ist.

Dagegen findet §. 14 keine Anwendung, wenn dem Schuldner, gegen den sich der vollstreckbare Schuldtitel richtet, noch kein dingliches Recht, sondern nur ein obligatorischer Anspruch auf Bestellung eines solchen zusteht. Wenn also Jemand, der einen Titel auf Eintragung eines erst durch die Eintragung entstehenden Rechtes hat, sich schon zu dessen Uebertragung oder Belastung einem Anderen verpflichtet hat, kann dieser nicht auf Grund des §. 14 die Eintragung jenes Rechtes beantragen. Vgl. hierüber unten Erl. 5.

b. Nicht jede Berichtigung, sondern nur die Eintragung des Berechtigten kann nach §. 14 beantragt werden. Für die Anträge auf Löschung eines nicht bestehenden aber noch eingetragenen Rechtes oder auf Aenderung eines falsch gebuchten Inhalts eines Rechtes gilt nicht §. 14, sondern nur die Regel des §. 13 Abs. 2. Vgl. oben S. 196f. Erl. 5b, namentlich über das Recht gleich- oder nacheingetragener Berechtigter, die Löschung erloschener Rechte zu beantragen.

Dagegen macht es keinen Unterschied, ob das Recht des Berechtigten überhaupt nicht oder ob es auf den Namen eines Anderen als des jetzigen Berechtigten eingetragen ist; auch in dem ersteren Falle handelt es sich um die „Eintragung eines Berechtigten" im Sinne des §. 14.

c. Dagegen ist es gleichgültig, welches Recht dem nicht eingetragenen Berechtigten zusteht. Insbesondere ist das Antragsrecht nicht, wie das Zwangsverfahren der preuß. G.B.O. §§. 55, 56 (oben Erl. 1), auf die Eintragung des Eigenthümers beschränkt, sondern auf jedes dingliche Recht an dem Grundstück oder an einem das Grundstück belastenden Rechte ausgedehnt. Dies steht im Zusammenhange mit der in Erl. 1 erwähnten Vorschrift des §. 40, welche sich ebenfalls grundsätzlich auf jedes Recht bezieht, während das preußische Recht eine entsprechende Bestimmung nur für das Eigenthum enthielt (Ges. über den Eig.Erw. rc. §§. 2, 5, 13, 19).

Von besonderer praktischer Bedeutung ist die Vorschrift des §. 14 vor allem für den Fall der Pfändung einer noch auf den Namen des bisherigen Gläubigers eingetragenen Eigenthümerhypothek; hiervon ist oben S. 117f. bereits die Rede gewesen.

d. Das Antragsrecht fällt aber fort, wenn die Berichtigung des Grundbuchs vor der Eintragung des Rechtes des Antragstellers nicht erforderlich ist. Wann dies zutrifft, ergiebt sich aus §. 40 Abs. 2, §. 41. Danach kann z. B. ein eingetragenes Recht, zu dessen Uebertragung auf einen Anderen der Erbe des eingetragenen Berechtigten verurtheilt ist, unmittelbar auf den Anderen umgeschrieben werden, ohne daß die vorgängige Eintragung des Erben nöthig ist (§. 41). Ferner kann der Gläubiger, der eine Briefhypothek gepfändet und zum Nennwerth an Zahlungsstatt überwiesen erhalten hat, seine Eintragung als Berechtigter in das Grundbuch auf Grund des Pfändungs- und Ueberweisungsbeschlusses und unter Vorlage des Hypothekenbriefs ohne vorgängige Eintragung seines Schuldners erwirken, wenn dieser durch eine zusammenhängende Reihe öffentlich beglaubigter Abtretungserklärungen oder gleichgestellter

Urkunden als bisheriger Gläubiger legitimirt ist (§. 40 Abs. 2). Vgl. auch Zw.V.G. §§. 17, 147 und die Erl. zu §§. 40, 41.

3. Unter diesen Voraussetzungen ist **antragsberechtigt**, wer auf Grund eines gegen den Berechtigten vollstreckbaren Titels eine Eintragung in das Grundbuch verlangen kann.

a. Er muß also zunächst einen Anspruch auf eine Eintragung haben. Welcher Art diese ist, ist ohne Belang; es kann sich um die Uebertragung oder die Aufhebung eines eingetragenen Rechtes oder um die Neueintragung eines Rechtes handeln. Ebensowenig kommt es darauf an, ob das einzutragende Recht bereits besteht oder erst durch die Eintragung entstehen soll. Auch ein obligatorischer Anspruch auf Bestellung oder Uebertragung eines Rechtes reicht aus. Ferner braucht es sich nicht nothwendig um die endgültige Eintragung eines Rechtes zu handeln, eine vorläufige Eintragung (eine Vormerkung oder ein Widerspruch) sowie eine Verfügungsbeschränkung genügen. So kann insbesondere auch der Gläubiger einer vollstreckbaren Geldforderung, der die Zwangsversteigerung oder die Zwangsverwaltung des Grundstücks betreiben will, die Eintragung seines Schuldners als Eigenthümer in das Grundbuch, die nach dem Zw.V.G. §§. 17, 146, 147 Voraussetzung für die Anordnung der Zwangsversteigerung oder der Zwangsverwaltung bildet, beantragen. In der Denkschrift wird dies damit begründet, daß der Gläubiger auf Grund seines Titels stets auch die Eintragung einer Zwangshypothek erlangen könne; dies trifft jetzt nach §. 866 Abs. 3 der C.P.O. (oben S. 94, 97) nicht mehr stets zu; da er aber die Eintragung der Einleitung des Verfahrens als Verfügungsbeschränkung (oben S. 122) in das Grundbuch erlangen kann, muß er auch in den Fällen des §. 866 Abs. 3 für antragsberechtigt erachtet werden (vgl. Reiner in der D. Jur.Ztg. 1900 S. 417).

b. Für den Anspruch muß ferner ein vollstreckbarer Schuldtitel vorliegen, also ein rechtskräftiges oder vorläufig vollstreckbares Urtheil oder ein anderer der oben S. 102 ff. (vgl. auch S. 181 ff.) aufgeführten Titel. Wie aus dem Gesagten bereits erhellt, ist es nicht erforderlich, daß in dem Titel der Schuldner zu der Bewilligung der Eintragung verurtheilt ist. Es genügt auch, daß der Gläubiger auf Grund des Titels ohne Weiteres eine Eintragung fordern kann, wie z. B. der Gläubiger einer vollstreckbaren Geldforderung die Eintragung der Anordnung der Zwangsversteigerung oder die Eintragung einer Sicherungshypothek auf dem Grundstücke seines Schuldners (Erl. 3a) oder nach Erwirkung des Pfändungsbeschlusses die Eintragung eines Pfändungspfandrechts an einer Hypothekenforderung oder einem sonstigen Rechte seines Schuldners (oben S. 110 ff.).

c. Der Schuldtitel muß schließlich „gegen den Berechtigten" vollstreckbar sein d. h. gegen denjenigen, dessen Eintragung beantragt wird. Dieser muß also in dem Urtheil oder in dem sonstigen vollstreckbaren Schuldtitel oder in der diesem beigefügten Vollstreckungsklausel namentlich bezeichnet sein. Vgl. oben S. 106 ff. Wenn also z. B. der vollstreckbare Schuldtitel gegen den Erblasser lautet, muß der Gläubiger erst eine Vollstreckungsklausel gegen den Erben erwirken, ehe er dessen Eintragung als Berechtigten in das Grundbuch beantragen kann.

4. Zur **Rechtfertigung seines Antrags** hat der Antragsteller dem Grundbuchamte natürlich den vollstreckbaren Schuldtitel zu unterbreiten, welcher sein Antragsrecht ergiebt. Außerdem muß er diejenigen Urkunden beibringen, deren der Berechtigte selbst benöthigen würde, um seine Eintragung zu erwirken, also entweder die Bewilligung desjenigen, dessen Recht von dieser Eintragung betroffen wird (§. 19), oder die öffentlichen Urkunden, welche die Unrichtigkeit ergeben (§. 22). Es gilt hier im Allgemeinen dasselbe wie bei jeder Grundbuchberichtigung. Nur sieht §. 22 Abs. 2 im Falle des §. 14 von der sonst stets erforderlichen Zustimmung des einzutragenden Eigenthümers oder Erbbauberechtigten ab und begnügt sich mit dem Nachweise der Unrichtigkeit. Vgl. unten §. 22 nebst Erl.

Um dem Gläubiger die Verschaffung derjenigen Urkunden zu erleichtern, deren er zum Nachweise der Berechtigung seines Schuldners bedarf, bestimmt die C.P.O. (die Vorschrift des preuß. Zw.V.G. v. 13. Juli 1883 §. 6 Abs. 4 verallgemeinernd) im §. 792: „Bedarf der Gläubiger zum Zwecke der Zwangsvollstreckung eines Erbscheins oder einer anderen Urkunde, die dem Schuldner auf Antrag von einer Behörde, einem Beamten oder einem Notar zu ertheilen ist, so kann er die Ertheilung an Stelle des Schuldners verlangen" und im §. 896: „Soll auf Grund eines Urtheils, das eine Willenserklärung des Schuldners ersetzt, eine Eintragung in ein öffentliches Buch oder Register vorgenommen werden, so kann der Gläubiger an Stelle des Schuldners die Ertheilung der im §. 792 bezeichneten Urkunden verlangen, soweit er dieser Urkunden zur Herbeiführung der Eintragung bedarf." Dadurch ist dem Gläubiger die Möglichkeit gewährt, auch wenn der Schuldner keine Urkunden besitzt, welche sein Recht nachweisen, sich diese zu verschaffen, indem er deren Ertheilung bei der zuständigen Behörde oder dem zuständigen Beamten beantragt. Die hierzu erforderlichen Erklärungen, insbesondere auch etwaige eidesstattliche Versicherungen (z. B. beim Antrag auf Ertheilung des Erbscheins gemäß B.G.B. §. 2356 Abs. 2), hat er an Stelle des Schuldners abzugeben (Begr. zu §. 700a der Nov. zur C.P.O. Vgl. auch Rechtspr. 1 S. 298; Entsch. 1 S. 102).

Für den Fall, daß der Gläubiger sich auf diesem Wege die zur Eintragung seines Schuldners erforderlichen Beweismittel für die Unrichtigkeit des Grundbuchs nicht verschaffen kann, verweist die Denkschrift (zu §. 38 des E. II, S. 3042) auf den Weg der Feststellungsklage und der Ueberweisung des Berichtigungsanspruchs seines Schuldners gegen den Dritten, welcher als Berechtigter im Grundbuch eingetragen ist. Das auf jene Klage ergehende Urtheil, welches feststellt, daß nicht der Eingetragene, sondern der Schuldner des Klägers berechtigt ist, genügt zum Nachweise der Unrichtigkeit des Grundbuchs.

Für die Frage der Zulässigkeit der Ueberweisung des Berichtigungsanspruchs ist zu unterscheiden, ob der vollstreckbare Schuldtitel auf eine Geldforderung lautet oder den Schuldner zu einer Eintragungsbewilligung verurtheilt. In dem ersteren Falle kann der Gläubiger den Berichtigungsanspruch seines Schuldners auf Grund der Vorschriften der C.P.O. über die Zwangsvollstreckung wegen Geldforderungen (§§. 828ff., vgl. oben S. 113ff.) pfänden und sich zur Einziehung überweisen lassen. Für den letzteren Fall ist dagegen, wie auch in der Denkschrift a. a. O. nicht verkannt wird, eine Ueberweisung nicht zugelassen, wenn man nicht mit Staffel (sächs. Arch. Bd. 9 S. 212) und Schilde (S. 90) die Vorschrift des §. 886 der C.P.O. analog anwenden will. §. 886 läßt für den Fall, daß der Schuldner zur Herausgabe einer Sache verurtheilt ist, die sich im Gewahrsam eines Dritten befindet, die Ueberweisung des Anspruchs des Schuldners auf Herausgabe nach den Vorschriften der Zwangsvollstreckung wegen Geldforderungen zu. Die analoge Ausdehnung dieser Bestimmung auf den Fall der Verurtheilung zur Abgabe einer Willenserklärung, bei der eine Zwangsvollstreckung regelmäßig überhaupt nicht stattfindet (vgl. oben S. 182 Abs. 1), ist etwas gewagt, aber wegen ihres Ergebnisses praktisch empfehlenswerth.

Ueber die Herbeischaffung des zur Grundbuchberichtigung erforderlichen Hypotheken- oder Grundschuldbriefs vgl. §. 42 Erl. 5.

5. Wie schon in Erl. 2a erwähnt, findet §. 14 keine Anwendung, wenn **der Schuldner** des zu einer Eintragung Berechtigten keinen Berichtigungsanspruch, sondern **nur einen obligatorischen Anspruch auf Eintragung eines Rechtes** hat.

a. Für diesen Fall gewährt die C.P.O. §. 848 Abs. 2 Aushülfe, falls dem Gläubiger eine vollstreckbare Geldforderung und dem Schuldner ein Anspruch auf Uebereignung eines Grundstücks zusteht. Alsdann kann der Gläubiger den Anspruch seines Schuldners auf Auflassung des Grundstücks durch das zuständige Vollstreckungsgericht pfänden lassen. Der Pfändungsbeschluß muß die Anordnung enthalten, daß die Sache an einen auf Antrag des Gläubigers von dem Amtsgerichte der belegenen Sache zu bestellenden Sequester herauszugeben sei. Mit diesem Beschlusse wendet sich der Gläubiger an das letztere Amtsgericht, das durch einen weiteren Beschluß den Sequester bestellt. Beide Beschlüsse sind gemäß §. 829 Abs. 2 der C.P.O. zuzustellen und legitimiren den Sequester, als Vertreter des Schuldners mit dem Drittschuldner vor dem Grundbuchamte zu erscheinen und die Auflassung zu erklären. Mit der sich anschließenden Eintragung des Schuldners als Eigenthümer in das Grundbuch erlangt der

Gläubiger eine Sicherungshypothek für seine vollstreckbare Forderung. Diese entsteht also ohne Eintragung; der Sequester hat aber trotzdem deren Eintragung zu bewilligen (vgl. oben S. 75 f.). Daß der vollstreckbare Schuldtitel, auf Grund dessen die Pfändung erfolgt ist, ein Vollstreckungsbefehl ist, steht dem Erwerbe und der Eintragung der Sicherungshypothek nicht entgegen. §. 866 Abs. 3 findet nur auf die Judikatshypothek, nicht auf diesen Fall Anwendung (Rechtsp. 1 S. 207). Weigert der Drittschuldner die Auflassung an den Schuldner, so muß sich der Gläubiger den gepfändeten Anspruch zur Einziehung überweisen lassen und auf Auflassung an den durch den Sequester vertretenen Schuldner klagen.

b. Steht dem Schuldner einer vollstreckbaren Geldforderung kein Anspruch auf Auflassung, sondern auf Bestellung eines dinglichen Rechtes an einem Grundstücke zu, so findet §. 848 der C.P.O. keine Anwendung; dieser regelt nur die Pfändung von Ansprüchen, welche auf Herausgabe des Grundstücks selbst gerichtet sind.

Steht dem Schuldner eine Geldforderung zu, für die er einen Titel zur Hypothek hat, so erfolgt die Pfändung nach den allgemeinen Rechten über die Pfändung von Geldforderungen (C.P.O. §§. 828 ff.). Hat der Gläubiger sich die gepfändete Forderung zum Nennwerth an Zahlungsstatt überweisen lassen, wird er Gläubiger und kann nun den Anspruch auf Bestellung der Hypothek im eigenen Namen geltend machen (ebd. §. 835). Eine Ueberweisung zur Einziehung giebt ihm die Ermächtigung an Stelle des Schuldners dessen Recht auf Bestellung der Hypothek neben dem Rechte auf Einziehung der Forderung auszuüben (ebd. §. 836).

Handelt es sich um einen Anspruch auf Bestellung irgend eines anderen dinglichen Rechtes, so kommt §. 857 der C.P.O. zur Anwendung, wonach grundsätzlich die Vorschriften über die Pfändung von Geldforderungen und über deren Ueberweisung zur Einziehung entsprechend anzuwenden sind. Auch bei ihnen wird man also den Gläubiger für befugt erachten müssen, auf Grund des Pfändungs- und Ueberweisungsbeschlusses an Stelle des Schuldners dessen Eintragung zu bewirken. Dies gilt auch für den Anspruch auf Bestellung eines Nießbrauchs, obwohl letzterer höchstpersönlich ist; denn da der Nießbrauch selbst nach §. 857 Abs. 3 der C.P.O. der Pfändung unterworfen ist, insoweit die Ausübung einem Anderen überlassen werden kann, muß auch der Anspruch auf dessen Bestellung dem Zugriffe seiner Gläubiger in demselben Umfange unterliegen (Rechtspr. 1 S. 18).

c. Das unter a und b Gesagte gilt nur dann, wenn die vollstreckbare Forderung des Gläubigers eine Geldforderung ist, denn nur von Geldforderungen handelt der 2. Abschnitt des 8. Buches der C.P.O. (§§. 803 bis 882). Es findet daher keine Anwendung, wenn das vollstreckbare Urtheil auf Auflassung des Grundstücks oder auf eine Eintragungsbewilligung lautet. In diesem Falle ist der Gläubiger nicht in der Lage, das obligatorische Recht seines Schuldners auf Auflassung oder auf Eintragung eines dinglichen Rechtes im Wege der Zwangsvollstreckung zu beschlagnahmen und an Stelle des Schuldners auszuüben, es sei denn, daß man auch in diesem Falle die in Erl. 4 gegen E. erwähnte Vorschrift des §. 886 analog anwenden will. Ebensowenig kann er auf Grund eines solchen Urtheils den Schuldner im Wege der Zwangsvollstreckung anhalten, seine Eintragung zu erwirken; denn nur §. 894 der C.P.O., nicht die §§. 887, 888 finden auf dieses Urtheil Anwendung.

Anders verhält es sich, wenn der Schuldner nicht zur Auflassung an den Gläubiger oder zur Bewilligung von dessen Eintragung, sondern zugleich auch zur Bewirkung der Eintragung seines eigenen Rechtes als Voraussetzung jener Eintragung verurtheilt ist; alsdann findet §. 888 der C.P.O. Anwendung. Diese Verurtheilung wird der Gläubiger aber regelmäßig erwirken können; denn aus der obligatorischen Verpflichtung zur Bestellung eines Rechtes an einem bestimmten Grundstück oder an einem eingetragenen Rechte ergiebt sich als Folgerung die weitere Verpflichtung dem Gläubiger gegenüber, dies Grundstück oder Recht zu erwerben und seinen Anspruch auf Eintragung gegen den bisher eingetragenen Berechtigten geltend zu machen, wenn es auch an einer anordnenden Vorschrift nach Analogie des §. 895 des B.G.B. fehlt (vgl. Planck Bd. 3 S. 119 Erl. 1 Abs. 2).

§. 15.

Ist die zu einer Eintragung erforderliche Erklärung von einem Notar beurkundet oder beglaubigt, so gilt dieser als ermächtigt, im Namen eines Antragsberechtigten die Eintragung zu beantragen.

Abgesehen von diesem Aushülfsmittel bleibt dem Gläubiger nur die Klage auf Schadensersatz wegen Nichterfüllung auf Grund des seinem Anspruche zu Grunde liegenden Rechtsverhältnisses. Dadurch erlangt er eine vollstreckbare Geldforderung, auf Grund deren er u. A. die unter a und b genannten Wege einschlagen kann; wenn z. B. sein Anspruch auf Eintragung einer Sicherungshypothek gegen den Käufer eines nicht aufgelassenen Grundstücks geht, kann er auf diesem Umwege sein Recht voll verwirklichen.

3. Antragsrecht der Notare.

§. 15.

E. I §. 44; II §. 14. P. I S. 13400—13404. M. S. 80. D. S. 3038. K.B. S. 3424.

1. Wie oben S. 197 Erl. 5d bereits erwähnt, braucht der Antragsberechtigte den Antrag nicht persönlich zu stellen, sondern kann durch einen Bevollmächtigten vertreten werden. Dieser muß seine Vertretungsmacht regelmäßig durch eine Vollmacht nachweisen. Vgl. §. 30. Hiervon macht §. 15 in Uebereinstimmung mit einer Anzahl früherer Partikularrechte, insbesondere der preuß. G.B.O. §. 36, für die **Notare** eine Ausnahme. Diese bedürfen innerhalb der Grenzen der obigen Vorschrift keiner Vollmacht, vielmehr wird, wenn die Betheiligten keine Bestimmung über die Aushändigung der von dem Notar aufgenommenen oder beglaubigten Urkunde getroffen haben, vermuthet, daß er befugt sein soll, den Eintragungsantrag an das Grundbuchamt zu richten.

Im Uebrigen hat die G.B.O. das Institut der vermutheten Vollmacht nicht aufgenommen. Insbesondere ist das in einzelnen Bundesstaaten früher bestehende Vorrecht der Rechtsanwälte beseitigt.

2. **Voraussetzung des Antragsrechts des Notars** ist, daß er die zu einer Eintragung erforderliche Erklärung beurkundet oder beglaubigt hat.

a. Unter der zu einer Eintragung erforderlichen Erklärung ist vor allem die Eintragungsbewilligung (§. 19) zu verstehen; hat also der Notar z. B. die Urkunde aufgenommen oder beglaubigt, in welcher der eingetragene Eigenthümer die Eintragung einer Hypothek oder einer sonstigen Belastung bewilligt hat, so gilt er als ermächtigt, die Eintragung zu beantragen. Ferner gehört hierher die Abtretungserklärung bei Briefhypotheken oder Briefgrundschulden (§. 26) sowie eine Auflassung, welche der Notar innerhalb seiner Befugnisse gemäß der durch Art. 143 Abs. 1 des E.G. z. B.G.B. aufrechterhaltenen landesrechtlichen Vorschriften (vgl. oben S. 38) beurkundet hat.

Sind zu einer Eintragung mehrere Erklärungen erforderlich, so genügt es, daß der Notar eine von ihnen beurkundet oder beglaubigt hat; natürlich muß aber auch die andere seinem Antrage beigefügt sein, denn wie jeder Antragsteller, so hat auch der Notar sämmtliche Voraussetzungen der beantragten Eintragung nachzuweisen. Demnach ist z. B. der Notar zu dem Antrag auf Löschung der Hypothek befugt, wenn er entweder die Löschungsbewilligung des eingetragenen Gläubigers oder die nach §. 27 erforderliche Zustimmung des Eigenthümers beurkundet oder beglaubigt hat. (A. M. für den ersten Fall Oberneck S. 137 auf Grund der irrthümlichen Annahme, daß zur Stellung des Antrags auf Löschung einer Hypothek der Gläubiger überhaupt nicht legitimirt sei, und Boehm S. 382, der bei Zustimmung des Eigenthümers einen Löschungsantrag nicht für erforderlich hält: beide halten zu Unrecht Zustimmung und Antrag für gleichbedeutend.)

Hat der Notar nicht die Eintragungsbewilligung oder die sonstige zu der Eintragung erforderliche Erklärung, sondern nur das zu Grunde liegende obligatorische Rechtsgeschäft beurkundet oder beglaubigt, so findet §. 15 keine Anwendung.

Wenn dagegen umgekehrt die von dem Notar aufgenommene oder beglaubigte Urkunde nicht nur die Eintragungsbewilligung, sondern auch den Eintragungsantrag enthält, genügt deren Einreichung bei dem Grundbuchamt ohne besonderes Begleitschreiben; es braucht also der Notar keinen besonderen Antrag zu stellen (R.G. 22 S. 235, Rechtspr. 2 S. 154). Er ist jedoch auch in diesem Falle auf Grund des §. 15 hierzu befugt; dies ist z. B. für sein Beschwerderecht von Bedeutung (vgl. Erl. 3b).

b. Der Notar muß die Erklärung entweder beurkundet oder beglaubigt haben. Das erstere Wort ist durch die Reichstagskommission an die Stelle des in den Entwürfen stehenden Wortes „aufgenommen" gesetzt worden, offenbar im Anschluß an die Ausdrucksweise des B.G.B. §. 128. Ueber die Beglaubigung vgl. ebd. §. 129 und unten S. 233 Erl. 5 zu §. 29.

c. Schließlich folgt aus der Fassung des §. 15, daß unter den obigen Voraussetzungen die Vertretungsmacht des Notars nur vermuthet wird, daß also sein Antragsrecht wegfällt, sofern die Urkunde einen abweichenden Willen der Betheiligten ergiebt. Hierfür sprechen die Worte „gilt dieser als ermächtigt" im Zusammenhange mit dem Satze der Denkschrift: „Das Verhältniß, in welches der Notar zu den Betheiligten getreten ist, rechtfertigt die Vermuthung seiner Bevollmächtigung."

3. Unter diesen Voraussetzungen stehen dem Notare folgende **Befugnisse** zu:

a. Er ist berechtigt, „im Namen eines Antragsberechtigten die Eintragung zu beantragen". Er kann also nur den Antrag auf Eintragung stellen, nicht etwa Erklärungen abgeben, welche die Voraussetzung der beantragten Eintragung bilden; und er kann nur diejenige Eintragung beantragen, zu der die von ihm beurkundete oder beglaubigte Erklärung erforderlich war. Insbesondere gilt auch für den Notar das oben S. 197f. Erl. 6 Gesagte, daß sich der Antrag mit der Bewilligung inhaltlich decken muß. Zu einer Ergänzung oder Abänderung der letzteren ist er nicht befugt. So ist ihm schon von der preuß. Praxis (Johow 4 S. 144, 7 S. 297) die Befugniß abgesprochen, die Aushändigung des Hypothekenbriefs an den Gläubiger statt an den Eigenthümer zu beantragen, wenn die Eintragungsbewilligung nichts hierüber sagte. Das gilt auch heute noch (vgl. §. 60).

Diesen Antrag kann er „im Namen eines Antragsberechtigten" stellen. Aus dieser Fassung erhellt, daß er nicht nur im Namen desjenigen, dessen Erklärung er beurkundet oder beglaubigt hat, sondern auch im Namen eines anderen Antragsberechtigten den Antrag an das Grundbuchamt richten kann.

Für den Fall, daß der Notar nicht sagt, in wessen Namen er den Antrag stellt, nimmt Martinius (Gruch. 44 S. 391) an, daß er für alle Antragsberechtigten von seiner gesetzlichen Machtbefugniß Gebrauch mache.

b. Aus dem Antragsrechte der Notare ergiebt sich weiter deren Befugniß, im Falle der Ablehnung des Antrags Beschwerde zu erheben, ohne daß sie hierzu einer Vollmacht bedürfen. So hat unter der Herrschaft der preuß. G.B.O. das Kammergericht wiederholt erkannt und in Folge dessen das Grundbuchamt für verpflichtet erklärt, dem Notar die seinem Antrag entgegenstehenden Hindernisse bekannt zu machen (K.G. 4 S. 122, 5 S. 97, 7 S. 15, 17, vgl. ebd. Bd. 12 S. 306). Auch dies gilt noch heute, insbesondere hat das Beschwerderecht der Notare im §. 80 Abs. 1 seine Bestätigung gefunden (Entsch. 1 S. 153, Rechtspr. 1 S. 318). Das Beschwerderecht setzt aber voraus, daß der Notar wirklich im Namen der Betheiligten die Eintragung beantragt hat. Hat er die von ihm aufgenommene oder beglaubigte Urkunde, in der die Betheiligten die Eintragung nicht nur bewilligt, sondern auch beantragt haben, dem Grundbuchamte nur übermittelt, ohne zu erkennen zu geben, daß er ein besonderes, der Erklärung der Betheiligten entsprechendes Verlangen in deren Namen stelle, so ist er zur Beschwerde

§. 16.

Einem Eintragungsantrage, dessen Erledigung an einen Vorbehalt geknüpft wird, soll nicht stattgegeben werden.

Werden mehrere Eintragungen beantragt, so kann von dem Antragsteller bestimmt werden, daß die eine Eintragung nicht ohne die andere erfolgen soll.

---

gegen die Ablehnung der von den Betheiligten beantragten Eintragung ohne Vollmacht nicht befugt (Rechtsp. 1 S. 266).

c. Ueber die Frage, ob dem Notar auch die vollzogene Einschreibung bekannt zu machen ist, vgl. Erl. 1a zu §. 55, und über seine Befugniß zur Zurücknahme des Antrags Erl. 5 zu §. 32.

4. Anträge mit Vorbehalt.

§. 16.

E. I §. 38; II §. 15. P. I S. 3903, 13413—13415. M. S. 72 (M. z. B.G.B. Bd. 3 S. 186). D. S. 3038.

1. Der Antrag bezweckt, das Grundbuchamt zu einer Eintragung zu veranlassen. Ob diese durch den Antrag und die ihm beigefügten Urkunden oder Erklärungen gerechtfertigt wird, unterliegt der Prüfung des Grundbuchamts. Dagegen ist es nicht dessen Aufgabe, sondern Sache der Betheiligten zu prüfen, ob die Voraussetzungen vorliegen, unter denen diese die Eintragung wünschen oder nicht. Deshalb soll das Grundbuchamt einem Eintragungsantrage, dessen Erledigung an eine Bedingung oder an einen sonstigen Vorbehalt geknüpft ist, nicht stattgeben. Demnach ist z. B. ein Antrag auf Eintragung einer Hypothek unter der Bedingung, daß die Zahlung des Darlehns, ein Antrag auf Löschung unter der Bedingung, daß die Rückzahlung nachgewiesen werde, unzulässig. Daraus folgt aber nicht etwa, daß er einfach als nicht gestellt anzusehen sei, vielmehr ist er gemäß §. 18 zurückzuweisen. Erfolgt aber trotzdem auf Grund des Antrags die Eintragung, so ist diese nicht wegen des Verstoßes gegen §. 16 ungültig.

Eine andere Frage ist es, ob die beantragte Eintragung selbst bedingt oder unter einem Vorbehalte geschehen kann. Diese wird durch §. 16 nicht berührt, sondern durch das bürgerliche Recht beantwortet. Vgl. oben S. 126ff. und über den Rangvorbehalt B.G.B. §. 881 (Erl. 6b zu §. 46). Während in diesen Fällen eine Eintragung unzweifelhaft beantragt wird und nur deren Inhalt beschränkt ist, macht es der Antragsteller in den von §. 16 betroffenen Fällen von einem anderweitigen Umstand abhängig, ob die beantragte Eintragung erfolgen soll oder nicht.

2. Von der Regel des Abs. 1 macht Abs. 2 eine Ausnahme, welche durch ein praktisches Bedürfniß gefordert ist. Häufig kommt es vor, daß zwei Eintragungen in einem solchen Zusammenhange stehen, daß die Betheiligten die eine nicht ohne die andere, also entweder beide oder gar keine vorgenommen haben wollen, vor allem bei einer Erfüllung Zug um Zug, z. B. wenn bei einer Auflassung zugleich die Eintragung einer Hypothek für das Kaufgeld oder eines Nießbrauchsrechts zu Gunsten des Veräußerers beantragt wird. Mit Rücksicht auf derartige Verhältnisse gestattet §. 16 Absatz 2 den Vorbehalt, daß von mehreren beantragten Eintragungen die eine nicht ohne die andere erfolgen soll.

Dieser Vorbehalt braucht, wie in der Denkschrift hervorgehoben wird, nicht ausdrücklich ausgesprochen zu werden; er kann auch aus den Umständen erhellen. Ferner wird in der Denkschrift ausgesprochen, daß §. 16 Abs. 2 auch Anwendung findet, wenn die mehreren Eintragungen nicht gleichzeitig, sondern nach einander beantragt werden. Mit Recht bemerkt hierzu Oberneck S. 126, daß dies nur dann gelten kann, wenn der erste Antrag zur Zeit des Eingangs des

§. 17.

Werden mehrere Eintragungen beantragt, durch die dasselbe Recht betroffen wird, so darf die später beantragte Eintragung nicht vor der Erledigung des früher gestellten Antrags erfolgen.

---

zweiten noch nicht erledigt ist. Denn, wenn die zuerst beantragte Eintragung bereits erfolgt ist, kann sie **nicht** auf Grund des Vorbehalts im Falle der Abweisung des zweiten Antrags wieder gelöscht werden.

5. Erledigung der Anträge nach der Zeitfolge.

§. 17.

E. I §. 49 Abs. 1; II §. 16. P. I S. 3714—3718, 13466—13470. M. S. 87. D. S. 3038.

1. Die Reihenfolge, in der die Eintragungsanträge erledigt werden, ist von großer Bedeutung. Vor allem bestimmt sich nach ihr, sofern das Grundbuch nicht ein Anderes ergiebt, das Rangverhältniß der eingetragenen Rechte (B.G.B. §. 879, vgl. unten §. 46). Außerdem hängt vielfach die Zulässigkeit der einen Eintragung davon ab, daß vorher eine andere erfolgt, oder umgekehrt davon, daß jene vor dieser erledigt wird (vgl. R.G. 28 S. 349). Liegen z. B. ein Antrag auf Eintragung einer Hypothek und eine Auflassung vor, so kann jenem Antrage, sofern er sich auf eine Bewilligung des Veräußerers stützt, nur dann stattgegeben werden, wenn er vor der Eintragung des Eigenthumsübergangs erledigt wird; stützt er sich dagegen auf eine Eintragungsbewilligung des Erwerbers, so muß dessen Eintragung vorausgehen. Mit Rücksicht auf diese Bedeutung der Reihenfolge der Eintragungen ist bei der Berathung der Entwürfe z. B.G.B. von beiden Kommissionen (Anm. zu E. I §. 840, E. II §. 800) eine Vorschrift als nothwendig bezeichnet, nach der die Eintragungsanträge nach der Zeitfolge ihrer Anbringung zu erledigen sind. Diese Vorschrift enthält §. 17.

2. **Voraussetzungen** für die Anwendung dieser Vorschrift bilden:

a. mehrere dasselbe Recht betreffende Eintragungsanträge. Diese liegen z. B. vor, wenn die Eintragung mehrerer Belastungen desselben Grundstücks oder desselben eingetragenen Rechtes an einem Grundstücke beantragt ist, wenn die Auflassung des Grundstücks und der Antrag auf Eintragung einer Belastung desselben vorliegen, wenn die Umschreibung einer und derselben Hypothek oder sonstigen Last, wenn deren Umschreibung auf einen Erwerber und ihre Löschung in Antrag gebracht ist u. dgl. m. Dagegen wird z. B. nicht dasselbe Recht betroffen von der Auflassung des Grundstücks und dem Antrag auf Umschreibung einer darauf lastenden Hypothek oder von dem Antrag auf Löschung einer Hypothek und auf Eintragung einer anderen Hypothek;

b. nicht gleichzeitiges Eingehen der Anträge. Ueber den Zeitpunkt, in welchem ein Antrag als gestellt anzusehen ist, vgl. oben S. 195 Erl. 4b. Werden die mehreren Eintragungen gleichzeitig beantragt, so erfolgen sie unter Vermerk des gleichen Ranges (§. 46 Abs. 1); wenn sie aber mit einander unvereinbar sind und der eine nicht durch den anderen in gehörigen Form zurückgenommen wird, so sind sie beide abzulehnen.

3. Liegen die unter 2 erwähnten Voraussetzungen vor, so muß zuerst der früher gestellte Antrag **erledigt** werden. Dies geschieht entweder dadurch, daß ihm stattgegeben und die beantragte Eintragung ausgeführt, oder daß er zurückgewiesen oder zurückgenommen wird, oder auch nach §. 18 Abs. 2, falls er beanstandet, aber nicht zurückgewiesen wird, durch die Eintragung einer Vormerkung oder eines Widerspruchs.

Vor dieser Erledigung darf „die später beantragte **Eintragung**“ nicht erfolgen. Eine andere Erledigung des späteren Antrags vor der des früheren, insbesondere eine Zurückweisung ist also nicht ausgeschlossen. Auch daß die zweite Eintragung verfügt wird, bevor die erste ausgeführt ist, verbietet §. 17 nicht; nur die Eintragung selbst darf erst nach der Erledigung des ersten Antrags erfolgen.

§. 18.

Steht einer beantragten Eintragung ein Hinderniß entgegen, so hat das Grundbuchamt entweder den Antrag unter Angabe der Gründe zurückzuweisen oder dem Antragsteller eine angemessene Frist zur Hebung des Hindernisses zu bestimmen. Im letzteren Falle ist der Antrag nach dem Ablaufe der Frist zurückzuweisen, wenn nicht inzwischen die Hebung des Hindernisses nachgewiesen ist.

Wird vor der Erledigung des Antrags eine andere Eintragung beantragt, durch die dasselbe Recht betroffen wird, so ist zu Gunsten des früher gestellten Antrags von Amtswegen eine Vormerkung oder ein Widerspruch einzutragen; die Eintragung gilt im Sinne des §. 17 als Erledigung dieses Antrags. Die Vormerkung oder der Widerspruch wird von Amtswegen gelöscht, wenn der früher gestellte Antrag zurückgewiesen wird.

---

4. Eine **Ausnahme** von diesen Sätzen kann sich in Folge des im §. 16 Abs. 2 zugelassenen Vorbehalts ergeben, daß die eine Eintragung nicht ohne die andere erfolgen soll. In diesem Falle muß sich das Grundbuchamt erst über beide Anträge schlüssig machen, ehe es einen erledigen darf, und z. B. auch den ersten Antrag unausgeführt lassen, wenn die zweite Eintragung nicht erfolgen kann.

Auch dann, wenn es für den ersten Antrag an der gesetzlichen Voraussetzung der vorgängigen Eintragung des Berechtigten (G.B.O. §. 40) fehlt, ist der nachträgliche Antrag auf Vornahme dieser Eintragung vorab zu erledigen. Vgl. Erl. 1a zu §§. 40, 41.

5. Ein **Verstoß gegen die Vorschrift** des §. 17 macht die zu Unrecht vorab vollzogene Eintragung nicht unwirksam und das Grundbuch nicht unrichtig, sodaß der dadurch Benachtheiligte Berichtigung des Grundbuchs fordern könnte. Abgesehen von einem Schadensersatzanspruche gegen den Staat auf Grund des §. 12 kann er gegen den ihm Vorgezogenen nur auf Grund eines besonderen obligatorischen Rechtsverhältnisses vorgehen. Vgl. Planck Bd. 3 S. 85 Erl. 4b. Auch im Wege der Beschwerde wird er keine Abhülfe erzielen können; denn die Beschwerde gegen eine Eintragung ist regelmäßig unzulässig. Vgl. unten §. 71 Abs. 2.

6. Behandlung nicht gerechtfertigter Anträge.

§. 18.

E. I §. 48; II §. 17. P. I S. 13474, 13475. M. S. 86. D. S. 3038. K.B. S. 3424—3426. St.B. S. 4424.

1. Bereits oben S. 185ff. Vorbm. IV ist ausgeführt, daß das Grundbuchamt verpflichtet ist, die Begründetheit der Eintragungsanträge zu prüfen. §. 18 regelt nun das Verfahren für den Fall, daß sich bei dieser Prüfung der Antrag als nicht gerechtfertigt herausstellen sollte. Alsdann kann das Grundbuchamt entweder den Antrag zurückweisen oder dem Antragsteller das Hinderniß mittheilen und eine angemessene Frist zu dessen Hebung bestimmen.

Ob das Grundbuchamt diesen oder jenen Weg einschlägt, ist von großer praktischer Bedeutung. Abgesehen von den durch den Abweisungsbeschluß entstehenden Kosten, verliert der Antragsteller im Falle der Zurückweisung seines Antrags die Priorität; auch wenn das Hinderniß schnell beseitigt wird, bestimmt sich die Priorität des Antrags nach dem Zeitpunkt, in welchem der vervollständigte und erneuerte Antrag wieder bei dem Grundbuchamt eingeht; nach §§. 17, 46 sind also die in der Zwischenzeit eingegangenen Anträge vorab und mit dem Range vor der zunächst beanstandeten Eintragung zu erledigen. Dieses Verfahren kann daher erhebliche Nachtheile zur Folge haben und ist unbillig, sobald es sich um einen leicht zu hebenden Mangel (z. B. um Beibringung einer vorhandenen Vollmachtsurkunde) handelt. Deshalb hat die G.B.O. — abweichend von dem E. I §. 48 — nicht die Zurückweisung vorgeschrieben, sondern daneben die schon der früheren Praxis bekannten sog. temporisirenden Zwischenverfügungen zugelassen, durch welche dem Antragsteller die Hebung des Hindernisses ohne Abweisung des Antrags aufgegeben wird, und zugleich die Zweifel der bisherigen Praxis (vgl. R.G. 33 S. 325; K.G. 10 S. 98, 12 S. 97; Achilles-Strecker S. 110, 357), ob durch eine solche Zwischenverfügung dem beanstandeten Antrage die Priorität gewahrt bleibe, durch Bejahung dieser Frage gelöst.

2. Ob das Grundbuchamt im einzelnen Falle dieses oder jenes Verfahren einschlagen will, unterliegt seinem pflichtmäßigen Ermessen. Das Gesetz hat davon abgesehen, die Mängel zu bestimmen, welche zur Zurückweisung führen, und welche nur zu einer Zwischenverfügung Anlaß geben sollen, und Alles dem Ermessen des Grundbuchamts überlassen. Wie nach dem bisherigen preuß. Rechte (vgl. R.G. a. a. O.; K.G. 12 S. 139) ist also auch jetzt das Grundbuchamt zu Zwischenverfügungen nicht verpflichtet. Durch diese Maßregel wird nämlich ein den Grundbuchverkehr hemmender Schwebezustand geschaffen, indem bis zur Erledigung des beanstandeten Antrags das Grundbuch allein nicht genügende Auskunft über die Rechtsverhältnisse des Grundstücks gewährt und der einer später beantragten Eintragung zufallende Rang zweifelhaft bleibt (vgl. K.G. N.F. 1 A S. 275, Oberneck S. 155). Indessen nach den Materialien, insbesondere den Verhandlungen der Reichstagskommission (K.B. S. 3424 ff.), in denen die in Erl. 1 erwähnten sehr empfindlichen Härten hervorgehoben sind, welche eine sofortige Zurückweisung eines nicht gerechtfertigten Antrags mit sich bringen kann, wird man den Erlaß von Zwischenverfügungen als die von dem Gesetze gewünschte Regel ansehen müssen und die sofortige Zurückweisung nur bei Anträgen, deren Mängel nicht oder nicht in absehbarer Zeit zu beseitigen sind, wählen dürfen (vgl. K.G. a. a. O.). Wenn jedoch z. B. ein offensichtlich mangelhafter Antrag gestellt wird, um eine Priorität, auf die kein begründeter Anspruch besteht, zu erwerben, muß man eine Ausnahme machen, denn sonst würde der sorgfältige Antragsteller, welcher die Voraussetzungen seines Antrags genau prüft, gegenüber dem weniger bedenklichen Nachtheil haben (ebenso Oberneck S. 154, 155).

3. Im Falle der **Zurückweisung** des Antrags muß das Grundbuchamt die Gründe für die Zurückweisung angeben, „damit der Antragsteller in den Stand gesetzt wird, eine sachgemäße Entschließung über die weitere Wahrnehmung seiner Rechte zu fassen" (M. S. 86).

Diese zurückweisende Verfügung ist dem Antragsteller bekannt zu machen. Ist dieser durch einen Bevollmächtigten vertreten, so erfolgt die Bekanntmachung an den Bevollmächtigten. Dieses gilt insbesondere auch von dem Notar, der gemäß §. 15 ohne weitere Vollmacht die Eintragung beantragt hat (vgl. S. 204 Erl. 3b). Ueber die Form der Bekanntmachung vgl. S. 190 Vorbm. VI.

Die ablehnende Entscheidung hat keine materiellen Wirkungen. Liegt eine gemäß §. 873 Abs. 2 des B.G.B. für die Parteien unwiderrufliche Einigung oder eine nach §. 875 Abs. 2 des B.G.B. den Berechtigten bindende Verzichtserklärung vor, so verliert sie durch die Ablehnung des Eintragungsantrags nicht ihre Unwiderruflichkeit (M. S. 87).

Wird das Hinderniß, welches die Zurückweisung des Antrags veranlaßt hat, nachträglich beseitigt, so gilt der abgelehnte Antrag nicht ohne Weiteres als gestellt, sondern es bedarf eines neuen Antrags, und dessen Eingang ist, wie in Erl. 1 bereits erwähnt, für die Priorität maßgeblich.

4. Ueber die sog. **temporisirenden Zwischenverfügungen** enthält §. 18 verschiedene nähere Vorschriften.

a. Sie müssen stets außer der Mittheilung des Hindernisses selbst die Bestimmung einer angemessenen Frist enthalten, binnen deren der Antragsteller das Hinderniß zu beseitigen hat. Die Dauer der Frist hängt von dem Ermessen des Grundbuchamts ab. Das Wort „angemessen" ist von der Reichstagskommission eingeschaltet, um zum Ausdrucke zu bringen, daß das Grundbuchamt bei Gewährung der Frist nach verständigem Ermessen vorgehen solle

§. 19.

Eine Eintragung erfolgt, wenn derjenige sie bewilligt, dessen Recht von ihr betroffen wird.

---

und auch befugt sei, eine von ihm nicht richtig bemessene Frist in anderer Weise festzusetzen, sowie daß dem Antragsteller auch der Weg der Beschwerde offen stehe, um gegen eine unangemessene Bestimmung der Frist Abhülfe zu erlangen (K.B. S. 3426. Vgl. K.G. N.F. 1 A. S. 275).

Für die Berechnung der Frist wird in den meisten Bundesstaaten die Vorschrift des §. 17 des freiw. G.G. in Betracht kommen, so z. B. in Preußen auf Grund des preuß. freiw. G.G. Art. 1 und in Bayern auf Grund des A.G. z. G.B.O. Art. 8. Nach §. 17 gelten für die Berechnung der Fristen die Vorschriften des B.G.B. §§. 186ff.; Abs. 2 fügt, die Bestimmung des B.G.B. §. 193 verallgemeinernd, hinzu: „Fällt das Ende einer Frist auf einen Sonntag oder allgemeinen Feiertag, so endigt die Frist mit dem Ablaufe des nächstfolgenden Werktags."

b. Für den Fall, daß innerhalb der Frist das Hinderniß beseitigt wird, ohne daß zuvor ein dasselbe Recht betreffender Eintragungsantrag eingeht, ist nichts Besonderes bestimmt. Die Eintragung wird alsdann vollzogen. Verstreicht dagegen die Frist, ohne daß die Hebung des Hindernisses nachgewiesen wird, so ist der Antrag endgültig zurückzuweisen. Die Gewährung einer Nachfrist ist nicht zugelassen; ein hierauf zielender Antrag ist von der Reichstagskommission abgelehnt. Wenn jedoch das Grundbuchamt sich davon überzeugt, daß die bestimmte Frist nicht angemessen war, kann es, wie erwähnt, seine Entscheidung später berichtigen (vgl. §. 75; so ausdrücklich sächs. V.O. vom 26. Juli 1899 §. 103), und auch das Beschwerdegericht kann an Stelle der zu kurz bemessenen Frist eine längere festsetzen (K.B. a. a. O.).

c. Falls innerhalb der Frist eine andere dasselbe Recht betreffende Eintragung beantragt wird, würde in Ermangelung einer besonderen Vorschrift nach §. 17 diese Eintragung, auch wenn sie völlig gerechtfertigt wäre, erst nach Ablauf der Frist und Erledigung des beanstandeten Antrags erfolgen können. Dadurch würde eine Verzögerung der Erledigung der Eintragungsgesuche eintreten und Unzuträglichkeiten entstehen können. Insbesondere würde z. B. dadurch möglicher Weise die im §. 1139 des B.G.B. (oben S. 133) vorgesehene Monatsfrist für die Eintragung des Widerspruchs, daß die Hingabe des durch die Hypothek gesicherten Darlehns unterblieben sei, verpaßt werden. Deshalb hat die Reichstagskommission die Bestimmung des Abs. 2 eingeschaltet (K.B. S. 3426) Danach findet, damit die später beantragte Eintragung vollzogen werden kann, eine vorläufige Erledigung des beanstandeten Antrags dadurch statt, daß zu dessen Gunsten von Amtswegen eine Vormerkung oder, wenn die Eintragung eines bereits bestehenden dinglichen Rechtes beantragt ist, ein Widerspruch eingetragen wird (vgl. über diese Begriffe oben S. 25ff.). Im Falle der späteren Zurückweisung des beanstandeten Antrags erfolgt die Löschung der Vormerkung oder des Widerspruchs von Amtswegen, andernfalls wird dagegen die beantragte endgültige Eintragung an die Stelle der vorläufigen gesetzt (vgl. preuß. Allg. Verf. §. 14).

II. Eintragungsbewilligung. Formelles Konsensprinzip.

1. Die Regel.

§. 19.

E. I §. 21 Abs. 1; II §. 18. P. I S. 13415—13449, 13625, 13631, 13632. M. S. 55. D. S. 3038, 3039.

1. Wie schon oben S 180 unter III 1b erwähnt, hat die G.B.O. das **formelle Konsensprinzip** angenommen, d. h. den Grundsatz, daß, von dem Antrag abgesehen, „die Bewilligung

des leidenden Theiles zu einer Eintragung in das Grundbuch erforderlich und ausreichend ist" (M. z. B.G.B. Bd. 3 S. 158). Dieser wichtige Satz ist im §. 19 zum Ausdrucke gekommen. Er überhebt das Grundbuchamt der Pflicht zu prüfen, ob alle materiellen Voraussetzungen der einzutragenden Rechtsänderung vorliegen. Insbesondere braucht die nach dem B.G.B. §§. 873, 877 ꝛc. erforderliche Einigung der Betheiligten über den Eintritt der Rechtsänderung oder die im §. 875 vorgeschriebene Erklärung des Berechtigten, daß er das Recht aufgebe, nicht nachgewiesen zu werden; es kann sogar ihr Fehlen feststehen, trotzdem muß auf die Eintragungsbewilligung desjenigen, dessen Recht von der Eintragung betroffen wird, die beantragte Eintragung erfolgen. Der Unterschied liegt vor allem darin, daß in den Fällen, in denen das B.G.B. eine Einigung verlangt, die Annahmeerklärung des anderen Theiles ruhig fehlen kann, daneben auch darin, daß die Erklärung des leidenden Theiles nicht, wie nach dem bürgerlichen Rechte, auf den Eintritt der Rechtsänderung oder die Aufgabe seines Rechtes, sondern auf die Eintragung gerichtet zu sein braucht. Diese Erleichterungen sind im Interesse der Vereinfachung der Buchführung und des Verkehrs zugelassen, insbesondere um die schriftliche Abfassung und öffentliche Beglaubigung des dinglichen Vertrags zu ersparen, und um den Bedürfnissen des Realkredits zu genügen, welche verlangen, daß z. B. die zur Begründung einer Hypothek erforderliche Einigung auch nach der Eintragung gültig erklärt werden kann.

2. Die **rechtliche Natur** der Eintragungsbewilligung und ihr Verhältniß zu dem Antrag ist oben S. 180 Vorbm. III 1b bereits besprochen. Vgl. auch Erl. 3 zu §. 13 S. 193. Auch davon, daß ihr Fehlen die Eintragung nicht nichtig macht, ist bereits oben S. 29 Ziff. 3 die Rede gewesen.

3. Die Eintragungsbewilligung muß von dem **leidenden Theile** ausgehen. „Wer hiernach die Eintragung zu bewilligen hat, muß im einzelnen Falle mit Rücksicht auf den Gegenstand der beantragten Eintragung an der Hand der Vorschriften des B.G.B. bestimmt werden" (D. a. a. O.). Vgl. oben S. 195f. Erl. 5a zu §. 13. Bei Neubestellung eines dinglichen Rechtes an dem Grundstück ist der Eigenthümer derjenige, dessen Recht von der Eintragung betroffen wird, bei der Uebertragung, der Belastung oder der Aufgabe eines eingetragenen Rechtes der bisherige Berechtigte (vgl. aber §. 27), bei der Rangänderung der zurücktretende Berechtigte und, wenn eine Hypothek, eine Grundschuld oder eine Rentenschuld zurücktreten soll, daneben der Eigenthümer (B.G.B. §. 880 Abs. 2). Aus dem letzten Beispiel erhellt schon, daß unter Umständen nicht ein Betheiligter, sondern mehrere die Eintragung bewilligen müssen, weil das Recht eines Jeden von ihr betroffen wird. So bemerkt die Denkschrift: „Handelt es sich um Aenderungen des Inhalts eines Rechtes an einem Grundstück, so ist die Bewilligung des Berechtigten und des Eigenthümers erforderlich, da hier sowohl das Recht an dem Grundstück als auch das Eigenthum selbst von der Eintragung betroffen wird. Dies gilt insbesondere für die Fälle, in denen eine Buchhypothek in eine Briefhypothek oder eine Briefhypothek in eine Buchhypothek, eine Sicherungshypothek in eine gewöhnliche Hypothek, eine gewöhnliche Hypothek in eine Sicherungshypothek, eine Hypothek in eine Grundschuld, eine Grundschuld in eine Hypothek umgewandelt oder in denen an die Stelle der Forderung, für welche die Hypothek besteht, eine andere Forderung gesetzt werden soll" (vgl. über diese Fälle oben S. 88ff.). Aber auch in diesen Fällen bedarf es nur der Eintragungsbewilligung der Betheiligten, nicht des Nachweises der Einigung (Rechtspr. 1 S. 414). Ebenso bedarf es zu der Eintragung einer Aenderung des Inhalts oder des Ranges und zu der Löschung eines Rechtes auch der Bewilligung des Dritten, dessen Zustimmung nach dem B.G.B. erforderlich ist (oben S. 28), nämlich desjenigen, dem ein Recht an dem betreffenden Rechte oder an dem herrschenden Grundstücke zusteht (letzteren Falles mit der aus §. 21 ersichtlichen Einschränkung), sowie bei der Inhaltsänderung auch der Bewilligung der gleich- oder nachstehenden Berechtigten, falls deren Rechte durch die Inhaltsänderung geschmälert werden (vgl. S. 89f., insbesondere auch über die Ausnahme für den Fall der Erhöhung des Zinsfußes bis 5% und der Aenderung der Zahlungszeit und des Zahlungsorts bei Hypotheken und Grundschulden).

Wenn gleich bei der Bewilligung der Eintragung einer Hypothek die Eintragung des Vermerkes, daß die Ertheilung des Hypothekenbriefs ausgeschlossen ist, bewilligt und beantragt wird, genügt die Bewilligung des Eigenthümers; die des Hypothekengläubigers ist nicht erforderlich, denn da er als solcher noch nicht eingetragen ist, steht ihm noch kein Recht zu, das durch die Eintragung jenes Vermerkes geschmälert würde (Entsch. 1 S. 22 = K.G. N.F. 1 A S. 97; Grohmann im sächs. Archiv Bd. 10 S. 233, vgl. ebd. S. 379). Dasselbe gilt von sonstigen Einschränkungen der Rechte des Gläubigers der einzutragenden Hypothek, z. B. von dem Ausschlusse der Kündigungsbefugniß.

Desgleichen genügt die Eintragungsbewilligung des Eigenthümers zu der Eintragung der Abtretung einer auf diesen übergegangenen Briefhypothek oder Briefgrundschuld, sofern er deren Erwerb durch eine gehörige Quittung nachweist (oben S. 84 Anm. 1); letztere ersetzt nach §. 22 und §. 40 Abs. 2 die Bewilligung des noch eingetragenen bisherigen Gläubigers. Vgl. auch Erl. 1b zu §. 22, S. 215.

Auch die Vormerkung zur Sicherung des Anspruchs auf Löschung einer Hypothek oder Grundschuld (B.G.B. §. 1179, oben S. 71) bedarf nur einer Bewilligung des Eigenthümers, nicht des Gläubigers, bei dessen Post sie einzutragen ist; nicht dessen Recht wird von ihr betroffen, sondern nur das des Eigenthümers, nachdem die Post auf diesen übergegangen ist. (Turnau-Förster Bd. 1 S. 721 Anm. 5).

4. Nicht erforderlich ist für die Gültigkeit der Eintragungsbewilligung, daß der Bewilligende zur Zeit der Bewilligung als Berechtigter **eingetragen** ist. Vgl. darüber §§. 40, 41 nebst Erl.

5. Ueber den **Inhalt der Eintragungsbewilligung** vgl. die Erl. zu §. 28.

6. Daß die Eintragungsbewilligung **unbedingt und unbetagt** sein muß, wie man für das preuß. Recht annahm (vgl. Achilles-Strecker S. 157), ist in der G.B.O. nicht gesagt. §. 16 betrifft nur Anträge unter Vorbehalt. Indessen da der Antrag, wie oben S. 197f. Erl. 6 erwähnt, sich mit der Bewilligung decken muß, wird durch eine bedingte Eintragungsbewilligung auch nur ein bedingter Eintragungsantrag gerechtfertigt. Enthält letzterer die Erklärung, daß die Bedingung eingetreten sei und die Eintragung deshalb unbedingt beantragt werde, so liegt nicht ein bloßer Antrag, sondern eine neue Bewilligung vor; eine solche Erklärung muß also von dem leidenden Theile ausgehen und in der im §. 22 vorgeschriebenen Form abgegeben werden. Nur eine Rechtsbedingung und keine wirkliche Bedingung liegt aber vor, wenn die Eintragung einer Belastung lediglich von der Eintragung des Bewilligenden als Eigenthümer oder Inhaber des zu belastenden Rechtes in das Grundbuch abhängig gemacht ist; dieser Vorbehalt ist daher zulässig (vgl. auch Rechtspr. 2 Satz 1).

Von einer **Befristung** gilt im Allgemeinen dasselbe wie von einer Bedingung. Wenn jedoch z. B. die Eintragung nach Inhalt der Bewilligung erst nach dem Eintritt eines bestimmten Kalendertags erfolgen soll, so ist einem nach diesem gestellten Antrage zu entsprechen; denn die Prüfung, ob dieser Tag eingetreten ist, beschwert das Grundbuchamt nicht, sodaß ein Verstoß gegen den im §. 16 zum Ausdrucke gebrachten Grundgedanken nicht vorliegt (vgl. Oberneck S. 125, 488).

7. Ueber die **Form** der Eintragungsbewilligung vgl. §. 29.

8. Von dem im §. 19 ausgesprochenen Grundsatze gelten viele **Ausnahmen**; in einzelnen Fällen, nämlich in denen der Auflassung eines Grundstücks und der Bestellung oder Uebertragung eines Erbbaurechts (Erbpacht- oder Abbaurechts), wird mehr gefordert (§§. 20, 84), in anderen erfolgt die Eintragung ohne Bewilligung.

Ganz allgemein gelten die Vorschriften der §§. 894, 895 der C.P.O., durch welche die Bewilligung durch die Verurtheilung zur Bewilligung ersetzt wird. Vgl. oben S. 181ff. Außerdem fällt das Erforderniß der Eintragungsbewilligung fort für die Fälle der Eintragungen von Amtswegen (oben S. 192 Erl. 2) und auf Ersuchen von Behörden (§. 39).

Ferner kann nach §. 21 die Eintragung der Aufhebung oder Aenderung subjektiv-dinglicher Rechte unter Umständen ohne die Bewilligung des Dritten erfolgen, mit dessen Rechte das

§. 20.

Im Falle der Auflassung eines Grundstücks sowie im Falle der Bestellung oder Uebertragung eines Erbbaurechts darf die Eintragung nur erfolgen, wenn die erforderliche Einigung des Berechtigten und des anderen Theiles erklärt ist.

---

herrschende Grundstück belastet ist. Nach §§. 22—24 bedarf es zur Berichtigung des Grundbuchs im Falle des Nachweises der Unrichtigkeit keiner Bewilligung, soweit nicht die § 22 Abs. 2, §§. 23, 24 Einschränkungen enthalten. Nach §. 25 kann die Löschung der auf Grund einstweiliger Verfügungen oder vorläufig vollstreckbarer Urtheile eingetragenen Vormerkungen oder Widersprüche bei Aufhebung der einstweiligen Verfügung oder des Urtheils ohne Bewilligung geschehen. Nach §. 26 wird bei der Uebertragung oder Belastung einer Briefhypothek oder einer Briefgrundschuld oder eines Pfandrechts an einem eingetragenen Rechte die Bewilligung durch die Abtretungs- oder Belastungserklärung ersetzt.

Weitere Ausnahmen ergeben sich aus dem B.G.B. und der C.P.O., vor allem für die Eintragungen von Vormerkungen und Widersprüchen auf Grund einstweiliger Verfügungen (oben S. 131 f. und S. 183 ff.), sowie des Widerspruchs bei einer Buchhypothek, der sich darauf gründet, daß die Hingabe des Darlehns unterblieben sei, dessen Eintragung auf Grund des bloßen Antrags des Eigenthümers erfolgt (B.G.B. §. 1139, oben S. 133), für die Eintragungen der Zwangs- und Arresthypotheken (oben S. 94 ff.) und für die Eintragungen auf Grund von Pfändungs- und Ueberweisungsbeschlüssen (oben S. 115 ff.). Von allen diesen Fällen ist oben bereits die Rede gewesen.

Schließlich kann die Eintragungsbewilligung auch nach näherer Vorschrift der Landesgesetze durch ein sog. Unschädlichkeitszeugniß ersetzt werden. Vgl. preuß. A.G. z. G.B.O. Art. 20 und oben S. 35 unter 4 b.

2. Ausnahmen von dem formellen Konsensprinzipe.

a. Im Falle der Auflassung eines Grundstücks und der Bestellung und Uebertragung eines Erbbaurechts.

§. 20.

E. I §. 21 Abs. 1; II §. 19. P. I S. 13415—13421, 13439—13449, 13631, 13632. M. S. 55. D. S. 3039.

1. Für diejenigen **Fälle**, in denen das bürgerliche Recht mit Rücksicht auf den Inhalt und die Bedeutung des zu erwerbenden Rechtes für die zur Rechtsänderung erforderliche Einigung eine besondere Form vorschreibt, verlangt die G.B.O. zur Sicherung der Beobachtung der Form, daß die Eintragung nur auf Grund der nachgewiesenen Einigung erfolgen darf. Diese Fälle sind die sog. Auflassung d. i. „die zur Uebertragung des Eigenthums an einem Grundstück erforderliche Einigung des Veräußerers und des Erwerbers" (§. 925), ferner die zur Bestellung des Erbbaurechts erforderliche Einigung des Eigenthümers und des Erwerbers (§. 1015) und die in der Form der Auflassung erfolgende Uebertragung des Erbbaurechts (§. 1017). Dazu kommen nach Art. 63 und 68 des E.G. z. B.G.B. als weitere Fälle hinzu die Uebertragung eines landesrechtlich zugelassenen Erbpachtrechts (Büdnerrechts, Häuslerrechts) und die Bestellung und Uebertragung eines landesrechtlich zugelassenen vererblichen und veräußerlichen Rechtes zur Gewinnung eines den bergrechtlichen Vorschriften nicht unterliegenden Minerals; auch für diese gilt nach §. 84 die Vorschrift des §. 20. Schließlich kann die Landesgesetzgebung diese Vorschrift auf die von dem Reichsrechte nicht berührten Rechte ausdehnen; in Preußen ist dies im Art. 28 des A.G. z. G.B.O.

hinsichtlich des Bergwerkseigenthums, der unbeweglichen Bergwerksantheile und selbständigen Gerechtigkeiten geschehen.

2. In diesen Fällen muß die **Beobachtung der für die Einigung vorgeschriebenen Form** nachgewiesen werden, ehe die Eintragung erfolgen darf. Vgl. über diese Form und den Vorbehalt im E.G. Art. 143 oben S. 37, 38, 45—47, insbesondere über die Ausnahmebestimmung des preuß. A.G. z. B.G.B. Art. 26 oben S. 38 Anm. 3. Danach hat das Grundbuchamt nach §. 20 die Eintragung erst vorzunehmen, wenn ihm nachgewiesen werden:

a. die Erklärung der Einigung. Hierin liegt die Hauptabweichung von der Regel des §. 19; nicht blos die Erklärung des Veräußerers oder des Bestellers, sondern auch die Annahmeerklärung des Erwerbers muß der Eintragung vorausgehen. Außerdem braucht jene nicht eine Eintragungsbewilligung zu sein, vgl. S. 38 Abs. 2 und Anm. 4.

Darüber, daß die Auflassung und dementsprechend auch die Uebertragung eines Erbbaurechts nicht unter einer Bedingung oder Zeitbestimmung erfolgen darf, vgl. oben S. 127. (Eine Rechtsbedingung ist aber nicht unzulässig; Rechtsp. 2 S. 1.) Für die Bestellung eines Erbbaurechts fehlt es an einer entsprechenden Vorschrift (vgl. S. 45f., 127).

Von diesem Erfordernisse, daß die Einigung in den obigen Fällen der Eintragung vorausgehen muß, läßt das E.G. keine Ausnahme zu; ein Verstoß gegen diese Vorschrift hat aber bei der instruktionellen Natur der Vorschriften der G.B.O. (S. 140 Vorbm. 2) keine materiellrechtliche Wirkung. Vgl. hierüber und über den Ersatz der Auflassungserklärung durch Urtheil oben S. 38f. und S. 181ff.

b. Erklärung der Einigung vor dem Grundbuchamte. Das Erforderniß steht mit dem bisherigen preußischen Rechte (Ges. über den Eig.Erw. §. 2) in Uebereinstimmung. Ueber seine Begründung vgl. M. z. B.G.B. Bd. 3 S. 314ff., P. II Bd. 3 S. 170ff. und Begr. zu Art. 25 des Entw. eines preuß. A.G. z. B.G.B. Mit Rücksicht auf das frühere Recht einzelner Gebietstheile ist es indessen der Landesgesetzgebung im Art. 143 des E.G. vorbehalten, Ausnahmen von dieser Regel zuzulassen, wie oben S. 38 bereits erwähnt.

Ueber die Frage, vor welchem Grundbuchamte die Einigung erklärt werden muß, vgl. oben S. 145 Erl. 4 und Turnau-Förster Bd. 1 S. 337.

Ueber die Aufnahme eines Protokolls und dessen Form vgl. §. 29, und über die Frage, ob dessen Aufnahme wesentlich ist, oben S. 144 Erl. 3.

Ob auch auf Gerichtstagen Auflassungen entgegengenommen werden dürfen, war früher in Preußen nicht unbestritten (Achilles-Strecker 4. Aufl. S. 332 Erl. 4); jetzt steht ihm weder reichsrechtlich noch nach den preußischen Vorschriften ein Bedenken entgegen.

c. Erklärung bei gleichzeitiger Anwesenheit beider Theile. Auch dieses Erforderniß entspricht dem bisherigen preußischen Rechte (a. a. O.), gilt aber gemäß des angeführten Art. 143 des E.G. ebenfalls nicht ausnahmslos.

Nicht erfordert wird persönliche Anwesenheit beider Theile, vielmehr ist, wie bei jeder Erklärung vor dem Grundbuchamte, so auch bei der Auflassung Vertretung zulässig. Vgl. Erl. 3 zu §. 30 und §. 31.

3. Kein materiellrechtliches Erforderniß der Auflassung ist, daß der Veräußerer als Eigenthümer in das Grundbuch **eingetragen** ist (anders das preuß. Ges. über den Eig. Erw. ꝛc. §. 2). Wohl aber gilt auch für sie die Vorschrift des §. 40, wonach eine Eintragung nur erfolgen soll, wenn der leidende Theil als Berechtigter eingetragen ist, jedoch mit der aus §. 41 ersichtlichen Ausnahme. Aus dieser Bestimmung darf aber nicht gefolgert werden, daß das Grundbuchamt die Entgegennahme einer Auflassung ablehnen darf und muß, wenn der Veräußerer nicht in das Grundbuch eingetragen ist. Denn, wie oben S. 145 bereits erwähnt, ist die Gültigkeit der Auflassung wie der sonstigen Erklärungen vor dem Grundbuchamte nicht davon abhängig, daß sie behufs Erwirkung der Eintragung vorgenommen werden; die Erklärungen sind selbst dann für die Betheiligten bindend, wenn sich die Eintragung nicht anschließt. Das Grundbuchamt ist deshalb auch zu ihrer Entgegennahme verpflichtet, wenn von vornherein feststeht, daß eine Eintragung

§. 21.

Steht ein Recht, das durch die Eintragung betroffen wird, dem jeweiligen Eigenthümer eines Grundstücks zu, so bedarf es der Bewilligung derjenigen, deren Zustimmung nach §. 876 Satz 2 des Bürgerlichen Gesetzbuchs zur Aufhebung des Rechtes erforderlich ist, nur dann, wenn das Recht auf dem Blatte des Grundstücks vermerkt ist.

§. 22.

Zur Berichtigung des Grundbuchs bedarf es der Bewilligung desjenigen, dessen Recht von der Berichtigung betroffen wird, nicht, wenn die Unrichtigkeit nachgewiesen wird. Dies gilt insbesondere für die Eintragung oder Löschung einer Verfügungsbeschränkung.

---

auf Grund der Erklärungen nicht erfolgen kann, sofern die Betheiligten, trotzdem sie hierüber belehrt sind, die Auflassung vornehmen wollen, um den bindenden dinglichen Vertrag abzuschließen. Dem Reichsrechte sind solche Vorschriften unbekannt, wie sie die preuß. G.B.O. im §. 48 Abs. 1, 3 enthielt: „Der Grundbuchrichter darf die Auflassungserklärung erst entgegennehmen, wenn er nach Prüfung der Sache dafür hält, daß der sofortigen Eintragung des Eigenthümers ein Hinderniß nicht entgegensteht." „Die Eintragung des Eigenthumsübergangs muß sich unmittelbar an die Auflassung anschließen" (ebenso Oberneck S. 269, 275).

4. Dagegen kann nach §. 98 durch Landesgesetz bestimmt werden, daß das Grundbuchamt die Erklärung der Auflassung nur entgegen nehmen soll, wenn die nach §. 313 des B.G.B. erforderliche Urkunde über das der Auflassung zu Grunde liegende Rechtsgeschäft vorgelegt wird. Vgl. S. 168 Erl. 3.

5. Ueber die Fälle, in denen beim Eigenthumswechsel oder bei der Uebertragung eines Erbbaurechts die **Auflassung nicht erforderlich** ist, vgl. oben S. 30ff. und S. 41 ff.

6. Die oben S. 185ff. und S. 188ff. bereits besprochene **Prüfungspflicht** des Grundbuchamts ist für die Eintragung von Eigenthumsänderungen von besonderer Bedeutung, namentlich sind die Veräußerungs- und Erwerbsbeschränkungen juristischer Personen zu beachten. Vgl. hierüber Erl. 3eδ zu §. 30 der G.B.O. und die Erl. zu Art. 9 des preuß. A.G. z. G.B.O.

b. Bei subjektiv-dinglichen Rechten.

§. 21.

E. II §. 20. D. S. 3039. St.B. S. 4423.

Ueber diese Ausnahme von dem formellen Konsensprinzipe, welche verhüten soll, daß durch das Erforderniß der Bewilligung aller an dem herrschenden Grundstücke Berechtigten der Verkehr über Gebühr erschwert wird, vgl. die Erl. zu §. 8, insbes. Erl. 3 (S. 165).

c. Bei Berichtigung des Grundbuchs.

α. Regel. Besonderheit für Eigenthum und Erbbaurecht.

§. 22.

E. II §. 21. D. S. 3039. K.B. S. 3426, 3427.

1. Die §§. 22 bis 24 enthalten besondere Vorschriften für die **Berichtigung des Grundbuchs**, also für die Fälle, in denen der Inhalt des Grundbuchs mit der wirklichen Rechtslage nicht im Einklange steht. Vgl. oben S. 25—27 und S. 199 Erl. 2a, Planck Bd. 3 S. 115ff.

Die Berichtigung des Grundbuchs durch Eintragung eines Eigenthümers oder eines Erbbauberechtigten darf, sofern nicht der Fall des §. 14 vorliegt, nur mit Zustimmung des Eigenthümers oder des Erbbauberechtigten erfolgen.

---

und Schilde S. 6—36. Hier stehen regelmäßig zwei Möglichkeiten zu Gebote, wie der Antrag auf Berichtigung des Grundbuchs begründet werden kann.

a. Zunächst kommt auch für diese Fälle die Regel des §. 19 in Betracht; die Berichtigung kann also auf Grund der Bewilligung desjenigen erfolgen, dessen Recht von ihr betroffen wird. Dies gilt nicht nur dann, wenn ein wirklich Berechtigter die Eintragung eines nicht oder nicht richtig eingetragenen, sein Recht schmälernden Rechtes bewilligt, sondern auch, wenn das Recht des Bewilligenden nur ein scheinbares, ein bloßes Buchrecht ist, das mit der materiellen Rechtslage nicht im Einklange steht; es genügt also z. B. die Löschungsbewilligung des eingetragenen Berechtigten zur Begründung des Antrags auf Löschung eines eingetragenen Rechtes, obwohl in Wirklichkeit dieses nie bestanden hat, sei es, weil es nur versehentlich eingetragen oder weil der zur Entstehung des Rechtes erforderliche dingliche Vertrag nicht zu Stande gekommen ist, oder obwohl es bereits wieder erloschen ist.

Bewilligt derjenige, dessen Recht von der Berichtigung des Grundbuchs betroffen wird, nicht freiwillig diese Berichtigung, so kann er nach §. 894 des B.G.B. von dem Betheiligten, „dessen Recht nicht oder nicht richtig eingetragen oder durch die Eintragung einer nicht bestehenden Belastung oder Beschränkung beeinträchtigt ist," auf Ertheilung der Zustimmung verklagt werden. Das rechtskräftige Urtheil ersetzt die Zustimmungserklärung (vgl. S. 181 ff.).

b. Neben diesem Wege kann der an der Berichtigung Interessirte einen zweiten einschlagen. Nach §. 22 Abs. 1 kann er ohne Bewilligung des leidenden Theiles die Berichtigung auf Grund des Nachweises der Unrichtigkeit erwirken (vgl. Schilde S. 82 ff.). Zu diesem Nachweise bedarf es aber regelmäßig öffentlicher oder öffentlich beglaubigter Urkunden nach näherer Bestimmung des §. 29 der G.B.O. Kann er in dieser Form nicht geführt werden, bleibt dem Interessirten nur der unter a erwähnte Weg.

Als Beispiele führt die Denkschrift an den Uebergang einer Hypothek, einer Grundschuld oder Rentenschuld auf den Eigenthümer des Grundstücks oder auf den persönlichen Schuldner durch Befriedigung des Gläubigers (vgl. oben S. 79—86), wenn diese durch eine öffentliche oder öffentlich beglaubigte Quittung nachgewiesen wird (vgl. Entsch. 1 S. 159 = Rechtspr. 1. S. 479 und oben S. 84 Anm. 1), außerdem muß in dem letzteren Falle auch der Ersatzanspruch des persönlichen Schuldners gegen den Eigenthümer oder dessen Rechtsvorgänger in gehöriger Form nachgewiesen werden (oben S. 80). Aehnliches gilt bei dem Uebergang einer Gesammthypothek auf den Eigenthümer eines der belasteten Grundstücke (oben S. 84 Anm. 2).

Weitere Beispiele ergeben sich aus der Zusammenstellung der Fälle, in denen Rechte ohne Eintragung erworben, in ihrem Inhalte geändert werden oder untergehen, in der Einl. S. 30—35, S. 52 f. (Dienstbarkeiten), S. 54 f. (Vorkaufsrecht), S. 57 ff. (Reallasten), S. 75 ff. (Hypotheken) ꝛc. Vgl. auch über die Berichtigung des Ranges eines Rechtes die Erl. 6b u. 7a zu §. 46. Neben diesen Fällen, in denen sich eine Rechtsänderung ohne Eintragung vollzogen hat, kommen auch die einer irrthümlichen oder aus anderen Gründen mit der wirklichen Rechtslage nicht im Einklange stehenden Eintragung in Betracht, und besonders hervorgehoben sind im Abs. 1 Satz 2 die Eintragung oder Löschung einer Verfügungsbeschränkung (oben S. 23 ff., 119 ff.).

2. Streitig ist es, ob die Vorschrift des §. 22 Abs. 1 auch auf die Löschung von Rechten Anwendung findet, welche nach der Eintragung einer **Vormerkung** eingetragen und dem vorgemerkten Anspruche gegenüber unwirksam sind, sobald dieser zur endgültigen Eintragung geführt hat (vgl. oben S. 134 f.). Diese Frage wird von Planck Bd. 3 S. 102 Erl. 2a verneint, weil aus der Aufnahme des §. 888 Abs. 1 neben dem §. 894 entnommen werden müsse, daß die

Unwirksamkeit eines eingetragenen Rechtes in jenem Falle nicht als ein Fall der Unrichtigkeit des Grundbuchs aufzufassen sei; danach würden die eingetragenen Berechtigten die Löschung ihrer Rechte, welche dem durch die Vormerkung Geschützten gegenüber unwirksam sind, bewilligen oder auf Grund des §. 888 zur Bewilligung rechtskräftig verurtheilt werden müssen. Dagegen lassen andere (z. B. Cosack Bd. 2 S. 55 §. 183 IV 1c und Oberneck S. 255) das Berichtigungsverfahren zu. Große praktische Bedeutung wird der Streit, soweit es sich um die Anwendung des §. 22 Abs. 1 handelt, nicht erlangen, weil der sichere Nachweis des Bestehens des vorgemerkten Anspruchs mit Wirksamkeit gegenüber dem Dritten mit Rücksicht auf die Möglichkeit der Kollusion weder durch eine von dem Schuldner dieses Anspruchs erklärte Bewilligung der endgültigen Eintragung des durch die Vormerkung gesicherten Rechtes noch durch dessen rechtskräftigte Verurtheilung zu dieser Bewilligung erbracht wird, sofern nicht ausnahmsweise das Urtheil auch gegen den Dritten Rechtskraft hat (vgl. oben S. 128). Das Grundbuchamt wird daher regelmäßig zur Begründung des Antrags auf Löschung der erwähnten Rechte eine besondere Bewilligung der Berechtigten oder ihre rechtskräftige Verurtheilung fordern müssen.

Dasselbe, wie bei den Vormerkungen, gilt nach §. 888 Abs. 2 des B.G.B. auch bei Veräußerungsverboten und entsprechend auch bei sonstigen Verfügungsbeschränkungen.

3. Von der Vorschrift des §. 22 Abs. 1 bestehen verschiedene **Ausnahmen.** Für die Löschung zeitlich beschränkter Rechte bedarf es nach näherer Vorschrift der §§. 23, 24 unter Umständen der Bewilligung, und eine Hypothek oder eine Grundschuld darf stets nur mit Zustimmung des Eigenthümers des Grundstücks gelöscht werden (§. 27). Vgl. hierüber die Erl. zu den §§. 23, 24 und 27.

Eine weitere Ausnahmebestimmung giebt §. 22 Abs. 2 für die Eintragung eines **Eigenthümers oder eines Erbbauberechtigten.**

Mit Rücksicht auf die Bedeutung des Eigenthums und des Erbbaurechts, welche auch zu der Sondervorschrift des §. 20 Anlaß gegeben hat (vgl. oben S. 212 Erl. 1), insbesondere auch mit Rücksicht auf die mit diesen Rechten verknüpften öffentlich-rechtlichen Pflichten (K.B. S. 3427), ist für die Eintragung eines Eigenthümers oder eines Erbbauberechtigten fast ausnahmslos dessen Zustimmung erforderlich. Es genügt also nicht die Bewilligung des leidenden Theiles oder der Nachweis der Unrichtigkeit, um diese Eintragung zu erwirken, sondern der Einzutragende (Entsch. 1 S. 159 = Rechtspr. 1 S. 479) muß seine Zustimmung dazu geben. Beantragt also ein Anderer die Eintragung, muß er außer den unter 1 erwähnten Erfordernissen die Zustimmung in gehöriger Form (§. 29) beibringen. Beantragt der Eigenthümer oder Erbbauberechtigte selbst seine Eintragung, bedarf der Antrag der Form des §. 29, weil er nicht lediglich einen Antrag, sondern auch eine zu der Eintragung erforderliche Erklärung enthält. Dagegen braucht natürlich die Auflassungsform nicht beobachtet zu werden, denn es handelt sich hier nicht um den Erwerb des Eigenthums oder Erbbaurechts, sondern um die Berichtigung des Grundbuchs durch Eintragung desjenigen, welcher bereits, ohne eingetragen zu sein, Eigenthümer oder Erbbauberechtigter war; auch die Zustimmung des bisher als Eigenthümer Eingetragenen ist nicht erforderlich, wenn die Unrichtigkeit nachgewiesen wird.

Dem Erbbaurechte stehen wieder die landesrechtlichen Erbpachtrechte und Abbaurechte gleich (§. 84).

Ausnahmsweise bedarf es der Zustimmung des einzutragenden Berechtigten nicht im Falle des §. 14, also wenn auf Grund eines gegen ihn vollstreckbaren Titels seine Eintragung von dem Vollstreckungsgläubiger beantragt wird, weil sie die Voraussetzung für die Eintragung bildet, welche der Gläubiger auf Grund des Titels verlangen kann.

Die Fälle, in denen das Eigenthum ohne Eintragung erworben wird, sind oben S. 30ff. und 41ff. aufgeführt. Daneben kommen noch die Fälle einer Eintragung auf Grund einer nichtigen Auflassung u. ä. in Betracht. Wenn z. B. versehentlich statt des verkauften ein anderes, dem Veräußerer gehöriges Grundstück aufgelassen und auf den Käufer umgeschrieben ist, bleibt letzteres, rechtzeitige Anfechtung vorausgesetzt (B.G.B. §§. 119, 121), in dem Eigenthume des

§. 23.

Ein Recht, das auf die Lebenszeit des Berechtigten beschränkt ist, darf nach dessen Tode, falls Rückstände von Leistungen nicht ausgeschlossen sind, nur mit Bewilligung des Rechtsnachfolgers gelöscht werden, wenn die Löschung vor dem Ablauf eines Jahres nach dem Tode des Berechtigten erfolgen soll oder wenn der Rechtsnachfolger der Löschung bei dem Grundbuchamte widersprochen hat; der Widerspruch ist von Amtswegen in das Grundbuch einzutragen. Ist der Berechtigte für todt erklärt, so beginnt die einjährige Frist mit der Erlassung des die Todeserklärung aussprechenden Urtheils.

Der im Abs. 1 vorgesehenen Bewilligung des Rechtsnachfolgers bedarf es nicht, wenn im Grundbuch eingetragen ist, daß zur Löschung des Rechtes der Nachweis des Todes des Berechtigten genügen soll.

§. 24.

Die Vorschriften des §. 23 finden entsprechende Anwendung, wenn das Recht mit der Erreichung eines bestimmten Lebensalters des Berechtigten oder mit dem Eintritt eines sonstigen bestimmten Zeitpunkts oder Ereignisses erlischt.

Verkäufers. Zu dessen Wiedereintragung als Eigenthümer bedarf es keiner Auflassung, wohl aber seiner Zustimmung und außerdem der Bewilligung des Käufers oder des Nachweises des Irrthums. Dagegen ist zur Uebereignung der wirklich verkauften Parzelle, die aufgelassen werden sollte, die Auflassung und Eintragung erforderlich.

β. Besonderheit für die Löschung zeitlich beschränkter Rechte.

§§. 23, 24.

E. II §§. 22, 23. P. I S. 3681—3686, 4219—4230, 6210, 6216, 11890—11892, 11936 ff.; II Bd. 3 S. 73—75. M. S. 74 (M. z. B.G.B. Bd. 3 S. 205—208). D. S. 3039. St.B. S. 4424.

1. Nach der Vorschrift des §. 22 Abs. 1 bedarf es keiner Bewilligung des leidenden Theiles zur Berichtigung des Grundbuchs, wenn die Unrichtigkeit nachgewiesen wird. Demnach genügt grundsätzlich auch zur Begründung des Antrags auf Löschung eines erloschenen Rechtes der Nachweis, daß das Recht erloschen ist, obwohl es noch im Grundbuch eingetragen steht. Ein solches Erlöschen noch eingetragener Rechte tritt nun auch dann ein, wenn das Recht auf die Lebenszeit des Berechtigten beschränkt ist oder nur bis zu einem bestimmten Lebensalter des Berechtigten oder bis zu dem Eintritt eines sonstigen bestimmten Zeitpunkts oder Ereignisses (z. B. der Verheirathung des Berechtigten oder einer anderen Person, dem Eintritt eines Kalendertags ꝛc.) dauern soll. In allen diesen Fällen würde also nach der obigen Vorschrift die Löschung ohne Löschungsbewilligung erfolgen können, wenn der Nachweis des Todes, des Eintritts des bestimmten Lebensalters oder des sonstigen Zeitpunkts oder Ereignisses erbracht wird.

Dem treten die Bestimmungen der §§. 23, 24 entgegen. Sie belassen es zwar bei der obigen Regel, wenn bei dem eingetragenen Rechte Rückstände von Leistungen nicht in Frage kommen, wie z. B. bei dem Wohnungsrechte (§. 1093) oder auch bei einigen anderen beschränkten persönlichen Dienstbarkeiten (§. 1090). Falls dagegen Rückstände nicht ausgeschlossen sind (z. B. bei den Altentheilsrechten, höchst persönlichen Reallasten, auch beim Nießbrauch), genügt der Nachweis des Erlöschens des Rechtes nicht zur Rechtfertigung des Löschungsantrags, denn durch die Löschung würde das dingliche Recht wegen der Rückstände, wenn auch nicht sofort erlöschen, so doch in Folge des Grundsatzes des öffentlichen Glaubens des Grundbuchs der Gefahr des Untergangs oder der Beeinträchtigung ausgesetzt werden. Deshalb stellt die G.B.O. im Anschluß an entsprechende landesrechtliche Bestimmungen (z. B. preuß. G.B.O. §. 102 Abs. 2) und an den E. I z. B.G.B. §. 836 weitere Voraussetzungen für die Löschung auf.

2. Sie erfordert nämlich unter bestimmten, unter Ziff. 3 zu erörternden Umständen die **Löschungsbewilligung** des Berechtigten oder seines Rechtsnachfolgers, es sei denn, daß das Grundbuch den **Eintragungsvermerk** enthält, daß zur Löschung des Rechtes der Nachweis des Todes oder sonstigen Ereignisses genügen soll. Ist dieser Vermerk in das Grundbuch eingetragen, so kann die Löschung stets der Regel des §. 22 Abs. 1 entsprechend auf den Nachweis des Todes ꝛc. hin erfolgen und bedarf es nicht des zuweilen recht schwer zu beschaffenden und kostspieligen Nachweises der Rechtsnachfolge und der Bewilligung der Rechtsnachfolger oder des Berechtigten.

Für die Eintragung dieses Vermerkes gilt nichts Besonderes. Wird sie gleichzeitig mit der Eintragung des zeitlich beschränkten Rechtes beantragt, so genügt die Eintragungsbewilligung des Bestellers dieses Rechtes, ohne daß es der Zustimmung des Erwerbers bedarf (vgl. oben S. 211 Abs. 1). Soll der Vermerk dagegen erst später nachgetragen werden, muß der zeitlich beschränkte Berechtigte sie bewilligen, weil sein Recht auf Rückstände betroffen wird.

3. Die Löschungsbewilligung oder der genannte Eintragungsvermerk werden aber bei den zeitlich beschränkten Rechten, bei welchen Rückstände von Leistungen nicht ausgeschlossen sind, nur gefordert, wenn **entweder die Löschung vor dem Ablauf eines Jahres erfolgen soll oder wenn der Löschung widersprochen ist.**

a. Das Jahr beginnt bei Rechten, welche auf die Lebenszeit des Berechtigten beschränkt sind, mit dessen Tode oder mit der Verkündung des Ausschlußurtheils, durch welches der Berechtigte für todt erklärt wird. Demnach ist in dem letzteren Falle nicht der Zeitpunkt maßgebend, welcher nach §. 18 des B.G.B. (C.P.O. §. 970 Abs. 2) in dem Urtheile festzustellen ist und als Zeitpunkt des Todes gilt, weil sonst das Jahr schon vor dem Erlasse des Ausschlußurtheils abgelaufen sein könnte und den Rechtsnachfolgern möglicher Weise nach der Todeserklärung keine Zeit zum Widerspruche mehr bleiben würde.

In den Fällen des §. 24 beginnt das Jahr mit dem bestimmten Lebensalter oder dem Eintritte des sonstigen Zeitpunkts oder Ereignisses.

b. Auch nach Ablauf dieses Jahres bedarf es, wenn der obige Eintragungsvermerk fehlt, der Löschungsbewilligung, wenn der Berechtigte oder sein Rechtsnachfolger der Löschung widersprochen hat. Nicht erforderlich ist, daß dieser Widerspruch innerhalb der Jahresfrist erfolgt ist (anders E. I z. B.G.B. §. 836; vgl. P. II Bd. 3 S. 74); er braucht selbst nicht einmal vor dem nach Ablauf des Jahres gestellten Löschungsantrage dem Grundbuchamte zugegangen zu sein, da er keinen Eintragungsantrag bildet und daher nicht unter die Vorschrift des §. 17 fällt; vielmehr genügt es, daß er vor der Löschung selbst dem Grundbuchamt erklärt ist. Schon durch das Eingehen des Widerspruchs wird das Grundbuchamt gehindert, die Löschung vorzunehmen; trotzdem ist die Eintragung des Widerspruchs von Amtswegen vorgeschrieben, damit er nicht übersehen wird, was bei einem uneingetragenen, nur aus den Akten ersichtlichen Widerspruche leicht vorkommen kann (P. II a. a. O.).

Dieser Widerspruch ist kein „Widerspruch gegen die Richtigkeit des Grundbuchs" im Sinne des §. 899 (oben S. 25); er bezweckt die Aufrechterhaltung des dinglichen Rechtes für die Rückstände und will verhindern, daß das Grundbuch durch die Löschung des für diese noch fortbestehenden Rechtes unrichtig wird.

In welcher Form der Widerspruch dem Grundbuchamt erklärt werden muß, ist nicht gesagt. §. 29 findet keine Anwendung, weil es sich nicht um eine Eintragungsbewilligung, eine sonstige zu der Eintragung erforderliche Erklärung oder eine andere Voraussetzung einer Ein-

§. 25.

Ist eine Vormerkung oder ein Widerspruch auf Grund einer einstweiligen Verfügung eingetragen, so bedarf es zur Löschung nicht der Bewilligung des Berechtigten, wenn die einstweilige Verfügung durch eine vollstreckbare Entscheidung aufgehoben ist. Diese Vorschrift findet entsprechende Anwendung, wenn auf Grund eines vorläufig vollstreckbaren Urtheils nach den Vorschriften der Civilprozeßordnung eine Vormerkung oder ein Widerspruch eingetragen ist.

---

tragung handelt, sondern durch den Widerspruch im Gegentheil eine Eintragung verhindert werden soll. Daß der Widerspruch selbst eingetragen wird, steht nicht entgegen; nicht diese Eintragung wird von dem Erklärenden bezweckt oder beantragt, sondern sie erfolgt zur Sicherung der Wirkungen von Amtswegen. Wenn aber die Vorschrift des §. 29 nicht Platz greift, muß ein formloser Widerspruch genügen. A. M. Boehm S. 398.

Folgerecht bedarf es auch keiner Legitimation des Widersprechenden als Rechtsnachfolger des eingetragenen Berechtigten (a. M. Boehm a. a. O.). Dem Bedenken, daß dann ja jeder Beliebige der Löschung des Rechtes unbegründete Hindernisse bereiten könnte, ist entgegenzuhalten, daß umgekehrt das Erforderniß einer Legitimation, welche häufig schwer zu beschaffen ist, den Zweck der Vorschrift vereiteln könnte, sowie daß auch der Widerspruch keine weitere Folge hat, als daß es nunmehr einer Löschungsbewilligung bedarf.

d. Bei Löschung von Vormerkungen und Widersprüchen.

§. 25

E. II §. 24. D. S. 3039.

1. Ueber den **Begriff** der Vormerkungen und der Widersprüche vgl. oben S. 25ff. und S. 130ff., über die **Voraussetzungen ihrer Eintragung** S. 131ff. und über einstweilige Verfügungen S. 183ff.

2. Ueber die formellen Voraussetzungen der **endgültigen Eintragung** des durch die Vormerkung oder den Widerspruch gesicherten Rechtes gilt nichts Besonderes. Es kommen die Vorschriften der §§. 13, 19, 20, 22 der G.B.O. und des §. 894 der C.P.O. in Betracht. Vgl. oben S. 133ff. und S. 215 Erl. 2.

3. Dagegen enthält §. 25 eine Besonderheit für die **Löschung der Vormerkungen und Widersprüche**. Auch für diese gelten im Allgemeinen die Bestimmungen der §§. 13, 19, 22—24 der G.B.O. und des §. 894 der C.P.O. (vgl. zu letzterer Bestimmung B.G.B. §. 886, wonach der Gläubiger zur Beseitigung der Vormerkung verpflichtet ist, wenn dem durch diese gesicherten Anspruch eine peremtorische Einrede entgegensteht); daneben aber schreibt die G.B.O. in zwei Fällen die Löschung von Vormerkungen und Widersprüchen von Amtswegen vor (§. 18 Abs. 2 Satz 2, §. 76 Abs. 2), wie oben S. 137 bereits erwähnt, und außerdem kommt für einen bestimmten Fall die Sondervorschrift des §. 25 in Betracht. Wenn nämlich eine Vormerkung oder ein Widerspruch auf Grund einer einstweiligen Verfügung oder gemäß §. 895 der C.P.O. (oben S. 181 unter β) auf Grund eines vorläufig vollstreckbaren Urtheils eingetragen ist, so genügt zur Rechtfertigung des Löschungsantrags (ebenso wie nach dem früheren preuß. Rechte, preuß. A.G. z. C.P.O. vom 24. März 1879 §. 19) die Vorlage der vollstreckbaren Entscheidung, durch welche die einstweilige Verfügung oder das vorläufig vollstreckbare Urtheil aufgehoben ist. Diese Entscheidung muß vollstreckbar sein, also entweder rechtskräftig oder wenigstens vorläufig vollstreckbar; nach §. 708 Ziff. 5 der C.P.O. sind aber die Urtheile, durch welche einstweilige Verfügungen aufgehoben werden, auch ohne Antrag für vorläufig vollstreckbar zu erklären.

§. 26.

Soll die Uebertragung einer Hypothek, Grundschuld oder Rentenschuld, über die ein Brief ertheilt ist, eingetragen werden, so genügt es, wenn an Stelle der Eintragungsbewilligung die Abtretungserklärung des bisherigen Gläubigers vorgelegt wird.

Diese Vorschrift findet entsprechende Anwendung, wenn eine Belastung der Hypothek, Grundschuld oder Rentenschuld oder die Uebertragung oder Belastung einer Forderung, für die ein eingetragenes Recht als Pfand haftet, eingetragen werden soll.

Aus dieser Vorschrift des §. 25 folgert das Kammergericht, K.G. N.F. 1 A S. 97, daß bei einer auf Grund einer einstweiligen Verfügung eingetragenen Vormerkung auf Antrag nachträglich vermerkt werden dürfe, daß der Eigenthümer zur Bewilligung der Eintragung der Vormerkung rechtskräftig verurtheilt sei, weil dann die Vormerkung nur noch mit seiner Bewilligung gelöscht werden könne.

e. Bei Uebertragung und Belastung von Briefhypotheken, von Briefgrundschulden und von Pfandrechten.

§. 26.

E. I §. 36; II §. 25. P. I S. 5276, 5277, 5281, 5466, 5469, 5470, 6267, 6272, 13530—13533 P. II Bd. 3 S. 518, 658. M. S. 70 (M. z. B.G.B. Bd. 3 S. 754). D. S. 3039, 3040.

1. Von dem Grundsatze des §. 19 macht der §. 26 verschiedene Ausnahmen, indem er in gewissen Fällen eine Eintragungsbewilligung nicht für erforderlich und eine Abtretungs- oder Belastungserklärung für genügend erklärt. Dies ist der Fall:

a. bei der **Uebertragung einer Briefhypothek, einer Briefgrundschuld oder einer Briefrentenschuld.** Während zu der Uebertragung einer Buchhypothek, Buchgrundschuld oder Buchrentenschuld nach §. 1154 Abs. 3 des B.G.B. die Eintragung der Abtretung in das Grundbuch (vgl. oben S. 78) und zu dieser nach der Regel des §. 19 die Eintragungsbewilligung des bisherigen Gläubigers erforderlich ist, geschieht die Uebertragung einer verbrieften Hypothek rc. durch schriftliche Abtretungserklärung und Uebergabe des Hypothekenbriefs (§. 1154 Abs. 1, §§. 1192, 1199, vgl. oben S. 78). Erstere kann allerdings durch die Eintragung der Abtretung in das Grundbuch ersetzt werden (ebd. Abs. 2). Die regelmäßige Abtretungsform bildet aber jene, und deshalb pflegt auch in der Regel der abtretende Gläubiger nur eine Abtretungserklärung und keine Eintragungsbewilligung zu ertheilen, wie dies auch schon unter der Herrschaft der preußischen G.B.O. §. 80 (vgl. Achilles-Strecker S. 250ff.) der Fall war. Diesen Bedürfnissen und Gewohnheiten des Verkehrs trägt §. 26 Rechnung, indem er für die Eintragung der Uebertragung der Briefhypotheken rc. nicht nothwendig eine Eintragungsbewilligung fordert, sondern die Abtretungserklärung für genügend erklärt.

b. Bei der **Belastung einer verbrieften Hypothek, Grundschuld oder Rentenschuld.** Wie oben S. 114 bereits erwähnt, erfolgt die Bestellung eines Nießbrauchs oder eines Pfandrechts an allen Rechten nach den für ihre Uebertragung geltenden Vorschriften (§§. 1069, 1274); in Folge dessen genügt auch für die Belastung einer Briefhypothek rc. nach der oben erwähnten Vorschrift die schriftliche Belastungserklärung und die Uebergabe des Hypothekenbriefs. Folgerecht muß auch zu der Eintragung des Nießbrauchs oder des Pfandrechts an Stelle der Eintragungsbewilligung die Erklärung des Berechtigten genügen, daß er den Nießbrauch oder das Pfandrecht bestelle. Auf die Belastung einer Hypothek, einer Grundschuld oder Rentenschuld, für welche die Ertheilung des Hypothekenbriefs ausgeschlossen ist, findet dies keine Anwendung, da bei ihr zu der Entstehung des Nießbrauchs oder Pfandrechts die Eintragung dieses Rechtes in das Grundbuch erforderlich ist; hier bedarf es der Eintragungsbewilligung gemäß §. 19.

c. Bei der **Uebertragung oder Belastung eines Pfandrechts an einem eingetragenen Rechte** oder, wie das Gesetz richtiger sagt, bei der „Uebertragung oder Belastung einer Forderung, für die ein eingetragenes Recht als Pfand haftet." Wenn ein eingetragenes Recht, z. B. eine Hypothek, eine Grundschuld oder eine Reallast verpfändet oder gepfändet ist, so geht mit der Uebertragung der durch das Pfandrecht gesicherten Forderung von dem bisherigen Pfandgläubiger auf einen neuen Gläubiger das Pfandrecht auf diesen über (B.G.B. §. 1250, vgl. oben S. 118). Er erwirbt also das eingetragene Pfandrecht, ohne daß es einer Eintragung der Uebertragung in das Grundbuch bedarf und zwar ohne Unterschied, ob die Forderung verbriest ist oder nicht. Das Verhältniß ist also ein ähnliches, wie in den obigen Fällen. In Folge dessen verlangt die G.B.O. auch für die Eintragung der Uebertragung keine Eintragungsbewilligung, welche der Verkehrsgewohnheit nicht entspricht, sondern begnügt sich mit der Abtretungserklärung.

Was hier von der Uebertragung gesagt ist, findet nach der obigen allgemeinen Regel auch auf eine Belastung der durch das Pfandrecht gesicherten Forderung entsprechende Anwendung.

2. In allen diesen Fällen besteht die **Bedeutung der Eintragung** der Uebertragung oder Belastung in das Grundbuch nicht darin, daß sie die Rechtsänderung herbeiführt; diese vollzieht sich außerhalb des Grundbuchs. Aber sie gewährt doch dem Berechtigten mancherlei Vortheile. Sie gestattet ihm die Berufung auf die im §. 891 des B.G.B. aufgestellte Vermuthung und überhebt ihn für die Zukunft der Nothwendigkeit, die Abtretung oder Belastung zu beweisen. Sie schützt ihn gegen unbefugte Verfügungen zu Gunsten redlicher Dritter und gegen Löschungen ohne seine Zustimmung und bewirkt, daß er von jedem Eigenthumswechsel oder sonstigen Eintragungen, welche sein Interesse berühren, sowie von einer Zwangsversteigerung oder Zwangsverwaltung Nachricht erhält (§. 55; Zw.V.Ges. §. 9). Aus diesen Gründen empfiehlt sich die Eintragung. Daß sie *zulässig* ist, versteht sich nach §. 894 B.G.B. von selbst; insbesondere brauchte dies auch für die Eintragung oder Uebertragung eines Rechtes an einem eingetragenen Rechte nicht besonders ausgesprochen zu werden, wie im E. I §. 36 vorgeschlagen war.

3. Für die **Form der Abtretungs- oder Belastungserklärung** gilt §. 29 der G.B.O. Wenn auch nach §. 1154 des B.G.B. die einfache Schriftform zur Abtretung und dementsprechend auch zur Belastung einer Briefhypothek rc. genügt, so kann die Eintragung doch nur auf Grund einer öffentlichen oder öffentlich beglaubigten Abtretungserklärung erfolgen. Außerdem bedarf es nach §§. 42, 43 der *Vorlage des Briefes*.

4. Nur die Abtretungs- oder die Belastungserklärung des bisherigen Gläubigers, **nicht die Annahmeerklärung des Erwerbers ist erforderlich.** Dies entspricht dem Grundsatze des §. 19, nach dem es nicht des Nachweises der Einigung, sondern nur der Eintragungsbewilligung bedarf. Ebensowenig braucht dem Gerichte nachgewiesen zu werden, daß der Brief bereits dem Erwerber übergeben ist, obwohl dies zur Uebertragung oder Belastung gehört; es genügt seine Vorlage.

Dagegen muß die Abtretungserklärung auf den *Namen des neuen Gläubigers* lauten; eine Blankozession ist allgemein, insbesondere auch bei Grundschulden unzulässig. (P. II Bd. 3 S. 651ff., 713ff.).

5. Die Abtretungserklärung wird nicht nur durch die Eintragungsbewilligung, sondern gemäß B.G.B. §. 1155 auch durch einen **gerichtlichen Ueberweisungsbeschluß** (C.P.O. §. 837) sowie durch „das öffentlich beglaubigte **Anerkenntniß einer kraft Gesetzes erfolgten Uebertragung der Forderung**" (z. B. in den oben S. 79ff. erwähnten Fällen) ersetzt. Ebenso wird auch die Belastungserklärung durch einen gerichtlichen Pfändungsbeschluß (C.P.O. §. 830) ersetzt. Vgl. über die Pfändung und Ueberweisung oben S. 115ff.

6. Nach §. 40 Abs. 2 ist in dem oben unter Ziff. 1a und b erwähnten Fällen zur Eintragung des Erwerbers nicht erforderlich, daß der Veräußerer oder der Besteller des Rechtes als Berechtigter in das Grundbuch eingetragen ist. Vielmehr kann die Briefhypothek rc. bereits

§. 27.

Eine Hypothek, eine Grundschuld oder eine Rentenschuld darf nur mit Zustimmung des Eigenthümers des Grundstücks gelöscht werden.

Ein Recht, mit dem eine Hypothek, eine Grundschuld oder eine Rentenschuld belastet ist, darf nur mit Zustimmung desjenigen gelöscht werden, welchem die Hypothek, die Grundschuld oder die Rentenschuld zusteht. Für eine Löschung, die zur Berichtigung des Grundbuchs erfolgen soll, ist die Zustimmung nicht erforderlich, wenn die Unrichtigkeit nachgewiesen wird.

---

durch mehrere Hände gegangen sein, ohne daß ein Erwerber sich hat eintragen lassen. In diesem Falle bedarf es (wie nach der preuß. G.B.O. §. 81) nicht der **Eintragung oder der Erwähnung der Zwischeninhaber** (so ausdrücklich sächs. V.O. vom 26. Juli 1899 §. 90), wohl aber des Nachweises des Rechtes des einzutragenden Berechtigten durch Vorlage einer zusammenhängenden, auf den eingetragenen Gläubiger zurückführenden Reihe von öffentlich beglaubigten Abtretungserklärungen oder der sonstigen unter Ziff. 5 erwähnten Urkunden.

Auch diese Vorschrift muß in dem unter 1c erwähnten Falle entsprechende Anwendung finden.

f. Bei Löschung von Hypotheken und Grundschulden und deren Belastungen.

§. 27.

E. I §. 35; II §. 26. P. I S. 13535—13537. P. II Bd. 3 S. 615, 616. M. S. 70. D. S. 3040.

1. §. 27 trifft zunächst im Abs. 1 für die **Löschung einer Hypothek, einer Grundschuld oder Rentenschuld** eine besondere Bestimmung.

a. Nach dem E. I z. B.G.B. §. 1091 sollte zur Aufhebung einer Hypothek durch Rechtsgeschäft (ebenso wie nach dem preuß. Ges. über den Eig.Erw. 2c. §. 58) der Löschungsantrag des Eigenthümers erforderlich sein. Dementsprechend bestimmt §. 35 des E. I z. G.B.O.: „Zu dem Antrag auf Löschung einer Hypothek oder einer Grundschuld ist nur der Eigenthümer des Grundstücks berechtigt.“ Diese Bestimmung ist nicht Gesetz geworden. Mit Rücksicht darauf, daß der Antrag nur für das Verfahren von Bedeutung ist, die Erklärung des Eigenthümers aber einen rechtsgeschäftlichen Charakter hat, weil dieser damit auf die Eigenthümerhypothek verzichtet, verlangt das B.G.B. §. 1183 (oben S. 92) zur Aufhebung der Hypothek (Grundschuld oder Rentenschuld) durch Rechtsgeschäft die Zustimmung des Eigenthümers. Daran schließt sich §. 27 an, aber mit der Erweiterung, daß stets, nicht nur bei der Aufhebung durch Rechtsgeschäft, die Zustimmung des Eigenthümers zur Löschung gefordert wird. Für den Löschungsantrag gilt dagegen die Regel des §. 13; er kann also auch von dem Gläubiger oder einem gleich- oder nachstehenden Berechtigten (vgl. oben S. 197) gestellt werden.

b. Im Verhältnisse zu der Regel des §. 19 und zu der Vorschrift des §. 22 bringt §. 27 Abs. 1 kaum etwas Neues. Da das B.G.B. zu der Aufhebung der Hypothek 2c. durch Rechtsgeschäft die Zustimmung des Eigenthümers erfordert, um dessen Interesse an ihrem Fortbestande zu wahren, kann schon nach §. 19 im Falle der Aufhebung durch Rechtsgeschäft die Löschung nicht ohne Bewilligung des Eigenthümers erfolgen; ihm steht ja die Hypothek zu, wenn der Gläubiger auf sie verzichtet oder wenn die Forderung nicht zur Entstehung gelangt oder erloschen ist (vgl. S. 83ff.). Sein Recht auf die Eigenthümerhypothek wird also von der Löschung betroffen. Ist die Hypothek 2c. nicht durch Rechtsgeschäft aufgehoben, sondern wegen Mangels des dinglichen Vertrags nie entstanden oder die Gesammthypothek gemäß §§. 1173ff.

in Folge der Befriedigung des Gläubigers durch den Eigenthümer eines der belasteten Grundstücke od. ä. an den übrigen erloschen (vgl. oben S. 83ff., S. 93), so würde nach der Vorschrift des §. 22 allerdings keine Zustimmung des Eigenthümers zur Löschung erforderlich sein, wenn der Nachweis der Unrichtigkeit des Grundbuchs durch öffentliche oder öffentlich beglaubigte Urkunden geführt würde. Wenn dieser Nachweis aber nicht zu erbringen ist, bedürfte es auch in diesen Fällen der Bewilligung des Eigenthümers gemäß §. 19. Da nun der Nachweis ohne eine Erklärung des Eigenthümers, daß er die Unrichtigkeit des Grundbuchs anerkenne, selten zu führen sein wird, bringt §. 27 nur einen Satz zum Ausdrucke, der sich für den Regelfall schon aus den sonstigen Vorschriften der G.B.O. ergiebt. Daß darin auf die erwähnten seltenen Ausnahmefälle keine Rücksicht genommen, sondern die Zustimmung des Eigenthümers allgemein gefordert ist, wird in der Denkschrift durch das Interesse der Vereinfachung der Grundbuchführung gerechtfertigt. (Die Ansicht von Turnau-Förster Bd. 1 S. 109, daß die Löschung einer Gesammthypothek, deren Gläubiger durch einen der Eigenthümer befriedigt ist, auf den mithaftenden Grundstücken gemäß §. 49 Abs. 2 von Amtswegen und ohne die Zustimmung ihrer Eigenthümer erfolgen müsse, wenn der befriedigende Eigenthümer erkläre, daß er von keinem der Eigenthümer der anderen Grundstücke Ersatz verlangen könne, ist nicht zutreffend; §. 49 Abs. 2 schreibt nur die Löschung des Mithaftvermerkes, nicht der Hypothek selbst vor; dagegen findet §. 27 Abs. 1 Anwendung.)

c. Die Vorschrift des Abs. 1 findet auf alle Arten der Hypotheken, Grundschulden und Rentenschulden Anwendung. Insbesondere macht es keinen Unterschied, ob ein Brief ausgestellt ist oder ob dessen Ertheilung ausgeschlossen ist; dieser Umstand ist nur für die Legitimation des Gläubigers gemäß §. 40 Abs. 2 sowie für die Anwendung der §§. 42, 43 über die Vorlage der Briefe von Bedeutung.

d. Ebenso macht es keinen Unterschied, ob die Hypothek 2c. völlig oder nur zum Theil oder nur auf einem der mehreren belasteten Grundstücke gelöscht wird. Auch in dem Falle der Entlassung eines Grundstücks aus der Mithaft erfolgt eine Löschung im Sinne des §. 27. Vgl. §. 47 Abs. 2. Dagegen kommen andere Eintragungen als Löschungen nicht in Betracht (Boehm S. 404).

2. Eine der Bestimmung des Abs. 1 ähnliche Vorschrift enthält Abs. 2 **für die Löschung eines Rechtes, mit dem eine Hypothek, eine Grundschuld oder eine Rentenschuld belastet ist,** indem er hierfür die Zustimmung des Hypotheken- 2c. Gläubigers fordert.

a. Diese Bestimmung wird in der Denkschrift durch den Hinweis auf die §§. 1063, 1068, 1256, 1273 des B.G.B. gerechtfertigt, wonach die Konfusion den Untergang des Nießbrauchs und des Pfandrechts an einem Rechte nicht zur Folge hat, wenn der Berechtigte, dessen Recht belastet ist, an dem Fortbestehen des Nießbrauchs oder des Pfandrechts ein rechtliches Interesse hat (vgl. oben S. 118 und Schilde S. 43f.). Die Untersuchung über das Vorhandensein dieses rechtlichen Interesses wird durch §. 27 Abs. 2 dem Grundbuchamt entzogen; dieses darf, von der in dem letzten Satze gemachten Ausnahme abgesehen, stets nur mit Zustimmung des Inhabers des belasteten Rechtes löschen.

b. Als Rechte, welche eine Hypothek 2c. belasten können, kommen nach dem B.G.B. nur Nießbrauch und Pfandrecht in Betracht, einschließlich des Pfändungspfandrechts. Vgl. oben S. 18, 110ff.

c. Nur wenn diese auf Hypotheken, Grundschulden oder Rentenschulden lasten, findet §. 27 Abs. 2 nach seinem Wortlaut Anwendung. Wenn also z. B. eine Reallast mit einem Pfandrechte belastet ist, bedarf es zur Löschung dieses Pfandrechts der Zustimmung der Reallastberechtigten nicht, obwohl die erwähnten Bestimmungen des B.G.B. auch für diesen Fall gelten.

d. Die Zustimmung des Inhabers des belasteten Rechtes ist nach Abs. 2 Satz 2 ausnahmsweise nicht erforderlich, wenn die Löschung zur Berichtigung des Grundbuchs erfolgt und die Unrichtigkeit in gehöriger Form (§. 29) nachgewiesen wird. Hierin liegt eine

§. 28.

In der Eintragungsbewilligung oder, wenn eine solche nicht erforderlich ist, in dem Eintragungsantrag ist das Grundstück übereinstimmend mit dem Grundbuch oder durch Hinweisung auf das Grundbuchblatt zu bezeichnen. Einzutragende Geldbeträge sind in Reichswährung anzugeben.

---

starke Abweichung von der Bestimmung des Abs. 1; während letzterer keine Ausnahme macht und seine Hauptbedeutung nach dem unter 1b Gesagten gerade für die Fälle der Berichtigung des Grundbuchs hat, gilt nach Abs. 2 für diese Fälle die Regel des §. 22. Wenn also der Nießbrauch oder das Pfandrecht durch Verzichtserklärung des Berechtigten oder jener durch den Tod des Nießbrauchers oder dieses durch Uebertragung der Forderung unter Ausschluß des Uebergangs des Pfandrechts erloschen ist (vgl. oben S. 118f.), findet §. 27 Abs. 2 Satz 1 keine Anwendung, wenn das Erlöschen durch öffentliche oder öffentlich beglaubigte Urkunden nachgewiesen wird.

3. Sowohl in dem Falle des Abs. 1 wie in dem des Abs. 2 Satz 1 ist die **Zustimmung** des Eigenthümers bezw. des Gläubigers der belasteten Hypothek 2c., nicht dessen Antrag (vgl. Erl. 1a) oder Eintragungsbewilligung gefordert. In einem Löschungsantrage des Eigenthümers 2c. kommt die Zustimmung natürlich genügend zum Ausdrucke; der Antrag bedarf alsdann aber der im §. 29 vorgeschriebenen Form, weil er zugleich eine zu der Eintragung erforderliche Erklärung ersetzt (§. 30). Ebenso ist auch eine Löschungsbewilligung eine Zustimmung im Sinne des §. 27.

Für den Ersatz der Zustimmung durch eine rechtskräftige Verurtheilung gilt die Vorschrift des §. 894 der C.P.O.

Gehört das belastete Grundstück mehreren Eigenthümern oder steht im Falle des Abs. 2 die belastete Hypothek 2c. mehreren Gläubigern zu, so müssen alle zustimmen (Entsch. 1 S. 120 = K.G. N.F. 1 A S. 209 = Rechtspr. 1 S. 292).

4. Außer dieser Zustimmung bedarf es selbstverständlich zur Löschung der **übrigen Voraussetzungen der Eintragung**, also des Antrags eines nach §. 13 Antragsberechtigten und der Eintragungsbewilligung des leidenden Theiles d. i. des Gläubigers des zu löschenden Rechtes und auch des etwaigen Dritten, mit dessen Rechte dieses belastet ist, ferner der Vorlage der erforderlichen Urkunden (vgl. oben S. 179ff. Vorbm. III). Weist der Eigenthümer nach, daß die Hypothek 2c. auf ihn übergegangen ist, z. B. weil er den Gläubiger befriedigt hat, so bedarf es nach §. 22 nicht mehr der Eintragungsbewilligung des Gläubigers zur Löschung; ebensogut wie der Eigenthümer die Hypothek 2c. auf Grund des Nachweises seines Rechtes ohne weitere Bewilligung des bisherigen Gläubigers auf seinen Namen umschreiben lassen und später zur Löschung bringen kann, ist er auch befugt, sofort ihre Löschung zu bewilligen und zu beantragen (vgl. Erl. 2 und 5a zu §§. 40, 41).

5. Die Vorschriften des §. 27 finden keine Anwendung bei Löschungen auf Grund **Ersuchen zuständiger Behörden** gemäß §. 39, z. B. der Generalkommissionen in Preußen (Entsch. 1 S. 157) und vor allem im Zwangsversteigerungsverfahren (Zw.V.G. §. 130).

III. Inhalt der Eintragungsbewilligung oder des Eintragungsantrags. Insbesondere Bezeichnung des Grundstücks und eines Geldbetrags.

§. 28.

E. I §§. 25, 29; II §. 27. P. I S. 13410—13413, 13516—13519. M. S. 60, 64. D. S. 3040.

1. Ueber den **Inhalt der Eintragungsbewilligung** enthält die G.B.O. im Allgemeinen keine Vorschriften; der Inhalt der einzutragenden Rechtsänderung und damit auch der Ein=

tragungsbewilligung ergiebt sich aus dem materiellen Rechte (vgl. oben S. 187 ff.). Selbstverständlich darf die Bewilligung über den Inhalt der zu bewirkenden Eintragung keinen Zweifel lassen (vgl. Rechtspr. 1 S. 455; sächs. Archiv Bd. 10 S. 191). Dieses wollte die erste Kommission anfangs in der G.B.O. zum Ausdrucke bringen (vgl. Anm. e zu §. 828 des E. I z. B.G.B., M. z. B.G.B. Bd. 3 S. 184); bei der Berathung der G.B.O. hat sie jedoch hiervon Abstand genommen, weil der Satz sich von selbst verstehe und auch insofern nicht unbedenklich erscheine, als auf Grund desselben das Grundbuchamt lediglich aus formellen Gründen zu Abweisungen verleitet werden könnte, wenn der beantragte Inhalt der Eintragung nicht genau so gebucht werden könne, wie die Bewilligung oder der Antrag fordere. Hieraus folgt insbesondere, daß die Bewilligung keine Eintragungsformel vorzuschlagen braucht; und wenn sie dies doch thun sollte, so ist das Grundbuchamt an die Formel nicht gebunden (M. S. 61).

2. Nur in zwei Punkten schreibt die G.B.O. im §. 28 einen bestimmten Inhalt für die Eintragungsbewilligung oder den Antrag vor, hinsichtlich der **Bezeichnung des Grundstücks und der einzutragenden Geldbeträge.**

a. Das von der Eintragung betroffene Grundstück ist entweder in Uebereinstimmung mit dem Grundbuch oder durch Hinweisung auf das Grundbuchblatt zu bezeichnen. Ersterenfalls muß also die Nummer oder der Buchstabe angegeben werden, unter denen das Grundstück in dem dem Grundbuche zu Grunde liegenden amtlichen Verzeichnisse (§. 2 Abs. 2) aufgeführt ist. Letzterenfalls genügt natürlich die Angabe des Grundbuchblatts nur dann, wenn das Blatt nur ein Grundstück enthält oder alle auf dem Blatte verzeichneten Grundstücke (§. 4) von der bewilligten Eintragung betroffen werden sollen; sonst muß das allein betroffene Grundstück noch näher bezeichnet werden. Diese oder jene Bezeichnung genügt; demnach kann das Grundbuchamt nicht außer der Bezeichnung des Grundstücks in Uebereinstimmung mit dem Grundbuche die Angabe des Grundbuchblatts fordern, sondern muß dieses auf Grund seiner Register oder Verzeichnisse selbst ermitteln (in Preußen insbesondere auf Grund des Namenregisters oder der Flurbuchsabschrift).

Diese Vorschrift dient dem Spezialprinzipe; es soll das zu veräußernde oder zu belastende Grundstück ganz bestimmt bezeichnet sein (vgl. M. z. B.G.B. Bd. 3 S. 183). Zugleich wird dadurch die Prüfungspflicht des Grundbuchamts erleichtert; wenn in der Eintragungsbewilligung das Grundstück nur nach der Kulturart, Lage und Größe bezeichnet ist, kann das Grundbuchamt die Eintragung ablehnen und braucht nicht zu untersuchen, welches in dem Grundbuch eingetragene Grundstück gemeint ist (vgl. Rechtspr. 1 S. 455).

b. Denselben Zweck verfolgt die zweite Vorschrift, daß einzutragende Geldbeträge in Reichswährung anzugeben sind. Auch sie entspricht dem Spezialitätsprinzip, indem sie die genaue Begrenzung des Umfangs der Belastung zur Folge hat, und erleichtert das Verfahren des Grundbuchamts, indem sie dieses der Verpflichtung überhebt, nicht in Reichswährung angegebene Geldbeträge umzurechnen.

Diese Vorschrift gilt nicht nur, wie nach dem E. I, für Hypotheken, Grundschulden und Rentenschulden, sondern für alle einzutragenden Geldbeträge, also auch für Reallasten, welche Geldleistungen zum Gegenstande haben, für Vormerkungen zur Sicherung des Anspruchs auf Eintragung dieser Rechte, für den Höchstbetrag des Ersatzes für ein durch den Zuschlag erlöschendes Recht (§. 882, oben S. 22) und für Pfandrechte an eingetragenen Rechten zur Sicherung von Geldforderungen. Auch auf Zwangshypotheken findet §. 28 Satz 2 Anwendung; lautet der vollstreckbare Schuldtitel auf eine andere Geldsorte, so muß dem Antrage die Umrechnung in Währungsgeld beigefügt und die Richtigkeit dieser Rechnung nöthigenfalls nachgewiesen werden (vgl. oben S. 96).

Ueber die Eintragungsfähigkeit der sog. Goldklausel vgl. oben S. 67.

3. In der angegebenen Weise ist das Grundstück und der Geldbetrag zu bezeichnen „in der **Eintragungsbewilligung oder**, wenn eine solche nicht erforderlich ist, **in dem Eintragungsantrage.**" In erster Linie betrifft also die obige Vorschrift die Eintragungsbewilligung. Ist

§. 29.

Eine Eintragung soll nur erfolgen, wenn die Eintragungsbewilligung oder die sonstigen zu der Eintragung erforderlichen Erklärungen vor dem Grundbuchamte zu Protokoll gegeben oder durch öffentliche oder öffentlich beglaubigte Urkunden nachgewiesen werden. Andere Voraussetzungen der Eintragung bedürfen, soweit sie nicht bei dem Grundbuchamt offenkundig sind, des Nachweises durch öffentliche Urkunden.

---

sie bei dieser befolgt, so bedarf es nicht ihrer weiteren Berücksichtigung bei dem Antrage. Andererseits genügt es nicht, daß in dem letzteren das Grundstück oder der Geldbetrag gehörig bezeichnet ist, wenn die beigefügte Eintragungsbewilligung gegen die obige Vorschrift verstößt. Vielmehr muß in diesem Falle die Eintragungsbewilligung berichtigt werden. Eine solche Berichtigung ist aber auch in dem Antrage möglich, sofern er nicht von dem gewinnenden, sondern von dem leidenden Theile (§. 19) ausgeht und in der Form des §. 29 gestellt ist; alsdann enthält er nicht bloß den Antrag, sondern zugleich eine Bewilligung.

Der Antrag muß der obigen Vorschrift nur dann entsprechen, wenn eine Bewilligung nicht erforderlich ist. Die Fälle sind in der Erl. 8 zu §. 19, oben S. 211f., genannt.

4. Die Vorschriften des §. 28 sind nur **Ordnungsvorschriften** (Rechtspr. 1 S. 454). Ist in der Eintragungsbewilligung oder in dem Antrage gegen diese Bestimmungen verstoßen, so soll das Grundbuchamt die Eintragung ablehnen. Wird diese aber trotzdem vollzogen, so ist sie nicht wegen des Verstoßes gegen §. 28 nichtig; dies gilt insbesondere auch von einer Hypothek, deren Geldbetrag nicht in Reichswährung in dem Grundbuch angegeben ist.

IV. Nachweis der Voraussetzungen der Eintragungen.

1. Die Regel.

§. 29.

E. I §§. 39, 40; II §. 28. P. I S. 13391—13396, 13634. M. S. 72—76 (M. z. B.G.B. Bd. 3 S. 177ff.). D. S. 3040. K.B. S. 3427. St.B. S. 4425.

1. Da eine materiell unrichtige Eintragung, insbesondere in Folge des öffentlichen Glaubens des Grundbuchs, erhebliche Nachtheile zur Folge haben kann, muß die G.B.O. Anordnungen treffen, daß das Grundbuchamt eine Eintragung erst dann vornehmen darf, wenn ihm deren sämmtliche Voraussetzungen völlig nachgewiesen sind, wenn insbesondere die Echtheit der Eintragungsbewilligung und der sonstigen der Eintragung zu Grunde liegenden Erklärungen unzweifelhaft feststeht. Diesem Zwecke dient die Vorschrift des §. 29. Sie verbietet Eintragungen, deren Voraussetzungen nicht in gehöriger Form nachgewiesen sind. Wie die Bestimmungen der G.B.O. überhaupt, ist aber auch diese nur eine Ordnungsvorschrift; ein Verstoß gegen §. 29 macht die Eintragung nicht nichtig. Für die Gültigkeit der Eintragung kommt es nur auf das Vorliegen der materiellrechtlichen Voraussetzung der Rechtsänderung, also in der Regel (vgl. oben S. 28ff.) auf das Vorhandensein einer formlosen Einigung und der Eintragung an-

2. Die G.B.O. unterscheidet zweierlei Arten der Voraussetzungen, einmal **die zu der Eintragung erforderlichen Erklärungen**, insbesondere die Eintragungsbewilligung, und die **sonstigen Voraussetzungen der Eintragung**. Für jene verlangt sie Erklärung zu Protokoll des Grundbuchamts oder eine öffentliche oder eine öffentlich beglaubigte Urkunde, für andere Voraussetzungen dagegen entweder Offenkundigkeit oder eine öffentliche Urkunde. Demnach genügt eine öffentlich beglaubigte Urkunde nur zum Nachweise der Eintragungsbewilligung oder einer sonstigen Erklärung, nicht zum Nachweise anderer Voraussetzungen. Der Unterschied ist also von erheblicher praktischer Bedeutung.

a. Zu den zu einer Eintragung erforderlichen **Erklärungen** sind außer der Eintragungsbewilligung (§§. 19, 23, 24) zu rechnen die Abtretungs- oder die Belastungserklärung gemäß §. 26, die Zustimmung des Eigenthümers oder des Erbbauberechtigten zur Berichtigung des Grundbuchs gemäß §. 22 Abs. 2, die Zustimmung des Eigenthümers zur Löschung einer Hypothek, einer Grundschuld oder Rentenschuld gemäß §. 27 Abs. 1, die Zustimmung des Hypotheken-, Grundschuld- oder Rentenschuldgläubigers zur Löschung des auf ihrem Rechte lastenden Nießbrauchs oder Pfandrechts gemäß §. 27 Abs. 2, ferner auch die Erklärungen, welche die Unrichtigkeit des Grundbuchs (§. 22) ergeben oder anerkennen, sowie die Vollmachten zur Bewilligung einer Eintragung oder zur Abgabe einer der anderen genannten Erklärungen. Ausnahmen gelten für die Auflassungen und für die diesen gleichgestellten Erklärungen gemäß §. 20, welche grundsätzlich nur vor dem Grundbuchamte zu Protokoll gegeben werden können (vgl. S. 213 Erl. 2b zu §. 20), ferner nach §. 30 für den Eintragungsantrag sowie für die Vollmacht zur Stellung eines solchen; für diese ist keine Form vorgeschrieben, es sei denn, daß durch den Antrag zugleich eine zu der Eintragung erforderliche Erklärung (Bewilligung, Zustimmung od. ä.) ersetzt werden soll. Andererseits findet die Vorschrift des Satzes 1 auch auf gewisse Erklärungen Anwendung, die nicht zu den Voraussetzungen einer Eintragung gehören und daher von der obigen Vorschrift nicht unmittelbar betroffen werden, nämlich nach §. 32 auf die Zurücknahme eines Eintragungsantrags und auf den Widerruf einer Vollmacht zur Stellung eines solchen und nach §. 60 Abs. 2 auf eine von der gesetzlichen Regel abweichende Bestimmung über die Aushändigung des Hypothekenbriefs; ob man das Gleiche trotz des Fehlens einer ausdrücklichen Vorschrift auch für andere Fälle, z. B. die des §. 58 Abs. 3 (Erklärung des Eigenthümers, daß eine Schuldurkunde nicht ausgestellt sei) und des §. 66 (Zustimmung des Eigenthümers zur Ausstellung eines gemeinschaftlichen Hypothekenbriefs über mehrere Hypotheken) annehmen darf, wird bei den betreffenden Vorschriften untersucht werden.

b. Zu den **anderen Voraussetzungen** der Eintragung im Sinne des Satzes 2 gehören die richterlichen Entscheidungen, insbesondere die zur Abgabe einer Willenserklärung verurtheilenden Erkenntnisse, die auf eine Geldzahlung gerichteten vollstreckbaren Schuldtitel als Voraussetzung der Zwangshypotheken, die einstweiligen Verfügungen, die diese aufhebenden vollstreckbaren Entscheidungen (§. 25), die Ausschlußurtheile (vgl. oben S. 55, 59, 86ff., 137), die Pfändungs- und Ueberweisungsbeschlüsse u. ä., ferner der Tod des Berechtigten, die Erreichung eines bestimmten Lebensalters oder der Eintritt eines sonstigen Ereignisses im Sinne der §§. 23, 24, die Legitimation eines gesetzlichen Vertreters 2c. Ausnahmsweise findet nicht die Vorschrift des §. 29 Satz 2, sondern die Sondervorschriften der §§. 33—36 Anwendung auf die Legitimation der Vertreter von Handelsgesellschaften, auf den Nachweis des ehelichen Güterrechts, der Erbfolge, der fortgesetzten Gütergemeinschaft und der Verfügungsbefugniß eines Testamentsvollstreckers. Schließlich enthalten über den Nachweis des Uebergangs einer Hypothek, Grundschuld oder Rentenschuld im Falle einer Erbauseinandersetzung oder der Auseinandersetzung einer Gütergemeinschaft die §§. 37, 38 besondere Bestimmungen.

3. Die erste im §. 29 vorgeschriebene Form ist die **Erklärung vor dem Grundbuchamte zu Protokoll.**

a. Diese Form ist für die Eintragungsbewilligung und für jede sonstige zu der Eintragung erforderliche Erklärung (Erl. 2a) zugelassen und damit zugleich dem Grundbuchamte die Verpflichtung auferlegt, diese Erklärungen zu Protokoll zu nehmen, selbst wenn ihre Abgabe vor dem Grundbuchamte nicht in dem materiellen Rechte als Erforderniß ihrer Gültigkeit vorgeschrieben ist.

b. Welcher Beamte des Grundbuchamts das Protokoll aufzunehmen hat, ist nicht reichsrechtlich bestimmt, da dies von der Organisation der Grundbuchämter abhängt, deren Regelung der Landesgesetzgebung überlassen ist (§. 1 Abs. 1, oben S. 142 Erl. 2). In Preußen ist die Aufnahme des Protokolls Sache des Richters, vgl. A.G. Art. 5. Ebenso sächs. V.O. vom 24. Juli 1899 §. 26. Für Württemberg vgl. A.G. z. B.G.B. Art. 33ff.

c. Ebenso wenig trifft das Reichsrecht Vorschriften über die Form der Protokolle des Grundbuchamts. Auch hierfür ist das Landesrecht maßgebend. Wenn jedoch, wie in Preußen, die Gerichte zu Grundbuchämtern erklärt sind, finden auf die von diesen aufgenommenen Protokolle die Vorschriften des Reichsgesetzes über die Angelegenheiten der freiwilligen Gerichtsbarkeit vom 17. Mai 1898 §§. 167 ff. Anwendung, da diese Vorschriften für alle gerichtlichen Urkunden über Rechtsgeschäfte gelten, auch soweit ihre Aufnahme nicht durch Reichsrecht den Gerichten übertragen ist, und da es sich in den Fällen des §. 29 Satz 1 stets um rechtsgeschäftliche Erklärungen handelt. Daneben sind die ergänzenden Bestimmungen der Landesgesetze (z. B. preuß. freiw. G.G. Art. 40ff., bayr. A.G. z. G.B.O. Art. 9ff.) zu beachten. Vgl. über die danach zu beobachtenden Formalien Erl. 4c α, S. 230.

4. Als zweite Form sind **öffentliche Urkunden** zugelassen.

a. Hinsichtlich des Begriffs der öffentlichen Urkunden verweist die Denkschrift auf §. 380, jetzt §. 415 der C.P.O., wonach „Urkunden, welche von einer öffentlichen Behörde innerhalb der Grenzen ihrer Amtsbefugnisse oder von einer mit öffentlichem Glauben versehenen Person innerhalb des ihr zugewiesenen Geschäftskreises in der vorgeschriebenen Form aufgenommen sind," hierher gehören. Erfordert wird demnach Aufnahme der Urkunde 1) durch eine öffentliche Behörde oder eine mit öffentlichem Glauben versehene Person, wie z. B. einen Notar oder einen Konsul, 2) innerhalb der Grenzen ihrer Zuständigkeit und 3) in gehöriger Form.

Demnach ist der Begriff der öffentlichen Urkunden ein weiterer als der der gerichtlichen und notariellen Urkunden. Nicht nur die Gerichte oder die Notare können öffentliche Urkunden aufnehmen, sondern auch andere öffentliche Behörden oder Urkundspersonen, sofern ihnen die Befugniß reichs- oder landesgesetzlich übertragen ist. Dagegen sind in denjenigen Fällen, in denen das B.G.B. eine gerichtliche oder notarielle Beurkundung vorschreibt (z. B. §§. 311—313, 518, 873, 2033, 2276), nur die Gerichte und die Notare zuständig; eine von einer anderen Behörde oder einer anderen Urkundsperson aufgenommene Urkunde genügt nicht; auch ist die Landesgesetzgebung nicht in der Lage, anderen Behörden oder Urkundspersonen die Befugniß zur Aufnahme derartiger Urkunden zu übertragen, sofern ihr diese Befugniß nicht durch das E.G. z. B.G.B. für einzelne Fälle vorbehalten ist (so im Art. 142 für die Fälle der §§. 313, 873); sie kann nur auf Grund des allgemeinen Vorbehalts des Art. 141 des E.G. z. B.G.B. die Zuständigkeit der Gerichte oder der Notare ausschließen und diesen oder jenen die ausschließliche Zuständigkeit beilegen. Andererseits sind auch in den übrigen, von dem Reichsrechte nicht besonders geregelten Fällen nicht ohne Weiteres die Gerichte und die Notare zur Beurkundung von Rechtsgeschäften zuständig; vielmehr muß ihnen die Befugniß landesrechtlich verliehen sein.

b. Hieraus erhellt, daß das Landesrecht vorwiegend darüber entscheidet, welche Behörden oder Urkundspersonen zur Aufnahme von öffentlichen Urkunden im Sinne des §. 29 zuständig und welche Rechtsverhältnisse ihrer Beurkundung unterstellt sind. Durch Reichsgesetz sind aber z. B. die Geschwaderauditeure zur Beurkundung der Rechtsgeschäfte solcher Personen die zur Besatzung eines in Dienst gestellten Schiffes oder sonstigen Fahrzeugs der Kaiserl. Marine gehören oder die in anderer Eigenschaft an Bord eines solchen Schiffes sind, für zuständig erklärt, solange das Schiff sich außerhalb eines inländischen Hafens befindet (freiw. G.G. §. 184).

Zur Beurkundung von Erklärungen Dritter kommen nach Maßgabe der einzelnen Landesgesetze vor allem die Gerichte, d. h. nach §. 167 des freiw. G.G. die Amtsgerichte, und die

Notare oder diese oder jene allein als zuständige Behörden und Urkundspersonen in Betracht. In Preußen sind beide, die Amtsgerichte und die Notare, zur öffentlichen Beurkundung von Rechtsgeschäften und von sonstigen Thatsachen befugt (preuß. freiw. G.G. Art. 31, ebenso in Sachsen V.O. v. 24. Juli 1899 §§. 37ff.) und demnach die ausschließliche Zuständigkeit der Notare im Gebiete des rheinischen Rechtes beseitigt; jedoch sind die Vorschriften aufrechterhalten, wonach diese Handlungen der freiwilligen Gerichtsbarkeit auch von anderen Behörden oder mit öffentlichem Glauben versehenen Personen oder nur von solchen oder nur von dem örtlich zuständigen Amtsgerichte vorgenommen werden können (ebd. Art. 32). Als solche andere Behörden werden in der Begründung zu diesem Art. 32 u. a. aufgezählt: das Ministerium des Königl. Hauses für die Mitglieder der Königl. Familie und des Fürstl. Hauses Hohenzollern, die Oberlandesgerichte und Landgerichte für Beurkundungen in Fideikommiß- und Stiftungssachen, die Kommissare der Auseinandersetzungsbehörden, die Landschaftssyndiken für Beurkundungen innerhalb des Geschäftskreises der Landschaft u. s. w.

Oeffentliche Urkunden im Sinne des §. 29 sind aber ferner auch die Erklärungen öffentlicher Behörden in eigenen Angelegenheiten, sofern sie in gehöriger Form ausgestellt sind. Dahin gehören nicht nur die staatlichen, sondern auch die kommunalen und kirchlichen Behörden und die Vorsteher kommunaler Anstalten, sofern sie nach dem in Betracht kommenden Reichs- oder Landesrecht als öffentliche anzusehen sind. Vgl. unten S. 243f. und für Preußen A.G. z. G B.O. Art. 9 nebst Erl.

Ueber die Frage, ob eine Urkunde von einer zuständigen öffentlichen Behörde oder Urkundsperson ausgestellt und deshalb als eine öffentliche anzusehen ist, entscheidet das Recht des Staates, dessen Behörde oder Urkundsperson die Urkunde ausgestellt hat; ist sie also im Ausland errichtet, so kommt das ausländische Recht zur Anwendung. Die Befugniß der ausländischen Behörden zur Ausstellung öffentlicher Urkunden muß dem Grundbuchamte, sofern sie ihm nicht bekannt ist, auf irgend eine geeignete Weise nachgewiesen werden, eine bestimmte Art des Beweises ist nicht vorgeschrieben (K.G. 17 S. 116; Jastrow, Formularbuch 13. Aufl. Th. 1 S. 238ff.).

Für den Beweis der Echtheit der Unterschrift der Behörde oder des Beamten kommt das Reichsgesetz, betr. die Beglaubigung öffentlicher Urkunden, vom 1. Mai 1878 (R.G.Bl. S. 89) in Betracht (Rechtspr. 1 S. 412). Nach §. 1 dieses Gesetzes bedürfen Urkunden, welche von einer inländischen, also einem deutschen Bundesstaat angehörigen öffentlichen Behörde oder Urkundsperson aufgenommen oder ausgestellt sind, zum Gebrauch im Inland, auch in einem anderen Bundesstaate, keiner Beglaubigung (Legalisation). Dafür, daß diese ordnungsmäßig, d. h. von den Ausstellern in ihrer amtlichen Eigenschaft unterschrieben sind, spricht die Vermuthung. Nur wenn im Einzelfalle thatsächliche Bedenken obwalten, kann die Echtheit der inländischen öffentlichen Urkunde in Zweifel gezogen werden. Dagegen ist nicht ohne Weiteres anzunehmen, daß die Unterzeichner innerhalb ihrer Zuständigkeit und unter Beobachtung der etwa für ihre Willenserklärung vorgeschriebenen Form gehandelt haben (Rechtspr. 1 S. 411). Für ausländische Urkunden schreibt dagegen §. 2 des genannten Gesetzes vor: „Zur Echtheit einer Urkunde, welche als von einer ausländischen öffentlichen Behörde oder von einer mit öffentlichem Glauben versehenen Person des Auslands ausgestellt oder aufgenommen sich darstellt, genügt die Legalisation durch einen Konsul oder Gesandten des Reichs." Vgl. Jastrow a. a. O. S. 232ff.

Innerhalb der Konsulargerichtsbezirke ist der Konsul für die durch Reichsgesetze oder in Preußen geltende allgemeine Landesgesetze den Amtsgerichten übertragenen Angelegenheiten der freiwilligen Gerichtsbarkeit zuständig (Reichsgesetz vom 7. April 1900 über die Konsulargerichtsbarkeit §. 7 Ziff. 2). Für die Schutzgebiete tritt der von dem Reichskanzler zur Ausübung der Gerichtsbarkeit ermächtigte Beamte an seine Stelle (Schutzgebietsgesetz in der Fassung der Bek. vom 10. September 1900 §. 2). Außerdem steht allen Reichskonsuln, auch den nicht zur Ausübung der Gerichtsbarkeit befugten, das Recht der Notare zu (Ges. vom 8. November 1867

§. 16; vgl. E.G. z. B.G.B. Art. 38 über die Einschränkung betr. Verfügungen von Todeswegen). Vgl. hierzu Jastrow a. a. O. S. 243ff.

c. In welcher Form die öffentlichen Urkunden errichtet werden müssen, bestimmt im allgemeinen das maßgebliche Landesrecht (vgl. preuß. A.G. z. G.B.O. Art. 9). Nur die Form der gerichtlichen und notariellen Urkunden sowie die der von den Reichskonsuln aufgenommenen Urkunden ist reichsrechtlich geregelt.

α. Die Vorschriften des freiw. G.G. §§. 167ff. (vgl. zu dem Folgenden Jastrow a. a. O. Th. 1 S. 16ff.) finden „unbeschadet der Vorschriften des B.G.B. über die Errichtung von Testamenten und Erbverträgen" (§. 168), auf die hier nicht weiter einzugehen ist, auf alle **gerichtlichen und notariellen Urkunden** über Rechtsgeschäfte Anwendung, ohne Rücksicht darauf, ob die Befugniß der Gerichte oder Notare zu ihrer Aufnahme auf Reichs- oder Landesrecht beruht, also in denjenigen Bundesstaaten, welche die Amtsgerichte zu Grundbuchämtern erklärt haben, auch auf die Urkunden des Grundbuchamts (vgl. oben S. 142 Erl. 2). Ausgenommen sind jedoch die von einem Prozeßgericht innerhalb seiner Zuständigkeit vorgenommenen Beurkundungen, insbesondere über die zur Beilegung des Rechtsstreits oder im Sühneverfahren abgeschlossenen Vergleiche (oben S. 102 Ziff. IV 1 e und f); sie unterliegen den Prozeßgesetzen (Rechtspr. 2 S. 51).

Die Bestimmungen des freiw. G.G. sind theils wesentlich, sodaß ein Verstoß gegen sie Nichtigkeit zur Folge hat, theils bloß instruktionell.

Fast ausnahmslos wesentlich ist die Zuziehung der erforderlichen Personen. Regelmäßig braucht der Richter oder Notar keine weitere Hülfsperson, insbesondere auch keinen Zeugen, zuzuziehen. Ausnahmen gelten, abgesehen von den Testamenten und Erbverträgen (B.G.B. §§. 2233, 2276; vgl. auch §. 2290 Abs. 4), einmal wenn ein „Betheiligter", d. h. einer, dessen Erklärung beurkundet werden soll (§. 168, vgl. aber für Versteigerungen §. 181), nach der Ueberzeugung des Richters oder des Notars taub, blind, stumm oder sonst am Sprechen verhindert ist; in diesem Falle muß, wie bei der Errichtung von Testamenten und Erbverträgen, der Richter einen Gerichtsschreiber oder zwei Zeugen (vgl. auch den für Preußen bedeutungslosen Vorbehalt im §. 198), der Notar einen zweiten Notar oder zwei Zeugen zuziehen (§. 169); hiervon gilt eine Ausnahme, wenn auf Grund der gleich zu erwähnenden Vorschrift des §. 178 ein vereideter Dolmetscher zuzuziehen ist (§. 178 Abs. 3). Ferner ist bei der Vorlesung und der Genehmigung ein Zeuge zuzuziehen, wenn ein Betheiligter erklärt, daß er nicht schreiben könne; jedoch bedarf es dieser Zuziehung nicht in den oben erwähnten Fällen des §. 169, sowie wenn sonst ein Gerichtsschreiber oder ein zweiter Notar zugezogen wird (§. 177 Abs. 2). Schließlich muß bei Strafe der Nichtigkeit nach §. 178 bei der Beurkundung ein vereideter Dolmetscher zugezogen werden, wenn nach der Ueberzeugung des Richters oder des Notars ein Betheiligter stumm oder sonst am Sprechen verhindert und eine schriftliche Verständigung mit ihm nicht möglich ist (§. 178). Ein Dolmetscher, auf dessen Beeidigung in diesem Falle der Betheiligte aber verzichten kann, ist endlich auch dann zuzuziehen, wenn ein Betheiligter erklärt, daß er der deutschen Sprache nicht mächtig sei, es sei denn, daß der Richter oder der Notar der Sprache mächtig ist, in der sich der Betheiligte erklärt; indessen hat das Unterlassen der Zuziehung ausnahmsweise keine Unwirksamkeit der Beurkundung zur Folge (§. 179. Die Zuziehung eines nicht für den besonderen Fall, sondern im Allgemeinen vereideten Dolmetschers ist unbedenklich, sofern sein Eid sich auf seine Thätigkeit bei dem Beurkundungsakte miterstreckt. Entsch. 1 S. 203, Rechtspr. 1 S. 409, S. 458, 2 S. 202).

Wesentlich ist ferner die Beobachtung der Vorschriften der §§. 170—172, 180 über die relative Unfähigkeit der Richter, Notare, Gerichtsschreiber, Zeugen und Dolmetscher. Danach kann bei der Beurkundung nicht mitwirken: der Betheiligte selbst, derjenige, für welchen ein Betheiligter als Vertreter handelt, und derjenige, zu dessen Gunsten in der Urkunde eine Verfügung getroffen wird; ferner der Ehegatte eines dieser Personen, auch wenn die Ehe nicht mehr besteht, sowie wer mit einem von ihnen in gerader Linie oder in zweitem Grade der Seitenlinie verwandt oder verschwägert ist. Von der Mitwirkung als Gerichtsschreiber, zweiter Notar, Zeuge oder Dolmetscher schließt auch das angeführte eheliche und verwandtschaftliche Verhältniß zu dem Richter oder dem beurkundenden Notar aus. Ein Verstoß gegen diese Vorschriften hat Nichtigkeit zur Folge, und zwar entweder der ganzen Beurkundung oder in den Fällen des §. 171 nur insoweit, als die Beurkundung eine Verfügung zu Gunsten des Mitwirkenden, seines Ehegatten oder seines Verwandten zum Gegenstande hat. Nur instruktionell ist dagegen die Vorschrift des §. 173, nach der als Zeugen und Dolmetscher (§. 180) nicht mitwirken sollen Minderjährige, Ehrlose, die gemäß der Strafgesetze des Zeugeneids Unfähigen sowie Dienstboten und Gehülfen des Richters oder des beurkundenden Notars.

Wesentlich ist weiter die Anwesenheit aller bei der Beurkundung mitwirkenden Personen „bei der Vorlesung, Genehmigung und Unterzeichnung" (§. 174); sie brauchen also nicht bei der ganzen Verhandlung zugegen zu sein (anders bei Testamenten und Erbverträgen, B.G.B. §. 2239).

Das Protokoll muß bei Strafe der Nichtigkeit in deutscher Sprache aufgenommen werden (§. 175) und enthalten: Ort und Tag der Verhandlung, die Bezeichnung der Betheiligten und der bei der Verhandlung mitwirkenden Personen (vgl. Rechtspr. 2 S. 139), die Erklärung der Betheiligten, welche indessen nicht nothwendig völlig in das Protokoll aufgenommen zu werden braucht, sondern auch in einer diesem als Anlage beigefügten Schrift, auf welche der Erklärende Bezug nimmt, enthalten sein darf (§. 176 Abs. 1, 2); ferner die Feststellung, daß das Protokoll vorgelesen, von den Betheiligten genehmigt und von ihnen eigenhändig unterschrieben worden ist, sowie schließlich die Unterschrift der mitwirkenden Personen (Richter, Gerichtsschreiber, Notar, Zeugen, Dolmetscher). Bei dem Vermerke der Unterschrift der Betheiligten ist der Gebrauch des Wortes „eigenhändig" nicht nothwendig, sofern nur aus dem Vermerk unmittelbar hervorgeht, daß jeder Betheiligte selber, persönlich geschrieben hat (K.G. N.F. 1 **A** S. 128 = Rechtspr. 1 S. 342). Die Feststellung der Vorlesung und Genehmigung muß sich nach der herrschenden, aber nicht unbestrittenen Meinung auch auf die Anlagen des Protokolls erstrecken, auf welche in der Erklärung Bezug genommen ist (Jastrow a. a. O. S. 40, Dorner S. 581, Zeitschr. f. C.Prz. Bd. 28 S. 171 ff.; a. M. sächs. Arch. Bd. 10 S. 228 ff., 401 ff.).

In den oben erwähnten besonderen Fällen muß das Protokoll noch weiter enthalten: in dem Falle des §. 177 Abs. 2 die Feststellung der „Erklärung" (K.G. N.F. 1 **A** S. 130) des Betheiligten, daß er nicht schreiben könne; in dem Falle des §. 178 die Feststellung, daß der Richter oder der Notar die Ueberzeugung gewonnen hat, daß der Betheiligte am Sprechen verhindert und eine schriftliche Verständigung mit ihm nicht möglich ist, sowie die Genehmigung des Protokolls durch den Dolmetscher; schließlich in dem Falle des §. 179 die Feststellung, „daß der Betheiligte der deutschen Sprache nicht mächtig ist", d. h. die Aufnahme der entsprechenden Erklärung des Betheiligten in das Protokoll (Rechtspr. 1 S. 408), und daß das Protokoll diesem durch den Dolmetscher oder, wenn ein Dolmetscher nicht zugezogen worden ist, durch den Richter oder den Notar in der fremden Sprache vorgetragen worden ist. Die Art und Weise der Beeidigung des Dolmetschers braucht nicht angegeben zu werden. Die Beurkundung, daß ein vereideter Dolmetscher zugezogen sei, genügt (Entsch. 1 S. 203 = Rechtspr. 1 S. 458).

Nur instruktionell sind ferner die Vorschriften, daß das Protokoll den Betheiligten auf Verlangen auch zur Durchsicht vorgelegt werden (§. 177 Abs. 1 Satz 3), daß es eine Angabe darüber enthalten soll, ob der Richter oder der Notar die Betheiligten kennt oder in welcher Weise er sich Gewißheit über ihre Persönlichkeit verschafft hat, und daß, wenn er sich diese Gewißheit nicht verschaffen kann, aber gleichwohl die Aufnahme der Verhandlung verlangt wird, der Sachverhalt und das zur Feststellung der Persönlichkeit Beigebrachte in das Protokoll aufgenommen werden sollen (§. 176 Abs. 3). Vgl. hierzu K.G. N.F. Bd. 1 **A** S. 177, wonach Vermerke über die Persönlichkeit der Betheiligten, nach denen diese von dem Notar oder Richter nicht mit Bestimmtheit festgestellt ist, das Grundbuchamt berechtigen, die auf die öffentliche

Urkunde gestützten Eintragungsanträge trotz der Gültigkeit der Urkunde zu beanstanden, weil der volle Beweis der Identität nicht erbracht sei.

Ueber die **Ausfertigung** der Protokolle bestimmt das Reichsgesetz nur, daß die gerichtlichen Protokolle von dem Gerichtsschreiber zu unterschreiben und mit dem Gerichtssiegel zu versehen sind, sowie daß die Protokolle auf Antrag auch auszugsweise ausgefertigt werden können (§. 182; vgl. auch §. 184 Abs. 2 über die Protokolle der Auditeure).

Diese reichsrechtlichen Vorschriften über die Errichtung gerichtlicher oder notarieller Urkunden können **landesgesetzlich** ergänzt werden, aber ein Verstoß gegen eine landesrechtliche Bestimmung ist, „unbeschadet der Vorschriften über die Folgen des Mangels der sachlichen Zuständigkeit, ohne Einfluß auf die Gültigkeit der Beurkundung" (§. 200 Abs. 2). Für Preußen enthält das preuß. freiw. G.G. die in Betracht kommenden Bestimmungen, und zwar sind dort nicht nur, wie in dem Reichsgesetze, die Urkunden über Rechtsgeschäfte, sondern auch die sonstigen Urkunden geregelt, letztere in den Artikeln 53—62, erstere in den Art. 40—52 (vgl. auch Art. 63, 64 über die äußere Form der Urkunden). Von diesen ordnet Art. 40 das Verfahren bei Zweifeln an der Gültigkeit des Geschäfts, und Art. 41 findet Anwendung, falls ein Betheiligter taub ist; die Art. 42—52 regeln den Verbleib der Urschrift, die Ertheilung von Ausfertigungen und Abschriften und die Befugniß zur Einsicht der Protokolle (vgl. hierzu die Erl. zu Art. 5 und 7 des A.G. z. G.B.O.). Daneben kommen noch für notarielle Beurkundungen die Vorschriften der Art. 85 und 86 desselben Gesetzes in Betracht. Vgl. ferner bayer. Notariatsgesetz vom 9. Juni 1899 Art. 24ff., insbesondere Art. 30, sächs. V.O. vom 24 Juli 1899 §§. 45ff. und V.O. vom 25. dess. Mon. §§. 7ff., württemb. A.G. z. B.G.B. Art. 108ff.

β. **Die Form der Urkunden der Reichskonsuln** wird ebenfalls durch die unter *α* aufgeführten Vorschriften des freiw. G.G. §§. 168ff. geregelt, wenn die Konsuln zur Ausübung der Gerichtsbarkeit von dem Reichskanzler ermächtigt sind (Ges. vom 7. April 1900 über die Konsulargerichtsbarkeit §§. 6, 7, 19, 48). Für die übrigen Konsuln kommt das Gesetz, betr. die Organisation der Bundeskonsuln 2c. vom 8. November 1867 §§ 16, 17 auch jetzt noch zur Anwendung. Danach müssen die Konsuln bei Meidung der Nichtigkeit bei Aufnahme von Urkunden zwei Zeugen zuziehen, in deren Gegenwart die Verhandlung vorzulesen und von den Betheiligten durch Unterschrift oder im Falle der Schreibensunerfahrenheit durch Handzeichen zu vollziehen ist. Außerdem muß der Konsul selbst die Urkunde unterschreiben und mit seinem Stempel versehen. Einer von einem Konsul aufgenommenen Urkunde fehlt auch dann die Kraft einer öffentlichen Urkunde, „wenn der Konsul oder seine Frau oder einer von seinen oder seiner Frau Verwandten oder Verschwägerten in auf- oder absteigender Linie oder in der Seitenlinie bis zum Grade des Oheims oder Neffen einschließlich bei der Verhandlung betheiligt war, oder wenn darin eine Verfügung zu Gunsten einer der vorgenannten Personen oder der hinzugezogenen Zeugen getroffen ist." (Für die Legalisation, vgl. oben S. 229 Abs. 4, gilt diese Vorschrift nicht; K.G. 15 S. 88). Auf die Errichtung letztwilliger Verfügungen finden natürlich auch in diesem Falle die Vorschriften des B.G.B. Anwendung (E.G. z. B.G.B. Art. 38).

d. Ob die öffentlichen Urkunden in **Urschrift** oder in einer dieser gleichstehenden **Ausfertigung** vorgelegt werden müssen oder ob auch eine **beglaubigte Abschrift** genügt, ist nicht gesagt. Die Frage muß unter Würdigung des einzelnen Falles beantwortet werden. Das Kammergericht (Entsch. 1 S. 130, K.G. N.F. 1A S. 285) hat die Vorlegung einer notariell beglaubigten Abschrift des nach §. 33 formgerecht ausgestellten gerichtlichen Zeugnisses über die Eintragung im Handelsregister für genügend erklärt, sofern nicht aus besonderen Umständen Bedenken gegen die Glaubwürdigkeit der Abschrift herzuleiten sind. Das Gleiche wird man z. B. bei Testamenten, Erbverträgen, Genehmigungen von Behörden, Urtheilen u. ä. sagen können. Dagegen legitimirt sich ein Bevollmächtigter regelmäßig nur durch Vorlage der Urschrift oder einer Ausfertigung der Vollmachtsurkunde (vgl. unten S. 238), und dasselbe gilt von der Bestallung von Vormündern und Pflegern. Auch bei Erbscheinen erscheint die Zulassung einer beglaubigten Abschrift bedenklich, weil ihre Vorlage keine Gewähr dafür giebt, daß der Erbschein nicht eingezogen ist (vgl. unten S. 256 Erl. 1b zu §. 36, a. M. in diesem Punkte Predari S. 88 Anm. 3). Auch bei diesen Urkunden muß jedoch die Vorlage einer beglaubigten Abschrift genügen, wenn der Verbleib der Urschrift (z. B. dessen Einsendung an eine andere Behörde, insbesondere an ein anderes Grundbuchamt) nachgewiesen wird. Dieses gilt auch von Eintragungsbewilligungen; regelmäßig bedarf es der Vorlage der Urschrift (oder Ausfertigung); enthält dieselbe Urkunde aber z. B. mehrere Bewilligungen von Eintragungen in die Grundbücher verschiedener Grundbuchämter, so ist die Zusendung der Urschrift an eines der Grundbuchämter und von beglaubigten Abschriften an die übrigen nicht unzulässig (Predari a. a. O.).

Die Vorlage der Urkunden kann unter Umständen auch durch Bezugnahme auf die Register und Akten der die Grundbücher führenden Behörde ersetzt werden. Vgl. hierüber die Erl. zu §. 35.

5. Den öffentlichen Urkunden sind die **öffentlich beglaubigten Urkunden** gleichgestellt, soweit es sich um den Nachweis der zu der Eintragung erforderlichen Erklärungen handelt; zum Nachweise der anderen Voraussetzungen reichen sie nicht aus (vgl. Erl. 2).

a. Der Begriff der öffentlichen Beglaubigung ergiebt sich aus dem B.G.B. §. 129 Abs. 1: „Ist durch Gesetz für eine Erklärung öffentliche Beglaubigung vorgeschrieben, so muß die Erklärung schriftlich abgefaßt und die Unterschrift des Erklärenden von der zuständigen Behörde oder einem zuständigen Beamten oder Notar beglaubigt werden. Wird die Erklärung von dem Aussteller mittelst Handzeichens unterzeichnet, so ist die im §. 126 Abs. 1 vorgeschriebene" (d. h. gerichtliche oder notarielle) „Beglaubigung des Handzeichens erforderlich und genügend".

b. Zuständig für die öffentliche Beglaubigung von Unterschriften und Handzeichen sind nach der angeführten Vorschrift und nach §. 167 des freiw. G.G. die Notare und die Amtsgerichte. Die Zuständigkeit der ersteren ist für das ganze Reich festgelegt; die der letzteren kann dagegen landesgesetzlich ausgeschlossen werden (§. 191 Abs. 2 ebd.). Außerdem bleiben die landesgesetzlichen Vorschriften unberührt, welche daneben noch andere Behörden und Beamte für die öffentliche Beglaubigung einer Unterschrift (nicht eines Handzeichens) für zuständig erklären (freiw. G.G. §. 191 Abs. 1).

Reichsrechtlich sind ferner nach Maßgabe des §. 184 des freiw. G.G. (oben S. 228 Erl. 4b) die Geschwaderauditeure und nach dem Reichs-Gesetze vom 7. April 1900 über die Konsulargerichtsbarkeit bezw. dem Gesetze betr. die Organisation der Bundeskonsuln vom 8. November 1867 §§. 16, 17 die Reichskonsuln für die Beglaubigung von Unterschriften und Handzeichen zuständig.

In Preußen ist die Zuständigkeit der Amtsgerichte nicht ausgeschlossen; es sind also diese und die Notare zuständig (preuß. freiw. G.G. Art. 31). Daneben sind zur Beglaubigung von Unterschriften (nicht von Handzeichen) zuständig die Ortsgerichte, welche auf Grund der Art. 122, 123 des preuß. freiw. G.G. durch Kgl. V.O. vom 20. Dezember 1899 (G.S. S. 610) in dem Oberlandesgerichtsbezirke Frankfurt und in den vormals Großherzogl. Hessischen Gebietstheilen des Oberlandesgerichtsbezirkes Cassel errichtet sind (vgl. Allg. Verf. vom 28. Dezember 1899 betr. Verfahren und Gebühren der Ortsgerichte, J.M.Bl. S. 889). Vgl. auch A.G. z. G.B.O. Art. 33 Ziff. 3.

In Sachsen sind für die öffentliche Beglaubigung einer Unterschrift außer den Amtsgerichten und den Notaren die Gerichtsschreiber der Amtsgerichte (V.O. vom 24. Juli 1899 §. 41) und in Württemberg die Ortsvorsteher und die Rathsschreiber zuständig (A.G. z. B.G.B. Art. 124).

c. Die Form der öffentlichen Beglaubigung ergiebt sich

α. hinsichtlich der gerichtlichen oder notariellen Beglaubigung, einschließlich der Beglaubigung durch die zur Ausübung der Gerichtsbarkeit befugten Konsule (oben S. 232 β), aus §. 183 des freiw. G.G.: „Die gerichtliche oder notarielle Beglaubigung einer Unterschrift darf nur erfolgen, wenn die Unterschrift in Gegenwart des Richters oder des Notars vollzogen oder anerkannt ist. Die Beglaubigung geschieht durch einen unter die Unterschrift zu setzenden Vermerk. Der Vermerk muß die Bezeichnung desjenigen, welcher die Unterschrift vollzogen oder anerkannt hat, enthalten, und den Ort und den Tag der Ausstellung angeben sowie mit Unterschrift und Siegel oder Stempel versehen sein. Diese Vorschriften finden auf die gerichtliche oder notarielle Beglaubigung eines Handzeichens entsprechende Anwendung".

Demnach bedarf es keiner Aufnahme eines Protokolls und keiner Zuziehung von Zeugen, und zwar selbst dann nicht, wenn die Unterschrift einer tauben, blinden, stummen, taubstummen oder der deutschen Sprache nicht mächtigen Person, oder das Handzeichen eines Schreibensunfähigen beglaubigt wird. Auch ist im Interesse der Vereinfachung nicht vorgeschrieben, daß der Beglaubigungsvermerk erkennen lassen muß, ob die Unterschrift vor Gericht oder vor dem Notar gefertigt oder anerkannt worden ist (K.G. N.F. Bd. 1 A S. 133). Ebensowenig ist die Angabe erforderlich, wie der beglaubigende Beamte sich Gewißheit über die Person des Ausstellers verschafft hat; damit ist aber seine Pflicht keineswegs beseitigt, sich von der Identität zu überzeugen. Dasselbe gilt von der Geschäftsfähigkeit des Ausstellers (vgl. preuß. freiw. G.G. Art. 60 Abs. 3, sächs. V.O. vom 24. Juli 1899 §. 59, württ. A.G. z. B.G.B. Art. 109; bayer. Notariatsgesetz vom 9. Juni 1899 Art. 35; K.G. 14 S. 163 und N.F. 1 A S. 277; Begr. z. Entw. eines preuß. freiw. G.G. Art. 61). Auch Vorschriften über die relative Unfähigkeit der beglaubigenden Beamten sind reichsrechtlich nicht aufgestellt. (K.G. N.F. Bd. 1 A S. 184; vgl. preuß. freiw. G.G. Art. 84; bayer. Notariatsges. vom 9. Juni 1899 Art. 15, sächs. V.O. vom 24. Juli 1899 §. 72). Ueber das Erforderniß, daß der Vermerk unter die zu beglaubigende Unterschrift gesetzt werden muß, vgl. Zeitschr. f. C.Prz. Bd. 27 S. 363, Jastrow a. a. O. S. 170. Die Wirksamkeit des Beglaubigungsvermerkes wird weder durch die Beifügung der Beurkundung einer weiteren Erklärung noch dadurch beeinträchtigt, daß außer seinen Formerfordernissen noch die der Beurkundung eines Rechtsgeschäfts zum Theil gewahrt sind; vgl. Zeitschr. f. C.Prz. Bd. 28 S. 171.

Die reichsrechtlichen Vorschriften über die Beglaubigung können durch die Landesgesetze ergänzt werden; aber die Ergänzungsbestimmungen sind nur instruktionell (freiw. G.G. §. 200; vgl. preuß. freiw. G.G. Art. 60, Erl. 5 zu Art. 5 des A.G., sowie die angeführten bayer. und sächs. Bestimmungen und sächs. V.O. zur Ausführung der gesetzl. Bestimmungen über die Angelegenheiten der freiw. Gerichtsbarkeit vom 25. Juli 1899 §§. 28 ff.).

β. Abweichendes gilt für die Beglaubigungen durch die Reichskonsuln, wenn sie zur Ausübung der Gerichtsbarkeit nicht befugt sind. Sie müssen die oben S. 232 unter β erwähnten Vorschriften auch bei bloßen Beglaubigungen von Unterschriften und Handzeichen beobachten, also insbesondere zwei Zeugen zuziehen. A.M. Jastrow a. a. O. S. 246 und Dorner S. 60, welche den §. 15 des Gesetzes vom 8. November 1867 (Ausstellung eines Zeugnisses unter Siegel und Unterschrift) anwenden wollen, weil man nach der Ausdrucksweise der neuen Reichsgesetze die Unterschriftsbeglaubigung nicht als eine „Aufnahme von Urkunden," von der der §. 17 des Gesetzes vom 8. November 1867 spricht, ansehen könne; indessen die Ausdrucksweise der neuen Reichsgesetze kann trotz des unbefriedigenden Ergebnisses nicht für die Auslegung eines älteren Gesetzes verwerthet werden.

γ. Für die landesgesetzlich für zuständig erklärten anderen Behörden und Beamten entscheidet das Landesrecht über das Verfahren und die Form der Beglaubigungen. Vgl. preuß. freiw. G.G. Art. 115 (Art. 122, 123) und Allg. Verf. vom 28. Dezember 1899 (vgl. oben S. 233 unter b) §. 89.

d. Hinsichtlich der Beweiskraft der öffentlich beglaubigten Urkunden sind folgende Entscheidungen des Kammergerichts zu erwähnen: Da der beglaubigende Beamte die Identität des Ausstellers zu prüfen hat und hierzu bei weiblichen Personen auch deren Familienstellung als Ehefrau, Wittwe oder ledige Person gehört, wird durch den Beglaubigungsvermerk auch diese bewiesen (K.G. 4 S. 128; vgl. ebd. 14 S. 160).

Aenderungen, welche nach der Beglaubigung der Unterschrift in der über dieser stehenden Erklärung vorgenommen sind, sei es selbst durch den beglaubigenden Beamten in Gegenwart und mit Einwilligung des Ausstellers, werden durch die Unterschrift und deren Beglaubigung nicht

§. 30.

Für den Eintragungsantrag sowie für die Vollmacht zur Stellung eines solchen gelten die Vorschriften des §. 29 nur, wenn durch den Antrag zugleich eine zu der Eintragung erforderliche Erklärung ersetzt werden soll.

---

gedeckt; denn letztere hat den Zweck, eine Garantie für die Echtheit der über der Unterschrift stehenden Erklärung zu gewähren, und von einer solchen Garantie kann bei einem nach der Beglaubigung erfolgten Zusatze keine Rede sein (K.G. 9 S. 77, 14 S. 108; letztere Entscheidung betrifft den Fall der Blankovollmacht, für den die Richtigkeit der Ansicht besonders erheblichen Zweifeln unterliegt).

6. Schließlich erübrigt die **Offenkundigkeit** der „anderen Voraussetzungen" (vgl. oben S. 227 Erl. 2) deren Nachweis durch öffentliche Urkunden. Der Ausdruck ist aus der C.P.O. §. 291 übernommen und bedeutet hier nichts Anderes wie dort. Danach sind, „bei dem Grundbuchamt offenkundig" zunächst die dem Beamten dieser Behörde amtlich bekannten Thatsachen, auch wenn er sie nicht als Grundbuchbeamter, sondern bei einer anderen Thätigkeit als Beamter der Behörde, welche zugleich das Grundbuchamt bildet (also z. B. des Amtsgerichts), erfahren haben sollte (vgl. §. 35 und K.B. S. 3427). Ferner sind auch als offenkundig anzusehen „allgemein anerkannte wissenschaftliche Wahrheiten" und „Vorgänge des weltgeschichtlichen und Naturlebens, deren Kenntniß ein Gemeingut aller verständigen Menschen ist" (R.G. 17 S. 271). Vgl. im Uebrigen die Kommentare z. C.P.O. §. 291.

2. Form des Antrags und der Vollmacht zur Stellung des Antrags. Vertretung.

§. 30.

E. I §. 43; II §. 29. P. I S. 13400—13403, 13535—13537. M. S. 79. D. S. 3040.

1. Form des Antrags.
2. Form der Vollmacht. S. 236.
3. Vertretung in Grundbuchsachen. S. 237.
   a. Zulässigkeit.
   b. Befugniß zum Kontrahiren mit sich selbst.
   c. Vertretung durch nicht voll Geschäftsfähige.
   d. Vollmacht.
   e. Andere besondere Fälle der Vertretung. S. 239.
      α. Elterliche Gewalthaber.
      β. Vormund. S. 240.
      γ. Pfleger. S. 241.
      δ. Vertreter der Vereine.
      ε. Vertreter der Stiftungen. S. 243.
      ζ. Vertreter nicht durch das B.G.B. geregelter juristischer Personen.
      η. Konkursverwalter. S. 245.
      ϑ. Treuhänder bei Sicherungshypotheken für Forderungen aus Inhaber- und Orderpapieren sowie für Inhabergrundschulden.

1. Die Regel des §. 29 gilt nach §. 30 nicht für den **Eintragungsantrag**.

a. Diese Bestimmung findet aber nur auf reine Anträge Anwendung. Wie oben S. 193 Erl. 3 zu §. 13 bereits erwähnt, werden häufig die zu der Eintragung erforderlichen Erklärungen in der Ausdrucksweise des Antrags ertheilt. Für einen solchen Antrag gilt die Regel des §. 29. Insbesondere fällt hierunter, außer der Bewilligung des leidenden Theiles (§. 19), auch die Zustimmung des Eigenthümers zur Löschung einer Hypothek, einer Grundschuld oder Rentenschuld (§. 27); ertheilt dieser, wie in der Praxis voraussichtlich die Regel bilden wird, seine Zustimmung, indem er die Löschung beantragt, so bedarf der Antrag der im §. 29 Satz 1 vorgeschriebenen Form. Wenn dagegen die Bewilligung, die eben erwähnte Zustimmung und die sonstigen nach §§. 19—27 erforderlichen Erklärungen sämmtlich in gehöriger Form vorliegen, so bedarf der Antrag, mit dem sie dem Grundbuchamt eingereicht werden, nicht der Form des §. 29. Denn er bildet nur eine die Thätigkeit des Grundbuchamts in Bewegung setzende

Verfahrenshandlung, keine Voraussetzung der Eintragung im Sinne des §. 29. Vgl. oben S. 193 Erl. 3. Etwas Anderes gilt nach §. 32 für die Zurücknahme des Antrags.

Zu den reinen Anträgen, welche keiner Form bedürfen, gehört insbesondere auch der Antrag auf Eintragung einer Sicherungshypothek in das Grundbuch. Er findet seine Rechtfertigung in dem vollstreckbaren Schuldtitel und bildet nur einen Verfahrungsakt, obwohl er erst das Grundstück, auf dem die Eintragung erfolgen soll, in der im §. 28 vorgeschriebenen Weise bezeichnen muß. Daß also der Antrag nicht lediglich das Verlangen auf Vornahme der aus den beigefügten Urkunden ersichtlichen Eintragung enthält, macht ihn für sich allein noch nicht zu einer der Form des §. 29 bedürfenden Erklärung.

Dies trifft auch auf den Antrag auf Eintragung des Widerspruchs bei einer Buchhypothek zu, daß die Hingabe des Darlehns unterblieben sei (B.G.B. §. 1139, oben S. 133); dieser wird durch die aus dem Grundbuch ersichtlichen Umstände völlig gerechtfertigt, daß die Ertheilung des Briefes ausgeschlossen ist, daß der Hypothek ein Darlehn zu Grunde liegt und daß seit ihrer Eintragung noch kein Monat zur Zeit des Eingangs des Antrags verstrichen war. Die Erklärung des Eigenthümers, daß die Darlehnsvaluta nicht ausgezahlt sei, ist keine zu der Eintragung erforderliche Erklärung im Sinne der §§. 19–27 und also auch nicht im Sinne der §§. 29, 30. Auch der Wortlaut des §. 1139 spricht hierfür; eine besondere Erklärung, daß die Hingabe des Darlehns unterblieben sei, wird überhaupt nicht gefordert. Es genügt zur Begründung des Antrags der Hinweis auf die oben erwähnten, aus dem Grundbuch ersichtlichen Umstände (a. M. Turnau-Förster Bd. 1 S. 637, Oberneck S. 678, Jastrow, Formularbuch Th. 2 S. 184).

b. Welcher Form die reinen Anträge bedürfen, ist in der G.B.O. nicht gesagt. Nach dem im §. 416 der C.P.O. und im §. 126 des B.G.B. zum Ausdrucke gebrachten Grundsatze wird man für einen privatschriftlichen Antrag jedenfalls nicht mehr als die eigenhändige Unterschrift des Antragstellers oder dessen gerichtlich oder notariell beglaubigtes Handzeichen verlangen dürfen. Vorgeschrieben ist aber auch das nicht und das Grundbuchamt wird sich mit einem nicht unterzeichneten Antrage begnügen müssen, wenn aus ihm erkennbar hervorgeht, daß er von einem Antragsberechtigten herrührt (vgl. Schultzenstein in Zeitschr. f. C.Proz. 27 S. 514ff.).

Für Aufnahme der Anträge durch das Grundbuchamt, durch ein Amtsgericht oder einen Notar ist reichsrechtlich keine Form vorgeschrieben, insbesondere finden auf sie die Vorschriften der §§. 168ff. des freiw. G.G. (oben S. 230ff.) selbst dann keine Anwendung, wenn die Amtsgerichte die Grundbuchämter bilden, denn diese betreffen nur die Beurkundung von Rechtsgeschäften, die reinen Anträge bilden aber keine rechtsgeschäftlichen Erklärungen. Dagegen ist es den Landesgesetzen unbenommen, hierüber Vorschriften zu erlassen. Für Preußen enthalten die Art. 54 und 55 des preuß. freiw. G.G. einige in Betracht kommenden Bestimmungen über die Protokolle der Richter und der Notare (vgl. die Erl. zu Art. 5 des preuß. A.G. z. G.B.O.).

2. Die vorstehenden Bemerkungen treffen nach §. 30 auch auf die **Vollmacht zur Stellung eines reinen Eintragungsantrags** zu, da von dieser in formeller Hinsicht natürlich nicht mehr gefordert werden kann als von dem Antrage selbst. Demnach bedarf insbesondere auch der Bevollmächtigte des Gläubigers einer vollstreckbaren Geldforderung, welcher deren Eintragung als Sicherungshypothek in das Grundbuch beantragt, keiner beglaubigten Vollmacht, einerlei ob er der Prozeßbevollmächtigte des Gläubigers ist (vgl. das preuß. Zw.V.G. vom 13. Juli 1883 §. 12) oder nicht.

Durch eine solche formlose Vollmacht wird aber, wie gesagt, der Bevollmächtigte nur zur Stellung eines reinen Antrags ermächtigt, nicht zu einer Eintragungsbewilligung (§. 19), Abtretungserklärung (§. 26), Zustimmung des Eigenthümers zur Löschung (§. 27) oder zu einer sonstigen zu der Eintragung erforderlichen Erklärung; hierzu bedarf es einer Vollmacht in der im §. 29 Abs. 1 vorgeschriebenen Form.

Auch auf die Legitimation eines Vertreters, dessen Vertretungsmacht nicht durch Rechtsgeschäft (Vollmacht, vgl. B.G.B. §. 166 Abs. 2) ertheilt ist, (gesetzliche Vertreter, Organe juristischer Personen, Konkursverwalter, Testamentsvollstrecker ꝛc.) findet §. 30 keine Anwendung. Sie müssen sich in gleicher Weise bei der Stellung reiner Anträge wie bei der Abgabe von Eintragungsbewilligungen ꝛc. legitimiren. Vgl. unten S. 239 ff. unter 3e.

Schließlich bezieht sich weder die Vorschrift des §. 30 noch die des §. 29 auf Vollmachten zu Handlungen vor oder gegenüber dem Grundbuchamte, die nicht auf Vornahme einer Eintragung gerichtet sind, wie z. B. zu Anträgen und Erklärungen, die lediglich die Ertheilung der Hypotheken= oder Grundschuldbriefe betreffen, oder zur Erhebung von Beschwerden. Aus dem Schweigen des Gesetzes folgt die Formlosigkeit derartiger Vollmachten, es sei denn, daß für die Erklärung des Vollmachtgebers eine Form vorgeschrieben ist; in dem Falle des §. 60 Abs. 2 z. B. wird man auch für die Vollmacht zur Abgabe der Erklärung des Eigenthümers die Form des §. 29 Satz 1 fordern müssen. Vgl. §. 58 Erl. 2, §. 60 Erl. 1c, §. 73 Erl. 5, §. 80 Erl. 1.

Vgl. über die Form der Vollmacht noch Erl. 3d.

3. Außer den soeben erwähnten Bestimmungen und der Vorschrift des §. 15 über die Vertretungsbefugniß der Notare hat die G.B.O. keine besondere Bestimmungen über die **Vertretung**. Es kommen für das Grundbuchrecht die sonst geltenden Vorschriften, insbesondere die des B.G.B. in Betracht. Aus diesen ist Folgendes hervorzuheben:

a. Zulässig ist die Vertretung bei allen Rechtsgeschäften, soweit nicht für einzelne Ausnahmevorschriften getroffen sind. Von den letzteren sind für den Grundbuchverkehr wohl nur die Vorschriften über Testamente (§. 2064), Erbverträge (§. 2274), die einen Erbvertrag aufhebenden Verträge (§. 2290 Abs. 2), den Rücktritt vom Erbvertrage (§. 2296) und die Erbverzichtsverträge (§. 2347 Abs. 2) von Interesse. Für die grundbuchrechtlichen Erklärungen, insbesondere auch die Auflassungen gilt keine Ausnahme.

b. „Ein Vertreter kann, soweit nicht ein Anderes ihm gestattet ist, im Namen des Vertretenen mit sich im eigenen Namen oder als Vertreter eines Dritten ein Rechtsgeschäft nicht vornehmen, es sei denn, daß das Rechtsgeschäft ausschließlich in der Erfüllung einer Verbindlichkeit besteht." (B.G.B. §. 181). Demnach sind Auflassungen seitens des Vertreters des Eigenthümers an sich selbst oder an einen durch ihn vertretenen Dritten sowie Eintragungsbewilligungen des Vertreters des leidenden Theiles zu seinen eigenen Gunsten regelmäßig nichtig, es sei denn, daß der Vertreter zur Vornahme eines Rechtsgeschäfts mit sich selbst oder mit sich als Vertreter des Dritten ausdrücklich oder stillschweigend besonders ermächtigt ist, oder daß das Rechtsgeschäft ausschließlich in der Erfüllung einer Verbindlichkeit besteht. Die letztere Ausnahme wird besonders häufig praktisch werden beim Vermächtniß eines Nießbrauchs an die Wittwe eines Berechtigten, welcher von seinen unter der elterlichen Gewalt der Mutter stehenden minderjährigen Kindern beerbt ist; da diese auf Grund des Vermächtnisses zur Bestellung des Nießbrauchs verpflichtet sind, kann die Mutter dessen Eintragung Namens der Kinder bewilligen; die Bestellung eines Pflegers ist also nicht erforderlich. Siehe auch Seuff. Arch. 56 Nr. 44.

c. Auch ein nur beschränkt Geschäftsfähiger kann, anders als ein Geschäftsunfähiger, Vertreter sein (B.G.B. §. 165). Ebenso wie die Vorschrift des §. 181 findet auch diese auf Bevollmächtigte wie auf sonstige Vertreter Anwendung; jedoch gelten für elterliche Gewalthaber, Vormünder, Pfleger und Testamentsvollstrecker Ausnahmen nach näherer Vorschrift der §§. 1676, 1678, 1686, 1696; 1780 (anders §. 1781), 1915; 2201.

d. Aus den Vorschriften des B.G.B. (§§. 167—176) über die **Vollmacht** ist Folgendes hervorzuheben. Die Ertheilung der Vollmacht erfolgt durch Erklärung gegenüber dem zu Bevollmächtigenden oder dem Dritten, dem gegenüber die Vertretung stattfinden soll; diese Erklärung bedarf nicht der Form, welche für das Rechtsgeschäft bestimmt ist, auf das sich die Vollmacht bezieht (§. 167). Eine Spezialvollmacht ist nie erforderlich; es ist vielmehr lediglich eine Frage der Auslegung, in welchem Umfange der Bevollmächtigte zur Vertretung des Vollmachtgebers befugt sein soll (Planck Bd. 1 Erl. 6 zu §. 167). „Das Erlöschen der Vollmacht bestimmt sich nach dem ihrer Ertheilung zu Grunde liegenden Rechtsverhältnisse;"

aus diesem kann sich auch die Unwiderruflichkeit der Vollmacht ergeben; als Regel gilt aber, daß die Vollmacht auch bei dem Fortbestehen des Rechtsverhältnisses widerruflich ist (§. 168). Demnach entscheiden über das Erlöschen der Vollmacht grundsätzlich die Regeln des Auftrags, des Dienst- oder Werkvertrags (§§. 671–675), des Gesellschaftsvertrags (§§. 712, 715, 723 ff.) oder des sonstigen zu Grunde liegenden Rechtsverhältnisses. Der Tod oder der Eintritt der Geschäftsunfähigkeit des Vollmachtgebers hat „im Zweifel" das Erlöschen nicht zur Folge, wenn eines der drei erstgenannten Rechtsverhältnisse, wohl aber, wenn ein Gesellschaftsverhältniß zu Grunde liegt (§§. 672, 675, 727). Der Widerruf der Vollmacht ist ebenso wie deren Ertheilung eine einseitige empfangsbedürftige Willenserklärung (§. 186 Satz 3).

Dem Grundbuchamte gegenüber legitimirt sich der Bevollmächtigte durch Vorlage einer Vollmachtsurkunde in der aus den Bemerkungen in Erl. 2 ersichtlichen Form. Die Vollmacht muß in Urschrift oder in Ausfertigung vorgelegt werden; eine beglaubigte Abschrift genügt nicht, weil nur der Besitz der Urschrift oder der dieser gleichstehenden Ausfertigung Gewähr dafür bietet, daß die Vollmacht nicht widerrufen ist (Entsch. 1 S. 130). Ebensowenig genügt ein der Beglaubigung der Unterschrift des Bevollmächtigten beigefügtes Attest des beglaubigenden Notars, daß ihm eine Ausfertigung der Vollmacht vorgelegt sei, wohl aber eine Bezugnahme auf die Akten des Grundbuchamts, wenn der Bevollmächtigte oder der Vollmachtgeber die Vollmacht bereits zu diesen eingereicht oder letzterer sie vor dem Grundbuchamte zu Protokoll gegeben hat. Hat dagegen der Vollmachtgeber zum Protokolle des Amtsgerichts, welches zugleich das Grundbuchamt bildet, einseitig in Abwesenheit des zu Bevollmächtigenden die Vollmacht erklärt und Aushändigung der Ausfertigung zu seinen eigenen Händen beantragt, so liegt darin noch keine Vollmachtsertheilung, da die Erklärung weder gegenüber dem zu Berechtigenden noch gegenüber dem Dritten, dem gegenüber die Vertretung stattfinden soll, abgegeben ist (§. 167); eine Bezugnahme auf dieses Protokoll reicht demnach nicht aus (vgl. zu den Sätzen dieses Absatzes K.G. 12 S. 107).

Die Vorlage einer Zeitung, welche eine öffentliche Bekanntmachung der Vollmacht enthält, (vgl. B.G.B. §. 171), seitens des Bevollmächtigten bildet ebenfalls keine genügende Legitimation, wenn es sich um eine Vollmacht zu einer zu einer Eintragung erforderlichen Erklärung handelt; nach §. 29 Satz 1 der G.B.O. muß durch öffentliche oder öffentlich beglaubigte Urkunden nachgewiesen werden, daß der Vollmachtgeber selbst die Bekanntmachung an die Zeitung eingesandt hat, weil es sonst an jeder Gewähr für die Echtheit der Kundgebung fehlt.

Hat sich der Bevollmächtigte in einer der oben angegebenen Weisen legitimirt, so kann das Grundbuchamt nur dann den Nachweis, daß die Vollmacht nicht widerrufen und die Vollmachtsurkunde nicht für kraftlos erklärt sei (B.G.B. §. 176), fordern, wenn besondere Umstände Zweifel an dem Fortbestande der Vollmacht rechtfertigen. Wenn der Vollmachtgeber durch besondere Mittheilung an das Grundbuchamt kundgegeben hat, daß er den Anderen zu seiner Vertretung vor dieser Behörde ermächtigt habe, oder wenn er dem Vertreter eine Vollmachtsurkunde ausgehändigt hat und der letztere sie dem Grundbuchamte zu seiner Legitimation vorlegt, so bleibt nach §§. 171, 172 die Vertretungsmacht bestehen, bis jene Kundgebung durch Erklärung gegenüber dem Grundbuchamte widerrufen wird oder bis die Vollmachtsurkunde dem Vollmachtgeber zurückgegeben oder für kraftlos erklärt wird. Ebenso bedarf es bei einer durch öffentliche Bekanntmachung kundgegebenen Vollmacht des Widerrufs durch eine öffentliche Bekanntmachung. Eine andere Art des Erlöschens, insbesondere auch ein Widerruf, bei dem die Vollmachtsurkunde nicht zurückgegeben oder für kraftlos erklärt ist, kommt in diesen Fällen nicht in Betracht, es sei denn, daß das Grundbuchamt das Erlöschen kennt oder kennen muß (§. 173). Demnach gilt, von dem letzteren Falle abgesehen, der noch im Besitze der Vollmachtsurkunde befindliche Vertreter als legitimirt, sofern nicht die Urkunde für kraftlos erklärt ist. Ein Beweis, daß letzteres nicht geschehen ist, kann das Grundbuchamt, wenn nicht besondere Umstände dies wahrscheinlich machen, ebensowenig fordern, als z. B. bei der Vorlage eines Testaments den Nachweis, daß dies nicht durch ein späteres widerrufen ist.

e. Einige besondere Vertretungsfälle sind an anderer Stelle besprochen, vgl. oben S. 201 Erl. 5a zu §. 14 über den Sequester des §. 848 der C.P.O.; S. 125f. und unten §. 36 Erl. 3 über Testamentsvollstrecker, oben S. 49 über die letztwillige Einräumung einer Verfügungsbefugniß über den Nachlaß, unten §. 33 nebst Erl. über die Vertreter der Handelsgesellschaften.

Hier sind folgende weitere Fälle zu erwähnen:

α. Die **elterliche Gewalt** gewährt die Befugniß zur Vertretung des minderjährigen Kindes, und zwar in erster Linie dem Vater. Der Mutter steht sie regelmäßig erst dann zu, wenn der Vater gestorben oder für todt erklärt ist, oder wenn er die elterliche Gewalt in Folge eines an dem Kinde verübten Verbrechens oder vorsätzlichen Vergehens gemäß §. 1680 verwirkt hat und die Ehe aufgelöst ist (§. 1684); vorher ist sie nur ausnahmsweise nach §. 1685 zur Vertretung befugt. Uneheliche Kinder stehen nicht unter elterlicher Gewalt (§. 1707).

Die elterliche Gewalt gewährt nicht die Befugniß zu Schenkungen (§. 1641); zu Rechtsgeschäften zwischen dem Kinde einerseits und dem Vater oder dessen Ehegatten oder Verwandten in gerader Linie andererseits, es sei denn, daß das Rechtsgeschäft ausschließlich in der Erfüllung einer Verbindlichkeit besteht; zu einem Rechtsgeschäfte, welches die Uebertragung oder Belastung einer durch Pfandrecht, Hypothek oder Bürgschaft gesicherten Forderung des Kindes gegen den Vater oder die Aufhebung oder Minderung dieser Sicherheit zum Gegenstande hat oder die Verpflichtung des Kindes hierzu begründet (§§. 1630, 1795; vgl. Rechtspr. 2 S. 140). Ferner fehlt dem Inhaber der elterlichen Gewalt die Vertretungsbefugniß in denjenigen Angelegenheiten des Kindes, für die ein Pfleger bestellt oder für die ihm durch das Vormundschaftsgericht die Vertretung entzogen ist (§§. 1627, 1630, 1796), sowie hinsichtlich desjenigen Vermögens, welches das Kind von Todeswegen erwirbt oder welches ihm unter Lebenden von einem Dritten unentgeltlich zugewendet wird, sofern der Erblasser durch letztwillige Verfügung, der Dritte bei der Zuwendung bestimmt hat, daß der Erwerb der Verwaltung des Vaters entzogen sein soll (§. 1638).

Die Vermögensverwaltung und die Vertretungsbefugniß des Vaters endigt trotz des Fortbestehens der elterlichen Gewalt mit der Rechtskraft des Beschlusses, durch den der Konkurs über sein Vermögen eröffnet wird (§. 1647), und durch Entziehung seitens des Vormundschaftsgerichts (§. 1670). Auch ein in der Geschäftsfähigkeit beschränkter Vater ist zur Vertretung des Kindes nicht berechtigt (§. 1676).

Zu einigen Rechtsgeschäften für das Kind bedarf der Vater der Genehmigung des Vormundschaftsgerichts, vor allem zur Verfügung über ein Grundstück (vgl. Entsch. 1 S. 135 = K.G. N.F. 1 A S. 237 = Rechtspr. 1 S. 474) oder über ein Recht an einem Grundstücke mit Ausnahme der Hypotheken, Grundschulden und Rentenschulden; ferner zur Verfügung über eine Forderung, die auf Uebertragung des Eigenthums an einem Grundstück oder auf Begründung oder Uebertragung eines Rechtes an einem Grundstücke (mit Ausnahme der Hypotheken rc.) oder auf Befreiung eines Grundstücks von einem solchen Rechte gerichtet ist; schließlich zur Eingehung der Verpflichtung zu einer der genannten Verfügungen (§§. 1643, 1821ff., vgl. Planck Bd. 4 S. 399ff.). Ueber den Begriff der Verfügungen vgl. Planck Bd. 1 S. 148; darunter fällt nicht nur die Veräußerung und die Belastung, sondern auch die Aenderung oder Aufhebung eines Rechtes, demnach auch z. B. die Umwandlung von Brief- in Buchhypotheken, was zwar nicht für den Vater als elterlichen Gewalthaber, wohl aber für den Vormund und Pfleger (vgl. unten S. 240) von Bedeutung ist. Anders als diese bedarf nämlich der Vater keine Genehmigung zur Uebertragung, Belastung, Inhalts- und Rangänderung sowie zur Löschung einer Hypothek, ferner zum entgeltlichen Erwerb eines Grundstücks oder eines Rechtes an einem Grundstück rc.

Das Gesagte gilt auch von der elterlichen Gewalt der Mutter (§. 1686). Im Gegensatze zu dem Vater verliert sie aber die Gewalt mit ihrer Wiederverheirathung (§. 1697), und ihre Vertretungsmacht wird eingeschränkt, wenn ihr ein Beistand von dem Vormundschaftsgerichte bestellt wird (§§. 1687ff.). Der Beistand hat innerhalb seines Wirkungskreises, der auf gewisse Arten von Angelegenheiten oder auf einzelne Angelegenheiten beschränkt sein kann, grundsätzlich dieselbe Stellung wie ein Gegenvormund. Die Mutter bedarf seiner Genehmigung, welche durch die des Vormundschaftsgerichts ersetzt werden kann, zu jedem Rechtsgeschäfte, zu dem ein Vormund (vgl. unten unter β) der Genehmigung des Vormundschaftsgerichts oder des Gegenvormundes bedarf, es sei denn, daß auch der elterliche Gewalthaber das Rechtsgeschäft nicht ohne die Genehmigung des Gerichts vornehmen kann (§. 1690); in dem letzteren Falle ist die gerichtliche Genehmigung erforderlich und die des Beistandes nicht genügend. Auf Antrag der Mutter kann das Vormundschaftsgericht dem Beistande die Vermögensverwaltung ganz oder theilweise übertragen; der Beistand hat alsdann die Rechte und Pflichten eines Pflegers (§. 1693).

Während dieser Beistand sich durch seine Bestallung legitimirt (§§. 1694, 1791), genügt zum Nachweise der Vertretungsmacht des Vaters der **Beweis** der Minderjährigkeit des Kindes. Denn seine Vertretungsbefugniß bildet die Regel und das Grundbuchamt braucht nicht danach zu forschen, ob dem Vater nicht die Vertretungsmacht ausnahmsweise fehlt, es sei denn, daß besondere Umstände den Zweifel rechtfertigen. Ebenso genügt zur Legitimation der Mutter eines minderjährigen ehelichen Kindes der Nachweis des Todes des Vaters oder eines der anderen oben angeführten Umstände, mit deren Eintritt die elterliche Gewalt der Mutter beginnt. Den Beweis, daß kein Beistand bestellt sei, hat das Grundbuchamt grundsätzlich nicht zu erfordern; wohl aber empfiehlt es sich, die vor dem Grundbuchamt erschienenen Betheiligten über diesen Punkt zu befragen.

β. Der **Vormund** und der **Gegenvormund** eines Minderjährigen oder eines entmündigten Volljährigen oder auch eines Volljährigen, der nach der Einleitung des Entmündigungsverfahrens unter vorläufige Vormundschaft gestellt ist, legitimiren sich durch Vorlegung ihrer Bestallung (§. 1791). Zur Vertretung des Mündels ist nur der erstere befugt, der letztere selbst nicht bei Verhinderung des Vormundes.

Für die unter α im Abs. 2 genannten Geschäfte und Angelegenheiten fehlt dem Vormunde so gut wie dem elterlichen Gewalthaber die Vertretungsmacht (§§. 1794—1796, 1804, 1909).

Wie der letztere, bedarf auch der Vormund der Genehmigung des Vormundschaftsgerichts (oder statt dessen des Familienraths, falls ein solcher eingesetzt ist, §§. 1858 ff.) zu den im Abs. 4 unter α genannten Rechtsgeschäften und außerdem z. B. zu einem Vertrage, der auf den entgeltlichen Erwerb eines Grundstücks oder eines Rechtes an einem Grundstücke gerichtet ist, sowie zu einem Rechtsgeschäfte, durch das die für eine Forderung des Mündels bestehende Sicherheit aufgehoben oder gemindert oder die Verpflichtung dazu begründet wird (z. B. zu einer Rangänderung zum Nachtheile einer Hypothek des Mündels, Entlassung eines Grundstücks aus der Mithaft für eine solche oder Aufgabe der Hypothek für eine Forderung des Mündels), schließlich zu einer Verfügung (vgl. über diesen Begriff oben S. 239) über eine Briefhypothek, Briefgrundschuld oder Briefrentenschuld, wenn der Brief hinterlegt ist (§§. 1821, 1822, 1819).

Die Genehmigung des Gegenvormundes oder statt ihrer die des Vormundschaftsgerichts (Familienraths) ist, sofern nicht eine sog. befreite Vormundschaft vorliegt, erforderlich zu einer Verfügung über eine Forderung oder ein anderes Recht, kraft dessen das Mündel eine Leistung verlangen kann, es sei denn, daß der Gegenstand der Leistung nicht in Geld oder Werthpapieren besteht oder daß der Anspruch nicht mehr als 300 Mark beträgt oder zu den Nutzungen des Mündelvermögens gehört ꝛc. (§§. 1812, 1813). Demnach genügt die Genehmigung des Gegenvormundes zu einer Abtretung oder Belastung einer Hypothek, sofern der Brief nicht hinterlegt ist, zu einer Löschungsbewilligung aber nur dann, wenn die Forderung an den Mündel zurückgezahlt ist, nicht wenn diese bestehen bleibt und nur die Hypothek aufgegeben wird (vgl. Seuff. Arch. 56 Nr. 5).

Eine befreite Vormundschaft, bei der es zu den im vorigen Absatz angeführten Rechtsgeschäften keiner Genehmigung bedarf, ist kraft Gesetzes nur die des Vaters oder der ehelichen Mutter eines volljährigen Mündels (§§. 1903, 1904), außerdem nur die Vormundschaft des von dem Vater oder der Mutter benannten Vormundes eines Minderjährigen, sofern diese die Bestellung des Gegenvormundes ausgeschlossen haben (§§. 1852 ff.).

γ. Eine **Pflegschaft** läßt das B.G.B. zu einmal für die unter elterlicher Gewalt oder unter Vormundschaft stehenden Personen zur Besorgung solcher Angelegenheiten, an deren Erledigung der Gewalthaber oder der Vormund verhindert ist (vgl. oben S. 239 Erl. *α* Abs. 2), insbesondere zur Verwaltung des jenen unter der Bestimmung zugewendeten Vermögens, daß dem Gewalthaber oder dem Vormunde die Verwaltung nicht zustehen soll; ferner für die noch nicht unter Vormundschaft stehenden Personen, für welche die Voraussetzungen für die Anordnung einer Vormundschaft vorliegen; für gebrechliche Volljährige (vgl. Entsch. 1 S. 133 über die Zulässigkeit der Bestellung eines Pflegers für einen nicht entmündigten Geisteskranken zur Besorgung einzelner Angelegenheiten oder eines bestimmten Kreises seiner Angelegenheiten); für abwesende Volljährige; für eine Leibesfrucht zur Wahrung ihrer künftigen Rechte; für einen unbekannten Betheiligten, insbesondere für einen noch nicht erzeugten oder erst durch ein künftiges Ereigniß zu bestimmenden Nacherben; endlich für ein Vermögen, das durch öffentliche Sammlung für einen vorübergehenden Zweck zusammengebracht ist, wenn die zu der Verwaltung und Verwendung berufenen Personen weggefallen sind (§§. 1909—1914). Außerdem ist die Bestellung einer Nachlaßpflegschaft zulässig, und zwar nicht nur in dem Falle der Nachlaßverwaltung (oben S. 121 f.), sondern auch zur Sicherung des Nachlasses für denjenigen, welcher Erbe wird (§§. 1960, 1961, 1975 ff., vgl. Planck Bd. 5 S. 36, 57 ff., 87 ff); bei jeder Nachlaßpflegschaft tritt an die Stelle des Vormundschaftsgerichts das Nachlaßgericht (§. 1962).

Auf die Pflegschaft finden grundsätzlich die für die Vormundschaft geltenden Vorschriften entsprechende Anwendung; die Bestellung eines Gegenvormundes ist nicht erforderlich (§. 1915, vgl. §§. 1916 ff., insbesondere über den Pfleger zur Verwaltung eines dem Mündel unter Ausschluß der elterlichen oder vormundschaftlichen Verwaltung zugewendeten Vermögens §. 1917). Im Gegensatze zu der Vormundschaft, auch der vorläufigen Vormundschaft über die Volljährigen, deren Entmündigung beantragt ist, hat die Pflegschaft, insbesondere die über einen Gebrechlichen oder einen Abwesenden, auf die Geschäftsfähigkeit des Mündels keinen Einfluß. Der Pfleger hat auch regelmäßig nur für einzelne Angelegenheiten oder einen bestimmten Kreis von Angelegenheiten des Mündels zu sorgen, worüber die Bestallung Auskunft geben muß; nur ein körperlich Gebrechlicher kann für alle Angelegenheiten, „für seine Person und sein Vermögen" einen Pfleger erhalten (§. 1910 Abs. 1).

δ. Bei den **Vereinen** sind **nach dem B.G.B.** drei Arten zu unterscheiden, die Vereine, welche Rechtsfähigkeit durch staatliche Verleihung erlangt haben, die eingetragenen Vereine und die nicht rechtsfähigen Vereine (vgl. oben S. 189 Abs. 2).

Durch staatliche Verleihung erlangen „in Ermangelung besonderer reichsgesetzlicher Vorschriften" diejenigen Vereine Rechtsfähigkeit, deren „Zweck auf einen wirthschaftlichen Geschäftsbetrieb gerichtet ist" (B.G.B. §. 22. In Preußen erfolgt die Verleihung der Rechtsfähigkeit durch die zuständigen Minister; B.O. vom 16. November 1899 Art. 1). Diese Vereine werden durch ihren Vorstand vertreten, dessen Bestellung, sofern nicht die Satzung etwas Anderes bestimmt, durch Beschluß der Mitgliederversammlung erfolgt (B.G.B. §§. 26, 27, 40). Ueber die Frage, ob für die Beschlüsse des Vorstandes Einstimmigkeit der Mitglieder erforderlich ist oder nicht, entscheiden ebenfalls in erster Linie die Satzungen; in Ermangelung einer Bestimmung genügt, gehörige Berufung der Vorstands-Mitglieder vorausgesetzt, Zustimmung der Mehrheit der in der Vorstandssitzung erschienenen Mitglieder (§§. 28, 40). Der Umfang der Vertretungsmacht des Vorstandes bestimmt sich gleichfalls nach der Satzung; etwaige Beschränkungen wirken gegen Dritte (§. 26). Durch die Satzung kann bestimmt werden, daß neben dem Vorstande für gewisse Geschäfte besondere Vertreter zu bestellen sind (§. 30). Ein in Liquidation befindlicher Verein wird durch die Liquidatoren vertreten (§§. 47, 48). Demnach bedarf es zur Legitimation der Vertreter eines solchen Vereins stets der Vorlage der

Satzungen und des Nachweises gehöriger Bestellung; letzterer wird gewöhnlich durch eine Bescheinigung der Aufsichtsbehörde geführt.

Durch Eintragung in das Vereinsregister des Amtsgerichts erlangen die Vereine Rechtsfähigkeit, deren Zweck nicht auf einen wirthschaftlichen Geschäftsbetrieb gerichtet ist (§. 21). Diese „eingetragenen Vereine" unterliegen ebenfalls den vorstehenden Vorschriften, jedoch mit folgenden Abweichungen. Die Satzungs-Bestimmungen, welche den Umfang der Vertretungsmacht des Vorstandes beschränken oder die Beschlußfassung abweichend von der angeführten Vorschrift des §. 28 regeln, wirken gegen einen Dritten nur dann, wenn sie zur Zeit der Vornahme des mit diesem abgeschlossenen Rechtsgeschäfts im Vereinsregister eingetragen oder dem Dritten bekannt waren; trotz der Eintragung braucht der Dritte sie nicht gegen sich gelten zu lassen, wenn er sie nicht kennt und seine Unkenntniß auch nicht auf Fahrlässigkeit beruht (§. 70). Die Mitglieder des Vorstandes und die Liquidatoren legitimiren sich als solche durch ein Zeugniß des Amtsgerichts über die Eintragung (§§. 69, 76). Etwaige besondere Vertreter müssen ihre satzungsgemäße Bestellung nachweisen und den Umfang ihrer Vertretungsmacht durch Vorlage der Satzung darthun.

Für beide Arten der rechtsfähigen Vereine sind die für alle juristischen Personen geltenden Vorschriften der Art. 163 und 86 des E.G. z. B.G.B. zu beachten. Nach Art. 163 finden, von den geringfügigen Ausnahmen der Art. 164—166 (für Realgemeinden, Vereine auf Grund der bayrischen Gesetze vom 29. April 1869 oder des sächsischen Gesetzes vom 15. Juni 1868) abgesehen, auf die am 1. Januar 1900 bestehenden juristischen Personen von dieser Zeit an die Vorschriften der §§. 25—53, 85—89 des B.G.B. Anwendung; und Art. 86 hält die landesgesetzlichen Vorschriften über die Erwerbsbeschränkungen juristischer Personen aufrecht, soweit sie Gegenstände im Werthe von mehr als 5000 Mark betreffen. Für Preußen sind diese Vorschriften in dem A.G. z. B.G.B. Art. 6, 7 enthalten, und zwar regelt Art. 6 den Erwerb auf Grund von Schenkungen und von Zuwendungen von Todeswegen und Art. 7 den Erwerb von Grundstücken; für letztere kommt noch der Vorbehalt des E.G. z. B.G.B. Art. 88 in Betracht, wonach die Landesrechte den Erwerb von Grundstücken durch Ausländer stets, auch bei einem Werthe von nicht über 5000 Mark von staatlicher Genehmigung abhängig machen dürfen; deshalb unterscheidet Art. 7 weiter zwischen dem Grundstückserwerbe durch preußische, durch außerpreußische deutsche und durch ausländische juristische Personen. Nach Art. 6 bedürfen Schenkungen oder Zuwendungen von Todeswegen von mehr als 5000 Mark Werth an juristische Personen (mit Ausnahme der Familienstiftungen), einerlei wo diese ihren Sitz haben, zu ihrer Wirksamkeit ihrem vollen Betrage nach der Genehmigung des Königs oder der durch Königliche Verordnung bestimmten Behörde. „Juristische Personen, die in Preußen ihren Sitz haben, bedürfen zum Erwerbe von Grundstücken im Werthe von mehr als 5000 Mark der Genehmigung der staatlichen Aufsichtsbehörde. Dies gilt nicht für Familienstiftungen, für juristische Personen, deren Rechtsfähigkeit auf einem neben dem B.G.B. bestehenden Reichsgesetze beruht, sowie für solche juristische Personen des öffentlichen Rechtes, welche nach den für sie geltenden Gesetzen ohne die im Abs. 1 bezeichnete Genehmigung Grundeigenthum erwerben können. Sparkassen, die durch staatliche Verleihung Rechtsfähigkeit erlangt haben, können ein von ihnen beliehenes Grundstück im Zwangsversteigerungsverfahren ohne die Genehmigung erwerben" (Art. 7 §. 1). „Juristische Personen, die in einem anderen Bundesstaat ihren Sitz haben, bedürfen zum Erwerbe von Grundstücken im Werthe von mehr als 5000 Mark der Genehmigung des Königs oder der durch Kgl. V.O. bestimmten Behörde. Der gleichen Genehmigung bedürfen ausländische juristische Personen zum Erwerbe von Grundstücken ohne Rücksicht auf den Werth" (ebd. §. 2). Vgl. hierzu die Begr. zu Art. 6 und 7 des Entw. des A.G. z. B.G.B., zu §. 2 Abs. 1 auch die Kgl. V.O. vom 16. November 1899 Art. 6 und K.G. 16 S. 72, außerdem die Erl. zu Art. 9 des A.G. z. G.B.O.

Auf nicht rechtsfähige Vereine finden die Vorschriften über die Gesellschaft Anwendung (§. 54), jedoch mit der Einschränkung, daß zur Zwangsvollstreckung in das Vermögen eines solchen Vereins ein gegen den Verein ergangenes Urtheil genügt, während zu der Zwangsvollstreckung in das Gesellschaftsvermögen ein gegen alle Gesellschafter ergangenes Urtheil erforderlich ist (C.P.O. §§. 735, 736). Zu jeder Verfügung über das Gesellschafts- oder Vereins-Vermögen bedarf es der Zustimmung aller Gesellschafter (Vereinsmitglieder), sofern nicht in dem Gesellschaftsvertrag etwas Anderes bestimmt, insbesondere die Vertretungsbefugniß einem oder mehreren Mitgliedern übertragen ist (B.G.B. §§. 709, 710, 714). Hinsichtlich der Legitimation gilt dasselbe wie bei den nicht eingetragenen rechtsfähigen Vereinen. Daß die nicht rechtsfähigen Vereine nicht eintragungsfähig sind, ist oben S. 189 bereits erwähnt.

Nach den Vorschriften über die Gesellschaft sind auch die ausländischen Vereine der in dem B.G.B. §§. 21, 22 gedachten Art zu beurtheilen, selbst wenn sie nach dem Rechte des Staates ihres Sitzes rechtsfähig sind, sofern nicht ihre Rechtsfähigkeit durch Beschluß des Bundesraths anerkannt ist. Vgl. E.G. z. B.G.B. Art. 10 und Planck Bd. 6 S. 37 ff.

ε. Ueber die Vertretung der rechtsfähigen Stiftungen, zu deren Entstehung es außer dem Stiftungsgeschäfte staatlicher (in Preußen königlicher, vgl. V.O. vom 16. November 1899 Art. 4) Genehmigung bedarf, gilt grundsätzlich dasselbe wie für die rechtsfähigen Vereine, deren Rechtsfähigkeit auf staatlicher Verleihung beruht (§. 86). Auch auf sie finden die oben S. 242 Abs. 3 erwähnten Bestimmungen der Art. 86 und 163 des E.G. z. B.G.B. und Art. 6, 7 des preuß. A.G. z. B.G.B. Anwendung.

ζ. Den unter δ und ε angeführten Vorschriften des B.G.B. unterstehen nicht die durch besondere reichsrechtliche Vorschriften geregelten Vereine, deren Zweck auf einen wirthschaftlichen Geschäftsbetrieb gerichtet ist, wie z. B. die handelsrechtlichen Vereinigungen (vgl. die Erl. zu §. 33 S. 249 ff.), die Kolonialgesellschaften (Schutzgebietsgesetz in der Fassung der Bek. vom 16. September 1900, R.G.Bl. S. 812, §§. 11 ff.) u. ä., ferner die juristischen Personen, welche den durch das E.G. z. B.G.B. den Landesrechten vorbehaltenen Rechtsgebieten angehören (vgl. oben S. 21 und die Erl. zu §§. 83, 84), sowie schließlich die juristischen Personen des öffentlichen Rechtes (vgl. B.G.B. §. 89, Planck Bd. 1 S. 125). Nur die S. 242 erwähnten Vorschriften über die Erwerbsbeschränkungen gelten auch für sie. Im Uebrigen sind sie durch die besonderen reichs- oder landesrechtlichen Normen geregelt. Ueber die preußisch-rechtlichen juristischen Personen des öffentlichen Rechtes, insbesondere über ihre Vertretung und über die Nothwendigkeit der Genehmigung von Aufsichtsbehörden zu ihren grundbuchrechtlichen Geschäften vgl. die Erl. zu Art. 9 des A.G. z. G.B.O. An dieser Stelle kommen nur die reichsrechtlichen Vorschriften in Betracht, aus denen Folgendes hervorzuheben ist.

Ueber die Vertretung des Reichsfiskus besteht eine allgemeine Vorschrift nicht. Sofern nicht in einzelnen Gesetzen einer bestimmten Behörde die privatrechtliche Vertretung des Reiches übertragen ist, muß der Reichskanzler bezw. dessen Stellvertreter auf Grund des Art. 17 der Reichsverfassung als zur Vertretung ermächtigt angesehen werden. Der Reichsmilitärfiskus wird durch die Landeskontingentsverwaltungen vertreten; welcher Staatsbehörde die Vertretung obliegt, richtet sich nach den in den betreffenden Staaten geltenden Vorschriften (vgl. R.G. 20 S. 148, 24 S. 36, 35 S. 13, 42 S. 66, 43 S. 12; K.G. 4 S. 147); in Preußen ist durch Erlaß vom 30. April 1887 (J.M.Bl. S. 211) dem Kriegsminister die Ermächtigung ertheilt, die ihm für den Bereich der preußischen Militärverwaltung zustehende Befugniß zum Erwerb unbeweglicher Sachen für das Reich auf die ihm unterstellten Behörden zu übertragen (vgl. dazu Verf. vom 17. August 1887 ebd.). Die preuß. Allg. Verf. vom 13. Juli 1899 (J.M.Bl. S. 193) nennt die Militärbehörden, welche zur Ertheilung der Zustimmung zur Löschung eingetragener Beschränkungen zuständig sind, die zur Sicherstellung des von Offizieren bei Nachsuchung des Heirathskonsenses nachgewiesenen außerdienstlichen Einkommens bewirkt wurden. In der Veräußerung der Grundstücke, welche aus dem Eigenthum eines Bundesstaats in das des Reiches auf Grund des Reichsgesetzes über die Rechtsverhältnisse der zum dienstlichen Gebrauch einer Reichsverwaltung bestimmten Gegenstände vom 25. Mai 1873 (R.G.Bl. S. 113) übergegangen sind, ist das Reich durch die §§. 4—8 dess. Ges. beschränkt. Ueber die Auflassung von Postgrundstücken vgl. K.G. 2 S. 97.

Die Reichsbank, welche kein Verwaltungszweig des Reiches, sondern eine unter der Aufsicht und Leitung des Reiches stehende öffentlich-rechtliche Anstalt ist (R.G. 15 S. 236, 36 S. 141), wird nach außen durch das Reichsbankdirektorium vertreten. Dieses bildet eine öffentliche Behörde. „Es besteht aus einem Präsidenten und der erforderlichen Anzahl von Mitgliedern und faßt seine Beschlüsse nach Stimmenmehrheit, hat jedoch bei seiner Verwaltung überall den Vorschriften und Weisungen des Reichskanzlers Folge zu leisten". (Bankges. vom 14. März 1875 §. 27.)

Juristische Personen sind auch die Innungen (Gewerbe-O. in der Fassung der Bek. vom 26. Juli 1900, R.G.Bl. S. 871, §. 86). Sie werden gerichtlich und außergerichtlich durch ihren Vorstand vertreten, über dessen Bildung und Befugnisse das Statut Bestimmungen zu treffen hat; durch dieses kann auch einem Mitglied oder mehreren Mitgliedern des Vorstandes die Vertretung nach außen übertragen werden (ebd. §. 83 Ziff. 5, §. 92b Abs. 1). „Zur Legitimation des Vorstandes genügt bei allen Rechtsgeschäften die Bescheinigung der Aufsichtsbehörde, daß die darin bezeichneten Personen zur Zeit den Vorstand bilden" (§. 92b Abs. 2). Aufsichtsbehörde ist die untere Verwaltungsbehörde (§. 96). Der höheren Verwaltungsbehörde liegt die Genehmigung des Innungsstatuts ob, und ihrer Genehmigung bedarf es zu dem Erwerbe, der Veräußerung oder der dinglichen Belastung von Grundeigenthum (ebd. §§. 84, 89b). Das Gleiche gilt von den Handwerkskammern (ebd. §§. 103g, 103m, 103n); jedoch wird ihr Statut von der Landes-Centralbehörde erlassen und die höhere Verwaltungsbehörde bildet regelmäßig die Aufsichtsbehörde (ebd. §§. 103m, 103o). Auch den Innungsausschüssen kann durch die Landes-Centralbehörde und den Innungsverbänden durch Beschluß des Bundesraths Rechtsfähigkeit beigelegt werden (ebd. §§. 101, 104g); beide unterliegen der Aufsicht der höheren Verwaltungsbehörde, und zwar die letzteren der Aufsicht derjenigen höheren Verwaltungsbehörde, in deren Bezirke der Vorstand seinen Sitz hat; diese hat daher die zur Legitimation des Vorstandes dienende Bescheinigung auszustellen (ebd. §§. 104h, 104k). Die Innungs-Unterstützungskassen und die Innungskrankenkassen sind keine besonderen juristischen Personen; das für sie bestimmte Vermögen ist aber gesondert von dem übrigen Innungsvermögen zu verwalten und dient zur abgesonderten Befriedigung der Gläubiger der Kasse (ebd. §. 81b Ziff. 3, §§. 85, 90); in das Grundbuch sind danach die Innungen selbst einzutragen und die Kassen, zu deren Vermögen das betreffende Grundstück oder Recht gehört, nur daneben anzugeben (vgl. preuß. Allg. Verf. §. 4 Abs. 2). Vgl. noch über die Löschung einer Hypothek, die für eine durch Aussterben ihrer Mitglieder erloschene alte Innung eingetragen ist, K.G 17 S. 110.

Ueber die Vertretung der Ortskrankenkassen, der Betriebs- (Fabrik-) Krankenkassen und der Bau-Krankenkassen und über die Legitimation ihres Vorstandes bestimmt das Krankenversicherungsgesetz (in der Fassung der Bek. vom 10. April 1892 §§. 25, 35, 64, 66, 72) dasselbe, wie die Gewerbeordnung bezüglich der Innungen. Aufsichtsbehörde ist in Gemeinden von mehr als zehntausend Einwohnern die Gemeindebehörde, sonst die von der Landesregierung zu bestimmende Behörde (§. 44).

Der Vorstand einer eingeschriebenen Hülfskasse legitimirt sich durch ein Zeugniß des Gemeindevorstandes, daß die darin bezeichneten Personen zur Zeit als Mitglieder des Vorstandes angemeldet sind. Seine Vertretungsbefugniß bestimmt sich nach dem Inhalte des Statuts (Gesetz vom 7. April 1876, abgeändert durch Ges. vom 1. Juni 1884, §§. 5, 16 ff.).

Juristische Personen sind auch die auf Grund des Invalidenversicherungsgesetzes errichteten Versicherungsanstalten, welche durch ihren Vorstand nach Maßgabe der Bestimmungen ihres, von dem Reichsversicherungsamte zu genehmigenden Statuts vertreten werden. Der Vorstand hat die Eigenschaft einer öffentlichen Behörde (Invalidenversicherungsges. in der Fassung der Bek. vom 19. Juli 1899 §§. 65ff., 70, 72—74).

Auch die Berufsgenossenschaften sind juristische Personen, welche regelmäßig durch ihren Vorstand vertreten werden. „Zur Legitimation der Vorstände bei Rechtsgeschäften genügt die Bescheinigung der höheren Verwaltungsbehörde, daß die darin bezeichneten Personen den Vorstand bilden" (Unfallversicherungsgesetze vom 6. Juli 1884 §§. 9, 23, vom 5. Mai 1886 §§. 13, 28, vom 11. Juli 1887 §. 12 und vom 13. dess. Mon. §§. 16, 29).

η. Der Konkursverwalter ist zur Verfügung über die zur Konkursmasse gehörigen Grundstücke und Rechte an Grundstücken des Gemeinschuldners befugt, und zwar ohne daß es des Nachweises der nach §§. 133—135 der K.O. erforderlichen Zustimmung des Gläubigerausschusses oder der Gläubigerversammlung bedarf, da durch diese Vorschriften „die Gültigkeit einer Rechtshandlung des Verwalters dritten Personen gegenüber nicht berührt" wird (K.O. §. 136). Er legitimirt sich durch die „urkundliche Bescheinigung seiner Ernennung" (§. 81).

ϑ. Eine besondere Art der Vertretung kennt das B.G.B. bei Sicherungshypotheken für Forderungen aus Schuldverschreibungen auf den Inhaber, aus Wechseln und anderen indossablen Papieren sowie bei Grundschulden (oder Rentenschulden) für den Inhaber des Grundschuldbriefs (oder des Rentenschuldbriefs). Bei ihnen kann ein Vertreter für den jeweiligen Gläubiger mit der Befugniß bestellt werden, mit Wirkung für und gegen jeden späteren Gläubiger bestimmte Verfügungen über die Hypothek, Grundschuld oder Rentenschuld zu treffen (B.G.B. §§. 1189, 1192, 1195). Innerhalb der bei seiner Bestellung bestimmten Grenzen kann also dieser Treuhänder über die Hypothek, Grundschuld oder Rentenschuld verfügen und Eintragungen in das Grundbuch bewilligen. Vgl. unten §. 43 Satz 2, §. 44 Abs. 2, §. 51. Neben ihm sind auch die Gläubiger verfügungsberechtigt, sofern dem Vertreter nicht die ausschließliche Verfügungsbefugniß eingeräumt ist.

Die Bestellung dieses Vertreters ist in das Grundbuch einzutragen und auf den Inhaber- und Orderpapieren oder auf den Grundschuldbriefen zu vermerken (§. 44 Abs. 1, §§. 62, 70), und zwar bedarf es nicht nur der Eintragung des Namens des Vertreters, sondern auch des Umfangs seiner Verfügungsbefugniß, da dieser gesetzlich nicht bestimmt ist; in letzterer Hinsicht genügt indessen nach Analogie des §. 874 des B.G.B. (oben S. 187 Vorbm. V 2) auch eine Bezugnahme auf die Eintragungsbewilligung. Die Eintragung erfolgt, wenn sie bei der Bestellung der Hypothek, Grundschuld oder Rentenschuld beantragt wird, auf die einseitige Bewilligung des Eigenthümers (vgl. oben S. 211 Erl. 3); zu einer nachträglichen Bestellung und zu jeder Aenderung, insbesondere auch zur Abberufung ist dagegen die Bewilligung des Eigenthümers (vgl. B.G.B. §. 1189 Abs. 2) und des durch die Inhaber- oder Orderpapiere legitimirten Gläubigers und, wenn die Forderung oder die Grundschuld getheilt ist, der sämmtlichen Gläubiger erforderlich, sofern nicht von vornherein etwas Anderes bestimmt ist. Hiervon gilt hinsichtlich der Abberufung eine Ausnahme auf Grund des Reichsgesetzes vom 4. Dezember 1899, betr. die gemeinsamen Rechte der Besitzer von Schuldverschreibungen (R.G.Bl. S. 691), welches im §. 16 Abs. 3 bei Schuldverschreibungen der im §. 1 des Gesetzes (vgl. auch §§. 24, 25) genannten Art aus wichtigen Gründen die Abberufung des gemäß §. 1189 des B.G.B. bestellten Vertreters auf Antrag von Gläubigern, deren Schuldverschreibungen zusammen den fünften Theil des Gesammtbetrags der im Umlaufe befindlichen Schuldverschreibungen erreichen, durch das Amtsgericht gestattet, in dessen Bezirke der Schuldner seinen Wohnsitz oder seine gewerbliche Niederlassung hat oder zuletzt gehabt hat.

Auf Grund dieses Gesetzes kann auch nach Maßgabe der näheren Vorschriften desselben von einer gehörig berufenen Versammlung der Gläubiger aus den Schuldverschreibungen zur Wahrung der Rechte der Gläubiger ein gemeinsamer Vertreter für diese bestellt und der Umfang seiner Befugnisse (§. 1 Abs. 2, §. 14 dess. Ges.) bestimmt werden. Es bedarf also in diesem Falle nicht der Zustimmung sämmtlicher Gläubiger, sondern nur eines Mehrheitsbeschlusses der Versammlung, der durch ein gerichtlich oder notariell aufgenommenes Protokoll zu beurkunden ist. Durch eine auf diese Weise vorgenommene Bestellung eines Vertreters werden die Befugnisse und Verpflichtungen eines nach §. 1189 des B.G.B. bestellten Vertreters nicht berührt (§. 16

§. 31.

Wird im Falle der Auflassung eines Grundstücks sowie im Falle der Bestellung oder Uebertragung eines Erbbaurechts die erforderliche Einigung des Berechtigten und des anderen Theiles durch Bevollmächtigte vor dem Grundbuchamt erklärt, so ist die Vollmacht stempelfrei, wenn das der Einigung zu Grunde liegende Rechtsgeschäft von einem Notar beurkundet und die Vollmacht in der Urkunde ertheilt ist.

Abs. 1 ebd.; vgl. auch §. 17 Abs. 1); diesem können also die ihm zustehenden Befugnisse nicht durch Uebertragung auf jenen entzogen werden. Wenn aber der Treuhänder aus §. 1189 weggefallen oder nicht bestellt ist, kann durch Beschluß der Generalversammlung ein Vertreter mit der Befugniß, über die Hypothek zu verfügen, bestellt werden; dieser ist nach §. 1189 in das Grundbuch einzutragen. Vgl. im Uebrigen das angeführte Gesetz und Turnau-Förster Bd. 1 S. 756ff.

Vollmachtstempel.

§. 31.

K.B. S. 3424. St.B. S. 4420.

1. Der §. 31 ist von der Reichstagskommission im Interesse der Betheiligten wie der Notare eingeschaltet. Da die im §. 31 aufgeführten dinglichen Verträge grundsätzlich nur vor dem Grundbuchamte geschlossen werden können (vgl. oben S. 38, 45–47), können die Notare, welche die zu Grunde liegenden obligatorischen Verträge beurkunden, nicht zugleich den dinglichen Vertrag aufnehmen, sondern müssen die Betheiligten veranlassen, zur Auflassung 2c. vor dem Grundbuchamte zu erscheinen oder, falls sie dies nicht können oder wollen, einem Dritten Vollmacht zur Auflassung 2c. zu ertheilen. Durch diese Vollmacht entstehen Kosten, welche meistens vermieden wären, wenn die Betheiligten sofort zu dem Amtsgerichte, das zugleich das Grundbuchamt bildet, gegangen und dort sowohl den obligatorischen Vertrag wie die Auflassung 2c. zu Protokoll gegeben hätten oder wenn die Landesgesetzgebung von dem Vorbehalte des Art. 143 des E.G. z. B.G.B. Gebrauch gemacht und die Zuständigkeit zur Entgegennahme der Auflassungen 2c. auch den Notaren ertheilt hätte. Um diese Ungleichheit zwischen den einzelnen Landestheilen weniger hart für die Betheiligten zu machen und um diese nicht zu veranlassen, sich bei der Beurkundung der den Auflassungen 2c. zu Grunde liegenden obligatorischen Rechtsgeschäfte lediglich der Gerichte und nicht der Notare, der Mehrkosten wegen, zu bedienen, erläßt §. 31 unter gewissen Voraussetzungen den Vollmachtstempel.

2. Diese Voraussetzungen sind:

a. Nur die Vollmacht zur Abgabe der Auflassungserklärungen oder der zur Bestellung oder Uebertragung eines Erbbaurechts erforderlichen Erklärungen vor dem Grundbuchamte ist stempelfrei. Auf die Vollmacht zu anderen grundbuchrechtlichen Erklärungen findet §. 31 keine Anwendung. Dagegen ist es trotz des Wortlauts des §. 31 nicht erforderlich, daß beide Theile Vollmacht ertheilen und daß wirklich von der Vollmacht Gebrauch gemacht wird, diese Einschränkung würde sinnlos sein und ist auch nach dem K.B. S. 3424 nicht gewollt.

b. Das der Einigung zu Grunde liegende Rechtsgeschäft, also der obligatorische Vertrag (Kauf-, Tausch-, Uebergabe-, Schenkungsvertrag 2c.) muß von einem Notar beurkundet sein. Notarielle Beglaubigung der Unterschriften ist der Beurkundung nicht gleichgestellt, da letztere zur Gültigkeit dieser obligatorischen Verträge nach §§. 313, 1017 des B.G.B. erforderlich ist. Auf einen gerichtlichen Vertrag findet die obige Vorschrift nie Anwendung, selbst

§. 32.

Erklärungen, durch die ein Eintragungsantrag zurückgenommen oder eine zur Stellung des Eintragungsantrags ertheilte Vollmacht widerrufen wird, bedürfen der im §. 29 Satz 1 vorgeschriebenen Form.

---

dann nicht, wenn die Auflassung ꝛc. sich nicht sofort an den Abschluß des Kausalgeschäfts anschließen kann, sondern erst später erfolgen soll. Andererseits bildet der letztere Umstand keinen Hinderungsgrund für die Anwendung der Vorschrift auf notarielle Verträge, obwohl der in Erl. 1 erwähnte gesetzgeberische Gedanke auf diesen Fall nicht paßt.

c. Die Vollmacht muß in der Urkunde über das obligatorische Rechtsgeschäft ertheilt sein. Eine getrennt von dieser aufgenommene Vollmachtsurkunde steht nicht gleich, selbst wenn sie gleichzeitig errichtet sein sollte.

3. Die obige Vorschrift ist die einzige in der G.B.O. über das Stempelwesen. Im Uebrigen unterliegt dieses, wie oben S. 191 bereits erwähnt, der Landesgesetzgebung. Vgl. für Preußen die Erl. II zu Art. 30 des A.G. z. G.B.O.

3. Form für die Zurücknahme des Antrags und der Vollmacht zur Antragstellung.

§. 32.

E. II §. 30. P. I S. 13434, 13435. M. S. 52. D. S. 3040, 3041.

1. Die Zurücknahme des Eintragungsantrags und der Widerruf einer Vollmacht, die zur Stellung dieses Antrags ermächtigt, fallen nicht unter die Formvorschrift des §. 29, da sie keine Voraussetzungen der Eintragungen bilden. Die Rechtssicherheit erfordert aber, daß die Echtheit dieser Erklärungen feststeht. Daher ist für sie die gleiche Form vorgeschrieben, wie für die zu der Eintragung erforderlichen Erklärungen im §. 29 Satz 1, während der Eintragungsantrag selbst und die Vollmacht zur Stellung eines solchen nach §. 30 keiner Formvorschrift unterliegen.

2. Die obige Vorschrift gilt ausnahmslos für die Zurücknahme aller Eintragungsanträge, mögen diese von dem gewinnenden oder von dem leidenden Theile, von diesen selbst oder von ihren Vertretern gestellt sein. Insbesondere findet sie auch Anwendung auf die Anträge der Gläubiger sowie auf die Anträge der Notare gemäß §. 15 der G.B.O.; unbeglaubigte Erklärungen, durch welche diese ihre Anträge zurückziehen, genügen also nicht. Andererseits ist auch für die Zurücknahme der Auflassung und der dieser gleichstehenden Erklärungen (§. 20) keine besondere Form vorgesehen, so daß auch diese Eintragungsanträge in gerichtlich oder notariell beglaubigter Urkunde zurückgezogen werden können.

Als eine Zurücknahme des Antrags im Sinne des §. 32 ist auch eine nachträgliche Einschränkung desselben anzusehen, selbst wenn diese nicht als eine neue Bewilligung zu betrachten ist. Meistens wird aber das Letztere der Fall sein; vgl. oben S. 197 Erl. 6.

3. Was von der Zurücknahme des Antrags selbst gilt, soll nach §. 31 auch von dem Widerrufe der Vollmacht gelten, die zur Stellung des Eintragungsantrags ertheilt ist. Dagegen enthält die G.B.O. keine Vorschrift über die Form einer Vollmacht, durch die der Bevollmächtigte zur Zurücknahme eines Antrags ermächtigt wird. Hierauf ist die Vorschrift des §. 32 entsprechend anzuwenden; ebensowie die Echtheit der Zurücknahmeerklärung des Antragsstellers selbst, muß auch die seiner Vollmacht, durch welche er einen Anderen zur Abgabe dieser Erklärung ermächtigt, außer Zweifel sein.

4. Nicht besonders geregelt ist die Frage, bis zu welchem **Zeitpunkte** die Rücknahme eines Eintragungsantrags zulässig ist. Selbstverständlich ist die Zurücknahme ausgeschlossen, sobald die Eintragung erfolgt ist. Bis zu diesem Zeitpunkt ist sie dagegen zulässig, insbesondere steht ihr nicht entgegen, daß die Eintragung bereits verfügt ist.

5. Ebenfalls nicht durch das Gesetz entschieden ist die Frage, **wer zur Zurücknahme des Eintragungsantrags befugt ist.** Vor allem bei einem einseitig gestellten Antrag ist es zweifelhaft, ob der Antragsteller den Antrag ohne Einwilligung des anderen Theiles zurückziehen darf oder ob dies wenigstens dann ausgeschlossen ist, wenn bereits eine nach den Vorschriften des B.G.B. (vgl. oben S. 143f.) bindende Einigung oder Aufgabeerklärung vorliegt.

In den M. S. 52 wird zu dieser Frage bemerkt: „Der Antrag ist ein gegenüber dem Grundbuchamte gestelltes Begehren. Von einer bindenden Wirkung des Antrags kann deshalb nicht die Rede sein. Der Anlaß zu einer weiteren Thätigkeit des Grundbuchamts fällt mit der Zurücknahme des Antrags durch den Antragsteller hinweg". Dies dürfte auch für das Gesetz selbst noch zutreffen. Dieses regelt die Voraussetzungen einer Eintragung völlig selbständig gegenüber dem materiellen Rechte, vor allem ist nicht der Nachweis der Einigung, sondern nur der der Eintragungsbewilligung erforderlich und genügend (vgl. oben S. 180 und S. 209f. sowie §. 21 S. 214). Danach erscheint es nicht ungerechtfertigt, auch die Frage nach der Zulässigkeit der Zurücknahme des Eintragungsantrags unabhängig von dem materiellen Rechte zu entscheiden und die einseitige Zurücknahme durch den Antragsteller zuzulassen. (Ebenso Oberneck S. 175, anders S. LI und LVIII).

Ist also der Antrag einseitig von dem leidenden Theile gestellt, so kann dieser ihn auch allein zurücknehmen, selbst wenn er materiell dem Berechtigten gegenüber gebunden ist und dessen Recht dadurch verletzt. Umgekehrt muß auch der gewinnende Theil, wenn er alleiniger Antragsteller ist, ohne Einwilligung des anderen Theiles zur Rücknahme befugt sein, auch wenn dabei die Verletzung eines materiellen Rechtes nicht ausgeschlossen ist (a. M. z. B. für den Antrag auf Eintragung einer Hypothek mit Rücksicht auf die Eigenthümerhypothek Oberneck S. 157).

Ist der Antrag nicht allein von einer Seite, sondern von beiden Betheiligten gestellt, bedarf es ihrer gemeinsamen Erklärung zur Zurücknahme. Dabei wird auf die Wahl des Wortes „Antrag" kein erhebliches Gewicht zu legen sein. Erscheinen beide vor dem Grundbuchamt oder dem Notar, so wollen sie im Zweifel auch beide den gestellten Eintragungsantrag, selbst wenn dieser nach Inhalt des Protokolls nur von einem erklärt ist; man wird also im Zweifel annehmen müssen, daß der Eigenthümer, der in Gegenwart des Gläubigers die Eintragung einer Hypothek bewilligt und beantragt hat, den Antrag nicht ohne dessen Zustimmung zurückziehen darf (R.G. 4 S. 178). Zur Vermeidung eines Zweifels empfiehlt es sich, daß die Grundbuchämter nicht nur in dem Protokolle den anwesenden Gläubiger als miterschienen aufführen, was vielfach unterlassen wird, sondern ihn auch erklären lassen, daß er sich dem Eintragungsantrag anschließe (ebenso Martinius in Gruch. 44 S. 390). Ist dagegen der Eigenthümer allein vor Gericht oder vor einem Notar erschienen und hat nur eine Eintragungsbewilligung erklärt, diese Urkunde aber dem Gläubiger eingehändigt, der seinerseits den Antrag gestellt hat, so liegt ein einseitiger Antrag des letzteren vor, der von ihm allein zurückgenommen werden kann, obwohl die Einigung bindend geworden ist (§. 873 Abs. 2); dagegen ist der Eigenthümer natürlich in diesem Falle zur Zurücknahme nicht befugt, wohl aber umgekehrt berechtigt, seinerseits den von dem Gläubiger zurückgenommenen Antrag zu stellen. Trägt das Grundbuchamt (mit Oberneck S. LVIII f.) Bedenken, die Zurücknahme des Gläubigers für genügend zu erachten, so kann es den Eigenthümer zur Erklärung veranlassen, ob er den Antrag stellen will.

Ein Notar, der auf Grund des §. 15 den Eintragungsantrag gestellt hat, kann diesen auch ohne Vollmacht zurückziehen. Ob ein anderer Vertreter hierzu befugt ist, richtet sich nach dem Umfange seiner Vollmacht oder sonstigen Vertretungsmacht; in einer Vollmacht zur Stellung eines Antrags liegt nicht nothwendig die Ermächtigung zur Zurücknahme des gestellten Antrags, abgesehen davon, daß erstere nach §. 30 formlos sein kann, letztere dagegen nach dem in Erl. 3 Gesagten der Form des §. 29 Satz 1 bedarf. Statt des Notars oder des Bevollmächtigten, welche den Antrag gestellt haben, kann auch der von ihnen Vertretene selbst den Antrag zurückziehen.

§. 33.

Der Nachweis, daß der Vorstand einer Aktiengesellschaft aus den im Handelsregister eingetragenen Personen besteht, wird durch ein Zeugniß des Gerichts über die Eintragung geführt.

Das Gleiche gilt von dem Nachweise der Befugniß zur Vertretung einer offenen Handelsgesellschaft, einer Kommanditgesellschaft, einer Kommanditgesellschaft auf Aktien oder einer Gesellschaft mit beschränkter Haftung.

---

4. Nachweis der Befugniß zur Vertretung von Handelsgesellschaften.

§. 33.

E. II §. 31. D. S. 3041.

1. Die in das Handelsregister eingetragenen Vertreter der Handelsgesellschaften weisen, ebenso wie nach B.G.B. §. 69 der Vorstand eingetragener Vereine und ähnlich wie nach dem bisherigen preußischen Rechte (Instr. vom 12. Dezember 1861 §§. 15, 105; Achilles=Strecker S. 342), ihre Vertretungsbefugniß durch ein Zeugniß des Registergerichts dem Grundbuchamte nach. Ist jedoch das Grundbuchamt zugleich das Registergericht, so genügt statt des Zeugnisses die Bezugnahme auf das Register (§. 35).

Die Vorschrift bezweckt eine Verkehrserleichterung, indem sie von dem Nachweise der gültigen Bestellung der Vertreter absieht. Vgl. Planck Bd. 1 Erl. zu §. 69 S. 112. Sie steht demnach einer anderen Art des Nachweises nicht entgegen. Deshalb fehlt auch im §. 33 das im §. 36 Satz 1 stehende Wort „nur".

2. In der angegebenen Weise legitimiren sich:

a. Der Vorstand einer Aktiengesellschaft. Nach dem Wortlaute des §. 33 bezieht sich dies nur auf den Nachweis, aus welchen Personen der Vorstand besteht, nicht auf den Nachweis des Umfangs ihrer Vertretungsmacht. Dieser ist in dem Gesetze bestimmt und kann grundsätzlich durch den Gesellschaftsvertrag mit Wirkung gegen Dritte nicht beschränkt werden (H.G.B. §. 235). Eine Ausnahme gilt jedoch von dem Grundsatze der Gesammtvertretung; während nämlich der Vorstand eines rechtsfähigen Vereins seine Beschlüsse im Zweifel nach Stimmenmehrheit faßt (oben S. 241), bedarf es zu Willenserklärungen, insbesondere zur Zeichnung des Vorstandes einer Aktiengesellschaft der Mitwirkung sämmtlicher Mitglieder; daher ist z. B. eine von ihm ertheilte Vollmacht sogar dann, wenn sie ein Vorstandsmitglied als Bevollmächtigten nennt, von allen Vorstandsmitgliedern, einschließlich des Bevollmächtigten, zu zeichnen (K.G. N.F. 1 A S. 74). Hiervon können jedoch durch den Gesellschaftsvertrag nach näherer Vorschrift des §. 232 des H.G.B. Ausnahmen bestimmt werden (darüber, daß §. 232 Abs. 2 nur dann Anwendung findet, wenn der Vorstand aus mehreren Personen besteht, vgl. Entsch. 1 S. 50 = K.G. N.F. 1 A S. 30 = Rechtspr. 1 S. 184). Die abweichenden Bestimmungen des Gesellschaftsvertrags über die Vertretungsbefugniß sind ebenso wie die Personen der Vorstandsmitglieder in das Handelsregister einzutragen (ebd. §§. 198, 234) und können daher ebenfalls durch ein Zeugniß des Registergerichts bewiesen werden.

b. Die Liquidatoren einer Aktiengesellschaft. Wenn diese auch im §. 33 nicht besonders genannt sind, so ergiebt sich doch, wie die Denkschrift sagt, aus ihrer Rechtsstellung ohne Weiteres, daß der §. 33 auf sie entsprechende Anwendung zu finden hat. Das unter a Gesagte gilt also auch für sie. Vgl. H.G.B. §§. 296, 298.

Ob man dasselbe auch von den Prokuristen sagen darf, ist zweifelhaft. Das Kammerger., K.G. N.F. 1 A S. 73, hat diese Frage beiläufig berührt und verneint. Doch dürfte die Gleichheit des Falles für die Bejahung sprechen.

c. Die Vertreter einer offenen Handelsgesellschaft, auch hier einschließlich der Liquidatoren. Im Zweifel ist jeder einzelne Gesellschafter zur Vertretung ermächtigt; es kann aber ein Gesellschafter von der Vertretung ausgeschlossen oder auch bestimmt sein, daß alle oder mehrere Gesellschafter nur in Gemeinschaft oder der einzelne nur zusammen mit einem Prokuristen zur Vertretung befugt sein sollen. Die Liquidatoren können im Zweifel nur in Gemeinschaft handeln (ebd. §§. 148, 150).

d. Die Vertreter (Komplementäre und Liquidatoren) einer Kommanditgesellschaft und einer Kommanditgesellschaft auf Aktien. Hier gilt dasselbe wie bei der offenen Handelsgesellschaft, jedoch mit der Ausnahme, daß die Kommanditisten zur Vertretung der Gesellschaft nicht ermächtigt sind (ebd. §§. 161, 170, §. 320 Abs. 2, §. 331).

e. Die Geschäftsführer und Liquidatoren einer Gesellschaft mit beschränkter Haftung, für welche ähnliche Bestimmungen wie für den Vorstand einer Aktiengesellschaft gelten. Vgl. Gesetz, betr. die Gesellschaften mit beschränkter Haftung vom 20. April 1892 (Bek. vom 20. Mai 1898) §§. 10, 35, 37, 39, 67, 71. Durch den Gesellschaftsvertrag können aber, anders als bei der Aktiengesellschaft (H.G.B. §. 248, vgl. dazu Entsch. 1 S. 55 = K.G. N.F. 1 A S. 164 = Rechtspr. 1 S. 186), die Mitglieder eines etwaigen Aufsichtsraths schlechthin als Stellvertreter der Geschäftsführer bestimmt werden (Entsch. 1 S. 5 = K.G. N.F. 1 A S. 49).

Schließlich enthalten dem §. 33 entsprechende Vorschriften

f. das B.G.B. §§. 69, 76 hinsichtlich des Vorstandes und der Liquidatoren eingetragener Vereine (vgl. oben S. 242) und

g. das Gesetz, betr. die Erwerbs- und Wirthschaftsgenossenschaften vom 1. Mai 1889 (in der Fassung der Bek. vom 20. Mai 1898) §. 26 Abs. 2 hinsichtlich des Vorstandes derartiger Genossenschaften. Auch diese Vorschrift, in der es übrigens, abweichend von §. 33 nur heißt, daß die Bescheinigung des Registergerichts zur Legitimation des Vorstandes Behörden gegenüber „genügt", welche also die Möglichkeit einer anderen Legitimation (Erl. 1 a. E.) außer Zweifel stellt, findet entsprechende Anwendung auf die Liquidatoren. Von dem Umfange der Vertretungsmacht gilt das oben bei der Aktiengesellschaft Gesagte (vgl. das angeführte Ges. §§. 25, 27, 84, 85 und darüber, daß zur öffentlichen Beglaubigung einer Erklärung der Genossenschaft die Beglaubigung der Unterschriften der Vorstandsmitglieder ohne Beifügung der Firma genügt, Rechtspr. 2 S. 89).

3. Das Zeugniß des Registergerichts ist als „die amtliche Ertheilung einer Abschrift der im Register für den fraglichen Zeitpunkt sich vorfindenden Eintragungen, und das amtliche Zeugniß der Richtigkeit dieser Abschrift" anzusehen; eine Bescheinigung, daß eine bestimmte Person zu der fraglichen Zeit zur alleinigen Vertretung der Gesellschaft befugt war, kann von dem Registerrichter nicht gefordert werden (Entsch. 1 S. 150), wohl aber eine Bescheinigung, „daß bezüglich des Gegenstandes einer Eintragung weitere Eintragungen nicht vorhanden sind oder daß eine bestimmte Eintragung nicht erfolgt ist" (H.G.B. §. 9 Abs. 3).

4. Eine bestimmte Form des Zeugnisses des Registergerichts ist reichsrechtlich nicht vorgeschrieben. Immer muß es aber ein Zeugniß dieses Gerichts sein; eine notarielle Bescheinigung über den Inhalt des Registers reicht nicht aus (K.G. 5 S. 94, 16 S. 26). In Preußen ist die Ausstellung des Zeugnisses Sache des Richters (Allg. Verf. vom 7. November 1899, J.M.Bl. S. 313, §. 2).

Daß die Vorlage einer beglaubigten Abschrift des Zeugnisses genügt, ist oben S. 232 Erl. 4d bereits erwähnt.

5. Die Beweiskraft der Zeugnisse erstreckt sich grundsätzlich nicht über die Zeit ihrer Ausstellung hinaus (K.G. 2 S. 69). Daraus darf aber nicht gefolgert werden, daß ein älteres Zeugniß keinesfalls genügt und von dem Grundbuchamt ohne Weiteres beanstandet werden darf; vielmehr hat dieses zu prüfen, ob nach den Umständen des Falles die Fortdauer

§. 34.

Der Nachweis, daß zwischen Ehegatten Gütertrennung oder ein vertragsmäßiges Güterrecht besteht oder daß ein Gegenstand zum Vorbehaltsgut eines Ehegatten gehört, wird durch ein Zeugniß des Gerichts über die Eintragung des güterrechtlichen Verhältnisses im Güterrechtsregister geführt.

---

der sich aus dem Zeugniß ergebenden Vertretungsbefugniß noch für den jetzigen Zeitpunkt anzunehmen ist, und darf ein neues Attest nur fordern, wenn ein Grund vorliegt, dies zu bezweifeln (K.G. 16 S. 91; Entsch. 1 S. 77 = K.G. N.F. 1 A S. 179 = Rechtspr. 1 S. 193).

5. Nachweis des ehelichen Güterrechts.

§. 34.

E. II §. 32. D. S. 3041.

1. Die Vorschrift des §. 34 entspricht der des §. 33. Vgl. Erl. 1 und 5 zu §. 33. Auch das dort unter Ziff. 3 und 4 Gesagte gilt entsprechend für die im §. 24 bezeichneten Zeugnisse (vgl. für Preußen Allg. Verf. vom 6. November 1899, J.M.Bl. S. 299, Art. 3).

2. Das B.G.B. hat als gesetzliches Güterrecht das System der Verwaltungsgemeinschaft („der Verwaltung und Nutznießung des Mannes") aufgenommen (§. 1363). Nur in wenigen Fällen tritt kraft Gesetzes Gütertrennung ein (§§. 1426, 1436, 1470, 1545, 1549, 1587). An Stelle des gesetzlichen Güterstandes können die Ehegatten durch Ehevertrag ein anderes Güterrecht vereinbaren, insbesondere Gütertrennung, allgemeine Gütergemeinschaft, Errungenschaftsgemeinschaft und Fahrnißgemeinschaft; das B.G.B. hat diese Güterstände zur Erleichterung des Abschlusses von Eheverträgen ebenfalls geordnet (§§. 1432ff.). Für alle Fälle des vertragsmäßigen Güterrechts wie auch für die gesetzlichen Fälle der Gütertrennung gilt der Satz, „daß einem Dritten gegenüber aus der Ausschließung oder der Aenderung der Verwaltung und Nutznießung des Mannes Einwendungen gegen ein zwischen ihm und einem der Ehegatten vorgenommenes Rechtsgeschäft oder gegen ein zwischen ihnen ergangenes rechtskräftiges Urtheil nur hergeleitet werden kann, wenn zur Zeit der Vornahme des Rechtsgeschäfts oder zur Zeit des Eintritts der Rechtshängigkeit die Ausschließung oder die Aenderung in dem **Güterrechtsregister** des zuständigen Amtsgerichts eingetragen oder dem Dritten bekannt war" (§§. 1431, 1435).

Bei dem gesetzlichen Güterstande wird grundsätzlich das gesammte Vermögen der Ehefrau der Verwaltung und Nutznießung des Mannes unterworfen, sog. eingebrachtes Gut. Davon sind nur einzelne Gegenstände, das sog. Vorbehaltsgut ausgenommen, theils kraft Gesetzes, theils auf Grund eines Ehevertrags oder auf Grund besonderer Bestimmung des Dritten, welcher diese Gegenstände der Ehefrau von Todeswegen oder unentgeltlich unter Lebenden zuwendet (§§. 1365—1370). Auf dieses Vorbehaltsgut finden die bei der Gütertrennung für das Vermögen der Frau geltenden Vorschriften entsprechende Anwendung (§. 1371). Insbesondere kann auch die Vorbehaltsgutseigenschaft Dritten gegenüber nur nach Maßgabe der angeführten Vorschrift des §. 1435 geltend gemacht werden. Dasselbe gilt von dem Vorbehaltsgute der Frau bei einer vertragsmäßigen Gütergemeinschaft (§§. 1441, 1526, 1549).

Demnach dient das Güterrechtsregister, von einigen hier nicht interessirenden Einzelheiten abgesehen (Beschränkung oder Ausschließung der Schlüsselgewalt §. 1357 Abs. 2, Einspruch des Mannes gegen den Betrieb eines Erwerbsgeschäfts §. 1405), zur Verlautbarung des Bestehens der Gütertrennung, sei es kraft Gesetzes oder auf Grund eines Ehevertrags, des Bestehens eines sonstigen vertragsmäßigen Güterrechts und der Vorbehaltsgutseigenschaft eines Gegenstandes, also zur Veröffentlichung der im §. 34 aufgeführten Rechtsverhältnisse.

Diese Bestimmungen treffen auf Grund des Reichsrechts nur die nach dem 31. Dezember 1899 geschlossenen Ehen (E.G. z. B.G.B. Art. 200). Auf Grund des Vorbehalts im Art. 218 des E.G. sind sie jedoch landesgesetzlich vielfach auf die früher geschlossenen Ehen ausgedehnt. In Preußen findet aber die Vorschrift des §. 1435 des B.G.B. nur auf eine nach dem 1. Januar 1900 eintretende Aenderung des Güterstandes einer älteren Ehe sowie bei einer nach diesem Tage stattfindenden Wohnsitzverlegung Anwendung (A.G. z. B.G.B. Art. 59 §. 9, Art. 63); vgl. im übrigen über das Güterrecht der am 1. Januar 1900 bestehenden Ehen ebd. Art. 44—67, insbesondere auch Art. 59 §. 2: „Wird in Folge der Aenderung des Güterstandes das Grundbuch unrichtig, so werden für die Berichtigung des Grundbuchs Gerichtsgebühren und Stempel nicht erhoben."

Ueber ausländische gesetzliche Güterstände vgl. Art. 16 des E.G. z. B.G.B. und §. 1435.

Die Führung des Güterrechtsregisters ist durch das B.G.B. §§. 1558ff., durch die Bek. des Reichskanzlers vom 12. November 1898 (Centralblatt f. das Deutsche Reich S. 438) und für Preußen durch die Allg. Verf. vom 6. November 1899 (J.M.Bl. S. 299) geregelt.

3. Daß das Nutzungs- und Verwaltungsrecht des Ehemanns nicht in das Grundbuch eingetragen wird, ist oben S. 20 bereits erwähnt. Die dadurch herbeigeführten Beschränkungen der Ehefrau wirken auch gegen gutgläubige Dritte (§. 1404). Auch der Ausschluß des Nutzungs- und Verwaltungsrechts des Ehemanns ist nicht einzutragen, weder das Bestehen der Gütertrennung noch auch die Vorbehaltsgutseigenschaft eines Grundstücks oder eines eingetragenen Rechtes der Frau. Will diese ohne Zustimmung ihres Mannes verfügen, muß sie ihre Befugniß hierzu dem Grundbuchamte nach §§. 34, 35 nachweisen. Vgl. Planck Bd. 4 S. 188, Erl. 2 zu §. 1431.

Dagegen sind bei einer gütergemeinschaftlichen Ehe Grundstücke und eingetragene Rechte, welche zu dem Gesammtgute gehören, auf den Namen beider Ehegatten unter Angabe der Gütergemeinschaft einzutragen; vgl. oben S. 31 und unten §. 48 nebst Erl. Jeder Ehegatte kann von dem anderen die Mitwirkung zur Berichtigung des Grundbuchs fordern. Auch wenn die Berichtigung des Grundbuchs noch nicht erfolgt ist, hat das Grundbuchamt, wenn ihm das Bestehen der Gütergemeinschaft und damit der Mangel der alleinigen Verfügungsbefugniß des die Eintragung bewilligenden Ehemanns bekannt ist oder Thatsachen vorliegen, welche die Vermuthung des Bestehens der Gütergemeinschaft rechtfertigen, den auf diese Bewilligung gestützten Antrag zu beanstanden. Dagegen darf es nicht ohne thatsächliche Anhaltspunkte die Vorlage einer Bescheinigung des Registergerichts fordern, daß keine Eintragung in das Register erfolgt sei, und auch nicht eine Eintragung zu Gunsten eines Ehegatten deshalb ablehnen, weil zwischen den Ehegatten Gütergemeinschaft besteht (Lenel in der D. Jur.Zeitg. 1900 S. 288). Vgl. die Ausführungen oben S. 186 Vorbm. IV 1, S. 238 Erl. 3d und S. 250 Erl. 5.

4. **Die Beschränkungen, denen die Ehegatten durch das eheliche Güterrecht unterliegen,** ergeben sich aus dem B.G.B. Als für den Grundbuchverkehr bedeutsam sind folgende Bestimmungen hervorzuheben.

a. Bei dem gesetzlichen Güterstande der Verwaltung und Nutznießung des Mannes ist der Mann in der Verfügung über sein Vermögen, zu dem kraft seines Nutzungsrechts auch die Nutzungen des eingebrachten Gutes gehören (§. 1383), und die Frau in der Verfügung über ihr Vorbehaltsgut (Erl. 2) nicht beschränkt. Dagegen können über das eingebrachte Gut, welches im Zweifel (vgl. Erl. 2) aus dem ganzen Vermögen der Frau besteht, grundsätzlich nur beide Ehegatten gemeinsam oder der eine mit Zustimmung des anderen verfügen (§§. 1375, 1395). Der Mann hat ein selbständiges Verfügungsrecht nur über Geld und andere verbrauchbare Sachen; auch kann er u. a. ohne Zustimmung der Frau deren Verbindlichkeiten zur Leistung eines zum eingebrachten Gute gehörenden Gegenstandes durch Leistung des Gegenstandes erfüllen (§§. 1376—1378). Ueber die Fälle, in denen die Frau ohne Zustimmung des Mannes verfügen darf, vgl. §§. 1406, 1407; für das formelle Grundbuchrecht haben sie kaum Bedeutung. Die Zustimmung der Frau zu einem Rechtsgeschäfte, welches zur ordnungsmäßigen Verwaltung des eingebrachten Gutes erforderlich ist, kann auf Antrag des Mannes durch das Vormundschaftsgericht ersetzt werden, wenn die Frau sie ohne ausreichenden Grund verweigert, oder wenn sie durch Krankheit oder durch Abwesenheit an der Abgabe einer Erklärung verhindert und mit dem Aufschube Gefahr verbunden ist (§. 1375). Ist umgekehrt der Mann durch Krankheit oder durch Abwesenheit verhindert und mit dem Aufschube Gefahr verbunden, so bedarf die Frau nicht der Zustimmung des Mannes und auch nicht ihres Ersatzes durch das Vormundschaftsgericht (§. 1401); verweigert aber der Mann seine Zustimmung ohne ausreichenden Grund, so kann diese nur in „persönlichen Angelegenheiten der Frau" durch das Vormundschaftsgericht ersetzt werden (§. 1402). Ertheilt der Mann der Frau die Einwilligung zum selbständigen Betrieb eines Erwerbsgeschäfts oder betreibt die Frau dieses mit Wissen und ohne Einspruch des Mannes (vgl. über die Eintragung des Einspruchs in das Güterrechtsregister oben Erl. 2), so ist seine Zustimmung zu solchen Rechtsgeschäften und Rechtsstreitigkeiten nicht erforderlich, die der Geschäftsbetrieb mit sich bringt (§. 1405).

In dem letzteren Falle bedarf es zur Zwangsvollstreckung in das eingebrachte Gut nur eines vollstreckbaren Schuldtitels gegen die Ehefrau, in allen übrigen Fällen dagegen eines Vollstreckungstitels sowohl gegen die Ehefrau, durch welchen diese zur Leistung, als auch gegen den Mann, durch den er zur Duldung der Zwangsvollstreckung verurtheilt ist (C.P.O. §§. 739, 741). Vgl. oben S. 107.

b. Bei der Gütertrennung steht jedem Ehegatten das freie Verfügungsrecht über sein Vermögen zu.

c. Bei der allgemeinen Gütergemeinschaft gehört grundsätzlich das ganze Vermögen eines jeden der beiden Ehegatten zum Gesammtgute (§. 1438). Daneben kann ein Sondergut jedes Ehegatten bestehen, zu dem die unübertragbaren Gegenstände gehören (§ 1439), sowie Vorbehaltsgut des Mannes wie der Frau (§§. 1440, 1441).

Das Gesammtgut steht zwar im gemeinschaftlichen Eigenthume beider Ehegatten (§§. 1438, 1442), unterliegt aber grundsätzlich der Verfügungsbefugniß des Mannes (§. 1443); die Frau kann auch ausnahmsweise selbständige Verfügungen treffen, vor allem (von der Schlüsselgewalt, §. 1357, abgesehen) wenn sie mit Einwilligung oder mit Wissen und ohne Einspruch des Mannes ein Erwerbsgeschäft betreibt oder wenn der Mann durch Krankheit oder durch Abwesenheit verhindert und mit dem Aufschube Gefahr verbunden ist (§§. 1449—1454). Nur in wenigen Fällen bedarf der Mann der Zustimmung der Frau, nämlich zu Verfügungen über das Gesammtgut im Ganzen, zu Verfügungen über ein Grundstück, zur Eingehung einer Verpflichtung zu solchen Verfügungen und zu Schenkungen (vgl. §§. 1444—1446); auf Verfügungen über Rechte an Grundstücken (mit Ausnahme des Erbbaurechts und der sonstigen den Grundstücken gleichstehenden Rechte, oben S. 16f.), insbesondere auf Verfügungen über Hypotheken, bezieht sich dies nicht (Planck Bd. 4 S. 211 Erl. 2 zu §. 1445). Ueber den Ersatz der Zustimmung der Frau durch das Vormundschaftsgericht gilt dasselbe wie bei dem gesetzlichen Güterstande (oben unter a). Zur Zwangsvollstreckung in das Gesammtgut, insbesondere auch zur Eintragung einer Zwangshypothek sowie zu der Eintragung einer Vormerkung oder eines Widerspruchs auf Grund eines vollstreckbaren Schuldtitels, ist ein gegen den Mann ergangenes Urtheil erforderlich und genügend; nur beim selbständigen Betrieb eines Erwerbsgeschäfts durch die Frau genügt ein vollstreckbarer Schuldtitel gegen diese (C.P.O. §§. 740, 741, oben S. 107; Planck a. a. O. Erl. 1 und S. 220).

Ein etwaiges Sondergut (z. B. Lehen-, Stammgut-, Familienfideikommißgut) des Mannes unterliegt dessen alleiniger Verfügung; hinsichtlich des Sonderguts der Frau gilt dasselbe wie hinsichtlich des eingebrachten Gutes bei dem gesetzlichen Güterstande. Die Nutzungen des Sonderguts fallen in das Gesammtgut (§. 1439).

Ueber sein Vorbehaltsgut kann jeder Ehegatte selbständig verfügen (§§. 1440, 1441).

Ueber die fortgesetzte Gütergemeinschaft vgl. Erl. 2a zu §. 36 S. 257.

§. 35.

Ist in den Fällen der §§. 33, 34 das Grundbuchamt zugleich das Registergericht, so genügt statt des Zeugnisses die Bezugnahme auf das Register.

---

d. Bei den besonderen Gütergemeinschaften sind das Gesammtgut, das eingebrachte Gut eines jeden der beiden Ehegatten und das Vorbehaltsgut der Frau zu unterscheiden.

Bei der Errungenschaftsgemeinschaft gehört regelmäßig zum Gesammtgute, was der Mann oder die Frau während der Errungenschaftsgemeinschaft (also während der Ehe, wenn jene gleich bei Beginn der Ehe vereinbart wird) entgeltlich erwirbt. Dagegen ist eingebrachtes Gut eines Ehegatten, was ihm bei dem Eintritte der Errungenschaftsgemeinschaft gehört, was er von Todeswegen oder mit Rücksicht auf ein künftiges Erbrecht, durch Schenkung oder als Ausstattung erwirbt, was durch Ehevertrag für eingebrachtes Gut erklärt ist, und unübertragbare Gegenstände sowie Rechte, die mit dem Tode des Ehegatten erlöschen oder deren Erwerb durch den Tod eines der Ehegatten bedingt ist (§§. 1519—1523, vgl. auch §. 1524 über die Surrogation).

Bei der Fahrnißgemeinschaft umfaßt das Gesammtgut außer der Errungenschaft auch die bei dem Eintritte der Fahrnißgemeinschaft vorhandenen oder später, wenn auch unentgeltlich erworbenen beweglichen Gegenstände mit Ausnahme derjenigen, welche durch Rechtsgeschäft nicht übertragen werden können, oder welche durch Ehevertrag oder durch Bestimmung des zuwendenden Dritten für eingebrachtes Gut erklärt sind. Demnach beschränkt sich das eingebrachte Gut auf die soeben genannten Gegenstände und auf das unbewegliche Vermögen, das ein Ehegatte bei dem Eintritte der Fahrnißgemeinschaft hat oder während der Gemeinschaft durch Erbfolge, durch Vermächtniß oder mit Rücksicht auf ein künftiges Erbrecht, durch Schenkung oder als Ausstattung erwirbt (§§. 1549—1554). Ueber den Begriff des unbeweglichen Vermögens vgl. §. 1551 Abs. 2; die Grundstücke und die Rechte an Grundstücken gehören dazu, jedoch mit Ausnahme der Hypotheken, Grundschulden und Rentenschulden.

Auf das Gesammtgut finden bei beiden Arten der besonderen Gütergemeinschaft die Vorschriften Anwendung, welche für das Gesammtgut der allgemeinen Gütergemeinschaft gelten (oben c Abs. 2). Die Nutzungen des eingebrachten Gutes gehören nicht dem Manne, sondern zu dem Gesammtgut, im Uebrigen gilt von dem eingebrachten Gute der Frau hier dasselbe wie bei dem gesetzlichen Güterstand (oben a), während der Mann über sein eingebrachtes Gut frei verfügen kann. Die Frau hat demnach nur über ihr Vorbehaltsgut (§§. 1526, 1549, 1440, 1555) unbeschränkte Verfügungsmacht (vgl. §§. 1519, 1525, 1526, 1549, 1550).

„Es wird vermuthet, daß das vorhandene Vermögen Gesammtgut sei" (§§. 1527, 1549, 1438). Dies gilt auch von unbeweglichen Gegenständen und selbst dann, wenn nur einer der Ehegatten als Berechtigter in das Grundbuch eingetragen ist (Planck Bd. 4 S. 291 Erl. zu §. 1527 und S. 302 Vorbm. II 2).

Ersatz des Zeugnisses durch Bezugnahme auf das Register.

§. 35.

E. II §. 33. D. S. 3041.

1. Die Vorschrift des §. 35 bezieht sich nach ihrem Wortlaute nur auf das Handels- und das Güterrechtsregister (vgl. Erl. 2 zu §. 33 und zu §. 34); sie ist aber zweifellos auch auf das Vereins- und das Genossenschaftsregister (vgl. Erl. 2 f, g zu §. 33) entsprechend anzuwenden. Eine weitere analoge Ausdehnung findet ihre Schranken in den Vorschriften des §. 9, wonach Urkunden, auf die eine Eintragung sich gründet, von dem Grundbuchamt aufzubewahren sind, und des §. 95, welche statt der Aufbewahrung einer beglaubigten Abschrift eine Bezugnahme auf andere Akten der das Grundbuch führenden Behörde nicht ohne Weiteres gestattet, sondern

§. 36.

Der Nachweis der Erbfolge kann nur durch einen Erbschein geführt werden. Beruht jedoch die Erbfolge auf einer Verfügung von Todeswegen, die in einer öffentlichen Urkunde enthalten ist, so genügt es, wenn an Stelle des Erbscheins die Verfügung und das Protokoll über die Eröffnung der Verfügung vorgelegt werden; erachtet das Grundbuchamt die Erbfolge durch diese Urkunden nicht für nachgewiesen, so kann es die Vorlegung eines Erbscheins verlangen.

Das Bestehen der fortgesetzten Gütergemeinschaft sowie die Befugniß eines Testamentsvollstreckers zur Verfügung über einen Nachlaßgegenstand ist nur auf Grund der in den §§. 1507, 2368 des Bürgerlichen Gesetzbuchs vorgesehenen Zeugnisse als nachgewiesen anzunehmen; auf den Nachweis der Befugniß des Testamentsvollstreckers finden jedoch die Vorschriften des Abs. 1 Satz 2 entsprechende Anwendung.

---

nur eine bezügliche Anordnung der Landesjustizverwaltung zuläßt (vgl. oben S. 168 f.). Demnach wird man auch statt der Vorlage von Vollmachten, Legitimationen gesetzlicher Vertreter, Erbscheinen, Testamenten u. A. eine Bezugnahme auf die diese enthaltenden Akten des Amtsgerichts oder der fraglichen Behörde, welche zugleich das Grundbuchamt bildet, nur zulassen dürfen, wenn und soweit die Landesjustizverwaltung von jener Befugniß Gebrauch gemacht hat. In diesem Umfange ist sie aber unbedenklich gestattet (Entsch. 1 S. 171 = K.G. N.F. 1 A S. 289). Vgl. auch oben S. 235 Erl. 6 und für Preußen §. 35 Abs. 2 der Allg. Verf.

2. Wird auf das Handelsregister Bezug genommen, so hat das Grundbuchamt das Recht und die Pflicht, den gesammten die fragliche Firma betreffenden Inhalt des Registers zu berücksichtigen, erforderlichen Falles auf die Registerakten einzugehen und etwaige aus diesen hervorgehende Bedenken gegen die Rechtsgültigkeit der Registervermerke zu würdigen. (K.G. N.F. 1A S. 69).

6. Nachweis der Erbfolge, der fortgesetzten Gütergemeinschaft und der Verfügungsbefugniß eines Testamentsvollstreckers.

§. 36.

E. I §. 41; II §. 34. P. I S. 13453—13459, 13461—13463. M. S. 76. D. S. 3041. K.B. S. 3428. St.B. S. 4425, 4426.

1. §. 36 regelt zunächst den **Nachweis der Erfolge.**

a. Hierbei sind drei Fälle zu unterscheiden:

α. Die gesetzliche Erbfolge wird nur durch einen Erbschein nachgewiesen. Jede andere Art des Beweises ist ausgeschlossen, um das Grundbuchamt einer nicht selten schwierigen und zeitraubenden Prüfung zu überheben. Hiervon macht nur §. 37 für den Fall der Erbauseinandersetzung eine stark begrenzte Ausnahme.

β. Dasselbe gilt bei der testamentarischen Erbfolge, wenn das Testament keine öffentliche Urkunde ist. Hat also der Erblasser z. B. ein holographisches Testament gemäß §. 2231 Ziff. 2 oder ein Testament vor drei Zeugen gemäß §§. 2250, 2251 des B.G.B. errichtet, so müssen seine Erben zu ihrer Legitimation einen Erbschein erwirken.

γ. Liegt dagegen eine Verfügung von Todeswegen in einer öffentlichen Urkunde vor, so bedürfen die Erben nicht nothwendig eines Erbscheins, sondern können sich auch durch die Verfügung nebst der Eröffnungsverhandlung legitimiren. Diese Vorschrift findet auf alle gerichtlichen und notariellen Testamente Anwendung, einerlei ob der Erblasser dem Gericht oder dem Notar seinen letzten Willen mündlich erklärt oder eine seinen letzten Willen enthaltende offene oder verschlossene Schrift übergeben hat (B.G.B. §. 2238).

„In einzelnen Fällen kann allerdings die Prüfung von Testamenten und Erbverträgen nach Lage der Sache, z. B. wenn die Erbfolge nach ausländischem Rechte zu beurtheilen ist, zu besonderen Schwierigkeiten Anlaß geben. Mit Rücksicht hierauf gewährt der Entwurf dem Grundbuchamte, falls es die Erbfolge durch jene Urkunden nicht für nachgewiesen erachtet, die Befugniß, auch hier die Vorlegung eines Erbscheins zu verlangen" (D.). Aus dieser Begründung erhellt, daß das Grundbuchamt nicht leichthin die Prüfung der in öffentlichen Urkunden enthaltenen Verfügungen von Todeswegen von sich abwälzen und einen Erbschein fordern soll. Das Gleiche ist auch in der Reichstagskommission hervorgehoben (K.B. a. a. O.).

b. Die Ausstellung des Erbscheins erfolgt durch das Nachlaßgericht nach näherer Vorschrift der §§. 2353ff. des B.G.B. Nachlaßgericht ist, vorbehaltlich abweichender Bestimmungen der Landesgesetze (E.G. z. B.G.B. Art. 147), das Amtsgericht (freiw. G.G. §. 72), und zwar das Amtsgericht des Wohnsitzes, in Ermangelung eines inländischen Wohnsitzes das des Aufenthalts des Erblassers zur Zeit des Erbfalls; über die örtliche Zuständigkeit für den Fall des Fehlens eines inländischen Wohnsitzes oder Aufenthalts vgl. freiw. G.G. §. 73 Abs. 2 und 3. Nach §. 7 des freiw. G.G. (oben S. 145) ist, wie jede gerichtliche Handlung, auch ein Erbschein nicht aus dem Grunde unwirksam, weil er von einem örtlich unzuständigen Gericht ertheilt ist.

Ueber die Voraussetzungen der Ertheilung des Erbscheins vgl. B.G.B. §§ 2354—2360. Sind mehrere Erben vorhanden, kann jeder Miterbe nicht nur einen Erbschein über sein Erbrecht unter Angabe der Größe seines Erbtheils, sondern auch einen gemeinschaftlichen Erbschein über das Erbrecht aller Miterben unter Angabe des auf jeden Erben entfallenden Bruchtheils der Erbschaft (vgl. K.G. N.F. **1A** S. 265) beantragen (§§. 2353, 2357). Daneben giebt es noch Erbscheine über die im Inlande befindlichen Nachlaßgegenstände, falls der Erblasser ein Ausländer ist und zur Zeit des Erbfalls weder Wohnsitz noch Aufenthalt im Inlande hatte; als im Inlande befindlich gelten auch die Gegenstände, für die „von einer deutschen Behörde ein zur Eintragung des Berechtigten bestimmtes Buch oder Register geführt wird" (B.G.B. §. 2369, freiw. G.G. §. 73 Abs. 3).

Der Erbschein genießt öffentlichen Glauben, vgl. §§. 2365—2367. Dieser erstreckt sich auch auf das Fehlen von Beschränkungen. In dem Erbscheine muß nämlich die Anordnung einer Nacherbfolge nach näherer Vorschrift des §. 2363 sowie die Ernennung eines Testamentsvollstreckers (§. 2364) angegeben werden (vgl. Rechtspr. 1. S. 298 und Erl. 3 zu §. 52, Erl. 2 zu §. 53).

Ein Erbschein, dessen Unrichtigkeit sich herausstellt, ist von dem Nachlaßgericht einzuziehen oder, falls er nicht sofort erlangt werden kann, durch öffentlich bekannt zu machenden Beschluß für kraftlos zu erklären; vgl. §. 2361. Daher kann es vorkommen, daß ein dem Grundbuchamte vorgelegter Erbschein unwirksam ist. Indessen gilt auch hier das oben S. 238 hinsichtlich der Vollmacht Gesagte: nur wenn besondere Umstände die Vermuthung rechtfertigen, daß eine Kraftloserklärung erfolgt sei, darf das Grundbuchamt die Widerlegung dieser Vermuthung fordern (vgl. auch oben S. 186 und S. 252).

Die Frage, ob der Erbschein in Urschrift (Ausfertigung) vorgelegt werden muß oder ob eine beglaubigte Abschrift genügt, ist oben S. 232 Erl. 4d zu §. 29 bereits berührt. Da der Erbschein eingezogen werden kann, wird sich das Grundbuchamt nur dann mit einer beglaubigten Abschrift begnügen dürfen, wenn der Verbleib der Ausfertigung nachgewiesen wird. Ueber die Zulässigkeit der Bezugnahme auf andere Akten anstatt der Vorlage vgl. S. 254 Erl. 1 zu §. 35.

c. Die Formalien der in einer öffentlichen Urkunde enthaltenen Verfügungen von Todeswegen ergeben sich aus dem B.G.B., vgl. §§. 2232—2246 über die Errichtung der gerichtlichen oder notariellen Testamente, §§. 2249, 2250 über die Errichtung eines Testaments vor dem Gemeindevorsteher und §§. 2276, 2277 über die Form der Erbverträge. Außer diesen

Verfügungen selbst muß nach §. 36 das Protokoll über die Eröffnung vorgelegt werden, vgl. hierüber B.G.B. §§. 2260, 2261, 2273; dies gilt auch von den Erbverträgen, sofern sie in besondere amtliche Verwahrung gebracht sind (§§. 2277, 2300; Entsch. 1 S. 97 = K.G. N.F. 1 A S. 151 = Rechtspr. 1 S. 295).

Aus dem Wortlaute des §. 36 ist nicht zu folgern, daß die Verfügung von Todeswegen und das Eröffnungsprotokoll in Urschrift vorzulegen ist. Auf eine Anfrage in der Reichstagskommission, ob unter den Urkunden dieses Paragraphen auch die Ausfertigungen zu verstehen seien, ist regierungsseitig erklärt, die Frage sei nach Landesrecht zu beantworten. Wenn also nach diesem die Urschriften bei den Akten bleiben, kann nur eine Ausfertigung vorgelegt werden. Nach dem oben S. 232 Gesagten kann sich das Grundbuchamt sogar mit einer beglaubigten Abschrift begnügen, sofern ihm dies landesrechtlich nicht verboten ist, und, wie S. 254 Erl. 1 bereits bemerkt ist, kann unter Umständen die Vorlage auch durch eine Bezugnahme auf andere Akten ersetzt werden Ein einfache Abschrift reicht aber nicht aus und durch die Vorlage eines auf eine Klage der Testamentserben gegen die Intestaterben ergangenen Urtheils, welches das Erbrecht der ersteren feststellt, wird die Vorlegung des Testaments nicht ersetzt (Rechtsp. 2 S. 117).

2. Das Bestehen der **fortgesetzten Gütergemeinschaft** kann nach Abs. 2 nur durch das Zeugniß bewiesen werden, welches das Nachlaßgericht dem überlebenden Ehegatten auf dessen Antrag zu ertheilen hat (§. 1507); jeder andere Beweis ist unzulässig.

a. Eine fortgesetzte Gütergemeinschaft kennt das B.G.B. nur bei der allgemeinen Gütergemeinschaft und bei der Fahrnißgemeinschaft, bei letzterer aber auch nur dann, wenn sie durch Ehevertrag vereinbart ist (§. 1557), während bei jener umgekehrt die Ausschließung durch Ehevertrag vereinbart werden muß (§. 1508). Sie tritt ein, wenn bei dem Tode eines Ehegatten gemeinschaftliche Abkömmlinge vorhanden sind, es sei denn, daß der überlebende Ehegatte die Fortsetzung ablehnt (§§. 1483, 1484, vgl. auch §. 1509), und endigt mit dem Tode oder mit der Wiederverheirathung des überlebenden Ehegatten, mit dem Tode sämmtlicher antheilsberechtigter Abkömmlinge, durch deren Verzicht, durch Aufhebungserklärung des überlebenden Ehegatten gegenüber dem Nachlaßgericht und mit der Rechtskraft eines auf Aufhebung lautenden Urtheils, welches von einem Abkömmlinge in den Fällen des §. 1495 erwirkt werden kann (vgl. §§. 1490–1496).

Zur Verfügung über das Gesammtgut, zu dem übrigens das Vermögen der Abkömmlinge zur Zeit des Eintritts der fortgesetzten Gütergemeinschaft sowie deren späterer Erwerb nicht gehört (vgl. §§. 1485, 1486), ist der überlebende Ehegatte befugt; er hat die rechtliche Stellung des Mannes bei der ehelichen Gütergemeinschaft, während die antheilsberechtigten Abkömmlinge (vgl. §§. 1491, 1511) die rechtliche Stellung der Frau haben (§. 1487). Die Zustimmung dieser sämmtlichen Abkömmlinge oder deren gesetzlicher Vertreter ist demnach zu allen denjenigen Rechtsgeschäften erforderlich, zu denen bei der ehelichen Gütergemeinschaft der Mann der Zustimmung der Frau bedarf (vgl. oben S. 253). Wie ihre Zustimmung kann auch die der Abkömmlinge durch das Vormundschaftsgericht ersetzt werden. Zur Zwangsvollstreckung in das Gesammtgut ist ein gegen den überlebenden Ehegatten ergangenes Urtheil erforderlich und genügend (C.P.O. §. 745, oben S. 107).

b. Ueber die Zuständigkeit des Nachlaßgerichts zur Ausstellung des Zeugnisses, die Voraussetzungen der Ertheilung, die Wirkungen, die Einziehung und Kraftloserklärung gilt dasselbe wie bei dem Erbschein (Erl. 1b; vgl. Planck Bd. 4 S. 274 f. zu §. 1507). Das Zeugniß beweist aber nur, daß die fortgesetzte Gütergemeinschaft eingetreten ist, nicht daß sie noch fortbesteht (Planck a. a. O. Erl. 2d). Das Grundbuchamt hat daher zu prüfen, ob kein Endigungsgrund vorliegt, und kann eine auf Grund des Zeugnisses beantragte Eintragung beanstanden, wenn Thatsachen vorliegen, welche die Beendigung vermuthen lassen.

3. Die Befugniß eines **Testamentsvollstreckers** zur Verfügung über einen Nachlaßgegenstand wird in erster Linie durch das im §. 2368 des B.G.B. vorgesehene Zeugniß des Nachlaßgerichts nachgewiesen. Ist er aber in einem gerichtlichen oder notariellen Testament oder Erbvertrag

oder in einem vor dem Gemeindevorsteher errichteten Testament ernannt, so soll auch die Vorlage dieser Verfügung nebst der Eröffnungsverhandlung genügen; jedoch kann das Grundbuchamt aus besonderen Gründen die Vorlegung eines Zeugnisses fordern. Es gilt also das unter Erl. 1a γ Gesagte. Dies beruht auf einem Beschlusse der Reichstagskommission, welche den letzten Halbsatz dem §. 36 hinzufügte. Indessen da nach §. 2202 das Amt des Testamentsvollstreckers erst mit der Annahmeerklärung gegenüber dem Nachlaßgerichte beginnt, erbringt die Vorlage der Verfügung von Todeswegen nebst der Eröffnungsverhandlung keinen vollen Beweis; es muß außerdem die gehörige Annahme nachgewiesen werden, z. B. durch Vorlage einer Ausfertigung des Protokolls des Nachlaßgerichts, zu dem die Erklärung abgegeben ist.

a. Das B.G.B. regelt das Institut der Testamentsvollstrecker in den §§. 2197—2228. Hiervon sind die Vorschriften, welche die Verfügungsbeschränkung des Erben und die Verfügungsbefugniß des Testamentsvollstreckers enthalten, oben S. 125f. bereits erwähnt; sie kommen nach Art. 213ff. des E.G. z. B.G.B. auf alle seit dem 1. Januar 1900 eingetretenen Erbfälle zur Anwendung, auch wenn die letztwillige Verfügung bereits vor diesem Tage errichtet ist, da sie keine Auslegungs-, sondern Dispositivvorschriften sind. An dieser Stelle ist Folgendes hervorzuheben.

Die Ernennung des oder der Testamentsvollstrecker erfolgt in einem Testament oder in einem Erbvertrage (§§. 2197, 2299). Die Bestimmung der Person kann einem Dritten oder dem Nachlaßgericht überlassen werden; auch der Testamentsvollstrecker kann zur Ernennung eines oder mehrerer Mitvollstrecker oder eines Nachfolgers ermächtigt werden (§§. 2197—2200). Unwirksam ist die Ernennung eines Vollstreckers, der zu der Zeit, zu welcher er das Amt anzutreten hat, geschäftsunfähig oder in der Geschäftsfähigkeit beschränkt oder als gebrechlich nach §. 1910 unter Pflegschaft gestellt ist (§. 2201).

Mehrere Testamentsvollstrecker können nur gemeinschaftlich verfügen; bei einer Meinungsverschiedenheit entscheidet das Nachlaßgericht (§. 2224).

Das Amt des Testamentsvollstreckers erlischt mit seinem Tode, mit dem Verluste der vollen Geschäftsfähigkeit, mit seiner dem Nachlaßgerichte gegenüber zu erklärenden Kündigung, mit seiner Entlassung durch das Nachlaßgericht, welche aus einem wichtigen Grunde, insbesondere wegen grober Pflichtverletzung, erfolgen kann, und mit dem Ablaufe von dreißig Jahren seit dem Erbfalle nach näherer Bestimmung des §. 2210 (§§. 2225—2227).

b. In dem Zeugnisse des Nachlaßgerichts, welches dem Testamentsvollstrecker auf Antrag zu ertheilen ist, muß auch eine von dem Erblasser angeordnete Beschränkung oder Erweiterung der Verfügungsbefugniß des Vollstreckers angegeben werden. Ueber die Zuständigkeit zur Ertheilung, über deren Voraussetzungen und über die Wirkungen des Zeugnisses gilt auch hier dasselbe wie bei dem Erbschein (Erl. 1b). Daß das Zeugniß für das Fortbestehen des Amtes des Testamentsvollstreckers keinen Beweis erbringt, folgt aus der ausdrücklichen Bestimmung: „Mit der Beendigung des Amtes des Testamentsvollstreckers wird das Zeugniß kraftlos" (§. 2368). Vgl. Erl. 2b.

c. Ueber die Eintragung der Ernennung eines Testamentsvollstreckers vgl. §. 53. Voraussetzung für seine Verfügungsberechtigung vor dem Grundbuchamte bildet weder seine vorgängige Eintragung noch die Eintragung der Erben; vgl. §. 41 Abs. 2 (S. 273 Erl. 5b γ).

4. Der §. 36 Abs. 1 bezieht sich nur auf den Nachweis des Erbrechts des B.G.B., nicht auf Erbfälle vor dem 1. Januar 1900 (Gruch. 45 S. 49, das Recht 1900 S. 412, 434), nicht auf den Nachweis der **Lehen-, Stammguts-, Familienfideikommißfolge,** auch nicht auf den eines **Vermächtnisses.**

Letzteres gewährt nach dem B.G.B. §. 2174 stets nur einen obligatorischen Anspruch auf Leistung des vermachten Gegenstandes, also z. B. auf Uebereignung des vermachten Grundstücks oder auf Bestellung oder Uebertragung des vermachten dinglichen Rechtes. Die Eintragung des Vermächtnißnehmers kann daher stets nur auf Grund einer Auflassung oder einer Eintragungsbewilligung des Erben oder des sonstigen Beschwerten erfolgen, ohne daß es des

§. 37.

Soll bei einer zu einem Nachlasse gehörenden Hypothek, Grundschuld oder Rentenschuld einer von mehreren Erben als neuer Gläubiger eingetragen werden, so genügt zum Nachweise der Erbfolge und der Eintragungsbewilligung der Erben ein Zeugniß des Nachlaßgerichts.

Das Zeugniß darf nur ausgestellt werden, wenn die Voraussetzungen für die Ertheilung eines Erbscheins vorliegen und die Erklärungen der Erben vor dem Nachlaßgerichte zu Protokoll gegeben oder durch öffentliche oder öffentlich beglaubigte Urkunden nachgewiesen sind.

§. 38.

Die Vorschriften des §. 37 finden entsprechende Anwendung, wenn bei einer Hypothek, Grundschuld oder Rentenschuld, die zu dem Gesammtgut einer ehelichen Gütergemeinschaft oder einer fortgesetzten Gütergemeinschaft gehört, ein Betheiligter, auf den das Recht bei der Auseinandersetzung übertragen ist, als neuer Gläubiger eingetragen werden soll.

Nachweises des Vermächtnisses vor dem Grundbuchamte bedarf. Dieses kommt nur als das der Eintragungsbewilligung zu Grunde liegende Rechtsgeschäft (vgl. §. 9 Abs. 2, oben S. 167f.) in Betracht.

Das Recht der Lehen, Stammgüter und Familienfideikommisse ist reichsrechtlich nicht geregelt (E.G. z. B.G.B. Art. 59, vgl. hinsichtlich des Privatfürstenrechts ebd. Art. 57, 58); in Folge dessen überläßt auch die G.B.O. die Vorschriften über den Nachweis des Folgerechts den Landesgesetzen. Vgl. preuß. A.G. z. G.B.O. Art. 15ff., namentlich Art. 16, 19.

7. Besonderheiten für die Fälle der Erbauseinandersetzung und der Auseinandersetzung einer Gütergemeinschaft.

§§. 37, 38.

E. I §. 42; II §§. 35, 36. P. I S. 13527—13530, 13634. M. S. 78. D. S. 3041. K.B. S. 3434, 3435 (zu §. 97 des E. II).

1. Die Umschreibung eines zu einem Nachlasse gehörigen eingetragenen Rechtes auf den Miterben, dem es bei der Erbauseinandersetzung zugefallen ist, setzt nach den sonstigen Vorschriften der G.B.O. außer dem Antrage den Nachweis der Erbfolge gemäß §. 36 und die Eintragungsbewilligung sämmtlicher Miterben (§. 19) voraus. Diese Voraussetzungen zu beschaffen, wird häufig schwierig und recht kostspielig sein, zumal wenn die Zahl der Miterben groß ist und wenn viele und in den Grundbüchern verschiedener Grundbuchämter eingetragene Rechte zu dem Nachlasse gehören. Außerdem ist die Prüfung des Vorhandenseins dieser Voraussetzungen für die Grundbuchämter eine zeitraubende und verantwortungsvolle Arbeit. Es liegt daher sowohl im Interesse der Betheiligten wie des Grundbuchamts, wenn der Nachweis der Voraussetzungen erleichtert wird. Dies geschieht durch die Vorschrift des §. 37, welche nach dem Vorbilde der preuß. G.B.O. §. 40 die Eintragung des Miterben auf Grund eines Zeugnisses des Nachlaßgerichts zuläßt.

Der Erbauseinandersetzung verwandt ist die Auseinandersetzung einer ehelichen Gütergemeinschaft und einer fortgesetzten Gütergemeinschaft. Wenn auch bei ihnen, namentlich bei der ersteren die Anwendung der regelmäßigen Vorschriften nicht solche Schwierigkeiten mit sich bringt wie im Falle der Erbauseinandersetzung, so liegt doch auch bei ihnen ein praktisches Bedürfniß für die Erleichterung des Nachweises vor. Deshalb hat die zweite Kommission die Vorschrift des §. 38 eingeschaltet.

2. Die **Voraussetzungen** der Anwendung dieser Bestimmungen sind eng begrenzt.

a. Zunächst gelten sie nur für Hypotheken, Grundschulden und Rentenschulden. Auf die Umschreibung des Eigenthums und des Erbbaurechts finden sie kraft Reichsrechts keine Anwendung, da dieses die Erklärung der Einigung vor dem Grundbuchamt erfordert (§. 20); indessen da die Landesgesetze gemäß des Vorbehalts im Art. 143 des E.G. z. B.G.B. (vgl. oben S. 38) auch anderen Behörden, also z. B. auch dem Nachlaßgerichte oder den mit den Verrichtungen dieses Gerichts landesrechtlich betrauten Behörden (E.G. z. B.G.B. Art. 147), die Zuständigkeit zur Entgegennahme der Auflassungserklärungen beilegen können, läßt §. 99 die landesgesetzliche Ausdehnung der Anwendbarkeit der §§. 37, 38 auf Eigenthum und Erbbaurecht zu. Vgl. preuß. A.G. Art. 10.

Auf andere Rechte finden diese Bestimmungen dagegen keine Anwendung; soweit die Rechte unübertragbar sind, kann eine Anwendung nicht in Frage kommen, und zur Ausdehnung auf die übrigen übertragbaren Rechte (vgl. oben S. 34 unter 3b und S. 111 Abs. 2) liegt ein praktisches Bedürfniß nicht vor.

b. Die Hypothek, Grundschuld oder Rentenschuld (nach §. 99 das Grundstück oder Erbbaurecht) muß zu einem Nachlasse oder zu dem Gesammtgut einer Gütergemeinschaft gehören.

Zu dem Nachlasse gehören nicht nur die auf den Namen des Erblassers eingetragenen oder ihm sonst nachweislich zustehenden Rechte, sondern nach §. 2041 des B.G.B. auch, „was auf Grund eines zum Nachlasse gehörenden Rechtes oder als Ersatz für die Zerstörung, Beschädigung oder Entziehung eines Nachlaßgegenstandes oder durch ein Rechtsgeschäft erworben wird, das sich auf den Nachlaß bezieht," also z. B. eine auf den Namen der Erben eingetragene Hypothek für den Kaufgeldrest eines seitens der Erben verkauften Nachlaßgrundstücks (vgl. Planck Bd. 4 S. 106 zu §. 1370).

Ueber die Zugehörigkeit zu dem Gesammtgut einer ehelichen Gütergemeinschaft vgl. oben S. 253 und über die zum Gesammtgut einer fortgesetzten Gütergemeinschaft oben S. 257. Ob die eheliche Gütergemeinschaft die allgemeine oder die Errungenschafts- oder die Fahrnißgemeinschaft ist, kommt nicht in Betracht; §. 38 findet auf alle Anwendung.

c. Die Hypothek, Grundschuld oder Rentenschuld (nach §. 99 das Eigenthum oder Erbbaurecht) muß auf einen der Miterben oder bei der Gütergemeinschaft auf einen der an dieser Betheiligten (einen Ehegatten oder bei der fortgesetzten Gütergemeinschaft auch einen der antheilsberechtigten Abkömmlinge, vgl. oben S. 257) umgeschrieben werden sollen; sie muß diesem bei der Auseinandersetzung überwiesen sein. Für die Uebertragung auf einen Dritten genügt die erleichterte Form des Nachweises nicht, insbesondere auch nicht (abweichend von der preuß. G.B.O. §. 40) für die Umschreibung auf einen Vermächtnißnehmer (vgl. Erl. 4 zu §. 36, oben S. 258).

Ueber die Erbauseinandersetzung vgl. B.G.B. §§. 2042—2049, freiw. G.G. §§. 86—98; über die Auseinandersetzung hinsichtlich des Gesammtguts der Gütergemeinschaft B.G.B. §§. 1471, 1474—1481, 1497—1504, 1546, 1549; freiw. G.G. §. 99.

3. In den in Erl. 2 näher besprochenen Fällen soll nach §. 37 ein Zeugniß des Nachlaßgerichts **„zum Nachweise der Erbfolge und der Eintragungsbewilligung der Erben"** genügen, und dies soll in entsprechender Weise für die Fälle des §. 38 (und des §. 99) gelten.

Demnach ersetzt in den Fällen des §. 37 das Zeugniß des Nachlaßgerichts sowohl den Erbschein oder die in einer öffentlichen Urkunde enthaltene Verfügung von Todeswegen (§. 36) als auch die Eintragungbewilligung der Miterben, und die Umschreibung der Hypothek 2c. auf den Namen des Miterben kann, wenn sie auf den Namen des Erblassers oder sämmtlicher Erben eingetragen ist, lediglich auf Grund des Zeugnisses erwirkt werden; steht sie noch auf den Namen eines Rechtsvorgängers des Erblassers eingetragen, was namentlich bei der Briefhypothek praktisch werden wird (vgl. §. 40 Abs. 2), so muß der Nachweis, daß der Erblasser das Hypothekenrecht erworben hatte, nach den gewöhnlichen Regeln erbracht werden. Stets ist aber ein Antrag nach §. 13 erforderlich; dem Nachlaßgericht ist nicht etwa die Befugniß gegeben, das Grundbuchamt um die Umschreibung zu ersuchen. Auch die Verpflichtung zur Vorlage des Hypothekenbriefs 2c. (§§. 42 ff.) bleibt bestehen.

Die entsprechende Anwendung dieser Bestimmung auf die Auseinandersetzung einer Gütergemeinschaft führt zu dem Ergebnisse, daß das Zeugniß nicht nur die Eintragungsbewilligung der sämmtlichen Betheiligten, sondern auch den Nachweis, wer bei der fortgesetzten Gütergemeinschaft zu den letzteren gehört, ja auch den Beweis des früheren Bestehens der Gütergemeinschaft ersetzt. Dagegen muß die Hypothek 2c. als zu dem Gesammtgute gehörig in dem Grundbuch eingetragen sein oder ihre Zugehörigkeit zu dem Gesammtgut anderweitig bewiesen werden.

Wenn ein Bundesstaat von dem Vorbehalte des §. 99 Gebrauch macht, so kann er gesetzlich bestimmen, daß das Zeugniß zum Nachweise der Erbfolge (bezw. des früheren Bestehens der Gütergemeinschaft und der Personen der antheilsberechtigten Abkömmlinge bei der fortgesetzten Gütergemeinschaft) und auch zu dem Beweise der Auflassungserklärungen der Betheiligten genügen soll, letzteres aber nur unter der Voraussetzung, daß dem das Zeugniß ausstellenden Nachlaßgerichte die Zuständigkeit zur Entgegennahme der Auflassungserklärungen landesgesetzlich beigelegt wird; geschieht dies nicht, so kann das Zeugniß nur den ersteren Nachweis ersetzen, während die Auflassungserklärungen vor dem Grundbuchamt oder den sonst landesgesetzlich für zuständig erklärten Beamten oder Behörden abgegeben werden müssen. Vgl. Rechtspr. 2 S. 42 und die Erl. zu Art. 10 des preuß. A.G. z. G.B.O.

4. Die **Ausstellung des Zeugnisses** ist durch die G.B.O., insbesondere durch §. 37 Abs. 2, näher geregelt:

a. Zuständig zur Ausstellung ist bei der Erbauseinandersetzung das Nachlaßgericht, also, wie oben S. 256 bereits erwähnt ist, in Ermangelung abweichender Vorschriften der Landesgesetze (vgl. freiw. G.G. §. 193) das Amtsgericht. (In Preußen ist der Notar, dem das Amtsgericht die Vermittelung der Auseinandersetzung überwiesen hat, zur Ausstellung des Zeugnisses nicht befugt, vgl. preuß. freiw. G.G. Art. 23.) Ueber die örtliche Zuständigkeit vgl. oben S. 256. Für die Auseinandersetzung einer Gütergemeinschaft ist nach §. 99 Abs. 2 des freiw. G.G. — vorbehaltlich abweichender landesrechtlicher Regelung gemäß §. 193 ebd. — ebenfalls das Amtsgericht zuständig und zwar, wenn ein Antheil an dem Gesammtgute zu einem Nachlasse gehört, das Amtsgericht, welches für die Auseinandersetzung in Ansehung des Nachlasses zuständig ist, sonst das Amtsgericht des Wohnsitzes ev. des Aufenthaltsorts des Ehemanns oder bei der fortgesetzten Gütergemeinschaft des überlebenden Ehegatten zur Zeit der Beendigung der Gütergemeinschaft; über den Fall des Fehlens eines inländischen Wohnsitzes oder Aufenthalts vgl. §. 99 Abs. 2 Satz 3 des freiw. G.G.

b. Das zuständige Gericht darf das Zeugniß in dem Falle der Erbauseinandersetzung nur ausstellen (§. 37 Abs. 2), wenn

α. die in den §§. 2353 ff. des B.G.B. geregelten Voraussetzungen für die Ertheilung eines Erbscheins vorliegen; denn das Zeugniß ersetzt ja den Erbschein (Erl. 3) und darf demnach nicht mindere Voraussetzungen als dieser haben;

β. und außerdem die Erklärungen der Erben vor dem Gerichte zu Protokoll gegeben oder durch öffentliche oder öffentlich beglaubigte Urkunden nachgewiesen sind. Diese Bestimmung entspricht der Vorschrift des §. 29 Satz 1 und dient demselben Zwecke wie diese (oben S. 226 Erl. 1).

§. 39.

In den Fällen, in denen nach gesetzlicher Vorschrift eine Behörde befugt ist, das Grundbuchamt um eine Eintragung zu ersuchen, erfolgt die Eintragung auf Grund des Ersuchens der Behörde.

Auch diese Bestimmungen des §. 37 Abs. 2 gelten entsprechend für die Auseinandersetzung einer Gütergemeinschaft. Dem zuständigen Gerichte müssen also, entsprechend den Vorschriften des §. 2356 des B.G.B. über den Erbschein, das Bestehen der Gütergemeinschaft und bei der fortgesetzten Gütergemeinschaft die Personen der antheilsberechtigten Abkömmlinge in der Regel durch öffentliche Urkunden nachgewiesen werden, und die Erklärungen der Betheiligten über die Uebertragung der Hypothek ꝛc. auf einen von ihnen müssen entweder vor dem Gerichte zu Protokoll gegeben oder durch öffentliche oder öffentlich beglaubigte Urkunden bewiesen werden.

Die Vorschriften des §. 37 Abs. 2 wenden sich aber lediglich an das Nachlaßgericht. Das Grundbuchamt hat deren Beobachtung nicht nachzuprüfen; auch braucht diese nicht aus dem Inhalte des Zeugnisses zu erhellen.

V. Eintragungen auf Ersuchen von Behörden.

§. 39.

E. I §. 50; II §. 37. P. I S. 13450—13453, 13538, 13539. M. S. 90. D. S. 3041.

1. Die Vorschrift des §. 39 enthält eine Ausnahme von dem Antragsprinzip und von dem formellen Konsensprinzip, indem sie Antrag und Bewilligung sowie auch die sonstigen zu einer Eintragung erforderlichen Erklärungen für nicht erforderlich erklärt in den Fällen, in denen nach gesetzlicher Vorschrift eine Behörde zu einem Ersuchen um Eintragung befugt ist. Die Voraussetzung für die Anwendung dieser Vorschrift besteht demnach in der **gesetzlichen Befugniß** einer Behörde, das Grundbuchamt um eine Eintragung zu ersuchen, einerlei, ob diese sich auf ein Reichsgesetz oder auf ein Landesgesetz stützt.

Kraft Reichsrechts haben diese Befugniß:

a. Das **Prozeßgericht**, welches eine einstweilige Verfügung erlassen hat, auf Grund deren eine Eintragung zu erfolgen hat, gemäß §. 941 der C.P.O. Zwar erfolgt in diesen wie in allen anderen Fällen der Zwangsvollstreckung die Eintragung auch auf Antrag des Gläubigers; zwecks Beschleunigung ist daneben auch dem Gerichte die Befugniß beigelegt, sich unmittelbar an das Grundbuchamt behufs Eintragung der Vormerkung, des Widerspruchs, des Veräußerungsverbots oder der sonstigen in der einstweiligen Verfügung angeordneten Eintragung zu wenden. Vgl. oben S. 185.

b. Das **Vollstreckungsgericht** auf Grund des Zw.V.G. vom 24. März 1897. In Betracht kommt zunächst die Vorschrift des §. 19 Abs. 1: „Ordnet das Gericht die Zwangsversteigerung an, so hat es zugleich das Grundbuchamt um Eintragung dieser Anordnung in das Grundbuch zu ersuchen" (vgl. oben S. 123). Von den dem Grundbuchamt auf dieses Ersuchen hin obliegenden Pflichten zur Ertheilung von Abschriften und von Auskunft ist oben S. 174 Erl. 7 bereits die Rede gewesen.

Eine weitere Zuständigkeit des Vollstreckungsgerichts zu Ersuchen um Eintragungen ergiebt sich aus §. 130 dess. Ges.:

> „Ist der Theilungsplan ausgeführt und der Zuschlag rechtskräftig, so ist das Grundbuchamt zu ersuchen, den Ersteher als Eigenthümer einzutragen, den Ver-

steigerungsvermerk sowie die durch den Zuschlag erloschenen Rechte zu löschen und die Eintragung der Sicherungshypotheken für die Forderung gegen den Ersteher zu bewirken. Bei der Eintragung der Hypotheken soll im Grundbuch ersichtlich gemacht werden, daß sie auf Grund eines Zwangsversteigerungsverfahrens erfolgt ist.

Ergiebt sich, daß ein bei der Feststellung des geringsten Gebots berücksichtigtes Recht nicht zur Entstehung gelangt oder daß es erloschen ist, so ist das Ersuchen auch auf die Löschung dieses Rechtes zu richten.

Hat der Ersteher, bevor er als Eigenthümer eingetragen worden ist, die Eintragung eines Rechtes an dem versteigerten Grundstücke bewilligt, so darf die Eintragung nicht vor der Erledigung des im Abs. 1 bezeichneten Ersuchens erfolgen."

Von der Eintragung des Erstehers kann auch in dem Falle nicht abgesehen werden, wenn dieser der bisherige Eigenthümer des Grundstücks ist. Allerdings braucht sein Name nicht gelöscht und neu eingeschrieben zu werden; aber es ist ein Vermerk erforderlich, daß ihm durch den Zuschlag das Eigenthum zugesprochen oder belassen ist (Oberneck S. 755).

Durch den Zuschlag erlöschen alle Rechte an dem versteigerten Grundstücke, welche nicht nach den gesetzlichen oder vereinbarten Versteigerungsbedingungen oder auf Grund besonderer Vereinbarung bestehen bleiben sollen. Vgl. Zw.V.G. §§. 91, 52, 59 und preuß. A.G. z. Zw.V.G. Art. 6. Rechte, die auch noch auf anderen, nicht mitversteigerten Grundstücken lasten, insbesondere Gesammthypotheken erlöschen an diesen durch den Zuschlag nicht; ihre Löschung auf diesen anderen Grundstücken herbeizuführen, ist Sache der Betheiligten, nicht des Vollstreckungsgerichts, selbst wenn sie in dem Versteigerungsverfahren befriedigt sind. Vgl. oben S. 85 und Turnau-Förster Bd. 1 S. 731ff. Jedoch ist von dem Grundbuchamt in diesem Falle die Vorschrift des §. 49 Abs. 2 der G.B.O. über die Löschung des Mithaftvermerkes zu beachten. Dem Ersuchen um Löschung einer Briefhypothek oder einer Briefgrundschuld braucht in dem Falle des §. 130 Abs. 1, entgegen der Vorschrift des §. 42 der G.B.O., der Brief nicht beigefügt zu werden, wohl aber in dem Falle des §. 130 Abs. 2 (Zw.V.G. §. 131. Vgl. unten S. 276 Erl. 3b zu §. 42).

Von den im Abs. 1 erwähnten Sicherungshypotheken für die Forderung gegen den Ersteher ist bereits oben S. 76 kurz die Rede gewesen; das Nähere ergiebt sich aus den §§. 118—126, 134 des Zw.V.G. Abweichend von dem preuß. Rechte (Zw.V.G. vom 13. Juli 1883 §. 124 Abs. 4) werden auch die Forderungen an Zinsen, Kosten und sonstigen Nebenansprüchen eingetragen. Die Eintragung der Sicherungshypotheken erfolgt mit dem aus §. 10 des Zw.V.G. ersichtlichen Range; soweit diese danach bereits eingetragenen und bestehen bleibenden Hypotheken oder sonstigen Rechten vorgehen, muß ihr Vorrang im Grundbuche vermerkt werden; auch in diesem Falle bedarf es nicht der Vorlegung des über das zurücktretende Recht ertheilten Briefes (§. 131).

Die Vorschrift des §. 130 Abs. 1 Satz 2, die den Vermerk vorschreibt, daß die Sicherungshypotheken auf Grund eines Zwangsversteigerungsverfahrens eingetragen sind, erklärt sich aus den für diese Hypotheken geltenden Besonderheiten, daß sie in dem Falle der Vereinigung der Hypothek mit dem Eigenthum in einer Person (und die Sicherungshypotheken für die in §. 129 verzeichneten Ansprüche, auch wenn nicht binnen sechs Monaten die Zwangsversteigerung beantragt wird) nicht zum Nachtheil der trotz des Zwangsversteigerungsverfahrens bestehen gebliebenen Rechte oder der übrigen nach §. 128 Abs. 1, 2 (oben S. 76f.) eingetragenen Sicherungshypotheken geltend gemacht werden können, daß der zu ihrer Deckung erforderliche Betrag bei einer neuen Versteigerung des Grundstücks stets, auch wenn die Hypothek in das geringste Gebot fallen sollte, baar zu berichtigen ist, daß ferner der Anspruch aus der Sicherungshypothek gegen den Ersteher und gegen jeden späteren Eigenthümer vollstreckbar ist (§. 128 Abs. 3 und 4, §§. 129, 132, vgl. oben S. 103 s. u. S. 105).

§. 130 Abs. 3 verbietet ausdrücklich jede Eintragung auf Grund einer Bewilligung des Erstehers, bevor das Ersuchen des Vollstreckungsgerichts gemäß §. 1 erledigt ist, selbst wenn der Antrag auf jene Eintragung früher eingegangen sein sollte. Ein Verstoß gegen diese Verfahrensvorschrift zieht keine Nichtigkeit nach sich (a. M. Oberneck S. 755 f.).

Schließlich ist zu beachten, daß das Vollstreckungsgericht, anders als nach dem früheren preußischen Rechte (Zw.V.G. vom 13. Juli 1883 §. 124 Abs. 1), dem Ersuchen **nicht** die Ausfertigung des Protokolls des Vertheilungstermins und des Zuschlagsbeschlusses beizufügen braucht; eine die preuß. Bestimmung wiederholende Vorschrift (Entw. §. 131 Abs. 1) ist in der Reichstagskommission gestrichen, um klarzustellen, daß das Grundbuchamt die Grundlagen des Ersuchens nicht zu prüfen habe.

Vgl. ferner über das Ersuchen um Löschung des Versteigerungsvermerkes im Falle der Aufhebung des Verfahrens ohne Versteigerung §. 34 und über die entsprechende Anwendung aller dieser Bestimmungen auf die Zwangsverwaltung und die besonders geregelten Versteigerungsfälle §§. 146, 151, 161, 172, 176, 180. An die Stelle der Vorschrift des §. 130 tritt für die Zwangsverwaltung die Bestimmung des §. 158 Abs. 2, welche sich auf Leistung von Zahlungen auf die Kapitalien von Hypotheken und Grundschulden oder auf die Ablösungssummen von Rentenschulden bezieht: „Soweit der Berechtigte Befriedigung erlangt hat, ist das Grundbuchamt von dem Gericht um die Löschung des Rechtes zu ersuchen. Eine Ausfertigung des Protokolls ist beizufügen; die Vorlegung des über das Recht ertheilten Briefes ist zur Löschung nicht erforderlich."

Ueber das Erforderniß eines schriftlichen Ersuchens, selbst wenn der Vollstreckungsrichter zugleich Grundbuchrichter ist, vgl. K.G. 5 S. 186.

c. Das **Vormundschaftsgericht** nach §. 54 Abs. 1 des freiw. G.G.:

> „Liegen nach dem Ermessen des Vormundschaftsgerichts die Voraussetzungen vor, unter denen der Vormund, der Pfleger oder der Beistand zur Sicherheitsleistung angehalten werden kann, so ist das Gericht befugt, das Grundbuchamt um die Eintragung einer Sicherungshypothek an Grundstücken des Vormundes, des Pflegers oder des Beistandes zu ersuchen. Der Vormund, der Pfleger oder der Beistand soll, soweit thunlich, vorher gehört werden. Die Hypothek entsteht mit der Eintragung."

Die Voraussetzungen der Anordnung des Vormundschaftsgerichts ergeben sich aus dem B.G.B. §. 1844 (§§. 1693, 1915), wonach das Vormundschaftsgericht „aus besonderen Gründen" den Vormund (Beistand, Pfleger) zur Sicherheitsleistung anhalten kann und deren Art und Umfang nach seinem Ermessen zu bestimmen hat. Ob diese besonderen Gründe vorliegen, ob der Vormund ꝛc. vorher gehört und ob ihm die Anordnung des Vormundschaftsgerichts mitgetheilt ist, hat das Grundbuchamt nicht zu prüfen.

„Das Vormundschaftsgericht kann, solange das Amt des Vormundes dauert, jederzeit die Erhöhung, Minderung oder Aufhebung der Sicherheit anordnen. Bei der Bestellung, Aenderung oder Aufhebung der Sicherheit wird die Mitwirkung des Mündels durch die Anordnung des Vormundschaftsgerichts ersetzt" (§. 1844 Abs. 1 Satz 3, Abs. 2). Danach und nach §. 54 des freiw. G.G. ist das Vormundschaftsgericht in der Lage, durch ein weiteres Ersuchen die Eintragung einer neuen Sicherungshypothek zur Erhöhung der ursprünglichen Sicherheit zu erwirken. Dagegen ist aus §. 1844 nicht zu folgern, daß das Vormundschaftsgericht auch zu einem Ersuchen um eine völlige oder theilweise Löschung der Sicherungshypothek befugt ist. §. 54 des freiw. G.G. gewährt ihm diese Zuständigkeit nicht und zwar, wie aus der Denkschrift zu dieser Vorschrift erhellt, absichtlich, weil „eine solche Regelung mit den Vorschriften des B.G.B. über den Erwerb der Hypothek durch den Eigenthümer des belasteten Grundstücks unvereinbar" wäre (Dorner S. 262 ff.; a. M. Oberneck S. 725). Die Löschung erfolgt demnach nach den Vorschriften der G.B.O.; nur insofern gilt nach §. 1844 Abs. 2 eine Besonderheit, als das Mündel nicht durch einen Pfleger vertreten zu werden braucht, sondern seine Bewilligung durch die Anordnung des Vormundschaftsgerichts ersetzt wird; natürlich ist dies nur während der Dauer der Vormundschaft zulässig, nicht nachdem das Mündel großjährig oder sonst unbeschränkt geschäftsfähig geworden ist (M. z. B.G.B. Bd. 4 S. 1161 f.).

Ueber die Bedeutung des Satzes: „Die Hypothek entsteht mit der Eintragung" vgl. oben S. 101 unter a.

„Die Kosten der Sicherheitsleistung sowie der Aenderung oder der Aufhebung fallen dem Mündel zur Last" (§. 1844 Abs. 3).

Die Vorschrift des §. 54 des freiw. G.G. findet keine Anwendung auf den Gegenvormund und auf den elterlichen Gewalthaber; wird dem letzteren eine Sicherheitsleistung auferlegt (§. 1668), so kann die Eintragung einer Sicherungshypothek zur Erfüllung dieser Auflage nur auf Grund einer Bewilligung des Gewalthabers oder seiner rechtskräftigen Verurtheilung zur Bewilligung erfolgen und zur Vertretung des Kindes muß ein Pfleger bestellt werden (Oberneck S. 726).

d. Das **Konkursgericht** hinsichtlich des Eintragung und Löschung des von ihm erlassenen allgemeinen Veräußerungsverbots und des Konkursvermerkes (vgl. oben S. 121 und S. 130) auf Grund der §§. 113, 114, 116, 163, 190 der K.O. Die §§. 113—115, deren Vorschriften bei der Aufhebung des Konkursverfahrens entsprechende Anwendung finden, lauten:

> „§. 113. Ein von dem Konkursgericht in Gemäßheit des §. 106 erlassenes allgemeines Veräußerungsverbot, sowie die Eröffnung des Konkursverfahrens ist in das Grundbuch einzutragen:
>
> 1. bei denjenigen Grundstücken, als deren Eigenthümer der Gemeinschuldner im Grundbuch eingetragen ist;
> 2. bei den für den Gemeinschuldner eingetragenen Rechten an Grundstücken oder an eingetragenen Rechten, wenn nach der Art des Rechts und den obwaltenden Umständen bei Unterlassung der Eintragung eine Beeinträchtigung der Konkursgläubiger zu besorgen ist.
>
> Das Konkursgericht hat, soweit ihm solche Grundstücke oder Rechte bekannt sind, das Grundbuchamt von Amtswegen um die Eintragung zu ersuchen.
>
> Die Eintragung kann auch von dem Konkursverwalter bei dem Grundbuchamte beantragt werden.
>
> §. 114. Werden Grundstücke oder Rechte, bei denen eine Eintragung nach Maßgabe des §. 113 Abs. 1, 2 bewirkt worden ist, von dem Verwalter freigegeben oder veräußert, so kann das Konkursgericht auf Antrag das Grundbuchamt um Löschung der Eintragung ersuchen.
>
> §. 115. Die Eintragung und Löschung von Vermerken auf Grund der §§. 113, 114 geschieht gebührenfrei."

e. Das **Nachlaßgericht** bezüglich der Eintragung der Anordnung einer Nachlaßverwaltung; vgl. oben S. 121 f.

f. Das **Strafgericht** in den Fällen des St.G.B. §§. 93, 140 und der St.P.O. §§. 325, 326, 332 ff. sowie der Militärstrafgerichtsordnung vom 1. Dezember 1898 §§. 360 ff.

g. Die **Aufsichtsbehörde** im Falle von Defekten bei Reichskassen oder anderen Reichsverwaltungen nach dem Gesetze, betr. die Rechtsverhältnisse der Reichsbeamten, vom 31. März 1873 §. 143.

h. Zu diesen reichsrechtlich geregelten Fällen treten dann eine Reihe **landesgesetzlicher** hinzu; z. B. sind in Preußen zu Ersuchen um Eintragungen befugt: die Aufsichtsbehörden im Falle von Defekten bei öffentlichen Kassen oder anderen öffentlichen Verwaltungen nach der V.O. vom 24. Januar 1844, G.S. S. 52, §. 15, eingeführt in die neuen Provinzen durch V.O. vom 23. September 1867 §. 1 Nr. 8 (vgl. R.G. 31 S. 311); diejenigen Beamten und Behörden, denen die Einziehung der der Beitreibung im Verwaltungszwangsverfahren unterliegenden Geldbeträge zusteht, gemäß der V.O. vom 15. November 1899 (G.S. S. 545), betr. das Verwaltungszwangsverfahren wegen Beitreibung *von Geldbeträgen, §§. 4, 51; vgl. oben S. 104, insbesondere Anm. 1 über die Eintragung von* Gerichtskostenforderungen und unten Erl. 5 zu §. 62 sowie K.G. 13 S. 130ff. über die Beitreibung gerichtlich verhängter Ordnungsstrafen; die Fideikommißbehörde gemäß Art. 16 des A.G. z. G.B.O.; das Oberbergamt nach Art. 23—25 ebd.; die Auseinandersetzungsbehörden, vgl. Art. 12—14 ebd. mit Erl.; die Enteignungsbehörde (der Bezirksausschuß, in Berlin das Polizei-Präsidium) nach dem Enteignungsgesetze vom 11. Juni 1874 §. 33 (vgl. K.G. 6 S. 88, 13 S. 115 sowie Allg. Verf. §. 11 Ziff. 3, §. 30 Abs. 4); die Deichbehörde nach dem Gesetze vom 28. Januar 1848 §. 20 (vgl. jedoch K.G. 16 S. 77); der Landrath in den Fällen der Gesetze, betr. die Errichtung trigonometrischer Marksteine, vom 7. Oktober 1865, 7. April 1869 und 3. Juni 1874 (oben S. 41); die Direktion der Rentenbank und die Landeskultur-Rentenbank bei der Löschung der Rentenpflicht (Gesetz vom 2. März 1850 §. 4, Allg. Verf. vom 15. Dezember 1865, J.M.Bl. S. 286, und Gesetz vom 13. Mai 1879 §. 31); der Vorsitzende des Waldschutzgerichts in den Fällen des Gesetzes vom 6. Juli 1875 §§. 17, 39 (vgl. A.G. z. G.B.O. Art. 11 Abs. 2 nebst Erl.); der Vorstand einer freien Wassergenossenschaft nach Maßgabe des Gesetzes vom 1. April 1879 §. 28 (über die Befugniß des Vorstehers einer öffentlichen Wassergenossenschaft, im Verwaltungszwangsverfahren die Eintragung von rückständigen Genossenschaftsbeiträgen zu beantragen, vgl. K.G. 15 S. 130) und der Vorstand einer Hauberggenossenschaft nach näherer Bestimmung der Haubergordnungen für den Kreis Siegen vom 17. März 1879 §§. 3, 15, 17 und für den Kreis Altenkirchen vom 9. April 1890 §§. 3, 5 (vgl. Allg. Verf. §. 44). Vgl. noch die Erl. zu Art. 9 des A.G. z. G.B.O.

2. **Der Prüfung des Grundbuchamts** unterliegt die Frage, ob die ersuchende Behörde gesetzlich berufen ist, um eine Eintragung der beantragten Art zu ersuchen (K.G. 3 S. 153, 7 S. 305). Dagegen hat es nicht zu untersuchen, ob die beantragte Eintragung gegen den Passivbetheiligten hätte nachgesucht werden sollen, insbesondere ob die der Prüfung der ersuchenden Behörde unterliegenden und von ihr als vorhanden angenommenen thatsächlichen Voraussetzungen des Ersuchens auch wirklich vorlagen sowie ob das dem Ersuchen vorausgehende Verfahren vor der ersuchenden Behörde gesetzmäßig war; hierfür fällt die Verantwortung der ersuchenden Behörde zu (K.G. 3 S. 129, 15 S. 119; vgl. ebd. 12 S. 341, 350).

Ferner unterliegt der Prüfung des Grundbuchamts die Form des Ersuchens. Dieses muß nicht nur den etwaigen landesgesetzlichen allgemeinen Vorschriften über die an das Grundbuchamt zu richtenden Ersuchen entsprechen, wie sie z. B. in dem preuß. A.G. Art. 9 hinsichtlich der Unterschrift und des Siegels oder Stempels aufgestellt sind, sondern auch den etwa für diese bestimmte Art getroffenen Sonderbestimmungen.

Aber die Prüfungspflicht des Grundbuchamts geht noch weiter. Keineswegs braucht dieses jedem formell ordnungsmäßigen Ersuchen einer zuständigen Behörde zu entsprechen. Das Ersuchen ersetzt zwar den Antrag, die Bewilligung und die etwa erforderlichen Erklärungen Dritter (§§. 13, 19, 26, 27; z. B. auch die Zustimmung des Grundstückseigenthümers zur Löschung von Hypotheken, Entsch. 1 S. 157); im Uebrigen finden aber die allgemeinen Bestimmungen der G.B.O. Anwendung. Das Ersuchen steht als Grundlage der Eintragung auf einer Linie mit den Erklärungen der Betheiligten. Um dies zum Ausdrucke zu bringen und nicht den Anschein zu erwecken, als müsse dem Ersuchen einer zuständigen Behörde unbedingt stattgegeben werden, ist die Fassung des E. I „das Grundbuchamt hat die Eintragung anzuordnen“ in die dem §. 19 entsprechende Fassung „die Eintragung erfolgt“ verändert. Demnach kommen, wie in der Denkschrift hervorgehoben wird, die Vorschriften der §§. 5, 6, 16—18, 28, 40—44, 48 auf die Ersuchen der Behörden und der auf Grund derselben erfolgenden Eintragungen zur Anwendung. Hinsichtlich des Inhalts des Ersuchens ist also zu beachten, daß seine Erledigung an keinen weiteren Vorbehalt geknüpft werden darf, als an den, daß die eine Eintragung nicht ohne die andere erfolgen soll (§. 16); daß das Grundstück in Uebereinstimmung mit dem Grundbuch oder durch Hinweisung auf das Grundbuchblatt bezeichnet, ein einzutragender Geldbetrag in Reichswährung angegeben werden muß (§. 28); daß bei dem Ersuchen um Eintragung eines Mehreren gemeinschaftlichen Rechtes die Bruchtheile der einzelnen Berechtigten oder das für die Gemeinschaft maßgebende Rechtsverhältniß zu bezeichnen sind, damit die im §. 48 vorgeschriebene Eintragung in das Grundbuch erfolgen kann.

Außerdem hat das Grundbuchamt zu prüfen, ob der Vorschrift des §. 6 über die Belastung eines Bestandtheils sowie den Erfordernissen der zuvorigen Eintragung des Passivbetheiligten (§§. 40, 41) und der Vorlage der in den §§. 42—44 genannten Urkunden genügt ist. (Daß von dem letzteren Erfordernisse das Zw.V.Ges. §. 131 eine Ausnahme macht, ist oben Erl. 1b bereits erwähnt.)

Daneben müssen in dem Ersuchen auch die landesrechtlichen Bestimmungen über den Inhalt der Eintragungen beachtet werden, wie z. B. die der preuß. Allg. Verf. §. 4 über die zur gehörigen Bezeichnung des Berechtigten erforderlichen Angaben.

3. Auf die **Erledigung der Ersuchen** finden aus den angeführten Gründen die Vorschriften der §§. 17, 18 Anwendung. Insbesondere ist also der ersuchenden Behörde, deren Ersuchen beanstandet wird, entweder ein mit Gründen versehener zurückweisender Bescheid zu behändigen oder eine Frist zur Hebung des Hindernisses zu bestimmen. Gegen diese Entscheidungen steht der ersuchenden Behörde die Beschwerde zu (vgl. Vorbm. 4 vor §. 71).

4. Für das frühere preußische Grundbuchrecht (preuß. G.B.O. §. 41) war die Ansicht vertreten, daß **Ersuchen nicht preußischer Behörden,** selbst wenn diese einem anderen Bundesstaat angehörten, abzulehnen seien, weil die Gesetze des Auslandes die preußischen Grundbuchämter nicht bänden und das Bundesgesetz über die Gewährung der Rechtshülfe vom 21. Juni 1869 und das G.V.G. sich nicht auf die freiwillige Gerichtsbarkeit bezögen. Derselben Ansicht ist Oberneck S. 768 auch noch für das heutige Recht, es sei denn, daß durch besondere Staatsverträge diese Frage geregelt wäre. Durch die neueren Gesetze ist in der That der Rechtszustand nicht verändert. Wie oben S. 147 Erl. 10 bereits erwähnt, fehlt es für die Rechtshülfe in Grundbuchsachen an einer reichsrechtlichen Norm, und die noch jetzt gültige Vorschrift des preuß. A.G. z. G.V.G. §. 87 betrifft nur die Verpflichtung der preußischen Gerichte unter einander.

Indessen die obige Ansicht war schon für das preußische Recht nicht als richtig anzuerkennen und ist sicher jetzt mindestens insoweit zu verwerfen, als die Zuständigkeit zum Ersuchen um eine Eintragung auf Reichsgesetz beruht. Dem Ersuchen eines deutschen Konkursgerichts auf Grund der K.O. §§. 113ff. ist z. B. auch dann zu willfahren, wenn es einem anderen Bundesstaat angehört. Aber auch zur Ablehnung gewisser nicht reichsrechtlich geregelter Ersuchen von Behörden fremder Bundesstaaten, z. B. um eine Eintragung von Gerichtskosten oder um sonstige Eintragungen im Wege der Zwangsvollstreckung, liegt kein stichhaltiger Grund vor. Zu beachten ist nur, daß die Eintragung dann nicht vollzogen werden darf, wenn sie auch auf das Ersuchen der inländischen Behörde bei gleicher Sachlage nicht zulässig oder die fremde Behörde zu einem Vorgehen gegen den Passivbetheiligten nach den inländischen Gesetzen nicht berechtigt ist. Ein allgemeines Prinzip ist indessen nicht aufzustellen; die Frage muß in jedem einzelnen Falle nach dessen Lage entschieden werden.

§. 40.

Eine Eintragung soll nur erfolgen, wenn derjenige, dessen Recht durch sie betroffen wird, als der Berechtigte eingetragen ist.

Bei einer Hypothek, Grundschuld oder Rentenschuld, über die ein Brief ertheilt ist, steht es der Eintragung des Gläubigers gleich, wenn dieser sich im Besitze des Briefes befindet und sein Gläubigerrecht nach §. 1155 des Bürgerlichen Gesetzbuchs nachweist.

§. 41.

Ist derjenige, dessen Recht durch eine Eintragung betroffen wird, Erbe des eingetragenen Berechtigten, so findet die Vorschrift des §. 40 Abs. 1 keine Anwendung, wenn die Uebertragung oder die Aufhebung des Rechtes eingetragen werden soll oder wenn der Eintragungsantrag durch die Bewilligung des Erblassers oder eines Nachlaßpflegers oder durch einen gegen den Erblasser oder den Nachlaßpfleger vollstreckbaren Titel begründet wird.

Das Gleiche gilt für eine Eintragung auf Grund der Bewilligung eines Testamentsvollstreckers oder auf Grund eines gegen diesen vollstreckbaren Titels, sofern die Bewilligung oder der Titel gegen den Erben wirksam ist.

VI. Vorgängige Eintragung des Passivbetheiligten.

§§. 40, 41.

E. I §§. 21, 23, 32; II §§. 38, 39. P. I S. 13415—13418, 13423—13432, 13439—13448, 13539, 13540, 16333. M. S. 55, 58, 67. D. S. 3041, 3042.

1. Die Vorschrift des §. 40 Abs. 1 stellt eine weitere Voraussetzung für die Eintragungen in das Grundbuch auf; sie gilt aber nach Abs. 2 und §. 41 nicht ausnahmslos. Das in ihr aufgestellte Erforderniß der vorgängigen Eintragung des leidenden Theiles galt auch schon in dem bisherigen Rechte, insbesondere nach dem preuß. Gesetz über den Eig.Erw. ꝛc. vom 5. Mai 1872 §§. 2, 5, 13, 19, allerdings nach diesem nicht für jeden Berechtigten, sondern nur für den Eigenthümer. Indessen weicht die obige Vorschrift in ihrer **Bedeutung** doch von der entsprechenden Bestimmung des preußischen Rechtes ab.

a. Zunächst ist dies hinsichtlich des **Zeitpunkts**, für welchen die Eintragung des Berechtigten gesetzlich vorgeschrieben ist, der Fall. Das preußische Recht verlangte nach der herrschenden Meinung (vgl. Achilles-Strecker S. 47 ff.), daß der Eigenthümer, der eine Eintragung bewilligte, zur Zeit der Bewilligung eingetragen sein oder seine Eintragung gleichzeitig erlangen mußte; erfolgte seine Eintragung erst später, so genügte die Bewilligung nicht, um den Eintragungsantrag zu rechtfertigen; sie mußte vielmehr wiederholt werden. Dieser die Praxis äußerst belästigende Formalismus ist beseitigt. Die Vorschrift des §. 40 verlangt nur, daß der Berechtigte, dessen Recht von der beantragten Eintragung betroffen wird, zu der Zeit eingetragen sein muß, wo die beantragte Eintragung erfolgen soll. Heute darf also die Eintragung einer Hypothek oder sonstigen Belastung, welche der Erwerber eines Grundstücks vor seiner Auflassung (z. B. in dem der Auflassung zu Grunde liegenden Kaufvertrage) bewilligt hat, nicht abgelehnt werden, wenn zur Zeit des Eingangs des Eintragungsantrags die Auflassung bereits erfolgt ist oder gleichzeitig erfolgt.

Das Gleiche gilt sogar dann, wenn erst nach dem Eingange des Eintragungsantrags der Antrag auf Eintragung des Passivbetheiligten gestellt wird. Zwar schreibt §. 17 vor, daß die später beantragte Eintragung nicht vor der Erledigung des früher gestellten Antrags erfolgen dürfe. Indessen diese Vorschrift bezweckt lediglich, den früheren Antrag vor einer unberechtigten Bevorzugung des späteren zu schützen, und kann nicht verwerthet werden, um umgekehrt die Abweisung des früheren Antrags zu rechtfertigen. Dies erhellt auch aus der Bestimmung des §. 18; wenn das Grundbuchamt den Eintragungsantrag auf Grund der Vorschrift des §. 40 Abs. 1 beanstandet und dem Antragsteller eine Frist zur Hebung des Hindernisses, also zur Nachholung der Eintragung des Passivbetheiligten bestimmt, muß es jenem Antrage stattgeben, wenn innerhalb der Frist die Eintragung des Passivbetheiligten nachgeholt wird. Nichts Anderes kann aber gelten, wenn die Nachholung erfolgt, bevor ein Bescheid auf den ersteren Antrag dem Antragsteller zugegangen ist.

Es genügt demnach nach §. 40 Abs. 1, wenn der Passivbetheiligte zu der Zeit des Vollzugs der beantragten Eintragung als Berechtigter eingetragen ist oder gleichzeitig eingetragen wird. In Folge dessen ist auch die Eintragung eines Eigenthumsübergangs auf Grund einer Auflassung zulässig, obwohl der Veräußerer zu der Zeit der Auflassung noch nicht als Eigenthümer eingetragen war, sofern seine Eintragung vor der Eintragung jenes Eigenthumsübergangs erfolgt ist (Rechtspr. 2 S. 1).

b. Ein weiterer Unterschied gegenüber dem bisherigen preußischen Rechte liegt in den **Wirkungen des Verstoßes** gegen die obige Regel. Für das bisherige Recht war die Ansicht vertreten, daß eine Hypothek nichtig sei, wenn ihr Besteller zur Zeit ihrer Eintragung noch nicht als Eigenthümer eingetragen war (vgl. R.G. 28 S. 295 und Achilles-Strecker S. 49). Auch der erste Entwurf z. B.G.B. §. 828 stellte die Eintragung des Berechtigten als materiell-rechtliches Erforderniß für die Rechtsänderung auf. Damit hat das B.G.B. gebrochen. Jetzt kommt nur die obige Bestimmung in Betracht, und diese ist lediglich eine Ordnungsvorschrift, deren Zweck darin besteht, dem Grundbuchamte die Legitimationsprüfung zu erleichtern und den Berechtigten gegen eine unbefugte Verfügung eines Anderen zu sichern; ein Verstoß gegen sie hat keinen Einfluß auf die Rechtsänderung. War der Passivbetheiligte berechtigt, ohne eingetragen zu sein, so ist trotz dieses Mangels die eingetragene Rechtsänderung von vornherein gültig. Erlangte er erst mit seiner späteren Eintragung das fragliche Recht, so wird mit dieser die zu früh eingetragene Rechtsänderung nach §. 185 des B.G.B. wirksam (vgl. Rechtspr. 2 S. 154).

2. Die Vorschrift des §. 40 Abs. 1 gilt, von den unten in Erl. 5 zu besprechenden Ausnahmen abgesehen, für **alle Passivbetheiligten** und für **alle Eintragungen** in dem oben S. 179 Vorbm. II erwähnten Sinne. Ob dem leidenden Theile das Eigenthum oder ein beschränktes Recht zusteht, ist (anders als nach dem preuß. Rechte) gleichgültig. Ebensowenig macht die Art der Eintragung, die Person des Antragstellers oder die Grundlage des Antrags einen Unterschied. Die Bestimmung findet also sowohl auf Auflassungen wie auf Eintragungen beschränkter Rechte an Grundstücken, auf deren Uebertragung, auf Aenderungen des Inhalts eingetragener Rechte ꝛc. Anwendung; auch Verfügungsbeschränkungen, Vormerkungen und Widersprüche sowie Eintragungen zum Zwecke der Berichtigung des Grundbuchs sind nicht ausgenommen. Ferner gilt die Vorschrift nicht nur für Eintragungen, die auf Bewilligungen des nicht eingetragenen Berechtigten beruhen, sondern auch für solche, die im Wege der Zwangsvollstreckung gegen ihn beantragt werden, insbesondere für Judikats- und Arresthypotheken. Auch bei Ersuchen von Behörden kommt sie zur Anwendung (vgl. S. 267 Erl. 2). Vgl. auch Zw.V.G. §. 130 Abs. 3, oben S. 263.

Auf Grund des §. 40 hat das Grundbuchamt z. B. auch den Antrag auf Eintragung einer Hypothek auf einem zu dem ehelichen Gesammtgute gehörigen Grundstücke zu beanstanden, wenn dieses nur auf den Namen eines der Ehegatten eingetragen ist (K.G. N.F. Bd. 1 A S. 188).

Dagegen hält das Kammergericht (Entsch. 1 S. 125 u. S. 162 = K.G. N.F. 1 A S. 190 u. S. 282 = Rechtspr. 1 S. 303 u. S. 416, ebd. 2 S. 154) §. 40 Abs. 1 nicht für anwendbar, wenn ein Grundstückseigenthümer auf Grund der ihm ertheilten Löschungsbewilligung über die auf seinem Grundstück eingetragene Hypothek verfügt; er braucht nach der Ansicht des Kammergerichts diese nicht erst auf seinen Namen umschreiben zu lassen, da sein Recht auf die Eigenthümerhypothek aus seiner Eigenthumseintragung genugsam hervorgehe und er bereits als eventuell eingetragener Inhaber der ihm nach §. 1163 des B.G.B. zufallenden Hypotheken zu gelten habe. Für die Briefhypothek ist diese Ansicht zutreffend, für sie kommt §. 40 Abs. 2 in Betracht (vgl. Erl. 5a). Dagegen erscheint sie für die Buchhypothek bedenklich; sie führt auch nur für die Fälle der Uebertragung der Eigenthümerhypothek zu einem praktisch empfehlenswerthen Ergebnisse, nicht aber für die Fälle ihrer Belastung, Inhalts- oder Rangänderung, obwohl sie nach der Begründung der Entscheidungen auch für diese gelten müßte. Die G.B.O. macht für die Eigenthümerhypotheken keine Ausnahmen, und der Grundgedanke der Vorschrift des §. 40 Abs. 1 (Erl. 1b) trifft auf diese Fälle ebensogut zu wie auf die übrigen Rechte. Auch bei der Eigenthümerhypothek erleichtert es die Legitimationsprüfung des Grundbuchamts, wenn der Eigenthümer sich als Hypothekengläubiger eintragen lassen muß, bevor er über die Hypothek verfügt, z. B. sie belastet, weil sonst bei jeder späteren Verfügung desselben nochmals zu prüfen ist, ob er die Hypothek erworben hat; wie aus dem oben S. 79ff., insbesondere S. 84 Anm. 1, 2 Gesagten erhellt, ist diese Prüfung aber häufig schwierig, die Erleichterung der Legitimationsprüfung daher besonders angebracht. Ebenso kann (anders als das K.G. annimmt) eine unbefugte Verfügung über die Eigenthümerhypothek sehr gut vorkommen, insbesondere, wenn der noch eingetragene Gläubiger die Hypothek an einen gutgläubigen Dritten abtritt. Auch der Hinweis darauf, daß die hier vertretene Ansicht eine völlige Neuerung gegenüber dem bisherigen Rechte sei, verschlägt nicht; das bisherige preußische Recht verlangte nur von dem Eigenthümer, nicht von dem Hypothekengläubiger die vorgängige Eintragung (vgl. preuß. G.B.O. §§. 81, 84), §. 40 Abs. 1 ist also für die Hypothek überhaupt und nicht nur für die Eigenthümerhypothek eine Neuerung. Schließlich spricht auch das preußische amtliche Muster G. 8. Nr. 33, auf das sich das K.G. (a. a. O., Entsch. 1 S. 164) beruft, nicht nothwendig dafür, daß die Ansicht des K.G. in dem preuß. Justizministerium getheilt wird, weil dieses Muster zum Mindesten in erster Linie die Briefhypothek im Auge hat. Deshalb wird man die Vorschrift des §. 40 Abs. 1 auch auf die Eigenthümer-Buchhypotheken anwenden müssen (ebenso Turnau-Förster Bd. 1 S. 646, 718). Nur wenn der Eigenthümer auf Grund einer Löschungsbewilligung des Gläubigers die Hypothek löschen lassen will, ist seine vorgängige Eintragung nicht erforderlich. Das Grundbuchamt hat auf Grund der Löschungsbewilligung und der Zustimmung des Eigenthümers (§. 27) zu löschen, ohne daß es zu prüfen braucht, ob die Hypothek Eigenthümerhypothek geworden ist. Wenn man aber die Ansicht des Kammergerichts für richtiger hält, muß man jedenfalls dann die vorgängige Eintragung des Eigenthümers als Hypothengläubiger fordern, wenn dieser erst nach der Veräußerung des Grundstücks über die während der Zeit seines Eigenthums erworbene Hypothek verfügt.

3. Ueber die **Person des Passivbetheiligten**, dessen vorgängige Eintragung erforderlich ist, vgl. oben S. 195f. Erl. 5a und S. 210 Erl. 3. Daß der Widerspruch, der darauf gestützt ist, daß die Hingabe des der Buchhypothek zu Grunde liegenden Darlehns unterblieben sei, innerhalb eines Monats nach der Eintragung der Buchhypothek selbst dann noch eingetragen werden kann, wenn die Hypothek bereits auf einen neuen Gläubiger umgeschrieben ist, ist oben S. 133 bereits erwähnt; der leidende Theil ist in diesem Falle der neue Gläubiger.

4. Die **vorgängige Eintragung zu erwirken**, ist Sache des Antragstellers oder der ersuchenden Behörde. Die Frage, in welcher Weise dies wider den Willen des Berechtigten geschehen kann, ist oben S. 117f. und S. 198ff. bereits erörtert.

5. Von der Regel des §. 40 Abs. 1 giebt es mehrere **Ausnahmen**.

a. Bei **Briefhypotheken, Briefgrundschulden und Briefrentenschulden** bedarf es nach §. 40 Abs. 2 der vorgängigen Eintragung des Berechtigten nicht, vorausgesetzt, daß dieser 1) sich im

Besitze des Briefes befindet und 2) sein Gläubigerrecht nachweist durch eine „zusammenhängende, auf einen eingetragenen Gläubiger zurückführende Reihe von öffentlich beglaubigten Abtretungserklärungen," denen „gerichtliche Ueberweisungsbeschlüsse" und „öffentlich beglaubigte Anerkenntnisse von kraft Gesetzes erfolgten Uebertragungen" gleichstehen. Diese Vorschrift steht im Zusammenhange mit §. 1155 des B.G.B., welcher den Schutz des öffentlichen Glaubens des Grundbuchs, der grundsätzlich nur den Eintragungen zu Gute kommt, auf den nicht eingetragenen, aber in der angegebenen Weise legitimirten Besitzer des Briefes ausdehnt.

Das Erforderniß des Besitzes des Briefes ist deshalb aufgestellt, weil zur Abtretung der Briefhypothek ꝛc. außer der Abtretungserklärung die Uebergabe des Briefes erforderlich ist. Den Nachweis, daß diese bei jeder der nicht eingetragenen Abtretungen erfolgt ist, erläßt das Gesetz; es verlangt nur, daß der letzte Gläubiger, der Passivbetheiligte im Sinne des §. 40 Abs. 1, im Besitz ist.

Unter den Ueberweisungsbeschlüssen sind nur Ueberweisungen an Zahlungsstatt, nicht zur Einziehung zu verstehen, da nur jene das Hypothekenrecht übertragen. Vgl. oben S. 113 Ziff. 2.

Ueber die Fälle des Uebergangs des Hypothekenrechts kraft Gesetzes vgl. oben S. 79 ff. Vor allem gehört auch die Löschungsbewilligung oder die öffentlich beglaubigte Quittung des Hypothekengläubigers zu den Anerkenntnissen, welche die Eintragung des Eigenthümers als Gläubiger der Brief-Eigenthümerhypothek ersetzen; dieser braucht sich nicht eintragen zu lassen, bevor er über die letztere verfügt, wenn er sein Gläubigerrecht durch jene Urkunden gehörig nachweisen kann und im Besitze des Briefes ist (vgl. Turnau-Förster Bd. 1 S. 646, S. 671. A.M. Biermann S. 216 und Boehm S. 226, welche die Quittung od. ä. dem Anerkenntnisse nicht gleichstellen).

Den Abtretungserklärungen sind die Eintragungsbewilligungen gleichzustellen (vgl. §. 26).

Die Fassung des §. 40 Abs. 2 erweckt den Anschein, als ob die Vorschrift nur auf Eintragungen Anwendung finden könnte, welche von dem in der angegebenen Weise legitimirten Gläubiger selbst bewilligt sind, weil nur dann davon die Rede sein kann, daß er sein Gläubigerrecht nachweist. Indessen wird die analoge Ausdehnung auf die Fälle, in denen wider den Willen des Gläubigers eine Eintragung, z. B. einer Judikatshypothek, beantragt wird, unbedenklich sein. Der Antragsteller muß dann nicht nur das Gläubigerrecht in der oben angegebenen Weise nachweisen und den Brief vorlegen (§. 42), sondern auch den Nachweis erbringen, daß er den Besitz des Briefes von dem Gläubiger erlangt hat.

b. Ist der Passivbetheiligte der **Erbe des eingetragenen Berechtigten,** so bedarf es nicht immer seiner vorgängigen Eintragung. Abweichend von dem preußischen Rechte (Ges. über den Eig.Erw. §. 5 Abs. 2) gelten die im Folgenden zu erörternden Ausnahmen nicht nur dann, wenn der eingetragene Berechtigte von mehreren Miterben, sondern auch wenn er von einem Alleinerben beerbt ist. Ebenso sind, wenn der Erbe oder einer oder mehrere der Miterben des eingetragenen Berechtigten wieder verstorben sind, die Vorschriften des §. 41 auch auf die Erbeserben zur Anwendung zu bringen. Auch die Erben des nach §. 40 Abs. 2 (vgl. Erl. 5a) legitimirten Gläubigers der Briefhypothek ꝛc. stehen den Erben eines eingetragenen Berechtigten gleich, wie aus dem Wortlaute des §. 40 Abs. 2 und des §. 1155 folgt; der in der dort angegebenen Weise legitimirte Gläubiger gilt als eingetragen, sein Erbe ist also der Erbe eines eingetragenen Berechtigten im Sinne des §. 41 (a. M. Entsch. 1 S. 173 = K.G. N.F. 1 A S. 300). Dagegen ist derjenige, welcher die Brief-Hypothek durch Zession von einem nicht eingetragenen Erben des ursprünglichen Gläubigers erworben hat, von der Eintragungsverpflichtung nicht befreit (Entsch. a. a. O.). Vgl. noch preuß. A.G. z. G.B.O. Art. 15 Abs. 2 über die entsprechende Anwendung des §. 41 Abs. 1 auf Familienfideikommisse.

Die Fälle, in denen der Erbe des eingetragenen Berechtigten der vorgängigen Eintragung nicht bedarf, sind folgende:

α. Allgemein ist diese nicht erforderlich, wenn die Uebertragung oder die Aufhebung des ererbten Rechtes eingetragen werden soll. Auch diese Bestimmung, durch welche den Erben zwecklose Kosten erspart werden sollen, ist eine Verallgemeinerung des früheren preußischen Rechtes, welches nur die Auflassung den nicht eingetragenen Miterben gestattete. Jetzt bedarf es der Eintragung des oder der Erben weder, wenn sie das ererbte Grundstück auflassen, noch auch wenn sie die Umschreibung eines ererbten Rechtes an einem Grundstücke, wie z. B. einer Hypothek, oder dessen Löschung bewilligen. Auch für die Aufgabe des Eigenthums an einem Nachlaßgrundstücke (B.G.B. §. 928, oben S. 44) gilt dasselbe. Der Uebertragung oder Aufhebung des ganzen ererbten Rechtes ist die eines Theiles gleichzustellen; es bedarf daher auch bei der Auflassung eines Theiles des ererbten Grundstücks oder bei der Abtretung oder Löschung eines Theiles der Hypothek oder bei der Entlassung eines verhafteten Trennstücks aus der Mithaft für diese keiner vorgängigen Eintragung.

Dagegen findet §. 41 Abs. 1 keine Anwendung bei sonstigen Eintragungen, insbesondere bei der Eintragung von Belastungen, Aenderungen des Inhalts oder des Ranges eines ererbten Rechtes. Diese setzen, selbst wenn sie keine Rechtsänderung herbeiführen, sondern nur zur Berichtigung des Grundbuchs erfolgen, die vorgängige Eintragung des Erben als Berechtigten voraus, es sei denn, daß einer der unter β und γ zu erörternden Ausnahmefälle vorliegt. Dasselbe gilt von Verfügungsbeschränkungen sowie von Vormerkungen zur Sicherung von Ansprüchen auf Bestellung einer Last, auf Aenderung des Inhalts oder des Ranges und von Widersprüchen entsprechenden Inhalts.

Zweifelhaft ist es dagegen, ob die vorgängige Eintragung des Erben erforderlich ist vor der Eintragung von Vormerkungen zur Sicherung des Anspruchs auf Uebertragung oder auf Aufhebung des ererbten Rechtes und von den entsprechenden Widersprüchen. Für das frühere preußische Recht wurde die Gleichstellung der Vormerkungen zur Sicherung des Auflassungsanspruchs mit der Auflassung selbst verneint und die Eintragung der Vormerkung erst nach der Eintragung der Miterben zugelassen (Achilles-Strecker S. 51); dies wurde u. a. damit begründet, daß die Vormerkung nicht ein minus der Auflassung, sondern ein aliud sei. Auch für das jetzige Recht läßt sich bei dem Wortlaute des §. 41 dieselbe Ansicht rechtfertigen. Indessen trotzdem dürfte die entgegengesetzte Meinung vorzuziehen sein, da man für die vorläufigen Vermerke nicht mehr fordern kann als für die entsprechenden endgültigen Eintragungen; jene bezwecken auch nur die vorläufige Eintragung der bevorstehenden Uebertragung oder Aufhebung des Rechtes.

β. Der vorgängigen Eintragung des Erben bedarf es ferner nicht, wenn der Eintragungsantrag durch die Bewilligung des Erblassers oder eines Nachlaßpflegers oder durch einen gegen diesen oder jenen vollstreckbaren Titel begründet wird. In diesen Fällen bedarf es bei keiner Eintragungsart, insbesondere auch nicht bei Belastungen der vorgängigen Eintragung der Erben. „Diese Abweichung von der Regel des §. 40 Abs. 1 erleichtert in den Fällen, in denen aus irgend einem Grunde die Person des Erben noch nicht feststeht, die Lage desjenigen, welcher zu einer Eintragung berechtigt ist. Andererseits erscheint die Ausnahme unbedenklich, weil jedenfalls der Erbe die Erklärung des Erblassers oder des Nachlaßpflegers sowie den gegen den Erblasser oder den Nachlaßpfleger vollstreckbaren Titel gegen sich gelten lassen muß" (D.).

Diese Vorschrift kommt nicht zur Anwendung, wenn bloß eine obligatorische Verpflichtung des Erblassers zu einer Rechtsänderung vorliegt, vielmehr muß er die Bewilligung bereits in gehöriger Form erklärt haben, oder es muß schon bei seinen Lebzeiten ein vollstreckbarer Titel erwirkt sein, der die Eintragungsbewilligung ersetzt. Dann soll auch noch nach seinem Tode die Eintragung erfolgen können, ohne daß es der vorgängigen Feststellung und Eintragung der Erben bedarf. Daß der vollstreckbare Titel keiner neuen Vollstreckungsklausel gegen die Erben bedarf, ist oben S. 182 unter δ bereits erwähnt und wird durch die mitgetheilten Sätze der Denkschrift bestätigt.

Fraglich ist, ob diese Bestimmung auch auf die Eintragung einer Zwangshypothek auf Grund eines gegen den Erblasser gerichteten vollstreckbaren Schuldtitels anwendbar ist. Die Bejahung dieser Frage ist nach dem Wortlaute des §. 41 möglich, da der Antrag auf Eintragung der Zwangshypothek durch den den Erblasser zu einer Geldzahlung verurtheilenden Schuldtitel begründet wird. Indessen steht dieser Auffassung die oben S. 106 Ziff. 3 Abs. 1 mitgetheilte Vorschrift der C.P.O. entgegen, daß eine Zwangsvollstreckung gegen einen Schuldner nach dessen Tode nicht beginnen kann. Da die Zwangshypotheken überhaupt durch die C.P.O. geregelt sind, ist dieser Vorschrift der Vorzug vor der Bestimmung des §. 41 zu geben. Es bedarf also zu der Eintragung einer Zwangshypothek nach dem Tode des Schuldners einer Vollstreckungsklausel gegen den Erben und dessen vorgängige Eintragung, es sei denn, daß ein Nachlaßpfleger oder ein zur Verfügung über den Nachlaß berechtigter Testamentsvollstrecker vorhanden ist (C.P.O. §. 779); in dem letzteren Falle genügt eine Vollstreckungsklausel gegen den Nachlaßpfleger (vgl. Rechtspr. 2 S. 128, andererseits über den Nachlaßverwalter oben S. 122) oder den Testamentsvollstrecker (C.P.O. §. 749).

Der Bewilligung oder Verurtheilung des Erblassers steht die eines Nachlaßpflegers gleich. Hierher gehört sowohl der lediglich zur Sicherung des Nachlasses bestellte Pfleger „für denjenigen, welcher Erbe wird," wie auch vor allem der zum Zwecke der Befriedigung der Nachlaßgläubiger bestellte Nachlaßpfleger, der sog. Nachlaßverwalter; vgl. über ihre Verfügungsbefugniß oben S. 122 und S. 241 unter γ. Von der durch die Nachlaßverwaltung eintretenden Verfügungsbeschränkung des Erben und der Eintragung der Nachlaßverwaltung in das Grundbuch ist oben S. 121 f. bereits die Rede gewesen.

γ. Schließlich sieht die G.B.O. von der Eintragung des Erben ab, wenn der Eintragungsantrag durch die Bewilligung eines Testamentsvollstreckers oder durch einen gegen diesen vollstreckbaren Titel begründet wird, sofern die Bewilligung oder der Titel gegen den Erben wirksam ist. Durch die letztere Einschränkung unterscheidet sich die Vorschrift des Abs. 2 von der den Nachlaßpfleger betreffenden Bestimmung des Abs. 1. Während nämlich die Verfügungen des Nachlaßpflegers, wenn die etwa erforderliche Zustimmung des Nachlaßgerichts vorliegt, den Erben stets binden, kann der Testamentsvollstrecker nur unter gewissen Voraussetzungen und innerhalb gewisser Grenzen über den Nachlaß verfügen; hiervon ist oben S. 125 f. bereits die Rede gewesen. Vgl. ferner über die Legitimation des Testamentsvollstreckers und den Nachweis der Beschränkungen seiner Verfügungsbefugniß oben S. 257 f. Erl. 3 und über die Eintragung des Vermerkes, daß ein Testamentsvollstrecker ernannt sei, in das Grundbuch §. 53. Letztere ist nicht Voraussetzung für die Eintragungen auf Grund einer Bewilligung des Testamentsvollstreckers oder auf Grund eines gegen ihn vollstreckbaren Titels. Vielmehr können auf Grund derselben, soweit der Nachlaß der Verwaltung des Vollstreckers unterliegt, Eintragungen jeder Art erfolgen, auch wenn der Erblasser noch in das Grundbuch eingetragen ist (anders nach dem früheren preuß. Rechte, vgl. Achilles-Strecker S. 51 und S. 574).

δ. Eine weitere Ausnahme von dem Erfordernisse der vorgängigen Eintragung des Passivbetheiligten für den Erben des eingetragenen Eigenthümers ergiebt sich aus dem Zw.V.G. §§. 17, 19, 146. Danach kann der Zwangsversteigerungsvermerk und der Zwangsverwaltungsvermerk (oben S. 123 Ziff. 3 und S. 262 ff. Erl. 1b) in das Grundbuch eingetragen werden, obwohl in diesem noch der Erblasser des Vollstreckungsschuldners als Eigenthümer verzeichnet ist.

c. Eine noch weitergehende Abweichung von der Regel des §. 40 Abs. 1 ergiebt sich für den Vermerk, daß die Zwangsverwaltung angeordnet sei, aus der Vorschrift des §. 147 des Zw.V.G., daß die Zwangsverwaltung wegen des Anspruchs aus einem eingetragenen Rechte auch dann stattfinden darf, wenn der Schuldner weder eingetragener Eigenthümer noch dessen Erbe, sondern nur Eigenbesitzer des Grundstücks ist.

§. 42.

Bei einer Hypothek, über die ein Brief ertheilt ist, soll eine Eintragung nur erfolgen, wenn der Brief vorgelegt wird. Für die Eintragung eines Widerspruchs bedarf es der Vorlegung nicht, wenn die Eintragung durch eine einstweilige Verfügung angeordnet ist und der Widerspruch sich darauf gründet, daß die Hypothek oder die Forderung, für welche sie bestellt ist, nicht bestehe oder einer Einrede unterliege oder daß die Hypothek unrichtig eingetragen sei.

Der Vorlegung des Hypothekenbriefs steht es gleich, wenn in den Fällen der §§. 1162, 1170, 1171 des Bürgerlichen Gesetzbuchs auf Grund des Ausschlußurtheils die Ertheilung eines neuen Briefes beantragt wird. Soll die Ertheilung des Briefes nachträglich ausgeschlossen oder die Hypothek gelöscht werden, so genügt die Vorlegung des Ausschlußurtheils.

VII. Vorlegung des Hypothekenbriefs und anderer Urkunden.

1. Vorlegung des Hypothekenbriefs.

§. 42.

E. I §. 31; II §. 40. P. I S. 13563—13569, 13631—13633; II Bd. 3 S. 659—663. M. S. 65. D. S. 3042, 3043. K.B. S. 3428, 3429. St.B. S. 4420.

1. Die mit dem bisherigen preußischen Rechte (preuß. G.B.O. §§. 79, 84, 86, 87, 91, §. 94 Abs. 2) im Einklange stehende Regel des §. 42 Abs. 1 Satz 1 **erklärt sich** aus der Vorschrift des §. 1154 des B.G.B., wonach zur Abtretung der Briefhypothek eine schriftliche Abtretungserklärung, die durch die Eintragung der Abtretung in das Grundbuch ersetzt werden kann, und die Uebergabe des Hypothekenbriefs erforderlich und genügend ist. Demnach giebt nur dessen Vorlage eine Gewähr dafür, daß der eingetragene oder durch die Reihe der Abtretungserklärungen (vgl. §. 40 Abs. 2) legitimirte Gläubiger die Hypothek auch wirklich erworben, sowie daß er sie noch nicht weiter zedirt hat.

Ferner ergiebt sich aus dem Zwecke des Instituts des Hypothekenbriefs, den Verkehr mit den Hypotheken zu vermitteln und dadurch die Befriedigung der Bedürfnisse des Realkredits zu erleichtern (vgl. Vorbm. 2 vor §. 56), im Interesse der Verkehrssicherheit die Nothwendigkeit, daß aus dem Briefe alle die Hypothek betreffenden Eintragungsvermerke erhellen, damit jeder Erwerber auch ohne Einsicht des Grundbuchs sich darauf verlassen kann, daß außer dem aus dem Briefe ersichtlichen andere seinem Gläubigerrecht entgegenstehende oder dieses beschränkende Eintragungen nicht erfolgt sind. Es ist daher der Inhalt des Hypothekenbriefs mit dem des Grundbuchs ständig in Uebereinstimmung zu halten (vgl. unten §§. 62, 69) und, um dies zu ermöglichen, die Vorlage des Briefes bei jeder die Hypothek betreffenden Eintragung erforderlich.

2. Die Vorlage des Briefes ist kein materiellrechtliches Erforderniß der Gültigkeit der Eintragung; vielmehr ist die Vorschrift des §. 42 Abs. 1 Satz 1 **nur instruktionell**, wie aus der Fassung deutlich erhellt. Wegen eines Verstoßes gegen diese Bestimmung ist demnach die eingetragene Rechtsänderung nicht nichtig.

3. Der Vorlage des Briefes bedarf es grundsätzlich **bei allen Eintragungen**, welche bei der Briefhypothek vorgenommen werden sollen. Weder die Art der Eintragung noch die Begründung des Eintragungsgesuchs macht einen Unterschied. Sie ist also erforderlich bei Abtretungen, Belastungen, Aenderungen des Inhalts oder des Ranges, bei Löschungen der Briefhypothek, bei Eintragungen von Verfügungsbeschränkungen des Gläubigers, von Vormerkungen und — vorbehaltlich der Ausnahme des §. 42 Abs. 1 Satz 2 (Erl. a) — auch von

Widersprüchen und zwar ohne Unterschied, ob die Eintragung oder Löschung auf Grund einer Bewilligung des Hypothekengläubigers oder auf Grund eines vollstreckbaren Schuldtitels oder auf Ersuchen einer Behörde oder sogar von Amtswegen (§. 54 Abs. 2) stattfindet, ob sie zur Berichtigung des Grundbuchs erfolgt oder eine Rechtsänderung herbeiführt.

Turnau-Förster Bd. 1 S. 722 wollen eine Ausnahme machen für die Vormerkung zur Sicherung des Anspruchs auf Löschung einer Hypothek, wenn diese sich mit dem Eigenthum in einer Person vereinigt (B.G.B. §. 1179, oben S. 71 f.), „da die Hypothek selbst nicht von der Vormerkung berührt wird." Das ist nicht zutreffend. Die Hypothek wird von der Vormerkung doch berührt, allerdings erst nach ihrem Uebergang auf den Eigenthümer. Außerdem muß aus dem in Erl. 1 Abs. 2 angeführten Grunde die Eintragung der Vormerkung auf dem Briefe vermerkt werden, da sich sonst derjenige, welcher eine Hypothek vor dem Eigenthümer abgetreten erhält, ohne Einsicht des Grundbuchs nie darauf verlassen könnte, daß er auch eine voll wirksame Hypothek erwirbt. Die Vorlage ist daher auch in diesem Falle erforderlich.

Dagegen sind folgende **Ausnahmen** zugelassen:

a. Bei Eintragung eines Widerspruchs bedarf es der Vorlegung nicht, wenn die Eintragung durch eine einstweilige Verfügung angeordnet ist oder von Amtswegen erfolgt und sich darauf gründet, daß die Hypothek oder die Forderung, für welche sie bestellt ist, nicht bestehe oder einer Einrede unterliege oder daß die Hypothek ihrem Inhalt oder Range nach unrichtig eingetragen sei (§. 42 Abs. 1 Satz 2, §. 54 Abs. 2).

Diese dem früheren preußischen Rechte unbekannte Ausnahme wird damit begründet, daß in den angeführten Fällen, in denen sich der Widerspruch gegen den Bestand und den Inhalt der Hypothek, nicht gegen das Recht, die Legitimation, des jeweiligen Gläubigers richte, die Rücksicht auf die Verkehrssicherheit (vgl. Erl. 1) hinter dem Interesse des Widersprechenden zurücktreten müsse, weil es diesem sonst vielfach geradezu unmöglich sei, zu einer Eintragung zu gelangen. Außerdem werden die Gefahren, welche diese Ausnahmebestimmung für den Verkehr zur Folge haben kann, durch die Vorschrift des §. 62 Abs. 2 verringert, wonach das Grundbuchamt den Besitzer des Briefes zur nachträglichen Vorlegung behufs Vormerkung des Widerspruchs anzuhalten hat.

Diese Ausnahmebestimmung gilt nur für Widersprüche (vgl. über den Begriff oben S. 25 f., 130 f.), nicht für Vormerkungen oder sonstige Eintragungen. Bei den Widersprüchen ist ferner zu unterscheiden, ob sie auf Grund der Bewilligung des Hypothekengläubigers eingetragen werden oder auf Grund einer einstweiligen Verfügung oder gemäß §. 54 von Amtswegen. In dem ersten Falle kommt die Regel des §. 42 Abs. 1 Satz 1 ausnahmslos zur Anwendung. In den beiden letzteren Fällen gilt sie ebenfalls, wenn der Widerspruch sich gegen die Uebertragung des Rechtes auf den Besitzer des Briefes richtet oder eine diesem entgegenstehende Verfügungsbeschränkung zum Inhalte hat; hier überwiegt die Bedeutung, welche dem Briefe als Mittel der Uebertragung des Hypothekenrechts im Verkehre zukommt, die Rücksicht auf den Widersprechenden. Dagegen bedarf es nicht der Vorlage des Briefes, wenn der Widerspruch sich darauf gründet, daß das dingliche Hypothekenrecht, z. B. mangels der erforderlichen Einigung, nicht entstanden ist, oder daß die durch die Hypothek gesicherte Forderung nicht zur Entstehung gelangt oder erloschen ist, oder daß dem dinglichen Hypothekenrecht oder der Forderung eine Einrede entgegenstehe, oder daß die Hypothek unrichtig, z. B. mit einem zu hohen Betrag oder mit einem ihr nicht zukommenden Range, z. B. wegen versehentlicher Löschung einer vorhergehenden Post, eingetragen sei. Daß eine unrichtige Eintragung hinsichtlich des Ranges der Eintragung eines unrichtigen Inhalts der Hypothek gleichsteht, hebt die Denkschrift besonders hervor.

In diesen Ausnahmefällen ist das Grundbuchamt, da ihm der Brief nicht vorgelegt wird, auch nicht in der Lage, zu prüfen, ob der angebliche Gläubiger, gegen den die einstweilige Verfügung erlassen ist, auch wirklich noch der Gläubiger der Briefhypothek und deshalb der Passivbetheiligte ist. Es genügt daher jedenfalls, wenn die einstweilige Verfügung gegen den eingetragenen Berechtigten erlassen ist. Aber auch wenn diese gegen einen Anderen, einen angeblichen späteren bösgläubigen Erwerber der Briefhypothek ergangen ist, darf das Grundbuchamt die Eintragung nicht ablehnen, weil dessen Recht ihm nicht nachgewiesen sei; sein Gläubigerrecht ist bei der Feststellung seiner Passivlegitimation im Prozeßverfahren zu prüfen. Der Widerspruch hat aber keine Wirkung, wenn vor seiner Eintragung die Hypothek auf einen gutgläubigen Erwerber übergegangen ist (vgl. M. S. 67 Abs. 2, Oberneck S. 263).

b. Eine zweite Ausnahme ergiebt sich aus dem Zw.V.G. §§. 131, 158 für Eintragungen auf Ersuchen des Vollstreckungsgerichts. Danach ist zur Löschung einer Hypothek, einer Grundschuld oder einer Rentenschuld, welche durch den Zuschlag im Zwangsversteigerungsverfahren erloschen oder bei einer Zwangsverwaltung berichtigt ist, die Vorlage des Briefes über die zu löschende Post, außerdem zur Eintragung des Vorranges, welcher einer neu einzutragenden Sicherungshypothek für eine Forderung gegen den Ersteher vor den bestehenbleibenden Brief-Hypotheken, Brief-Grundschulden oder -Rentenschulden zukommt, die Vorlegung des über letztere ertheilten Briefes nicht erforderlich. Dagegen gilt die Regel des §. 42 Abs. 1 Satz 1 für die Löschung derjenigen Rechte, welche nicht durch den Zuschlag erloschen sind, sondern auf Grund des §. 130 Abs. 2 auf Ersuchen des Vollstreckungsgerichts gelöscht werden sollen, weil sich ergeben hat, daß sie nicht zur Entstehung gelangt oder erloschen sind. Vgl. oben S. 262ff.

c. Durch Landesrecht können weitere Ausnahmen angeordnet werden, aber nur innerhalb der im E.G. z. B.G.B. zu Gunsten der Landesgesetze gemachten Vorbehalte (vgl. §. 83). So hat das preuß. A.G. z. B.G.B. Art. 21 Ziff. IV auf Grund des Vorbehalts im Art. 118 des E.G. die Eintragung des Vorzugsrechts von Landeskulturrenten sowie der Vormerkung zur Sicherung des Anspruchs auf Einräumung dieses Vorzugsrechts ohne Vorlegung der über die zurücktretenden Realrechte ausgefertigten Urkunden zugelassen, aber angeordnet, daß wenn eine solche Urkunde nachträglich vorgelegt wird, die Eintragung auf ihr von dem Grundbuchamte zu vermerken ist. Dieselbe Vorschrift enthält das A.G. z. G.B.O. Art. 20 Abs. 2 für Eintragungen auf Grund eines Unschädlichkeitszeugnisses, und eine ähnliche Bestimmung trifft dass. Ges. Art. 26 bei Bergwerken.

In Bayern finden die Vorschriften der §§. 42, 44 keine Anwendung auf die Eintragungen, welche im Falle einer Zwangsenteignung oder Zwangsbelastung, einer Gemeinheitstheilung oder einer Ablösung von Dienstbarkeiten oder anderen Rechten veranlaßt sind (A.G. Art. 19 Satz 1, vgl. das. Satz 2). Aehnlich sächs. V.O. vom 24. Juli 1899 §. 27.

4. An diese Ausnahmebestimmungen schließt sich die Vorschrift des Abs. 2, wonach die Vorlegung eines **Ausschlußurtheils**, sei es mit oder ohne den Antrag auf Ertheilung eines neuen Briefes, der Vorlage des Briefes gleichsteht. Dies ist der Fall, wenn entweder der Hypothekenbrief für kraftlos erklärt ist, weil er abhanden gekommen oder vernichtet ist (B.G.B. §. 1162), oder wenn der Gläubiger unbekannt und nach näherer Vorschrift der §§. 1170, 1171 des B.G.B. (oben S. 86ff.) mit seinem Rechte ausgeschlossen ist; in den letzteren Fällen wird mit der Erlassung des Ausschlußurtheils der Hypothekenbrief ohne besonderen Ausspruch kraftlos (§. 1170 Abs. 2 Satz 2, §. 1171 Abs. 2 Satz 2).

a. Die einfache Vorlegung einer Ausfertigung eines Ausschlußurtheils genügt zur Löschung der Hypothek oder zur Eintragung des Vermerkes, daß die Ertheilung des Hypothekenbriefs nachträglich ausgeschlossen werde (B.G.B. §. 1116). Gleichzeitig mit der Eintragung des letzteren Vermerkes kann auch eine andere Eintragung bei der nun eine Buchhypothek bildenden Post beantragt werden, ohne daß dadurch die Anwendung der Vorschrift des §. 42 Abs. 2 Satz 2 berührt würde.

b. In allen übrigen Fällen genügt die Vorlage des Ausschlußurtheils nicht, sondern es muß die Ertheilung eines neuen Briefes beantragt werden (vgl. unten §§. 67, 68).

5. Die **Herbeischaffung des Hypothekenbriefs** ist, abgesehen von den von Amtswegen eingetragenen Widersprüchen und von dem Ausnahmefalle des §. 42 Abs. 1 Satz 2 (vgl. hierüber §. 62 Abs. 2), Sache des Antragstellers oder der ersuchenden Behörde. Erfolgt die Eintragung

§. 43.

Die Vorschriften des §. 42 finden auf die Grundschuld und die Rentenschuld entsprechende Anwendung. Ist jedoch das Recht für den Inhaber des Briefes eingetragen, so bedarf es der Vorlegung des Briefes nur dann nicht, wenn der Eintragungsantrag durch die Bewilligung eines nach §. 1189 des Bürgerlichen Gesetzbuchs bestellten Vertreters oder durch eine gegen ihn erlassene gerichtliche Entscheidung begründet wird.

---

auf Bewilligung des Hypothekengläubigers, so wird die Beschaffung des Briefes regelmäßig keine Schwierigkeiten machen. Dagegen wird es häufig schwierig sein, zu einer Eintragung wider den Willen des Gläubigers, insbesondere im Wege der Zwangsvollstreckung auf Grund eines rechtskräftigen Urtheils oder auf Grund einer einstweiligen Verfügung, den Brief herbeizuschaffen. Für einige Fälle ist die Verpflichtung zur Vorlage in dem B.G.B. ausdrücklich ausgesprochen; nach §. 896 kann, wenn zur Berichtigung des Grundbuchs die Vorlegung eines Hypotheken=, Grundschuld= oder Rentenschuldbriefs erforderlich ist, derjenige, zu dessen Gunsten die Berichtigung erfolgen soll, von dem Besitzer des Briefes verlangen, daß der Brief dem Grundbuchamte vorgelegt wird, und nach §§. 1144, 1145 kann der Eigenthümer des belasteten Grundstücks gegen Befriedigung des Gläubigers die Aushändigung des Hypothekenbriefs und bei theilweiser Befriedigung die Vorlage des Briefes fordern. Entsprechende Rechte stehen dem den Gläubiger befriedigenden persönlichen Schuldner (oben S. 80 Abs. 3) und in den S. 81 angeführten Fällen den dort genannten Dritten zu. Aber auch in anderen Fällen wird eine Verpflichtung zur Vorlage des Briefes bestehen; vor allem hat der zur Uebertragung einer Briefhypothek oder zur Bestellung eines Nießbrauchs oder Pfandrechts an der Briefhypothek obligatorisch Verpflichtete auch ohne Weiteres die Verpflichtung, das zur Eintragung des Rechtes seines Gläubigers Erforderliche zu thun, also auch den Brief auszuhändigen. Nach § 897 der C.P.O. bedarf es in diesen Fällen sogar keiner besonderen Verurtheilung zur Herausgabe des Briefes; das zur Bestellung, Abtretung oder Belastung einer Hypothek, Grundschuld oder Rentenschuld verurtheilende Erkenntniß berechtigt den Gläubiger, dem Schuldner durch den Gerichtsvollzieher den Brief fortnehmen zu lassen; mit der Wegnahme durch den Gerichtsvollzieher gilt die Uebergabe als erfolgt. Auf eine einstweilige Verfügung, durch welche die Eintragung einer Vormerkung oder eines Widerspruchs angeordnet ist, findet dies keine Anwendung, da sie keine Verurtheilung zur Bestellung, Abtretung oder Belastung enthält; hier empfiehlt es sich zur Vermeidung von Zeitverlust, gleich in dem Gesuch auf Erlassung der einstweiligen Verfügung nicht nur die Anordnung der Eintragung der Vormerkung oder des Widerspruchs, sondern auch die Anordnung der Vorlage des Briefes behufs der Eintragung zu beantragen; jedoch steht auch einer besonderen einstweiligen Verfügung mit dem letzterwähnten Inhalte kein Bedenken entgegen.

Schließlich dient zur Erleichterung der Beschaffung des Briefes durch den Pfändungsgläubiger die oben S. 116 bereits besprochene Vorschrift des §. 836 Abs. 3 der C.P.O.

2. Vorlegung des Grundschuld= und des Rentenschuldbriefs.

§. 43.

E. I §. 31; II §. 41. P. I S. 13563—13569, 13631—13633; II Bd. 3 S. [illegible]59—663. M. S. 65. D. S. 3042, 3043. K.B. S. 3429.

1. Die Vorschriften des §. 42 finden auch auf den Grundschuld= und Rentenschuldbrief entsprechende Anwendung. Die Erl. zu §. 42 gelten daher auch für diese.

2. Abweichendes gilt nach §. 43 Satz 2 und §. 54 Abs. 2 Satz 2 nur für **Grundschuld- und Rentenschuld-Briefe auf den Inhaber** (vgl. oben S. 63).

§. 44.

Bei einer Hypothek für die Forderung aus einer Schuldverschreibung auf den Inhaber, aus einem Wechsel oder einem anderen Papiere, das durch Indossament übertragen werden kann, soll eine Eintragung nur erfolgen, wenn die Urkunde vorgelegt wird; die Eintragung ist auf der Urkunde zu vermerken.

Diese Vorschrift findet keine Anwendung, wenn eine Eintragung auf Grund der Bewilligung eines nach §. 1189 des Bürgerlichen Gesetzbuchs bestellten Vertreters oder auf Grund einer gegen diesen erlassenen gerichtlichen Entscheidung bewirkt werden soll.

---

a. Auf diese soll nach der durch die Reichstagskommission beschlossenen Fassung der beiden Bestimmungen mit Rücksicht auf die Natur und den Zweck dieser Briefe die Ausnahmebestimmung des §. 42 Abs. 1 Satz 2 und des §. 54 Abs. 2 Satz 1 (S. 275 Erl. 3a) keine Anwendung finden, die Vorlage des Briefes also auch bei der Eintragung von Widersprüchen erforderlich sein.

b. Dagegen läßt §. 43 Satz 2 eine neue Ausnahme zu. Wie oben S. 245 unter 9 bereits erwähnt ist, kann, wie bei Sicherungshypotheken für Forderungen aus Inhaber- und Orderpapieren, so auch bei Grundschulden und Rentenschulden für den Inhaber des Briefes ein Vertreter für den jeweiligen Gläubiger mit der Befugniß bestellt werden, mit Wirkung für und gegen jeden späteren Gläubiger bestimmte Verfügungen über die Grundschuld oder Rentenschuld zu treffen. Innerhalb der bei seiner Bestellung bestimmten Grenzen kann also dieser Vertreter Eintragungen in das Grundbuch bewilligen, die auch für die späteren Gläubiger verbindlich sind. Da nun aber der Brief regelmäßig nicht in seinen Händen, sondern in denen des Gläubigers sein wird, erklärt §. 43 Satz 2 dessen Vorlage nicht für erforderlich bei Eintragungen auf Grund seiner Bewilligungen oder auf Grund der gegen ihn erlassenen gerichtlichen Entscheidungen. In letzterer Hinsicht ist auf die Vorschrift des §. 1189 Abs. 2 des B.G.B. hinzuweisen, wonach der Vertreter dem Eigenthümer des belasteten Grundstücks gegenüber zur Vornahme einer Verfügung, die dieser von dem Gläubiger verlangen kann, z. B. auf Löschung der Grundschuld unter bestimmten vereinbarten Voraussetzungen, verpflichtet ist.

Wenn dem Vertreter nicht die ausschließliche Verfügungsbefugniß eingeräumt ist, können Eintragungen auch auf Bewilligung des Grundschuldgläubigers oder auf Grund gerichtlicher Entscheidungen, welche gegen ihn erlassen sind, erfolgen; zu diesen bedarf es aber stets der Vorlage des Briefes.

3. Vorlegung von Inhaber- und Orderpapieren.

§. 44.

E. II §. 42. P. II Bd. 3 S. 667, 668, 672, 673. D. S. 3043.

1. Die **Vorschrift des §. 44 Abs. 1 erklärt sich** in gleicher Weise wie die im §. 42 Abs. 1 Satz 1 ausgesprochene Regel (vgl. S. 274 Erl. 1 zu §. 42). Wenn nämlich auch die Hypotheken für Forderungen aus Schuldverschreibungen auf den Inhaber, aus Wechseln oder anderen indossabelen Papieren (H.G.B. §§. 363 ff.) Sicherungshypotheken und daher Buchhypotheken sind, so gilt für diese doch eine Ausnahme von dem Satze, daß zur Abtretung der Buchhypotheken die Eintragung in das Grundbuch erforderlich ist (§. 1187 Satz 3); bei ihnen geht mit der Uebertragung des Rechtes aus dem Inhaber- oder Orderpapiere das Hypothekenrecht auf den neuen Gläubiger ohne Eintragung über (vgl. oben S. 78). Demnach ist nur der augenblickliche Besitzer der Schuldverschreibung auf den Inhaber oder der durch die zusammenhängende Reihe der Indossamente legitimirte Inhaber des Orderpapiers zu Verfügungen befugt, und zur

§. 45.

Jede Eintragung soll den Tag, an welchem sie erfolgt ist, angeben und mit der Unterschrift des Grundbuchbeamten versehen werden.

Legitimation bedarf es der Vorlage des Papiers genau so wie bei Briefhypotheken der Vorlage des Briefes.

Ebenso verlangt hier wie dort die Sicherheit des Verkehrs (vgl. S. 274 Erl. 1 Abs. 2), daß alle Eintragungsvermerke aus dem Inhaber- oder Orderpapiere erhellen. Daher erklärt sich der Schlußsatz des Abs. 1.

2. Die Vorschrift des Abs. 1 gilt grundsätzlich für **alle Eintragungen** (vgl. S. 274 Erl. 3 Abs. 1), auch für Widersprüche; die Ausnahme, welche §. 42 Abs. 2 Satz 2 für diese macht, fällt hier aus demselben Grunde wie nach §. 43 für Grundschuld- und Rentenschuldbriefe auf den Inhaber fort (vgl. S. 278 Erl. 2a).

a. Dagegen macht Abs. 2 eine der Vorschrift des §. 43 Satz 2 entsprechende Ausnahme, hinsichtlich deren auf das S. 278 Erl. 2b Gesagte zu verweisen ist; was dort von der Grundschuld für den Inhaber des Briefes gesagt ist, kommt auch auf die obigen Sicherungshypotheken zur Anwendung mit der Maßgabe, daß an die Stelle des Grundschuldbriefs das Inhaber- oder Orderpapier tritt.

Nach §. 17 Abs. 2 des Reichsgesetzes vom 4. Dezember 1899, betr. die gemeinsamen Rechte der Besitzer von Schuldverschreibungen (R.G.Bl. S. 691) steht im Sinne des §. 44 Abs. 2 einem nach § 1189 des B.G.B. bestellten Vertreter ein Vertreter gleich, „der für die Besitzer von Schuldverschreibungen vor dem Inkrafttreten des B.G.B. in Gemäßheit des bisherigen Rechtes bestellt worden ist oder nach dem Inkrafttreten des B.G.B. bis zu dem Zeitpunkt, in welchem das Grundbuch als angelegt anzusehen ist, in Gemäßheit des Landesrechts durch Eintragung in das Hypothekenbuch oder ein ähnliches Buch bestellt wird." „Dasselbe gilt in Ansehung eines durch die Gläubigerversammlung bestellten Vertreters." Vgl. oben S. 245 unter ϑ.

b. Eine weitere Ausnahme von der Regel des Abs. 1 wird in der Denkschrift erwähnt: „Daß die Vorlegung der Schuldurkunde auch dann nicht erforderlich ist, wenn ihre Vernichtung bewiesen oder wenn sie für kraftlos erklärt ist, bedarf keiner besonderen Hervorhebung."

VIII. Die Eintragungen.

1. Datum und Unterschrift.

§. 45.

E. I §. 52; II §. 43. P. I S. 13635. M. S. 91. D. S. 3043. K.B. S. 3429.

1. Die §§. 45—53 enthalten einzelne Vorschriften über die Eintragungen selbst, insbesondere über deren Inhalt. Vgl. hierzu zunächst oben S. 187 ff. Vorbm. V.

2. §. 45 schreibt einmal die **Angabe des Tages der Eintragung** vor (ebenso preuß. G.B.O. §. 44).

a. Dieser ist vor allem von Bedeutung für das Rangverhältniß der in verschiedenen Abtheilungen des Grundbuchblatts eingetragenen Rechte untereinander; das unter Angabe eines früheren Tages eingetragene Recht hat den Vorrang, die unter Angabe desselben Tages eingetragenen haben gleichen Rang, sofern nichts Anderes vermerkt ist (B.G.B. §. 879 Abs. 1 Satz 2, Abs. 3; vgl. unten S. 281).

b. Anzugeben ist der Tag, an welchem die Eintragung erfolgt ist. Dadurch wird eine Streitfrage des bisherigen preußischen Rechtes (vgl. Achilles-Strecker S. 349) erledigt. Nicht der Tag der Eintragungsverfügung, die in der G.B.O. überhaupt nicht vorgesehen worden

§. 46.

Sind in einer Abtheilung des Grundbuchs mehrere Eintragungen zu bewirken, so erhalten sie die Reihenfolge, welche der Zeitfolge der Anträge entspricht; sind die Anträge gleichzeitig gestellt, so ist im Grundbuche zu vermerken, daß die Eintragungen gleichen Rang haben.

---

ist (vgl. oben S. 187 Abs. 2), ist maßgeblich, auch nicht der Tag der Unterzeichnung durch die Grundbuchbeamten, insbesondere durch den zuletzt unterschreibenden, wenn zwei Grundbuchbeamte zu unterschreiben haben, denn diese Unterschrift ist nicht wesentlich; entscheidend ist vielmehr der Tag der Einschreibung des Eintragungsvermerkes in das Grundbuch (vgl. K.B. a. a. O.; sächs. V.O. vom 26. Juli 1899 §§. 119, 120, 122; das Recht 1900 S. 273).

c. Ein Verstoß gegen diese Vorschrift macht die Eintragung nicht nichtig, wie aus der Fassung des §. 45 erhellt. Er hat aber doch materielle Wirkung. Wenn nämlich ein Recht ohne Angabe des Tages eingetragen ist, steht es den in der anderen Abtheilung des Grundbuchblatts eingetragenen datirten Rechten nach mit Ausnahme derjenigen, welche ein späteres Datum tragen, als die jenem räumlich folgenden Eintragungen derselben Abtheilung. Vgl. Planck Bd. 3 S. 85 Erl. 2.

3. Ferner ist im §. 45 die **Unterschrift des Grundbuchbeamten** vorgeschrieben.

a. Diese Vorschrift bezweckt eine Kontrole der Echtheit der Eintragungsvermerke und damit eine Garantie für die Zuverlässigkeit der Buchführung. Auch sie steht im Einklange mit dem bisherigen Rechte, insbesondere dem preußischen Rechte (preuß. G.B.O. §. 44).

b. Welcher Beamte die Eintragung zu unterschreiben hat, ist reichsrechtlich nicht gesagt, da die Organisation der Grundbuchämter der landesrechtlichen Regelung unterliegt (vgl. oben S. 142). Durch die Landesrechte kann sowohl die Unterschrift eines wie auch mehrerer Beamten vorgeschrieben werden. Vgl. für Preußen A.G. z. G.B.O. Art. 6, wonach in Uebereinstimmung mit dem bisherigen Rechte die von dem Richter wörtlich zu verfügende, von dem Gerichtsschreiber auszuführende Eintragung von beiden unterschrieben werden soll.

c. Im Gegensatze zu dem bisherigen preußischen Rechte, für welches die Nichtigkeit der nicht unterschriebenen Eintragung vielfach behauptet wurde (vgl. Achilles-Strecker S. 350ff.), läßt die Fassung des §. 45 keinen Zweifel darüber, daß ein Verstoß gegen diese Vorschrift keine Nichtigkeit zur Folge hat.

4. Die beiden Bestimmungen des §. 45 gelten für **jede Eintragung** in dem oben S. 179 Vorbm. II angeführten Sinne. Daraus folgt nicht, daß, wenn für eine Eintragung mehrere Spalten derselben Grundbuchabtheilung bestimmt sind, jede Spalte zu unterschreiben ist. Vielmehr sind auch ohne ausdrückliche Vorschrift, wie sie die preuß. Allg. Verf. im §. 15 enthält, die sämmtlichen Vermerke nur als eine Eintragung im Sinne des §. 45 anzusehen.

2. Reihenfolge mehrerer Eintragungen und Rangvermerk.

§. 46.

E. I §. 49 Abs. 3; II §. 44. P. I S. 13466—13469; II Bd. 3 S. 91. M. S. 88. D. S. 3043.

1. Den Vorschriften des §. 46 liegt derselbe Gedanke wie der Bestimmung des §. 17 zu Grunde; beide wollen eine ungerechtfertigte Bevorzugung des späteren Antrags vor dem früheren verhüten. Dies wird durch die Bestimmung des §. 17, daß die Anträge nach der Zeitfolge zu erledigen sind, allein nicht erreicht, vielfach muß auch dafür gesorgt werden, daß sich für die nacheinander beantragten Eintragungen mehrerer ein Grundstück belastender Rechte

Werden mehrere Eintragungen, die nicht gleichzeitig beantragt sind, in verschiedenen Abtheilungen unter Angabe desselben Tages bewirkt, so ist im Grundbuche zu vermerken, daß die später beantragte Eintragung der früher beantragten im Range nachsteht.

Diese Vorschriften finden insoweit keine Anwendung, als ein Rangverhältniß nicht besteht oder das Rangverhältniß von den Antragstellern abweichend bestimmt ist.

---

das der Zeitfolge der Anträge entsprechende Rangverhältniß, für die gleichzeitig beantragten dagegen gleicher Rang aus dem Grundbuch ergiebt, sofern die Betheiligten nichts Abweichendes bestimmt haben. Diesem Zwecke dient der §. 46, dessen Bestimmungen sich an die Vorschriften des B.G.B. §. 879 über das Rangverhältniß anlehnen.

2. In Uebereinstimmung mit der materiellrechtlichen Vorschrift des §. 879 wird unterschieden, ob die mehreren Eintragungen in derselben oder in verschiedenen Abtheilungen des Grundbuchblatts einzutragen sind.

a. **Das Rangverhältniß der in derselben Abtheilung eingetragenen Rechte** bestimmt sich nach der Reihenfolge der Eintragungen, sofern nichts Anderes im Grundbuche vermerkt ist (§. 879 Abs. 1 Satz 1). Nach einander beantragte Eintragungen erhalten daher den ihnen gebührenden Rang, wenn sie in der der Zeitfolge der Anträge entsprechenden Reihenfolge eingetragen werden, ohne daß es eines besonderen Rangvermerkes bedarf. Dagegen bedarf es eines solchen bei Rechten, deren Eintragung gleichzeitig beantragt ist, um den Vorrang des räumlich vorstehenden Rechtes auszuschließen und beiden gleichen Rang zu geben. Dem entspricht die Vorschrift des §. 46 Abs. 1.

b. Ueber **das Rangverhältniß der in verschiedenen Grundbuchabtheilungen eingetragenen Rechte** entscheidet das miteingetragene Datum der Eintragung; das unter Angabe eines früheren Tages eingetragene Recht hat den Vorrang, die unter Angabe desselben Tages eingetragenen haben gleichen Rang (§. 879 Abs. 1 Satz 2, vgl. oben S. 279). Demnach bedarf es keines Vermerkes, wenn die nach einander beantragten Eintragungen mit verschiedenen, der Zeitfolge ihrer Anträge entsprechenden Daten eingetragen werden, noch auch wenn mehrere gleichzeitig beantragte unter Angabe desselben Tages bewirkt werden, wohl aber, wenn letzteres bei mehreren nach einander beantragten Eintragungen geschieht. So §. 46 Abs. 2. Auf den Fall, daß bei nicht gleichzeitigen Anträgen das Recht, dessen Eintragung später beantragt ist, mit einem früheren Datum eingetragen wird, ist im §. 46 nicht Rücksicht genommen; dies verbietet, soweit erforderlich, schon §. 17.

3. Maßgeblich ist nach §. 46 **die Zeitfolge der Anträge**, d. h. die Zeitfolge des Eingangs des Antrags bei dem Grundbuchamte. Vgl. hierüber §. 13 Abs. 1 Satz 2 und Erl. 4 S. 194f. Daß durch eine sog. temporisirende Zwischenverfügung die Priorität nicht verloren geht, ist oben S. 208 Erl. 1 bereits bemerkt.

4. Die Vorschriften des §. 46 Abs. 1, 2 beziehen sich auf **alle Eintragungen** in dem oben S. 179 Vorbm. II besprochenen Sinne, insbesondere auch auf Verfügungsbeschränkungen und Vormerkungen, während §. 879 des B.G.B. nur von Rechten, mit denen ein Grundstück belastet ist, spricht. Vgl. insbesondere über die Vormerkungen B.G.B. §. 883 Abs. 3, oben S. 134.

5. Im Abs. 3 des §. 46 wird von der in den Abs. 1, 2 aufgestellten Regel zunächst eine **Ausnahme** für den Fall bestimmt, daß **zwischen den verschiedenen Eintragungen überhaupt kein Rangverhältniß besteht.** Dahin gehört z. B. die Eintragung des Eigenthums und einer Belastung, die Eintragung eines Nießbrauchs an dem Grundstück und eines Nießbrauchs an einer Reallast. In diesem Falle braucht weder eine Reihenfolge der Eintragungen beobachtet noch ein Rangvermerk gemacht zu werden.

6. Wichtiger ist die weitere **Ausnahme** des Abs. 3, wonach die Regel des Abs. 1, 2 insoweit keine Anwendung findet, als **das Rangverhältniß von den Antragstellern abweichend bestimmt ist.**

a. Werden mehrere Eintragungen beantragt, bevor eine von ihnen erledigt ist, so können die Betheiligten in den Eintragungsbewilligungen oder in den Anträgen Bestimmungen über das Rangverhältniß treffen. Enthalten diese Bewilligungen eine übereinstimmende Festsetzung des Rangverhältnisses, so ist diese maßgeblich; dasselbe gilt, wenn nur in einer von ihnen das Rangverhältniß vorgeschrieben ist und der Inhalt der anderen hiermit nicht in Widerspruch steht, während bei einem Widerspruche den Eintragungsanträgen keine Folge gegeben werden kann. Von der in den Eintragungsbewilligungen getroffenen Festsetzung können abweichende Bestimmungen von dem Antragsteller in dem Antrage nicht getroffen werden, da der Antrag sich, wie oben S. 197 Erl. 6 ausgeführt ist, inhaltlich mit der Bewilligung decken muß.

Anders ist es dagegen, wenn die Bewilligungen über das Rangverhältniß nichts ergeben. Dann steht es demjenigen, der alle Eintragungen beantragt, frei, in seinem formlosen Antrage (§. 30) das Rangverhältniß zu bestimmen; wie er befugt ist, die Bewilligungen nach einander einzureichen und dadurch stillschweigend den Rang zu beeinflussen, so muß er dies auch durch ausdrückliche Erklärung in seinem Antrage thun können. Werden die Anträge von verschiedenen Personen gestellt, so ist eine Abweichung von der Regel des §. 46 Abs. 1, 2 zulässig, wenn alle Antragsteller übereinstimmende Erklärungen über das Rangverhältniß abgeben oder wenn der oder die Erklärenden den Anträgen der anderen den Vorrang zugestehen. Liegen diese Voraussetzungen nicht vor, so darf — ebenso wie in dem Falle, daß die Eintragungsbewilligungen widersprechende Bestimmungen über das Rangverhältniß enthalten — nicht etwa die den gesetzlichen Bestimmungen (§. 46 Abs. 1, 2) entsprechende Eintragung erfolgen, sondern es sind die Anträge nach §. 18 zu beanstanden, da möglicher Weise die Eintragung ohne den beantragten Rang für den Antragsteller werthlos ist (vgl. Rechtspr. 2 S. 154).

b. Eine abweichende Bestimmung des Rangverhältnisses liegt auch in dem **Rangvorbehalte.** „Der Eigenthümer kann sich bei der Belastung des Grundstücks mit einem Rechte die Befugniß vorbehalten, ein anderes, dem Umfange nach bestimmtes Recht mit dem Range vor jenem Rechte eintragen zu lassen" (B.G.B. §. 881 Abs. 1). Von dieser Befugniß muß der Eigenthümer bei der Belastung des Grundstücks mit dem zurücktretenden Rechte Gebrauch machen; bewilligt er von vornherein dessen Eintragung nur mit dem Vorbehalte, so bedarf es nicht der Zustimmung des Berechtigten zu der Eintragung des Rangvorbehalts. Aber auch wenn er die Eintragung zunächst ohne Vorbehalt bewilligt, diese Bewilligung aber vor der Stellung des Eintragungsantrags oder vor der Vollziehung der von ihm allein beantragten Eintragung durch eine neue den Vorbehalt betreffende Bewilligung eingeschränkt hat, kann die Eintragung des Rangvorbehalts ohne die Zustimmung des Berechtigten erfolgen. Dagegen ist diese erforderlich, wenn der Berechtigte und der Eigenthümer zusammen oder jener allein die Eintragung des Rechtes ohne den Vorbehalt auf Grund gehöriger Bewilligung des letzteren beantragt haben oder wenn diese bereits erfolgt ist, es sei denn, daß der Eigenthümer nachweist (G.B.O. §. 22), daß nach der zwischen ihm und dem Berechtigten getroffenen Einigung das Recht nur mit dem Vorbehalte von diesem erworben werden soll, eine vorbehaltlose Eintragung also das Grundbuch unrichtig machen würde. Vgl. oben S. 248 und Planck Bd. 3 S. 91 Erl. 2b.

Zulässig ist der Rangvorbehalt bei allen Rechten und zu Gunsten aller Rechte, sowohl das mit dem Vorbehalt eingetragene wie auch das durch diesen begünstigte Recht braucht keine Hypothek oder Grundschuld zu sein.

In der Bewilligung muß das Recht, dem der Vorrang zukommen soll, genau, insbesondere auch dem Umfange nach bestimmt sein; nur die Angabe des Berechtigten ist nicht erforderlich (Planck a. a. O. Erl. 2a).

„Der Vorbehalt bedarf der Eintragung in das Grundbuch“ (§. 881 Abs. 2). Durch die Bezugnahme auf die Eintragungsbewilligung wird er also nicht ersetzt. Ueber den Ort der Eintragung vgl. Erl. 8.

Der eingetragene Vorbehalt schafft eine subjektiv-dingliche Befugniß des Eigenthümers des Grundstücks; „wird das Grundstück veräußert, so geht die vorbehaltene Befugniß auf den Erwerber über“ (§. 881 Abs. 3). Ob die Veräußerung eine freiwillige ist oder nicht, macht keinen Unterschied; auch der Ersteher im Falle einer Zwangsversteigerung erwirbt die Befugniß, sofern das mit dem Vorbehalt eingetragene Recht, durch den Zuschlag nicht erlischt (Planck a. a. O. Erl. 3, Fuchs S. 102 Anm. 8).

Wenn der Eigenthümer von der vorbehaltenen Befugniß Gebrauch macht, so erfolgt die Eintragung des Rechtes unter Vermerk des Ranges vor dem mit dem Vorbehalt eingetragenen Rechte. Hierzu bedarf es nicht der Zustimmung des Inhabers des letzteren Rechtes; gerade hierdurch unterscheidet sich der Rangvorbehalt von der Rangänderung (Erl. 7). Die Eintragung dieses Rangvermerkes erfolgt lediglich auf Grund der Bewilligung des Eigenthümers, daß das neueinzutragende Recht mit dem vorbehaltenen Range eingetragen werden soll, und zwar ohne Rücksicht darauf, ob dieses Recht einen größeren oder einen geringeren Umfang hat, als in dem Vorbehalt angegeben, sowie ob der Vorbehalt durch die vorbehaltlos eingetragenen Zwischenposten nach §. 881 Abs. 4 des B.G.B. wirkungslos ist oder nicht (vgl. Planck a. a. O. Erl. 4, Fuchs S. 102 Anm. 3, S. 104 unter c).

7. „Das Rangverhältniß kann nachträglich geändert werden“ (B.G.B. §. 880 Abs. 1). Von den materiell-rechtlichen Erfordernissen dieser sog. **Rangänderung** ist oben S. 28ff., 92 und S. 143 bereits die Rede gewesen. Während bei dem Rangvorbehalte das Rangverhältniß einseitig durch den Eigenthümer geregelt wird, bedarf es zu der Rangänderung der „Einigung des zurücktretenden und des vortretenden Berechtigten“, der Zustimmung des Dritten, dem ein Recht an dem zurücktretenden Rechte zusteht, und falls dieses eine Hypothek, eine Grundschuld oder eine Rentenschuld ist, der Zustimmung des Eigenthümers und in allen Fällen der Eintragung der Aenderung in das Grundbuch.

a. Die formelle Voraussetzung dieser Eintragung ist nach dem formellen Konsensprinzip (oben S. 180 und S. 209) nicht der Nachweis der Einigung, sondern nur die Bewilligung des zurücktretenden Berechtigten, des etwaigen an dessen Rechte berechtigten Dritten und bei dem Zurücktreten einer Hypothek, einer Grundschuld oder einer Rentenschuld die Bewilligung des Eigenthümers. Letztere ist ausnahmsweise bei einer Aenderung des Ranges unter den mehreren Theilposten einer getheilten Hypothek, Grundschuld oder Rentenschuld nicht erforderlich (vgl. oben S. 92). Daß daneben auch die Vorschriften der §§. 40—44 der G.B.O. beobachtet werden müssen, ist bei diesen bereits gesagt. Dagegen bedarf es nicht des Nachweises der Einwilligung des vortretenden Berechtigten und der Inhaber der Zwischenposten, denn „Rechte, die den Rang zwischen dem zurücktretenden und dem vortretenden Rechte haben, werden durch die Rangänderung nicht berührt“ (B.G.B. §. 880 Abs. 5).

Wenn ein Recht mit einem anderen als dem ihm nach der Einigung zwischen den Betheiligten zukommenden Range eingetragen ist, so ist das Grundbuch unrichtig, weil Einigung und Eintragung nicht übereinstimmen; alsdann kann das Rangverhältniß nach §. 22 der G.B.O. ohne Bewilligung der Passivbetheiligten berichtigt werden, wenn die Unrichtigkeit nachgewiesen wird (vgl. Planck Bd. 3 S. 85 Erl. 4a).

Außerdem ist die Eintragung einer Rangänderung ohne Bewilligung des zurücktretenden Berechtigten auf Grund eines Ersuchens einer zuständigen Behörde zulässig, z. B. auf Grund des Ersuchens des Vollstreckungsgerichts gemäß des Zw.V.G. §§. 128, 130 (oben S. 263). Vgl. ferner über die Eintragung des Vorzugsrechts einer Landeskulturrente (E.G. z. B.G.B. Art. 118) in Preußen A.G. z. B.G.B. Art. 21 III: „Die Eintragung des Vorzugsrechts der

Rente im Grundbuch erfolgt auf Grund einer Bescheinigung der Auseinandersetzungsbehörde, daß die zweckmäßige Ausführung der Drainirungsanlage geschehen ist."

Der Eintragung einer Rangänderung zweier Hypotheken untereinander, denen beiden früher das Vorrecht vor einer voreingetragenen Post eingeräumt war, steht nichts entgegen (Entsch. 1 S. 128 = K.G. N.F. 1 A S. 181 = Rechtspr. 1 S. 305).

Daß die Einräumung des Vorrechts auf einen Theil des belasteten Grundbesitzes beschränkt werden kann, ist oben S. 162 Erl. 5 bereits erwähnt.

b. Aus den Bestimmungen über die Wirkung der Rangänderung ist, außer der erwähnten Vorschrift des §. 880 Abs. 5 über die Zwischenrechte, die des §. 880 Abs. 4 hervorzuheben: „Der dem vortretenden Rechte eingeräumte Rang geht nicht dadurch verloren, daß das zurücktretende Recht durch Rechtsgeschäft aufgehoben wird." Das Grundbuchamt hat also auch nach der Löschung dieses Rechtes die Rangänderung zu berücksichtigen. Im Uebrigen ist wegen der Wirkungen Planck Bd. 3 S. 89f. zu vergleichen.

c. Daß der Anspruch auf Aenderung des Ranges eines Rechtes durch eine Vormerkung gesichert werden kann, ist oben S. 26 bereits erwähnt. Vgl. auch S. 72 Abs. 2 über die Zulässigkeit einer Vormerkung zur Sicherung des Anspruchs auf Einräumung des Vorrangs vor einer Hypothek oder einer Grundschuld für den Fall, daß diese auf den Eigenthümer übergehen sollte.

8. Ueber die **Form des Rangvermerkes** und die **Stelle seiner Eintragung** in das Grundbuch enthält das Reichsrecht keine Vorschriften. Nur für den Rangvorbehalt bestimmt das B.G.B. §. 881 Abs. 2: „Die Eintragung muß bei dem Rechte erfolgen, das zurücktreten soll." Außerdem ist auch bei dem Rechte, dem der Eigenthümer den vorbehaltenen Vorrang beilegt, dieser zu vermerken; dies ist ein wesentliches Erforderniß, und zwar schon aus dem Grunde, weil sonst aus dem Grundbuche nicht erhellen würde, daß der Eigenthümer von der vorbehaltenen Befugniß gerade zu Gunsten dieses Rechtes Gebrauch gemacht hat. Hierüber scheint, wenn auch nicht hinsichtlich der Begründung, so doch in dem Ergebniß, Einverständniß zu herrschen (Planck Bd. 3 S. 92 Erl. 4, Turnau-Förster Bd. 1 S. 144 Anm. 2, Oberneck S. 202, Fuchs S. 102 Anm. 6 u. a.).

Dagegen herrscht für die Rangänderung Streit darüber, ob sie sowohl bei dem zurücktretenden wie auch bei dem vortretenden Rechte erfolgen müsse; und der gleiche Zweifel ist auch bei den im §. 46 Abs. 1, 2 erwähnten Rangvermerken denkbar. Nach Planck Bd. 3 S. 89 soll eine einmalige Eintragung der Rangänderung materiellrechtlich genügen; dagegen halten andere (namentlich Fuchs S. 93) die Eintragung bei beiden Rechten für wesentlich, weil die Rangänderung eine dingliche Aenderung der betheiligten Rechte sei und unter Umständen auch bei einer Löschung der zurücktretenden Post bestehen bleibe. Die materiellrechtliche Bedeutung dieser Streitfrage muß hier dahingestellt bleiben. Für das formelle Grundbuchrecht ist schon wegen der Zweifel, ob nicht die doppelte Eintragung wesentlich ist, diese vorzuziehen, außerdem würde sonst auch nach der Löschung der zurücktretenden Post der veränderte Rang nicht mehr aus dem Grundbuch ersichtlich sein, obwohl die Rangänderung noch fortwirkt (vgl. Erl. 7b). Daß man bei dieser Löschung den Rangvermerk stehen läßt, ihn nicht mit roth unterstreicht (preuß. Allg. Verf. §. 13 Abs. 3), genügt schon deshalb nicht, weil der Vermerk in diesem Falle leicht zu übersehen ist. Für Preußen ist die doppelte Eintragung durch das der Allg. Verf. beigefügte Muster-Formular empfohlen; vgl. die Eintragungen in Abth. III Nr. 5 Spalte 7 und Nr. 7 Spalte 4 und für den Rangvorbehalt ebd. Abth. II Nr. 2 Spalte 3 und Abth. III Nr. 4 Spalte 4.

Der Inhalt des Rangvermerkes muß den vollen Umfang der Abweichung des Rangverhältnisses von den gesetzlichen Regeln des §. 879 Abs. 1 (oben Erl. 2) erkennen lassen. Eine Bezugnahme auf die Eintragungsbewilligung genügt nicht (vgl. oben S. 188). Für

§. 47.

Die Löschung eines Rechtes oder einer Verfügungsbeschränkung erfolgt durch Eintragung eines Löschungsvermerkes.

Wird bei der Uebertragung eines Grundstücks oder eines Grundstückstheils auf ein anderes Blatt ein eingetragenes Recht nicht mitübertragen, so gilt es in Ansehung des Grundstücks oder des Theiles als gelöscht.

Preußen sind die angeführten Stellen des Musterformulars und für Sachsen die V.O. vom 26. Juli 1899 §§. 80—84 zu vergleichen.

9. Von den **Wirkungen eines Verstoßes** gegen die Vorschriften des §. 46 Abs. 1, 2 gilt das oben S. 194 Erl. 3d und S. 207 Erl. 5 Gesagte. Während durch einen solchen Verstoß das Grundbuch nicht unrichtig wird, hat eine mit der Einigung der Betheiligten nicht übereinstimmende Eintragung des Rangverhältnisses die Unrichtigkeit zur Folge und unterliegt, wie erwähnt (Erl. 6b und 7a), dem Berichtigungsverfahren.

3. Form der Löschung.

§. 47.

E. I §. 34; II §. 45. P. I S. 13506—13510. M. S. 69. D. S. 3043, 3044.

1. §. 47 giebt Vorschriften über die Form der **Löschung** d. h. des Eintragungsvermerkes, daß ein eingetragenes Recht oder eine eingetragene Verfügungsbeschränkung aufgehoben oder erloschen, eine Vormerkung oder ein Widerspruch beseitigt sei.

Mit Recht hebt die Denkschrift hervor, daß diese Vorschrift mit dem Grundsatze der G.B.O., die nähere Einrichtung des Grundbuchs, mithin auch die äußere Form der Eintragungen den Anordnungen der Landesjustizverwaltung zu überlassen (vgl. oben S. 147), im Widerspruche steht. Diese Abweichung ist aus Zweckmäßigkeitsgründen beschlossen worden.

2. Die Vorschriften finden auf **alle Fälle der Löschung** Anwendung, einerlei ob dadurch das Recht erst aufgehoben wird oder die Löschung nur zur Berichtigung des Grundbuchs dient. Auch in den Fällen, in denen das Gesetz ausnahmsweise eine Löschung von Amtswegen zuläßt (§§. 18, 49, 54, 76), gilt nichts Anderes. Daraus, daß Abs. 1 von Rechten und Verfügungsbeschränkungen, Abs. 2 nur von Rechten spricht, ist keine Einschränkung der Anwendung der Bestimmung des Abs. 2 herzuleiten. Trotzdem sind beide Vorschriften auf die Löschung aller Eintragungsarten, eines Rechtes, einer Verfügungsbeschränkung, einer Vormerkung oder eines Widerspruchs anzuwenden (vgl. auch Erl. 4.)

3. Nach Abs. 1 genügt das bloße Durchstreichen oder Unterstreichen des Eintragungsvermerkes nicht zur Löschung. Dagegen bleibt es der Landesjustizverwaltung unbenommen, neben dem **Löschungsvermerke** noch das Unterstreichen oder **Durchstreichen** oder eine sonstige weitere Klarstellung der Löschung vorzuschreiben (D.). Vgl. preuß. Allg. Verf. §. 13 Abs. 3.

4. Abs. 2 fügt der Eintragung eines Löschungsvermerkes eine zweite Form der Löschung hinzu, welche auch dem früheren Rechte nicht unbekannt war (preuß. G.B.O. §§. 65 ff.), nämlich das **Unterlassen der Mitübertragung des zu löschenden Rechtes.** Diese Vorschrift entspricht der Bestimmung des §. 3, daß alle dasselbe Grundstück betreffenden Angaben an einer Stelle zu finden sein müssen (vgl. oben S. 153): ein Recht oder eine sonstige Eintragung, die auf dem neuen Blatte des Grundstücks nicht zu finden ist, kommt also hinsichtlich dieses Grundstücks nicht mehr in Betracht und steht einem gelöschten gleich. „Diese Wirkung tritt auch dann ein, wenn die Mitübertragung des Rechtes aus Versehen unterblieben sein sollte“ (D.).

§. 48.

Soll ein Recht für Mehrere gemeinschaftlich eingetragen werden, so soll die Eintragung in der Weise erfolgen, daß entweder die Antheile der Berechtigten in Bruchtheilen angegeben werden oder das für die Gemeinschaft maßgebende Rechtsverhältniß bezeichnet wird.

---

4. Eintragung gemeinschaftlicher Rechte.

§. 48.

E. I §. 27; II §. 46. P. I S. 13472, 13473, 13626; II Bd. 3 S. 50, 51. M. S. 62. D. S. 3044.

1. Die Vorschrift des §. 48 enthält eine Neuerung gegenüber dem bisherigen Rechte (vgl. für das preußische Recht Achilles-Strecker 4. Aufl. S. 152). Sie dient dem Spezialitätsprinzip, indem sie dafür sorgt, daß bei Rechten, welche Mehreren gemeinschaftlich zustehen, stets der Umfang der Berechtigung jedes Theilhabers und die Verfügungsbefugniß der Berechtigten aus dem Grundbuch erhellt. Die Bestimmung entspricht einem starken praktischen Bedürfnisse. Schon für den Fall, daß einer der Berechtigten über das gemeinschaftliche Recht oder einen Bruchtheil desselben verfügen will, ist es für die Betheiligten wie für das Grundbuchamt wichtig, sofort aus dem Grundbuch ersehen zu können, ob er zu der Verfügung befugt ist. Von weit größerer Bedeutung ist dies für die Gläubiger der einzelnen Mitberechtigten, sowohl wenn sie eine Eintragung in das Grundbuch im Wege der Zwangsvollstreckung herbeiführen, als auch wenn sie den Antheil ihres Schuldners an einem gemeinschaftlichen Grundstücke zur Zwangsversteigerung bringen wollen. Ohne eine dem §. 48 entsprechende Eintragung in das Grundbuch würde der Bruchtheil des Einzelnen an dem gemeinsamen Rechte häufig dem Zugriffe seiner Gläubiger entzogen oder nur auf Umwegen zugänglich sein.

2. Für die Anwendung des §. 48 ist die **Regelung, welche die Gemeinschaftsverhältnisse in dem B.G.B. gefunden haben,** von Bedeutung. Hiervon ist oben S. 36f. unter Ziff. II bereits die Rede gewesen; was dort von dem Eigenthumsrecht an einem Grundstücke gesagt ist, gilt entsprechend auch von allen anderen Rechten.

Von den dort erwähnten Gemeinschaften zur gesammten Hand kommen für die Vorschrift des §. 48 die offene Handelsgesellschaft und die Kommanditgesellschaft nicht in Betracht, weil die ihnen zustehenden Rechte nicht auf die Namen der Gesellschafter, sondern auf den Namen der Firma einzutragen sind (H.G.B. §. 124, §. 161 Abs. 2; preuß. Allg. Verf. §. 4 Abs. 1 Ziff. 2; vgl. oben S. 189). Es bleiben daher nur die Gesellschaft des B.G.B., die Gütergemeinschaften und die Gemeinschaft der Miterben als Gemeinschaften zur gesammten Hand; in allen übrigen Fällen liegt ein Gemeinschaftsverhältniß der mehreren Berechtigten nach Bruchtheilen vor. Unter den Begriff der Gesellschaft fällt aber auch ein nicht rechtsfähiger Verein (B.G.B. §. 54); für ihn gelten nur die Besonderheiten, daß er passiv parteifähig ist und daß zur Zwangsvollstreckung in die ihm gehörigen Vermögensgegenstände ein gegen den Verein ergangenes Urtheil genügt (C.P.O. §. 50 Abs. 2, §. 735; oben S. 242f). Ueber die Voraussetzungen der Zwangsvollstreckung gegen die übrigen Gemeinschaften zur gesammten Hand vgl. S. 107f. Vgl. ferner über die Gesellschaften oben S. 242f., über die Handelsgesellschaften S. 249f., über die ehelichen Gütergemeinschaften S. 251ff., über die fortgesetzte Gütergemeinschaft S. 257 und über die Miterben S. 30.

An der letzten Stelle ist bereits erwähnt, daß jeder Miterbe über seinen Antheil an dem gesammten Nachlasse, nicht aber an den einzelnen Nachlaßgegenständen verfügen kann. Dem entspricht die Vorschrift des §. 859 Abs. 2 der C.P.O., wonach die Pfändung jenes Antheils an dem Nachlaß als Einheit, nicht aber die Pfändung des Antheils eines Miterben an den einzelnen Nachlaßgegenständen zulässig ist. Dasselbe schreibt §. 859 Abs. 1 für den Antheil eines Gesellschafters an dem Gesellschaftsvermögen (im Gegensatze zu seinem Antheil an den einzelnen dazu gehörigen Gegenständen) vor, obwohl der einzelne Gesellschafter, anders als der Miterbe, auch über diesen Antheil nicht verfügen kann (B.G.B. §. 719). Es fragt sich, ob diese Pfändung bei den einzelnen zu dem Nachlaß oder zu dem Gesellschaftsvermögen gehörigen Grundstücken oder Rechten an Grundstücken in das Grundbuch eingetragen werden kann. Dies bejaht für die Miterbengemeinschaft Schweitzer (in der D. Jur.-Ztg. 1900 S. 393), indem er in der Pfändung eine Verfügungsbeschränkung sieht, weil sie das Gebot an den Schuldner enthält, sich jeder Verfügung über das gepfändete Recht zu enthalten (C.P.O. §. 829 Abs. 1). Wie oben S. 15 bereits erwähnt, ist allerdings die Eintragung von Verfügungsbeschränkungen hinsichtlich des Antheils eines Gesammteigenthümers an dem gemeinschaftlichen Grundstücke oder Rechte zulässig, während eine Belastung dieses Antheils ausgeschlossen ist (S. 30, 37). Aber die Pfändung des Antheils an dem Gesammtnachlasse oder an dem Gesellschaftsvermögen hat eine Beschränkung des Erben oder des Gesellschafters in der Verfügung über die einzelnen Gegenstände nicht zur Folge. Dies ist unzweifelhaft für den Fall der Pfändung eines Antheils an dem Gesellschaftsvermögen auf Grund des §. 725 des B.G.B., wonach der Pfändungsgläubiger die Gesellschaft ohne Einhaltung einer Kündigungsfrist kündigen, bis zu ihrer Auflösung aber nur auf den Gewinnantheil seines Schuldners Anspruch erheben kann (vgl. Planck Bd. 2 S. 473 f. Erl. 2 zu §. 725); aber auch bei der Pfändung des Antheils eines Miterben ist mit Rücksicht auf die Gleichheit der Verhältnisse (vgl. insbesondere über die Befugniß des Gläubigers, jederzeit die Erbauseinandersetzung zu verlangen, §. 2042, §. 2044 Abs. 1, §. 751 Satz 2) dasselbe anzunehmen (vgl. auch P. II Bd. 5 S. 839 Abs. 1; a. M. Planck Bd. 5 S. 175 Erl. 1 Abs. 2, wo nicht §. 725, sondern §. 1258 für analog anwendbar erklärt wird).

3. Ob eine Gemeinschaft nach Bruchtheilen oder eine Gemeinschaft zur gesammten Hand vorliegt und welche Bruchtheile in jenem Falle dem einzelnen Mitberechtigten zustehen, oder welches der angeführten Gemeinschaftsverhältnisse zur gesammten Hand besteht, soll nach §. 48 **stets in dem Grundbuche vermerkt werden**, wenn ein Recht für Mehrere gemeinschaftlich eingetragen wird. Ob das Recht neu bestellt oder zur Berichtigung des Grundbuchs eingetragen wird, oder ob es bereits eingetragen war und nur auf mehrere Berechtigte umgeschrieben werden soll, macht keinen Unterschied; auch wenn neben dem bisherigen Alleinberechtigten ein zweiter Mitberechtigter eingetragen wird, wie z. B. bei Eingehung einer Gütergemeinschaft (B.G.B. §. 1438 Abs. 3), findet §. 48 Anwendung. Ebensowenig kommt es auf die Grundlage der Eintragung an; insbesondere ist die Vorschrift auch bei Eintragungen auf Ersuchen der Behörden und auf einseitige Bewilligung und Antrag der Passivbetheiligten zu beobachten. Schließlich ist es auch gleichgültig, welcher Art das gemeinschaftliche Recht ist, ob Eigenthum, Erbbaurecht, Nießbrauch, Reallast, Hypothek, Grundschuld, Rentenschuld oder Pfandrecht. Selbst für das Vorkaufsrecht gilt nichts Anderes, denn wenn auch ein Mehreren gemeinschaftliches Vorkaufsrecht nach §§. 513, 1098 des B.G.B. stets nur im Ganzen ausgeübt werden darf, so ist die Angabe des für die Gemeinschaft maßgeblichen Rechtsverhältnisses für die Frage von Bedeutung, wer zur Verfügung über das Vorkaufsrecht insbesondere zur Löschungsbewilligung befugt ist. Auch für Wohnungsrechte und Altentheile ist keine Ausnahme gemacht; wer also ein solches Recht zu Gunsten mehrerer Personen bestellt, muß sich über den Umfang der Berechtigung des Einzelnen klar aussprechen, sofern nicht für Altentheile die Landesgesetze auf Grund des Art. 96 des E.G. z. B.G.B und des §. 83 der G.B.O. abweichende Bestimmungen enthalten. Für Preußen enthält das A.G. z. B.G.B. Art. 15 in dieser Hinsicht nur die Vorschrift, daß der Altentheils-Verpflichtete durch den Tod eines der Berechtigten zu dem Kopftheile des Verstorbenen von seiner Verpflichtung frei wird, soweit die geschuldeten Leistungen zum Zwecke des Gebrauchs oder des Verbrauchs unter den Berechtigten getheilt werden mußten.

Unanwendbar ist die Bestimmung des §. 48 dagegen bei subjektiv-dinglichen Rechten (vgl. oben S. 165 Erl. 2), insbesondere bei den Grunddienstbarkeiten, da bei ihnen nicht eine berechtigte Person, sondern nur das herrschende Grundstück einzutragen ist.

4. Aus der Vorschrift des §. 48 folgt ohne Weiteres, daß der **Eintragungsantrag** und die Eintragungsbewilligung oder die sonstige Unterlage des Antrags sowie das **Ersuchen** der zuständigen Behörde (§. 39) die zur Befolgung der Vorschrift **erforderlichen Angaben enthalten muß** und andernfalls der Beanstandung unterliegt (Rechtspr. 1 S. 301). Das müssen die Antragsteller, namentlich auch der Passivbetheiligte, dem die Rechtsverhältnisse des Berechtigten manchmal nicht genau bekannt sein werden, von vornherein beachten und die erforderlichen Erkundigungen einziehen.

Hierbei ist nochmals besonders darauf hinzuweisen, daß es den Betheiligten nicht etwa freisteht, beliebig eine Gemeinschaft zur gesammten Hand zu begründen, ohne daß eines der oben in Erl. 2 Abs. 2 erwähnten Rechtsverhältnisse vorliegt. Vgl. S. 36 Ziff. II. Wenn also z. B. zwei Ehegatten, zwischen denen keine Gütergemeinschaft und kein sonstiges Gesammthandsverhältniß besteht, ein Grundstück erwerben, so sind sie nicht befugt, dieses als ihr ungetheiltes Eigenthum eintragen zu lassen, sondern müssen sich über bestimmte Bruchtheile einigen, damit diese im Grundbuche vermerkt werden können. Etwas dem Gesammteigenthum Aehnliches kann bei dem gewöhnlichen Miteigenthum, insbesondere bei gemeinschaftlichen Ein- und Durchfahrten, auf dem Wege der Belastung der Antheile mit dem Verbote der Theilung (oben S. 18) oder der Bestellung von Grundgerechtigkeiten zu Gunsten der im Alleineigenthume der Miteigenthümer stehenden Nachbargrundstücke geschaffen werden (Rechtspr. 2 S. 87).

Aus dieser Erwägung heraus darf man aber nicht stets von dem Antragsteller oder der ersuchenden Behörde den Nachweis des Bestehens der behaupteten Gemeinschaft zur gesammten Hand zwischen den einzutragenden Berechtigten fordern. Dieser Nachweis ist ebensowenig erforderlich, wie bei dem Antrag auf Eintragung einer physischen oder einer juristischen Person als Berechtigten der Nachweis ihrer Existenz (oben S. 189). Nach §. 19 genügt die Bewilligung des leidenden Theiles und nach §. 39 statt dessen das Ersuchen der zuständigen Behörde zur Rechtfertigung des Eintragungsantrags nicht nur hinsichtlich des Inhalts und Umfangs des einzutragenden Rechtes, sondern auch bezüglich der Bezeichnung der Berechtigten. Nur wenn das Grundbuchamt begründete Zweifel an der Rechtsgültigkeit des behaupteten Rechtsverhältnisses, z. B. an dem Bestehen der behaupteten Gütergemeinschaft hat, wird es behufs Vermeidung unrichtiger Eintragungen und Verhinderung der möglicher Weise daraus entspringenden Schäden das Eintragungsgesuch beanstanden dürfen. Vgl. S. 186.

5. Der **Inhalt des im §. 48 vorgeschriebenen Vermerkes** ergiebt sich aus der gesetzlichen Bestimmung ohne Weiteres. Das Rechtsverhältniß braucht nur kurz charakterisirt zu werden, z. B. „kraft allgemeiner Gütergemeinschaft" oder auch nur „kraft ehelicher Gütergemeinschaft" (so preuß. amtliches Formular Abth. I), oder „als Gesellschafter" oder „als Erben des N. N." Nähere Vorschriften über die Form und die Stelle der Eintragung zu erlassen, ist Sache der Landesjustizverwaltung kraft des §. 1 Abs. 2. Vgl. für Preußen Allg. Verf. §. 10 Ziff. 1 über die Eintragung der Miteigenthümer.

6. Für den Fall, daß ein Recht als mehreren Personen gemeinschaftlich ohne Angabe der Bruchtheile oder des maßgeblichen Rechtsverhältnisses, also unter **Verstoß gegen §. 48** eingetragen sein sollte, war in dem E. I z. B.G.B. §. 827 die Bestimmung vorgeschlagen, daß Gemeinschaft nach Bruchtheilen und Gleichheit der Bruchtheile als eingetragen anzusehen sei. Diese Bestimmung ist nicht Gesetz geworden (vgl. P. II Bd. 3 S. 50); insbesondere bezieht sich die Vorschrift des §. 742: „Im Zweifel ist anzunehmen, daß den Theilhabern gleiche Antheile zustehen" nur auf die Gemeinschaft nach Bruchtheilen (§. 741), setzt also voraus, daß unzweifelhaft keines der sonstigen Gemeinschaftsverhältnisse vorliegt. Ob dieses aber der Fall ist oder nicht, bleibt bei der angeführten Eintragungsform unentschieden (vgl. Rechtspr. 1 S. 301 und

§. 49.

Werden mehrere Grundstücke mit einem Rechte belastet, so ist auf dem Blatte jedes Grundstücks die Mitbelastung der übrigen von Amtswegen erkennbar zu machen. Das Gleiche gilt, wenn mit einem an einem Grundstücke bestehenden Rechte nachträglich noch ein anderes Grundstück belastet oder wenn im Falle der Uebertragung eines Grundstückstheils auf ein anderes Grundbuchblatt ein eingetragenes Recht mitübertragen wird.

Soweit eine Mitbelastung erlischt, ist dies von Amtswegen zu vermerken.

---

2 S. 4). Zu Verfügungen über das gemeinschaftliche Recht bedarf es daher des Nachweises der Gemeinschaftsform oder der Zustimmung sämmtlicher Mitberechtigter.

Aber auch wenn feststeht, daß ein Miteigenthum nach Bruchtheilen vorliegt, kann nach dem Sinne der Vorschrift des §. 48 eine Hypothek auf dem Antheil eines Miteigenthümers erst eingetragen werden, nachdem die Größe seines Miteigenthumsantheils in das Grundbuch eingetragen ist; die erwähnte Bestimmung des §. 742 steht nicht entgegen, da die darin aufgestellte Vermuthung als widerlegbar nicht die Grundlage einer Eintragung bilden kann (K.G. N.F. 1 A S. 304 = Rechtspr. 2 S. 4 und Rechtspr. 2 S. 87).

7. Aus der Rechtsprechung des Kammergerichts sind noch folgende Entscheidungen hervorzuheben, welche an die Bestimmung des §. 48 anknüpfen.

Das Kammergericht (Rechtspr. 1 S. 302) hat den Antrag auf Eintragung der Uebertragung des Antheils eines einzelnen Miterben auf einen anderen bei einer noch auf den Namen des Erblassers eingetragenen Hypothek abgelehnt, weil alle Miterben im Grundbuche vermerkt und gleichzeitig der Uebergang des Antheils des einen auf den anderen eingetragen werden müßte. Dies ist aus §. 48 G.B.O. gefolgert und damit begründet, daß sonst das Antheilsverhältniß des Erwerbers an der Hypothek vollständig im Dunklen bleibe, da nicht einmal aus der Eintragung ersichtlich sei, wie viele Miterben an dem Nachlaß und an der dazu gehörigen Hypothek betheiligt seien.

In einer anderen Entscheidung hat das K.G. (N.F. 1 A S. 101) die Eintragung einer einheitlichen Hypothek unter einer lfd. Nummer für Dahrlehnsforderungen eines Ehemanns in Höhe von 5000 Mark und seiner Ehefrau in Höhe von 20000 Mark selbst dann für unzuläßig erklärt, wenn über beide Darlehnsforderungen nur eine gemeinschaftliche Schuldurkunde aufgenommen sei, weil §. 48 eine gemeinschaftliche Eintragung mehrerer Berechtigter nur in der Weise zulasse, daß entweder die Antheile der Berechtigten in Bruchtheilen angegeben werden oder das für die Gemeinschaft maßgebende Rechtsverhältniß bezeichnet werde; beide Forderungen seien vielmehr als zwei Hypotheken unter verschiedenen Nummern, aber zu gleichem Range (§. 46) einzutragen.

5. Vermerk der Mitbelastung.

§. 49.

E. I §. 33; II §. 47. P. I S. 13522, 13523, 13633, 13634. M. S. 68. D. S. 3044.

1. Die dem §. 78 der preuß. G.B.O. entsprechende Bestimmung des §. 49 ist damit **begründet**, daß die Ersichtlichkeit der Mitbelastung anderer Grundstücke für den Eigenthümer sowie für alle diejenigen, welche gleich- oder nachstehende Rechte an den belasteten Grundstücken oder an einzelnen von ihnen haben, zur Beurtheilung der Güte ihres Rechtes von Interesse sei, insbesondere mit Rücksicht auf den Wegfall der Belastung des anderen Grundstücks, wenn der Gläubiger aus einem befriedigt wird (vgl. B.G.B. §. 1181 Abs. 2, oben S. 83 ff.). Außerdem

soll verhütet werden, daß die mehreren dasselbe Recht betreffenden Eintragungen als verschiedene Rechte angesehen werden und zu Täuschungen Veranlassung geben (vgl. Erl. 1 zu §. 59).

Deshalb trifft die G.B.O. Fürsorge, daß die Mitbelastung anderer Grundstücke stets aus dem Grundbuch erhellt, indem sie sowohl die Eintragung eines Mitbelastungsvermerkes wie auch dessen etwaige Aenderung von Amtswegen vorschreibt.

2. Der E. I ordnete die Angabe der Mitbelastung nur bei Reallasten, Hypotheken und Grundschulden an, weil sie für andere Rechte bedeutungslos sei; bei diesen, z. B. bei Nießbrauchsrechten, belaste nicht dasselbe Recht mehrere Grundstücke, sondern es seien soviel verschiedene und von einander unabhängige Rechte zu unterscheiden, als Grundstücke belastet seien. In das Gesetz ist diese Einschränkung nicht aufgenommen, um eine Entscheidung der Frage zu vermeiden, ob nicht auch bezüglich anderer Rechte an Grundstücken eine Gesammtbelastung vorkommen kann. Danach findet §. 49 auf eingetragene **Rechte aller Arten** Anwendung, insbesondere z. B. auch auf Erbbaurechte und Grunddienstbarkeiten, sofern bei diesen eine Gesammtbelastung stattfinden sollte. **Aber nur auf Rechte an Grundstücken,** nicht auf Rechte an eingetragenen Rechten (z. B. ein Pfandrecht an verschiedenen Hypothekenforderungen) bezieht sich die obige Vorschrift.

3. **Auf welche Weise die Mitbelastung entsteht oder erlischt,** ist bei dem in Erl. 1 erwähnten Grundgedanken für die Anwendung der Vorschriften des §. 49 gleichgültig. Um dies außer Zweifel zu stellen, werden in Abs. 1 verschiedene Fälle ausdrücklich hervorgehoben. Dabei ist der Fall der Uebertragung eines ganzen Grundstücks von einem gemeinschaftlichen Blatte auf ein anderes Grundbuchblatt (vgl. oben S. 157 Erl. 5 zu §. 4) nicht erwähnt, „weil sich hier die Mitbelastung des Grundstücks schon aus der Fassung des auf das neue Blatt mitübertragenen Eintragungsvermerkes ergiebt, während auf dem bisher gemeinschaftlichen Blatte die Abschreibung des übertragenen Grundstücks auch dessen Mithaftung ersichtlich macht" (D.). Diese Begründung ist nicht überzeugend; sollte man nicht dasselbe auch bei Uebertragung von Grundstückstheilen sagen können? Außerdem macht die Abschreibung allein die Mithaft nicht ersichtlich; es kann ja die Mitübertragung des Rechtes unterblieben und damit nach §. 47 Abs. 2 die Wirkung der Löschung herbeigeführt sein. Jedenfalls spricht diese Begründung wie der Grundgedanke der Bestimmungen dafür, daß auch bei Uebertragung ganzer Grundstücke die Mitbelastung kenntlich zu machen ist.

4. Die **Form des Mithaftvermerkes und die Stelle seiner Eintragung** unterliegt gemäß §. 1 Abs. 2 der Anordnung der Landesjustizverwaltung. Vgl. über die Stelle für den Fall der nachträglichen Mitbelastung preuß. Allg. Verf. §. 11 Abs. 2, §. 12 Abs. 2 und das amtliche Formular Abth. III Spalte 7 zu lfd. Nr. 6. Für Sachsen vgl. V.O. vom 26. Juli 1899 §§. 85—87.

5. Dasselbe gilt auch von dem **Verfahren.** Für den Fall, daß besondere Bestimmungen (wie sie z. B. für Sachsen in der V.O. vom 26. Juli 1899 §§. 86, 87, 145 ergangen sind) fehlen sollten, ist Folgendes zu bemerken. Bei gleichzeitiger Belastung mehrerer Grundstücke mit demselben Rechte ist zu unterscheiden, ob die Grundstücke in dem Bezirke desselben Grundbuchamts oder in den Bezirken verschiedener Grundbuchämter liegen. Ersterenfalls könnten sich höchstens dann Schwierigkeiten ergeben, wenn nach der Geschäftsvertheilung verschiedene Beamte (z. B. verschiedene Amtsrichter) die Eintragung auf den einzelnen Grundstücken zu bewirken hätten; alsdann wird es sich empfehlen, daß sie die landesrechtlich etwa vorgeschriebenen Verfügungen unter gegenseitiger Mitwirkung erlassen und die Ausführung gemeinschaftlich kontroliren, oder daß jeder die von ihm entworfene Verfügung vor ihrer Ausführung dem anderen zur Kenntnißnahme der Stelle (Band, Blatt, lfd. Nr. der Abth.), wo das Recht eingetragen ist, vorlegt, damit dieser seine Verfügung durch Einfügung des Hinweises auf diese Stelle in dem Mithaftvermerke vervollständigen kann. Wird die Eintragung eines Rechtes auf mehrere Grundstücke, welche in verschiedenen Grundbuchamtsbezirken liegen, in einem Antrage beantragt, so empfiehlt es sich, daß das zuerst mit dem Antrage befaßte Grundbuchamt die Eintragung auf

§. 50.

Werden Dienstbarkeiten und Reallasten als Leibgedinge, Leibzucht, Altentheil oder Auszug eingetragen, so bedarf es nicht der Bezeichnung der einzelnen Rechte, wenn auf die Eintragungsbewilligung Bezug genommen wird.

---

die in seinem Bezirke belegenen Grundstücke vornimmt und alsdann den Antrag unter Angabe der Stelle, an der das Recht eingetragen ist, oder unter Beifügung des über das Recht gebildeten Briefes (vgl. §. 59 Abs. 2) dem anderen Grundbuchamte zusendet, welches nach Erledigung der Eintragung dem ersteren Grundbuchamte zur Nachtragung des Mithaftvermerkes die erforderliche Mittheilung zu machen hat. Die letztere Mittheilung ist auf Grund der Vorschrift des §. 49 auch dann von Amtswegen zu machen, wenn das erstere Grundbuchamt den Antrag nicht unmittelbar an das andere Grundbuchamt sendet, sondern die Einreichung bei diesem dem Antragsteller überlassen hat, oder wenn das zunächst nur auf einem Grundstück eingetragene Recht später durch ein anderes Grundbuchamt auf einem anderen eingetragen wird.

6. Eintragung einer Leibzucht.

§. 50.

E. I §. 28; II §. 48. P. I S. 13514, 13515. M. S. 63. D. S. 3044. K.B. S. 3429.

1. Wie bereits oben S. 187 Vorbm. V 2 erwähnt ist, verlangt das B.G.B. nicht, daß der gesammte Inhalt eines einzutragenden Rechtes in dem Grundbuche vermerkt wird, vielmehr genügt, von den gesetzlich bestimmten Ausnahmen abgesehen, die Bezugnahme auf die Eintragungsbewilligung. §. 874 des B.G.B. gestattet diese aber nur „zur näheren Bezeichnung des Inhalts des Rechtes." Danach würden bei Eintragung einer Leibzucht, eines Altentheils ꝛc. die einzelnen unter dem Gesammtnamen „Altentheil" od. ä. begriffenen Rechte: Dienstbarkeiten (Nießbrauch, Wohnungsrecht ꝛc.) und Reallasten eingetragen werden müssen und nur zur näheren Bezeichnung ihres Inhalts die Bezugnahme zulässig sein. Dies ändert §. 50 nach dem Vorgange verschiedener bisheriger Grundbuchgesetze (z. B. preuß. G.B.O. §. 76), indem auch in ersterer Hinsicht die Bezugnahme zugelassen wird, um die Buchführung zu erleichtern und namentlich die Ueberfüllung des Grundbuchs zu verhindern. Es genügt also die Eintragung in der Fassung: „Altentheil für N. N. unter Bezugnahme auf die Eintragungsbewilligung vom 8. Oktober 1900 eingetragen am . . ."

Die Eintragung des Mit- oder Nachfolgerechts der künftigen Ehefrau des Altentheilers an dessen Leibzucht kann, ebensowenig wie nach dem bisherigen preußischen Rechte (R.G. 33 S. 229), durch die Bezugnahme ersetzt werden. Nur für die Bezeichnung der einzelnen Rechte und ihres Inhalts, d. h. der dem Berechtigten zu gewährenden Leistungen und der ihm zustehenden Nutzungen, nicht für die Angabe der Person des Berechtigten, auch nicht für die eines etwaigen Mitberechtigten oder Rechtsnachfolgers ist die Bezugnahme gestattet (a. M. Turnau-Förster Bd. 1 S. 112 Erl. 5, weil zu dem Inhalte des Rechtes auch dessen eventueller Uebergang auf eine andere Person gehöre).

2. Die Vorschrift findet ausnahmslos Anwendung, insbesondere auch wenn der Altentheil Renten, insbesondere Geldrenten und Nießbrauchsrechte umfassen sollte. Ein in der Reichstagskommission gestellter Antrag, für diese eine Ausnahmebestimmung aufzunehmen, weil bei der Bildung von Hypothekenbriefen die Angabe des Umfangs dieser Lasten im Interesse der sofortigen Klarstellung der Belastungsverhältnisse des Grundstücks liege, wurde zurückgezogen, nachdem ihm, namentlich auch unter Hinweis auf §. 57 Abs. 2 Nr. 3, widersprochen war.

3. Gestattet ist die Bezugnahme auf die Eintragungsbewilligung. Indessen sind auch hier, wie oben S. 167 Erl. 2b ausgeführt, die Urtheile, welche die Eintragungsbewilligung ersetzen, und die Ersuchen der Behörden gleichzustellen.

§. 51.

Bei der Eintragung einer Hypothek für Theilschuldverschreibungen auf den Inhaber genügt es, wenn der Gesammtbetrag der Hypothek unter Angabe der Anzahl, des Betrags und der Bezeichnung der Theile eingetragen wird.

Diese Vorschrift findet entsprechende Anwendung, wenn eine Grundschuld oder eine Rentenschuld für den Inhaber des Briefes eingetragen und das Recht in Theile zerlegt werden soll.

---

4. Der Inhalt eines Altentheils bestimmt sich in erster Linie nach der Vereinbarung der Parteien. Soweit nicht besondere Vereinbarungen getroffen sind, kommen, wenn der Vertrag „mit der Ueberlassung eines Grundstücks in Verbindung steht", in Ansehung des obligatorischen Vertrags die durch Art. 96 des E.G. z. B.G.B. aufrechterhaltenen landesgesetzlichen Vorschriften in Betracht (vgl. oben S. 50 und Planck Bd. 6 S. 183 ff.). Für Preußen sind die landesgesetzlichen Bestimmungen im Art. 15 des A.G. z. B.G.B. getroffen; vgl. S. 50 Anm. 3 und S. 287 Erl. 3.

5. Die Vorschrift des §. 50 findet schließlich nach §. 84 auf die in Art. 63, 68 des E.G. z. B.G.B. bezeichneten Erbpacht- und Abbaurechte (vgl. oben S. 16 f., 45 ff.) entsprechende Anwendung; es kann also die Bezeichnung der hierunter begriffenen einzelnen Rechte im Grundbuche durch Bezugnahme auf die Eintragungsbewilligung ersetzt werden.

7. Eintragung von Inhaber-Theilhypotheken und Inhaber-Theilgrundschulden.

§. 51.

E. II §. 49. P. II Bd. 3 S. 667 ff., 677. D. S. 3044. St.B. S. 4424.

1. Die Hypotheken für Inhaberpapiere (vgl. oben S. 61, 76, 78, 245 und 278) sind im B.G.B. hauptsächlich zur Befriedigung des in der Praxis hervorgetretenen Bedürfnisses zugelassen, Anleihen von Großindustriellen und von Großgrundbesitzern, welche in Form von Theilschuldverschreibungen an den Markt gelangen, hypothekarisch sicherzustellen (vgl. P. II a. a. O.). Ihnen wird demnach häufig nicht eine einheitliche Schuldverschreibung, sondern eine Reihe von Theilschuldverschreibungen zu Grunde liegen. Für diesen Fall enthält §. 51 im Anschluß an §. 20 des preuß. Ges., betr. das Pfandrecht an Privateisenbahnen, vom 19. August 1895 eine besondere Bestimmung, die der Befürchtung entsprungen ist, daß die §§. 1115, 1187 des B.G.B. zu der Auffassung Anlaß geben könnten, es müsse für die Forderung aus jeder einzelnen Theilschuldverschreibung eine besondere Hypothek eingetragen werden.

Diese Bestimmung soll nach Abs. 2 entsprechende Anwendung finden, wenn eine Grundschuld oder eine Rentenschuld für den Inhaber des Briefes (vgl. oben S. 63, 76, 78 und 277) eingetragen und das Recht in Theile zerlegt werden soll, da für diesen Fall das gleiche Bedürfniß nach einer Erleichterung der Eintragung besteht. Darüber, daß hier über jeden Theil ein besonderer Grundschuld-Brief zu bilden ist, vgl. unten §. 70 Abs. 2.

2. Nach §. 1115 des B.G.B. und §. 51 ist in diesen Fällen im Grundbuch anzugeben: der Gesammtbetrag der Hypothek (oder Grundschuld), der Zinssatz und der Geldbetrag der etwaigen sonstigen Nebenleistungen, der Vermerk, daß die Hypothek zur Sicherung von Schuldverschreibungen auf den Inhaber dient bezw. daß die Grundschuld dem Inhaber des Briefes zusteht und in Theile zerlegt ist, die Angabe der Zahl, des Betrags und der näheren Bezeichnung der Theile (nach Name des Ausstellers, Serie, Littera und Nummer od. ä.). Z. B. „Dreihunderttausend Mark Sicherungshypothek, verzinslich mit 4%, zur Sicherung der von N. N. ausgegebenen 300 Stück mit 4% verzinslicher Theilschuldverschreibungen auf den Inhaber zu je 1000 Mark, Littr. B Nr. 1–300".

§. 52.

Bei der Eintragung eines Vorerben ist zugleich das Recht des Nacherben und, soweit der Vorerbe von den Beschränkungen seines Verfügungsrechts befreit ist, auch die Befreiung von Amtswegen einzutragen.

---

8. Vermerk des Rechtes des Nacherben.

§. 52.

E. II §. 50. P. I S. 9276—9279, 11455, 13461—13463; II Bd. 5 S. 109, 110. (M. z. B.G.B. Bd. 5 S. 111.) D. S. 3044.

1. Im preußischen Rechte knüpfte sich an §. 54 der preuß. G.B.O. die Streitfrage, ob der Erbe, welcher in seinem Erbrechte durch eine fideikommissarische Substitution, durch eine Resolutivbedingung od. ä. beschränkt war, als Eigenthümer der Nachlaßgrundstücke in das Grundbuch eingetragen werden durfte, ohne daß gleichzeitig die Eintragung der Beschränkung erfolgte (Achilles=Strecker S. 374, R.G. 16 S. 63). Dieser Streit sollte für den Fall der Nacherbfolge nach Beschluß der ersten Kommission durch eine Bestimmung im B.G.B. (E. I § 1826) erledigt werden, welche bei Eintragung des Vorerben die Eintragung des Rechtes des Nacherben von Amtswegen vorschrieb. Die zweite Kommission hat die Bestimmung als Verfahrensvorschrift in die G.B.O. verwiesen (vgl. die Anm. zu E. II §. 2008).

Durch die Vorschrift des §. 52 soll die Beschränkung des Rechtes des Vorerben für Dritte erkennbar gemacht und dadurch der Nacherbe gegenüber den aus dem öffentlichen Glauben des Grundbuchs sich ergebenden Gefahren gesichert werden.

2. Ueber die Beschränkungen, denen der Vorerbe durch die Ernennung eines Nacherben unterworfen ist, und über die Befreiung von ihnen vgl. oben S. 123ff. Siehe auch S. 123 Anm. 4 über einige im Gesetze hervorgehobene Fälle der Nacherbfolge.

3. Damit das Grundbuchamt das Recht des Nacherben und die etwaige Befreiung des Vorerben von den Beschränkungen seines Verfügungsrechts von Amtswegen eintragen kann, ist natürlich erforderlich, daß diese zu seiner Kenntniß gelangen. Sie müssen sich also aus dem **Testament** oder aus dem **Erbscheine,** durch welche das Erbrecht des Vorerben gemäß §. 36 nachgewiesen wird, ergeben. Nach §. 2363 des B.G.B. muß aber in dem Erbscheine, der einem Vorerben ertheilt wird, angegeben werden, daß eine Nacherbfolge angeordnet ist, unter welchen Voraussetzungen sie eintritt und wer der Nacherbe ist, sowie eventuell, daß der Erblasser den Nacherben auf dasjenige eingesetzt hat, was von der Erbschaft bei dem Eintritte der Nacherbfolge übrig sein wird, oder daß er bestimmt hat, daß der Vorerbe zur freien Verfügung über die Erbschaft berechtigt sein soll; enthält der Erbschein diese Angaben nicht, so kann der Nacherbe die Herausgabe des unrichtigen Erbscheins an das Nachlaßgericht verlangen.

Falls die einzutragenden Thatsachen nicht aus dem Testament oder dem Erbschein erhellen sollten, bedarf es zu ihrer Eintragung eines Antrags, wie in der Denkschrift als selbstverständlich bezeichnet wird. Zur Rechtfertigung des Antrags genügt der Nachweis der Anordnung der Nacherbfolge oder der Befreiung des Vorerben von den Beschränkungen; denn in Folge deren Nichteintragung steht der Inhalt des Grundbuchs in Ansehung einer Verfügungsbeschränkung mit der wirklichen Rechtslage nicht im Einklang und unterliegt der Berichtigung gemäß §. 22. Vgl. oben S. 125.

4. Einzutragen ist „das Recht des Nacherben", also nicht nur, daß eine Nacherbfolge angeordnet ist, sondern auch unter welchen Voraussetzungen sie eintritt und wer der

§. 53.

Ist ein Testamentsvollstrecker ernannt, so ist dies bei der Eintragung des Erben von Amtswegen miteinzutragen, es sei denn, daß der Nachlaßgegenstand der Verwaltung des Testamentsvollstreckers nicht unterliegt.

Nacherbe ist, ebenso wie §. 2363 (Erl. 3) dies für den Erbschein vorschreibt. Auch der Inhalt der Anordnung des Erblassers, durch die er den Vorerben von der Verfügungsbeschränkung befreit hat, ist in Uebereinstimmung mit jener Vorschrift zu vermerken.

Ueber die Stelle der Eintragung im Grundbuch entscheidet die Landesjustizverwaltung; vgl. für Preußen Allg. Verf. §. 11 Ziff. 2 und Abs. 2, §. 12 Abs. 2.

5. Wie die Vorschriften der G.B.O. überhaupt, so tritt auch der §. 52 mit dem im §. 82 angeführten Zeitpunkt in Kraft und findet demnach auf alle nach diesem Zeitpunkte beantragten Eintragungen von Vorerben Anwendung, auch wenn der Erbfall vor dem 1. Januar 1900 eingetreten ist (R.G. N.F. 1 A. S. 81 = Rechtspr. 1 S. 21).

9. Vermerk über Testamentsvollstreckung.

§. 53.

E. II §. 51. P. I S. 13461—13463; II Bd. 5 S. 531, 532. D. S. 3044, 3045

1. Die Vorschrift des §. 53, welche auf einem Beschlusse der Kommission für die zweite Lesung des B.G.B. beruht (vgl. Anm. zu §. 2081 des E. II und P. II a. a. O.), ist einer ähnlichen Erwägung wie die Bestimmung des §. 52 entsprungen, da, wie oben S. 125f. bereits ausgeführt, durch die Ernennung eines Testamentsvollstreckers der Erbe in seiner Verfügung beschränkt wird. Es ist daher in erster Linie auf die Erl. zu §. 52 zu verweisen.

2. Die Grundlage der Eintragung des Vermerkes, daß ein Testamentsvollstrecker ernannt sei, bildet nach §. 36 die in einer öffentlichen Urkunde enthaltene Verfügung von Todeswegen, der Erbschein, welcher nach §. 2364 die Ernennung des Testamentsvollstreckers enthalten muß, oder das Zeugniß des Nachlaßgerichts gemäß §. 2368 des B.G.B. (vgl. S. 257f. Erl. 3).

3. Abweichend von der Nacherbfolge (§. 52) ist die Ernennung eines Testamentsvollstreckers **nicht stets** einzutragen. Da, wie oben S. 125f. erörtert, das Verfügungsrecht des Erben nur insoweit ausgeschlossen ist, als die Verwaltungsbefugniß des Testamentsvollstreckers reicht, muß die Eintragung bei solchen Nachlaßgegenständen unterbleiben, die der Verwaltung des Testamentsvollstreckers nicht unterliegen. Das Grundbuchamt hat daher stets zu prüfen, welche Befugnisse dem Testamentsvollstrecker eingeräumt sind.

4. Vorgeschrieben ist nur die Eintragung des Vermerkes, daß ein Testamentsvollstrecker ernannt ist. Die Angabe seines Namens ist zwar nicht unzulässig, aber nicht nothwendig, weil der Erblasser die Bestimmung der Person des Vollstreckers einem Dritten oder dem Nachlaßgericht überlassen kann (vgl. B.G.B. §§. 2198—2200 und oben S. 258 Erl. 3a). Der Zweck dieser Vorschrift ist nicht, eine Legitimation für den Testamentsvollstrecker zu beschaffen — dazu dient nach §. 36 Abs. 2 das Zeugniß des Nachlaßgerichts oder das Testament —, sondern nur die Verfügungsbeschränkung des Erben zu veröffentlichen (Rechtspr. 1 S. 410). Deshalb bedarf es auch nicht der Eintragung etwaiger Verfügungsbeschränkungen des Vollstreckers (Rechtspr. 1 S. 116). Vgl. Oberneck S. 167.

Ueber die Stelle der Eintragung gilt wieder dasselbe wie für die Eintragung des Nacherben (§. 52 Erl. 4 a. E.).

§. 54.

Ergiebt sich, daß das Grundbuchamt unter Verletzung gesetzlicher Vorschriften eine Eintragung vorgenommen hat, durch die das Grundbuch unrichtig geworden ist, so ist von Amtswegen ein Widerspruch einzutragen. Erweist sich eine Eintragung nach ihrem Inhalt als unzulässig, so ist sie von Amtswegen zu löschen.

Bei einer Hypothek, einer Grundschuld oder einer Rentenschuld bedarf es zur Eintragung eines Widerspruchs der Vorlegung des Briefes nicht, wenn der Widerspruch den im §. 42 Abs. 1 Satz 2 bezeichneten Inhalt hat. Diese Vorschrift findet keine Anwendung, wenn der Grundschuld- oder Rentenschuldbrief auf den Inhaber ausgestellt ist.

IX. Berichtigung ungerechtfertigter Eintragungen von Amtswegen.

§. 54.

E. I §. 54; II §. 52. P. I S. 13348, 13351, 13353, 13354, 13360—13364, 13386—13389, 13440—13443, 13448, 13449, 13636, 13637. M. S. 92—95. D. S. 3045. K.B. S. 3429, 3430.

1. Da die Eintragungen keine formale Rechtskraft haben d. h. für sich allein, ohne die übrigen materiellrechtlichen Voraussetzungen keine Rechtsänderung herbeiführen, kann das Grundbuchamt durch eine nicht begründete Eintragung unmittelbar Niemandem an seinem Rechte materiellen Abbruch thun. Die Gefahr eines solchen Abbruchs ergiebt sich indessen bei dem Fortbestehen der Eintragung namentlich aus den Vorschriften über den öffentlichen Glauben des Grundbuchs (B.G.B. §§. 892, 893) und über die Verjährung mit Unrecht gelöschter Rechte (oben S. 35 Ziff. 4a; vgl. auch S. 27 Abs. 2). Diese Gefahr, unter welcher auch der Grundbuchbeamte leiden kann, wenn er ein Versehen begangen hat, macht es wünschenswerth, dem Grundbuchamte schleunige Gegenmaßregeln zu gestatten, falls es eine Eintragung als unrichtig erkennt. Dabei kann indessen dem Grundbuchamte regelmäßig nicht die Wiederaufhebung einer als unrichtig erkannten Eintragung gestattet werden, weil es hierdurch hinter dem Rücken der Berechtigten in Rechtspositionen eingreifen würde, welche durch den thatsächlichen Bestand der Eintragungen begründet wurden (M. a. a. O.); denn die Eintragung als solche schafft schon kraft der im §. 891 des B.G.B. aufgestellten Vermuthung eine gewisse Rechtsposition, und außerdem können möglicher Weise auf Grund derselben in der Zwischenzeit zu Gunsten redlicher Dritter Rechte entstanden sein (B.G.B. §§. 892, 893).

Auf diesen Erwägungen beruht die Vorschrift des §. 54 Abs. 1, welche Berichtigungen nur in engen Grenzen zuläßt.

2. Eine Wiederaufhebung einer Eintragung von Amtswegen ist nur zugelassen, wenn diese sich **„nach ihrem Inhalt als unzulässig"** erweist (Satz 2); alsdann ist ihre Löschung dem Grundbuchamte zur Pflicht gemacht. Die geschilderten Bedenken, welche der Wiederaufhebung der ungerechtfertigten Eintragung sonst entgegenstehen, fallen hier weg, weil ihrem Inhalte nach unzulässige Eintragungen nicht den öffentlichen Glauben des Grundbuchs für sich haben (Planck Bd. 3 S. 108 Erl. I 2 zu §. 892). Dadurch fällt allerdings auch die mit der Eintragung verbundene Gefahr fort; es liegt aber im allgemeinen Interesse, daß die Bedeutungslosigkeit der Eintragung durch das Grundbuch selbst ersichtlich gemacht wird (M. und D. a. a. O.).

Ihrem Inhalte nach unzulässige Eintragungen sind z. B. die obligatorischen Rechte, der Besitz, das Verwaltungs- und Nutzungsrecht des Ehemanns oder des elterlichen Gewalthabers, die Renten bei einem Ueberbau oder einem Nothwege (vgl. S. 20 Abs. 2, S. 21 Abs. 1), die Geschäftsunfähigkeit und die Verfügungsbeschränkungen im öffentlichen Interesse (S. 23),

Belastungen von Bruchtheilen eines Grundstücks, die nicht in ideellen Antheilen eines Miteigenthümers bestehen, mit anderen Rechten als einem Nießbrauch (oben S. 15), ein Erbbaurecht an einem Stockwerke (S. 45), eine Kautionshypothek ohne Angabe des Höchstbetrags (S. 61), eine Rentenschuld ohne Angabe der Ablösungssumme (S. 64), die oben S. 68f., 71f. erwähnten unzulässigen Nebenberedungen bei den Hypotheken und Grundschulden, eine Zwangshypothek zum Betrage von nicht über 300 Mark (oben S. 97f.; vgl. die S. 98 Anm. 2 erwähnten Entsch.) ꝛc.

3. **Andere Eintragungen** dürfen nie von Amtswegen beseitigt werden. Dies gilt insbesondere auch von Löschungen, welche hier wie stets unter den Eintragungen mitzuverstehen sind; im Gegensatze zu der preuß. G.B.O. §. 118 (vgl. Achilles-Strecker S. 441ff.) ist die Wiedereintragung einer versehentlich gelöschten Post von Amtswegen unzulässig. Bei ihnen wie bei allen Eintragungen und folgerecht auch bei den den Löschungen nach §. 47 Abs. 2 gleichstehenden Nichtübertragungen eines Rechtes im Falle der Abschreibung eines Grundstücks oder Grundstücktheils ist das Grundbuchamt nur zur Eintragung eines **Widerspruchs** von Amtswegen berechtigt wie verpflichtet und auch dies nur unter eng begrenzten Voraussetzungen.

a. Zunächst ist erforderlich, daß das Grundbuchamt „unter Verletzung gesetzlicher Vorschriften" eine Eintragung vorgenommen hat. Nicht jede thatsächliche Unrichtigkeit genügt also, sondern das Grundbuchamt muß bei der Eintragung gegen irgend eine Rechtsnorm (E.G. z. B.G.B. Art. 2, G.B.O. §. 82 Abs. 2) verstoßen haben. Wenn also die unrichtige Eintragung durch Irrthum oder Arglist einer Privatperson veranlaßt worden ist oder wenn ihr z. B. eine gefälschte Eintragungsbewilligung, ein unrichtiger Erbschein, eine durch ein späteres Testament widerrufene letztwillige Verfügung, eine erloschene Vollmacht od. ä. zu Grunde liegt, und das Grundbuchamt in allen diesen Fällen nach dem ihm vorgelegten Sachverhältnisse richtig gehandelt hat, findet §. 54 keine Anwendung; in diesen Fällen erfolgt die Berichtigung des Grundbuchs und die Eintragung eines Widerspruchs nur auf Antrag.

Dagegen wird eine schuldhafte Verletzung gesetzlicher Vorschriften im §. 54 nicht gefordert. Ebensowenig macht die Art der Eintragung oder deren Grundlage (Eintragungsbewilligung oder vollstreckbarer Schuldtitel oder Ersuchen einer Behörde) einen Unterschied.

b. Außerdem ist, wie schon aus dem Begriffe des Widerspruchs folgt, Voraussetzung für die Anwendung des §. 54, daß durch die Eintragung das **Grundbuch unrichtig** geworden ist. Vgl. hierüber oben S. 25f., 27, 130f. und S. 199 Erl. 2a. Die Eintragung des Widerspruchs ist demnach z. B. unzulässig, wenn entgegen der Vorschrift des §. 46 Abs. 1, 2 die Eintragungen nicht die der Zeitfolge der Anträge entsprechende Reihenfolge erhalten haben (vgl. S. 285 Erl. 9).

4. Die Eintragung dieses Widerspruchs wie die Löschung einer inhaltlich unzulässigen Eintragung **kann**, wenn sie nicht von Amtswegen geschehen ist, auch gemäß §. 13 **beantragt** werden. Außerdem kann nach §. 71 Abs. 2 im Wege der **Beschwerde** verlangt werden, daß das Grundbuchamt angewiesen werde, diese Eintragung oder Löschung vorzunehmen. Hierzu kann das Grundbuchamt in einem Bundesstaat, in welchem die Amtsgerichte nicht zugleich die Grundbuchämter sind, auf Grund besonderer landesgesetzlicher Vorschrift gemäß §§. 100, 101 der G.B.O. auch durch das Amtsgericht, in dessen Bezirke das Grundbuchamt seinen Sitz hat, angehalten werden.

5. Falls der Widerspruch bei einer Brief-Hypothek, einer Brief-Grundschuld oder einer Brief-Rentenschuld eingetragen werden soll, bedarf es nach der Regel des §. 42 Abs. 1 Satz 1 und des §. 43 Satz 1 der **Vorlegung des Briefes**, den das Grundbuchamt von Amtswegen herbeizuschaffen hat (§. 62 Abs. 2 Satz 1). Hiervon macht Abs. 2 Satz 1 eine Ausnahme, die durch Abs. 2 Satz 2 wieder eingeschränkt wird. Beide Sätze sind bereits oben S. 275 Erl. 3a und S. 277f. Erl. 2 besprochen.

6. Hinsichtlich seiner **Wirkungen** unterscheidet sich der von Amtswegen eingetragen Widerspruch nicht von einem sonstigen Widerspruche. Vgl. darüber oben S. 133f.

§. 55.

Jede Eintragung soll dem Antragsteller und dem eingetragenen Eigenthümer sowie im Uebrigen allen aus dem Grundbuch ersichtlichen Personen bekannt gemacht werden, zu deren Gunsten die Eintragung erfolgt ist oder deren Recht durch sie betroffen wird. Auf die Bekanntmachung kann verzichtet werden.

---

7. Ueber die **Löschung dieses Widerspruchs** giebt die G.B.O. keine besondere Bestimmung. Im Gegensatze zu den nach §. 18 Abs. 2 und §. 76 von Amtswegen eingetragenen Widersprüchen ist er nur auf Antrag zu löschen, für dessen Begründung die allgemeinen Vorschriften (§§. 19, 22 rc.) in Betracht kommen.

8. Ueber die Frage, ob das Grundbuchamt befugt ist, seine **Verfügungen von Amtswegen abzuändern,** enthält die G.B.O. keine besondere Vorschrift. Nur bestimmt §. 75, daß es einer Beschwerde abzuhelfen hat, die es für begründet erachtet. (Anders bei der weiteren Beschwerde §. 80 Abs. 2.) Ueber Eintragungsverfügungen schweigt die G.B.O. überhaupt. Soweit sie landesrechtlich vorgeschrieben sind, wie in Preußen (A.G. z. G.B.O. Art. 6), können sie auch bis zu ihrer Ausführung d. h. bis zur Eintragung in das Grundbuch von Amtswegen zurückgenommen oder abgeändert werden, selbst wenn sie schon den Betheiligten bekannt gegeben sein sollten (M. S. 92).

9. §. 54 Abs. 1 findet auch auf Eintragungen Anwendung, die vor dem 1. Januar 1900 erfolgt sind (Rechtspr. 2 S. 174).

X. Bekanntmachung der Eintragungen.

§. 55.

E. I §. 55; II §. 53. P. I S. 13475—13477, 13479, 13480. M. S. 95. D. S. 3045.

1. Im Einklange mit den meisten bisherigen Grundbuch- und Hypothekengesetzen (vgl. preuß. G.B.O. §§. 57, 121—123) legt die G.B.O. dem Grundbuchamte die Verpflichtungen auf, bestimmten Personen Nachricht von den Einschreibungen zu geben, weil ihr Interesse durch die Aenderung des Buchinhalts berührt wird. **Nach §. 55 sind zu benachrichtigen:**

a. der Antragsteller. Dieser ist regelmäßig aktiv oder passiv an der Eintragung betheiligt (§. 13 Abs. 2), aber auch abgesehen hiervon kann er lediglich deshalb, weil er den Antrag an das Grundbuchamt gerichtet hat, Nachricht darüber verlangen, ob und in welcher Weise seinem Antrage Folge gegeben worden ist. Deshalb wird er neben den Aktiv- und Passivbetheiligten ausdrücklich genannt. Zweifellos ist also auch der aus §. 14 Antragsberechtigte von der auf seinen Antrag erfolgten Eintragung zu benachrichtigen.

Hat der Antragsberechtigte den Antrag nicht in Person gestellt, so ist die Eintragung dem Vertreter bekannt zu geben, vorausgesetzt, daß seine Vertretungsmacht nicht auf die Stellung des Antrags beschränkt ist, sondern auch die Empfangnahme der Bekanntmachung umfaßt. Ob das der Fall ist, muß sich aus den Umständen des einzelnen Falles ergeben. Hat jemand z. B. zu einer Auflassung lediglich deshalb Vollmacht gegeben, weil er nicht vor Gericht erscheinen kann, so wird er den Vertreter im Zweifel nur zur Auflassung, nicht zur Empfangnahme der Benachrichtigung ermächtigt haben.

Zweifelhaft ist es, wer zu benachrichtigen ist, wenn ein Notar auf Grund des §. 15 die Eintragung nachgesucht hat, ob der Notar oder der Antragsberechtigte, in dessen Namen er den Antrag gestellt hat. Wie bereits oben S. 204 Erl. 3b erwähnt, sind dem Notar etwaige Bedenken gegen seinen Antrag bekannt zu geben, damit er sie beseitigen oder Beschwerde erheben kann. Daraus ist m. E. zu folgern, daß ihm auch die Vollziehung der beantragten Eintragung bekannt zu machen ist, damit er sich von deren Richtigkeit und Vollständigkeit überzeuge. Das Interesse des von ihm vertretenen Antragsberechtigten, der in vielen Fällen gern selbst den aus der Bekanntmachung ersichtlichen Inhalt der Eintragung prüfen wird, wird dadurch gewahrt, daß der Notar ihm als seinen Vollmachtgeber von der eingegangenen Nachricht Mittheilung zu machen hat.

Nicht besonders erwähnt ist, daß der zuständigen **Behörde** von der auf ihr Ersuchen bewirkten Eintragung (§. 39) Mittheilung zu machen ist. Dies ist aber lediglich deshalb unterlassen, weil es selbstverständlich ist, weil „sich die betreffende Pflicht des Grundbuchamts schon aus den für den Verkehr zwischen Behörden geltenden Regeln ergiebt" (M.).

b. der eingetragene Eigenthümer. Dieser ist bei allen sein Grundstück betreffenden Eintragungen interessirt, auch wenn er in dem einzelnen Falle an der Eintragung weder aktiv noch passiv betheiligt ist. Er ist daher stets zu benachrichtigen.

c. alle aus dem Grundbuch ersichtlichen Personen, zu deren Gunsten die Eintragung erfolgt ist oder deren Recht durch sie betroffen wird. Wer hierzu gehört, ist oben S. 195 ff. Erl. 5 näher besprochen.

Zu b und c. In den beiden letzten Fällen wird gefordert, daß die zu benachrichtigenden Interessenten eingetragen, aus dem Grundbuch ersichtlich sein müssen. Wer ein aus dem Grundbuche nicht zu ersehendes Interesse hat, erhält also keine Nachricht, sondern muß das Grundbuch einsehen, um etwaige neue Eintragungen zu erfahren. Auch für die Fälle des §. 40 Abs. 2, §. 41 ist keine Ausnahme gemacht; auch der Erbe des eingetragenen Berechtigten und die nicht eingetragenen Briefhypotheken- oder Briefgrundschuld-Gläubiger brauchen also nach dem Wortlaute des Gesetzes nicht benachrichtigt zu werden. Indessen fragt es sich, ob das mit dem Sinne des Gesetzes vereinbar ist. Jedenfalls wird dem die Eintragung Bewilligenden, auch wenn er nicht der Antragsteller und nicht aus dem Grundbuch ersichtlich ist, Nachricht zu geben sein, also z. B. einem nicht eingetragenen Erben oder Briefhypothekengläubiger, und auch sonst ist es richtiger, wenn das Grundbuchamt dem ihm amtlich bekannt gewordenen Erben eines noch eingetragenen Berechtigten die Nachricht, welche es nach der Vorschrift des §. 55 letzterem machen müßte, zugehen läßt und sich nicht mit dem vergeblichen Versuche der Benachrichtigung des Erblassers begnügt. Dagegen sind von einer bei einer Briefhypothek, Briefgrundschuld oder Briefrentenschuld erfolgten Einschreibung nicht alle nicht eingetragenen Gläubiger zu benachrichtigen, die aus den vorgelegten Urkunden (§. 40 Abs. 2) ersichtlich sind, sondern nur der letzte eingetragene Gläubiger und der die neue Einschreibung Bewilligende.

Nicht nothwendig ist, daß die Bekanntmachung an die Interessenten oder deren gesetzliche Vertreter in Person erfolgt. Haben diese die Bestellung eines Vertreters oder Zustellungsbevollmächtigten zu den Grundakten angezeigt (vgl. Zw.V.G. §. 5, §. 19 Abs. 2; Rechtspr. 2 S. 196), so geht diesem die Benachrichtigung zu. In Preußen ist diese Anzeige wie die nähere Angabe einer Wohnung und die Anzeige einer Wohnungsänderung eines Berechtigten oder seines Vertreters auf einem besonderen Blatte der Grundakten, dem sog. Wohnungsblatte, zu vermerken, welches vor die Tabelle in den für diese vorgeschriebenen besonderen Umschlag zu heften ist (Geschäftsordnung für die Gerichtsschreibereien der Amtsgerichte vom 26. November 1899 §. 48 Ziff. 3). Diese Vorschrift ist auch z. B. auf Testamentsvollstrecker entsprechend anzuwenden; haben sie sich dem Grundbuchamt in gehöriger Weise (§. 36 Abs. 2) legitimirt, so sind sie als Vertreter des noch eingetragenen Erblassers zu benachrichtigen, auch wenn ihre Ernennung nicht im Grundbuche vermerkt ist; und wenn zwar dieser Vermerk, aber nicht die Person des Testamentsvollstreckers eingetragen ist (vgl. S. 294 Erl. 4), darf die Bekanntmachung an den zu den Grundakten legitimirten Vollstrecker nicht unter Berufung auf §. 55 deshalb verweigert werden, weil seine Person aus dem Grundbuche nicht ersichtlich sei. Neben ihm sind auch die eingetragenen Erben als Aktiv- oder Passivbetheiligte zu benachrichtigen.

d. Der Kreis der zu benachrichtigenden Personen kann durch landesrechtliche Bestimmung erweitert werden. Vgl. für Preußen Allg. Verf. §. 31 nebst Erl., für Sachsen V.O. vom 26. Juli 1899 §§. 127—135.

2. **Die Bekanntmachung ist** nach Satz 2 **nicht erforderlich**, wenn auf sie **verzichtet** ist. Dies ist in dem Gesetz ausdrücklich gesagt, um den möglichen Zweifel zu beseitigen, ob die Vorschrift des ersten Satzes als eine Verfahrensvorschrift der Disposition der Betheiligten unterliege, und die Zulässigkeit des Verzichts wird damit gerechtfertigt, daß dadurch Kosten und Arbeit erspart würden (M.). In welcher Form der Verzicht erklärt werden muß, ist nicht gesagt; da er nicht eine zu einer Eintragung erforderliche Erklärung oder eine sonstige Voraussetzung der Eintragung ist, findet §. 29 keine Anwendung. Indessen darf das Grundbuchamt mit Rücksicht auf die große Bedeutung, die die Bekanntmachung für die Interessenten haben kann, eine formlose Verzichtserklärung nur berücksichtigen, wenn ihre Echtheit unzweifelhaft ist.

Nach der preuß. G.B.O. §§. 122, 123 bedurfte es auch keiner Benachrichtigung an den Eigenthümer oder Grundschuld- oder Hypothekengläubiger, dem der **Grundschuld- oder Hypotheken-Brief eingehändigt** wurde. Das Reichsgesetz hat eine ausdrückliche Bestimmung dieses Inhalts nicht aufgenommen. Indessen, da eine besondere Form für die Bekanntmachung nicht vorgeschrieben ist und aus dem Briefe die Eintragung völlig erhellt, ist dessen Uebersendung als eine der Vorschrift des §. 55 entsprechende Benachrichtigung anzusehen. Derselben Person, der der Brief ausgehändigt wird (§. 60), noch eine Bekanntmachung zuzusenden, würde ein übertriebener Formalismus sein.

3. Bekannt gemacht werden soll **jede Eintragung** in dem oben S. 179 Ziff. II erläuterten Sinne.

4. Hinsichtlich des **Inhalts und der Form der Bekanntmachung** ist vor allem das Landesrecht maßgeblich. Jedoch ist in erster Hinsicht aus der Vorschrift, daß die „Eintragung" bekannt zu machen ist, zu schließen, daß der ganze Inhalt der Eintragung mitgetheilt werden soll. Daß die Eintragungsformel wörtlich angegeben werde, ist dagegen, anders als in der preuß. G.B.O. §. 121, nicht gefordert (vgl. sächs. V.O. vom 26. Juli 1899 §. 126).

Ueber die Ausführung der Bekanntmachung vgl. oben S. 190 Vorbm. VI.

5. Ein **Verstoß gegen die Vorschrift des § 55** ist natürlich für die Gültigkeit der vollzogenen Eintragung ohne Belang; für den dadurch erwachsenen Schaden haftet der Staat oder die Körperschaft und im Regreßwege der Grundbuchbeamte gemäß §. 12; vgl. S. 176 Erl. 2c.

Dritter Abschnitt.

Hypotheken=, Grundschuld=, Rentenschuldbrief.

Dritter Abschnitt.

1. Ueber die **geschichtliche Entwickelung** des Instituts des Hypothekenbriefs vgl. M. z. B.G.B. Bd. 3 S. 612—615.

2. Die **Hypotheken=, Grundschuld- und Rentenschuldbriefe** haben nicht bloß den **Zweck**, dem Empfänger der Urkunde die vollzogene Eintragung bekannt zu machen und einen Beweis für den Bestand des eingetragenen Rechtes in die Hand zu geben, sondern ihr Hauptzweck besteht darin, die Verkehrsfähigkeit des verbrieften Rechtes zu erhöhen. Dies wird dadurch erreicht, daß das Hypotheken=, Grundschuld= und Rentenschuldrecht, sofern die Ertheilung des Briefes nicht ausgeschlossen ist, in gewisser Weise mit dem Rechte an dem Papiere verknüpft ist. Erst mit der Uebergabe des Briefes seitens des Eigenthümers erwirbt der Gläubiger das für ihn neu eingetragene Recht; bis dahin steht es dem Eigenthümer zu; die Uebergabe kann aber auch durch die Vereinbarung ersetzt werden, daß der Gläubiger berechtigt sein soll, sich den Brief von dem Grundbuchamt aushändigen zu lassen (oben S. 75 Ziff. 1). Zur Abtretung oder Verpfändung des Rechtes ist neben der schriftlichen Abtretungs= oder Verpfändungserklärung oder der Eintragung in das Grundbuch die Uebergabe des Briefes erforderlich (S. 78f. unter b und S. 114 Ziff. 1), und auch zur Pfändung bedarf es außer dem Pfändungsbeschlusse der Uebergabe des Briefes an den Gläubiger oder seiner Wegnahme durch den Gerichtsvollzieher (oben S. 115). Insoweit ist der Erwerb der Briefhypothek ꝛc. von dem Besitze des Briefes abhängig gemacht; daneben giebt es freilich auch viele Fälle, in denen das Recht kraft Gesetzes ohne Uebergabe des Briefes übergeht (vgl. oben S. 79ff.).

Durch diese Vorschriften, welche das Eintragungsprinzip durchbrechen, wird der Brief in gewisser Hinsicht zum Träger des Rechtes in ähnlicher Weise wie ein Wechsel oder ein sonstiges Werthpapier und dadurch das verbriefte Recht leichter zu einem Gegenstande des Verkehrs gemacht. Demselben Zwecke dient die oben S. 270f. Erl. 5a erwähnte Vorschrift des §. 1155 des B.G.B., die den Schutz des öffentlichen Glaubens auch den Besitzern des Briefes zu Theil werden läßt, die ihr Gläubigerrecht durch eine zusammenhängende, auf einen eingetragenen Gläubiger zurückführende Reihe von öffentlich beglaubigten Abtretungserklärungen, gerichtlichen Ueberweisungsbeschlüssen oder öffentlich beglaubigten Anerkenntnissen von kraft Gesetzes erfolgten Uebertragungen nachweisen. Andererseits dienen zum Schutze des Eigenthümers die Bestimmung, daß der Inhalt des Briefes und der auf diesem gesetzten Vermerke ebenso wie der des Grundbuchs selbst jedem Erwerber als bekannt gilt (§. 1140), sowie die Vorschriften über die Verpflichtung zur Vorlage oder Aushändigung des Briefes oder des Ausschlußurtheils, welches ihn für kraftlos erklärt, bei Geltendmachung des Rechtes, bei Kündigung oder Mahnung (§§. 1160, 1144, 1145, 1150, 1162, 1167). Auch in dieser Hinsicht ähnelt der Brief dem Wechsel; ob er aber selbst ein Werthpapier zu nennen ist, kann hier dahingestellt bleiben.

3. Damit der Brief im Verkehre die ihm zugedachte Rolle spielen kann, muß er nach **Form** und **Inhalt** der Art sein, daß er auf den ersten Blick, ohne daß eine besondere Prüfung nöthig ist, als Hypothekenbrief erkannt werden kann, sowie daß man sich aus ihm ebenso sicher wie aus dem Grundbuche selbst über die Identität des verbrieften Rechtes, dessen Inhalt und Umfang, über dessen Sicherheit und über alle sonstigen für das Recht erheblichen Rechtsverhältnisse vergewissern kann. Dieses zu gewährleisten ist der Zweck der §§. 56—70.

§. 56.

Der Hypothekenbrief wird von dem Grundbuchamt ertheilt. Er muß die Bezeichnung als Hypothekenbrief enthalten, den Geldbetrag der Hypothek und das belastete Grundstück bezeichnen sowie mit Unterschrift und Siegel versehen sein.

Von ihnen betreffen die §§. 56—69 die Hypothekenbriefe, die Schlußbestimmung des §. 70 die Grundschuld- und Rentenschuldbriefe. §. 56 spricht von der Zuständigkeit zur Ertheilung des Briefes und von dessen wesentlichem Inhalte, §. 57 von dem unwesentlichen Inhalte, §. 58 von der Verbindung der Schuldurkunde mit dem Briefe, §. 59 von dem Briefe über eine Gesammthypothek, §. 60 von der empfangsberechtigten Person, §. 61 von dem Theilhypothekenbriefe, §. 62 von der Nachfügung späterer Eintragungsvermerke, §. 63 von dem Vermerk einer Mitbelastung, §. 64 von der Vertheilung der verbrieften Gesammthypothek auf die einzelnen Grundstücke, §. 65 von der Umwandlung der verbrieften Hypothek in eine Grundschuld oder Rentenschuld und von der Aenderung der gesicherten Forderung, §. 66 von der Ertheilung eines gemeinschaftlichen Briefes für mehrere Hypotheken, §§. 67, 68 von der Ertheilung eines neuen Briefes an Stelle eines alten und §. 69 von der Unbrauchbarmachung des Briefes.

Zu diesen Vorschriften kommen die landesrechtlichen Ergänzungsbestimmungen hinzu. §. 97 gestattet aber nur Anordnungen der Landesjustizverwaltungen, daß der im §. 57 bezeichnete Auszug aus dem Grundbuche noch andere als die dort vorgeschriebenen Angaben über das Grundstück enthalten und daß, wenn sich der Betrag der Hypothek, Grundschuld oder Rentenschuld mindert, auf dem Briefe durch einen Vermerk ersichtlich gemacht werden soll, für welchen Betrag das Recht noch besteht. Weitere landesrechtliche Bestimmungen sind unzulässig; vor allem können die wesentlichen Erfordernisse nicht vermehrt werden (vgl. für Preußen Allg. Verf. §§. 37—42, für Sachsen V.O. vom 26. Juli 1899 §§. 136—150).

4. **Formulare** für Hypotheken, Grundschuld- und Rentenschuldbriefe sind von Reichswegen nicht aufgestellt, wohl aber ist mit deren landesrechtlicher Einführung gerechnet (vgl. §. 56 Erl. 2). In Preußen sind Musterformulare der Allg. Verf. in den Anlagen B bis G beigefügt.

5. Daß **nicht bei allen Hypotheken,** Grundschulden oder Rentenschulden ein Brief zu ertheilen ist, ist oben S. 62 Ziff. 3 bereits erörtert. Im Gegensatze zu der preuß. G.B.O. (§. 129 Abs. 2), welche die nachträgliche Bildung eines Hypothekenbriefs von Amtswegen anordnete, wenn bei einer Buchhypothek eine Veränderung eingetragen wurde, läßt das Reichsrecht die Umwandlung einer Buchhypothek in eine Briefhypothek nur bei einer Einigung der Betheiligten zu; vgl. S. 74 Anm. 1, S. 88f. und über die formellen Voraussetzungen der Eintragung der Aenderung S. 210f. Erl. 3.

I. Hypothekenbrief.

1. Zuständigkeit zur Ertheilung des Briefes und wesentlicher Inhalt desselben.

§. 56.

E. I §. 56; II §. 54 P. I S. 13543—13553. M. S. 97. D. S. 3045. K.B. S. 3430.

1. **Zuständig** zur Ertheilung des Briefes ist nach Satz 1 ausschließlich das Grundbuchamt. Dies ergiebt sich schon aus dem B.G.B. §. 1117 Abs. 2, wo bestimmt ist, daß die Uebergabe des Briefes durch die Vereinbarung ersetzt werden kann, daß der Gläubiger berechtigt sein soll, sich den Brief „von dem Grundbuchamt" aushändigen zu lassen. Wenn trotzdem die obige Vorschrift in die G.B.O. aufgenommen ist, so ist dies hauptsächlich im Gegensatze zu §. 61 Abs. 1 geschehen, wonach ein Theilhypothekenbrief nicht nur von dem Grundbuchamte, sondern auch von einem Gericht oder einem Notar hergestellt werden kann.

Eine nicht von dem Grundbuchamt ausgestellte Urkunde ist kein Hypothekenbrief im Sinne des B.G.B.

2. Das Letztere gilt auch von einem Hypothekenbriefe, der die im Satz 2 angeführten **wesentlichen Erfordernisse** nicht erfüllt. In der Voraussetzung, daß in den einzelnen Bundesstaaten Formulare eingeführt werden würden, die allen Erfordernissen, auch den nicht wesentlichen, entsprechen und deren Aufnahme gewährleisten, sind reichsrechtlich die wesentlichen Erfordernisse auf das äußerste Maß eingeschränkt (D.) und durch das Landesrecht können sie nicht vermehrt werden. Wesentlich ist:

a. die Bezeichnung der Urkunde als Hypothekenbrief, „da das Papier nur durch den ausgesprochenen Willen des Grundbuchamts zu der Urkunde gemacht wird, welche das B.G.B. unter Hypothekenbrief versteht. Die Bezeichnung in der Ueberschrift genügt, ist jedoch nicht gerade nothwendig" (M. S. 98). In Preußen ist die Ueberschrift „Preußischer Hypothekenbrief" vorgeschrieben (Allg. Verf. §. 38);

b. die Angabe des Geldbetrags der Hypothek und zwar nach §. 28 in Reichswährung. Eine weitere Bezeichnung der Hypothek ist als wesentliches Erforderniß nicht aufgestellt. Insbesondere bedarf es nicht nothwendig der Bezeichnung der Hypothek „unter Bezugnahme auf das Grundbuchblatt", wie nach dem E. I §. 56; die Angabe der Nummer des Blattes ist nur instruktionell vorgeschrieben (§. 57 Abs. 1). In Preußen ist die Bezeichnung der Hypothek „nach dem Grundbuche, den Nummern des Bandes und des Blattes, der Eintragungsnummer und dem Geldbetrage" in der Ueberschrift angeordnet (Allg. Verf. §. 38);

c. die Bezeichnung des belasteten Grundstücks oder der mehreren belasteten Grundstücke (§§. 59, 63). Daß diese „nach dem Inhalte des Grundbuchs" bezeichnet werden, ist nicht wesentlich (§. 57 Abs. 2 Nr. 1). Vgl. für Preußen noch Allg. Verf. §. 37, für Sachsen V.O. vom 26. Juli 1899 §. 138;

d. die Unterschrift des Grundbuchamts. Welcher Beamte zu unterschreiben hat, ist hier sowenig wie im §. 45 hinsichtlich der Eintragungen in das Grundbuch bestimmt, sondern der Landesgesetzgebung überlassen (vgl. oben S. 280 Erl. 3b); in Preußen ist die Unterschrift des Richters und des Gerichtsschreibers erforderlich (A.G. z. G.B.O. Art. 7). Eine im Wege der mechanischen Vervielfältigung hergestellte Namensunterschrift genügt nicht; nur bei den auf den Inhaber ausgestellten Grundschuld- oder Rentenschuldbriefen gilt eine Ausnahme, weil auf diese nach B.G.B. §. 1195 Satz 2 die Vorschriften über Schuldverschreibungen auf den Inhaber, also auch die des B.G.B. §. 793 Abs. 2 Satz 2, Anwendung finden; dies ist für den Fall, daß die Grundschuld oder Rentenschuld in Theile zerlegt wird (§. 70 Abs. 2), von Bedeutung.

Daß der Unterschrift auch das Datum hinzugefügt wird, wie der E. I §. 56 forderte, ist nicht vorgeschrieben, weder als wesentliches noch als unwesentliches Erforderniß. Auch die preuß. Allg. Verf. erwähnt die Datirung nicht; nach den ihr beigefügten amtlichen Mustern scheint sie dieselbe freilich als selbstverständlich anzusehen. Da es an einer Vorschrift in dieser Hinsicht fehlt, bedarf es auch keiner Prüfung der Frage, welches Datum anzugeben ist;

e. das Siegel des Grundbuchamts. „Die Verwendung eines Stempels an Stelle des Siegels genügt nicht" (D.). Vgl. über diesen Unterschied die Allg. Verf. des preuß. Justizmin. vom 24. Januar und 6. April 1900 (J.M.Bl. S. 45, 297) und die Entsch. des Kammerger., N.F. 1 A S. 14 (J.M.Bl. 1900 S. 404). Nach der übereinstimmenden Ansicht beider, welche allerdings von anderer Seite bekämpft wird (vgl. Schmitt in Seuff. Blättern für Rechtsanwendung 1900 S. 497), ist unter Siegel „derjenige Abdruck des Petschafts oder sonstigen, beim Siegeln benutzten Werkzeugs zu verstehen, welcher in einem weichen mit der Urkunde verbundenen selbständigen Stoffe gemacht ist" (K.G.). Dieser Stoff braucht nicht nothwendig Siegellack zu sein, vielmehr ist es nicht nur zulässig, sondern wegen der größeren Haltbarkeit auch empfehlenswert, „daß das Siegel aus einer Oblate nebst aufgelegtem Papierstücke derart hergestellt wird, daß der aus der Oblate nebst Papierstück bestehende besondere Siegelstoff mit der Urkunde verbunden und mit dem Eindrucke des Siegelzeichens versehen wird" (Verf. vom

§. 57.

Der Hypothekenbrief soll die Nummer des Grundbuchblatts angeben und einen Auszug aus dem Grundbuch enthalten.

In den Auszug sollen aufgenommen werden:

1. die Bezeichnung des Grundstücks nach dem Inhalte des Grundbuchs;
2. die Bezeichnung des Eigenthümers;
3. der Inhalt der die Hypothek betreffenden Eintragungen und, soweit zur Ergänzung einer Eintragung auf eine Urkunde Bezug genommen ist, auch der Inhalt dieser Urkunde; im Falle des §. 1115 Abs. 2 des Bürgerlichen Gesetzbuchs braucht der Inhalt der Satzung nicht aufgenommen zu werden;
4. die kurze Bezeichnung des Inhalts der Eintragungen, welche der Hypothek im Range vorgehen oder gleichstehen.

Der Auszug ist auf Antrag zu ergänzen, wenn sich der Inhalt des Grundbuchs ändert.

---

6. April 1900 a. a. O.); das Kammergericht empfiehlt zum Eindrücken die Benutzung „einer auch das Urkundenpapier selbst ergreifenden Presse." Kein Siegel bildet dagegen der lediglich unter Anwendung eines Farbstoffs auf die Urkunde gebrachte Abdruck des Dienstsiegels; auch das Festkleben eines Papierstücks, welches bereits vorher mit einem Aufdrucke des Farbstempels versehen ist, auf der Urkunde mittelst einer Oblate genügt nicht, weil das Siegelinstrument in diesem Falle nicht in den Oblatenklebestoff eingedrückt wird. Bei der Feinheit dieser Unterschiede ist dieses letzte Erforderniß, von dem die Gültigkeit des Hypothekenbriefs abhängt, besonders zu beachten. Vgl. noch das Recht 1900 S. 171 und 258.

2. Nicht wesentlicher Inhalt des Hypothekenbriefs.

§. 57.

E. I §. 57 Abs. 1, §. 62; II §. 55. P. I S. 13543—13554, 13557—13559, 13571—13573, 13587, 13590. M. S. 99, 104. D. S. 3045. K.B. S. 3430.

1. Durch die Ordnungsvorschrift des §. 57 trifft die G.B.O. Fürsorge, daß der Brief über den nothwendigen und zu seiner Gültigkeit erforderlichen Inhalt hinaus diejenigen Nachrichten bringt, für deren Aufnahme mit Rücksicht auf die oben S. 300 Vorbm. 2, 3 erörterte Bedeutung des Briefes für den Verkehr das allgemeine praktische Bedürfniß spricht.

2. Zunächst soll die **Nummer des Grundbuchblatts** angegeben werden. Vgl. hierzu Erl. 2b zu §. 56.

3. Außerdem soll der Brief einen **Auszug aus dem Grundbuch** enthalten, in welchem die im Abs. 2 angeführten und die etwa außerdem auf Grund des Vorbehalts im §. 97 durch die Landesjustizverwaltungen vorgeschriebenen Angaben aufgenommen werden sollen. Nach §. 57 sind aufzunehmen:

a. die Bezeichnung des Grundstücks nach dem Inhalte des Grundbuchs. Wie es in diesem zu bezeichnen ist, bestimmt die G.B.O. §. 2 Abs. 2. Hierdurch wird die Bestimmung des §. 56, die als wesentliches Erforderniß nur irgend eine Bezeichnung des belasteten Grundstücks vorschreibt, ergänzt. Die Angabe der Größe, des Grundsteuerreinertrags und des Gebäudesteuernutzungswerths des Grundstücks ist nicht reichsrechtlich, wohl aber in Preußen.

(Allg. Verf. §. 37 Ziff. 1) angeordnet (vgl. daselbst auch Ziff. 2 über die Angabe der im Grundbuche vermerkten Erwerbspreise, Schätzungs- oder Versicherungssummen);

b. die Bezeichnung des eingetragenen Eigenthümers;

c. der Inhalt der die Hypothek betreffenden Eintragungsvermerke und der darin zur Ergänzung der Eintragung angezogenen Urkunden. Um dem Erwerber der Hypothek die Einsicht des Grundbuchs zu ersparen und dadurch die Verkehrsfähigkeit des Rechtes zu erhöhen, müssen alle die Hypothek betreffenden Eintragungen aus dem Briefe erhellen. Dasselbe gilt von dem Inhalte der Urkunden, auf die in einer Eintragung zu deren Ergänzung Bezug genommen ist, da dieser Inhalt als miteingetragen gilt (vgl. oben S. 167 Erl. 2b, S. 173 Erl. 3b und S. 187f. Vorbm. V2); er ist aber nur anzugeben, „soweit" die Bezugnahme reicht, und nach §. 58 Abs. 2 überhaupt nicht, wenn die Urkunde oder ein Auszug aus ihr gemäß §. 58 Abs. 1 mit dem Hypothekenbriefe verbunden wird. Auch der Inhalt der von der zuständigen Behörde öffentlich bekannt gemachten Satzung der Kreditanstalt, zu deren Gunsten die Hypothek eingetragen ist, braucht nicht angegeben zu werden, obwohl auf diese Bezug genommen ist; durch die amtliche öffentliche Bekanntmachung ist sie einem Jeden zugänglich gemacht.

Daß der Inhalt der Eintragungen und der Urkunden wörtlich mitzutheilen sei, schreibt die G.B.O. nicht vor; der Vorschlag der zweiten Kommission, das Wort „Inhalt" durch „Wortlaut" zu ersetzen, hat nicht die Billigung des Bundesraths gefunden. (So auch sächs. V.O. vom 26. Juli 1899 §. 137.)

Wenn der Brief nicht bei der Eintragung der Hypothek, sondern erst bei der späteren Umwandlung der Buchhypothek in eine Briefhypothek oder bei seiner Erneuerung des Briefes ertheilt wird, so bedarf es nicht der Aufnahme solcher Vermerke, die bei der gegenwärtigen Lage des Grundbuchs unerheblich sind. Vgl. Erl. 2 zu §§. 67, 68.

d. die vorgehenden oder gleichstehenden Eintragungen, um die Prüfung der Sicherheit der Hypothek zu ermöglichen. Diesem Zwecke gemäß bedarf es nicht einer genauen Mittheilung, sondern nur einer kurzen Bezeichnung des Inhalts. Bei den Hypotheken wird die Angabe des Betrags genügen; der Zinssatz ist trotz des Fehlens einer dem §. 127 Ziff. 4 der preuß. G.B.O. entsprechenden Vorschrift nur dann mitzutheilen, wenn er 5% übersteigt, da jeder Gläubiger gemäß §. 1119 des B.G.B. (oben S. 89) mit einer späteren Erweiterung der Hypothek bis zu diesem Zinssatze rechnen muß. (So ausdrücklich sächs. V.O. vom 26. Juli 1899 §. 138.) Vgl. die der preuß. Allg. Verf. beigefügten Muster. In Betracht kommen nicht nur die vorgehenden oder gleichstehenden Rechte, sondern auch Vormerkungen, Verfügungsbeschränkungen 2c.; deshalb gebraucht die G.B.O. den allgemeinen Ausdruck „Eintragungen". Bei einem gemeinschaftlichen Blatte sind nur die Eintragungen aufzunehmen, welche das mit der Hypothek belastete Grundstück betreffen (vgl. R.G. 14 S. 172).

Ueber die Reihenfolge, in der diese Angaben aufzunehmen sind, sagt die G.B.O. nichts; für Preußen ist die Allg. Verf. §. 38 Abs. 2 zu vergleichen.

4. Dasselbe Verkehrsinteresse, welches die Aufnahme aller soeben besprochenen Angaben in den Brief fordert, macht es auch wünschenswerth, daß etwaige **Aenderungen** nachgetragen werden. Daß dieses hinsichtlich derjenigen Eintragungen geschieht, die bei der Briefhypothek selbst erfolgen, dafür ist durch die Vorschriften des §. 42 (vgl. oben S. 274 Erl. 1 Abs. 2) und des §. 62 gesorgt. Aber auch die Angabe der sonstigen Aenderungen ist für den Gläubiger von Interesse, da z. B. durch die Löschung einer vorstehenden Eintragung die Sicherheit erhöht wird; auch Aenderungen in der Person des Eigenthümers oder in der Bezeichnung des belasteten Grundstücks, z. B. in Folge der Errichtung eines Gebäudes auf diesem, sind unter Umständen erheblich. Deshalb gewährt §. 57 Abs. 3 das (für das bisherige preußische Recht bestrittene) Recht, die Ergänzung des Inhalts des Briefes bei dem Grundbuchamte zu beantragen. Diesem Antrage muß Folge gegeben werden. Dagegen findet, anders als bei den die Hypothek

§. 58.

Ist eine Urkunde über die Forderung, für welche eine Hypothek besteht, ausgestellt, so soll die Urkunde mit dem Hypothekenbriefe verbunden werden. Erstreckt sich der Inhalt der Urkunde auch auf andere Angelegenheiten, so genügt es, wenn ein öffentlich beglaubigter Auszug aus der Urkunde mit dem Hypothekenbriefe verbunden wird.

In den Fällen des Abs. 1 unterbleibt die im §. 57 Abs. 2 Nr. 3 vorgesehene Aufnahme des Inhalts der Urkunde in den Hypothekenbrief.

Zum Nachweise, daß eine Schuldurkunde nicht ausgestellt ist, genügt eine darauf gerichtete Erklärung des Eigenthümers.

---

selbst betreffenden Eintragungen (§. 62), eine Ergänzung von Amtswegen nicht statt (vergl. K.B. a. a. O.).

Wer den Antrag zu stellen berechtigt ist, sagt das Gesetz nicht. Nach dem E. I sollte der Inhaber des Briefes antragsberechtigt sein, ohne daß er sich als Gläubiger zu legitimiren hätte. Das ist nicht Gesetz geworden. Grundsätzlich wird also nur dem Gläubiger und einem an der verbrieften Hypothek sonst Berechtigten, z. B. dem Nießbraucher oder Pfandgläubiger, die Antragsbefugniß zuzubilligen sein. Bevollmächtigte derselben bedürfen aber nicht einer öffentlichen oder öffentlich beglaubigten Vollmacht, da es sich nicht um eine Eintragung in das Grundbuch handelt (vgl. oben S. 237 Erl. 2).

3. Verbindung der Schuldurkunde mit den Hypothekenbriefe.

§. 58.

E. I §. 58; II §. 56. P. I S. 13543—13549, 13554, 13555, 13571—13573. M. S. 99. D. S. 3045, 3046.

1. Nach den preuß. Gesetzen vom 5. Mai 1872 (Ges. über den Eigenthumserwerb 2c. §. 19 Ziff. 1 und G.B.O. §. 122) mußte bei der Eintragung einer jeden Hypothek die Schuldurkunde vorgelegt und mit dem Hypothekenbriefe verbunden werden; wenn keine Schuldurkunde vorhanden war, hatte nach einer, allerdings nicht unbestrittenen Ansicht das Grundbuchamt deren Errichtung zu veranlassen (vgl. Achilles-Strecker S. 128ff.). Dieser Vorschrift gegenüber stellt sich die Bestimmung des §. 58 als eine Abschwächung dar, die der veränderten Gestaltung der Hypothek entspricht.

Die Hypothek des B.G.B. steht in einem viel loseren Zusammenhange mit der gesicherten Forderung als die des preußischen Rechtes; dies zeigt sich insbesondere durch die erweiterte Zulassung der Eigenthümerhypothek und durch die für das preußische Recht (vgl. ebd. S. 210 a. E., S. 211) bestrittene Möglichkeit, an die Stelle der versicherten Forderung eine andere zu setzen (B.G.B. §. 1180, vgl. S. 90f. unter c. und unten §. 65 Abs. 2). Deshalb war die zweite Kommission gegen jede Vorschrift, daß die Schuldurkunde mit dem Briefe zu verbinden sei. Wenn trotzdem die obige Bestimmung Gesetz geworden ist, so erklärt sich dies aus Zweckmäßigkeitsgründen; namentlich soll sie verhindern, daß mißbräuchlicher Weise über die Hypothek und über die verbriefte Forderung besondere Verfügungen getroffen werden (D.).

2. Im Gegensatze zu dem preußischen Rechte ist die Eintragung der Hypothek von der **Vorlage der Schuldurkunde** nicht abhängig gemacht, wie aus der Fassung und der Stellung

des §. 58 erhellt. Die Eintragungsbewilligung des Eigenthümers bildet, von dem Ersuchen einer zuständigen Behörde abgesehen, die alleinige Grundlage des Eintragungsantrags. Nur für die Ertheilung des Hypothekenbriefs ist die Vorlage der Schuldurkunde von Bedeutung, weil nach der Ordnungsvorschrift des §. 58 Satz 1 diese mit jenem verbunden werden soll.

Vorausgesetzt wird hierbei, daß überhaupt eine Schuldurkunde errichtet ist. Ist das nicht geschehen, so kann das Grundbuchamt nicht, wie nach der oben erwähnten Ansicht unter der Herrschaft der preußischen Gesetze vom 5. Mai 1872, auf Errichtung einer Urkunde bestehen, sondern hat den Brief ohne diese zu ertheilen. Daß die Ausstellung der Urkunde unterblieben ist, muß dem Grundbuchamte bewiesen werden; nach Abs. 3 genügt hierzu eine Erklärung des Eigenthümers. Die Denkschrift bezeichnet es als selbstverständlich, daß auf diese Erklärung der §. 29 Anwendung findet. Da die Erklärung aber ebensowenig wie die Urkunde selbst eine Voraussetzung der Eintragung bildet, findet §. 29 seinem Wortlaute nach keine Anwendung (vgl. oben S. 227 Erl. 2a); es hätte vielmehr, wie im §. 60 Abs. 2, einer besonderen Vorschrift bedurft, wenn die Bestimmung des §. 29 maßgeblich sein sollte. Das Grundbuchamt kann sich daher auch mit einer formlosen Erklärung begnügen, wenn es auch regelmäßig eine der Vorschrift des §. 29 entsprechende Form verlangen wird. Dasselbe ist von der Form der Vollmacht zur Abgabe dieser Erklärung zu sagen. Vgl. oben S. 237 Erl. 2.

Falls eine Urkunde ausgestellt ist, aber nicht vorgelegt wird, hat das Grundbuchamt die Ertheilung des Briefes bis zur Einreichung der Schuldurkunde zu verweigern.

3. Die vorgelegte **Schuldurkunde** soll, nachdem das Grundbuchamt die Identität der darin verbrieften Forderung mit der durch die Hypothek gesicherten geprüft und festgestellt hat, **mit dem Hypothekenbriefe verbunden werden.** Ein Verstoß gegen diese Bestimmung hat aber keine Nichtigkeit des Briefes zur Folge. Wie die Verbindung zu bewirken ist, sagt das Reichsgesetz nicht; nach der preuß. Allg. Verf. §. 41 erfolgt sie wie bisher „durch Schnur und Siegel", ebenso nach der sächs. V.O. vom 26. Juli 1899 §. 147.

Ist die Schuldurkunde zu Protokoll des Grundbuchamts erklärt, wie es häufig in Verbindung mit der Eintragungsbewilligung geschieht, und bleibt die Urschrift des Protokolls in Verwahrung des Grundbuchamts (wie z. B. nach dem preuß. freiw. G.G. Art. 42), so ist eine Ausfertigung des Protokolls mit dem Briefe zu verbinden. Wer die Ausfertigung zu ertheilen hat, ist reichsrechtlich nur für den Fall bestimmt, daß die Gerichte zugleich die Grundbuchämter sind, alsdann findet die für alle gerichtlichen Protokolle geltende Vorschrift des freiw. G.G. §. 182 Abs. 1 Anwendung: „Die Ausfertigung der Protokolle über die gerichtliche Beurkundung eines Rechtsgeschäfts ist von dem Gerichtsschreiber zu unterschreiben und mit dem Gerichtssiegel zu versehen." Für Preußen fällt also die früher erforderliche Unterzeichnung durch den Richter fort (vgl. auch preuß. freiw. G.G. Art. 45, 46 und die Erl. zu Art. 7 des preuß. A.G. z. G.B.O.).

4. Eine Einschränkung erleidet der Satz 1 des §. 58 durch Satz 2 „für solche Fälle, in denen die Urkunde sich auf mehrere Hypothekenforderungen bezieht oder neben der Hypothekenforderung andere Angelegenheiten (z. B. Erbauseinandersetzungs-, Gutsübernahme-, Kaufverträge) betrifft." (D.) In diesen Fällen genügt ein öffentlich beglaubigter Auszug aus der Urkunde. Wie dieser herzustellen ist, ist reichsrechtlich nicht bestimmt. Das freiw. G.G. §. 182 Abs. 2 sagt nur, daß auf Antrag Protokolle über die gerichtliche Beurkundung eines Rechtsgeschäfts auch auszugsweise ausgefertigt werden können. Für Preußen sind die maßgeblichen Bestimmungen in Art. 47, Art. 57 Abs. 3, Art. 59 des preuß. freiw. G.G. enthalten; vgl. die Erl. zu Art. 7 des A.G. z. G.B.O.

5. Die Vorschrift des §. 58 Abs. 2 bedarf keiner weiteren Erläuterung. Wenn zur Ergänzung einer Eintragung im Grundbuche auf die Schuldurkunde, welche zugleich die Eintragungsbewilligung enthält, Bezug genommen ist, so wäre es zwecklos, ihren Inhalt in dem Hypothekenbrief anzugeben, da sie diesem beigefügt wird.

§. 59.

Ueber eine Gesammthypothek soll nur ein Hypothekenbrief ertheilt werden. Sind die belasteten Grundstücke in den Bezirken verschiedener Grundbuchämter belegen, so soll jedes Amt für die Grundstücke seines Bezirkes einen besonderen Brief ertheilen; die Briefe sind mit einander zu verbinden.

---

6. Vgl. noch über die Behandlung der Schuldurkunde bei Theilhypothekenbriefen §. 61 Abs. 2 Satz 3 und bei Umwandlung der Hypothek in eine Grundschuld oder Rentenschuld sowie bei Aenderung der gesicherten Forderung §. 65. Siehe auch S. 318 Erl. 2a zu §§. 67, 68 und S. 320 Erl. 4 zu §. 69.

4. Gesammthypothekenbrief.

§. 59.

E. I §. 59; II §. 57. P. I S. 13543—13549, 13555, 13556, 13637. M. S. 100. D. S. 3046.

1. Bei Eintragung einer Hypothek auf mehreren Grundstücken ist es zur Verhütung von Täuschungen geboten, die Identität der Hypothek deutlich zum Ausdrucke zu bringen, damit die mehreren Eintragungen nicht als verschiedene Hypotheken angesehen werden. Dem wird einmal durch die Vorschrift des §. 49 über den Mitbelastungsvermerk vorgebeugt. Für den Verkehr mit den Briefhypotheken erscheint dieser Vermerk, der nach §. 57 Abs. 2 Ziff. 3 auch aus dem Briefe erhellt, nicht genügend, da er leicht übersehen werden kann, und eine weitere Maßregel geboten, um die Zusammengehörigkeit der einzelnen Eintragungen noch schärfer zum Ausdrucke zu bringen. Die preuß. G.B.O. §. 125 schrieb deshalb vor, daß über Gesammthypotheken, welche auf demselben Blatte oder Artikel eingetragen waren, nur ein Brief, andernfalls zwar mehrere Briefe zu bilden, aber durch Schnur und Siegel mit einander zu verbinden seien. Das Reichsgesetz geht noch weiter in der Erwägung, daß die Ertheilung nur eines Briefes die einfachere und sichere Maßregel sei.

2. Nach §. 59 Abs. 1 bildet die **Ertheilung nur eines Briefes** die Regel, welche im Gegensatze zu dem preuß. Rechte selbst dann zur Anwendung kommt, wenn die belasteten Grundstücke auf verschiedenen Grundbuchblättern desselben Grundbuchamts eingetragen sind. Ob sie demselben oder verschiedenen Eigenthümern gehören, macht auch keinen Unterschied. Vgl. über die Reihenfolge der Vermerke auf dem Briefe preuß. Allg. Verf. §. 38 und das beigefügte Muster Anlage D, und darüber, daß die Unterschrift eines Richters und eines Gerichtsschreibers genügt, auch wenn nach der Geschäftsvertheilung die Buchführung über die verschiedenen belasteten Grundstücke mehreren obliegt, ebd. §. 38 Abs. 3.

3. Von dieser Regel gilt eine **Ausnahme** nur dann, wenn die belasteten Grundstücke in den **Bezirken verschiedener Grundbuchämter** liegen, oder richtiger, wenn die Buchführung verschiedenen Aemtern obliegt. Darüber, daß sich beide Fassungen nicht genau decken, vgl. oben S. 156 Erl. 3b und S. 158f. Erl. 3. Für diesen Fall ist die Zusammengehörigkeit der Eintragungen durch die Verbindung der Briefe ersichtlich zu machen. Diese erfolgt z. B. in Preußen und in Sachsen durch Schnur und Siegel (preuß. Allg. Verf. §. 41; sächs. V.O. vom 26. Juli 1899 §. 147).

Ueber das bei der Eintragung der Gesammthypothek von den mehreren Grundbuchämtern zu beobachtende Verfahren vgl. oben S. 290f. Erl. 5 zu §. 49.

4. §. 59 hat nur den Fall im Auge, daß der Brief von vornherein über eine Gesammthypothek ausgefertigt wird. Den Fall der **nachträglichen Belastung eines anderen Grundstücks** mit einer Briefhypothek regelt §. 63.

5. Ueber die Behandlung des Gesammthypothekenbriefs bei einer **Vertheilung** der Hypothek auf die einzelnen Grundstücke vgl. §. 64.

§. 60.

Der Hypothekenbrief ist dem Eigenthümer des Grundstücks, im Falle der nachträglichen Ertheilung dem Gläubiger auszuhändigen.

Auf eine abweichende Bestimmung des Eigenthümers oder des Gläubigers findet die Vorschrift des §. 29 Satz 1 entsprechende Anwendung.

---

5. Aushändigung des Briefes.

§. 60.

E. I §. 60; II §. 58. P. I S. 13359—13362. M. S. 101. D. S. 3046.

1. Für die Frage, **welcher Person** das Grundbuchamt den **neu ausgestellten Brief** auszuhändigen hat, sind folgende Fälle zu unterscheiden.

a. Wird die Hypothek von vornherein als Briefhypothek eingetragen, so erwirbt der Gläubiger nach §. 1117 des B.G.B. die Hypothek, wenn ihm der Brief von dem Eigenthümer des Grundstücks übergeben wird (vgl. oben S. 75). Demnach muß in diesem Falle der Brief dem letzteren behändigt werden.

b. Ist aber die Hypothek zunächst als Buchhypothek eingetragen und wird nachträglich in eine Briefhypothek umgewandelt (B.G.B. §. 1116), so gebührt der Brief dem Gläubiger; denn ihm steht nach §. 873 des B.G.B. schon von der Eintragung an das Hypothekenrecht und damit auch nach §. 952 das Eigenthum an dem Hypothekenbriefe von dessen Ertheilung ab zu.

c. Beide Vorschriften gelten aber nur in Ermangelung einer abweichenden Bestimmung. Insbesondere kann in dem ersteren Falle nach §. 1117 Abs. 2 die Uebergabe des Briefes durch die Vereinbarung ersetzt werden, daß der Gläubiger berechtigt sein soll, sich den Brief von dem Grundbuchamt aushändigen zu lassen. Nach dem formellen Konsensprinzipe (§. 19) bedarf es aber für das formelle Grundbuchrecht nicht des Nachweises dieser Vereinbarung, sondern es genügt eine einseitige Bestimmung des nach der Regel des Abs. 1 Empfangsberechtigten. Natürlich kann dieser auch die Aushändigung an einen Dritten bewilligen.

Während die Vereinbarung des §. 1117 Abs. 2 formlos erfolgen kann (vgl. Martinius in Gruch. 44 S. 386 ff.), ist für die einseitige Bestimmung des Eigenthümers oder des Gläubigers, deren Zulässigkeit als selbstverständlich betrachtet ist, die Beobachtung der im §. 29 Satz 1 bestimmten Form vorgeschrieben; es bedarf also einer Erklärung zu Protokoll des Grundbuchamts oder in einer öffentlichen oder öffentlich beglaubigten Urkunde. Diese Vorschrift war erforderlich, da es sich hier nicht um eine zu einer Eintragung erforderliche Erklärung handelt. Die Bestimmung kann nach der allgemeinen Vorschrift des §. 894 der C.P.O. durch die rechtskräftige Verurtheilung zur Bewilligung der Aushändigung ersetzt werden (Turnau-Förster Bd. 1 S. 565); die Verurtheilung zur Eintragung der Hypothek genügt nicht (R.G. N.F. 2 A S. 171).

Dieselbe Form, wie für die Bestimmung selbst, ist für die Vollmacht zu ihrer Abgabe (oben S. 237 Erl. 2) und nach Analogie der Vorschrift des §. 32 auch für die Zurücknahme der Bestimmung erforderlich (Martinius a. a. O. S. 388). Ueber die Zulässigkeit der Zurücknahme gilt dasselbe wie über die Zurücknahme sonstiger Anträge (oben S. 248 Erl. 5; abw. Martinius a. a. O., der stets die einseitige Zurücknahme zulassen will).

2. Die Vorschriften des §. 60 gelten nur für die Aushändigung eines neu ertheilten Briefes, nicht für die **Rückgabe eines zu einer Eintragung eingereichten Briefes**. In dem letzteren Falle ist der Brief demjenigen zurückzugeben, welcher ihn eingereicht hat, es sei denn, daß dieser die Aushändigung an eine andere Person bewilligt hat. Insbesondere hat auch in den Fällen der Abtretung oder der Belastung der Hypothek die Rückgabe an den Cedenten oder den Besteller des Nießbrauchs oder des Pfandrechts zu erfolgen, wenn dieser den Brief eingereicht

§. 61.

Ein Theilhypothekenbrief kann von dem Grundbuchamt, einem Gericht oder einem Notar hergestellt werden.

Der Theilhypothekenbrief muß die Bezeichnung als Theilhypothekenbrief sowie eine beglaubigte Abschrift der im §. 56 Satz 2 vorgesehenen Angaben des bisherigen Briefes enthalten, den Theilbetrag der Hypothek, auf den er sich bezieht, bezeichnen sowie mit Unterschrift und Siegel versehen sein. Er soll außerdem eine beglaubigte Abschrift der sonstigen Angaben des bisherigen Briefes und der auf diesem befindlichen Vermerke enthalten. Eine mit dem bisherigen Briefe verbundene Schuldurkunde soll in beglaubigter Abschrift mit dem Theilhypothekenbriefe verbunden werden.

Die Herstellung des Theilhypothekenbriefs soll auf dem bisherigen Briefe vermerkt werden.

---

hat; dem Erwerber darf der Brief nur dann behändigt werden, wenn jener dies bestimmt hat. Denn auch die Abtretung und die Belastung der Hypothek erfordert die Uebergabe des Briefes seitens des Gläubigers an den Erwerber oder die Vereinbarung, daß der letztere berechtigt sein soll, sich den Brief von dem Grundbuchamt aushändigen zu lassen (vgl. oben S. 78f. unter b und S. 114 unter Ziff. 1). Es gilt also dasselbe wie bei der Neubestellung einer Briefhypothek; wie bei dieser dem Eigenthümer, so ist der Brief bei der Abtretung oder der Belastung im Zweifel dem bisherigen Gläubiger auszuhändigen. Wenn aber der Brief von dem Erwerber eingereicht ist, muß er diesem zurückgegeben werden; die Uebergabe seitens des Gläubigers ist dann bereits erfolgt oder wird wenigstens vermuthet (B.G.B. §. 1117 Abs. 3, §. 1154).

3. In welcher **Form** die Behändigung zu geschehen hat, richtet sich nach dem Landesrechte. In Preußen erfolgt sie durch den Gerichtsdiener gegen Empfangsbescheinigung oder durch eingeschriebenen Brief. Vgl. oben S. 190f. Vorbm. VI.

6. Theilhypothekenbrief.

§. 61.

E. I §. 61; II §. 59. P. I S. 13573—13579; II Bd. 3 S. 665, 666. M. S. 103. D. S. 3046. K.B. S. 3430.

1. Im Anschluß an die Bestimmungen der preuß. G.B.O. §§. 83, 84 (Achilles-Strecker S. 404ff.) **gestattet das Reichsrecht die Bildung eines Theilhypothekenbriefs.** Das B.G.B. bestimmt im §. 1152: „Im Falle einer Theilung der Forderung kann, sofern nicht die Ertheilung des Hypothekenbriefs ausgeschlossen ist, für jeden Theil ein Theilhypothekenbrief hergestellt werden; die Zustimmung des Eigenthümers des Grundstücks ist nicht erforderlich. Der Theilhypothekenbrief tritt für den Theil, auf den er sich bezieht, an die Stelle des bisherigen Briefes;" und in §§. 1145, 1150, 1167, 1168 wird dem Eigenthümer, dem den Gläubiger befriedigenden Dritten und dem persönlichen Schuldner unter bestimmten Voraussetzungen das Recht gegeben, bei theilweiser Befriedigung des Gläubigers die Vorlage des Briefes zum Zwecke der Herstellung eines Theilhypothekenbriefs zu verlangen (vgl. oben S. 80 Abs. 3, S. 81 Abs. 3. S. 85 γ, S. 86 ε).

Die Bildung eines Theilhypothekenbriefs ist vor allem von Bedeutung für den Fall der Abtretung oder der Verpfändung eines Theiles der Hypothekenforderung. Da hierzu bei Briefhypotheken die Uebergabe des Briefes erforderlich ist (vgl. oben S. 78f. unter b, S. 114 Ziff. 1).

dem bisherigen Gläubiger aber die Uebergabe des über die ganze Post gebildeten Briefes nicht zugemuthet werden kann, muß die Bildung eines Theilhypothekenbriefs zugelassen werden, mit dessen Uebergabe die Abtretung oder die Verpfändung sich vollzieht (M. z. B.G.B Bd. 3 S. 761). Im Gegensatze zu dem preußischen Rechte ist aber für diese Fälle die Bildung eines Theilhypothekenbriefs nicht nothwendig; das Gesetz läßt sie nur zu; die mehreren Berechtigten können sich auch mit einem Briefe begnügen, indem sie ihn z. B. gemeinsam verwahren oder einem gemeinsamen Vertreter zur Verwahrung übergeben (vgl. B.G.B. §. 1206). Selbst wenn die Theilabtretung oder Theilverpfändung in das Grundbuch eingetragen werden soll, gilt keine Ausnahme; es genügt die Vorlage des einen Briefes, falls ein Theilhypothekenbrief nicht vorhanden ist.

Auf die Fälle, in denen es zur Rechtsänderung der Uebergabe des Briefes bedarf, ist die Bildung des Theilhypothekenbriefs nicht beschränkt; schon aus den oben angezogenen §§. 1145, 1150, 1167, 1168 erhellt, daß seine Ausstellung auch dann zulässig ist, wenn ein Theil der Hypothek kraft Gesetzes auf einen anderen Gläubiger übergegangen ist. Man wird also den §. 1152 dahin zu verstehen haben, daß in allen Fällen der Theilung einer Briefhypothek ein Theilhypothekenbrief hergestellt werden kann, sei es, daß die Theilung bereits vollzogen ist, oder erst vollzogen werden soll.

Dies kann jedoch nicht gelten, wenn *nachträglich über einen abgezweigten Theil einer Buchhypothek ein Brief ausgestellt werden soll*, wenn also die Ausschließung der Ertheilung des Hypothekenbriefs nur hinsichtlich dieses Theiles der Hypothek aufgehoben wird. Da in diesem Falle ein Stammhypothekenbrief, von dem eine beglaubigte Abschrift entnommen werden könnte, nicht vorliegt, kann ein den Vorschriften des §. 61 entsprechender Theilhypothekenbrief nicht ertheilt werden. Es muß vielmehr über die Theilhypothek ein gewöhnlicher Hypothekenbrief gemäß §§. 56ff. von dem Grundbuchamt ausgestellt werden.

2. Die Herstellung des Theilhypothekenbriefs zu erwirken, ist Sache des **Hypothekengläubigers.** Dieser bedarf dazu nicht der Zustimmung des Eigenthümers, da er auch die Theilung selbst sich gefallen lassen muß (B.G.B. §. 1122). Falls die Hypothek bereits reell getheilt ist, kann jeder der Gläubiger, der den Brief vorzulegen in der Lage ist, die Ausstellung eines Theilhypothekenbriefs fordern. Eine Zustimmung der anderen Theilhypothekengläubiger ist nicht vorgeschrieben und bildet auch keine selbstverständliche Voraussetzung, da deren Rechte durch die Ausstellung nicht beeinträchtigt werden.

3. **Zuständig** zur Herstellung sind, anders als bei dem gewöhnlichen Hypothekenbriefe (§. 56 Satz 1), nicht nur das Grundbuchamt, sondern auch die Gerichte und Notare. Welches Gericht zuständig ist, bestimmt sich nach den Landesgesetzen, das freiw. G.G. §. 167 hat die Amtsgerichte nur zur gerichtlichen Beurkundung eines Rechtsgeschäfts, nicht für die Aufnahme anderer Urkunden für zuständig erklärt; landesrechtlich werden aber meist die Amtsgerichte zuständig sein (so preuß. freiw. G.G. Art. 31, württ. A.G. z. B.G.B. Art. 23). Weil es sich hier nicht um die Beurkundung eines Rechtsgeschäfts handelt, findet auch Art. 141 des E.G. z. B.G.B. (G.B.O. §. 83) keine Anwendung; es kann also auch landesgesetzlich die Zuständigkeit der Gerichte oder der Notare nicht ausgeschlossen werden. (Anders das bayer. A.G. z. G.B.O. Art. 21, wonach „die bayerischen Gerichte nur als Grundbuchämter" zur Herstellung der Theilhypothekenbriefe zuständig sind.)

4. Hinsichtlich der **Erfordernisse des Hypothekenbriefs** schließen sich die Bestimmungen des Abs. 2 eng an die §§. 56—58 an. In erster Linie besteht er aus einer beglaubigten Abschrift (vgl. die Erl. zu Art. 7 des preuß. A.G. z. G.B.O.) des Stammhypothekenbriefs nebst anliegender Schuldurkunde; außerdem muß er die Bezeichnung als Theilhypothekenbrief und die Angabe des Theilbetrags der Hypothek, auf den er sich bezieht, enthalten und mit Unterschrift und Siegel des Grundbuchamts, Gerichts oder Notars versehen sein.

Wesentlich sind die im Abs. 2 Satz 1 aufgeführten Punkte, unwesentlich die in den beiden anderen Sätzen genannten. Vgl. das der preuß. Allg. Verf. in Anlage C beigefügte Muster.

§. 62.

Eintragungen, die bei der Hypothek erfolgen, sind von dem Grundbuchamt auf dem Hypothekenbriefe zu vermerken; der Vermerk ist mit Unterschrift und Siegel zu versehen.

In den Fällen des §. 54 Abs. 1 hat das Grundbuchamt den Besitzer des Briefes zur Vorlegung anzuhalten. In gleicher Weise hat es, wenn in den Fällen des §. 42 Abs. 1 Satz 2 und des §. 54 Abs. 2 der Brief nicht vorgelegt ist, zu verfahren, um nachträglich den Widerspruch auf dem Briefe zu vermerken.

---

5. Die Bildung des Theilhypothekenbriefs hat auch Folgen für den **Inhalt des „bisherigen Briefes"**, des Stammhypothekenbriefs. Nach Abs. 3 „soll" auf ihm die Herstellung des ersteren vermerkt werden. Abweichend von dem E. I §. 61 Abs. 2 ist dies für die Gültigkeit des Theilhypothekenbriefs nicht wesentlich; aber zur Vermeidung von Nachtheilen ist auf die Beobachtung dieser Ordnungsvorschrift genau zu achten, da ohne diesen Vermerk der Stammbrief als der Brief für die ganze Post erscheint und den ihn besitzenden Theil-Gläubiger äußerlich zur Verfügung über die ganze Hypothek legitimirt, wenn die Theilabtretung nicht erhellt. Daß auf dem Theilhypothekenbriefe die Beifügung dieses Vermerkes auf dem Stammbriefe zu beurkunden sei, ist nicht vorgeschrieben (anders E. I); das preuß. amtliche Muster C enthält aber diesen Vermerk.

Die angeführten Nachtheile zu vermeiden, ist auch der Zweck eines weiteren Vermerkes, welcher auf Grund des Vorbehalts im §. 97 von der preuß. Landesjustizverwaltung vorgeschrieben ist. Nach §. 39 Abs. 2 der Allg. Verf. ist auf dem bisherigen Briefe der Betrag, auf den sich der Brief noch bezieht, durch den Vermerk: „Noch gültig auf . . ." neben der in der Ueberschrift enthaltenen Angabe des Rechtes ersichtlich zu machen. Vgl. das amtliche Muster Anlage B.

6. Im **Grundbuche** wird die Herstellung des Theilhypothekenbriefs nicht vermerkt. Ein in der Reichstagskommission gestellter Antrag, diese Eintragung anzuordnen, ist abgelehnt. (K.B. a. a. O.).

7. Die **Wirkung** der Herstellung des Theilhypothekenbriefs besteht darin, daß von nun ab dieser für den betreffenden Theil der Hypothek an die Stelle des bisherigen Briefes tritt (§. 1152). Er und nicht der letztere ist daher bei der Abtretung oder der Verpfändung der durch ihn verbrieften Theilhypothek zu übergeben und bei Eintragungen, die sich auf diese beziehen, dem Grundbuchamte vorzulegen und mit den im §. 62 vorgeschriebenen Vermerken zu versehen oder nach §. 69 unbrauchbar zu machen. Der Stammbrief kommt nunmehr für den abgezweigten Theil nicht mehr in Betracht.

7. Vermerk späterer Eintragungen auf dem Briefe.

§. 62.

E. I §. 31 Abs. 2; II §. 60. P. I S. 13563—13565, 13568. M. S. 65. D. S. 3046.

1. Während §. 57 Abs. 2 die Eintragungen angiebt, welche bei der Ausstellung des Hypothekenbriefs in diesen zu übernehmen sind, schreibt §. 62 den Vermerk der später, nach der Ausstellung des Briefes, bei der Hypothek erfolgenden Eintragungen auf dem Briefe vor. Ueber den Zweck dieser Vorschrift vgl. oben S. 274 Erl. 1 Abs. 2.

2. Zu vermerken sind **sämmtliche Eintragungen**, die bei der Hypothek erfolgen, ohne Rücksicht auf ihren Inhalt, insbesondere auch Vormerkungen und Widersprüche (vgl. §. 62 Abs. 2; K.G. N.F. 2 A S. 175, ebd. S. 147 = Rechtspr. 2 S. 95.) Auch für die völlige Löschung der Hypothek gilt keine Ausnahme (vgl. preuß. Allg. Verf. §. 42 Abs. 1); für diese kommt außer

§. 63.

Wird nach der Ertheilung eines Hypothekenbriefs mit der Hypothek noch ein anderes, in dem Bezirke desselben Grundbuchamts belegenes Grundstück

---

der Vorschrift des §. 62 die des §. 69 in Betracht; und für die Fälle der späteren Mitbelastung eines anderen Grundstücks, der Vertheilung einer Gesammthypothek, der Umwandlung in eine Grundschuld oder Rentenschuld und der Aenderung der gesicherten Forderung enthalten §§. 63—65 Sondervorschriften.

3. Die Vermerke erfolgen **von Amtswegen** (anders §. 57 Abs. 3, vgl. oben S. 304 Erl. 4) und sind, wie der Hypothekenbrief selbst mit **Unterschrift** (in Preußen des Richters und des Gerichtsschreibers, A.G. z. G.B.O. Art. 7, Allg. Verf. §. 38 Abs. 3) und **Siegel** zu versehen.

4. Nach §. 97 kann die Landesjustizverwaltung anordnen, daß bei einer Minderung des Betrags der Hypothek, also insbesondere bei einer Theillöschung (über die Ausstellung eines Theilhypothekenbriefs vgl. oben S. 311 Erl. 5) auf dem Briefe durch den Vermerk ersichtlich gemacht werden soll, für welchen Betrag das Recht noch besteht. Hiervon ist in Preußen (Allg. Verf. §. 39) Gebrauch gemacht; es muß „neben der in der Ueberschrift enthaltenen Angabe des Rechtes" vermerkt werden: „Noch gültig auf . . ." Vgl. das amtliche Muster Anlage D (ähnlich sächs. V.O. vom 26. Juli 1899 §. 142).

5. Um die Vermerke machen zu können, muß das Grundbuchamt natürlich die Briefe in die Hände bekommen. Hierfür ist in erster Linie durch die Vorschrift des §. 42 gesorgt. In den Ausnahmefällen, in denen die Eintragung ohne Vorlegung des Briefes erfolgen kann, muß das Grundbuchamt diesen nachträglich von Amtswegen einfordern (vgl. auch bayer. A.G. Art. 19 Satz 2, sächs. V.O. vom 26. Juli 1899 §. 141), und falls ein Widerspruch von Amtswegen eingetragen werden darf, hat das Grundbuchamt schon vorher den Brief herbeizuschaffen.

In diesen Fällen hat das Grundbuchamt den Besitzer des Briefes zur Vorlegung anzuhalten (Abs. 2). Diesem ist also durch Verfügung die Vorlage des Briefes aufzugeben. Leistet er dem nicht Folge, so kann das Grundbuchamt die nach den landesrechtlichen Vorschriften zulässigen Zwangsmaßregeln gebrauchen; das Reichsrecht enthält keine entsprechenden Bestimmungen, insbesondere findet §. 33 des freiw. G.G., wonach der Festsetzung einer gesetzlich zulässigen Ordnungsstrafe eine gerichtliche Androhung vorausgehen muß und die einzelne Strafe den Betrag von 300 Mark nicht übersteigen darf, auf Grundbuchsachen kraft Reichsrechts keine Anwendung (vgl. S. 142 Erl. 2). Nach dem preuß. freiw. G.G. Art. 15—17 kann das Grundbuchamt nach zuvoriger Androhung Ordnungsstrafen bis zum Einzelbetrage von 300 Mark (freiw. G.G. §. 33; preuß. freiw. G.G. Art. 1) festsetzen und im Wege des Verwaltungszwangsverfahrens beitreiben, auch die Anordnung von Gewalt, regelmäßig nach zuvoriger Androhung, verfügen und, wenn der Brief nicht vorgefunden wird, den Verpflichteten zur Leistung des Offenbarungseids anhalten (vgl. hierzu Begründung zu Art. 15—18 des Entw. eines preuß. freiw. G.G.). Für Sachsen kommt die V.O. vom 24. Juli 1899 §§. 11, 12 und für Bayern A.G. Art. 20 in Betracht.

8. Vermerk bei nachträglicher Entstehung einer Gesammthypothek.

§. 63.

E. I §. 59; II §. 61. P. I S. 13549, 13555, 13556. M. S. 101. D. S. 3046 (zu §. 57 des E. II).

1. §. 59 hat nur den Fall im Auge, daß ein Hypothekenbrief von vornherein über eine Gesammthypothek auszustellen ist. Eine Gesammthypothek kann aber auch nachträglich entstehen, indem in die Mithaft für die zunächst nur ein Grundstück belastende Hypothek nach der Ertheilung des Briefes ein weiteres Grundstück eintritt. Liegt in diesem Falle das neubelastete

belastet, so ist, sofern nicht die Ertheilung eines neuen Briefes über die Gesammthypothek beantragt wird, die Mitbelastung auf dem bisherigen Briefe zu vermerken und zugleich der Inhalt des Briefes in Ansehung des anderen Grundstücks nach §. 57 zu ergänzen.

§. 64.

Im Falle der Vertheilung einer Gesammthypothek auf die einzelnen Grundstücke ist für jedes Grundstück ein neuer Brief zu ertheilen.

Grundstück in dem Bezirke eines anderen Grundbuchamts als jenes, so wird gemäß §. 59 Abs. 2 ein besonderer Brief ertheilt und mit dem bisherigen Briefe verbunden. Außerdem ist natürlich auch die Mitbelastung gemäß §. 49 im Grundbuch auf dem Blatte des zuerst belasteten Grundstücks und gemäß §. 62 auf dem bisherigen Briefe zu vermerken.

Dasselbe gilt, wenn von vorherein mehrere Grundstücke belastet sind und ein Grundstück in die Mithaft für diese Gesammthypothek eintritt, das mit keinem jener ursprünglich belasteten Grundstücke in demselben Grundbuchamtsbezirke liegt.

2. Wird dagegen das Grundbuch über das in die Mithaft eintretende Grundstück von demselben Grundbuchamte geführt, das den bisherigen Brief oder in dem Falle des §. 59 Abs. 2 einen der bisherigen Briefe ertheilt hat, so bedarf es nicht der Ausstellung eines besonderen Briefes. Vielmehr schreibt die G.B.O. für diesen Fall entsprechend der Vorschrift des §. 59 Abs. 1 (vgl. S. 307 Erl. 1, 2) die Ertheilung eines **einheitlichen Briefes** vor.

Dieser soll regelmäßig dadurch geschaffen werden, daß die Mitbelastung auf dem bisherigen Briefe vermerkt und zugleich der Inhalt des Briefes in Ansehung des in die Mithaft eingetretenen Grundstücks gemäß §. 57 ergänzt wird. Es sind also hinsichtlich des letzteren alle in dem §. 57 Abs. 1 und 2 vorgeschriebenen Angaben in den Brief aufzunehmen, und zwar von Amtswegen, nicht auf Grund des §. 57 Abs. 3 auf Antrag, da es sich um einen neuen Auszug, nicht um eine Ergänzung des über das bisher belastete Grundstück ertheilten Auszugs handelt. Vgl. das der preuß. Allg. Verf. beigefügte Muster D, Vermerk vom 10. Oktober 1916.

Die Ausstellung eines einheitlichen Briefes kann noch auf einem zweiten Wege bewirkt werden, durch Vernichtung des alten Briefes über das in demselben Grundbuchamtsbezirke belegene Grundstück und Ertheilung eines neuen einheitlichen Gesammthypothekenbriefs gemäß §. 59 Abs. 1. Dieser Weg ist aber wegen der damit verbundenen höheren Kosten von einem Antrage des Berechtigten abhängig gemacht. Ueber das alsdann einzuschlagende Verfahren vgl. §§. 67—69.

9. Vertheilung einer Gesammthypothek.

§. 64.

E. II §. 62. D. S. 3046.

1. Nach §. 1132 Abs. 2 des B.G.B. (vgl. oben S. 91) ist der Gläubiger einer Gesammthypothek „berechtigt, den Betrag der Forderung auf die einzelnen Grundstücke in der Weise zu vertheilen, daß jedes Grundstück nur für den zugetheilten Betrag haftet. Auf die Vertheilung finden die Vorschriften der §§. 875, 876, 878 entsprechende Anwendung." Demnach bedarf es zur Begründung des Antrags auf Eintragung dieser Vertheilung nur der Eintragungsbewilligung des Gesammthypothekengläubigers und der etwaigen Dritten, denen Rechte an der Gesammthypothek zustehen. Die Zustimmung des Eigenthümers ist nicht erforderlich.

Nach §§. 1172, 1175 des B.G.B. kann ferner die Vertheilung einer Gesammthypothek auch von den Eigenthümern der mehreren belasteten Grundstücke vorgenommen werden, denen die

§. 65.

Tritt nach §. 1177 Abs. 1 oder nach §. 1198 des Bürgerlichen Gesetzbuchs eine Grundschuld oder eine Rentenschuld an die Stelle der Hypothek, so ist, sofern nicht die Ertheilung eines neuen Briefes beantragt wird, die Eintragung der Rechtsänderung auf dem bisherigen Briefe zu vermerken und eine mit dem Briefe verbundene Schuldurkunde abzutrennen.

Das Gleiche gilt, wenn nach §. 1180 des Bürgerlichen Gesetzbuchs an die Stelle der Forderung, für welche eine Hypothek besteht, eine andere Forderung gesetzt wird.

Gesammthypothek gemeinschaftlich zugefallen ist, weil die Forderung, für welche sie bestellt ist, nicht zur Enstehung gelangt oder erloschen ist oder der Gläubiger den Hypothekenbrief nicht übergeben erhalten oder auf die Gesammthypothek (nicht etwa nur auf die Hypothek an einem einzelnen Grundstücke) verzichtet hat oder mit seinem Rechte gemäß §. 1170 ausgeschlossen ist (vgl. oben S. 83ff.). In diesen Fällen „kann jeder Eigenthümer, sofern nicht ein Anderes vereinbart ist, verlangen, daß die Hypothek an seinem Grundstück auf den Theilbetrag, der dem Verhältnisse des Werthes seines Grundstücks zu dem Werthe der sämmtlichen Grundstücke entspricht, nach §. 1132 Abs. 2 beschränkt und in dieser Beschränkung ihm zugetheilt wird. Der Werth wird unter Abzug der Belastungen berechnet, die der Gesammthypothek im Range vorgehen." Zu der Vertheilung ist die Bewilligung sämmtlicher Eigenthümer der belasteten Grundstücke und, falls die jetzt in eine Grundschuld verwandelte Hypothek (B.G.B. § 1177) noch nicht auf ihren Namen eingetragen sein sollte, der Nachweis der obigen Voraussetzungen ihres Erwerbs erforderlich.

2. Für alle diese Fälle der Vertheilung einer Gesammthypothek auf die einzelnen Grundstücke regelt §. 64 die Behandlung des Briefes. Danach ist es unbedingt ausgeschlossen, einen über die Gesammthypothek nach §. 59 Abs. 1 oder §. 63 ertheilten einheitlichen Brief durch entsprechende Vermerke zu einem Briefe über eine der Einzelhypotheken umzugestalten, und ebensowenig dürfen in dem Falle des §. 59 Abs. 2 die für die einzelnen Grundstücke ertheilten besonderen Briefe in solche über die nunmehr an den betreffenden Grundstücken bestehenden Einzelhypotheken umgewandelt werden. Vielmehr ist, um die Verschiedenheit der neuen Einzelhypotheken und der bisherigen Gesammthypothek auch äußerlich zum Ausdrucke zu bringen, die Vernichtung des oder der Gesammthypothekenbriefe und die Ertheilung eines neuen Hypothen- oder (in den Fällen der §§. 1172, 1175) Grundschuldbriefes für jedes Grundstück vorgeschrieben.

Ueber die Behandlung der mit dem Briefe verbundenen Schuldurkunde vgl. S. 320 Erl. 4 zu §. 69.

10. Umwandlung der Hypothek und Aenderung der gesicherten Forderung.

§. 65.

E. II §. 63. D. S. 3046, 3047.

1. Nach dem B.G.B. §§. 1198, 1199, 1203 kann eine Hypothek in eine Grundschuld oder in eine Rentenschuld, eine Grundschuld oder eine Rentenschuld in eine Hypothek, eine gewöhnliche Grundschuld in eine Rentenschuld, eine Rentenschuld in eine gewöhnliche Grundschuld **umgewandelt** werden. Die materiellrechtlichen Erfordernisse dieser Umwandlung sind oben S. 88f. erörtert. Zur Eintragung der Umwandlung in das Grundbuch ist die Bewilligung des Gläubigers der umzuwandelnden Post und des Eigenthümers des belasteten Grundstücks (vgl. oben S. 210 Erl. 3) und außerdem die Bewilligung des etwa an der Post berechtigten Dritten erforderlich.

In einem Falle verwandelt sich eine Hypothek auch kraft Gesetzes in eine Grundschuld. §. 1177 Abs. 1 bestimmt: „Vereinigt sich die Hypothek mit dem Eigenthum in einer Person, ohne daß dem Eigenthümer auch die Forderung zusteht, so verwandelt sich die Hypothek in eine Grundschuld. In Ansehung der Verzinslichkeit, des Zinssatzes, der Zahlungszeit, der Kündigung und des Zahlungsorts bleiben die für die Forderung getroffenen Bestimmungen maßgebend." Auch hiervon ist oben S. 82 und 91 bereits die Rede gewesen.

2. Die Vorschriften des §. 65 betreffen weiter den Fall, daß **an die Stelle der durch eine Hypothek gesicherten Forderung eine andere Forderung gesetzt** wird. §. 1180 des B.G.B. läßt dies allgemein zu. Erforderlich ist die Einigung des Gläubigers und des Eigenthümers sowie die Eintragung in das Grundbuch, außerdem die Zustimmung des etwa an der Hypothek berechtigten Dritten. Findet zugleich ein Wechsel in der Person des Gläubigers statt, so bedarf es materiellrechtlich der Einigung zwischen dem Eigenthümer und dem neuen Gläubiger und außerdem der Zustimmung des bisherigen Gläubigers und der etwaigen Drittberechtigten (vgl. oben S. 90 unter c).

Nach dem formellen Grundbuchrecht ist dagegen zur Eintragung der Aenderung in das Grundbuch die Bewilligung des Eigenthümers und des bisherigen Gläubigers ausreichend; da der neue Gläubiger erst mit der Eintragung ein Recht erlangt, wird durch diese sein Recht nicht betroffen. Etwas Anderes gilt nur dann, wenn die Hypothekenforderung bereits vor der Eintragung durch Abtretungserklärung und Uebergabe des Briefes auf den neuen Gläubiger übergegangen ist, bevor die Eintragung der Aenderung beantragt wird; alsdann bedarf es der Bewilligung des neuen Gläubigers zu dieser Eintragung in das Grundbuch.

Vielfach wird der oben erwähnte Fall des §. 1180 des B.G.B. in Verbindung mit dem unter 1 erörterten Falle des §. 1177 Abs. 1 praktisch werden, indem der mit dem persönlichen Schuldner identische Eigenthümer, der den eingetragenen Gläubiger befriedigt und dadurch die Hypothek ohne die durch diese gesicherte persönliche Forderung, also als Grundschuld erworben hat, sein Recht an einen neuen Gläubiger zur Sicherung einer diesem zustehenden Forderung, z. B. eines jetzt aufgenommenen Darlehns abtritt. Alsdann bedarf es des Nachweises, daß er den bisherigen Gläubiger befriedigt hat und seiner Erklärung, daß er die dadurch erworbene Grundschuld in eine Hypothek umwandele und an den neuen Gläubiger zur Sicherung von dessen näher zu bezeichnenden Forderung abtrete. Vgl. oben S. 82, insbesondere die in Anm. 5 ebd. angeführte Entsch. 1 S. 162.

3. Für die in Erl. 1 und 2 angeführten Fälle regelt §. 65 (in Verbindung mit §. 70 Abs. 1 Satz 1) **das Verfahren hinsichtlich der Briefe.** Bei der Verschiedenheit zwischen den erwähnten Rechten und bei der Bedeutung der Forderung für die Hypothek ist dem im §. 62 ausgesprochenen Grundgedanken gemäß die eingetretene Aenderung auch äußerlich in den Briefen erkennbar zu machen. Hierzu bedarf es aber nicht nothwendig eines neuen Briefes; vielmehr ist ein solcher nur auf Antrag zu ertheilen, sofern nicht gleichzeitig die Voraussetzungen des §. 64 vorliegen. Wird dieser Antrag nicht gestellt, so wird der bisherige Brief beibehalten, aber auf ihm vermerkt, daß die Hypothek in eine Grundschuld oder Rentenschuld umgewandelt ist oder umgekehrt, bezw. daß an die Stelle der bisherigen Forderung eine andere Forderung gesetzt ist. Daß der bisherige Hypothekenbrief nun als Grundschuldbrief gilt oder umgekehrt, braucht nicht gesagt zu werden, §. 65 schreibt nur den Vermerk der Eintragung der Rechtsänderung vor. Vgl. das der preuß. Allg. Verf. in Anlage F beifügte Muster, Vermerk vom 6. April 1906.

Außerdem soll eine mit dem Briefe verbundene Schuldurkunde abgetrennt werden. Dies kommt, da mit Grundschuld- und Rentenschuldbriefen Schuldurkunden nicht verbunden werden (§. 70 Erl. 1b), nur in Betracht, wenn der bisherige Brief ein Hypothekenbrief ist. Wird dieser in einen Grundschuld- oder Rentenschuldbrief verändert, so fällt selbstverständlich aus dem oben erwähnten Grunde die Schuldurkunde fort. Zweifelhaft könnte es dagegen sein, ob nicht in dem umgekehrten Falle mit dem in einen Hypothekenbrief umgewandelten Grund-

§. 66.

Stehen einem Gläubiger mehrere Hypotheken zu, die gleichen Rang haben oder im Range unmittelbar auf einander folgen, so ist ihm auf seinen Antrag mit Zustimmung des Eigenthümers über die mehreren Hypotheken ein Hypothekenbrief in der Weise zu ertheilen, daß der Brief die sämmtlichen Hypotheken umfaßt.

---

schuldbrief oder in dem Falle der Aenderung der durch die Hypothek gesicherten Forderung (§. 65 Abs. 2) mit dem Briefe die etwaige Schuldurkunde über die Forderung, welche nunmehr durch die Hypothek gesichert wird, zu verbinden sei. Vorgeschrieben ist dies indessen nicht; es ist daher mit dem bisherigen Briefe eine neue Urkunde nicht zu verbinden. (Anders sächs. V.O. vom 26. Juli 1899 §. 143.)

Wird dagegen auf Antrag oder in dem Falle des §. 64 von Amtswegen ein neuer Hypothekenbrief ausgestellt, so findet §. 58 auf die Urkunde über die Forderung, für welche die Hypothek von jetzt ab besteht, Anwendung. Vgl. S. 318 Erl. 2a und S. 320 Erl. 4.

11. Gemeinschaftlicher Brief über mehrere Hypotheken.

§. 66.

E. II §. 64. D. S. 3047. K.B. S. 4424.

1. §. 66 enthält eine dem bisherigen Rechte fremde Bestimmung, welche von der Denkschrift als einem praktischen Bedürfniß entsprechend bezeichnet wird. Dadurch wird unter gewissen Voraussetzungen die Ertheilung eines gemeinschaftlichen Briefes über mehrere Hypotheken zugelassen.

Ein derartiger Brief ist nicht mit einem Gesammthypothekenbriefe zu verwechseln. Letzterer wird über eine auf mehreren Grundstücken lastende Hypothek, jener dagegen über mehrere auf demselben Grundstück oder auf denselben Grundstücken ruhende Hypotheken ertheilt.

2. Die Voraussetzungen für diesen Brief sind: Identität des Gläubigers der mehreren Hypotheken, gleicher Rang oder unmittelbare Rangfolge, Antrag des Gläubigers und Zustimmung des Eigenthümers. Das letzte Erforderniß wird in der Denkschrift damit begründet, daß durch die Ertheilung des einheitlichen Briefes, wenn sie auch auf den Bestand der einzelnen Hypotheken keinen Einfluß habe, das Interesse des Eigenthümers nach anderen Richtungen, z. B. für den Fall, daß der Gläubiger wegen einer der Hypotheken Befriedigung erlangt hat, berührt werde. Ueber die Form für die Zustimmung des Eigenthümers vgl. oben. S. 306 Erl. 2.

Das Kammergericht (Entsch. 1 S. 15 = K.G. N.F. 1 A S. 103) hat die Ertheilung eines gemeinschaftlichen Briefes für unzulässig erklärt, wenn sich unter den Hypotheken eine Theilhypothek befindet und der gemeinschaftliche Hypothekenbrief auch den Theilhypothekenbrief ersetzen soll; denn der Brief über eine Theilhypothek müsse die Bezeichnung als Theilhypothekenbrief enthalten (§. 61), damit er sich schon äußerlich als Urkunde über einen abgezweigten, nunmehr selbständig gewordenen Theil der Hypothek kennzeichne und seine Herkunft von dieser ersichtlich mache. Das wäre m. E. nur dann richtig, wenn über eine Theilhypothek stets nur ein Theilhypothekenbrief ertheilt werden dürfte und die Ausstellung eines anderen Briefes verboten wäre. Dies ist aber nicht der Fall. Vgl. oben S. 309 f. Erl. 1, insbesondere Abs. 4. Wie in dem dort erwähnten Falle der nachträglichen Umwandlung einer Theilbuchhypothek in eine Briefhypothek ein gewöhnlicher Brief gebildet werden kann und muß, so steht auch der Bildung eines gemeinschaftlichen Briefes in dem erwähnten Falle nichts entgegen.

3. Die Ertheilung des gemeinschaftlichen Briefes macht die mehreren Hypotheken für den Verkehr mit dem Briefe zu einer einheitlichen Post; insbesondere kann über eine der mehreren Hypotheken bei ihrer Abtretung oder ihrem Uebergange

§. 67.

Einem Antrage des Berechtigten auf Ertheilung eines neuen Briefes ist stattzugeben, wenn der bisherige Brief oder in den Fällen der §§. 1162, 1170, 1171 des Bürgerlichen Gesetzbuchs das Ausschlußurtheil vorgelegt wird.

§. 68.

Wird ein neuer Brief ertheilt, so hat er die Angabe zu enthalten, daß er an die Stelle des bisherigen Briefes tritt.

Vermerke, die nach den §§. 1140, 1145, 1157 des Bürgerlichen Gesetzbuchs für das Rechtsverhältniß zwischen dem Eigenthümer und dem Gläubiger in Betracht kommen, sind auf den neuen Brief zu übertragen.

Die Ertheilung des Briefes ist im Grundbuche zu vermerken.

---

kraft Rechtssatzes auf einen neuen Gläubiger (z. B. auf den Eigenthümer) sowie bei ihrer Verpfändung nicht ein gewöhnlicher Brief neben dem gemeinschaftlichen Briefe, sondern nur ein Theilhypothekenbrief ertheilt werden. Hierauf bezieht sich vermuthlich der in Erl. 2 Abs. 1 erwähnte Satz der Denkschrift (Oberneck S. 505). Indessen ist der Gläubiger nach §§ 67, 68 auch berechtigt, den gemeinschaftlichen Brief zurückzugeben und an dessen Stelle die Ausstellung besonderer Briefe über die einzelnen Posten zu beantragen.

4. Ueber die Form des gemeinschaftlichen Briefes vgl. das der preuß. Allg. Verf. beigefügte Muster Anlage E, sächs. V.O. vom 26. Juli 1899 §. 146.

12. Erneuerung des Briefes.

§§. 67, 68.

E. I §§. 64—66; II §§. 65, 66. P. I S. 13585—13593, 13637—13639, 13647, 13648. M. S. 105. D. S. 3047. K.B. S. 3430.

1. Die Vorschriften der §§. 67, 68 schließen sich an die Bestimmungen der preuß. G.B.O. §§. 111, 112, 130 an, weichen aber in mehrfacher Hinsicht von ihnen ab. Dies gilt zunächst von den **Voraussetzungen** der Ertheilung eines neuen Briefes. Während das preußische Recht diese nur zuließ, wenn der alte Brief für kraftlos erklärt war oder nach dem Ermessen des Grundbuchamts einer Erneuerung bedurfte, verpflichtet die G.B.O. das Grundbuchamt, jedem Antrage des Berechtigten stattzugeben, wenn der bisherige Brief oder das Ausschlußurtheil, durch welches er für kraftlos erklärt oder kraftlos geworden ist, vorgelegt wird. Demnach hat nicht mehr das Grundbuchamt, sondern nur der Hypothekengläubiger darüber zu entscheiden, ob ein noch vorhandener Brief so stark beschädigt oder verunstaltet worden oder unübersichtlich geworden ist, daß er einer Erneuerung bedarf. Von Amtswegen darf das Grundbuchamt die Erneuerung nicht vornehmen; ein Antrag, dieses zuzulassen, ist in der Reichstagskommission gestellt, aber zurückgezogen. Andererseits kann ein Antrag des Berechtigten nicht deshalb abgelehnt werden, weil die Erneuerung nicht erforderlich sei. Vielmehr ist der neue Brief zu ertheilen, wenn die beiden Voraussetzungen, der Antrag des Berechtigten und die Vorlage des bisherigen Briefes oder des Ausschlußurtheils, erfüllt sind.

Die Zustimmung des Eigenthümers ist (anders als nach dem E. I §. 64) nicht erfordert, um Verzögerungen zu vermeiden; sein Interesse ist durch die Vorschrift des §. 68 gewahrt (D.).

Ueber die Fälle der §§. 1162, 1170, 1171, in denen das Ausschlußurtheil an Stelle des Briefes vorzulegen ist, sowie über die Verpflichtung des Berechtigten, in diesen Fällen die Ausstellung eines neuen Briefes zu beantragen, vgl oben S. 86ff. und S. 276 Erl. 4.

2. Ueber den **Inhalt des neuen Briefes** giebt die G.B.O. nur im §. 68 Abs. 1 und 2 zwei Vorschriften.

a. Dabei setzt sie als selbstverständlich voraus, daß der neue Brief gemäß §§. 56ff. unter Berücksichtigung der gegenwärtigen Lage des Grundbuchs zu ertheilen ist; die Bestimmung des E. I §. 64 Abs. 3, §. 65, die dieses ausdrücklich aussprach, ist als entbehrlich gestrichen, weil es sich von selbst verstehe, daß das Grundbuchamt bei Ertheilung eines neuen Briefes an Stelle eines alten ebenso wie bei der ersten Ausstellung eines Briefes in dem Falle der Umwandlung einer Buchhypothek in eine Briefhypothek zu verfahren habe; daher sei für jenen Fall so wenig wie für den letzteren eine Vorschrift des angeführten Inhalts erforderlich. Demnach wird auch jetzt noch auf den im §. 57 vorgeschriebenen Auszug die Vorschrift der preuß. G.B.O. §. 130 Satz 2 entsprechend anzuwenden sein, wonach Vermerke, die für die gegenwärtige Gültigkeit des Hypothekenbriefs ohne Erheblichkeit sind, sowie gelöschte Eintragungen und ältere Abtretungen wegzulassen sind (vgl. sächs. V.O. vom 26. Juli 1899 §. 144).

Nach §. 58 ist mit dem neuen Hypothekenbriefe die Schuldurkunde zu verbinden (vgl. auch §. 69 Satz 2). Ist auch sie verloren gegangen oder unbrauchbar geworden, so ist eine neue Ausfertigung zu beschaffen, sofern es sich um eine gerichtliche oder notarielle Urkunde handelt; ist dagegen über die Forderung nur eine öffentlich beglaubigte oder eine sonstige Privaturkunde ausgestellt gewesen und diese verloren gegangen oder unbrauchbar geworden, so gilt, da von dieser ein zweites Exemplar, das die Stelle der Urschrift vertritt, nicht beschafft werden kann (vgl. Begründung zu den Art. 57—61 des Entw. eines preuß. freiw. G.G. Abs. 3), dasselbe, als wenn eine Schuldurkunde nicht ausgestellt wäre.

b. Außer den aus den §§. 56ff. zu entnehmenden Erfordernissen muß der neue Brief ferner die Angabe enthalten, daß er an die Stelle des bisherigen Briefes tritt, und die im Abs. 2 des §. 68 aufgeführten Vermerke aus dem alten Briefe übernehmen.

Die erstere Bestimmung bezweckt lediglich, die Thatsache der Erneuerung des Briefes ersichtlich zu machen. Die letztere dient dem Schutze des Eigenthümers. Nach §. 1140 des B.G.B. ist die Berufung auf den öffentlichen Glauben des Grundbuchs ausgeschlossen, soweit dessen Unrichtigkeit aus dem Briefe oder aus einem Vermerk auf dem Briefe hervorgeht; ein aus dem Briefe oder aus einem Vermerk auf diesem ersichtlicher Widerspruch gegen die Richtigkeit des Grundbuchs steht einem im Grundbuche eingetragenen Widerspruche gleich. Diese Vorschriften kommen nach §. 1157 auch auf Einreden zur Anwendung, welche dem Eigenthümer auf Grund eines zwischen ihm und dem bisherigen Gläubiger bestehenden Rechtsverhältnisses gegen die Hypothek zustehen; durch einen Vermerk auf dem Briefe kann der Eigenthümer sich die Einreden jedem Erwerber gegenüber erhalten. Nach §. 1145 schließlich ist der Hypothekengläubiger verpflichtet, eine theilweise Befriedigung auf dem Briefe zu vermerken. Alle derartigen, auf dem bisherigen Briefe stehenden Privat-Vermerke sind auf den neuen Brief zu übertragen, damit der Eigenthümer nicht die Möglichkeit verliert, dritten Erwerbern der Hypothek gegenüber die daraus hervorgehenden Einwendungen geltend zu machen. Ist der Brief gänzlich verloren gegangen oder unleserlich geworden, so ist natürlich die Befolgung dieser Vorschrift nicht ausführbar; alsdann bleibt dem Eigenthümer nichts übrig, als die Berichtigung des Grundbuchs zu erwirken.

c. Weitere Besonderheiten sind für den neuen Brief nicht angeordnet. Insbesondere ist die Vorschrift der preuß. G.B.O. §. 112 nicht übernommen, daß die Urtheilsformel des Ausschlußurtheils in den neuen Brief, der an Stelle eines für kraftlos erklärten ertheilt wird, zu übernehmen ist.

§. 69.

Wird eine Hypothek gelöscht, so ist der Brief unbrauchbar zu machen; das Gleiche gilt, wenn die Ertheilung des Briefes über eine Hypothek nachträglich ausgeschlossen oder an Stelle des bisherigen Briefes ein neuer Hypothekenbrief, ein Grundschuldbrief oder ein Rentenschuldbrief ertheilt wird. Eine mit dem bisherigen Briefe verbundene Schuldurkunde ist abzutrennen und, sofern sie nicht mit dem neuen Hypothekenbriefe zu verbinden ist, zurückzugeben.

---

3. Schließlich ordnet §. 68 Abs. 3 die **Eintragung der Ertheilung des neuen Briefes in das Grundbuch** an, und zwar abweichend von der preuß. G.B.O. §. 112 Abs. 2, nicht nur für den Fall, daß der bisherige für kraftlos erklärt ist, sondern für alle Fälle der Erneuerung. Ueber die Stelle, an der dieser Vermerk in das Grundbuch einzuschreiben ist, vgl. die preuß. Allg. Verf. §. 12 Abs. 2 a. E.

4. Ueber die **Unbrauchbarmachung des bisherigen Briefes** vgl. §. 69.

13. Unbrauchbarmachung des Briefes.

§. 69.

E. I §. 63, §. 64 Abs. 4; II §. 67. P. I S. 13581—13588. M. S. 105. D. S. 3047. K.B. S. 3430, 3431.

1. „Zur Verhütung etwaiger Mißbräuche, die mit einem ungültig gewordenen Hypothekenbriefe getrieben werden können, erscheint es geboten, die Ungültigkeit des Briefes in augenfälliger Weise erkennbar zn machen." (D.) Die G.B.O. begnügt sich deshalb nicht mit der Anordnung eines bloßen Vermerkes auf dem Briefe, sondern schreibt die Unbrauchbarmachung in folgenden **drei Fällen** vor, nämlich wenn

a. die Hypothek völlig gelöscht wird. Bei Theillöschungen kommt §. 62 zur Anwendung, vgl. oben S. 311 f. Erl. 2 und 4;

b. die Briefhypothek nachträglich in eine Buchhypothek umgewandelt wird, sei es ausdrücklich durch die Einigung und Eintragung der Ausschließung der Ertheilung des Briefes (§. 1116 Abs. 2) oder stillschweigend durch die Umwandlung in eine Sicherungshypothek gemäß §. 1186 des B.G.B. (vgl. oben S. 88 f. und S. 62 Ziff. 3);

c. an Stelle des bisherigen Briefes ein neuer Hypothekenbrief, ein Grundschuld- oder ein Rentenschuldbrief ertheilt wird, sei es auf Antrag des Berechtigten gemäß §§. 63, 65—67 oder ohne Antrag in dem Falle des §. 64.

2. **Wie die Unbrauchbarmachung zu bewirken ist,** haben die Landesjustizverwaltungen zu bestimmen. Die preuß. Allg. Verf. §. 42 Abs. 1 schreibt vor, „daß, nachdem die bei dem Rechte bewirkte Eintragung auf dem Briefe vermerkt ist (G.B.O. §. 62), der Vermerk über die erste Eintragung das Rechtes durchstrichen und der Brief mit Einschnitten versehen wird."

3. Ueber den **Verbleib des unbrauchbar gemachten Briefes** enthielt die Reichstagsvorlage die Bestimmung, daß der Brief von dem Grundbuchamt aufzubewahren sei. Die Reichstagskommission hat dies gestrichen; es entscheiden daher die Bestimmungen der Landesjustizverwaltungen. In Sachsen ist der Brief zu vernichten (V.O. vom 26. Juli 1899 §. 148), in Preußen dagegen zurückzugeben, sofern nicht aus besonderen Gründen die Zurückbehaltung des Briefes bei den Grundakten angemessen erscheint (Allg. Verf. §. 42 Abs. 2). Steht die Löschungsbewilligung auf dem Briefe, muß er nach §. 9 aufbewahrt oder eine beglaubigte Abschrift der Bewilligung zu den Grundakten genommen werden.

§. 70.

Die Vorschriften der §§. 56 bis 69 finden auf den Grundschuldbrief und den Rentenschuldbrief entsprechende Anwendung. Der Rentenschuldbrief muß auch die Ablösungssumme angeben.

Ist eine für den Inhaber des Briefes eingetragene Grundschuld oder Rentenschuld in Theile zerlegt, so ist über jeden Theil ein besonderer Brief herzustellen.

---

4. Die **Schuldurkunde**, welche mit dem bisherigen Briefe verbunden war, ist abzutrennen und entweder mit dem neuen Briefe zu verbinden oder zurückzugeben. Die Verbindung mit dem neuen Briefe ist nur statthaft, wenn dieser ebenfalls ein Hypothekenbrief und die durch die Hypothek gesicherte Forderung auch jetzt noch mit der in der Urkunde verbrieften identisch ist, also nur in den Fällen der §§. 63, 66, 67, zuweilen in denen des §. 64 und nie in denen des §. 65 (vgl. oben S. 315 Erl. 3 und S. 318 Erl. 2a).

An wen die Rückgabe zu erfolgen hat, ist nicht gesagt und nach den Umständen des Falles zu entscheiden. In dem Falle der Löschung wird sie an den Eigenthümer geschehen müssen, wenn dieser nichts Anderes bestimmt hat

II. Grundschuldbrief und Rentenschuldbrief.

§. 70.

E. I §. 67; II §. 68. P. I S. 13593. M. S. 108. D. S. 3047.

1. Die Bestimmung des ersten Satzes, welche die entsprechende Anwendung der §§. 65—69 auf den Grundschuldbrief und den Rentenschuldbrief vorschreibt, hat zur Folge, daß alle für den Hypothekenbrief gegebenen Vorschriften auch für jene Briefe gelten, soweit sich nicht aus der Natur der Grundschuld oder Rentenschuld oder aus §. 70 Abs. 1 Satz 2 und Abs. 2 ein Anderes ergiebt.

2. Zu den einzelnen Bestimmungen ist zu bemerken.

a. Die Vorschriften des §. 56 kommen mit der Maßgabe zur Anwendung, daß die Bezeichnung nicht Hypothekenbrief, sondern Grundschuldbrief oder Rentenschuldbrief lauten muß. In dem E. I §. 67 war dies ausdrücklich gesagt; die späteren Entwürfe haben den betreffenden Satz als entbehrlich gestrichen, weil er sich aus der entsprechenden Anwendung des §. 56 ohne Weiteres ergiebt.

Die im §. 56 angegebenen wesentlichen Erfordernisse werden für den Rentenschuldbrief durch die Vorschrift des §. 70 Abs. 1 Satz 2 vermehrt; dieser „muß“ auch die Ablösungssumme angeben, da diese für die Rentenschuld wesentlich ist (B.G.B. §. 1199 Abs. 2, vgl. oben S. 64).

b. Während §. 57 uneingeschränkt auch für die Grundschuld- und Rentenschuldbriefe gilt, ist die Anwendung des §. 58 ausgeschlossen, weil die Grundschuld und die Rentenschuld nicht zur Sicherung einer Forderung bestellt werden (vgl. oben S. 60 und S. 63 Ziff. 5). Es kommen daher die Vorschriften über die Verbindung der Schuldurkunde mit dem Briefe (§. 58, §. 61 Abs. 2 Satz 3, §. 65 Abs. 1, §. 69 Satz 2) für den Grundschuld- und Rentenschuldbrief nicht in Betracht und ebenso ist die Anwendung des §. 65 Abs. 2 nicht denkbar, wohl aber die des §. 65 Abs. 1. Vgl. oben S. 314 ff. die Erl. zu §. 65.

c. Im Uebrigen sind die Bestimmungen der §§. 59—69 voll anwendbar.

3. Besonderheiten gelten für die **Grundschulden und Rentenschulden für den Inhaber des Briefes** (vgl. oben S. 63, 76, 78, 277 f., 292).

a. Falls diese in Theile zerlegt werden, so ist für jeden Theil ein besonderer Brief herzustellen (§. 70 Abs. 2). „Diese Vorschrift rechtfertigt sich durch die Erwägung, daß die Zerlegung in Theile gerade die Uebertragung des Rechtes auf eine größere Anzahl von Inhabern bezweckt" (D.).

b. Daß die Unterzeichnung der Inhaber-Grundschuld- (und -Rentenschuld-) Briefe im Wege mechanischer Vervielfältigung erfolgen kann, ist oben S. 302 Erl. 2d bereits erwähnt (vgl. D. a. a. O.).

4. Nicht übernommen ist aus dem preußischen Rechte (Ges. über den Eig. Erw. ꝛc. §. 39 Abs. 2, preuß. G.B.O. §§. 95, 96, 115, 128) das Institut der Zinsquittungsscheine, die auf Antrag des Eigenthümers von dem Grundbuchamt auszustellen und dem Grundschuldbriefe beizulegen waren. Vgl. dagegen M. z. B.G.B. Bd. 3 S. 784. Auch für die Inhabergrundschuldbriefe gilt keine Ausnahme. Zwar finden auf diese die Vorschriften über Schuldverschreibungen auf den Inhaber entsprechende Anwendung (B.G.B. §. 1195 Satz 2); aber diese (§§. 799, 801, 803 ff.) enthalten nur Vorschriften für den Fall, daß Zinsscheine ausgegeben sein sollten, und geben keinen Anhalt für die Annahme, daß das Grundbuchamt, weil es Inhabergrundschuldbriefe ausstelle, auch berechtigt oder gar verpflichtet sei, Zinsscheine beizufügen.

5. Vgl. ferner über die **Form der Grundschuldbriefe und Rentenschuldbriefe** die preuß. Allg. Verf. §. 38 Abs. 4 und die Anlagen F und G.

Vierter Abschnitt.

Beschwerde.

Vierter Abschnitt.

1. Da die G.B.O. die Verfassung der Grundbuchämter nicht geordnet, sondern der landesgesetzlichen Regelung überlassen hat, hat sie auch über die Dienstaufsicht über die Grundbuchämter und über die **im Aufsichtswege zu erledigenden Beschwerden** keine Vorschriften getroffen (M. S. 109). Hierzu gehören alle Beschwerden, welche Angelegenheiten der Verwaltung, insbesondere den Geschäftsbetrieb und Verzögerungen betreffen (preuß. A.G. z. G.B.G. §. 85; vgl. ebd. §. 78ff.). Auch Weigerungen des Grundbuchamts, ihm obliegende Amtshandlungen vorzunehmen, unterliegen der Beschwerde im Aufsichtswege, sofern sie nicht auf Gesichtspunkte des Grundbuchrechts gegründet sind (vgl. K.G. 2 S. 66, 4 S. 140, 11 S. 116, 12 S. 3).

Ebenso wie diese Beschwerden werden auch die gegen **Werthfestsetzungen** und gegen Entscheidungen des Grundbuchamts über **Erinnerungen gegen den Ansatz von Gebühren und Auslagen** von der G.B.O. nicht berührt, da das Kostenwesen der landesrechtlichen Regelung überlassen ist (oben S. 191 Vorbm. VII). Vgl. preuß. Gerichtskostenges. vom 25. Juni 1895 (Bek. vom 6. Oktober 1899) §. 27.

2. Dagegen hat die Reichsgesetzgebung das **Beschwerdeverfahren gegen sachliche Entscheidungen** des Grundbuchamts **einheitlich geregelt**, und zwar einschließlich der Zuständigkeitsfrage; nur ein eng begrenzter Vorbehalt ist in letzterer Hinsicht in den §§. 100—102 zu Gunsten der Landesgesetzgebung gemacht. Die G.B.O. nimmt also hinsichtlich der Beschwerdeinstanzen eine andere Stellung ein, als hinsichtlich der Grundbuchämter selbst, deren Verfassung landesgesetzlicher Regelung überlassen ist. In den Motiven S. 110, 111 wird dies, insbesondere auch die Uebertragung der Entscheidungen in den Beschwerdeinstanzen auf die Gerichte, durch die Wichtigkeit der Grundbuchsachen und den tiefgreifenden Einfluß der Entscheidungen der Grundbuchämter auf den Privatrechtsverkehr gerechtfertigt und zugleich die besondere Regelung des Beschwerdeverfahrens, abweichend von dem in Sachen der sonstigen nichtstreitigen Rechtspflege, durch die besondere Natur der Thätigkeit des Grundbuchamts begründet (vgl. M. S. 110).

Die G.B.O. hat das Beschwerdeverfahren ferner **erschöpfend** geregelt, sodaß die Vorschriften des freiw. G.G. §§. 19—30 auf Grundbuchsachen keine Anwendung finden (vgl. preuß. freiw. G.G. Art. 3 und Begr. zu dem Entw. dieses Art.; Entsch. 1 S. 80 = K.G. N.F. 1 A. S. 125 = Rechtspr. 1 S. 199, ebd. 2 S. 221). Zweifelhaft ist es aber, ob nicht die übrigen Vorschriften des ersten Abschnitts des freiw. G.G. (z. B. über die Gerichtssprache und die Dolmetscher, über die Sitzungspolizei, über die Bekanntmachung gerichtlicher Verfügungen, über die Berechnung der Fristen u. a., vgl. oben S. 142, 145ff., 190f., 209), soweit nicht Sonderbestimmungen der G.B.O. entgegenstehen, auf das Verfahren vor den Beschwerdegerichten in Grundbuchsachen anwendbar sind. Diese Frage wird z. B. von Dorner (freiw. G.G. S. 11) bejaht, weil die Beschwerde in Grundbuchsachen zu den durch Reichsgesetz den Gerichten übertragenen Angelegenheiten der freiwilligen Gerichtsbarkeit gehöre. Dagegen wird mit Recht von anderer Seite betont, daß alle die betreffenden Verfahrensvorschriften, soweit sie in der G.B.O. nicht enthalten seien, nach der Absicht der gesetzgebenden Faktoren (vgl. oben S. 8, 11 und Erl. 1 zu

§§. 83, 84) der landesgesetzlichen Regelung überlassen werden sollten, und daß dieses, wie für die erste Instanz, so auch für die Beschwerdeinstanzen gelten müsse. Auf diesem Standpunkte steht das preuß. freiw. G.G., vgl. Art. 1, 8 sowie die Begr. zu diesen Artikeln. (Ebenso Oberneck S. 79 Anm. 2.) Für die meisten Staaten wird die Frage ohne praktische Bedeutung sein, weil die Vorschriften des freiw. G.G. durch die Landesgesetze für entsprechend anwendbar erklärt sind.

3. Die G.B.O. kennt, entsprechend dem bisherigen preußischen Rechte (A.G. z. G.V.G. vom 24. April 1878 §§. 40, 51ff.) und dem freiw. G.G. §§. 19ff., 27ff., dessen Vorschriften theilweise mit denen der G.B.O. gleich lauten, zwei Rechtsmittel in Grundbuchsachen, die **Beschwerde und die weitere Beschwerde.** Die erstere ist gegen die Entscheidungen des Grundbuchamts, soweit sie nicht durch §. 71 Abs. 2 der Anfechtung entzogen sind, die letztere gegen die Entscheidungen des Beschwerdegerichts zulässig (§§. 71, 78). Erstere kann, wie die Beschwerde im Civilprozesse (C.P.O. § 570), auf neue Thatsachen und Beweise, letztere dagegen, ähnlich der Revision (C.P.O. §§. 549ff.), nur auf die Verletzung einer Rechtsnorm gestützt werden (§§. 74, 78).

Von der Beschwerde handeln die §§. 71—77, und zwar §. 71 von der Zulässigkeit, §. 72 von der Zuständigkeit, §. 73 von der Einlegung, §. 74 von der Begründung der Beschwerde, §. 75 von der Abänderungsbefugniß des Grundbuchamts, §§. 76, 77 von den vorläufigen und endgültigen Entscheidungen des Beschwerdegerichts.

Die weitere Beschwerde ist in den §§. 78—80 geregelt.

Schließlich enthält §. 81 noch zwei für beide Arten geltende Vorschriften über die zuständige Gerichts-Abtheilung und über die Ausschließung und Ablehnung der Gerichtspersonen.

4. Die Frage, **wer zur Einlegung der Beschwerde befugt ist,** hat die G.B.O. in Uebereinstimmung mit den meisten bisherigen Gesetzen nicht beantwortet. Nach dem E. I §. 69 sollte sie einem Jeden, welcher durch die Entscheidung in seinen Rechten beeinträchtigt ist, im Falle der Zurückweisung eines Antrags oder des Ersuchens einer Behörde jedoch nur dem Antragsteller oder der Behörde zustehen. Dies ist nicht Gesetz geworden, insbesondere findet auch die gleichlautende Vorschrift des §. 20 des freiw. G.G. keine Anwendung (vgl. Vorbm. 2 a. E.). Bei dem Schweigen des Gesetzes ist, wie nach dem bisherigen preußischen Rechte, in allen Fällen, auch bei Zurückweisungen von Anträgen oder von Ersuchen (Entsch. 2 S. 41 = K.G. N.F. 2 A S. 96 = Rechtspr. 2 S. 221), die Befugniß zur Einlegung der Beschwerde allen Personen zuzusprechen, die durch die Anordnung des Grundbuchamts in ihren Rechten beeinträchtigt sind (K.G. 1 S. 5, 3 S. 6, 4 S. 190). Eine Beeinträchtigung des Rechtes des Beschwerdeführers liegt aber nicht vor, wenn die Eintragung so erfolgt ist, wie er sie bewilligt hat; ebenso kann der Käufer eines Grundstücks, der die darauf eingetragene Hypothek übernommen hat, nicht im Beschwerdewege (§. 71 Abs. 2) das Nichtbestehen dieser Hypothek geltend machen, deren Rechtswirksamkeit bei dem Abschlusse des Kaufvertrags von ihm wie von dem Verkäufer vorausgesetzt worden ist, da er durch ihre Eintragung weder in seinem Rechte noch in seinem Interesse verletzt ist (Rechtspr. 1 S. 345). Dagegen ist ein gesetzlicher Vertreter, dessen Vertretungsbefugniß von dem Grundbuchamte verneint ist, befugt, im eigenen Namen Beschwerde zu erheben (K.G. 6 S. 137).

Auch Behörden steht das Rechtsmittel zu, jedoch nur insoweit, als sie zur Vertretung der Betheiligten berufen oder zu Ersuchen um Vornahme einer Eintragung (§. 39) gesetzlich zuständig sind (K.G. N.F. 1 A S. 10, vgl. K.G. 2 S. 12, 13, 3 S. 6, 4 S. 5, 6, 7). Letzteres trifft z. B. zu, wenn das Prozeßgericht das Grundbuchamt um Vornahme der durch einstweilige Verfügung angeordneten Eintragung ersucht hat, selbst wenn das Grundbuchamt und das Prozeßgericht Abtheilungen desselben Amtsgerichts sind (Zeitschr. f. C.Prz. 27 S. 353). Dagegen ist das Grundbuchamt selbst zur Einlegung der weiteren Beschwerde nicht berechtigt (K.G. 1 S. 5, 2 S. 15 Anm., 3 S. 6).

Ueber das Beschwerderecht der Notare vgl. oben S. 204 Erl. 3b.

§. 71.

Gegen die Entscheidungen des Grundbuchamts findet das Rechtsmittel der Beschwerde statt.

Die Beschwerde gegen eine Eintragung ist unzulässig. Im Wege der Beschwerde kann jedoch verlangt werden, daß das Grundbuchamt angewiesen wird, nach §. 54 einen Widerspruch einzutragen oder eine Löschung vorzunehmen.

I. Die Beschwerde.

1. Zulässigkeit.

§. 71.

E. I §. 68 Abs. 1, §. 74; II §. 69. P. I S. 13347, 13350—13353, 13355—13357. M. S. 110, 111, 117. D. S. 3047, 3048. K.B. S. 3431.

1. Die Regel des §. 71 Abs. 1, daß das Rechtsmittel der Beschwerde gegen die Entscheidungen des Grundbuchamts zulässig ist, bezieht sich nach dem S. 322 Vorbm. 1 Gesagten nur auf **„sachliche Verfügungen"** (M. S. 109), auf „die in der Sache getroffenen Anordnungen" (D.). Außer den in Vorbm. 1 erwähnten Entscheidungen des Grundbuchamts scheiden daher die Verfügungen aus, in denen das Grundbuchamt nicht einen Parteiantrag erledigt, sondern nur erklärt, wie es sich in Zukunft auf etwa zu stellende Anträge verhalten will, z. B. daß es in Zukunft keine Auskunft über den Inhalt des Grundbuchs oder der Grundakten ertheilen will; denn die Beschwerdeinstanzen in Grundbuchsachen sind nur mit der Erledigung bestimmter Parteianträge befaßt und zur Ertheilung genereller Anweisungen an die Grundbuchämter nicht befugt (Entsch. 1 S. 210, K.G. 9 S. 3).

2. Aber auch in dieser Beschränkung gilt die Regel des Abs. 1 nicht ausnahmslos; die Vorschrift des Abs. 2 erklärt die **Beschwerde gegen eine Eintragung** regelmäßig für unzulässig. Der Grund für diese Bestimmung ist derselbe, welcher gegen die Zulassung der Wiederaufhebung einer als unrichtig erkannten Eintragung seitens des Grundbuchamts (vgl. §. 54) spricht, und auch für die im Abs. 2 Satz 2 zugelassenen Ausnahmen sind die gleichen Gründe maßgeblich gewesen, wie für die Vorschrift des §. 54, wonach das Grundbuchamt von Amtswegen eine ihrem Inhalte nach unzulässige Eintragung löschen und gegen eine unter Verletzung gesetzlicher Vorschriften vorgenommene Eintragung, durch die das Grundbuch unrichtig geworden ist, einen Widerspruch eintragen darf; die Maßnahmen, welche das Grundbuchamt von Amtswegen ergreifen darf, muß auch das Beschwerdegericht auf die Beschwerde hin zur Berichtigung einer Eintragung anzuordnen befugt sein. Es genügt daher, zur Begründung der Vorschriften des Abs. 2 auf die Erl. 1 bis 3 zu §. 54 (S. 295 f.) zu verweisen. Vgl. auch die Erl. 4 bis 7 ebd.; insbesondere gilt auch hier das bei Erl. 5 erwähnte Erforderniß der Vorlage des Hypotheken-, Grundschuld- oder Rentenschuldbriefs für die Eintragung des Widerspruchs, von der dort angeführten Ausnahme abgesehen.

Unter der Eintragungen sind alle Arten von Eintragungen zu verstehen, insbesondere fallen auch die Löschungen (Entsch. 1 S 168) und Widersprüche (K.G. N.F. 1 A S. 217, 2 A S. 147, Rechtspr. 2 S. 59) darunter. Die Beseitigung zu Unrecht erfolgter Eintragungen und die Wiederherstellung zu Unrecht gelöschter Vermerke kann daher nur nach den Regeln der §§. 13 ff., insbesondere der §§. 19, 22 erwirkt werden, und etwaige Streitigkeiten der Betheiligten sind im Prozeßwege auszutragen. Dies findet auch auf einen auf Grund des §. 54 eingetragenen Widerspruch Anwendung; die Eintragung eines neuen Widerspruchs gegen diesen ist unzulässig (K.G. u. Rechtspr. a. a. O.).

Uebrigens ist die Vorschrift des Abs. 2 Satz 2 nicht von großer Tragweite. Würde sie fehlen, so würde zwar in den genannten Fällen eine Beschwerde gegen die Eintragung unzulässig

§. 72.

Ueber die Beschwerde entscheidet das Landgericht, in dessen Bezirke das Grundbuchamt seinen Sitz hat.

---

sein, der Verletzte könnte sich aber an das Grundbuchamt mit dem Antrag auf Eintragung des Widerspruchs oder auf Löschung der ihrem Inhalte nach unzulässigen Eintragung werden und gegen dessen Ablehnung Beschwerde erheben. Die Vorschrift dient also nur zur Beschleunigung, indem sie die Anrufung des Grundbuchamts erübrigt.

3. Von den unter 1 und 2 erwähnten Einschränkungen abgesehen, ist die Beschwerde gegen **alle Entscheidungen** des Grundbuchamts zulässig, also vor allem gegen diejenigen, durch welche ein Antrag oder ein Ersuchen einer zuständigen Behörde zurückgewiesen wird, daneben auch gegen die sog. temporisirenden Zwischenverfügungen (S. 208): hält der Antragsteller die ihm durch diese mitgetheilten Bedenken, deren Beseitigung ihm aufgegeben ist, für unbegründet, so braucht er nicht die endgültige Zurückweisung seines Antrags abzuwarten, sondern kann gleich gegen jene Verfügung Beschwerde erheben (Entsch. 1 S. 80 = K.G. N.F. 1 A S. 125 = Rechtspr. 1 S. 199; ebd. S. 200). Auch gegen Verfügungen, durch die einem Antrage stattgegeben wird, mit Ausnahme der Eintragungsverfügungen, ist Beschwerde nicht ausgeschlossen; jedoch wird dies kaum von praktischer Bedeutung sein.

2. Zuständiges Gericht.

§. 72.

E. I §. 68 Abs. 2; II §. 70. P. I S. 13347, 13350—13353, 13355—13357. M. S. 111. D. S. 3048.

1. In Uebereinstimmung mit dem in dem größten Theile Deutschlands bereits früher geltenden Rechte hat die G.B.O. die sachliche Zuständigkeit zur Entscheidung der Beschwerde den Landgerichten übertragen, weil diese als Kollegialgerichte die erforderliche Gewähr für eine richtige Entscheidung bieten. Oertlich zuständig ist dasjenige Landgericht, in dessen Bezirke das Grundbuchamt, dessen Entscheidung angefochten wird, seinen Sitz hat. Bei diesem hat nach §. 81 Abs. 1 eine Civilkammer zu entscheiden.

2. Das bezeichnete Landgericht ist ausschließlich zuständig. Weder die Betheiligten noch die Landesgesetze können ein anderes Gericht oder eine andere Behörde mit der Entscheidung betrauen. Die Landesgesetzgebung kann nur, falls die Amtsgerichte nicht zugleich Grundbuchämter sind, die vorgängige Anrufung des Amtsgerichts vorschreiben, ehe die Beschwerde bei dem Landgericht erhoben werden darf; alsdann finden auf das Verfahren vor dem Amtsgerichte die Vorschriften des § 71 Abs. 2 und der §§. 73—77 entsprechende Anwendung, und erst gegen die Entscheidung des Amtsgerichts giebt es die Beschwerde. Es wird also zwischen die Entscheidung des Grundbuchamts und das Verfahren vor dem Landgericht ein Verfahren bei dem Amtsgericht eingeschoben. Vgl. §§. 100, 101.

3. Ein Verstoß gegen die Vorschriften des §. 72 rechtfertigt die weitere Beschwerde. Insbesondere ist die Entscheidung des Beschwerdegerichts auch wegen der örtlichen Unzuständigkeit des entscheidenden Landgerichts anfechtbar, selbst wenn auf sie kraft Landesrechts (z. B. preuß. freiw. G.G. Art. 1) die Vorschrift des freiw. G.G. §. 7 Anwendung finden sollte, wonach die gerichtlichen Handlungen nicht aus dem Grunde unwirksam sind, weil sie von einem örtlich unzuständigen Gerichte vorgenommen sind. Die Begründung ergiebt sich aus der Erl. 4 b zu §. 10, oben S. 170 (a. M. Oberneck S. 92).

§. 73.

Die Beschwerde kann bei dem Grundbuchamt oder bei dem Beschwerdegericht eingelegt werden.

Die Einlegung erfolgt durch Einreichung einer Beschwerdeschrift oder durch Erklärung zum Protokolle des Grundbuchamts oder des Gerichtsschreibers des Beschwerdegerichts.

---

3. Einlegung der Beschwerde.

§. 73.

E. I §. 70; II §. 71. P. I S. 13347, 13348, 13353, 13360, 13369. M. S. 113. D. S. 3048. K.B. S. 3431.

1. Mit Rücksicht auf die Natur der Grundbuchsachen und den Zweck des Rechtsmittels sind die Formalien möglichst einfach gestaltet. Daher ist z. B. abweichend von der Vorschrift der C.P.O. §. 569, der die Bestimmungen des §. 73 (ebenso wie die gleichlautenden des freiw. G.G. §. 21) nachgebildet sind, die **Einlegung der Beschwerde bei dem Beschwerdegericht** auch in nicht dringenden Fällen gestattet. Trotzdem empfiehlt es sich, sie bei dem Grundbuchamt einzulegen, damit dieses die Akten beifügen und von der im §. 75 gegebenen Befugniß, der Beschwerde abzuhelfen, Gebrauch machen kann.

2. Eine weitere Abweichung von der C.P.O. liegt in der Vorschrift des Abs. 2, daß die Beschwerde stets **zu Protokoll** erklärt werden kann.

a. Wer bei dem Grundbuchamte das Protokoll aufzunehmen hat, ist reichsrechtlich hier ebensowenig wie im §. 29 bestimmt. Landesrechtlich kann die Zuständigkeit geregelt werden. In Bayern ist „auch der Gerichtsschreiber des Amtsgerichts“ für zuständig erklärt (A.G. z. G.B.O. Art. 3 Abs. 2). In Preußen fehlt es an einer besonderen Bestimmung; Art. 5 des A.G. z. G.B.O. bezieht sich nicht auf die Einlegung der Beschwerde. Es ist daher auch hier sowohl der Richter wie der Gerichtsschreiber zur Aufnahme des Protokolls für befugt zu halten (Rechtspr. 2 S. 174; Oberneck S. 81).

Dagegen kann bei dem Beschwerdegerichte nur der Gerichtsschreiber, nicht der Richter das Protokoll aufnehmen (Entsch. 1 S. 41 = K.G. N.F. 1 A S. 145 = Rechtspr. 1 S. 189). Ein von dem letzteren aufgenommenes Protokoll kommt nur als Beschwerdeschrift in Betracht. Dasselbe gilt von dem Protokoll eines anderen Gerichtsschreibers, der weder dem Grundbuchamte noch dem Beschwerdegericht angehört (Entsch. 1 S. 1 = K.G. N.F. 1 A S. 6).

b. Ueber die Formalien der Protokolle fehlt es an einer reichsrechtlichen Vorschrift (vgl. oben S. 236 Erl. 1 b). In Preußen kommen für richterliche Protokolle die Bestimmungen der Art. 54, 55 des preuß. freiw. G.G. in Betracht (vgl. die Erl. zu Art. 5 des A.G. z. G.B.O.). Für Protokolle der Gerichtsschreiber ist keine Vorschrift getroffen. Mit Schultzenstein (Zeitschr. f. C.Prz. Bd. 27 S. 572) wird man die Unterschrift des Gerichtsschreibers fordern müssen, während die des Beschwerdeführers nicht wesentlich ist.

3. Die **Beschwerdeschrift** braucht weder von einem Rechtsanwalt oder Notar unterzeichnet noch beglaubigt zu sein. (Anders bei der weiteren Beschwerde nach §. 80 Abs. 1.) Selbst die Unterschrift des Beschwerdeführers wird man nach der gründlichen Untersuchung von Schultzenstein (a. a. O. S. 514 ff., S. 578 ff.) für entbehrlich halten dürfen, wenn sich nur aus dem Schriftstücke die Person des Beschwerdeführers und dessen Zustimmung zu dem Inhalte des Schriftstücks erkennen läßt; danach genügt auch die Erklärung zu Protokoll eines unzuständigen Gerichtsschreibers oder Richters (ebd. S. 576 ff. Auch dies gilt nicht bei der weiteren Beschwerde nach §. 80 Abs. 1 Satz 2).

4. An weitere Formalien als die im §. 73 genannten ist die Beschwerde nicht gebunden, insbesondere nicht an eine Frist; ebensowenig ist ein bestimmter Inhalt für die

§. 74.

Die Beschwerde kann auf neue Thatsachen und Beweise gestützt werden.

§. 75.

Erachtet das Grundbuchamt die Beschwerde für begründet, so hat es ihr abzuhelfen.

Schrift oder das Protokoll vorgeschrieben, namentlich nicht der Gebrauch des Ausdrucks „Beschwerde".

5. Die Beschwerde kann auch durch einen **Vertreter** des Beschwerdeführers erhoben werden. Ein Bevollmächtigter muß sich durch eine Vollmacht legitimiren, für die eine Form nicht vorgeschrieben ist, da der Bevollmächtigte keine zu der Eintragung erforderliche Erklärung abzugeben hat (oben S. 237 Erl. 2, Zeitschr. f. C.Prz. 27 S. 360.) In dem Falle des §. 15 bedarf der Notar keiner Vollmacht (oben S. 204 Erl. 3b).

4. Beschwerdegrund.

§. 74.

E. I §. 72, II §. 72. P. I S. 13366—13372. M. S. 115. D. S. 3048. K.B. S. 3431.

1. Der E. I §. 72 enthielt die Bestimmung, daß die Beschwerde auf **neue Thatsachen und Beweise** nicht gestützt werden könne. Das Gesetz bestimmt das Gegentheil im Anschluß an §. 570 der C.P.O. (ebenso freiw. G.G. §. 23) und mit Rücksicht auf die Vereinfachung und Beschleunigung des Verfahrens sowie im Interesse der Kostenersparniß. Würde der Vorschlag des E. I Gesetz geworden sein, so würde sich der Beschwerdeführer zunächst mit einem neuen Antrag an das Grundbuchamt zu wenden haben und erst gegen dessen ablehnenden Bescheid Beschwerde erheben können, während er sofort letztere einlegen kann und dadurch zugleich nach §. 75 die nochmalige Prüfung durch das Grundbuchamt erzielt (K.B. a. a. O.).

2. Demnach kann die Beschwerde (anders als die weitere Beschwerde, §. 78), ebenso wie die civilprozessuale Beschwerde, auf **jeden beliebigen Beschwerdegrund** gestützt werden. Das Beschwerdegericht hat nicht bloß zu untersuchen, ob die angeführte Entscheidung auf der Verletzung einer Rechtsnorm beruht, sondern auch in jeder anderen Hinsicht den von dem Grundbuchamte zurückgewiesenen Antrag nachzuprüfen. Ein neuer Antrag kann aber, von den Fällen des §. 71 Abs. 2 Satz 2 abgesehen, in der Beschwerdeinstanz nicht gestellt werden.

5. Wirkungen der Beschwerde.

a. Abhülfe durch das Grundbuchamt.

§. 75.

E. I §. 71; II §. 73. P. I S. 13348, 13351, 13353, 13354, 13360—13366. M. S. 114. D. S. 3048.

1. Wie oben S. 297 Erl. 8 bereits erwähnt, ist das Grundbuchamt zur Abänderung der von ihm erlassenen Entscheidungen, aber nicht der bereits vollzogenen Eintragungen befugt. Dem entsprechend kann es auch die mit Beschwerde angefochtenen Entscheidungen im Sinne des Beschwerdeführers abändern und damit der Beschwerde abhelfen (ebenso C.P.O. §. 571, freiw. G.G. §. 18; anders bei der weiteren Beschwerde nach §. 80 Abs. 2). Dies gilt auch für

§. 76.

Das Beschwerdegericht kann vor der Entscheidung durch eine einstweilige Anordnung dem Grundbuchamt aufgeben, eine Vormerkung oder einen Widerspruch einzutragen.

Die Vormerkung oder der Widerspruch wird von Amtswegen gelöscht, wenn die Beschwerde zurückgenommen oder zurückgewiesen ist.

---

den Fall, daß die Beschwerde bei dem Beschwerdegericht eingelegt und von diesem dem Grundbuchamte zugegangen ist, wie die Denkschrift hervorhebt. Hat das Grundbuchamt aber bereits die eingelegte Beschwerde, ohne ihr abzuhelfen, dem Beschwerdegerichte vorgelegt, so ist es zur Abänderung nicht mehr befugt (Rechtspr. 1 S. 267).

2. Macht das Grundbuchamt von der Befugniß des §. 75 nicht Gebrauch, so hat es die Beschwerde dem Beschwerdegerichte vorzulegen. Auf den Gang des Verfahrens vor dem Grundbuchamt ist die Beschwerde alsdann ohne Einfluß. Sie hat weder aufschiebende Wirkung, so daß die weitere Ausführung der angefochtenen Entscheidung gehemmt würde, noch die Bedeutung eines Eintragungsantrags in dem Sinne, daß vor ihrer Erledigung eine später beantragte, dasselbe Recht betreffende Eintragung erst dann erfolgen dürfte, nachdem zu Gunsten des Beschwerdeführers eine Vormerkung oder ein Widerspruch eingetragen wäre; die Bestimmungen der §§. 17, 18 finden also keine Anwendung (M. S. 116). Die Abwendung der hieraus entspringenden Nachtheile bezweckt die Vorschrift des §. 76.

b. Einstweilige Anordnung des Beschwerdegerichts.

§. 76.

E. I §. 73 Abs. 2; II §. 74. P. I S. 13366, 13367, 13371, 13372. M. S. 116. D. S. 3048.

1. Wie in der vorstehenden Erl. 2 zu §. 75 bereits erwähnt, steht die Einlegung einer Beschwerde gegen die Zurückweisung eines Eintragungsantrags der Eintragung weiterer dasselbe Recht betreffender Vermerke nicht entgegen. Dadurch kann der Beschwerdeführer in seinem Rechte beeinträchtigt werden, sei es indem er einen Rangverlust erleidet oder indem sogar das neu eingetragene Recht seinen Rechtserwerb verhindert (vgl. oben S. 206 Erl. 1). Deshalb gestattet §. 76 den Erlaß einer einstweiligen Anordnung, durch welche die Eintragung einer Vormerkung oder eines Widerspruchs zur Sicherung des Rechtes, dessen Eintragung im Wege der Beschwerde erstrebt wird, dem Grundbuchamt aufgegeben wird.

2. In welchen Fällen die Eintragung eines Widerspruchs und wann die einer Vormerkung anzuordnen ist, ergiebt sich aus der Natur dieser Vermerke ohne Weiteres. Vgl. oben S. 25 ff.

3. Daß die einstweilige Anordnung dem Beschwerdeführer mitzutheilen ist, ist — anders als im §. 77 — nicht vorgeschrieben (vgl. D. zu E. II §. 75, S. 3048). Dagegen findet nach §. 55 eine Bekanntmachung der erfolgten Eintragung der Vormerkung oder des Widerspruchs statt.

4. Die Vorschrift des Abs. 2 entspricht der des §. 18 Abs. 2 Satz 2 (anders §. 54, §. 71 Abs. 2 Satz 2; vgl. Erl. 7 S. 297). Die Löschung braucht von dem Beschwerdegerichte nicht angeordnet zu werden, sondern hat durch das Grundbuchamt von Amtswegen zu geschehen, sobald ihm die Zurücknahme oder die Zurückweisung der Beschwerde bekannt wird (Oberneck S. 85). Die Möglichkeit der weiteren Beschwerde gegen den zurückweisenden Beschluß, ja auch deren Einlegung, steht nicht entgegen, da auch die weitere Beschwerde keine aufschiebende Wirkung hat.

§. 77.

Die Entscheidung des Beschwerdegerichts ist mit Gründen zu versehen und dem Beschwerdeführer mitzutheilen.

---

c. Entscheidung des Beschwerdegerichts.

§. 77.

E. I §. 75; II §. 75. P. I S. 13348, 13352, 13353, 13374, 13375. M. S. 117. D. S. 3048.

1. Die G.B.O. giebt keine besondere Vorschrift über das **Verfahren vor dem Beschwerdegericht**, insbesondere ist eine mündliche Verhandlung weder angeordnet noch zugelassen (vgl. S. 146 Erl. 5). Ebensowenig ist das Landgericht — anders als auf Grund des §. 12 des freiw. G.G. in den durch dieses Gesetz geregelten Angelegenheiten — befugt, von Amtswegen Ermittelungen anzustellen und weitere Erklärungen einzufordern; mit Recht wird in der Begr. zu Art. 1 des Entw. eines preuß. freiw. G.G. bemerkt, daß die Ausdehnung des §. 12 auf Grundbuchsachen mit dem §. 29 der G.B.O. nicht vereinbar sei, da es hiernach Sache der Betheiligten ist, die Voraussetzungen der Eintragung durch öffentliche Urkunden nachzuweisen (K.G. N.F. 1 A S. 277 = Rechtspr. 1 S. 382. Vgl. oben S. 187 Abs. 1; a. M. ein Regierungsvertreter laut K.B. zu §. 79 des E. II S. 3433; danach soll das Beschwerdegericht nicht gehindert sein, vor Abgabe seiner Entscheidung das Grundbuchamt mit der etwa erforderlichen Instruktion der Sache zu beauftragen). Vielmehr hat das Landgericht zu prüfen, ob auf Grund der dem Grundbuchamte vorgelegten und der etwaigen neuen Thatsachen und Beweise die Entscheidung des Grundbuchamts über den bei diesem gestellten Antrag gerechtfertigt erscheint oder nicht.

2. Wird die Entscheidung unrichtig befunden, so hat das Beschwerdegericht entweder das Grundbuchamt anzuweisen, dem zurückgewiesenen oder beanstandeten Antrage stattzugeben, insbesondere die beantragte Eintragung vorzunehmen, oder falls noch eine weitere Prüfung erforderlich ist, dem Grundbuchamt aufzugeben, seinen in der angefochtenen Entscheidung vertretenen Standpunkt aufzugeben und in die weitere Prüfung einzutreten. Letzteres wird z. B. zu geschehen haben, wenn das Grundbuchamt einen Antrag wegen mangelnder Legitimation des Antragstellers oder des Bewilligenden beanstandet hat, ohne in eine weitere Prüfung eingetreten zu sein, und das Beschwerdegericht diese vor der Anordnung der Eintragung für erforderlich erachtet.

Ordnet das Beschwerdegericht eine Eintragung an, so muß aus der Entscheidung deutlich erhellen, welchen Inhalt diese haben soll.

Nach einer Entscheidung des L.G. Dresden (Zeitschr. f. C.Prz. 27 S. 363) soll das Beschwerdegericht auch befugt sein, die schlechthin abweisende Verfügung des Grundbuchamts durch eine Fristsetzung gemäß §. 18 zu ersetzen; es soll dann aber mit der Fristsetzung die endgültige Anordnung als eine bedingte verbinden und deren Läuterung (durch Ausführung der Eintragung oder durch anderweitige Ablehnung, je nach der Entscheidung der Bedingung) dem Grundbuchamt übertragen müssen.

Auf Grund der Entscheidung des Beschwerdegerichts hat das Grundbuchamt die angeordnete Eintragung vorzunehmen, wenn es diese auch für unrichtig halten sollte. Wenn partikularrechtlich eine Eintragungsverfügung vorgeschrieben ist (vgl. oben S. 187 Abs. 2), muß diese von dem Grundbuchrichter auf Grund der Entscheidung des Beschwerdegerichts erlassen werden: sie wird nicht etwa durch letztere ersetzt.

3. Hinsichtlich der **Form der Entscheidung** des Beschwerdegerichts trifft §. 77 nur mit Rücksicht auf die weitere Beschwerde die Bestimmung, daß sie mit G r ü n d e n zu versehen ist.

§. 78.

Gegen die Entscheidung des Beschwerdegerichts ist das Rechtsmittel der weiteren Beschwerde zulässig, wenn die Entscheidung auf einer Verletzung des Gesetzes beruht. Die Vorschriften der §§. 550, 551, 561, 563 der Civilprozeßordnung finden entsprechende Anwendung.

---

4. Im Gegensatze zu der einstweiligen Anordnung des §. 76 ist die endgültige Entscheidung des Beschwerdegerichts **dem Beschwerdeführer mitzutheilen.** Auf welche Weise dies zu geschehen hat, bestimmt sich nach Landesrecht; vgl. oben S. 322 Vorbm. 2 und S. 190 Vorbm. VI.

II. Weitere Beschwerde.

1. Zulässigkeit.

§. 78.

E. I §. 76 Abs. 1; II §. 76. P. I S. 13348, 13349, 13353, 13375—13380, 13640. M. S. 118. D. S. 3048.

1. In Uebereinstimmung mit dem in einem großen Theile Deutschlands bestehenden Rechtszustand und mit Rücksicht auf die dort, insbesondere in Preußen gemachten Erfahrungen, vor allem im Interesse einer einheitlichen Rechtsanwendung hat die G.B.O. eine dritte Instanz zugelassen (vgl. M. a. a. O.), aber im Gegensatze zu dem E. I nicht unbeschränkt, sondern nach dem Vorbilde der meisten bisherigen Rechte, insbesondere des preuß. A.G. z. G.V.G. vom 24. April 1878 §. 52, nur bei einer Gesetzesverletzung.

2. Durch diese Beschränkung erhält das Rechtsmittel der weiteren Beschwerde Aehnlichkeit mit der Revision im Civil- und im Strafprozesse. Wie diese kann auch sie nicht auf unrichtige, aber nicht gesetzwidrige Würdigung thatsächlicher Verhältnisse gestützt werden und das Vorbringen neuer Thatsachen und Beweismittel ist regelmäßig (vgl. c) ausgeschlossen (vgl. oben S. 174 Erl. 5, K.G. 1 S. 6ff., S. 141, 2 S. 10; Allg. Verf. vom 11. Juni 1887, preuß. J.M.Bl. S. 170). Vielmehr ist erforderlich, daß eine **gesetzliche Bestimmung verletzt** ist und daß hierauf die angefochtene Entscheidung des Beschwerdegerichts beruht. Dagegen braucht nicht, wie bei der weiteren Beschwerde der C.P.O. nach §. 568 Abs. 2, ein neuer selbständiger Beschwerdegrund vorzuliegen.

Für die Regelung im Einzelnen ist im Satz 2 des §. 78 auf die Vorschriften der C.P.O. §§. 550, 551, 561, 563 über die Revision verwiesen.

a. „Das Gesetz ist verletzt, wenn eine Rechtsnorm nicht oder nicht richtig angewendet worden ist" (C.P.O. §. 550). Ob die Rechtsnorm dem materiellen oder dem formellen Rechte angehört, macht keinen Unterschied, ebensowenig, ob sie eine wesentliche oder nur eine instruktionelle ist. Auch bei Verletzung landesrechtlicher Normen ist die weitere Beschwerde, anders als die Revision im Civilprozesse (C.P.O. §. 549, Kaiserl. V.O. vom 28. September 1879 &c.), unbeschränkt zulässig; dies gilt auch von Verstößen gegen die Anordnungen der Landesjustizverwaltungen, die auf Grund der in der G.B.O. gemachten Vorbehalte getroffen sind (K.G. N.F. 2 A S. 142, 173). Statuten von Gesellschaften haben dagegen nur ausnahmsweise die Bedeutung objektiver Rechtsnormen, wie z. B. die Statuten oder Reglements der landschaftlichen oder ritterschaftlichen Kreditinstitute (vgl. E.G. z. B.G.B. Art. 167 und preuß. A.G. z. G.B.O. Art. 21, R.G. 13 S. 215, K.G. 2 S. 10, S. 84 Anm.).

b. Die Zweifel, ob eine untergelaufene Gesetzesverletzung für die angefochtene Entscheidung von Belang gewesen ist, wird für viele wichtige Fälle durch die Vorschrift des § 551 der C.P.O. beseitigt. In den dort aufgeführten Fällen ist die Entscheidung stets als auf einer Gesetzesverletzung beruhend anzusehen. In Betracht kommen für das Grundbuchrecht: nicht vorschrifts-

§. 79.

Ueber die weitere Beschwerde entscheidet das Oberlandesgericht.

Will das Oberlandesgericht bei der Auslegung einer das Grundbuchrecht betreffenden reichsgesetzlichen Vorschrift von der auf weitere Beschwerde ergangenen Entscheidung eines anderen Oberlandesgerichts, falls aber über die Rechtsfrage

---

mäßige Besetzung des Beschwerdegerichts, relative Unfähigkeit eines Richters der Beschwerdeinstanz (vgl. G.V.G. §. 81 Abs. 2 und oben S. 170 Erl. 4b), Mangel der sachlichen oder der örtlichen Zuständigkeit des Beschwerdegerichts (vgl. oben S. 325 Erl. 3), nicht gehörige Vertretung der Betheiligten, Fehlen einer Begründung der Entscheidung des Beschwerdegerichts (§. 77; K.G. 1 S. 9).

c. Nach §. 561 der C.P.O. sind für die Entscheidung der dritten Instanz die in der angefochtenen Entscheidung festgestellten Thatsachen maßgebend; außer ihnen können nur die Thatsachen berücksichtigt werden, welche die Gesetzesverletzung ergeben oder welche unter Verletzung des Gesetzes festgestellt, übergegangen oder als vorgebracht angenommen sind. Daraus folgt indessen nicht, daß diese Thatsachen in der Beschwerdeschrift oder in dem Protokolle, zu dem die Beschwerde erklärt wird, bezeichnet werden sollen; denn §. 554 der C.P.O., der dies für die Revision vorschreibt, ist nicht für anwendbar erklärt und die Bezeichnung der verletzten Rechtsnorm ist nicht vorgeschrieben (vgl. Erl. 1 zu §. 80; Begr. des Entw. eines preuß. freiw. G.G. Art. 3—8 letzter Abs.; Oberneck S. 92, Dorner, freiw. G.G. S. 164).

d. §. 563 der C.P.O. lautet: „Ergeben die Entscheidungsgründe zwar eine Gesetzesverletzung, stellt die Entscheidung selbst aber aus anderen Gründen sich als richtig dar, so ist die Revision zurückzuweisen."

e. Nicht ausdrücklich ausgesprochen (wie im §. 565 Abs. 2 der C.P.O.), aber selbstverständlich ist der Satz, daß das Gericht, an welches von dem Gerichte der weiteren Beschwerde die Sache zur anderweiten Erörterung und Entscheidung zurückverwiesen ist, die rechtliche Beurtheilung, welche der Aufhebung der beschwerenden Entscheidung zu Grunde gelegt ist, seiner neuen Entscheidung zu Grunde zu legen hat, und daß ein Verstoß hiergegen eine die weitere Beschwerde rechtfertigende Gesetzesverletzung enthält (Rechtspr. 1 S. 311).

3. Eine weitere Einschränkung des Rechtsmittels der weiteren Beschwerde ergiebt sich aus der nach §. 80 Abs. 3 entsprechend anwendbaren Vorschrift des §. 71 Abs. 2, wonach die Beschwerde gegen eine Eintragung (abgesehen von der Eintragung eines Widerspruchs oder der Löschung in den Fällen des §. 54) unzulässig ist. Danach giebt es regelmäßig *keine weitere Beschwerde gegen eine Entscheidung des Beschwerdegerichts, durch die eine Eintragung angeordnet wird.* Selbst wenn zur Zeit der Erhebung der weiteren Beschwerde die Eintragung von dem Grundbuchamte noch nicht vollzogen oder auch nicht einmal verfügt sein sollte, gilt keine Ausnahme, da die weitere Beschwerde keine aufschiebende Wirkung hat, die Eintragung also trotz ihrer Erhebung vollzogen werden müßte und demnach auch in diesem Falle die oben S. 324 Erl. 2 erwähnten Bedenken gerechtfertigt sind, die zu der Bestimmung des §. 71 Abs. 2 geführt haben.

2. Zuständigkeit.

§. 79.

E. I §. 76 Abs. 2; II §. 77. P. I S. 13348, 13349, 13353, 13375—13379. M. S. 119. D. S. 3048, 3049. K.B. S. 3431—3433. St.B. S. 4420, 4422, 4426, 4427.

1. Nach dem E. I §. 76 Abs. 2 sollte, sofern nicht landesgesetzlich etwas Anderes bestimmt wurde, das Oberlandesgericht über die weitere Beschwerde entscheiden. Diese Vorschrift wurde von der zweiten Kommission nicht als genügend erachtet, um die durch die Zulassung der weiteren

bereits eine Entscheidung des Reichsgerichts ergangen ist, von dieser abweichen, so hat es die weitere Beschwerde unter Begründung seiner Rechtsauffassung dem Reichsgerichte vorzulegen. Der Beschluß über die Vorlegung ist dem Beschwerdeführer mitzutheilen.

In den Fällen des Abs. 2 entscheidet über die weitere Beschwerde das Reichsgericht.

Beschwerde in erster Linie bezweckte Einheitlichkeit der Rechtsanwendung und der Rechtsprechung in Grundbuchsachen zu gewährleisten, da dabei die Möglichkeit nicht ausgeschlossen wäre, daß das neue Reichsrecht in den einzelnen Bundesstaaten ganz verschieden gehandhabt werden könnte. Andererseits erschien es zur Vermeidung einer Ueberlastung des Reichsgerichts nicht zweckmäßig, die Entscheidung allgemein diesem Gerichte zuzuweisen. Daraus erklärt sich die Bestimmung des §. 79 (vgl. D. und den sehr ausführlichen K.B. a. a. O., sowie die gleichlautende Vorschrift des freiw. G.G. §. 28).

2. In der Regel entscheidet über die weitere Beschwerde das **Oberlandesgericht**, und zwar selbstverständlich das dem Beschwerdegericht im Instanzenzug übergeordnete Oberlandesgericht (vgl. D.). Durch §. 102 ist jedoch im Interesse einer gleichmäßigen Rechtsanwendung innerhalb eines Bundesstaats, in welchem mehrere Oberlandesgerichte errichtet sind, eine landesgesetzliche Bestimmung zugelassen, durch welche die Zuständigkeit einem der mehreren Oberlandesgerichte des betreffenden Bundesstaats oder dem obersten Landesgericht übertragen wird. Hiervon hat Preußen in dem preuß. G.G. Art. 7, 8 Gebrauch gemacht, indem es, unbeschadet der Zuständigkeit des Reichsgerichts, für die Entscheidung über das Rechtsmittel der weiteren Beschwerde das Kammergericht für zuständig erklärt hat. „Hängt die Entscheidung nach der Auffassung des Kammergerichts von der Auslegung eines in seinem Bezirke nicht geltenden Gesetzes ab, so kann es die weitere Beschwerde demjenigen Oberlandesgerichte zur Entscheidung überweisen, zu dessen Bezirke das Landgericht gehört, welches die angefochtene Entscheidung erlassen hat. Der Ueberweisungsbeschluß ist dem Beschwerdeführer bekannt zu machen" (ebd. Art. 7 Satz 2, 3). Diese Vorschriften entsprechen den §§. 51, 56 des preuß. A.G. z. G.B.G. vom 24. April 1878; sie weichen aber darin von ihnen ab, daß das Kammergericht die Ueberweisung nicht auszusprechen braucht, sondern nur hierzu befugt ist, und daß nicht der Inhalt der Beschwerde, sondern die Auffassung des Kammergerichts über die Frage entscheidet, ob die Entscheidung von der Auslegung eines in seinem Bezirke nicht geltenden Rechtes abhängt. Daß das Oberlandesgericht, an welches die Ueberweisung erfolgt, sich der Erledigung zu unterziehen hat, dabei aber an die rechtliche Begründung des Ueberweisungsbeschlusses nicht gebunden ist, ist im Gesetze als selbstverständlich nicht hervorgehoben. Vgl. Begr. zu dem Entw. eines preuß. freiw. G.G. Art. 3—8, letzter Abs.

3. Ausnahmsweise ist nach Abs. 2 und 3 das **Reichsgericht** zur Entscheidung über die weitere Beschwerde zuständig. Die Voraussetzungen seiner Zuständigkeit sind:

a. Es muß sich um die „Auslegung einer das Grundbuchrecht betreffenden reichsgesetzlichen Vorschrift" handeln. Auf landesgesetzliche Bestimmungen findet also die Vorschrift keine Anwendung; zu ihnen gehören aber auch die reichsrechtlichen Normen, die kraft Reichsgesetzes auf Grundbuchsachen keine Anwendung finden und erst durch Landesgesetz (vgl. preuß. freiw. G.G. Art. 1) auf diese ausgedehnt sind (Oberneck S. 89).

Eine weitere Einschränkung erhellt aus den Worten „das Grundbuchrecht betreffenden." Hierzu gehören zwar alle Normen des formellen wie des materiellen Grundbuchrechts, aber nicht Bestimmungen allgemeinen Inhalts, die nicht ausschließlich oder nicht vorwiegend dem Grundbuchrecht angehören

b. Ueber die Rechtsfrage muß bereits eine Entscheidung eines anderen Oberlandesgerichts oder des Reichsgerichts ergangen sein. Hierbei ist jedoch zu

§. 80.

Die weitere Beschwerde kann bei dem Grundbuchamte, dem Landgericht oder bei dem Oberlandesgericht eingelegt werden. Erfolgt die Einlegung durch Einreichung einer Beschwerdeschrift, so muß diese von einem Rechtsanwalt unterzeichnet sein. Der Zuziehung eines Rechtsanwalts bedarf es nicht, wenn die

---

beachten, daß die Entscheidung des anderen Oberlandesgerichts „auf weitere Beschwerde" ergangen sein muß, während die des Reichsgerichts auch aus anderer Veranlassung, insbesondere in der Revisionsinstanz erlassen sein kann. Ein Ueberweisungsbeschluß, durch den das Kammergericht die Entscheidung dem zuständigen Oberlandesgerichte überweist (vgl. Erl. 2), bildet keine Entscheidung in dem hier in Betracht kommenden Sinne (vgl. Begr. des Entw. eines preuß. freiw. G.G. a. a. O.).

Dem Oberlandesgericht ist das landesgesetzlich auf Grund des §. 102 für zuständig erklärte oberste Landesgericht (vgl. Erl. 2) gleichzustellen.

Von seiner eigenen Entscheidung kann jedes Oberlandesgericht (Kammergericht, oberste Landesgericht) abweichen, selbst wenn die frühere Entscheidung von einem anderen Senate desselben Gerichts ergangen sein sollte. §. 79 Abs. 2, 3 finden keine Anwendung.

Zur Durchführung der Vorschrift des §. 79 Abs. 2 und der entsprechenden Bestimmung des freiw. G.G. §. 28 Abs. 2 werden die wichtigeren Entscheidungen der Oberlandesgerichte in Angelegenheiten der freiwilligen Gerichtsbarkeit und des Grundbuchrechts im Reichsjustizamte gesammelt und von diesem allen Oberlandesgerichten zugänglich gemacht. Hierzu dient die oben S. 139 an erster Stelle erwähnte Sammlung.

c. Das Oberlandesgericht (Kammergericht, oberste Landesgericht, vgl. Erl. 2) muß von der früheren Entscheidung des anderen Gerichts abweichen wollen. Hat das Oberlandesgericht oder derselbe Senat des Reichsgerichts (vgl. §. 81 Abs. 2) seine abweichende Ansicht in einer späteren Entscheidung selbst geändert, so kommt nur die letztere in Betracht (K.B. S. 3432 a. E.; Boethke in Gruch. 45 S. 186 f.).

4. Liegen die in Erl. 3 angeführten Voraussetzungen vor, so hat das Oberlandesgericht (Kammergericht, oberste Landesgericht) einen **Beschluß** zu erlassen, in dem es seine von der früheren Entscheidung abweichende Rechtsauffassung begründet und die weitere Beschwerde dem Reichsgerichte vorlegt. Dieser Beschluß ist dem Beschwerdeführer mitzutheilen, um ihm Gelegenheit zu geben, seine Beschwerde zurückzuziehen und dadurch Kosten zu ersparen (K.B. S. 3433).

5. Auf Grund dieses Beschlusses geht die Zuständigkeit auf das Reichsgericht über, ohne daß dieses befugt ist, die Sache zurückzuweisen, weil nach seiner Auffassung die Vorlegung zu Unrecht stattgefunden hat. Das ist durch Abs. 3 zum Ausdrucke gekommen.

6. Zur Gewährleistung einer einheitlichen Rechtsprechung dient weiter auch noch die Vorschrift des §. 81 Abs. 2, wonach bei dem Reichsgerichte die vereinigten Civilsenate oder das Plenum unter den im §. 137 des G.V.G. gegebenen Voraussetzungen zu entscheiden haben. Vgl. S. 335 Erl. 2.

3. Verfahren bei der weiteren Beschwerde.

§. 80.

E. I §. 76 Abs. 3; II §. 78. P. I S. 13348, 13349, 13353, 13375—13377, 13379, 13640. M. S. 120. D. S. 3049. K.B. S. 3433.

1. Die **Einlegung** der weiteren Beschwerde kann nach §. 80 Satz 1 bei jeder der drei Instanzen, aber nicht beim Reichsgericht erfolgen, und zwar nach §. 80 Abs. 3, §. 73 Abs. 2 sowohl durch Erklärung zu Protokoll des Grundbuchamts oder zu Protokoll des Gerichtsschreibers des

Beschwerde von einer Behörde oder von dem Notar eingelegt wird, der nach §. 15 den Eintragungsantrag gestellt hat.

Das Grundbuchamt und das Landgericht sind nicht befugt, der weiteren Beschwerde abzuhelfen.

Im Uebrigen finden die Vorschriften über die Beschwerde entsprechende Anwendung.

Beschwerdegerichts oder des zuständigen Oberlandesgerichts (Kammergerichts, obersten Landesgerichts) als auch durch Einreichung einer Beschwerdeschrift. Vgl. hierzu Erl. 1, 2 zu §. 73 (S. 326).

Anders als bei der gewöhnlichen Beschwerde, aber in Uebereinstimmung mit dem bisherigen preuß. Rechte (A.G. z. G.B.G. §. 53 Abs. 2) und mit dem freiw. G.G. §. 29, gilt für die weitere Beschwerde in einem beschränkten Umfange der Anwaltszwang, damit unzulässige, leichtfertige oder gänzlich unbegründete Beschwerden vermieden werden (K.B. a. a. O.). Wenn nämlich die Beschwerde nicht zu Protokoll erklärt, sondern durch Einreichung einer Beschwerdeschrift erhoben wird, so muß diese von einem Rechtsanwalt unterzeichnet sein, es sei denn, daß sie von einer Behörde oder dem Notar eingelegt wird, der nach §. 15 den Eintragungsantrag als Vertreter der Betheiligten gestellt hat. Der Rechtsanwalt bedarf zu seiner Legitimation einer Vollmacht des Beschwerdeführers, für welche das in Erl. 5 zu §. 73 (S. 327) Gesagte gilt. Bei einem der in Betracht kommenden Gerichte zugelassen braucht er nicht zu sein. Weil die Zuziehung eines Rechtsanwalts erforderlich ist, genügt, anders als bei der gewöhnlichen Beschwerde (oben S. 326 Erl. 2a), nie die Erklärung zu Protokoll des Gerichtsschreibers eines anderen Gerichts oder zu Protokoll eines Richters der Beschwerdeinstanzen (Entsch. 1 S. 1, S. 41 = K.G. N.F. 1 A S. 3 und 145, Rechtspr. 1 S. 189).

An eine Frist ist die weitere Beschwerde ebensowenig wie die gewöhnliche Beschwerde geknüpft (S. 326 Erl. 4).

Für den Inhalt der Beschwerdeschrift oder des Protokolls enthält die G.B.O. keine Bestimmung. Insbesondere ist die Vorschrift des preuß. A.G. z. G.B.G. §. 53 Abs. 3 nicht übernommen: „Die Beschwerde muß die Bezeichnung der verletzten Rechtsnorm enthalten. Eine unrichtige Bezeichnung der verletzten Rechtsnorm ist unschädlich". Da diese Vorschrift durch den letzteren abschwächenden Zusatz ihre praktische Bedeutung verloren hat, ist ihre Aufnahme von der zweiten Kommission abgelehnt (Erl. 2c zu §. 78, S. 331).

2. Ueber die **Befugniß zur Erhebung** der weiteren Beschwerde gilt das oben S. 323 Vorbm. 4 Gesagte.

3. Abweichend von der Vorschrift des §. 75 bestimmt §. 80 Abs. 2, daß das Grundbuchamt und das Landgericht der weiteren Beschwerde nicht abhelfen dürfen. Begründet ist diese Bestimmung damit, daß die weitere Beschwerde wesentlich dem Zwecke dient, eine gleichmäßige Rechtsprechung in Grundbuchsachen zu sichern (D.).

4. Im Uebrigen finden nach Abs. 3 die Vorschriften über die Beschwerde auf die weitere Beschwerde entsprechende Anwendung. Aus den §§. 71 ff. kommen, wie bereits früher erwähnt, die Bestimmungen des §. 71 Abs. 2 (oben S. 331 Erl. 3) und des §. 73 Abs. 2 (oben Erl. 1) in Betracht. §. 71 Abs. 1 und §. 74 sind durch §. 78, §. 72 durch §. 79, §. 73 Abs. 1 durch §. 80 Abs. 1 und §. 75 durch §. 80 Abs. 2 ersetzt. Dagegen finden §§. 76, 77 über die einstweiligen Anordnungen und die endgültigen Entscheidungen in der zweiten Instanz auch auf die dritte Anwendung. Vgl. die Erl. zu diesen Paragraphen sowie auch Erl. 2 zu §. 75 über den Mangel des Suspensiveffekts. Die Erl. zu §. 77 kommen indessen für die weitere Beschwerde nur insoweit in Betracht, als sich nicht aus der Natur dieses Rechtsmittels, insbesondere daraus, daß neue Thatsachen und Beweise unzulässig sind, ein Anderes ergiebt. Vgl. Erl. 2 zu §. 78, insbesondere 2c und 2d, S. 331. Auch die Formvorschrift des §. 80 Abs. 1 Satz 2 wird häufiger, als dies bei der gewöhnlichen Beschwerde vorkommen wird, dazu führen, daß das Rechtsmittel als unzulässig verworfen wird.

§. 81.

Die Entscheidungen über Beschwerden erfolgen bei den Landgerichten durch eine Civilkammer, bei den Oberlandesgerichten und dem Reichsgerichte durch einen Civilsenat.

Die Vorschriften der Civilprozeßordnung über die Ausschließung und Ablehnung der Gerichtspersonen sowie die Vorschriften des §. 137 des Gerichtsverfassungsgesetzes finden entsprechende Anwendung.

---

5. Eine besondere Vorschrift über die weitere Beschwerde enthält schließlich noch das Ges., betr. Aenderungen des G.V.G. und der St.P.O. vom 17. Mai 1898 (R.G.Bl. S. 252) Art. IV: „Wird gemäß §. 79 Abs. 2 der G.B.O. oder gemäß §. 28 Abs. 2 des freiw. G.G. die weitere Beschwerde von dem Landgerichte dem Reichsgerichte vorgelegt, so bleiben in Ansehung der **Gerichtskosten** die Vorschriften maßgebend, welche Anwendung finden, wenn eine solche Beschwerde bei dem Landesgericht erledigt wird; die erhobenen Kosten fließen jedoch in die Reichskasse."

III. Zuständige Gerichtsabtheilung. Unfähigkeit der Gerichtspersonen.

§. 81.

E. II §. 79. P. I S. 13381. D. S. 3049. K.B. S. 3433.

1. §. 81 enthält mehrere Vorschriften, die sowohl für die Beschwerde wie für die weitere Beschwerde Gültigkeit haben, wie aus dem Worte „Beschwerden" im Anfange des Abs. 1 ersichtlich ist.

2. Zunächst weist die G.B.O. im Anschluß an §§. 42, 57 des preuß. A.G. z. G.V.G. vom 24. April 1878 die Entscheidung den Civilkammern der Landgerichte, den Civilsenaten der Oberlandesgerichte (des Kammergerichts, obersten Landesgerichts, §. 102, vgl. D. a. a. O.) oder des Reichsgerichts zu.

Aus den Worten „eine Civilkammer" oder „einen Civilsenat" ist nicht zu entnehmen, daß stets nur eine Kammer, ein Senat mit den Beschwerden in Grundbuchsachen befaßt sein soll. Für den Fall, daß nach der Geschäftsvertheilung mehrere Civilsenate des Reichsgerichts zuständig sein sollten, kommt nach Abs. 2 der §. 137 des G.V.G. zur entsprechenden Anwendung. Hiernach ist, wenn der zur Entscheidung über die weitere Beschwerde berufene Civilsenat in der ihm vorliegenden Rechtsfrage von der Entscheidung eines anderen Civilsenats oder der vereinigten Civilsenate abweichen will, die Entscheidung der vereinigten Civilsenate, und wenn er von der Entscheidung des Strafsenats oder der vereinigten Strafsenate abweichen will, die des Plenums über die streitige Rechtsfrage einzuholen. Dies gilt sowohl, wenn die andere Entscheidung auf weitere Beschwerde, wie auch wenn sie aus anderer Veranlassung ergangen ist.

„Auf die Besetzung der Civilsenate des obersten Landesgerichts findet in Grundbuchsachen, sowie in den nach §. 199 des freiw. G.G. dem obersten Landesgerichte zugewiesenen Angelegenheiten der §. 124 des G.V.G. Anwendung" (E.G. z. G.V.G. §. 10 Abs. 3, eingeschaltet durch das Reichsges. v. 17. Mai 1898, betr. Aenderungen des G.V.G. und der St.P.O., Art. III), wonach die Senate in der Besetzung von fünf Mitgliedern mit Einschluß des Vorsitzenden zu entscheiden haben.

3. Schließlich erklärt § 81 Abs. 2 die Vorschriften der C.P.O. über die Ausschließung und Ablehnung der Gerichtspersonen, also die §§. 41—49 auf die in den Beschwerdeinstanzen mitwirkenden Richter und Gerichtsschreiber für entsprechend anwendbar, während über die relative Unfähigkeit der Beamten des Grundbuchamts das Landesrecht entscheidet, wie oben S. 169f. bereits bemerkt.

Hinsichtlich des Inhalts der §§. 41ff. der C.P.O. genügt eine Verweisung auf die Kommentare z. C.P.O.

Fünfter Abschnitt.
Schlußbestimmungen.

§. 82.

Dieses Gesetz tritt, soweit es die Anlegung des Grundbuchs betrifft, gleichzeitig mit dem Bürgerlichen Gesetzbuch, im Uebrigen für jeden Grundbuchbezirk mit dem Zeitpunkt in Kraft, in welchem das Grundbuch als angelegt anzusehen ist.

Die Artikel 2 bis 5, 32, 55 des Einführungsgesetzes zum Bürgerlichen Gesetzbuche finden entsprechende Anwendung.

Fünfter Abschnitt.

Der 5. Abschnitt enthält zunächst im §. 82 Bestimmungen über den Zeitpunkt des Inkrafttretens der G.B.O. und über deren Verhältniß zu den bisherigen Gesetzen; im §. 83 ist ein allgemeiner Vorbehalt zu Gunsten der Landesgesetze gemacht, §. 84 dehnt einige Vorschriften der G.B.O. über das Erbbaurecht auf die landesrechtlich geregelten Erbpacht- und Abbaurechte aus, und §§. 85—102 enthalten einzelne besondere Vorbehalte zu Gunsten des Landesrechts und zwar entweder zu Gunsten von landesherrlichen Verordnungen (§§. 85—87, 90—92) oder von Anordnungen der Landesjustizverwaltungen (§§. 93—97) oder von Landesgesetzen (§§. 98—102).

I. Zeitpunkt des Inkrafttretens und Verhältniß zu den bisherigen Gesetzen.

§. 82.

E. I §§. 77, 79; II §. 80. P. 1 S. 13607—13616, 13640, 13645. M. S. 121, 23 ff. D. S. 3049.

1. §. 82 Abs. 1 bestimmt nicht denselben Zeitpunkt des **Geltungsbeginns** für alle Vorschriften der G.B.O., sondern unterscheidet die die Anlegung des Grundbuchs betreffenden Vorschriften von den übrigen.

a. Die meisten Vorschriften haben ein angelegtes Grundbuch zur Voraussetzung. Sie können daher, ebenso wie das materielle Grundbuchrecht des B.G.B., erst in Kraft treten, nachdem das Grundbuch angelegt ist. Nach Art. 186 des E.G. z. B.G.B. wird „der Zeitpunkt, in welchem das Grundbuch für einen Bezirk als angelegt anzusehen ist, für jeden Bundesstaat durch landesherrliche Verordnung bestimmt." Vgl. die preuß. V.O. Art. 3, 4, 5, 14. Die Bestimmungen dieser landesherrlichen Verordnung entscheiden daher auch über den Zeitpunkt des Inkrafttretens der G.B.O. Ist nach jener das Grundbuch für einen Bezirk als angelegt anzusehen, so gilt das formelle wie das materielle Grundbuchrecht nach Art. 186 Abs. 2 des E.G. grundsätzlich auch für solche zu dem Bezirke gehörenden Grundstücke, die noch kein Blatt im Grundbuche haben, „soweit nicht bestimmte Grundstücke durch besondere Anordnungen ausgenommen sind." Vgl. hierzu die preuß. V.O. Art. 4 Abs. 1 Satz 2, Art. 14 Abs. 2 Satz 2, Art. 15 und wegen der Grundstücke, die nicht in das Grundbuch eingetragen zu werden brauchen, unten §. 90 (Erl. 3).

b. Eine Ausnahme gilt für diejenigen Vorschriften, welche die Anlegung des Grundbuchs betreffen. Allerdings wird nach Art. 186 Abs. 1 des E.G. z. B.G.B. das Verfahren, in welchem die Anlegung der Grundbücher erfolgt, durch landesherrliche Verordnung bestimmt (vgl. oben S. 10). Aber einzelne Bestimmungen der G.B.O., namentlich die über die Einrichtung

§. 83.

Soweit im Einführungsgesetze zum Bürgerlichen Gesetzbuche zu Gunsten der Landesgesetze Vorbehalte gemacht sind, gelten sie auch für die Vorschriften der

---

der Grundbücher (S. 141 Vorbm. 6), müssen schon bei der Anlegung berücksichtigt werden. Sie sind daher bereits mit dem B.G.B., also am 1. Januar 1900 (E.G. z. B.G.B. Art. 1) in Kraft getreten. Hierher gehören in erster Linie die Vorschriften der §§. 1—5, 85—90, aber auch die §§. 6—8, 84 sowie die §§. 45—53 über den Inhalt der Eintragungen (S. 179 Vorbm. II) können schon bei der Anlegung zur entsprechenden Anwendung kommen, dagegen ist die Anwendung der §§. 13—44, 54, 55 ausgeschlossen.

2. Daß die die Anlegung betreffenden Bestimmungen am 1. Januar 1900 „für den ganzen **Umfang des Reiches**" in Kraft treten, wie im E. I §. 77 ausdrücklich gesagt war, ist selbstverständlich, ebenso daß auch die übrigen für alle Bezirke des ganzen Reiches nach Maßgabe der landesherrlichen Verordnungen nach und nach in Kraft treten müssen.

Außerhalb der Grenzen des Reiches gilt die G.B.O. ebenfalls, und zwar in den Konsulargerichtsbezirken auf Grund des Reichsgesetzes vom 7. April 1900 über die Konsulargerichtsbarkeit §§. 19, 21, sofern nicht durch Kaiserliche Verordnung eine abweichende Regelung getroffen ist. In den deutschen Schutzgebieten bleibt dagegen das Reichsgrundbuchrecht außer Anwendung; soweit die Regelung nicht bereits durch Kaiserl. V.O. vor dem 1. Januar 1901 erfolgt ist, ist der Reichskanzler und mit dessen Genehmigung der Gouverneur (Landeshauptmann) bis auf Weiteres befugt, die erforderlichen grundbuchrechtlichen Bestimmungen zu treffen (Kais. V.O. vom 9. November 1900, R.G.Bl. S. 1005, §. 3).

3. **Das Verhältniß der G.B.O. zu den bisherigen Grundbuchgesetzen** regelt §. 82 Abs. 2 durch Bezugnahme auf die entsprechenden Bestimmungen des E.G. z. B.G.B. Daraus (vgl. E.G. z. B.G.B. Art. 32, 55, G.B.O. §. 83) ergiebt sich, daß die grundbuchrechtlichen Vorschriften der Landesgesetze außer Kraft treten, soweit nicht in dem B.G.B., in dem E.G. z. B.G.B. und in der G.B.O. ein Anderes bestimmt ist, daß dagegen die Vorschriften der Reichsgesetze in Kraft bleiben, soweit sich nicht aus den angeführten Gesetzen die Aufhebung ergiebt. Die aufrechterhaltenen landesrechtlichen Normen ergeben sich aus den §§. 83—101 nebst den Erl. Ueber die Aufhebung der bisherigen preußischen Gesetze vgl. preuß. A.G. z. G.B.O. Art. 33.

„Soweit . . . die Regelung den Landesgesetzen vorbehalten oder bestimmt ist, daß landesgesetzliche Vorschriften unberührt bleiben oder erlassen werden können, bleiben die bestehenden landesgesetzlichen Vorschriften in Kraft und können neue landesgesetzliche Vorschriften erlassen werden" (E.G. Art. 3). „Soweit in Reichsgesetzen oder in Landesgesetzen auf Vorschriften verwiesen ist, welche" durch die G.B.O. „außer Kraft gesetzt werden, treten an deren Stelle die entsprechenden Vorschriften" der G.B.O. (ebd. Art. 4).

4. Schließlich finden auch die Vorschriften der Art. 2 und 5 des E.G. z. B.G.B. Anwendung; danach ist im Sinne der G.B.O. unter einem Gesetze jede Rechtsnorm zu verstehen und als Bundesstaat auch das Reichsland Elsaß-Lothringen anzusehen.

II. Vorbehalte zu Gunsten des Landesrechts.

1. Allgemeiner Vorbehalt.

§§. 83, 84.

E. I §. 78; II §§. 81, 82. P. I S. 13614—13616, 13643—13645. M. S. 122. D. S. 3049, 3050. K.B. S. 3433, 3434.

1. Wie in der Erl. 3 zu §. 82 bemerkt, hat die G.B.O. gegenüber den Landesrechten den **Charakter einer Kodifikation** und läßt nur solche landesrechtliche Vorschriften des formellen

Landesgesetze über das Grundbuchwesen; den Landesgesetzen stehen nach Maßgabe der Artikel 57, 58 des Einführungsgesetzes zum Bürgerlichen Gesetzbuche die Hausverfassungen gleich.

§. 84.

Die Vorschriften der §§. 7, 20 und des §. 22 Abs. 2 über das Erbbaurecht sowie die Vorschrift des §. 50 finden auf die in den Artikeln 63, 68 des Einführungsgesetzes zum Bürgerlichen Gesetzbuche bezeichneten Rechte entsprechende Anwendung.

Grundbuchrechts zu, zu deren Gunsten **Vorbehalte** gemacht sind. Diese sind zum Theil schon **in den früheren Paragraphen des Gesetzes** enthalten und nach der in der Denkschrift gemachten Unterscheidung „theils ausdrücklich bestimmt (§. 1 Abs. 2, §. 2 Abs. 2), theils aus solchen Vorschriften desselben zu entnehmen, welche zu ihrer Durchführung eine ergänzende Thätigkeit der Landesgesetzgebung voraussetzen. Das Letztere gilt insbesondere . . . für die Bildung und Zuständigkeit der Grundbuchämter, für die Ausschließung und Ablehnung der Grundbuchbeamten" (vgl. jedoch §. 10), „für das Verhältniß des Flurbuchs zum Grundbuch und die Berichtigung des Grundbuchs im Falle der Aenderung des Flurbuchs, sowie für die nähere Regelung der Grundbuchführung. Weiterhin sind die Bestimmungen über die Form der Entscheidungen des Grundbuchamts und deren Zustellung, über die Protokollirung der Anträge und Erklärungen vor dem Grundbuchamt, über die Form der Eintragungen in das Grundbuch und der Zeugnisse über die Eintragungen der Landesgesetzgebung insoweit stillschweigend überlassen, als die G.B.O. keine Bestimmungen darüber enthält" (D.).

2. Zu diesen Vorbehalten treten dann die in den §§. 83 ff. aufgeführten weiteren hinzu. Während in den §§. 85 ff. nur einzelne bestimmte Fragen der landesgesetzlichen Regelung vorbehalten sind, enthält §. 83 eine allgemeinere Bestimmung, indem er mit Rücksicht auf den engen Zusammenhang zwischen dem formellen und materiellen Grundbuchrechte (vgl. M. S. 122) **alle das materielle Grundbuchrecht betreffenden Vorbehalte** des E.G. z. B.G.B. auf jenes ausdehnt. Solche Vorbehalte sind nicht nur in dem 3. Abschnitte des E.G. (Art. 55 ff.) enthalten, der die Ueberschrift „Verhältniß des B.G.B. zu den Landesgesetzen" trägt, sondern auch in dem die Uebergangsvorschriften enthaltenden 4. Abschnitte. „Soweit nach den Vorschriften dieses Abschnitts die bisherigen Landesgesetze maßgebend bleiben, können sie nach dem Inkrafttreten des B.G.B. durch Landesgesetz auch geändert werden," bestimmt Art. 218 des E.G. Danach kann es, wie in der Denkschrift hervorgehoben wird, keinem Zweifel unterliegen, daß die Landesgesetzgebung innerhalb der durch die Vorschriften des vierten Abschnitts des E.G. gezogenen Grenzen auch auf dem Gebiete des Grundbuchwesens Uebergangsbestimmungen treffen, namentlich mit Rücksicht auf Art. 200 des E.G. die Voraussetzungen regeln kann, unter denen die aus dem bisherigen landesgesetzlichen ehelichen Güterrechte sich ergebenden Verfügungsbeschränkungen in das Grundbuch eingetragen werden können. In Preußen ist von der zuletzt erwähnten Befugniß kein Gebrauch gemacht (vgl. oben S. 252 Erl. 2; insbesondere auch die daselbst angeführte Bestimmung des Art. 59 §. 2 des A.G. z. B.G.B. über die Gebühren- und Stempelfreiheit).

3. Die in dem ersten Halbsatze des §. 83 enthaltene Regel erfährt durch den zweiten Halbsatz eine Erweiterung für das Gebiet des **Privatfürstenrechts.** Nach Art. 57 des E.G. z. B.G.B. finden die reichsrechtlichen Vorschriften in Ansehung der Landesherrn, der Mitglieder der landesherrlichen Familien und der Mitglieder der Fürstlichen Familie Hohenzollern, des vormaligen Hannoverschen Königshauses, des vormaligen Kurhessischen und des vormaligen Herzoglich Nassauischen Fürstenhauses „nur insoweit Anwendung, als nicht besondere Vorschriften der Hausverfassungen oder der Landesgesetze abweichende Bestimmungen enthalten"; und nach Art. 58 „bleiben die Vorschriften der Landesgesetze und nach Maßgabe der Landesgesetze die-

Vorschriften der Hausverfassungen unberührt" „in Ansehung der Familienverhältnisse und der Güter derjenigen Häuser, welche vormals reichsständisch gewesen und seit 1806 mittelbar geworden sind oder welche diesen Häusern bezüglich der Familienverhältnisse und der Güter durch Beschluß der vormaligen deutschen Bundesversammlung oder vor dem Inkrafttreten des B.G.B. durch Landesgesetz gleichgestellt worden sind;" „das Gleiche gilt zu Gunsten des vormaligen Reichsadels und derjenigen Familien des landsässigen Adels, welche vor dem Inkrafttreten des B.G.B. dem vormaligen Reichsadel durch Landesgesetz gleichgestellt worden sind". Vgl. Planck Bd. 6 S. 135ff. Insoweit hiernach die Vorschriften der Hausverfassungen unberührt bleiben, gilt von ihnen dasselbe, wie nach der Regel des §. 83 Halbsatz 1 von den Landesgesetzen.

4. Umgekehrt erfährt der Grundsatz des §. 83 durch die Bestimmung des §. 84 eine Einschränkung hinsichtlich der oben S. 16f. und S. 47 besprochenen **Erbpachtrechte** und **Abbaurechte**. Im Einklange mit den Bestimmungen des E.G. z. B.G.B. Art. 63, 68, wonach für diese Rechte die sich auf Grundstücke beziehenden Vorschriften gelten und für ihre Uebertragung sowie auch für die Bestellung des Abbaurechts dieselben Formen, wie für die Uebertragung und Bestellung des Erbbaurechts vorgeschrieben sind, dehnt die G.B.O. die Vorschriften des §. 7 über die Anlegung eines besonderen Grundbuchblatts für ein Erbbaurecht, des §. 20 über das Erforderniß des Nachweises der Einigung im Falle der Uebertragung oder Bestellung dieses Rechtes, des §. 22 Abs. 2 über das Erforderniß der Zustimmung des Erbbauberechtigten zu seiner Eintragung auch im Falle der Berichtigung des Grundbuchs auf jene Rechte aus. Schließlich soll auch bei der Eintragung dieser Rechte sowohl auf dem Blatte des belasteten Grundstücks, als auch auf dem für das Recht angelegten Blatte die Bezugnahme auf die Eintragungsbewilligung, wie bei einem Altentheile (§. 50), nicht nur zur Bezeichnung des Inhalts des Rechtes, sondern auch zur Bezeichnung der hierunter begriffenen einzelnen Rechte zulässig sein. Vgl. hierzu die Erl. zu den §§. 7, 20, 22, 50.

Wie in der Denkschrift besonders betont wird, führt die entsprechende Anwendung des §. 7 in Verbindung mit Art. 63 des E.G. z. B.G.B. von selbst zu dem Ergebnisse, daß, wo landesgesetzlich zur Begründung eines Erbpachtrechts dessen Eintragung in das Grundbuch nicht erforderlich ist, für dieses Recht ein besonderes Grundbuchblatt auch dann angelegt werden kann, wenn ein Grundbuchblatt für das belastete Grundstück nicht vorhanden ist (ebenso Planck Bd. 6 S. 144 Erl. 3c). Für die Abbaurechte gilt dies nicht, weil zu deren Bestellung, wie S. 47 erwähnt, kraft Reichsrechts, wie zur Bestellung eines Erbbaurechts, formelle Einigung und Eintragung erforderlich ist.

Ueber eine dem §. 84 entsprechende Vorschrift des preuß. Rechtes für das Bergwerkseigenthum, unbewegliche Bergwerksantheile und selbständige Gerechtigkeiten vgl. Art. 28 des A.G. z. G.B.O. Dem Landesrecht ist es natürlich unbenommen, für die seiner Regelung überlassenen Rechte, wie z. B. für das Bergwerkseigenthum oder kraft Art. 196 des E.G. z. B.G.B. (oben S. 17) für die zur Zeit des Inkrafttretens des B.G.B. an einem Grundstücke bestehenden vererblichen und veräußerlichen Nutzungsrechte, ähnliche Vorschriften zu treffen. Ohne landesrechtliche Normen und ohne daß durch die Landesgesetzgebung Abweichendes bestimmt werden dürfte, gelten aber die im §. 84 angeführten Bestimmungen der §§. 7, 20, 22, 50 der G.B.O. für die Erbpacht- und Abbau-Rechte.

5. Aus den **sonstigen Vorbehalten**, die das E.G. z. B.G.B. zu Gunsten der Landesgesetze gemacht hat, sind folgende hervorzuheben. Unberührt geblieben sind

a. das gesammte Familienfideikommiß-, Lehen- und Stammgutsrecht (Art. 59); vgl. oben S. 21, 31, S. 54 Anm. 4 und S. 156 unter b und über die Revenüen-Hypothek S. 69, ferner preuß. A.G. z. G.B.O. Art. 15—19, bayer. A.G. z. G.B.O. Art. 13—16, sächs. V.O. vom 24. Juli 1899 §. 30, württ. A.G. z. B.G.B. Art. 24—31, 93;

b. die Vorschriften über Rentengüter (Art. 62); vgl. S. 21 Anm. 4, S. 53 Anm. 3, S. 54 Anm. 1 und 4, S. 55 Anm. 1, S. 162 Erl. 4a, S. 258 Erl. 4 rc., ferner preuß. A.G. z. G.B.O. Art. 12 und Allg. Verf. §. 11 Ziff. 2 nebst Erl.;

c. das Anerbenrecht bei landwirthschaftlichen und forstwirthschaftlichen Grundstücken (Art. 64); vgl. S. 54 Anm. 4, S. 162 Erl. 4a, preuß. A.G. z. G.B.O. Art. 12 und Allg. Verf. §. 11 Ziff. 2, §§. 21, 43 nebst Erl.;

d. das Wasserrecht mit Einschluß des Mühlenrechts und der Vorschriften über Anlandungen, entstehende Inseln und verlassene Flußbetten (Art. 65); vgl. oben S. 17, 42;

e. das Deich- und Sielrecht (Art. 66);

f. das Bergrecht (Art. 67); vgl. oben S. 17, S. 54 Anm. 4, preuß. A.G. z. G.B.O. Art. 22ff., Kgl. V.O. Art. 33, Allg. Verf. §§. 22ff.;

g. das Jagd- und Fischereirecht (Art. 69); vgl. oben S. 17;

h. die Vorschriften über Zwangsrechte, Bannrechte und Realgewerbeberechtigungen (Art. 74); vgl. oben S. 17;

i. die Vorschriften über Waldgenossenschaften (Art. 83); vgl. oben S. 266, preuß. A.G. z. G.B.O. Art. 11 Abs. 2 und Allg. Verf. §. 44, bayer. A.G. Art. 17, 18;

k. die Amortisationsgesetze und die Vorschriften, welche den Erwerb von Grundstücken durch Ausländer von staatlicher Genehmigung abhängig machen (Art. 86—88); vgl. oben S. 242;

l. die Vorschriften über die gesetzlichen Hypothekentitel des Fiskus, einer Körperschaft. Stiftung oder Anstalt des öffentlichen Rechtes ꝛc. (Art. 91), vgl. oben S. 77;

m. die Vorschriften über Leibgedings-, Leibzuchts-, Altentheilsverträge in dem oben S. 50 erwähnten Umfange; vgl. auch S. 287 a. E. und S. 291;

n. das Enteignungsrecht (Art. 109); vgl. oben S. 41 und S. 54 Anm. 4 sowie preuß. Allg. Verf. §. 10 Ziff. 3, §. 11 Ziff. 3, §. 30 Abs. 4;

o. die Vorschriften über die einem Eisenbahn- oder Kleinbahnunternehmen gewidmeten Bahneinheiten (Art. 112); vgl. preuß. A.G. z. G.B.O. Art. 31 und Allg. Verf. §. 11 Ziff. 2, §. 45;

p. die Vorschriften über die Zusammenlegung von Grundstücken, über die Gemeinheitstheilung, über die Ablösung von Reallasten und Dienstbarkeiten u. ä., insbesondere auch die „Vorschriften, welche die durch ein Verfahren dieser Art begründeten gemeinschaftlichen Angelegenheiten zum Gegenstande haben oder welche sich auf den Erwerb des Eigenthums, auf die Begründung, Aenderung und Aufhebung von anderen Rechten an Grundstücken und auf die Berichtigung des Grundbuchs beziehen" (Art. 113); vgl. oben S. 42, 47f., 58 und preuß. A.G. z. G.B.O. Art. 12—14, Allg. Verf. §. 4 Abs. 3, §. 10 Ziff. 3, §. 11 Ziff. 2;

q. die Vorschriften, „nach welchen die dem Staate oder einer öffentlichen Anstalt in Folge der Ordnung der gutsherrlich-bäuerlichen Verhältnisse oder der Ablösung von Dienstbarkeiten, Reallasten oder der Oberlehnsherrlichkeit zustehenden Ablösungsrenten und sonstigen Reallasten zu ihrer Begründung und zur Wirksamkeit gegenüber dem öffentlichen Glauben des Grundbuchs nicht der Eintragung bedürfen" (Art. 114); vgl. oben S. 22, 58 und preuß. A.G. z. G.B.O. Art. 12;

r. die „Vorschriften, welche die Belastung eines Grundstücks mit gewissen Grunddienstbarkeiten oder beschränkten persönlichen Dienstbarkeiten oder mit Reallasten untersagen oder beschränken", sowie die „Vorschriften, welche den Inhalt und das Maß solcher Rechte näher bestimmen" (Art. 115, siehe auch Art. 116); vgl. oben S. 48, 56;

s. die Vorschriften welche die Belastung des Grundstücks über eine bestimmte Werthgrenze hinaus oder mit einer unkündbaren Hypothek oder Grundschuld untersagen oder die Ausschließung des Kündigungsrechts zeitlich beschränken (Art. 117); vgl. oben S. 66;

t. die Vorschriften über den Vorrang von Meliorationsdarlehen (Art. 118); vgl. oben S. 283 a. E. und Erl. 3 zu Art. 12 des preuß. A.G.;

u. die Vorschriften, welche die Veräußerung, die Theilung oder die Vereinigung von Grundstücken beschränken oder letztere beiden untersagen (Art. 119), oben S. 24, S. 156 (3b), S. 160 und S. 162 und Erl. 4 zu Art. 12 des preuß. A.G. z. G.B.O.;

§. 85.

Durch landesherrliche Verordnung kann bestimmt werden, daß für gewisse Gattungen von Grundstücken besondere nicht für Bezirke eingerichtete Grundbücher geführt werden.

§. 86.

Durch landesherrliche Verordnung kann bestimmt werden, daß die Vorschrift des §. 4 auch dann Anwendung findet, wenn mehrere Grundstücke desselben Eigenthümers in den Bezirken verschiedener Grundbuchämter belegen sind.

§. 87.

Durch landesherrliche Verordnung kann bestimmt werden, daß ein bisher geführtes Buch oder mehrere bisher geführte Bücher für sich allein oder zusammen mit einem neuen Buche oder mehreren neuen Büchern als Grundbuch gelten sollen. Die Bestimmung kann auch dann getroffen werden, wenn für Grundstücke, die nicht denselben Eigenthümer haben, ein gemeinschaftliches Blatt besteht; die Vorschrift des §. 4 findet entsprechende Anwendung.

---

v. die Vorschriften über die Unschädlichkeitszeugnisse (Art. 120); vgl. oben S. 35 Ziff. 4b und preuß. A.G. z. G.B.O. Art. 20;

w. die „Vorschriften, welche die zur Zeit des Inkrafttretens des B.G.B. bestehenden landschaftlichen oder ritterschaftlichen Kreditanstalten betreffen" (Art. 167); vgl. K.B. S. 3433f., oben S. 68 Anm. 2, S. 71 Anm. 1 und preuß. A.G. z. G.B.O. Art. 21.

Weitere Vorbehalte sind an anderer Stelle erwähnt, vgl. oben S. 16 (insbesondere über das Stockwerkseigenthum), S. 17, S. 21f., S. 43(f.), S. 58 2c.

2. Nicht für Bezirke eingerichtete Grundbücher.

§. 85.

E. I §. 5 Abs. 2; II §. 83. P. I S. 13303—13307. M. S. 30. D. S. 3034 (zu §. 2 Abs. 1).

Vgl. oben S. 150 Erl. 2a.

3. Vorbehalt für gemeinschaftliche Grundbuchblätter.

§. 86.

E. II §. 84. D. S. 3035 (zu §. 4). St.B. S. 4419.

Vgl. oben S. 156 Erl. 3b und preuß. Kgl. V.O. Art. 37.

4. Beibehaltung bisher geführter Bücher.

§§. 87—89.

E. I §§. 8—10; II §§. 85—87. P. I S. 13186, 13207ff., 13245—13248, 13313—13320, 13618, 13620, 13645—13647 M. S. 35—37. D. S. 3050. K.B. S. 3434. St.B. S. 4419.

1. Um die rasche Fertigstellung der Grundbücher zu begünstigen und damit den Eintritt der Geltung des Liegenschaftsrechts des B.G.B. zu beschleunigen (vgl. S. 8 und S. 11 sowie

§. 88.

Werden nach §. 87 mehrere Bücher geführt, so muß jedes Grundstück in einem der Bücher eine besondere Stelle haben. An dieser Stelle ist auf die in den anderen Büchern befindlichen Eintragungen zu verweisen. Die Stelle des Hauptbuchs und die Stellen, auf welche verwiesen wird, gelten zusammen als das Grundbuchblatt.

§. 89.

Sind in einem Buche, das zufolge landesherrlicher Verordnung als Grundbuch gilt, die Grundstücke nicht nach Maßgabe des §. 2 Abs. 2 bezeichnet, so ist diese Bezeichnung von Amtswegen zu bewirken.

---

§. 82), gestattet die G.B.O., daß durch landesherrliche Verordnung bisher geführte Bücher für Grundbücher im Sinne des Reichsrechts erklärt werden, obwohl sie den in der G.B.O. §§. 2—4 aufgestellten Erfordernissen nicht genügen.

2. Zunächst ist in diesem Falle eine Abweichung von §. 3 der G.B.O. gestattet, wonach jedes Grundstück im Grundbuch eine besondere Stelle haben muß, an der alle Angaben über seine Rechtsverhältnisse vereinigt sind (vgl. S. 153 Erl. 2, 3). Mit Rücksicht auf die bisherigen Bucheinrichtungen einzelner Bundesstaaten (z. B. Württemberg, Baden, Hessen, Meiningen, Hamburg), bei denen sich jene Angaben in mehreren neben einander geführten Büchern befanden, gestattet die G.B.O., daß durch landesherrliche Verordnung **mehrere** bisher geführte **Bücher** zu Grundbüchern im Sinne des Reichsrechts erklärt werden. Außerdem berücksichtigt sie auch den Fall, daß ein oder mehrere bisher geführte Bücher nicht alle erforderlichen Eintragungen enthalten und nur dann weitergeführt werden können, wenn sie hinsichtlich der fehlenden Eintragungen in einem oder mehreren neu anzulegenden Büchern ihre Ergänzung finden. Alsdann kann durch landesherrliche Verordnung bestimmt werden, daß die bisherigen Bücher zusammen mit den neuen Büchern als Grundbuch gelten sollen.

Diese Ausnahme von der Vorschrift des §. 3 erleidet jedoch durch §. 88 eine Einschränkung, um jener Vorschrift wenigstens annähernd zu genügen. Die mehreren Bücher sollen nicht völlig unabhängig von einander geführt werden, sondern eines von ihnen soll das Hauptbuch sein: in diesem muß jedes Grundstück eine besondere Stelle haben, an der auf die in den anderen Büchern enthaltenen Eintragungen verwiesen wird, die Stelle des Hauptbuchs und die Stellen, auf welche in diesem verwiesen ist, sollen alsdann zusammen als das Grundbuchblatt im Sinne des §. 3, also als das Grundbuch im Sinne des B.G.B. gelten (vgl. oben S. 153 f. Erl. 3). Daraus erhellt, daß der Grundsatz des §. 3 nicht völlig aufgegeben, sondern nur dahin eingeschränkt ist, daß die Eintragungen durch Verweisungen auf andere Bücher ersetzt werden können (M. S. 37).

Welches Buch zum Hauptbuch erklärt wird, ist gleichgültig; insbesondere braucht es nicht für die Eintragung des Eigenthümers bestimmt zu sein (M. a. a. O.). Es steht nichts entgegen, auch ein Buch, das nach dem bisherigen Rechte nur die Bedeutung eines Nebenbuchs, z. B. eines Realregisters gehabt hat, zum Hauptbuche zu machen (D. S. 3050). Erforderlich ist nur, daß in ihm jedes Grundstück eine besondere Stelle hat (M. a. a. O.). Fehlt ein solches Buch in dem bisherigen Rechte, so muß es erst neu angelegt und alsdann mit den bisher geführten Büchern durch landesherrliche Verordnung zum Grundbuch erklärt werden (vgl. §. 87 Satz 1). Der Neuanlegung steht natürlich die Ergänzung eines bisher geführten Buches gleich.

3. Die Weiterführung der bisherigen Bücher ist ferner auch dann zulässig, wenn in ihnen entgegen der Vorschrift des §. 4 **gemeinschaftliche Blätter für Grundstücke verschiedener Eigenthümer** enthalten sind (§. 87 Satz 2). Vgl. oben S. 156 Erl. 3a. Falls jedoch von dieser

§. 90.

Durch landesherrliche Verordnung kann bestimmt werden, daß die Grundstücke des Fiskus oder gewisser juristischer Personen, die öffentlichen Wege und Gewässer sowie solche Grundstücke, welche einem dem öffentlichen Verkehre dienenden Bahnunternehmen gewidmet sind, nur auf Antrag ein Grundbuchblatt erhalten. Das Gleiche gilt von den Grundstücken eines Landesherrn und den Grundstücken, welche zum Hausgut oder Familiengut einer landesherrlichen Familie, der Fürstlichen Familie Hohenzollern oder der Familie des vormaligen Hannoverschen Königshauses, des vormaligen Kurhessischen und des vormaligen Herzoglich Nassauischen Fürstenhauses gehören.

Steht demjenigen, welcher nach Abs. 1 von der Verpflichtung zur Eintragung befreit ist, das Eigenthum an einem Grundstücke zu, über das ein Blatt geführt wird, oder erwirbt er ein solches Grundstück, so ist auf seinen Antrag das Grundstück aus dem Grundbuch auszuscheiden, wenn eine Eintragung, von welcher das Recht des Eigenthümers betroffen wird, nicht vorhanden ist.

Vereinigung Verwirrung zu besorgen ist, kann nach der für anwendbar erklärten Vorschrift des §. 4 das gemeinschaftliche Blatt aufgehoben werden. Vgl. oben S. 156 Erl. 5.

4. Schließlich steht es der Weiterführung der bisherigen Bücher auch nicht entgegen, wenn in ihnen entgegen der Vorschrift des §. 2 Abs. 2 die **Grundstücke nicht nach einem amtlichen Verzeichnisse bezeichnet** sind, in welchem die Grundstücke unter Nummern oder Buchstaben aufgeführt sind (vgl. M. S. 36, D. S. 3050). Jedoch ist alsdann diese Bezeichnung nachträglich von Amtswegen zu bewirken (§. 89, vgl. oben S. 151 Erl. 3a).

5. Bisher geführte Bücher sind zu Grundbüchern im Sinne der Reichsgesetze erklärt z. B. in Preußen durch die Kgl. V.O. Art. 3, 4 (vgl. Allg. Verf. §§. 27, 28), in Bayern durch die Kgl. V.O. vom 23. Juli 1898 (oben S. 12 Ziff. 3a) §. 24, in Sachsen durch die V.O. vom 26. Juli 1899 §. 2.

5. Vom Buchungszwange befreite Grundstücke.

§. 90.

E. I §§. 11, 12; II §. 88. P. I S. 13309—13312, 13501—13505, 13620—13623. M. S. 37—40. D. S. 3050, 3051.

1. Die bisherigen Landesgesetze ließen vielfach Ausnahmen von dem Buchungszwange für solche Grundstücke zu, die wegen der Rechtsstellung ihres Eigenthümers oder wegen ihrer Zweckbestimmung dem Privatrechtsverkehre thatsächlich fern zu bleiben pflegen, weil bei ihnen die Buchung regelmäßig entbehrlich ist und deshalb der mit ihr verbundene Aufwand an Arbeit und Kosten, der gerade bei diesen Grundstücken, z. B. bei öffentlichen Wegen häufig ganz besonders erheblich ist, nicht gerechtfertigt erscheint. Vgl. M. S. 37, 38 und preuß. G.B.O. §. 2 (Achilles-Strecker S. 294). Aus dieser Erwägung hat auch die G.B.O. den Grundsatz des §. 3, daß jedes Grundstück ein Grundbuchblatt erhält, nicht ausnahmslos durchgeführt. Da indessen für die Entscheidung der Frage, inwieweit Ausnahmen zu verstatten sind, vorzugsweise auch Rücksichten des öffentlichen Rechtes maßgebend sind, hat die G.B.O. nicht selbst bestimmte Grundstücke von dem Buchungszwange befreit, sondern diese Bestimmung landesherrlicher Verordnung überlassen und nur den Kreis der dem Verordnungsrecht unterliegenden Grundstücke festgelegt.

In Preußen ist von diesem Vorbehalte in Art. 1 der Kgl. V.O., in Bayern durch die Kgl. V.O. vom 1. Juli 1898 (Ges.= und V.O.Bl. S. 377), in Sachsen durch die V.O. vom 26. Juli 1899 §. 5, in Baden durch V.O. vom 22. Oktober 1897 (Ges.= und V.O.Bl. S. 307) Gebrauch gemacht.

2. **Vom Buchungszwange befreit werden können** nach §. 90 Abs. 1

a. die Grundstücke des Fiskus. Hierunter ist, ebenso wie im §. 89 des B.G.B. (vgl. Planck Erl. 1 zu §. 89, Bd. 1 S. 125), nicht nur der Fiskus der einzelnen Bundesstaaten, sondern auch der Reichsfiskus zu verstehen. Die Grundstücke des Reiches schon durch das Reichsrecht für nicht buchungspflichtig zu erklären, hat das Gesetz im Gegensatze zu dem E. I unterlassen, weil aus der allgemeinen Rechtsstellung des Reichsfiskus sich von selbst ergebe, daß die Voraussetzungen, unter denen der Landesfiskus von dem Buchungszwange befreit werde, in gleicher Weise auch für die Befreiung des Reichsfiskus maßgebend seien (D.). In Preußen sind laut Art. 1 der V.O. „die Grundstücke des Reiches, die Domänen und die sonstigen Grundstücke des Staates" befreit; unter dem Staate wird man nur den preußischen, nicht einen fremden Staat, auch nicht einen anderen Bundesstaat verstehen dürfen (Predari S. 55 Anm. 8a);

b. die Grundstücke „gewisser juristischer Personen". Die Bestimmung dieser juristischen Personen ist völlig dem landesherrlichen Verordnungsrecht überlassen. In Preußen (V.O. Art. 1) sind die Grundstücke „der Gemeinden und anderer Kommunalverbände, der Kirchen, Klöster und Schulen" befreit;

c. die öffentlichen Wege und Gewässer (ebenso preuß. Kgl. V.O. Art. 1). Zu ersteren gehören nicht nur die Landstraßen und Kommunalwege, sondern auch die Straßen und Plätze innerhalb der Ortschaften, aber nicht die lediglich der Benutzung der Anlieger unterliegenden Wege. In wessen Eigenthum die öffentlichen Wege und Gewässer stehen, ist gleichgültig. Zweifelhaft könnte es sein, ob die im Gemeinheitstheilungs= und Verkoppelungsverfahren angelegten Wege und Gräben, die der Gesammtheit der Interessenten gehören und der gemeinsamen Benutzung dieser, aber nicht dritter Personen unterliegen, also höchstens beschränkt öffentlich sind, zu den öffentlichen im Sinne des §. 90 zu zählen sind. Indessen richtet sich deren Buchungspflicht auch abgesehen von der Vorschrift des §. 90 auf Grund des §. 83 und des E.G. z. B.G.B. Art. 113 nach dem Landesrechte (vgl. S. 340 unter p). Dasselbe gilt von den Gewässern (E.G. z. B.G.B. Art. 65, S. 340 unter d);

d. die Bahngrundstücke, sofern das Bahnunternehmen dem öffentlichen Verkehre dient. Auch hiervon ist in Preußen im vollen Umfange Gebrauch gemacht (V.O. Art. 1). Hierunter fallen nicht nur die Schienenwege, sondern auch die Gebäude und die sonstigen Grundstücke, die dem Bahnunternehmen gewidmet sind. Für Bahneinheiten kommt außerdem der Vorbehalt in Art. 112 des E.G. z. B.G.B. nach §. 83 in Betracht (S. 340 unter o);

e. die Grundstücke eines Landesherrn und die Grundstücke, welche zum Hausgut oder Familiengut einer landesherrlichen Familie oder einer der diesen im §. 90 Satz 2 gleichgestellten Familien gehören (die preuß. Kgl. V.O. erwähnt diese nicht). Auch für sie gilt laut §. 83 der Vorbehalt des Art. 57 des E.G. z. B.G.B. (S. 338 Erl. 3).

3. Für diejenigen der in Erl. 2 aufgezählten Grundstücke, welche auf Grund der gemäß §. 90 erlassenen landesherrlichen Verordnungen von dem Buchungszwange befreit sind und deshalb auch kein Grundbuchblatt erhalten haben, gelten auf Grund der Artikel 127, 128 des E.G. z. B.G.B. **materiellrechtliche Besonderheiten**. Hiernach bleiben nämlich die landesgesetzlichen Vorschriften über die Uebertragung des Eigenthums und über die Begründung und Aufhebung einer Dienstbarkeit an einem solchen nicht eingetragenen Grundstück unberührt, die über die Eigenthumsübertragung aber nur dann, wenn das Grundstück „auch nach der Uebertragung nicht eingetragen zu werden braucht," wenn es also z. B. in das Eigenthum des Fiskus oder einer anderen juristischen Person, deren Grundstücke von dem Buchungszwange befreit sind, übergeht oder wenn es trotz der Uebereignung öffentlicher Weg bleibt (oben S. 43 g). Im Uebrigen finden aber auch auf diese Grundstücke die Vorschriften des B.G.B. Anwendung, denn

nach Art. 186 Abs. 2 tritt das Grundbuchrecht mit dem Zeitpunkt, in dem das Grundbuch für den Bezirk als angelegt anzusehen ist, auch für die nicht eingetragenen Grundstücke in Kraft (vgl. oben S. 336 Erl. 1a). Dies gilt auch hinsichtlich der nicht buchungspflichtigen Grundstücke, von den obigen Vorbehalten abgesehen.

Daraus folgt, daß kraft Reichsrechts zur Uebertragung des Eigenthums an einem solchen Grundstücke, sofern es nicht auch als Grundstück des Erwerbers buchungsfrei ist, die Auflassung und die Eintragung, und daß zu jeder Belastung des Grundstücks mit einem anderen Rechte als mit einer Dienstbarkeit sowie zu jeder Uebertragung eines belastenden Rechtes und zu der Aufhebung eines solchen Rechtes, mit Ausnahme einer Dienstbarkeit, die Einigung und die Eintragung insoweit erforderlich sind, als es bei einem buchungspflichtigen Grundstücke der Fall sein würde. Demnach muß zuvor die Eintragung des Grundstücks in das Grundbuch erfolgen, bevor diese Rechtsänderungen eintreten können.

Von dem die Eigenthumsübertragung betreffenden Vorbehalte des Art. 127 des E.G. z. B.G.B. ist in Preußen im Art. 27 des A.G. z. B.G.B. Gebrauch gemacht; vgl. oben S. 43 unter g. Dagegen kommt für die Begründung und die Aufhebung einer Dienstbarkeit an einem buchungsfreien Grundstücke das Reichsrecht zur Anwendung, da von dem Vorbehalte des Art. 128 des E.G. z. B.G.B. in Preußen kein Gebrauch gemacht ist (vgl. die Begr. zu Art. 26 des Entw. eines A.G. z. B.G.B.). Eine zur Zeit des Inkrafttretens des Reichsgrundbuchrechts bestehende Dienstbarkeit kann aber nach der allgemeinen Vorschrift des Art. 189 Abs. 3 des E.G. z. B.G.B. (oben S. 36) bis zu ihrer Eintragung in das Grundbuch nach Maßgabe der bisherigen Gesetze aufgehoben werden.

Eine weitere Ausnahme von dem Erfordernisse der vorgängigen Eintragung des Grundstücks in das Grundbuch vor der Eigenthumsübertragung enthält das preuß. Gesetz, betr. die durch ein Auseinandersetzungsverfahren begründeten gemeinschaftlichen Angelegenheiten, vom 2. April 1887 §. 8, welches laut Art. 113 des E.G. z. B.G.B. noch gültig ist; vgl. unten Erl. 7 zu Art. 12 des A.G. z. G.B.O.

4. Mag mit Rücksicht auf die in Erl. 3 angeführten Rechtsänderungen die Eintragung erforderlich sein oder nicht, stets ist für die von dem Buchungszwange befreiten Grundstücke ein Grundbuchblatt **nur auf Antrag** anzulegen, nie von Amtswegen.

Wer antragsberechtigt ist, sagt das Gesetz nicht. In erster Linie kommt natürlich der Eigenthümer in Betracht. Daneben läßt die preuß. Kgl. V.O. Art. 1 (ebenso wie die preuß. G.B.O. §. 2) auch den Antrag „eines Berechtigten" zu. Dies wird man auch ohne ausdrückliche Bestimmung annehmen können. Mit Recht heißt es in den Motiven S. 39: „Die zugelassene Ausnahme darf Niemanden in der Verwirklichung der ihm zustehenden Rechte hindern. Jeder, welchem ein eintragungsfähiges Recht am Grundstücke zusteht, muß seine Eintragung erreichen und deshalb die Buchung des Grundstücks verlangen können." Hat er noch kein eintragungsfähiges Recht, sondern nur einen Anspruch auf Eintragung, so wird er nach Analogie des §. 14 zu dem Antrage zu verstatten sein, wenn er einen vollstreckbaren Schuldtitel gegen den Eigenthümer auf Eintragung hat (vgl. D. S. 3051).

5. Umgekehrt ist nach §. 90 Abs. 2 ein nicht buchungspflichtiges, aber trotzdem eingetragenes Grundstück unter bestimmten Voraussetzungen **aus dem Grundbuch** auszuscheiden. Diese Bestimmung bildet eine Erweiterung der Vorschrift des §. 59 der preuß. G.B.O., die nur den Fall der Auflassung eines Grundstückstheils betraf (vgl. Achilles-Strecker S. 381 ff.), und ist mit dem Interesse des Eigenthümers begründet, dem durch die Ausbuchung die Sicherheit verschafft wird, daß jede das Grundstück betreffende Eintragung ausgeschlossen ist (M. S. 40, D. S. 3051). Voraussetzungen der Ausbuchung sind:

a. der Antrag des Eigenthümers des buchungsfreien Grundstücks. Diesen kann er nicht nur dann stellen, wenn er bereits Eigenthümer ist, wobei es nicht darauf ankommt, ob er als solcher eingetragen ist oder nicht, da die Ausscheidung des Grundstücks aus dem Grundbuche keine Eintragung im Sinne des §. 40 bildet (oben S. 179 Vorbm. II, S. 269 Erl. 2, Predari

§. 91.

Das Verfahren zum Zwecke der Eintragung von Grundstücken, die bei der Anlegung des Grundbuchs ein Blatt nicht erhalten haben, wird durch landesherrliche Verordnung bestimmt.

S. 57 Erl. 9a), sondern er ist auch antragsberechtigt, wenn er das Grundstück erst erwirbt, z. B. bei der Auflassung oder Aneignung. Falls das Grundstück kein Blatt für sich allein im Grundbuche hatte, sei es, weil es auf einem gemeinschaftlichen Blatte stand oder bisher nur als Theil eines größeren Grundstücks gebucht war, bedarf es, wenn der privilegirte Eigenthümer schon bei der Stellung des Antrags auf Eintragung seines Eigenthums von dem Ausbuchungsrechte Gebrauch macht, nicht der Anlage eines besonderen Blattes für das von ihm erworbene Grundstück, vielmehr genügt zu der nach dem B.G.B. erforderlichen Eintragung der Vermerk des Eigenthumsübergangs in dem Abschreibungsvermerk auf dem bisherigen Blatte. (D. S. 3051. Vgl. preuß. Allg. Verf. §. 8 Abs. 6 Ziff. 2. Die Eintragung in Spalte 14 des Bestandsverzeichnisses I kann in diesem Falle etwa folgendermaßen lauten: „Von Nr. 4 die Parzelle 420/90 an den Königl. Preuß. Staat, Eisenbahnverwaltung aufgelassen und aus dem Grundbuch ausgeschieden am . . . . . Rest lfd. Nr. 6"). Stand dagegen das Grundstück allein auf einem Blatte oder gehen alle auf einem Blatte eingetragenen Grundstücke auf den privilegirten Erwerber über, so ist dieser erst als Eigenthümer einzutragen und alsdann das Blatt zu schließen (vgl. preuß. Allg. Verf. §§. 17, 19).

b. das Nichtvorhandensein einer das Recht des Eigenthümers betreffenden Eintragung; es darf also weder eine Belastung des Grundstücks noch eine Verfügungsbeschränkung des Eigenthümers noch eine Vormerkung oder ein Widerspruch, durch die sein Recht betroffen wird, eingetragen sein. Sind solche Eintragungen vorhanden, so müssen sie erst gelöscht oder wenigstens die zu der Löschung erforderlichen Erklärungen und Anträge abgegeben werden, ehe die Ausbuchung erfolgen kann. Letztere wird nach Analogie des §. 47 Abs. 2 der Löschung gleichzuachten sein (Predari S. 57 Erl. 9b).

6. Eine Vorschrift über die **Form der Anträge**, welche im Abs. 1 und im Abs. 2 des §. 90 erwähnt sind, giebt das Gesetz nicht. Wie bereits oben S. 179 Vorbm. II erwähnt, finden die Bestimmungen des zweiten Abschnitts der G.B.O., also auch die der §§. 29, 30 nur auf die Eintragungen der Rechte und Rechtsverhältnisse der Grundstücke Anwendung, während es sich hier um die Eintragung oder um die Ausscheidung des Grundstücks selbst handelt, die ohne Einfluß auf die Rechtsverhältnisse ist. Einer Form bedarf danach der Antrag nicht (Predari S. 57 Erl. 9a). Uebrigens würde auch die entsprechende Anwendung des §. 30 zu demselben Ergebnisse führen, da der Antrag nur den Anstoß zu der Anlegung des Grundbuchs für das buchungsfreie Grundstück oder zu dessen Ausscheidung aus dem Grundbuche giebt, während die Voraussetzungen sich aus den auf Grund des §. 90 erlassenen landesherrlichen Verordnungen und aus dem §. 90 selbst sowie aus dem Inhalte des Grundbuchs ohne Weiteres ergeben (vgl. oben S. 236 Erl. 1a).

7. Ueber das Verfahren bei Anlegung der Blätter für die nicht buchungspflichtigen Grundstücke vgl. §. 91, insbesondere Erl. 2.

6. Nachträgliche Eintragung nicht gebuchter Grundstücke.

§. 91.

E. I §. 17; II §. 89. P. I S. 13598—13600. M. S. 47. D. S. 3051.

1. Die Vorschrift des §. 91 betrifft die Fälle, in welchen einzelne Grundstücke zu der Zeit des Inkrafttretens des Grundbuchrechts (oben S. 336 Erl. 1a) ein Blatt nicht erhalten haben,

§. 92.

Das Verfahren zum Zwecke der Wiederherstellung eines ganz oder theilweise zerstörten oder abhanden gekommenen Grundbuchs wird durch landesherrliche Verordnung bestimmt. Die Verordnung kann auch darüber Bestimmung treffen, in welcher Weise bis zur Wiederherstellung des Grundbuchs die zu einer Rechtsänderung erforderliche Eintragung ersetzt werden soll.

---

und überläßt die Regelung des Verfahrens für diese Fälle landesherrlicher Verordnung, da auf gleiche Weise das Verfahren bei der ersten Anlegung geregelt ist (E.G. z. B.G.B. Art. 186 Abs. 1, oben S. 10) und letztere durch die nachträgliche Anlegung des Grundbuchs für bisher nicht gebuchte Grundstücke nur ergänzt wird.

Damit ist aber nicht gesagt, daß durch die landesherrlichen Verordnungen das Verfahren in beiden Fällen völlig übereinstimmend geordnet werden müßte; vielmehr sind abweichende Vorschriften gestattet.

2. Keinen Unterschied macht es, aus welchem Grunde bei der ersten Anlegung des Grundbuchs die Eintragung der Grundstücke unterblieben ist, „sei es, daß durch die landesherrliche Verordnung das Grundbuch eines Bezirkes schon für angelegt erklärt wird, während für einen Theil der Grundstücke die erforderliche Buchung noch aussteht, sei es, daß die Buchung aus Versehen oder wegen vorliegender Anstände oder deshalb unterblieben ist, weil das Grundstück zu der bezeichneten Zeit vom Buchungszwange befreit war" (D.). Nichts Anderes kann gelten, — obwohl §. 91 dem Wortlaute nach hierauf keine Anwendung findet, — wenn ein nach §. 90 Abs. 2 aus dem Grundbuch ausgeschiedenes, nicht buchungspflichtiges Grundstück nachträglich wieder eingetragen werden soll, vorausgesetzt daß inzwischen nach den durch Art. 127, 128 des E.G. z. B.G.B. aufrechterhaltenen landesgesetzlichen Bestimmungen (vgl. S. 344 Erl. 3) ein Eigenthumswechsel oder eine Neubelastung mit einer Dienstbarkeit erfolgt sein kann, wie ersteres z. B. in Preußen (A.G. z. B.G.B. Art. 27) möglich ist. Kann dagegen ein solches Grundstück nur durch Eintragung veräußert oder belastet werden, weil landesrechtlich von jenen Vorbehalten kein Gebrauch gemacht ist, so wird man in Ermangelung entgegenstehender landesrechtlicher Normen die Wiedereröffnung des geschlossenen Blattes auf bloßen Antrag zulassen dürfen (vgl. K.G. 2 S. 170; Predari S. 41 Erl. 1, S. 58 Erl. 9 a. E.).

3. Vgl. die preuß. V.O. Art. 15—33 und die sächs. V.O. vom 25. Juni 1900 (J.M.Bl. S. 59).

7. Wiederherstellung zerstörter oder abhanden gekommener Grundbücher.

§. 92.

E. I §. 18; II §. 90. P. I S. 13600—13606. M. S. 47. D. S. 3051.

1. Nach der preuß. G.B.O. vom 5. Mai 1872 §. 132 sollte die Wiederherstellung zerstörter oder verloren gegangener Grundbücher auf Grund eines Gesetzes erfolgen. Nachdem diese Vorschrift zweimal zur Anwendung gelangt war und sich ihre Unzweckmäßigkeit herausgestellt hatte, wurde sie durch Gesetz vom 14. März 1882 abgeändert und an Stelle eines Gesetzes eine Kgl. Verordnung gefordert (vgl. Achilles=Strecker S. 456). In der That verlangt das allgemeine Interesse, daß die mit dem Fehlen des Grundbuchs verbundene Hemmung des Verkehrs möglichst schnell beseitigt und nicht durch Inanspruchnahme des schwerfälligen Gesetzgebungsapparats verzögert wird (M. a. a. O.). Deshalb und im Anschluß an die hiermit in einem gewissen Zusammenhange stehende Vorschrift über das Anlegungsverfahren (vgl. §. 91 Erl. 1) überläßt auch die G.B.O. die Regelung des Verfahrens „zum Zwecke der Wiederherstellung eines ganz oder theilweise zerstörten oder abhanden gekommenen Grundbuchs" landesherrlicher Verordnung.

§. 93.

Die Landesjustizverwaltung kann anordnen, daß die Einsicht des Grundbuchs und der im §. 11 Abs. 1 Satz 2 bezeichneten Schriftstücke in weiterem Umfange gestattet und die Ertheilung von Abschriften in weiterem Umfange zulässig sein soll, als es im §. 11 vorgeschrieben ist.

§. 94.

Die Landesjustizverwaltung kann anordnen, daß Grundakten gehalten werden, und, unbeschadet der Vorschriften des §. 11, auch Anordnungen über die Einsicht der Grundakten und über die Ertheilung von Abschriften treffen.

---

2. Die Vorschrift des §. 92 Satz 2 entspricht ebenfalls der Bestimmung des preuß. Gesetzes vom 14. März 1882 (G.S. S. 121). Da bis zur Wiederherstellung des Grundbuchs eine Eintragung unmöglich ist, kann eine Rechtsänderung, zu der es der Eintragung bedarf, nicht erfolgen, wenn nicht das Erforderniß der Eintragung beseitigt und statt dessen ein anderer Akt vorgeschrieben wird. Ob dieses geschehen und welcher Akt an die Stelle treten soll, läßt sich nur im Zusammenhange mit den zur Wiederherstellung des Grundbuchs erforderlichen Maßregeln beurtheilen, deren voraussichtliche Dauer hierbei vor allem ins Gewicht fällt (M. S. 48).

3. Die Kgl. V.O. ist, anders als die im §. 91 vorgesehene, nicht allgemein, sondern nur für den einzelnen Fall zu erlassen, damit die Besonderheiten des Falles, insbesondere der Umfang der Zerstörung, berücksichtigt werden können.

Daß sie auch Bestimmungen über die Wiederherstellung zerstörter oder verloren gegangener Urkunden, insbesondere Hypothekenbriefe enthalte, ist nicht vorgesehen. Hierfür gelten also die sonstigen Bestimmungen, insbesondere für die Ertheilung neuer Briefe die Vorschriften der §§. 67ff. Ein in dem Besitze des Grundbuchamts zerstörter Brief wird ohne Aufgebotsverfahren erneuert werden können, weil er als dem Grundbuchamte „vorgelegt" (im Sinne des §. 67) zu erachten ist.

8. Erweiterung des Rechtes auf Einsicht und auf Abschriften.

§. 93.

E. II §. 91. D. S. 3037 (zu §. 10). K.B. S. 3422 (zu §. 10).

Vgl. oben S. 172 Erl. 2b und die preuß. Allg. Verf. §. 32.

9. Grundakten.

§. 94.

E. I §. 16; II §. 92. P. I S. 13325–13332. M. S. 47. D. S. 3051.

1. Entsprechend der Stellung, die das Reichsrecht im Allgemeinen gegenüber der inneren Organisation der Grundbuchämter einnimmt (oben S. 142), unterläßt die G.B.O. es auch, Vorschriften über die Führung von Grundakten, die Einsicht in diese und die Ertheilung von Abschriften aus ihnen zu treffen, und überweist die Regelung dieser Fragen bei ihrer bloß reglementarischen Natur den Landesjustizverwaltungen.

Dies ist jedoch insofern eingeschränkt, als die Bestimmungen des §. 11 (S. 171) stets gewahrt bleiben müssen. Die bei den Grundakten befindlichen Urkunden, auf die im Grundbuche zur Ergänzung einer Eintragung Bezug genommen ist, sowie die noch nicht

§. 95.

Die Landesjustizverwaltung kann anordnen, daß, wenn eine der im §. 9 Abs. 1 bezeichneten Urkunden in anderen Akten der das Grundbuch führenden Behörde enthalten ist, statt einer beglaubigten Abschrift der Urkunde eine Verweisung auf die anderen Akten genügt.

§. 96.

Durch die Landesjustizverwaltung kann darüber Bestimmung getroffen werden, inwieweit für die Fälle, in denen ein Theil eines Grundstücks von diesem abgeschrieben oder ohne Abschreibung mit einer Dienstbarkeit oder einer Reallast belastet werden soll, die Eintragung von einer Aenderung des amtlichen Verzeichnisses der Grundstücke oder von der Beibringung einer die Lage und die Grenzen des Grundstückstheils darstellenden Karte abhängig sein soll.

§. 97.

Durch die Landesjustizverwaltung kann angeordnet werden, daß der im §. 57 bezeichnete Auszug aus dem Grundbuche noch andere als die dort vorgeschriebenen

---

erledigten Eintragungsanträge stehen kraft Reichsrechts jedem, der ein berechtigtes Interesse darlegt, zur Einsicht offen, und in demselben Umfange besteht das Recht, Abschriften zu fordern. Diese Rechte können landesrechtlich nicht beschränkt, sondern nur erweitert werden.

2. Für Preußen vgl. Allg. Verf. §§. 34—36, für Sachsen V.O. vom 26. Juli 1899 §§. 16—25, 32.

10. Verweisung auf andere Akten.

§. 95.

E. II §. 93.

Die Vorschrift des §. 95 ist bereits oben S. 168 Erl. 4 Abs. 2 besprochen. Vgl. auch S. 254 Erl. 1 zu §. 35 und für Preußen Allg. Verf. §. 35 Abs. 2. Zu beachten ist, daß durch die Verweisung nur die Aufbewahrung einer beglaubigten Abschrift, nicht der Urschrift ersetzt wird.

11. Abschreibung und Belastung von Grundstückstheilen.

§. 96.

E. I §. 26 Abs. 2; II §. 94. P. I S. 13505, 13626. M. S. 62. D. S. 3051.

Vgl. oben S. 151 Erl. 3a und S. 160ff. die Erl. zu §. 6, insbes. Erl. 4, 5, sowie preuß. Allg. Verf. §. 30.

12. Inhalt des Hypotheken-, Grundschuld- oder Rentenschuldbriefs.

§. 97.

E. I §. 57 Abs. 2; II §. 95. P. I S. 13547, 13554, 13571—13573. M. S. 99. D. S. 3045 (zu §. 55). K.B. S. 3430 (zu §. 54).

Auch diese Vorschrift ist bereits erörtert. Vgl. oben S. 301 Vorbm. 3, S. 303 Erl. 3, S. 311 Erl. 5, S. 312 Erl. 4 und preuß. Allg. Verf. §§. 37, 39, sächs. V.O. vom 26. Juli 1899 §§. 138, 142.

Angaben über das Grundstück enthalten und daß, wenn sich der Betrag der Hypothek, Grundschuld oder Rentenschuld mindert, auf dem Briefe durch einen Vermerk ersichtlich gemacht werden soll, für welchen Betrag das Recht noch besteht.

§. 98.

Durch Landesgesetz kann bestimmt werden, daß das Grundbuchamt die Erklärung der Auflassung nur entgegennehmen soll, wenn die nach §. 313 des Bürgerlichen Gesetzbuchs erforderliche Urkunde vorgelegt wird.

§. 99.

Durch Landesgesetz kann bestimmt werden, daß die Vorschriften der §§. 37, 38 entsprechende Anwendung finden, wenn bei einem zum Nachlaß oder zu dem Gesammtgut einer ehelichen Gütergemeinschaft oder einer fortgesetzten Gütergemeinschaft gehörenden Grundstück oder Erbbaurecht einer von den Betheiligten als Eigenthümer oder Erbbauberechtigter eingetragen werden soll.

§. 100.

Durch die Gesetzgebung eines Bundesstaats, in welchem die Amtsgerichte nicht zugleich Grundbuchämter sind, kann bestimmt werden, daß die Abänderung einer

---

13. Vorlage des Veräußerungsvertrags.

§. 98.

E. II §. 96. D. S. 3051.

Die oben S. 168 Erl. 3 bereits erwähnte Vorschrift des §. 98 ist mit Rücksicht auf die bisher in einzelnen Bundesstaaten bestehenden entsprechenden Einrichtungen aufgenommen. Sie gestattet eine landesgesetzliche Bestimmung, wonach die Vorlage einer gerichtlichen oder notariellen oder sonst in gehöriger Form errichteten Urkunde (B.G.B. §. 313, E.G. z. B.G.B. Art. 142, vgl. preuß. A.G. z. B.G.B. Art. 12) über das Veräußerungsgeschäft Vorbedingung für die Entgegennahme der Auflassungserklärungen bildet.

Aus dem Worte „Auflassung" ergiebt sich, daß der Vorbehalt sich nur auf die Uebereignung der Grundstücke, nicht auf die Bestellung oder die Uebertragung eines Erbbaurechts bezieht (Turnau-Förster 1 S. 410. A.M. Oberneck S. 369).

14. Eintragung eines Eigenthümers oder Erbbauberechtigten im Falle einer Erbauseinandersetzung u. ä.

§. 99.

E. II §. 97. D. S. 3041 (zu §§. 35, 36). K.B. S. 3434, 3435.

Die Bestimmung des §. 99 ist bereits bei den §§. 37, 38 erörtert. Vgl. die Erl. zu diesen, oben S. 259ff., insbesondere Erl. 2a, 3, sowie preuß. A.G. z. G.B.O. Art. 10, sächs. A.G. z. B.G.B. §. 48.

15. Unterstellung der Grundbuchämter unter die Amtsgerichte.

§§. 100, 101.

E. II §§. 98, 99. D. S. 3051.

1. Die §§. 100, 101 enthalten nur Vorbehalte zu Gunsten der Landesgesetze derjenigen Bundesstaaten, in denen die Amtsgerichte nicht zugleich die Grundbuchämter sind, und kommen

Entscheidung des Grundbuchamts bei dem Amtsgerichte nachzusuchen ist, in dessen Bezirke das Grundbuchamt seinen Sitz hat. In diesem Falle finden auf das Verfahren die Vorschriften des §. 71 Abs. 2 und der §§. 73 bis 77 entsprechende Anwendung.

Die Beschwerde findet gegen die Entscheidung des Amtsgerichts statt.

§. 101.

Durch Landesgesetz kann dem im §. 100 bezeichneten Amtsgerichte die Befugniß ertheilt werden, von Amtswegen das Grundbuchamt zu einer nach §. 54 zulässigen Eintragung anzuhalten.

Gegen die Anordnung des Amtsgerichts findet Beschwerde nach Maßgabe der Vorschriften des vierten Abschnitts statt.

§. 102.

Durch die Gesetzgebung eines Bundesstaats, in welchem mehrere Oberlandesgerichte errichtet sind, kann die Entscheidung über das Rechtsmittel der weiteren Beschwerde einem der mehreren Oberlandesgerichte oder an Stelle eines solchen Oberlandesgerichts dem obersten Landesgerichte zugewiesen werden.

---

daher z. B. für Preußen, Bayern und Sachsen nicht in Betracht, wohl aber für Württemberg (A.G. z. B.G.B. Art. 12, 13).

2. Die Bestimmung des §. 100, welche der Vorschrift des §. 13 Abs. 2 des E.G. z. Zw.V.Ges. entspricht, ist oben S. 325 Erl. 2 und die des §. 101 oben S. 296 Erl. 4 bereits erwähnt. Den dortigen Bemerkungen ist nur hinzuzufügen:

a. Die im §. 100 Abs. 2 zugelassene Beschwerde gegen die Entscheidung des Amtsgerichts unterliegt den Vorschriften der §§. 71 ff., ebenso wie die Beschwerde auf Grund des §. 101 Abs. 2, für welche dies ausdrücklich gesagt ist.

b. Die Bestimmung des §. 101 bezweckt nach der Denkschrift, für den Wegfall der Vorschriften einen Ersatz zu gewähren, durch welche früher in einzelnen Staaten die Gerichte in den Stand gesetzt waren, auf die richtige Führung der Bücher einen unmittelbaren Einfluß zu üben und unrichtige Eintragungen ohne förmliches Beschwerdeverfahren auf einem einfachen und schnellen Wege wirkungslos zu machen. Natürlich können aber in letzterer Hinsicht dem Amtsgerichte weitere Befugnisse als dem Grundbuchamte selbst und dem Beschwerdegerichte aus den oben S. 295 Erl. 1 angeführten Gründen nicht eingeräumt werden.

16. Zuständigkeit für die weitere Beschwerde.

§. 102.

E. I §. 76 Abs. 2; II § 100. P. I S. 13375—13379. M. S. 120. D. S. 3049 (zu §. 79). K.B. S. 3431 (zu §. 77).

Vgl. über die Vorschrift des §. 102 und über die des preuß. freiw. G.G. Art. 7, 8 oben S. 332 Erl. 2. Durch die landesgesetzliche Bestimmung kann die im §. 79 Abs. 3 normirte Zuständigkeit des Reichsgerichts nicht beschränkt oder erweitert werden. Siehe auch S. 335 Erl. 2 zu §. 81.

Nachträge und Berichtigungen.

S. 2, dritte Reihe unter a. Statt 1873 lies 1783.

S. 24. Die Unzulässigkeit der Eintragung einer durch Rechtsgeschäft begründeten Verfügungsbeschränkung ist auch von dem K.G. N.F. 2 A S. 133 ausgesprochen.

S. 25 f., 130 f. Aus dem Zwecke des Widerspruchs, den aus dem öffentlichen Glauben des Grundbuchs entspringenden Gefahren vorzubeugen, ergiebt sich die Unzulässigkeit der Eintragung eines Widerspruchs gegen einen Widerspruch oder gegen eine Vormerkung, da sich auf diese der öffentliche Glaube nicht erstreckt. K.G. N.F. 1 A S. 217, 2 A S. 147; Rechtspr. 2 S. 59, S. 243.

S. 30 Anm. 3. Das frühere Recht kommt auch hinsichtlich des Erbschaftskaufs noch zur Anwendung, wenn der Erblasser vor 1900 gestorben ist (Rechtspr. 2 S. 242).

S. 32, 39 f. Vgl. auch Knoke, das Recht der Gesellschaft nach dem B.G.B., Jena 1900, S. 95 f., 127 ff., welcher der hier vertretenen Ansicht ist.

S. 38 Anm. 4. Vgl. noch das Recht 1900 S. 478 (Förster).

S. 39. Die Auflassung und Eintragung ist auch erforderlich, um auf ein in einen nicht rechtsfähigen Verein eintretendes neues Mitglied Miteigenthum an den Vereinsgrundstücken zu übertragen. Planck Bd. 1 S. 104 unter 1. A.M. Predari S. 154.

S. 43 ff. Von dem Erfordernisse der Auflassung zum Eigenthumserwerbe macht auf Grund des Vorbehalts im Art. 62 des E.G. z. B.G.B. noch eine Ausnahme die Vorschrift des preuß. Gesetzes, betr. die Beförderung der Errichtung von Rentengütern, vom 7. Juli 1891 (G.S. S. 279) §. 12 Abs. 2 (vgl. die Erl. zu Art. 12 des preuß. A.G. zu G.B.O.).

S. 49 Anm. 6. Vgl. für die Uebergangszeit auch K.G. N.F. 2 A S. 136.

S. 60. Die durch eine Verkehrshypothek gesicherte Forderung muß in der Eintragungsbewilligung genau bezeichnet sein; insbesondere muß diese in klaren, ein Mißverständniß ausschließenden Worten auch über die Art des Schuldverhältnisses Auskunft geben. K.G. N.F. 2 A S. 139.

S. 61 Anm. 9. Vgl. K.G. N.F. 2 A S. 150 = Rechtspr. 2 S. 154.

S. 63 Ziff. 3. Ist der Eigenthümer schlechthin zur Bewilligung der Eintragung einer Hypothek verurtheilt, kann der Gläubiger nur eine Briefhypothek beanspruchen. K.G. N.F. 2 A S. 171.

S. 65 Ziff. 2. Bei Anwendung des §. 1115 Abs. 2 des B.G.B. „muß es genügen, wenn die Satzung der Kreditanstalt wenigstens in dem die Nebenleistungen betreffenden Theile von der zuständigen Behörde öffentlich bekannt gemacht worden ist. In diesem Falle wird in dem Eintragungsvermerk ausdrücklich die von den einzutragenden Nebenleistungen handelnde Stelle der Statuten zu bezeichnen sein ... Die Bezug=

nahme auf die Eintragungsbewilligung steht dem nicht gleich. Das Gesetz verlangt die Bezugnahme auf die Satzung, wenn die Nebenleistungen als gebucht gelten sollen." Entsch. 1 S. 205 = K.G. N.F. 2 A S. 143 = Rechtspr. 2 S. 110.

S. 65 Ziff. 2 Abs. 2. Bei einer Gesammthypothek kann der Zinsfuß der Hypothek hinsichtlich der einzelnen Grundstücke ein verschiedener sein; es kann daher auch bei einem der verhafteten Grundstücke eine nachträgliche Erhöhung des Zinsfußes eingetragen werden, ohne daß es einer Bewilligung des Eigenthümers des anderen verhafteten Grundstücks bedarf. K.G. N.F. 2A S. 168 = Rechtspr. 2 S. 86.

S. 71 Anm. 2. Hinter „Rechtspr. 2 S. 46" ist einzurücken: = K.G. N.F. 2A S. 165.

S. 73 ist vor IV einzurücken: „9. Unzulässig ist auch die Eintragung eines Vermerkes bei einer Buchhypothek, daß dem Gläubiger das Recht zustehen soll, jederzeit die Ertheilung eines Briefes über die Hypothek zu verlangen und den dahingehenden Vermerk im Grundbuch im eigenen Namen zu bewilligen und zu beantragen, da eine derartige Vereinbarung keine dingliche Wirkung hat. Entsch. 2 S. 36 = K.G. N.F. 2A S. 117 = Rechtspr. 2 S. 322.

S. 73 Anm. 2. Eine vor dem 1. Januar 1900 eingetragene Kautionshypothek, bei der zu diesem Zeitpunkte die Entstehung von weiteren, durch die Hypothek gesicherten Forderungen nicht ausgeschlossen war, ist zum vollen Nennwerth eine Sicherungshypothek des B.G.B. geworden und geht also auf den Eigenthümer über, insoweit sie den bei der späteren Abrechnung festgestellten Betrag der Forderung des Gläubigers übersteigt. K.G. N.F. 2A S. 150 = Rechtspr. 2 S. 154.

S. 77 Anm. 3 a. E. ist nachzutragen: Rechtspr. 2 S. 283.

S. 82 Anm. 5. Hinter „Rechtspr. 2 S. 44" ist einzuschalten: = K.G. N.F. 2A S. 160.

S. 88 Ziff. III. Darüber, daß in der Umwandlung einer Buchhypothek in eine Briefhypothek eine Inhaltsänderung zu finden ist, vgl. Entsch. 2 S. 36 = K.G. N.F. 2A S. 117.

S. 89 letzter Absatz. Bei der Umwandlung der Sicherungshypothek in eine gewöhnliche Hypothek können Zinsen von keinem früheren Zeitpunkt als dem Tage der Eintragung der Umwandlung ab eingetragen werden. K.G. N.F. 2A S. 150 = Rechtspr. 2 S. 154.

S. 98 Abs. 2. Die Zusammenrechnung der in einem Schuldtitel festgestellten mehreren Ansprüche findet nach §. 866 Abs. 3, §. 5 der C.P.O. nur statt, wenn die Ansprüche einem einzigen Gläubiger oder einer und derselben gemeinschaftlich auf das Ganze berechtigten Mehrheit von Gläubigern zustehen. K.G. N.F. 2A S. 121.

S. 98 Anm. 2. Vgl. auch das Recht 1900 S. 186, 261, 371.

S. 98 Anm. 4. Vgl. das Recht 1900 S. 282 und über die Unanwendbarkeit der Vorschrift des §. 866 Abs. 3 auf eine durch einstweilige Verfügung angeordnete Vormerkung zur Sicherung des Anspruchs auf Eintragung einer Sicherungshypothek auf Grund des §. 648 des B.G.B. Entsch. 2 S. 41 = K.G. N.F. 2A S. 96 = Rechtspr. 2 S. 221.

S. 102 Anm. 1. Vgl. das Recht 1900 S. 318.

S. 118 Anm. 1. Vgl. Rechtspr. 2 S. 152.

S. 138 ist nachzutragen unter Ziff. 2: Melchior, Hamburg 1901, und unter Ziff. 5: Kretzschmar, die allg. Vorschriften über Rechte an Grundstücken, im sächs. Archiv Bd. 11 (1901) S. 1 ff.

S. 139 ist unter Ziff. 6 nachzufügen: Das Recht; Rundschau für den deutschen Juristenstand, herausgegeben von Dr. Soergel, Hannover, 4. Jahrgang 1900. Seufferts Archiv für Entscheidungen der obersten Gerichte; neue, dritte Folge (der ganzen Reihe Bd. 56 ff.), München und Leipzig 1900 ff.

S. 141 Vorbm. 5 Reihe 4 und 5. Statt „Die Organisation der Grundbücher“ lies: „Die Organisation der Grundbuchämter ist völlig und die Einrichtung der Grundbücher . . .“

S. 162 Erl. 5 Abs. 2. Hinter „Entsch. 1 S. 208“ ist einzurücken: = K.G. N.F. 2 A S. 112 = Rechtspr. 2 S. 226.

S. 173 letzter Absatz. Ebenso hinter „Entsch. 1 S. 210“: = Rechtspr. 2 S. 225.

S. 181 Abs. 4. Durch eine Verurtheilung, die Zustimmung zu der Berichtigung des Grundbuchs zu ertheilen, wird die Auflassung nicht ersetzt (Entsch. 2 S. 48). Vgl. auch oben S. 352 den Nachtrag zu S. 63 Ziff. 3.

S. 186 Abs. 2. In der zweiten Reihe ist hinter „Eintragung“ einzurücken: K.G. N.F. 2 A S. 133. Vgl. ferner ebd. S. 157 = Rechtspr. 2 S. 154; danach hat der Grundbuchrichter nicht zu prüfen, ob außer der ihm vorliegenden Eintragungsbewilligung etwa noch eine andere, früher ertheilte vorhanden ist, die nach den zwischen den Betheiligten bestehenden obligatorischen Beziehungen hätte zur Eintragung gebracht werden müssen; nur wenn er weiß, daß mehrere konkurrirende Eintragungsbewilligungen vorhanden sind, insbesondere wenn ihm mehrere vorgelegt werden, hat er die Eintragung abzulehnen und es den Betheiligten zu überlassen, ihre Ansprüche gegen einander im Prozeßwege zur Entscheidung zu bringen.

S. 187 Abs. 1 drittletzte Reihe. Hinter „Rechtspr. 1 S. 382“ ist einzuschalten: ebd. 2 S. 236.

S. 187 Vorbm. V 2. In dem bezugnehmenden Vermerke muß der Eintragungsbewilligung als solcher wortdeutlich Erwähnung geschehen. Ein Vermerk, daß auf die „Urkunde vom . . .“ Bezug genommen werde, entspricht nicht den für Preußen geltenden Ordnungsvorschriften, insbesondere den Probeeintragungen in dem Formular Anlage A der Allg. Verf. K.G. N.F. 2 A S. 142.

S. 188 Abs. 2. Vgl. das Recht 1900 S. 275.

S. 192 7. Reihe von oben. Statt 1882 muß es 1822 heißen.

S. 203 f. Mit dem Ausscheiden des Notars aus dem Amte erlischt sein auf §. 15 gestütztes Antrags- und Beschwerderecht, da dieses auf seiner amtlichen Stellung beruht (Rechtspr. 2 S. 244).

S. 203 letzter Absatz. Im Gegensatze zu der hier vertretenen Meinung geht das Kammergericht (Entsch. 2 S. 38 = K.G. N.F. 2 A S. 93 = Rechtspr. 2 S. 224) davon aus, daß der Notar nur dann antragsberechtigt ist, wenn die von ihm aufgenommene oder beglaubigte Urkunde die zu der beantragten Eintragung erforderliche Erklärung „vollständig“ enthält.

S. 204. Zu Abs. 2 Satz 1 vgl. K.G. N.F. 2 A S. 153 und zu Erl. 3a Abs. 2 Entsch. 2 S. 38 = K.G. N.F. 2 A S. 93 = Rechtspr. 2 S. 224.

S. 210 Schlußsatz. Ueber eine weitere Ausnahme von dem Erfordernisse der Zustimmung der gleich- oder nachstehenden Berechtigten vgl. das preuß. Ges. v. 2. Juli 1898, betr. das Anerbenrecht bei Landgütern in der Prov. Westfalen (G.S. S. 139) §. 31.

S. 213 Erl. 2b a. E. Die Zulässigkeit der Entgegennahme der Auflassungen außerhalb der Gerichtsstelle ist bestritten von Henle (das Recht 1900 S. 434). Vgl. dagegen Friedrichs und Oberneck (ebd. S. 489, 534).

S. 225. In der dritten Reihe und am Ende des vierten Absatzes ist hinter „Rechtspr. 1 S. 455“ einzurücken: = K.G. N.F. 2 A S. 121. Außerdem ist zum ersten Absatze nachzutragen: „Die Bewilligung muß ausdrücklich sein d. h. unmittelbar und unzweideutig die Absicht der Erklärenden erkennen lassen, die Eintragung zu gestatten; ausdrücklich ist auch diejenige Willenserklärung, welche nach ihrer im Wege der Auslegung ermittelten Bedeutung nichts Anderes bezwecken kann als die Eintragung (Entsch. 2 S. 50).

S. 226. In der vierten Reihe der Erl. ist hinter „berichtigt werden“ einzuschalten: (K.G. N.F. 2A S. 125).

S. 229 Abs. 4. Am Ende der sechsletzten Reihe hinter „Rechtspr. 1 S. 411“ ist einzurücken: = K.G. N.F. 2A S. 101, und am Schluße hinzuzufügen: Nach K.G. N.F. 2A. S. 5 ist der Richter der freiwilligen Gerichtsbarkeit berechtigt, aber nicht verpflichtet, die Legalisation einer ausländischen öffentlichen Urkunde zu verlangen.

S. 230 vorletzter Absatz a. E. Wenn auch die Nichtzuziehung eines Dolmetschers bei der Beurkundung der Erklärung einer der deutschen Sprache nicht mächtigen Person die Beurkundung nicht unwirksam macht, so sind doch nach der Ansicht des K.G. (N.F. 2A S. 12 = Rechtspr. 2 S. 202) sämmtliche im §. 179 des freiw. G.G. für die Beurkundung vorgeschriebenen Förmlichkeiten, insbesondere auch die Vorschriften über die Beeidigung des Dolmetschers bei Vermeidung der Nichtigkeit zu beobachten, wenn der beurkundende Richter oder Notar die Nothwendigkeit der Zuziehung eines Dolmetschers festgestellt hat.

S. 230 und S. 231. In der letzten Reihe des vorletzten Absatzes ist hinter „Entsch. 1 S. 203“ einzuschalten: = K.G. N.F. 2A S. 7.

S. 231 Abs. 3. Der Erkennungszeuge braucht das Protokoll nicht zu unterschreiben (Entsch. 2 S. 33).

S. 236 4. Reihe. Statt „Sicherungshypothek“ lies: Zwangshypothek.

S. 239 vorletzter Absatz. Die Unterwerfung eines Hypothekenschuldners unter die sofortige Zwangsvollstreckung wegen einer auf seinem Grundstück eingetragenen Schuld enthält eine Verfügung über das Grundstück (Entsch. 2 S. 44 = K.G. N.F. 2A S. 19).

S. 249 Erl. 2a, S. 250 Erl. 2g. Wird von den kollektiv vertretungsberechtigten Mitgliedern des Vorstandes einer eingetragenen Genossenschaft einem Vorstandsmitgliede Vollmacht ertheilt, so muß der Vollmachtsempfänger mitwirken, falls ohne ihn der Vorstand nicht vertretungsberechtigt wäre; ist dagegen außer ihm noch die erforderliche Anzahl von kollektiv vertretungsberechtigten Vorstandsmitgliedern vorhanden, so ist, von besonderen statutarischen Bestimmungen abgesehen, seine Mitwirkung rechtsunwirksam (K.G. N.F. 2A S. 106).

S. 250 Erl. 2c. Im Grundbuchverkehre genügt es, wenn die zu einer Eintragung erforderliche Erklärung einer offenen Handelsgesellschaft von einem vertretungsberechtigten Gesellschafter mit der Firma der Gesellschaft, ohne Angabe des bürgerlichen Namens des Gesellschafters, gezeichnet und diese Zeichnung als von jenem Gesellschafter herrührend beglaubigt ist (K.G. N.F. 2A S. 103).

S. 250 Erl. 2g a. E. Hinter „Rechtspr. 2 S. 89“ ist einzuschalten: = K.G. N.F. 2A S. 104.

S. 260 Erl. 2a, S. 261 Abs. 3. Der Vorbehalt des §. 99 der G.B.O. ist nicht nur für den Fall von Bedeutung, daß landesrechtlich von dem Vorhalte des Art. 143 des E.G. z. B.G.B. Gebrauch gemacht ist, sondern auch dann, wenn das zur Ausstellung des Zeugnisses zuständige Gericht zugleich das Grundbuchamt ist. Vgl. die Erl. zu Art. 10 des preuß. A.G.

S. 269 Erl. 1b a. E. und letzte Reihe der Seite. Hinter „Rechtspr. 2 S. 154“ ist einzuschalten: = K.G. N.F. 2A S. 155.

S. 271 Erl. 5b. Im Gegensatze zu der hier vertretenen Ansicht erklärt das K.G. (Entsch. 2 S. 46 = Rechtspr. 2 S. 275) die Ausnahmevorschrift des §. 41 nicht auf die Erbeserben, sondern nur dann für anwendbar, wenn es sich um den unmittelbaren Rechtsnachfolger des eingetragenen Berechtigten handelt.

S. 275 Abs. 2. Uebereinstimmend K.G. N.F. 2A S. 175.

S. 288 Erl. 4 Abs. 2. Hinter „Rechtspr. 2 S. 87“ ist einzuschalten: = K.G. N.F. 2A S. 110.

S. 289 Erl. 6 Abs. 2. Der hier aufgestellte Satz gilt nicht nur bei der Belastung des Antheils eines Miteigenthümers, sondern auch bei dessen Auflassung. (K.G. N.F. 2 A S. 110 = Rechtspr. 2 S. 87).

S. 304 Erl. 3d. In Preußen ist nach K.G. N.F. 2 A S. 173 durch das Muster Anl. B zur Allg. Verf. ein ausdrücklicher Vermerk über das Nichtvorhandensein vorgehender oder gleichstehender Eintragungen vorgeschrieben.

S. 310 Abs. 1. Der hier vertretenen Ansicht, daß die Eintragung einer Theilabtretung von der Bildung eines Theilhypothekenbriefs nicht abhängig ist, ist auch das K.G. (Rechtspr. 2 S. 273).

S. 324 Erl. 2. Vgl. auch Rechtspr. 2 S. 258.

Sachregister.

(Die Zahlen verweisen auf die Seiten, die eingeklammerten Zahlen und Buchstaben auf die Anmerkungen, Erläuterungen oder Vorbemerkungen.)

A.

B.

C.

D.

E.

F.

G.

H.

J.

K.

L.

M.

N.

O.

P.

S.

T.

U.

V.

Herrosé & Ziemsen, Wittenberg.

FSC
www.fsc.org
MIX
Papier | Fördert gute Waldnutzung
FSC® C083411

Kolibri 360 GmbH
Ferdinand-Jühlke-Straße 7
99095 Erfurt, Deutschland
produktsicherheit@kolibri360.de